乳山年鉴

RUSHAN YEARBOOK

2016 第十八卷

中共乳山市委乳山市人民政府　主办
乳山市党史市志办公室　主编

方志出版社
Publishing House of Local Records

图书在版编目（CIP）数据

乳山年鉴. 2016 / 乳山市党史市志办公室编. -- 北京 ：方志出版社，2016.12
ISBN 978-7-5144-2285-6

Ⅰ. ①乳… Ⅱ. ①乳… Ⅲ. ①乳山市－2016－年鉴
Ⅳ. ①Z525.24

中国版本图书馆CIP数据核字(2016)第302596号

乳山年鉴（2016）

编　　者：乳山市党史市志办公室
责任编辑：顾洁　王俊
出 版 人：冀祥德
出 版 者：方志出版社
　　　　　地址　北京市朝阳区潘家园东里9号（国家方志馆4层）
　　　　　邮编　100021
　　　　　网址　http://www.fzph.org
发　　行：方志出版社发行中心
　　　　　电话（010）67110500
经　　销：各地新华书店
印刷装帧：山东麦德森文化传媒有限公司
开　　本：889×1194　1/16
印　　张：30.5
字　　数：1054千字
版　　次：2016年12月第1版　2016年12月第1次印刷
印　　数：0001～2500册
ISBN 978-7—5144—2285—6　定价：300.00元

《乳山年鉴》编纂委员会

《乳山年鉴（2016年）》

乳山市政区图

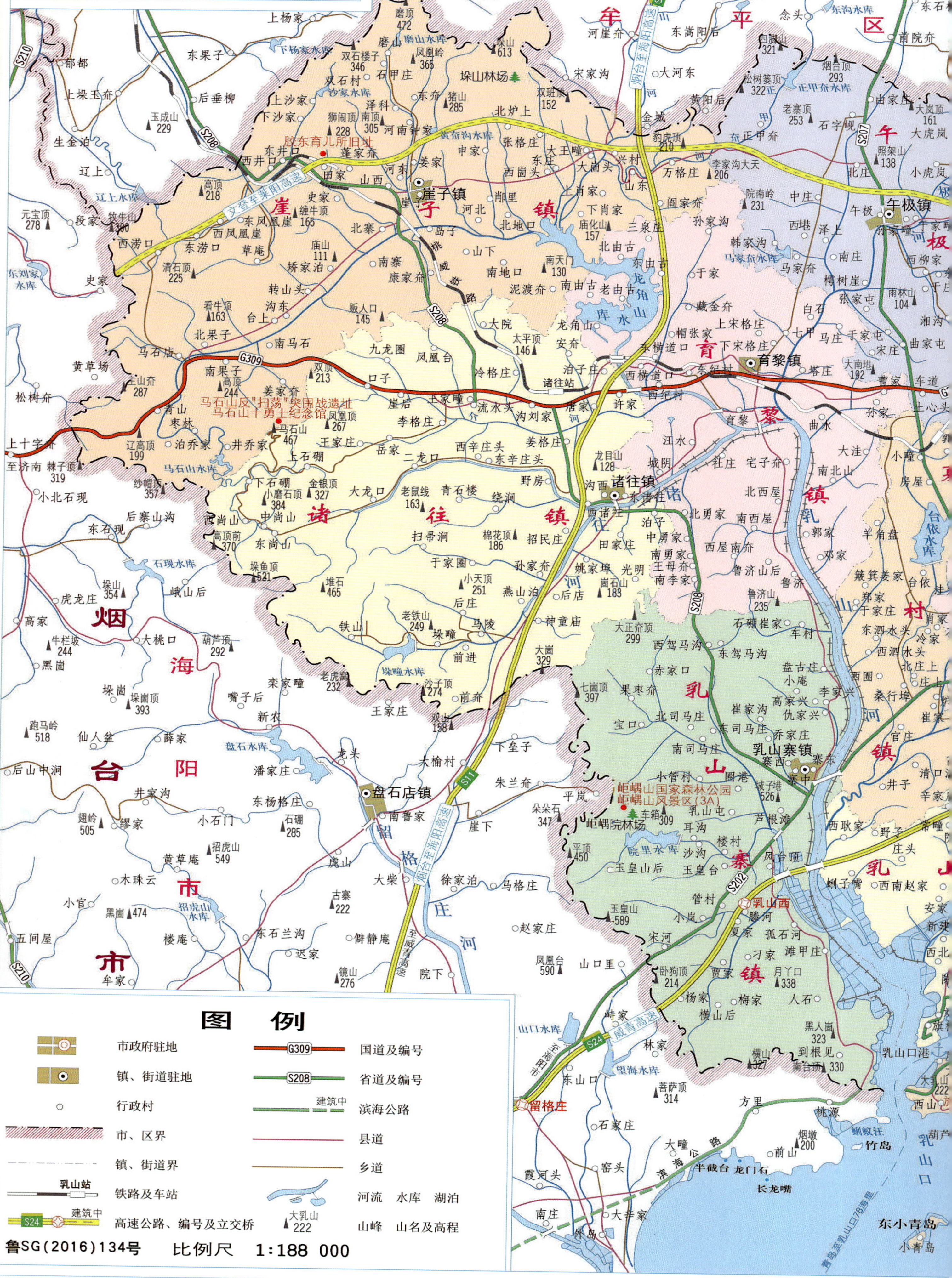

鲁SG(2016)134号 比例尺 1:188 000

下初镇
冯家镇
大孤山镇
南黄镇
徐家镇
白沙滩镇
海阳所镇
小观镇
泽头镇
文登区
夏村镇
城区街道
下河南村
冯家
下初
大孤山镇
南黄镇
徐家镇
白沙滩镇
海阳所镇
文登区
黄海
圣水宫道教养生休闲度假区（3A）
天润温泉度假村
多福山风景区（3A）
银滩旅游度假区管委会
银滩旅游度假区（4A）
乳山东
乳山
S206
S202
S208
S204
S304
S205
S704
S24
G309
桃威铁路
文登至莱阳高速
威青高速
石城水库
东泊水库
石龙水库
南荷水库
崖家口水库
陡埠水库
林村水库
姚家庄水库
华山水库
朝阳山水库
日照庄水库
花家疃水库
王家口水库
河东水库
黄崖水库
崮山寺水库
宝泉水库
圣水宫
宫家岛
腰岛
险岛
竹岛
南黄岛
浦岛
杜家岛
凤凰嘴
浪暖口
洋村口
白沙口
汇岛
汇岛位置图
山东省地图出版社编制

美丽乳山

1月22日，“银滩——大乳山”海岸线获评山东省首批“齐鲁美丽海岸”

11 月 30 日，大乳山滨海旅游度假区被中国政府作为生态修复典型在第 21 届联合国气候变化大会上展示

滨海新区福如东海文化园

2年乳山市全民健身日暨“体

银滩旅游度假区

滨海新区海岸公园

滨海新区潮汐湖湿地

数字乳山

面积：1665 平方公里

户籍人口：55.83 万人

海岸线：199.27 公里

地区生产总值：477.18 亿元

公共财政预算收入：31.04 亿元

固定资产投资：475 亿元

外贸进出口总值：7.95 亿美元

接待国内外游客：900 万人次

社会消费品零售总额：214.2 亿元

城乡居民各项储蓄存款余额 224.82 亿元

城镇居民人均可支配收入：30445 元

农村居民人均可支配收入：13775 元

城市供水总量：1522 万立方米

全社会用电总量：11.66 亿千瓦时

全市建成区绿化覆盖率：45.74%

滨海新区海湾

滨海乳山

是一座生态型花园式滨海旅游城市，地处山东半岛黄海海岸，获齐鲁十大魅力海岸、天下第一滩等荣誉，成为全国渔业基层推广体系示范县。2015年，“银滩——大乳山”海岸线获评齐鲁美丽海岸。

三观亭

仙人桥

多福山国际养生旅游度假区

滨海新区

近海养殖区 （高淑新摄）

渔港之晨

乳山渔港

魅力乳山

是中国优秀旅游城市、中国十佳休闲旅游名市、山东最具竞争力旅游十强县（市）。拥有大乳山滨海旅游度假区、银滩旅游度假区等十大景区。2015 年，被亚太环境保护协会评为第十二届中国避暑休闲百佳县

中国十佳休闲胜地

①多福山国际养生旅游度假区
②大乳山滨海旅游度假区景点
③圣水宫道教休闲养生度假区
④⑦岠嵎山风景区
⑤石佛山休闲观光景区
⑥河滨公园

③

布鲁塞尔国际葡萄酒大赛评委会 走进台依湖
CONCOURS MONDIAL DE BRUXELLES MEETING TALA
①

②

③

④

⑤

①7月10日，台依湖集团酿造的“霞多丽干白 2014”在第 22 届比利时布鲁塞尔国际酒类大赛获金奖
②1月16日，中央电视台乡村世界栏目组到台依湖国际酒庄生态文化区录制节目
③台依湖酒庄
④酿酒设备
⑤酒庄酒窖

台依湖国际酒庄生态文化区

生态乳山

是国家生态市、国家园林城市、国家环境保护模范城市，绿化造林10866.7公顷，森林覆盖率34%，建成区绿化覆盖率45.74%，年空气质量优良天数329天，属偏海洋型的温带季风气候。2015年，在联合国气候大会上被作为生态修复典型展示。

乳山河湿地　宫照兴摄

宜居乳山

是中国长寿之乡、国家出口农产品质量安全示范区、全国绿色食品原料标准化生产基地、全国首批慢性病综合防控示范区，地处北纬37度最适合人类居住的城市之一，四季分明，气候温和，是著名的养生福地。

大乳山耕渔酒店

天润温泉

乳山城区一角 候贺良 王家洲摄

银滩老来乐康复养老度假中心

乳山振华购物中心

10月27日，天骄银行土建工程完工

乳山三宝——大姜、牡蛎、茶叶

水果之乡盛产苹果、草莓、大樱桃、蓝莓、葡萄等

6月20日，“乳山三宝”参加第六届威海国际食品博览会

活力乳山

是全国科技进步先进市、全国科普示范市、山东半岛蓝色经济核心区，与100多个国家和地区开展经贸往来。2015年，中韩（威海）健康产业示范园和中韩（威海）节能环保产业园建立，获评2015年度全国中小城市科学发展百强县。

①9月15日，威海市市长张惠（左一）到乳山市调研重点项目建设情况
②7月21日，乳山市与韩国友好城市河南市开展友好合作交流座谈会
③10月2日，中韩（福如东海）文教旅游中心揭牌仪式在滨海新区福如东海文化园举行
④5月13日，乳山市与阿里巴巴集团签订合作协议成为“千县万村”工程第二批农村试点县
⑤7月10日，山东省科协创新驱动助力工程示范区乳山市启动仪式
⑥10月28日，山东乳山经济合作（广州）交流会

大韓民國 河南市 – 中華人民共和國 乳山市
국제자매도시 우호교류 간담회
國際姉妹城市友好合作交流座談會
2015. 7. 21(火) 河南市

②

文教旅游交流中

③

⑥

乳山经济开发区

国投中鲁乳山工业园（中日合资）

威海华邦科技有限公司

威海金牌生物科技有限公司

华隆（乳山）食品工业有限公司厂区（中国香港投资）

威海星歌服饰公司

福喜（威海）农牧发展有限公司（美国投资）

威海智创科技企业孵化园

仁爱乳山

是中国爱心城市、全国首届安全诚信城市、全国文化先进市、全国义务教育发展基本均衡县，忠爱仁孝、明礼仁义，厚德仁民、诚信仁智的精神品质，孕育出马石山十勇士等英雄群体、胶东红色乳娘、“三花”故事，曾为胶东早期党组织活动中心区、抗日根据地大后方。

①7月11日，中共中央委员、中国社会科学院院长王伟光（左二）到威海马石山红色教育基地调研
②8月15日，中共威海市委书记孙述涛（左）、市长张惠为“威海马石山红色教育基地”授牌
③8月8日，中共山东省委党史研究室主任赵国卿（左二）带队到马石山红色教育基地调研
④11月9日，二十七军政治部副主任秦明奇（右二）赠送“马石山十勇士”荣誉旗帜
⑤8月15日，威海市纪念抗战胜利70周年大会暨威海马石山红色教育基地揭牌仪式

抗战胜利70周年大会暨威海马石山红色教育基地揭牌仪式

③

马石山十勇士纪念馆
马石山十勇士
④

⑤

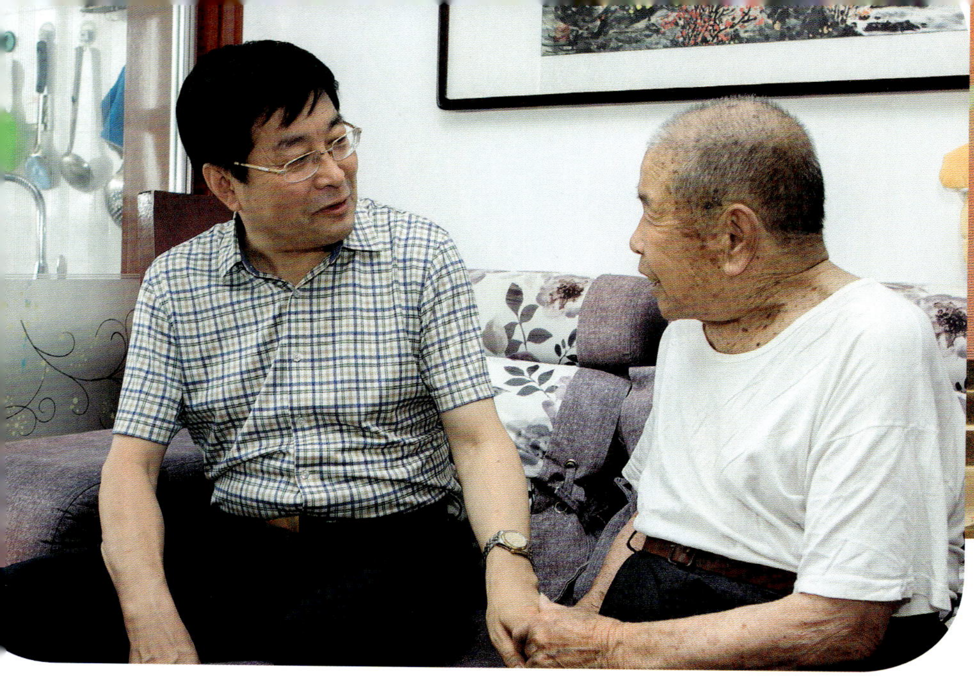

6 月 26 日，中共乳山市委书记高书良走访慰问老党员

4 月 30 日，乳山市第三届道德模范表彰暨

1月 22 日，乳山市春节联欢晚会

6 月 26 日，庆祝建党 94 周年文艺晚会

8 月 13 日，乳山红色文化传承与发展研讨会

会举行

大乳山景区长寿老人宣传长廊

10 月 2 日，中韩文化艺术节在滨海新区举办

8 月 21 日，乳山市纪念抗战胜利 70 周年文艺晚会

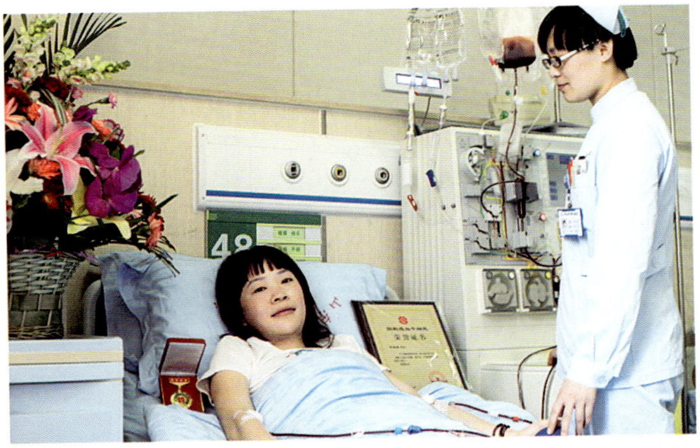

4 月 22 日，乳山造血干细胞捐献者宋晶晶在山东千佛山医院接受血样采集

6 月 16 日，外事翻译学院造血干细胞捐献者杨伟载誉归来

幸福乳山

是中国最具幸福感县级城市。2015年，启动全国文明城市、国家卫生城市、国家健康城市、国家智慧城市、国家食品安全城市创建工作，成为集自然文化福地、旅游休闲福地、投资创业福地、和谐人居福地于一体的幸福之城。

2月14日，乳山市第十七届人民代
大会第四次会议开幕

2月13日，中国人民政治协商会议第九届乳山市委员会第四次会议开幕

①10月26日，山东省委常委、政法委书记张江汀（右一）到乳山市调研群众工作
②7月8日，国家食品药品监督管理总局副局长滕佳材（左二）到乳山市调研食品安全监管创新工作
③9月22日，山东省海洋与渔业厅厅长王守信（右二）到乳山市调研海洋与渔业发展情况
④8月6日，山东省发改委副主任雷曜（左一）到乳山市调研重点项目建设情况

5月19日，乳山市“三严三实”专题教育动员大会召开

3 月 20 日，乳山市人大常委会第一副主任马泽（中）带队调研普法依法治理工作

11 月 19 日，政协乳山市委员会主
行情况

4 月 10 日，威海市委政法委书记刘茂德（左一）到乳山市调研公共法律服务中心建设情况

（右二）带队调研政务服务中心运

乳山市民服务中心

乳山市宏福老年公寓

10 月 24 日，乳山市新热电厂土建工程完工

威海机械工程高级技工学校

①

②

城区黄山路市场

城区富山路市场

3月19日，乳山市"五城联创"工作动员会议召开　张蓓蓓摄

改造后的仇家洼河畔　姜福谭摄

①7月4日，乳山市“保护海岸带建设文明城”志愿服务活动
②9月25日，五城联创·我们在行动文艺晚会
③4月25日，五城联创共建仁爱乳山绕城跑活动

清除市区道路积雪　孙轶琰摄

编辑说明

一、《乳山年鉴》以国务院《地方志工作条例》和《山东省地方史志工作条例》为依据，贯彻《全国地方志事业发展规划纲要（2015—2020年）》和《山东省地方史志事业发展规划纲要（2016—2020年）》要求，坚持存真求实、质量第一的原则。

二、《乳山年鉴》是中共乳山市委、乳山市人民政府主办，乳山市党史市志办公室主持编纂的综合性资料年刊。旨在浓缩记载乳山市改革开放、经济建设、社会事业的发展和演进，反映社会主义现代化建设进程中的新成就、新经验、新举措和遇到的新问题，所载资料全面、系统、翔实、准确，体现时代特征、地方特色、年度特点，突出主体事业，为各级领导科学决策提供市情依据，为各行各业提供信息服务，是国内外各界人士了解、认识乳山的窗口。《乳山年鉴》入选“中国年鉴资源全文数据库核心年鉴”。

三、《乳山年鉴（2016）采用分类编辑法，主体内容分为类目、分目、条目3个层次，少数条目下设子目，以中小条目为主。全书1054千字，设23个类目：专记、特载、大事记、乳山概况、党政群团、法治·武装、经济管理与监督、农业、海洋与渔业、工业、旅游·会展、商贸服务业、城乡建设·环境保护、交通·邮政·通信、财税·金融·保险、教育·科技、卫生·体育、文化、社会生活、人物、镇与街道、附录、索引。

四、本卷年鉴为总第18卷，内容记述时间除特载、乳山概况、人物中有关资料略有上溯或下延，其余均截至2015年12月底。稿件主要由市直各部门、单位、镇（街道）及驻乳单位提供，均经各供稿单位主要领导审签。反映全市国民经济和社会发展情况的数据，以乳山市统计局公报资料为准；各项事业中具体数字由供稿单位提供，使用时已注明出处。

五、本卷年鉴图文并茂，全彩印刷，突出滨海旅游、生态宜居城市特点；彩页图片160幅，集中展示2015年度乳山新成就、新面貌，随文图片410幅，反映各项事业发展亮点；类目组图135张，集中展示截至2015年年底乳山历史文化发掘成果；编制图表70个。版式为大16开规格，同步推出手机版年鉴概览。

六、本卷年鉴检索方法有目录和索引两种，分设在卷首和卷尾。目录有中、英文两种，中文目录编排到条目，英文目录编排到分目；索引主要采取主题分析法制作，并按主题词首字汉语拼音字母顺序排列。

七、《乳山年鉴》编辑部坚持“存史资政、服务经济社会发展”宗旨，以“集权威性、存史性、信息性为一体，全面展现乳山市市情”为目标，努力提高年鉴质量。本卷年鉴的编辑、出版得到全市各有关部门、单位的大力支持和协助，在此表示诚挚谢意。

目 录

党政群团

法治·武装

经济管理与监督

农 业

海洋与渔业

工 业

旅游·会展

商贸服务业

城乡建设·环境保护

交通·邮政·通信

财税·金融·保险

教育·科技

卫生·体育

文　化

社会生活

人 物

镇与街道

附 录

7月27日，乳山市海阳所镇入选"全国特色景观旅游名镇名村"（刘小萌摄）

Contents

Special Articles

Selected Speech and Report

Events

Profile of Rushan

Party and Government Organizations and Non-government Bodies

Rule of Law, Armed Forces

Economic Management and Supervision

Agriculture

Ocean and Fishery

Industry

Tourism, Convention and Exhibition

Industry of Services in Commerce and Trade

Urban and Rural Construction, Environmental Protection

Traffic, Postal Service, Communication

Finance and Taxation, Banking, Insurance

Education, Technology

Health, Sports

Culture

Social Life

Figures

Towns and Districts

Appendix

Index

6月30日，乳山市岿山寺水库 （王家洲摄）

·汉代 剑璏

·战国 玛瑙环

·新石器时代 石磨盘

责任编辑：王　浩

·西周　石璋

专　记

Special Articles

◎ 史志工作中央及山东省领导人批示

◎ 国务院办公厅关于印发全国地方志事业发展规划纲要（2015—2020 年）的通知

◎ 山东省人民政府办公厅关于印发山东省地方史志事业发展规划纲要（2016—2020 年）的通知

史志工作中央及山东省领导人批示

要整合全国学术机构和研究队伍，协调各地党史、军史、档案、政协文史资料、地方志、社科院、高校等部门和机构的力量，扶持民间研究，从军事、政治、经济、文化、社会、外交、国际等领域对抗战进行系统研究，推出高水准的权威专著和通俗读物。

——2015 年 7 月 30 日，中共中央总书记习近平在中央政治局第二十五次集体学习时指出

全国广大地方志工作者赓续传统，创新理念，涌现出一大批优秀人才。谨向受表彰的先进集体和先进工作者表示祝贺！方志流传绵延千载，贵在史识，重在致用。各级政府都要关心和支持地方志事业发展，也希望地方志工作者继续发扬方志人精神，志存高远，力学笃行，直笔著信史，彰善引风气，为当代提供资政辅治之参考，为后世留下堪存堪鉴之记述。

——2015 年 12 月 29 日，中共中央政治局常委、国务院总理李克强对全国地方志系统先进模范座谈会作出批示

地方志是历史智慧的结晶，是维系中华民族血脉亲情的重要力量。编修地方志是中华民族的优秀文化传统，在当代其存史、育人、资治功能日益彰显。

——2015 年 12 月 29 日，中共中央政治局委员、国务院副总理刘延东在全国地方志系统先进模范座谈会上指出

史志工作对建设经济文化强省具有重要意义。去年十一月习近平总书记再次对山东工作提出明确要求，其中，利用丰富的齐鲁文化资源，挖掘和阐发优秀传统文化是一项很关键的要求。你们有巨大的舞台，能演出什么样的活剧来，就要看你们有什么样的态度、能力和韧性。

——2015 年 2 月 8 日，山东省委副书记、省长郭树清审阅山东省地方史志办公室呈报材料时批示

国务院办公厅关于印发全国地方志事业发展规划纲要（2015—2020 年）的通知

国办发〔2015〕64 号

各省、自治区、直辖市人民政府，国务院各部委、各直属机构：

《全国地方志事业发展规划纲要（2015–2020 年）》已经国务院同意，现印发给你们，请认真贯彻执行。

国务院办公厅

2015 年 8 月 25 日

全国地方志事业发展规划纲要

（2015—2020 年）

为推进全国地方志事业科学发展，充分发挥地方志工作在我国经济社会发展和社会主义文化强国建设中的重要作用，为全面建成小康社会作出更大贡献，根据《地方志工作条例》，结合当前工作实际，制定本规划纲要。

一、发展基础与机遇

编修地方志是中华民族优秀文化传统，历史悠久，连绵不断。新中国成立后特别是改革开放以来，在党中央、国务院正确领导下，经过各地区各有关部门不懈努力，地方志工作取得巨大成就，形成以修志编鉴为主业、各项工作协调开展的事业格局，拓展方志文化的内涵，为提升国家文化软实力发挥独特作用。

（一）工作体制机制基本建立。基本形成党委领导、政府主持、负责地方志工作的机构（以下简称地方志工作机构）组织实施、社会各界广泛参与的工作体制；逐步形成将地方志工作纳入各地国民经济和社会发展规划、地方各级政府工作任务，“认识、领导、机构、编制、经费、设施、规划、工作”到位（以下统称“一纳入、八到位”）的工作机制。

（二）法治建设取得新进展。2006 年国务院公布施行《地方志工作条例》，各地相继制定和完善地方性法规规章，进一步明确各级政府对地方志工作的领导责任，加强地方志工作机构履行组织、指导、督促和检查地方志工作的职责，确保地方志工作依法开展。

（三）编修成果不断丰富。目前，首轮修志结束，第二轮修志进入关键时期，已出版 7000 多部省、市、县三级地方志书，2 万多部行业志、部门志、军事志、武警志、专题志、乡镇（街道）志、村（社区）志等，1900 多种、1.5 万多部地方综合年鉴，1000 多种、7000 多部专业年鉴，大量地情文献。这些与现存的 8000 多种、10 万多卷旧志及其整理成果，共同构成一座以国情地情为主要内容并不断丰富地方志资源宝库。

（四）理论研究逐渐深化。紧密结合修志编鉴实践，积极开展理论研究，已出版各种志鉴理论著作 1000 多部，发表论文 6 万多篇，取得显著成果，有力地指导地方志工作开展，推动方志学、年鉴学学科建设。

（五）基础设施建设逐步推进。全国已建成国家方志馆 1 个、省级馆 15 个、市级馆 60 多个、县级馆近 200 个，省级网站 26 个、市级网站近 200 个、县级网站 470 多个，方志工作公共基础设施建设迈上新台阶。

（六）存史育人资政作用日益彰显。通过修志编鉴、开发利用地方志资源，地方志编修已发展成为为国存史的一项重要工作，在记录当代、保存历史、传承文明、发展文化、激发民族自豪感和自信心、推动海内外文化交流合作、提供促进经济社会发展的历史借鉴和智力支持等方面，成绩日益突出、作用日益显著。

目前，全国地方志事业呈现出良好发展态势和前所未有的大好局面，但也存在着制约事业发展的问题，主要是：事业发展不平衡现象比较突出；少数地区和部门对地方志工作重要性认识不够；相关法规规章落实不到位；机构不健全，编制、人员和经费不足；志书质量有待进一步提高；人才队伍青黄不接，人员素质亟待提升；信息化与方志馆建设比较滞后；方志文化的作用有待彰显等。这些问题必须通过科学发展和深化改革，采取有效措施，认真予以解决。

“治天下者以史为鉴，治郡国者以志为鉴。”按照“四个全面”战略部署，党和国家对地方志工作提出新任务新要求，强调要高度重视修史修志，把历史智慧告诉人们。全国地方志事业迎来重要发展机遇。修志问道，以启未来。地方志工作要适应经济社会发展新形势，明确在发展改革大局中的目标任务，科学规划，积极创新，有序推进地方志事业持续健康发展。

二、指导思想与基本原则

（一）指导思想。全面贯彻落实党的十八大和十八届二中、三中、四中全会精神，按照党中央、国务院决策部署，落实第五次全国地方志工作会议要求，解放思想，实事求是，锐意进取，改革创新，依法全面推动全国地方志事业发展繁荣。

（二）基本原则

1. 坚持正确方向。坚持走中国特色社会主义文化发展道路，坚持为人民服务、为社会主义服务的方向，通过编修和开发利用地方志成果，为培育和践行社会主义核心价值观提供丰富、优秀的精神文化产品。

2. 坚持依法治志。国家地方志工作机构依法统筹规划、组织协调、督促指导全国地方志工作；省、市、县级地方志工作机构依法履行组织、指导、督促和检查地方志工作职责，加强编纂业务工作。

3. 坚持全面发展。以修志编鉴为主业，统筹兼顾理论研究、开发利用、信息化建设、方志馆建设、旧志整理等工作，实现地方志事业全面协调可持续发展。

4. 坚持改革创新。继承和弘扬中华民族修志的优良传统，认真总结地方志工作的经验教训，深化改革，与时俱进，推动理论创新、制度创新、管理创新、方法创新。

5. 坚持质量第一。坚持存真求实，确保地方志质量。正确处理质量与进度的关系，将精品意识贯穿于地方志编纂出版工作全过程，严把政治关、史实关、体例关、文字关、出版关，编纂出版经得起历史检验、具有鲜明时代特征和地域特色的地方志成果。

6. 坚持修志为用。发挥地方志资源优势，全面提升开发利用水平；拓宽用志领域，提升服务大局能力，为党政机关、社会各界和人民群众服务；加大宣传力度，提高全社会读志用志水平。

三、总体目标与主要任务

（一）总体目标。到2020年，全面完成第二轮修志规划任务，实现省、市、县三级综合年鉴全覆盖，加快信息化和方志馆建设，做好第三轮修志工作准备，加强对社会修志的指导和管理，基本形成地方志编修体系、理论研究和学科建设体系、质量保障体系、资源开发利用体系、工作保障体系“五位一体”的地方志事业发展综合体系，努力开创地方志事业发展新局面。

（二）主要任务

1. 全面完成第二轮修志规划任务。到2020年，完成第二轮地方志书规划任务，省、市、县三级地方志书全部出版。在抓紧完成第二轮修志任务的同时，全面总结第一轮、第二轮修志工作的经验教训，认真研究第三轮修志的组织管理、运作模式、续修方式等，为启动第三轮修志做好资料收（征）集、队伍培训及理论准备等工作。

2. 大力推进地方综合年鉴工作。到2020年，做到地方综合年鉴由地方志工作机构组织编纂，一年一鉴，公开出版，实现省、市、县三级综合年鉴全覆盖。

3. 重视军事、武警及其他各类专业志鉴、民族地区地方志、乡镇村志和地方史编纂工作。加强对已开展和准备开展志鉴编纂工作的行业、部门、单位等的业务指导和管理。支持民族地区做好地方志编纂工作。指导有条件的乡镇（街道）、村（社区）做好志书编纂工作，做好中国名镇志文化工程、中国名村志文化工程组织编纂工作。具备条件的，可将地方史编写纳入地方志工作范畴，统一规范管理。

4. 深入开展旧志整理工作。编制全国旧志整理规划，编辑旧志联合目录。具备条件的地方应编辑出版历代方志集成，分类整理旧志资料。加强与国内外高等院校、科研院所、公共图书馆、档案馆等单位的交流与合作，开展旧志点校、提要、考录、辑佚等工作。

5. 加强地方志理论研究和学科建设。制定方志、年鉴理论和方志学、年鉴学学科建设规划，建立和完善方志、年鉴理论研究学术规范，力争到2020年形成较为成熟的方志学和年鉴学学科体系。充分发挥方志期刊和各级地方志学会的作用，活跃学术研讨，推动理论建设。加强与相关学科交流合作，开展地方志编纂、地方志事业发展等重要理论问题研究，编写方志学、年鉴学通用教材及各分支学科研究论著。总结历代一统志编纂经验，开展编修一统志的可行性研究。

6. 加强人才队伍建设。重视人才选拔、培养和使用，加强专兼职结合、结构合理的人才队伍建设，培养和引进一批高端人才，建设一支高素质的地方志编修、研究工作队伍，弘扬修志问道、直笔著史的方志人精神。

7. 深化地方志质量建设。严格执行《地方志书质量规定》、《地方综合年鉴编纂出版规定》有关要求，制定质量管理、质量监督等规定，完善地方志质量评议、审查验收制度，严把质量关。按照国家有关规定申报设立志书、年鉴及优秀学术成果评比奖励项目，逐步将志书、年鉴纳入国家及地方有关图书奖评比。

8. 强化地方志资料建设。加大依法收（征）集地方志资料力度，建立和完善地方志资料收（征）集、保存、管理制度，推行地方志资料年报制度并形成常态机制；运用社会调查、口述史等方法，大力拓展资料收（征）集范围和渠道，建立能够全方位适应地方志编纂、地方志事业发展和方志文化建设需要的地方志资料保障机制。

9. 加快地方志信息化建设。按照统一规划、统一标准、分级建设、资源共享、安全保密的原则，制定全国地方志事业信息化发展意见，充分利用已有信息基础设施和数据资源，加快地方志信息化建设步伐，支持民族地区地方志信息化建设。逐步建立地方志全文数据库。应用现代信息技术，加强对不同载体的地方文献收（征）集、保护和开发利用，推动信息标准化工作。实现国家、省、市、县四级地方志资源共享，面向社会提供优质服务。

10. 提高地方志资源开发利用水平。加强对地方志资源的深加工，拓宽服务渠道，增强服务功能，创新服务手段，更好地贴近经济社会发展实际，贴近人民群众需要。做好《中国地情报告》、《中国方志发展报告》、《中国年鉴发展报告》编纂工作。发挥地方志资源在地方公共文化服务中的重要作用，利用各类媒体广泛宣传地方志成果，推动方志文化进机关、进农村、进社区、进校园、进企业、进军营，推动城乡方志文化建设，培育地方历史记忆。

11. 扩大学术交流与合作。采用多种形式，加强与香港、澳门和台湾地区以及国外的高等院校、科研机构、档案机构与图书馆等单位的学术交流与合作。服务国家文化“走出去”战略，推介一批高质量地方志成果，充分展示地方志的当代价值及永恒魅力，推动方志文化走向世界，增强方志文化影响力。

四、保障措施

（一）法治保障。推动《地方志工作条例》的贯彻落实，逐步建立健全地方性法规规章。加大地方志工作法规规章的宣传、执行力度，定期开展执法监督检查，依法纠正、查处执行不力和违法行为。

（二）制度保障。健全地方志工作机构主导、社会各界有序参与修志编鉴的途径和方式。加强督促检查，健全和完善目标考核责任制、督查通报制，强化责任落实；健全和完善地情资料收（征）集及管理、修志编鉴业务制度和主编（总纂）责任制，确保在篇目设计、资料收（征）集、总纂统稿、志（鉴）稿评议、审查验收、出版发行、报送备案等环节上均有章可循、有序推进，保障志鉴质量。

（三）经费保障。改善地方志工作条件和图书资料收藏保管条件，做好修志、编鉴、出版、科研、开发利用、信息化建设、资料文献保存等工作，加大对民族地区、贫困地区地方志工作的支持力度。地方各级人民政府要将地方志工作所需经费列入财政预算。

（四）队伍保障。建立国家级、省级地方志专家库。探索地方志人才培养、引进等政策和措施，探索将方志学人才培养纳入国民教育体系的方式方法。完善教育培训制度，分级实施对地方志工作机构新任负责人、志鉴主编（总纂）的专项培训，实现修志编鉴人员岗前培训全覆盖、培训工作常态化；与高等院校、科研机构联合开展地方志专业方向研究生教育，举办专业进修班，支持地方志工作人员接受专业继续教育。按照国家有关规定开展先进集体和先进工作者评选表彰活动，建立干事创业的激励机制，营造良好氛围。

（五）宣传保障。利用各级各类新闻媒体，大力宣传地方志工作机构贯彻落实党和国家大政方针的新举措、地方志工作服务经济社会发展的新成绩、地方志工作者投身现代化建设的新贡献。挖掘地方志资源的现实价值、历史价值，设计宣传主题，创新宣传形式，推出一批人民群众喜闻乐见、有较大社会影响力的地方志宣传精品。

五、加强组织领导

地方志工作要坚持和健全党委领导、政府主持、地方志工作机构组织实施、社会各界广泛参与的工作体制，坚持“一纳入、八到位”的工作机制。地方志工作机构设置和人员编制，要与其有效履行职能、顺利开展工作的要求相适应；按照德才兼备原则和专业要求，配齐配强地方志工作机构的领导班子。

各地区各有关部门要结合工作实际，根据本规划纲要要求，制定本地区本部门地方志事业发展规划或实施方案，切实加强分类指导，加大组织推动力度，全面提高地方志工作水平，确保全国地方志事业平稳、有序、健康发展。

军事志事业发展规划由中国人民解放军军事志指导小组制定。

中国地方志指导小组及其办公室要对本规划纲要落实和执行情况进行督促检查。

4

专版

全国地方志事业发展规划纲要

（2015－2020年）

9月19日，《乳山市讯》专版刊登“全国地方志事业发展规划纲要（2015—2020年）”（王 浩摄）

山东省人民政府办公厅关于印发山东省地方史志事业发展规划纲要（2016—2020年）的通知

鲁政办发〔2015〕46号

各市人民政府，各县（市、区）人民政府，省政府各部门、各直属机构，各大企业，各高等院校：

《山东省地方史志事业发展规划纲要（2016-2020年）》已经省政府同意，现印发给你们，请认真贯彻执行。

山东省人民政府办公厅

2015年10月20日

山东省地方史志事业发展规划纲要

（2016—2020年）

地方史志事业是中国特色社会主义文化事业的重要组成部分，是各级政府行政管理的必要职责。近年来，在省委、省政府的正确领导和社会各界的关心支持下，全省史志事业发展实现新的突破，多项工作走在全国前列，创造出“山东经验”。目前，第二轮修志加快推进，编纂出版省志分志29部，市级志书4部3册5卷，县级志书83部。部门（行业）志和乡镇村志编修蓬勃开展，出版部门（行业）志2000余部，乡镇村志800余部。方志理论研究和修志队伍建设不断加强，推出一批理论研究成果，实施人才培训五年规划，培训专业人员上千人，修志人员业务水平不断提高。年鉴工作改革创新、提速增效，服务功能大为增强，各级各类年鉴达到240多种，数量和质量均居全国前列，《山东年鉴》2015卷6月底出版，2014卷荣获全国最高奖项（综合特等奖）。省、市、县三级地情网站全面升级改版，省情资料库入库资料20亿字，省情网用户访问量1200万人次，微信、微博、英文地情网等极大拓展信息服务领域。方志馆建设得到加强，建成省级方志馆1家、市级14家、县级80家，各级方志馆不断扩容增藏，软硬件设施改善，社会影响扩大。旧志整理取得突破，《山东省历代方志集成》整理工程启动，完成宣统版《山东通志》整理影印，全省累计整理出版旧志200余种。法治化建设全面推进，在全国率先实现省、市、县三级史志工作法规规章体系全覆盖。史志资源开发利用成果丰硕，编纂出版《汶川特大地震山东省救助援建志》、《第十届中国艺术节志》、山东纪念抗战胜利70周年丛书、《山东省历史地图集》，为现实服务的能力进一步增强。

总体来看，全省史志事业发展已经站在一个新的历史起点上，展现出前所未有的大好局面。但也存在一些制约事业发展的困难和问题：一是第二轮修志进度极不平衡，部分省志承编单位重视不够、进展缓慢，有的市县级志书编纂力量薄弱、保障不力，甚至有的尚未启动，在2018年全面完成修志任务难度较大；二是县级综合年鉴逐年连续出版的不足30%，全部实现一年一鉴、公开出版的难度较大；三是部分地区和部门对史志工作重要性认识不够，特别是县级史志机构不够健全，有的编制、人员、经费严重不足；四是为现实服务的能力有待提高，方志文化的作用有待彰显等。这些困难和问题，必须通过科学发展和深化改革，采取有效措施，认真予以解决。

按照“四个全面”战略部署，党中央、国务院对史志工作提出新任务、新要求，习近平总书记强调“要高度重视修史修志”，李克强总理提出“修志问道，以启未来”，省委、省政府领导高度重视史志工作，多次作出重要指示、批示，史志事业发展迎来重要机遇。为促进和指导今后五年全省史志事业科学发展，根据《全国地方志事业发展规划纲要（2015-2020年）》，结合山东省实际，制定本规划纲要。

一、指导思想与基本原则

（一）**指导思想**。全面贯彻党的十八大和十八届三中、四中全会精神，认真落实“把史志工作纳入各地国民经济和社会发展规划、各级政府工作任务，认识、领导、机构、编制、经费、设施、规划、工作到位”(以下统称“一纳入、八到位”)的总要求，紧紧围绕省委、省政府中心工作，解放思想，实事求是，锐意进取，改革创新，依法推进全省史志事业科学发展，为加快经济文化强省建设提供精神动力、决策参考、信息服务和智力支持。

（二）基本原则

1.坚持正确方向。坚持走中国特色社会主义文化发展道路，坚持为人民服务、为社会主义服务的方向，通过编修和开发利用地方史志成果，为弘扬优秀传统文化、建设文化强省提供有力支撑，为培育和践行社会主义核心价值观提供丰富、优秀的精神文化产品。

2.坚持依法治志。按照《地方志工作条例》和《山东省地方史志工作条例》，省、市、县三级史志机构依法履行组织、指导、督促和检查职责，各级、各部门和社会各界依法履行相关职责和义务。

3.坚持科学发展。以修志编鉴为主业，统筹兼顾信息化建设、方志馆建设、旧志整理、理论研究、开发利用等工作，实现史志事业科学发展。

4.坚持改革创新。继承和弘扬中华民族编史修志的优良传统，认真总结史志工作经验，正确把握发展规律，深化改革，与时俱进，推动理论创新、制度创新、管理创新、方法创新，不断拓展史志工作领域，丰富史志成果表现形式。

5.坚持质量第一。质量是志书的生命，要将精品意识贯穿于志鉴编纂出版工作全过程，严把政治关、史实关、体例关、文字关、出版关，编纂出版经得起历史检验、具有鲜明时代特征和地域特色的优秀史志成果。

6.坚持修用并举。发挥史志资源优势，加快史志成果转化，全面提升开发利用水平。拓宽用志领域，创新用志手段，提升服务大局能力，为党政机关、社会各界和人民群众服务。加大宣传力度，提高全社会读志用志水平，形成修用结合、良性互动机制。

二、总体目标与主要任务

（一）总体目标。到2020年，全面完成第二轮修志任务，做好第三轮修志工作准备，实现省、市、县三级综合年鉴全覆盖，进一步提升信息化建设水平，省、市、县三级方志馆全面建成，加强对社会修志和编修地方史的指导与管理，基本形成修志编鉴、理论研究、质量保障、开发利用、工作保障“五位一体”的史志事业发展综合体系，确保山东省史志工作继续走在全国前列。

（二）主要任务

1.全面完成第二轮修志任务。力争2018年完成省、市、县三级第二轮修志任务。实施齐鲁名镇志、名村志文化工程，推出100部名镇志、名村志精品。健全完善志书质量保障体系，确保志书质量不断提升，打造一批在全国有影响的精品志书。全面总结第一轮、第二轮修志工作经验，认真研究修志工作的组织管理、运作模式、续修方式等，为启动第三轮修志做好准备。

2.大力推进年鉴编纂出版。各级史志机构切实担负起组织编纂地方综合年鉴的职责。尚未启动综合年鉴编纂的县(市、区)2016年年底前全面启动，所有县(市、区)2018年全部达到一年一鉴、公开出版，实现省、市、县三级综合年鉴全覆盖。加强对编纂年鉴的行业、部门、单位的业务指导和质量管理，推动年鉴工作改革创新、提速增效，缩短出版周期，增强为现实服务能力。省地方史志办逐年编纂《山东地方史志年鉴》。

3.加快信息化建设。按照全国地方志事业信息化发展意见，广泛应用“互联网+”等现代信息技术，逐步实现修志编鉴的数字化、网络化，建成地方史志全文数据库，面向社会提供服务。加大资金投入，不断升级完善地情网站和地情资料库软硬件设施，建设新的载体平台，构建多界面、多渠道、多元化、全方位的综合服务体系。加强地情网站和地情资料库管理，确保网络信息安全。

4.加强方志馆建设。把方志馆建设纳入各地公共文化服务设施建设规划，确保市、县(市、区)方志馆全部建成。已建成但面积及硬件设施不能满足需要的要升级改造，尚未建设的要抓紧立项建设或利用现有设施进行改扩建。开展数字化方志馆建设，实现资料数字化、传递网络化、信息共享化、使用便捷化，充分发挥“全省志类成果交换平台”的作用，提高资料管理利用水平。

5.深化方志理论研究。深入总结社会主义新方志和传统编史修志经验，用不断发展创新的理论成果指导工作实践。充分发挥各地史志学会等学术团体和方志期刊等交流平台的作用，活跃学术研讨，营造良好氛围，推动理论创新，推出一批有分量的方志理论研究成果，造就一批在全国有影响的方志理论专家。

6.强化史志资料建设。加大依法收(征)集史志资料力度，健全完善年报制度并形成常态机制，按年度整理汇编地情基础资料。建立史志资料库，为修志编鉴和地情开发服务。运用社会调查、口述历史等方法，大力拓展资料收(征)集范围和渠道，建立能够全方位适应史志编纂、史志事业发展和方志文化建设需要的史志资料保障机制。

7.提高史志资源开发利用水平。广泛开展读志用志工作，推动史志成果进机关、进农村、进社区、进校园、进企业、进军营。建立为重大活动修志的常态化工作机制，引导社会各界开展对史志资源的开发利用，进行重大课题研究。加快修志成果转化，利用群众喜闻乐见的形式，制作齐鲁历史文化系列动漫，扩大方志文化影响。全面完成《山东省历代方志集成》整理出版任务，及时将旧志整理成果数字化。完成《山东省对口支援西藏志》《山东省对口支援新疆志》《齐鲁历史名人传略》等编纂工作。发挥史志部门优势，深入挖掘和阐发齐鲁历史文化，深入开展抗战研究，推出一批有分量的研究成果。

8. 扩大对外交流合作。坚持开门修志，采用多种形式，加强与国外和港澳台地区的高等院校、科研机构、档案机构、图书馆等单位的交流与合作。引进一批海外藏山东地情文献资料，推介一批高质量的史志成果，增强齐鲁文化和方志文化的影响力。

三、保障措施

（一）加强组织领导。坚持和完善“党委领导、政府主持、地方史志工作机构组织实施、社会各界广泛参与”的工作体制，全面落实“一纳入、八到位”。各级史志机构特别是县级机构的设置和人员编制要与其履行职能、顺利开展工作的要求相适应。按照德才兼备原则和专业要求，配齐配强史志机构的领导班子。按照政治强、业务精、作风硬的标准，充实史志工作队伍。各级各部门要把关心支持史志工作作为义不容辞的职责，切实解决人员、经费、必要工作条件和工作中的困难。各级政府要把史志工作所需经费列入财政预算。省志承编单位要稳定修志队伍，保障修志条件，确保工作有序开展。

（二）加强依法治志。认真履行《地方志工作条例》和《山东省地方史志工作条例》赋予的各项职责，切实提升依法行政的能力和水平。根据形势发展的要求，进一步完善与两个条例相配套的工作制度体系和实施细则，为全省史志事业发展提供法律依据和制度保障。适时开展《山东省地方史志工作条例》修订工作。开展政府行政执法检查和定期政务督查，依法纠正、查处执行不力和违法行为，推动史志工作法规规章的贯彻落实。建立修志工作动态管理机制，定期检查通报工作进展情况，保障史志事业健康发展。

（三）加强队伍建设。实施新一轮修志人员培训五年规划。建立分层次分类型培训的长效机制，分级实施对修志编鉴、理论研究、开发利用、信息化和方志馆建设、史志资料征集管理等不同层次的专项培训。建立省级、市级史志专家库，充分发挥史志专家和社会各界有关专家、学者的作用，为史志事业发展提供智力支持。吸纳社会力量参与史志工作，利用购买服务、课题外包、建立志愿者队伍等形式，拓宽人才渠道，建立灵活的用人机制。鼓励和支持业务人员接受专业继续教育，不断优化人才成长环境。按照国家有关规定，开展先进集体和先进工作者评选表彰活动，营造干事创业的良好氛围。

（四）加强舆论宣传。利用各级各类新闻媒体，大力宣传史志部门贯彻落实党和国家大政方针及省委、省政府重大决策部署的新举措、史志工作服务经济社会发展的新成绩、史志工作者投身经济文化强省建设的新贡献。挖掘史志资源的现实价值、历史价值，设计宣传主题，创新宣传形式，推出一批人民群众喜闻乐见、有较大社会影响力的宣传精品。

（五）加强督促检查。各级各有关部门要结合各自实际，制定本地区本部门的发展规划或实施方案，搞好任务分解落实，对工作不力的地方和单位及时进行督查，确保各项任务落到实处。

本规划纲要由山东省地方史志办公室负责对落实和执行情况进行督促检查。

6月 10 日，大乳山滨海旅游度假区　（高淑新摄）

· 商代 陶甗

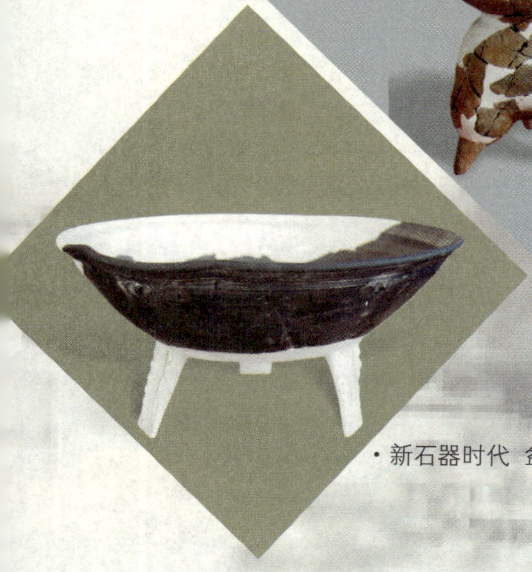

· 新石器时代 盆形鼎

· 西周 陶鬲

· 新石器时代北辛文化 陶鼎

责任编辑：王　浩

·新石器时代龙山文化　罐形鼎

·岳石文化　三足罐

特　载

Features

在全市经济工作会议上的讲话（摘要）

中共乳山市委书记　高书良
（2016 年 1 月 7 日）

这次经济工作会议，主要任务是贯彻落实上级经济工作会议精神，总结 2016 年工作，研究部署新的一年经济工作，引导全市上下统一思想，认清形势，坚定信心，积极作为，确保完成 2010 年各项工作任务，奋力实现“十三五”时期经济社会发展的良好开局。

一、正确把握经济形势，坚定发展信心。对当前中国经济形势要有一个科学的判断。中央经济工作会议将 2016 年经济工作形势概括为四个“没有变”，即中国经济长期向好的基本面没有变，经济韧性好、潜力足、回旋余地大的特征没有变，经济持续增长的良好支撑基础和条件没有变，经济结构调整优化的前进态势没有变。从短期看，困难与压力并存，但从长期看，这些困难和压力不过是波浪前进的新曲面、螺旋上升的新弯道。对此，要冷静分析，善于在困难中看到机遇，在危机中看到转机，切实坚定发展信心，千方百计推动发展，集中精力研究政策，努力谋求更好更快的发展。企业是发展的基础和载体，越是在发展的困难时期越要支持企业发展，保住企业就是保住发展的根本。有基础、条件好的企业，要抢抓发展机遇，用好上级政策，千方百计地加快发展；条件差一点的企业，要想尽一切办法保证企业正常运转、资金链不断裂、职工工资正常发放，维持企业生存；现有产品落后、继续生产经营无望的企业，要尽快转变发展思路，通过转型保住企业；既没有实力也没有潜力、无法转型的企业，要通过转让产权等方式，实行与外合作、借力发展，推动企业“腾笼换鸟”、“凤凰涅槃”。房地产企业也要从中央经济工作会议提出的“去库存”等政策中看到有利条件，努力变房产库存劣势为优势，努力争取更好发展。尽管发展压力比较大，还是要坚持有效益的速度能搞多快就搞多快，乳山经济总量小，要实现威海市提出的 GDP 到 2018 年翻两番的目标，经济增长幅度应当高于省、威海市的平均水平。对此，各级要树立更高的目标追求，坚持高起点、高标准，做大经济总量，提高质量效益，推动经济社会健康快速发展，为“十三五”顺利开局起步奠定坚实基础。

二、正确把握发展方向，保持战略定力。中央“十三五”规划提出“创新、协调、绿色、开放、共享”五大发展理念，为乳山指明经济发展大方向。

*一是推动创新发展。*没有创新就没有活力。在增速换挡、动力转换的新形势下，必须把发展重点放在创新上，不断推进各个层面的创新。政府层面深入研究体制机制、方式方法创新，敢于用新观念指导新发展，用新思维谋划新工作，用新思路破解新难题，着力在产业培育、财政增收、社会治理等方面实现新突破，推动乳山市工作整体提升。改变过去大呼隆式的招商模式，大力推行精准招商，围绕主导产业开展补链招商，围绕新兴产业招引龙头项目，围绕传统产业推进转型升级，围绕农业基地引进产业链条，大力发展农业园区、旅游园区、加工园区、物流园区等，增加财政贡献率。改变单纯招引项目的模式，通过引进孵化器、加速器、创业园区等载体，推动产业项目就地孵化、转化，积极引进基金公司，保障项目资金投入，努力形成高新技术中小企业遍地开花的生动局面。企业层面要深入研究科技创新、人才创新、经营模式和营销模式创新，学习推广伯特利、正洋食品等创新成功经验，大力推进产学研合作，加强公共创新平台建设，推动跨区域跨行业协同创新。要牢固树立人才强企理念，积极引进创新型、管理型人才，完善激励措施，营造人才集聚的良好环境。要探索运用“互联网 +”、大数据、电子商务等模式，通过加强与专业团队合作，降低营销成本，加快市场扩张。

*二是推动绿色发展。*绿色发展是永恒的主题。牢固树立保护生态环境就是保护生产力、改善生态环境就是发展生产力的理念，既要金山银山，又要绿水青山，大力引进安全、低碳、绿色、环保项目，严防“三高一低”项目上马，努力实现经济效益、社会效益与生态效益同步提升。企业要强化绿色生产意识，积极推进节能减排工作，保证产品质量安全，维护好消费者的权益，实现可持续发展。

*三是推动开放发展。*对外开放是国家富强的必由之路，也是区域发展的重要战略。通过推进对外开放不仅能引进一批项目、培育一批企业，更重要的是引进先进的管理理念、经营模式和技术设备，为长远发展蓄足后劲。但与先进地区比，乳山开放的程度和水平远远不够。坚持“乳山以外都是外”，推进更宽领域、更大

规模、更高水平的开放，提高经济外向化程度。扩大对外开放，强化“港口兴市”理念，加快乳山口港开发建设，开通国际航线，研究用好中韩自贸区政策，在与韩合作发展健康产业、文化艺术交流等方面实现新突破。同时，要主动“走出去”，引导昆仑路桥等一批有竞争实力的企业，不断开拓国际市场，利用好国内外两种资源、两个市场。

四是推动协调发展。协调发展主要是城市与农村，一、二、三产业、人与自然，经济社会的协调。大力推进新型城市化建设，统筹中心城区、滨海新区、小城镇和农村新型社区建设，实施好撤镇设街、旧村改造、合村并点等工作，加快一体化建设步伐。要突出“人”的城市化这一根本，切实维护好进城落户农民土地、住房、就业、保障等权益，研究在银滩买房人群的落户政策问题，解决好银滩常住人口少和城市化率不高的问题。

五是推动共享发展。共享发展是发展的目的和动力。要围绕让人民群众得到更多实惠，提高公共服务共享水平，扩大城乡基本医疗卫生服务覆盖面，完善创业扶持政策，缩小收入差距，建立更加公平公正、可持续的社会保障制度，让人民群众真正感受到幸福。要坚持环境共享，不以牺牲环境为代价换取一时的发展，加强矿产、岸线、海洋、耕地等资源保护，推广大乳山的经验做法，搞好生态环境修复，促进经济与资源环境的协调发展。

五大发展理念是不可分割的整体，不可能一蹴而就，需要足够的耐心和定力。要把五大发展理念作为指导经济社会发展的重大方针，作为新常态下引领发展的重大举措一以贯之、长期坚持，充分发挥对经济社会发展的关键引领作用和战略指导作用，推动经济社会长远发展、和谐共享、持续发展。

三、正确把握重点任务，力求工作实效。中央经济工作会议提出“去产能、去库存、去杠杆、降成本、补短板”五大任务，这是今年经济工作的重中之重。

（一）去产能就是着力调整优化产业结构，扩大总量提高质量。中央提出去产能，就是要淘汰和压缩落后产能，不断优化产业结构，而乳山市落后产能不多、压缩空间不大，工作重心要放在扩总量、调结构上，努力做大总量、做优存量。要围绕增加经济总量、优化结构加大工作力度，一刻也不放松地抓好招商引资工作，千方百计新上一批好项目，夯实产业发展基础。要按照供给侧改革要求，围绕增加产品有效供给，引导企业及时调整产品结构，研发人性化、个性化、特色化的产品，提高产品的市场竞争力。食品加工企业要围绕市场需求，研究好个性化生产和产品包装的问题，特别是要做好“乳山牡蛎”特色品牌保护和品质提升工作，努力提高产品质量效益。

（二）去库存就是着力调整房地产结构，推进新型城市化建设。乳山最大的库存是房地产库存，要把去库存的着力点放在房地产结构调整和新型城市化上。要抢抓房地产市场去库存的政策机遇，严格控制新建小区审批，提升小区规划档次，降低增量。要大力推广颐和山水人家和金谷之园电子商务产业园的做法，利用闲置房产资源，采取托管经营、分权度假等形式，发展养生养老地产、旅游地产，盘活工业闲置厂房发展电子商务产业园、创意产业园区，真正把“包袱”变为优势，推动房地产转型升级。要把去库存与新型城市化建设有机结合，利用好上级棚户区改造政策，加快旧村改造步伐，争取用3年时间消化闲置房产，增加城市居住人口，提高城市化率。房地产开发企业要顺应市场规律，主动降低价格，扩大房产销售面积，促使资金回笼，转型发展新兴产业，推动房地产业健康发展。相关企业要转变思路，变单建职工公寓为团购闲置房产，实现节省时间、降低投入和去库存的多重目的。

（三）去杠杆就是创新投融资体制，解决企业融资问题。中央提出“去杠杆”，就是为了解决资本市场杠杆率过高的问题，防止发生区域性系统性风险。但是，“去杠杆”不是去年下调利率、刺激股市等一系列政策全部去掉，而是按照经济规律，主动适应金融工作新常态，合理地发挥杠杆效应，助推经济发展。要研究推动金融工作创新，优化企业融资环境，进一步降低企业融资成本和债务负担，规范民间融资和民间借贷行为，创新金融支持方式，充分用好财政资金的杠杆

1月7日，全市经济工作会议召开 （辛戈摄）

作用，采取产业基金扶持、挂牌上市、实施“助保贷”、风险补偿、发行企业债券等形式，推进企业扩大直接融资规模，引导更多的资金投向实体经济。要引导企业利用好项目、好产品，加强与外合作，引进资金入股，解决投入不足的问题。要抓紧组建金融投资公司，发挥国运公司融资平台作用，鼓励民间投资参与基础设施、公共服务领域的建设运营，力求在 PPP 融资等方面实现新突破。

（四）降成本就是要着力降低企业的运行成本，营造良好营商环境。尽管近年来审批服务一再优化，但企业办事难、办事贵的问题仍然存在。要把降低行政成本、优化营商环境作为重点来抓，大力推进简政放权，优化审批流程，改进审批服务，最大限度地减少企业在审批过程中的时间成本和服务成本，释放经济发展活力。要引导企业自身不能做或成本较高的设计、销售、排污治理等环节，外包给第三方专业机构，通过改革创新降低经营成本。

（五）补短板就是着力解决发展不均衡的问题，推动统筹协调发展。对于乳山来说，主要面临四大短板：一是城乡收入失衡，贫富差距过大，乳山市省定贫困村共有 45 个，涉及 11140 多人，人均收入不足 3372 元，保险、看病等基本保障都满足不了。二是南北发展失衡，虽然多年前就提出“突破北部”的问题，但是北部发展一直没有突破。三是产业结构失衡，二产薄弱的问题没有得到根本解决。四是城市功能失衡，一些基本公共服务不完善，园区供水、污水、蒸汽、供暖等基础设施不配套，重大交通公路基础设施不完善。针对这些“短板”，一是要实施精准扶贫。把精准扶贫作为一项重大政治任务，建立精准扶贫工作机制，摸清低收入家庭和群体底数，分类研究扶贫方案，设立专项扶贫资金，搞好财政兜底资金测算，引导各方资源参与帮扶，确保按期完成扶贫任务，坚决打赢精准脱贫攻坚战。二是要研究推进“突破北部”战略。抓住烟海高速开通、文莱高速建设的机遇，引导北部镇大力发展现代农业、休闲旅游产业，大力引进总部经济，加快发展农业园区，延伸产业链条，培植镇域新的税源，彻底消灭财政收入 1000 万元以下的镇。三是要坚定不移地实施“产业强市、工业带动”战略。大力发展新兴产业和新型业态，引导现有企业瞄准产业链高端实施技改扩规和设备更新，推进工业化与信息化融合、制造业与服务业融合。四是要完善基础设施。加大园区配套力度，抓好经济开发区污水处理厂建设，解决好食品和生物科技产业园燃气、海水配套和海湾新城供暖问题，提升园区发展承载力。要加大跑上对接力度，做好青海荣城际铁路乳山段、乳山口港一类开放口岸争取、跨海大桥建设等相关工作，为乳山长远发展奠定基础。

四、正确把握党委统筹的工作大局，推动各项工作落实。发展是第一要务，是党的工作重心。要切实发挥好党总揽全局、协调各方的领导核心作用，加强党对经济工作的领导。各级党委书记要切实强化主业主责意识，真正做到经济和党建“两手抓、两手硬”，充分调动各方面积极性，确保各项工作任务落到实处、干出成效。

一要抓好规划谋划。发展是乳山市共同的责任，不仅是镇区和经济部门的事，各级各部门都要围绕发展研究措施，主动把部门工作放在全国、全省和全市大局中来考量，搞好规划谋划，切实提高推动发展的能力，以实际的工作成效推动区域发展。比如，编委办要围绕经济发展，科学设置机构，确定机构“三定”方案；老龄办要围绕老年人服务和老年营养品、保健品开发，抓好产业招商工作；政法部门要围绕宏观管理，保证正常的经济秩序；台办要围绕引进科技含量高、带动作用强的台资企业，服务经济发展；工商联要围绕对接各级工商联组织，加强对国内大企业推介招商。

二要大兴学习之风。从市委班子和市级领导干部带头，坚持走出去，采取“拿来主义”的方式，在借鉴外地成功做法的基础上，研究完善工作思路，更好地指导乳山市工作。市委常委和副市长每个季度至少要带队外出学习 1 次，各镇区和部门主要负责人每个月至少要外出学习 1 次，提高驾驭经济工作的能力。针对最近一个时期国家政策大量出台的实际，各级领导干部要注重学习政策、研究政策、用活政策，认真搞好分析研究，结合实际为我所用，提高跑上争资的针对性和实效性。

三要调动方方面面的积极性。干事创业关键在人，干部是推动区域经济社会发展的“关键少数”。党委领导经济工作，关键在于调动干部、企业、农村和群众等方方面面的积极性。各级各部门主要负责同志要研究做好干部的思想工作，注重感情沟通和心灵交流，不断增强组织向心力和干部队伍活力。要建立“能者上、庸者下、劣者汰”的用人导向，让想干事、能干事、干成事、不出事的干部有为有位。要大力营造推动大众创业、万众创新的政策环境和体制机制，吸引企业家和群众干事创业，不断激发全社会的创新活力和创造潜力。

四要狠抓责任落实。目标任务确定之后，关键在于抓好落实。要加大重点工作督导落实力度，围绕确定的经济社会发展目标和具体工作部署，搞好任务分解，层层落实责任，层层传导压力。要把强化问责作为推动工作落实的重要手段，建立完善责任追究工作机制，对推进工作中进展迟缓、效率低下的，要严肃追究相关领导和责任人的责任，真正做到不担当就追责、不负责就问责。

五要持续转变作风。工作能不能落实下去，干部作风是保障。近年来，通过持续不断开展专题教育加强作风建设，取得一定成效，但干部队伍中不作为、乱作为的现象仍然存在。有的干部面对问题推诿扯皮，面对难题不敢表态，面对责任不敢担当；有的干部该办的事不办，不该办的事乱办，甚至利用手中的权力乱作为，2015年处理一批不作为、乱作为的干部，在乳山面上起到警示教育效果。下步，要继续加大不作为、乱作为问题的查处力度，坚持以责任追究推动工作落实，不仅要坚决打击乱作为的行为，而且要严肃查处不作为的问题，坚决追究对党的路线、方针、政策和市委、市政府的工作部署不贯彻、不落实的干部，为乳山经济社会发展提供坚实保障和不懈动力。

7月1日，大乳山滨海旅游度假区　（于泳摄）

政府工作报告(摘要)

——2016年2月19日在乳山市第十七届人民代表大会第六次会议上
乳山市人民政府市长 周兵

“十二五”时期是乳山发展极不平凡的五年。五年来，面对错综复杂的发展环境和十分艰巨的发展任务，各级在市委的坚强领导下，深入贯彻落实党的十八大和十八届三中、四中、五中全会精神，主动适应新常态，积极应对新挑战，在经济下行压力加大的情况下，实现经济稳健增长、结构持续优化、发展质量与效益同步提高，现代化幸福乳山建设取得显著成绩。

“十二五”时期政府工作回顾

“十二五”是区域经济协调发展、综合实力显著增强的五年。地区生产总值年均增长8.8%，人均地区生产总值年均增长9.3%，公共财政预算收入年均增长15.4%，固定资产投资年均增长17.9%，社会消费品零售总额年均增长13.8%，综合实力位居“2015年度全国中小城市科学发展百强县”第81名。

“十二五”是转型升级步伐加快、产业结构实现突破的五年。坚定不移地实施“产业强市、工业带动”战略，全面推进产业提升发展计划，三次产业结构比例调整为8.3 : 47.5 : 44.2。农业产业化进程加快，累计完成农业结构调整13.8万亩，新增“三品一标”39个，培育威海市级以上农字号龙头企业22家，荣获“全省出口农产品质量安全示范区”称号。工业支柱地位提升，深入实施“千百十”工程，培育壮大装备制造、绿色食品、新材料等优势产业集群，打造“三区十园”产业平台，累计实施威海市级重点工业项目84个，完成技改财务支出143.3亿元，规模以上工业企业达到362家。现代服务业加速发展，在提升休闲旅游、文化产业的基础上，重点培育壮大健康产业、电商经济等新兴业态，服务业增加值年均增长14%，荣获“全国文化先进市”、“中国长寿之乡”、“全省首批信息消费试点市”和“全省农村电商试点市”等称号。

“十二五”是改革创新全面深化、开放层次不断提升的五年。成立全面深化改革工作领导小组和八个专项小组，推进以政府机构改革、国有企业组建为重点的体制机制改革，以土地经营权流转、农村集体产权制度改革为重点的农村综合改革，以及以公立医院改革、校长职级制改革为重点的社会事业改革，为区域发展增添新动力。坚持把创新贯穿经济社会发展的全过程，全面推进金融创新、科技创新和大众创新，完成农信社银行化改革，引进招商银行、中信银行、民生银行等金融机构，率先开展民间资本整合和新型农村合作金融试点，6家企业实现资本市场挂牌，组建产业基金2支，股权融资、私募债融资实现新突破。开展“创业乳山·富民行动”，组建省级创新平台10家、产业孵化器3家，新增高新技术企业17家，高新技术产业产值占比年均提高1.3个百分点。抢抓“一带一路”、“中韩自贸区建设”等重大战略机遇，累计引进投资过亿元项目68个，完成企业与外合作37家，实际利用内资、实际到账外资、外贸进出口总值年均分别增长15%、8.1%和7.6%。加大争资立项力度，累计到位无偿资金36.5亿元。

“十二五”是市域一体步伐加快、城乡统筹水平提升的五年。调整镇区主体功能区划，城市建成区面积达到33平方公里，户籍人口城镇化率达到40.4%。完成烟海高速、国省道改造等区域路网建设工程，启动乳山口大桥、文莱高速建设前期工作，改造农村道路278.9公里，推进乳山口港扩建工程，完成城乡公交一体化改革，区域交通条件全面改善。投资8亿元实施城乡电网改造，完成城区和滨海新区天然气置换，建成北郊热电厂和新热源厂，新增供热面积161万平方米。新建银滩第二污水处理厂及14处镇级环卫处理设施，城市污水集中处理率达到97%，荣获“全省城乡环卫一体化全覆盖市”称号。改建新建金牛山公园、河滨公园、母爱文化广场等公共休闲场所，完成40条城市道路和背街小巷的改造升级，新增城市绿地355万平方米，城区绿化覆盖率达到45.7%。投资23.6亿元完成滨海新区道路桥涵、园林绿化等6大类基础设施建设工程，为新区大开发、大发展夯实基础。新增城市社区8个、农村新型社区152个，改造老旧小区7个、棚户区100万平方米、农村危房2121户，实施农村改厕8700户。启动“五城联创”工程，通过国家卫生城市省级暗访，获得国家智慧城市试点。

“十二五”是绿色发展深入人心、生态环境持续改善的五年。坚持生态优先发展理念，持续开展环境综合整治行动，顺利通过“国家环保模范城市”复核验收，成功创建“国家生态市”。狠抓节能减排工作，实施企业排污监管、环保设施改造、黄标车治理淘汰等污染防治专项行动，全面完成各项节能减排约束性目标。建立石材矿山有序退出机制，累计盘活闲置低效用地1065亩，顺利完成耕地保护责任目标。实施海岸带综合整治与生态修复工程，拆除各类违规违章建筑5.6万平方米，大乳山景区作为生态修复的典型在第21届联合国气候变化大会上向世界推介。以建设“美丽乡村”为目标，实施549个村的农村环境综合整治，农村环境面貌发生显著变化。完成绿化造林16.3万亩，乳山市森林覆盖率达到34%。

“十二五”是公共服务水平提高、社会事业全面发展的五年。在广泛征求社情民意的基础上，扎实办好民生实事，加快发展社会事业，集中力量解决一批群众关心、社会关注的民生问题。完成高中教育布局调整，在全省率先实现农村义务教育“一镇一校”和公办托幼教育“一镇一园”的规划目标，新建义务教育阶段九年一贯制学校2处，配置标准化校车149辆，创建“全国义务教育发展基本均衡县”。实施市人民医院、中医院和第二人民医院改扩建工程，完成147个重点村卫生室达标升级，率先实现全省县域数字化接种门诊“全覆盖”，创建全国首批“慢性病综合防控示范区”。全面加大社会保障力度，累计实现城镇就业5.1万人、农村劳动力转移就业2.8万人，城镇登记失业率控制在1.5%左右；完成新农合与城镇居民医疗保险的并轨整合，健全失地农民生活保障制度，提高农村居民最低生活保障、农村五保集中和分散供养等财政补助标准，各项社保待遇保持全省领先水平。设立市民服务中心，组建群众工作部，建立常态化走访群众机制，群众满意度连续5年居威海市各区市前列。积极践行社会主义核心价值观，大力弘扬母爱文化、仁爱文化、红色文化，公共文化服务体系进一步健全。建成威海马石山红色教育基地，被评为“全国爱国主义教育示范基地”。深化平安乳山建设，完善道路交通、森林防火、消防管理、应急避难等安全基础设施，加大应急救援装备

2月19日，乳山市市长周兵在乳山市第十七届人民代表大会第六次会议作政府工作报告 （辛戈摄）

配备力度，安全事故防范和应急处置能力进一步提高。此外，信访维稳、人民武装、工会、青少年、妇女儿童、残疾人、老龄、广播电视、民族宗教事业稳步发展，粮食、物价、供销、外事、对台、防震、人防、气象、档案、史志等工作都取得新成绩。

“十二五”是依法行政全面推进、自身建设不断加强的五年。扎实开展党的群众路线教育实践和“三严三实”专题教育活动，持续改进机关工作作风，切实加强政府自身建设。积极推进简政放权、放管结合，完成新一轮政府机构改革和事业单位改革，全面公布行政审批事项目录清单、行政权力清单、政府责任清单，在建设工程审批、市场主体设立等领域推行模块化审批、联审联批模式，取消行政审批事项212项。坚持按程序议事、按制度办事，完善政府重大行政决策合法性审查制度，理顺规范性文件“三统一”程序要求，加强基础管理工作，保障政务运行依法依规、公开透明。坚决维护市委的权威，自觉接受人大的法律监督、政协的民主监督和社会的舆论监督，办理人大代表建议和政协委员提案421件，办结率达到100%。认真贯彻落实中央八项规定，始终保持惩治腐败的高压态势，实现干部清正、政府清廉、政治清明，为经济社会发展营造良好政治生态。

乳山经济运行总体平稳、稳中有进、稳中向好。完成地区生产总值477.2亿元，增长8.4%；固定资产投资475亿元，增长13.6%；公共财政预算收入31亿元，增长12.2%；社会消费品零售总额214.2亿元，增长11%；实际利用内资127.5亿元，增长15%；实际到账外资8706万美元，增长19.6%；外贸进出口总值8亿美元，增长12.6%；城镇和农村居民人均可支配收入分别达到30445元和13775元，分别增长8.4%和8.9%。在威海市2015年度目标绩效考核中，乳山有26项指标居各区市第一或并列第一，实现“十二五”的胜利收官。

在肯定成绩的同时，清醒地看到，经济社会发展仍然面临诸多深层次和结构性的矛盾问题，突出表现在：经济结构不尽合理，制造业层次不高，现代服务业比重偏低；企业自主创新能力较弱，高新技术产业产值占比较低；产品市场竞争力不强，对外贸易增长趋缓，产业配套、招商环境、人力资源等存在一定差距；区域发展不平衡，城镇化水平较低，城乡公共服务体系仍需完善；重点领域改革需要深化，瓶颈制约问题仍然较多；节能减排压力较大，资源利用效率仍然不高；

群众生活水平尚需提高，保障和改善民生的任务仍然繁重；政府自身、民主法制、精神文明建设还存在薄弱环节；等等。对于这些问题，一定强化忧患意识、责任意识，不断加强和改进工作，决不辜负乳山市人民的殷切期望。

“十三五”时期的总体要求和目标任务

“十三五”时期是全面建成小康社会的决胜阶段，政府工作的总体要求是：深入贯彻落实党的十八大及十八届三中、四中、五中全会精神，按照“四个全面”战略布局要求，牢固树立“创新、协调、绿色、开放、共享”的发展理念，突出产业强市，深化改革创新，扩大开放合作，加速市域一体，优化生态环境，改善民生福祉，统筹推进经济、政治、文化、社会、生态文明和党的建设，加快形成与新常态相适应的体制机制和发展方式，着力实现经济发展质量与效益的同步提升，全面打造产业结构优、创新动力足、文化底蕴实、生态环境美、社会和谐好的现代化幸福新乳山，确保提前建成全面小康社会。

（一）坚持创新发展，在更高水平上推进创新创业。全面实施创新驱动发展战略，激发社会创新活力和创造潜能，培育产业新体系、拓展发展新空间，努力实现更高质量、更有效率、更可持续的发展。现代产业体系更趋完善，产业转型步伐明显加快，三次产业结构比例调整为 6 ∶ 44 ∶ 50。打造“三轴三带三区”的农业产业布局，大力发展“农业园区 + 休闲农业 + 仓储物流 + 电子商务”的产业链条，加大农业园区设施配套，鼓励创建地理标志商标认证，保护和推广优势农产品品牌。突出产业集群化发展，大力培育装备制造、绿色食品与生物科技、新材料、节能环保、纺织服装等产业集群，积极发展电子信息、新医药与医疗器械、智能装备、物联网等新兴产业，促进产业内涵式增长、集群化膨胀。加快提升文化休闲旅游、房地产、文化创意、现代物流和商务服务产业，推动服务业发展向现代高端转变。发挥健康产业、蓝色经济、消费带动和新型商业模式的引领作用，推进产业融合发展，培育新的产业增长极。区域创新能力全面提升，围绕产业链培育创新链，打造吸引各类人才的创新主体，组建国家级和省级企业创新平台 15 家以上，签订产学研合作协议 150 项以上，设立孵化器、众创空间 15 处以上，实现国家级创新平台和创业平台“零”的突破。金融支撑体系更趋完善，调整优化融资结构，扩大社会融资总量，力争银行业金融机构达到 15 家，新增挂牌企业 15 家，实现创业板上市新突破，完成资本市场融资 10 亿元，设立股权投资基金 5 支以上，实现企业股权融资 12 亿元。改革创新活力全面释放，抓住结构性改革这个主要矛盾和供给侧改革这个矛盾的主要方面，加快改革攻坚步伐，深入推进投融资改革、财税体制改革、国有企业改革、农村综合改革和社会事业改革等各个领域的改革，加快形成有利于创新发展的体制机制和政策环境，更大程度激发大众创业、万众创新的潜力和活力。

（二）坚持协调发展，在更高水平上推进市域一体。坚持“全域城市化、市域一体化”，全面提升城镇化发展水平，以城市化推进北部突破、中部崛起、南部提升。城市发展布局更加优化，完善“一轴两带、三区对接、多点组团、一体发展”的空间布局，形成错位补位、对接融合的“品”状城市板块。加快乳山口镇、海阳所镇、白沙滩镇等重点镇和示范镇建设，积极推进“撤村并点”和镇级区划调整。城镇化质量全面提高，坚持以人的城市化为核心，加快推进城中村、老旧小区和棚户区人口完全城市化、农业转移人口市民化、银滩外地居民常住化和基本公共服务均等化，户籍人口城镇化率达到 52% 以上。幸福美丽乡村加快建设，推进城市基础设施向农村延伸、公共服务向农村拓展、社会保障向农村覆盖，稳妥发展新型农村社区，改善农村生产生活质量。基础设施更加完善，按照“适度超前、优化布局、完善网络”的原则，以推进基础设施互联互通为重点，积极推动城际铁路、疏港铁路、跨海大桥、高速公路等重大项目建设，加速融入半岛城市群。完善市政基础、公园水系、公共交通、能源水利等设施网络，统筹推进岸线修复和海绵城市建设。智慧城市建设持续提升，实施“互联网 +”行动计划，推进城市大数据开发，推广应用物联网、云计算等技术，促进生产智能化、经济网络化、服务远程化，市域信息化水平全面提升。

（三）坚持绿色发展，在更高水平上推进生态建设。实施最严格的环境保护制度，全面完成节能减排约束性目标任务，加快建设资源节约型、环境友好型社会。主体功能区功能更加完善，坚持“因地制宜、区域统筹、特色发展”的理念，有序推进优化开发区、重点开发区、限制开发区建设，严格控制人为因素对自然生态的干扰，各类开发活动限定在资源环境承载能力之内。环境保护措施更加有力，严格落实大气、水、土壤污染防治行动计划，推进多污染物综合防治和环境治理，实行联防联控和流域共治，推进生态建设，保护生态系统，不断改善生态环境质量。资源循环利用更加有效，实施能源和水资源消耗、建设用地等总量和强度双控行动，推动建立绿色低碳循环发展产业体系，以技术创新推动构建资源消耗低、环境污染少的产业结构。生产生活方式更加绿色，推行绿色生产方式、生活方式和消费模式，严格执行新建建筑节能设计标准，大力提倡绿色出行，实施绿色照明工程，全面达到国家级生态文明建设示范区标准。生态监管体系更加健全，实施环境保护战略区划，严守生态保护红线制度，完善生态环境监管制度，严格落实责任追究制度，推动化工产业转型升级，形成系统完整的生态文明体系。

（四）坚持开放发展，在更高水平上推进与外合作。坚持内需外需协调、两个市场平衡、引进来与走出去并重、引资与引技引智并举，推动更深层次、更高水平的开放合作。全面融入开放战略布局，抢抓“一带一路”等国家战略，积极参与全球经济合作和竞争，加快推进中韩自贸区建设，打通中韩海上交通“走廊”，打造中韩商品交易集散中心和中转枢纽中心，推进旅游和医疗领域全面合作。积极优化对外贸易结构，推动外贸向优质优价、优进优出转变，积极发展多领域外包模式，大力发展跨境贸易与电子商务。创新利用外资方式，在“引进来”的同时，引导有条件、有市场、有潜力的企业“走出去”，开发好国外资源和市场，推动更多企业走向世界。加快提升特色园区开发水平，着力打造“三区十园”（经济开发区、滨海新区、城区及临港产业园、新能源产业园、新材料产业园、食品与生物科技产业园、新兴产业园、科技产业园、健康服务产业园、创新创业园、高新技术产业园、节能环保产业园等），积极推进下初化工建材、诸往铸造工业等小区建设，加快形成功能互补、联动发展、产城融合的特色产业板块。

（五）坚持共享发展，在更高水平上推进民生改善。坚持共同发展、发展共享，实现全体人民共同迈入全面小康社会。群众收入持续增加，进一步推动充分就业，缩小收入差距，城镇登记失业率控制在1.5%以内，城镇在岗职工平均工资和农村居民人均可支配收入年均增长9%以上。基本公共服务稳步提升，覆盖城乡的社会保障体系更加健全，城乡一体、均衡发展的现代化教育格局加速形成，现代公共文化服务体系全面建成，城乡居民主要健康指标持续提升，公共服务攻坚能力和共享水平不断提高。人口老龄化问题有效应对，全面落实一对夫妇可生育两个孩子政策，出生人口性别比得到改善，妇幼保健水平不断提高，敬老、养老、助老社会风尚逐步形成，多层次养老服务体系不断健全。公共安全保障能力持续增强，安全发展观得到牢固树立，平安建设取得重大进展，社会治理基础建设不断加强，城市安全防范体系和民生安全保障网络更加完善，人民群众安全感切实增强。社会文明程度不断提高，深入开展精神文明创建、乡村文明行动，社会主义核心价值观深入人心，新时代的乳山精神得到大力弘扬，凝聚起昂扬向上的精神力量，鼓舞起奋发有为的创业激情，共同实现“十三五”宏伟蓝图，全面谱写科学发展新篇章。

2016年政府工作安排

2016年主要预期目标为：地区生产总值增长8.5%左右，公共财政预算收入增长10%左右，固定资产投资增长13%左右，社会消费品零售总额增长11%左右，实际利用内资增长15%左右，实际到账外资增长10%左右，外贸进出口总值保持稳定，城镇和农村居民人均可支配收入均增长9%左右，全面完成年度节能减排约束性目标。主要任务是：

（一）构筑现代产业体系。举全市之力推进“产业强市、工业带动”战略，加快构筑高端高质高效的现代产业体系。一是构筑新型工业体系。抢抓“中国制造2025”带来的重要机遇，改造提升传统产业，培育壮大新兴产业，推动工业经济提质提效、持续带动。实施产业转型工程，以链条延伸为方向，以技改扩规为抓手，引导装备制造产业、绿色食品与生物科技产业、新材料产业、节能环保产业、纺织服装产业向高端高质高效转型。实施工业强基工程，以工业化和信息化融合为方向，推进“机器换人”，建设“智能工厂”，逐步实现制造过程的智能化、柔性化和敏捷化升级，提高生产效能，降低生产成本。实施梯队培育工程，全面落实“小升规、普升高、个转企”政策，年内新增规模以上工业企业20家，销售收入过亿元企业25家。实施重组整合工程，鼓励现有企业通过战略投资、股权合作、重组改造等方式加强与外合作，对资不抵债、扭亏无望的“僵尸企业”积极稳妥推进重组整合或市场退出。二是构筑现代农业体系。坚持以工业理念引领农业、以工业模式发展农业、以工业园区培育农业，重点发展苹果、葡萄、大姜、牡蛎等现代农业“12大链条”，培育壮大一批观光农园、市民农园、休闲农园、科技农园、民俗农园，健全“农资＋基地＋市场”的可追溯体系，年内新增威海市级以上农业龙头企业3家以上，新增规模化专业合作组织20个、家庭农场150家，完成农业结构调整3万亩，积极争创“国家农业产业化示范基地”。三是构筑休闲旅游体系。按照“全域旅游化，旅游休闲化”要求，整合旅游资源，丰富旅游内涵，培育“红色”文化旅游、“绿色”乡村旅游、“蓝色”滨海旅游、“金色”文明旅游等“多彩”旅游品牌，开发滨海度假、医疗养生、温泉体验、美食休闲等四大健康养生旅游产品，推出旅游精品线路，组织好“旅游企业＋项目”、“线上＋线下”营销推介活动，建设旅游公共服务中心，加快打造半岛城市群重要的旅游目的地城市。四是构筑新兴产业体系。大力发展海洋经济，做大“海上粮仓”，做强“蓝色工业”，做活“临港产业”，完成乳山口港一类口岸开放，打造区域重要的海洋产业基地。大力发展健康产业，培育以健康营养产品、健康生物医药、健康产品制造等为重点的健康制造产业，以养生养老、文化旅游、保健管理等为重点的健康服务产业，构建全链条产业体系。大力发展电商经济，实施好电子商务启蒙计划、触网计划和惠民计划，搭建好区域性综合电商平台、现货交易平台、网上合作平台、跨境电商平台，引导更多企业拓展线上线下交易。大力发展文化创意产业，积极培育文化创意产业园区和文化产业孵化器，深入挖掘传统文化与历史建筑等资源，开发创意纪念品、农产品及数字产品，打造文创农业、文创旅游升级版。

（二）激发创新创业活力。大力营造有利于大众创业、万众创新的发展环境，以创新促发展，以创新增活力。一是推进规划谋划创新。遵循“尊重历史、继承发扬”的原则，高起点修编总体规划，高标准谋划产业规划，高质量实施专项规划，真正使规划成为引领区域发展的“总纲”。探索引入第三方评估机制，建立完善中期评估制度，加强规划实施跟踪问效，确保实现“多规合一、无缝衔接”。二是推进科技研发创新。加强政产学研合作，整合重点企业、高等院校、科研机构构建创新链，引导企业独立或联合建立研发机构，推广公共平台“使用券”制度，年内实施产学研合作项目50个以上，组建华信食品院士工作站等省级创新平台3家以上。三是推进融资模式创新。积极引进股份制、地方性金融机构，运营好金融投资公司、柒零新材料产业基金和创业投资基金，抓好企业规范化改制工作，全面推进新型农村合作金融试点，大力发展股权众筹等融资新模式，新增“新三板”或区域性股权交易市场挂牌企业2家以上。四是推进大众创业创新。组建产业孵化器、众创空间等各类载体4处以上，通过与外合作启用科技创业中心，开展好创业创新培训活动，新增省级和威海市级孵化器各1家，新入驻孵化企业50家以上。五是推进品牌建设创新。引导工业、农业、服务业企业通过自主培育、贴牌生产、境外收购等方式创建知名品牌，严格市场监管，完善追溯体系，提升品牌产品市场占有率和美誉度。

（三）扩大对外开放优势。坚持精准定位，在抓好全面招商的基础上，重点加强与500强企业、上市公司、国企央企、民营强企等对接，推进主导产业补链式招商、新兴产业龙头式招商、传统产业提升式招商，加快引进一批优质高效产业项目。坚持精准对接，国内，重点加强与长三角、珠三角、京津冀等区域的合作，充分挖掘各类招商资源，着力引进产业协作、链条延伸型项目；国外，以打造中韩健康产业示范区为方向，加强与韩国在健康产品制造、健康食品、美容养生、跨境电商等领域的合作，积极推进与美国、欧盟、日本等国家和地区的对接，拓展合作空间，提升合作层次。坚持精准发力，充分利用好产业招商、委托招商、基金招商、路演招商、孵化器招商、闲置资源招商、总部经济招商等方式，引进社会资本，吸引项目落户。坚持精准管理，强化“一册一盘一码五库”建设，建立重点项目成长档案和招商引资行程档案，加强专业招商队伍建设，加快培育专业招商人才，促进招商选资工作开展。坚持精准布局，建立多元化融资模式，推进好工业污水处理厂提质以及园区自来水管网、燃气配套、污水管网等项目建设，提升园区承载能力。切实提高入园项目的技术、安全和环保门槛，坚决拒绝落后产能和“两高一资”项目落地。开展好化工企业摸底和打非治违工作，推进危化品企业“进区入园”。

（四）深化重点领域改革。重点深化“五项改革”：一是深化体制机制改革。修订完善行政审批事项目录，抓好行政审批首席代表、书面凭证告知、办理时限承诺等制度落实，建设基础信息数据库、事项信息数据库和网上办事大厅，推进市县镇三级网上联审联批，构建网上政务服务体系。二是深化国有企业改革。健全企业法人治理结构，组建董事监事工作管理中心，适应现代企业管理要求。深化企业管理体制改革，加快推进15家国有企业公司化改制和5家中介机构行政脱钩，稳妥推进“事改企”工作。理顺国有资产管理体制，建立起责任有主体、行为有规范、问责有对象的国资监管体系。三是深化农业综合改革。稳妥推进农村集体产权改革、农村产权交易改革、水利设施产权制度改革和供销合作社综合改革，加快构建与农村经济、农业生产、农民生活相适应的发展机制和服务平台。四是深化社会事业改革。推进县级公立医院人事制度、分配制度和管理制度改革，实施好基础教育综合改革，抓好公车制度改革，确保改革措施落实到位。五是深化财税综合改革。做好“生财、聚财、理财、用财”文章，探索组建旅游开发、林业开发等国有公司，积极推进城投债、小微企业增信集合债和专项债券发行，编制完善三年滚动投资项目计划，加大争资立项力度，年内确保到位无偿资金7亿元以上。健全财政预算体系，完善事前事中事后全过程监管机制，提高财政绩效。加强政府债务管理，控制债务规模，确保把政府债务水平控制在威海市考核范围内。调整理顺市镇财政体制，加强镇级财政预算管理和农村财务管理，保障镇级运行。

（五）推进市域一体发展。以提高城镇化率为目标，全面推进“全域城市化、市域一体化”。一是推进“三个市民化”。全面落实居住证制度，加快推进棚户区改造，统筹实施村改居、村集体资产改制等工作，着力推进外来务工人员市民化、城中村和城边村原有居民市民化以及农村就地转移就业人口市民化。二是统筹公共资源配置。统筹城乡交通公路建设，抓好乳山口大桥、文莱高速等重大交通以及省道升级、县乡道路改造和农村公路生命安全防护工程，实现农村道路通行无障碍、安全无隐患。统筹城乡基础设施建设，抓好变电站增容及中低压农网改造升级工程，实施好龙角山水库上游人工湿地、乳山河地下水库等重大工程以及农田水利建设、农村水源地保护、农村饮水安全等项目，实现城乡生产生活现代化。统筹城乡服务设施建设，抓好城市社区、城市日间照料中心、农村幸福院、农村敬老院改扩建及农厕无害化改造，完善基层文化队伍、公益电影放映、戏剧下乡、养老服务等补助机制，实现城乡公共服务常态化。统筹城乡建管能力建设，推进“建管分开、管办分离”，抓好绿色建筑和地下综合管线建设，合理布局停车设施，缓解停车难等“城市病”问题。三是稳妥发展房地产业。把“去库存”作为推动房地产业发展的首要任务，通过深化住房制度改革、扩大公租房保障范围、发展住房租赁市场、鼓励降价销售、取消过期限制措施、棚改回购安置等手段，扩大有效需求，打通供需通道，力争消化库存20%以上。抬高开发准入门槛，加强社区商业、休闲绿地、托幼机构等功能配备，打造一批标杆式小区，带动房地产业向高层化、电梯化、社区化升级；运用好省财政扶持政策，抓好老旧小区的改造提升，完善小区功能，提升宜居水平。

（六）**加强生态环境建设**。建立网格化环境监管体系，开展好企业安全生产、环保达标、庭院绿化综合检查活动，促进企业管理升级。抓好沿海防护林、欧投银行生态造林和森林抚育项目，年内确保完成绿化造林4万亩、中幼林抚育5.2万亩。整合林业、水利、环保等方面的湿地资源，对重点河道进行保护提升。加强土地利用的规划管控、市场调节、标准控制和考核监管，提高节约集约用地水平。实施蓝色海岸保护行动，推进好海岸带综合整治与近海生态修复工程，统筹陆域污染治理和海洋生态环境保护，加强海洋环境污染源头控制。实施好乡村连片治理等项目，保护好“乡村记忆”村落，打造一批家园美、田园美、生态美的乡村典型。

（七）**持续改善民生福祉**。把保障和改善民生放在更加突出的位置，抓好总投资47.2亿元、年度投资28.1亿元的10大类、289项便民利民实事，提高群众的满意度和幸福感。抓好精准扶贫工作，建立脱贫工作责任制，精确配置帮扶资源，充分调动农村组织、农民群众的能动性，做好与农业结构调整、新型农村合作金融、农村加工贸易等结合文章，构建专项扶贫、行业扶贫、社会扶贫“三位一体”的格局，全面完成脱贫攻坚任务。办好人民满意的教育，抓好光明街小学、中小学生综合实践教育中心、公办幼儿园建设及学校塑胶操场改造、教育信息化平台建设等设施升级工程，化解好城镇中小学“大班额”问题，积极创建“全国义务教育学校管理标准实验区”。提升医疗服务水平，在论证组建医疗产业集团、优化医疗机构布局的基础上，抓好基本药物制度、基本公共卫生项目实施，提高“医联体”服务实效性，构筑“基层首诊、双向转诊、分级诊疗”的就医格局。提高文化服务水平，加快现代公共文化服务体系建设，推广实施47项公共文化服务标准，加大公共文化消费供给，满足群众文化需要。提高社会保障能力，抓好投资1.35亿元的城乡居民养老保险扩面，研究制定临时救助政策，解决遭遇突发性、紧迫性、临时性基本生活困难群众的救助问题。持续推进“五城联创”，如期完成各项创建任务，让城市更加宜居宜业、靓丽文明。

（八）**提升社会管理水平**。健全基层群众自治组织，积极开展基层民主协商。加强市场秩序监管，建立市场风险预警制度，健全市场主体信用体系，实时监测分析市场秩序，全力营造公平竞争的市场环境和安全放心的消费环境。按照“对历史负责、对发展负责”的原则，对企业改革、项目建设、房地产开发、国有资产管理、专项基金发放、土地供给等领域的重点问题，逐一建立档案，实行销号管理，聘请律师团队、依靠部门联动依法依规加快解决。强化安全发展理念，严格依法治理，落实问责机制，持续抓好重点领域安全生产工作，建立政府购买第三方安全生产服务机制，健全隐患排查治理和安全预防控制体系，加强应急管理培训和演练，筑牢安全生产防线。

8月9日，大乳山滨海旅游度假区湿地　（于泳摄）

· 汉代 陶瓮

· 汉代 高领陶罐

· 战国 陶罐

· 战国 陶壶

责任编辑：吕素坡

·战国 陶豆

大事记

Events

◎ 1—12月乳山市大事记

◎ 便民利民实事落实

1月

4日

乳山市人民医院被国家卫生和计划生育委员会列入全面提升县级医院综合能力第一批500家县医院名单。

13日

乳山市召开全市经济工作会议，总结2014年经济工作，研究部署2015年经济工作任务。会议提出，用工业理念谋划农业发展，用工业经济推动休闲度假经济，用工业发展带动城市化建设，提升产业对经济发展的支撑力。

22日

“银滩一大乳山”海岸线入选山东省海洋与渔业厅、山东省旅游局评选公布的全省首批“齐鲁美丽海岸”。

2月

9日

民生银行威海分行乳山支行开业运营，成为民生银行威海分行继石岛、荣成支行后开业的第3家支行。

13日—15日

中国人民政治协商会议第九届乳山市委员会第四次会议召开。会议决议补选王祥芹为九届乳山市政协主席，通过乳山市政协九届四次会议公报。

14日—15日

乳山市第十七届人民代表大会第四次会议召开。会议通过关于《政府工作报告》《人大常委会工作报告》等6个决议。

26日

乳山市委、市政府召开乳山市经济工作暨履行机关岗位目标责任制总结表彰会议，回顾总结2014年度乳山市经济工作和市镇机关履行岗位目标责任制情况，表彰先进集体和先进个人，动员乳山市各级进一步解放思想，振奋精神，改革创新，加压奋进，推动各项工作不断跃上新台阶。

3月

11日

乳山市颁发首届“文学艺术奖”，吕剧《使命》、国画《四季如歌》2件作品获金奖，短篇小说集《世间新语》、油画《沧桑岁月》、草书《遥碧亭》、人物摄影《盛世祈福》、专题片《红色的爱》、歌曲《人间第一爱》、情景剧《爱的缩放》等29件作品获银奖，吕剧《乳娘》等6件作品被授予特别荣誉奖。

19日

乳山市政府召开“五城联创”工作动员会议，对创建全国文明城市、国家卫生城市、国家健康城市、国家智慧城市、国家食品安全城市工作进行动员部署，引导全市上下统一思想，坚定信心，明确目标，重抓落实，统筹推进各项创建工作，确保创城工作取得成功。

24日—25日

乳山市委书记高书良带领有关部门负责同志，赴青岛高新区蓝色硅谷产业带、青岛汉河电缆股份有限公司、青岛科技大学科研基地等有关园区、重点企业和科研院所考察，并就有关合作投资项目进行重点走访和对接交流。

4月

2日

乳山市委副书记、市长隋建波带领相关部门负责同志，赴青岛市经济和信息化委员会、青岛海湾集团、中科院青岛生物能源与过程研究所、青特集团、青岛海利尔集团等相关部门和重点企业，就推动重点项目合作进行走访对接。

16日

韩国韩中日友好交流协会商务考察团到乳山市参观考察，乳山市领导高书良、王祥芹在银滩大酒店会见考察团一行。

20日

由全国31家媒体总编、记者一行54人组成的媒体名编名记采风团到乳山市考察采风，在银

4月21日，总政歌舞团慰问演出　　（宣传部提供）

滩、大乳山等景区景点体验并对其宣传。

21 日

总攻歌舞团到乳山市进行慰问演出。

5 月

12 日

乳山市第十七届人民代表大会第五次会议召开。会议补选周兵为乳山市人民政府市长，卫玮、郭祝为副市长。

13 日

乳山市与阿里巴巴集团签订合作协议，成为该集团“千县万村”工程第二批农村试点县。

18 日

济南军区副政委张烈英、山东省军区副政委孙显宁到乳山市调研民兵预备役工作。

19 日

乳山市委书记高书良为乳山市领导干部上专题党课，乳山市“三严三实”（严以修身、严以用权、严以律己，谋事要实、创业要实、做人要实）专题教育启动。

23 日

威海市委副书记、市长张惠到乳山市调研防震减灾工作。

6 月

23 日

乳山市胶东军区卫生四所旧址、安家军寨遗址、潘家庄遗址和翁家埠遗址入选山东省第五批省级文物保护单位名单。

24 日

中国蓝莓产业高峰论坛在乳山市举行。该论坛由中国园艺学会小浆果分会主办，威海市北国蓝莓科技有限公司和威海市蓝山庄园果业有限公司承办，全国各地 140 名蓝莓专家学者及业界代表参加。

7 月

1 日

山东鲁酱酒业有限公司“圣仙酒”入选山东省食品工业协会“2015 年度山东省白酒感官质量金奖”名单，同时该公司圣仙牌“鲁酱酱 6 酒”及“圣仙蕴 9 酒”分获“2015 年山东白酒创新品牌”“2015 年山东轻工名牌”称号。

8 日

国务院食品安全委员会办公室副主任、国家食品药品监督管理总局副局长滕佳材到乳山市调研食品安全监管创新工作。

10 日

山东省科协创新驱动发展助力工程示范区落户乳山。2015 年山东省科协确定 7 个牵头学会各助力 1 个产业聚集区，其中山东省水产学会助力乳山市渔业产业提质升级与创新发展。

10 日

在第 22 届比利时布鲁塞尔国际酒类大赛组委会中国获奖酒品颁奖典礼上，台依湖集团酿造的“霞多丽干白 2014”获颁大赛金奖。

11 日

中共中央委员、中国社会科学院院长王伟光到乳山市调研指导工作。

20 日

由亚太环境保护协会主持评价，中国城市竞争力研究会、世界文化地理研究院等联合评价的第十二届 (2015) 中外避暑旅游口碑金榜揭晓，乳山市入选首次发布的中国避暑休闲百佳县榜，名列第 57 位。

27 日

乳山市海阳所镇入选住房和城乡建设部第三批“全国特色景观旅游名镇名村”名单，成为 2015 年度威海市唯一上榜的镇村。

28 日

乳山市新宇生态农业旅游发展基地入选山东省农业厅、山东省旅游局联合公布的首批生态休闲农业示范园区名单。

7 月 10 日，山东省科协创新驱动助力工程示范区乳山市启动仪式暨企业对接洽谈会（宋悦摄）

5月22日，乳山市新宇生态农业旅游发展基地　（农业局提供）

8月

3日

乳山市大孤山镇凭借主导产业大姜入选农业部公布的第五批“全国一村一品示范村镇”名单。

8日

中共山东省委党史研究室主任赵国卿率调研组到乳山市调研威海马石山红色教育基地建设情况。

12日

乳山市海阳所镇小青岛村入选国家旅游局公布的首批乡村旅游“千千万万”品牌名单。同时，海阳所镇后山于家村党支部书记于江等6人被评为乡村旅游致富带头人。

13日

乳山市举办红色文化传承与发展研讨会，50名全国红色文化研究领域权威学者、军事专家、胶东革命先辈后代参加。

8月8日，山东省委党史研究室主任赵国卿（前排右一）调研威海马石山红色教育基地建设情况　（辛戈摄）

15日

威海市纪念抗战胜利70周年大会暨威海马石山红色教育基地揭牌仪式举行，威海市委书记、市人大常委会主任孙述涛和威海市市委副书记、市长张惠共同为“威海马石山红色教育基地”揭牌。

9月

2日

乳山市吕剧团根据胶东育儿所故事创编的大型现代吕剧《乳娘》在中央电视台11套戏曲频道“九州大戏台”播放。

3日

由山东省体育总会承办的华东区体育总会工作会议在乳山市召开，来自华东六省一市体育总会的代表围绕如何将全民健身国家战略真正落到实处进行探讨。

8日

莒南县乡村旅游考察团到乳山市考察学习乡村旅游发展相关政策和成功经验做法。

12日

乳山蛤肉海鲜疙瘩汤配大油饼、虾酱脆皮肉等13道菜品，被威海市商务局、大众网威海频道主办的“美食山东·威海名吃”栏目推广会认定为“威海名吃”。

22日

山东省海洋与渔业厅厅长王守信到乳山市调研海洋与渔业发展工作。

24日

中国共产党乳山市第十三届委员会举行第六次全体会议，学习贯彻山东省委十届十二次全会和威海市委十四届六次全会精神，分析2015年以来乳山市经济社会发展形势，研究部署一个时期内工作任务，动员乳山市各级党

7月27日，大型现代吕剧《乳娘》入选山东省纪念抗战胜利70周年优秀展演剧目　（文广新局提供）

组织和党员干部继续解放思想，强化责任担当，推动创新突破，确保完成全年各项任务，实现“十二五”圆满收官。

10月

1日—7日

乳山市在滨海新区福如东海文化园举办首届威海市国际（中韩）健康产业交流促进会暨威海（乳山）中韩文化艺术节。

2日

中韩（福如东海）文教旅游交流中心揭牌仪式在滨海新区福如东海文化园举行，韩国韩中日友好交流协会会长吴应准，乳山市领导周兵、丛龙海、卫玮出席。

8日

公安部、全国妇联联合举办的“一路有你:2015讲述警嫂故事”为主题的好警嫂推选宣传活动揭晓，乳山市公安局商业街派出所民警焉绍涛之妻王莉入选中国“好警嫂”。

17日

乳山市民间融资登记服务机构元通民间融资登记服务公司正式成立。

20日

由山东省体育总会主办的第七届百县篮球总决赛在乳山市海洋篮球馆拉开帷幕。

21日

阿里巴巴农村淘宝乳山服务中心启用。

26日

山东省委常委、政法委书记张江汀到乳山市调研考察。

10月2日，中韩文教旅游交流中心揭牌仪式在乳山市举行　（辛戈摄）

10月21日，阿里巴巴农村淘宝乳山服务中心启用　（乳山市报社提供）

30 日

乳山市健康产业发展推进会在市中心会议室召开，提出以建设中韩合作健康产业示范园为抓手，重点围绕营养食品、养生养老、生物医药、健康产品制造、文化休闲健身、健康保健管理等产业链条，推动健康产业迅速发展壮大。

7 月 21 日，大乳山滨海旅游度假区　（于泽浩摄）

11 月

4 日

马石山烈士陵园被中共中央宣传部命名为全国爱国主义教育示范基地。

8 日—9 日

中国人民解放军陆军第二十七集团军政治部副主任秦明奇一行到威海马石山红色教育基地参观考察，并代表第二十七军向乳山市赠送在抗战胜利 70 周年阅兵仪式上使用的“马石山十勇士”荣誉旗帜。

16 日

“乳山大秧歌”“乳山钩织”被列入山东省第四批省级非物质文化遗产代表性项目名录。

23 日

由中国社科院社科文献出版社出版的《中国中小城市绿皮书 2015》在北京发布，2015 年度中国中小城市综合实力百强县市（全国科学发展百强县市）出炉，乳山市列第 81 位。

30 日

在中国政府向第 21 届联合国气候变化大会提供的专题片《应对气候变化——中国在行动》中，首次将大乳山滨海旅游度假区作为生态修复突出典型展现在国际舞台上。

12 月

5 日

乳山市委办公室、市政府办公室、市文明委员会办公室等部门联合发布乳山市 2015 年度诚信“红黑榜”，红榜 259 个，黑榜 131 个，以此进行守信激励和失信惩戒。

14 日

乳山市获“2015 年度全国县级防震减灾工作综合考核先进单位”称号。

15 日

中共中央组织部举办的 2015 年全国党员教育电视片观摩交流活动入选作品名单揭晓，乳山市委组织部和乳山电视台联合制作的电教片《红色的爱之革命摇篮》获纪录片类一等奖。

15 日

山东台依湖葡萄酒业有限公司、威海极北茶业有限公司等 8 家企业入选威海市公布的第七批农业产业化重点龙头企业名单。

24 日

中国共产党乳山市第十三届委员会举行第七次全体会议，深入学习贯彻中共十八届五中全会、山东省委十届十三次全会和威海市委十四届七次全会精神，印发乳山市委常

10 月 21 日，台依湖国际酒庄生态文化区　（高淑新摄）

委会工作报告，审议并原则通过《乳山市国民经济和社会发展第十三个五年规划纲要（草案）》。

便民利民实事落实

乳山市委、市政府为进一步改善民生，加快仁爱乳山建设，推动创建全国文明城市、国家卫生城市、国家健康城市、国家智慧城市、国家食品安全城市“五城联创”工作开展，规划启动实施10大类便民利民实事，涵盖基础设施、医疗卫生、社会救助、智慧乳山、便民服务、交通公路、新农村建设等10个方面，投入规模和覆盖范围均创历史新高。

【健康乳山建设工程】 实施国家基本药物制度，投资2339万元完成基本药物补助款合理分配和常用低价药品议价工作，以及医疗机构基本药物和常用药品短缺品种备案工作。投资100万元扩建改造乳山市康宁医院精神病房楼，7月3日投入使用。投资250万元实施乙肝综合防治工作，降低乙肝发病率和死亡率。投资1983万元在城乡免费开展居民健康档案、慢性病管理等11大类基本公共卫生服务项目。实施慢性病综合防治工作，投资20万元完成2015年无烟单位、示范单位，减盐示范镇创建工作；高血压、糖尿病干预效果评估工作；脑卒中、冠心病、肿瘤检测报告分析工作；对健康主题公园、广场等外环境宣传阵地进行维护。投资123.75万元，开展新生儿疾病筛查、婚—孕前优生免费检查、产前筛查，完成新生儿筛查2440名，孕妇免费产前血清学筛查1665名，预婚青年免费婚前查体1812对；待孕夫妇免费孕前优生检查545对。投资341.55万元为24750名农村妇女免费进行“两癌”（宫颈癌和乳腺癌）筛查工作。投资18557万元做好城乡居民医疗保险扩面工作，扩大保障覆盖面，财政补助资金已到位14850万元。

【社会保障救助工程】 实施“阳光培育”工程，投资50万元创建6个示范服务中心和2个教育基地并投入使用。投资3880.7万元，实施农村部分计划生育家庭奖励扶助、农村独生子女父母奖励等6项奖励补贴。投资78万元救助困难职工714名。投资377.53万元为1000多人发放小额担保贷款，发放各类创业补贴32.86万元。投资13921万元扩大城乡居民养老保险覆盖面，发放居民养老保险缴费补贴和基础养老金。进行残疾人救助活动，投资283.9万元完成25名残疾儿童抢救性康复救助；免费为270名贫困精神病患者发放药物；为符合条件的重度残疾人发放补贴6700人次；完成200名贫困白内障患者免费复明手术。投资9411.81万元开展五保供养、城乡低保、孤残儿童保障、优待抚恤、应急救灾等社会救助活动。投资1500万元补贴老年人、残疾人、残疾军人、学生等群体乘坐公交车票价。

【安居工程】 实施供气设施改造工程，投资500万元完成管线铺设9公里、天然气改造1800户。投资23500万元完成240万平方米既有居住建筑供热计量及节能改造。投资6940万元实施廉租住房货币补贴、公租房改建、优惠房建设工程，141户家庭经审核确定为2015年补贴对象，改建城西工业园31间2200平方米企业公租房，改建教师进修学校院内25间1554平方米公租房，购买220套11000平方米小户型住房并按照相关分配政策制定分配细则。

【教育提升工程】 实施教育信息化建设工程，投资500万元建设教学资源软件库，更新计算机1000台。投资150万元改善体校教育教学设施设备。投资4450万元，完成府前学校新建综合楼、第二实验小学综合楼接建工程，建设塑胶运动场地8所，新升降式学生课桌凳10000套。

【新农村建设工程】 实施国家沿海防护林建设工程和森林抚育工程，投资900万元完成造林面积666.67公顷、抚育森林2000公顷。投资429.5万元配备森林防火物资、完善设施及建设防火通道，完成国有院里、垛山林场灭火蓄水池4处、进山防火检查站2处、铁丝围挡建设1处；配备大型远程水输送装备1套、运兵车3辆、消防车1辆、脉冲水炮10个；在崖子镇、诸往镇、乳山寨镇及垛山、岠嵎院、大乳山林场修建防火通道13条、28.6公里。投资600万元在乳山市近海增殖放流中国对虾、梭子蟹等水产苗种3.5亿尾（只）。投资20万元培训渔民生

9月20日，乳山市在新农村建设工程中，定额补贴玉米、花生联合收获机35台 （侯玉红摄）

产技术和安全知识3496人次。投资1000万元定额补贴农机购置，补贴手扶拖拉机3000台，玉米、花生联合收获机35台，大型拖拉机60台。投资1034万元在乳山寨镇建设600公顷高标准农田。实施涵盖卫生、救助、文化、科技、体育等一系列“三农”惠民工程，投资7003万元完成72个重点村“三清三化”整治工作、48个村卫生室标准化改造工程；新增残疾人社区康复站10处；无害化改造农厕2500户；开工建设农村幸福院20处及其他更换农村破损器材等工作。投资200万元，依托正洋食品公司申报山东省级农业科技成果转化资金项目1项，依托温喜生物科技等申报威海市级科技计划项目18项。投资1662万元建设5个13.34公顷以上苹果矮砧集约栽培产业示范园区建设。投资301.2万元实施生态农业示范县项目，建设生态循环农业示范基地121.33公顷、秸秆反应堆20公顷。投资100万元实施小麦“一喷三防”项目，对乳山市小麦给予物化补贴，确保夏粮稳产高产。投资80万元实施粮油高产创建项目，建立小麦、花生和玉米高产创建示范片5个。投资150万元开展专业技能型和社会服务型等新型农民培训，培育新型农民600人。投资2825万元完成海阳所、乳山口、夏村3个镇发展高效节水农田面积1466.7公顷。实施农田水利产权制度改革和创新运行管护机制示范县工程，投资600万元，完成1个总站、3个管护分站建设和白沙滩镇、大孤山镇产权改革创新试点工作。投资400万元实施20个移民村新建水源、硬化村内道路等移民基础设施项目建设工程。投资3030万元实施8座水库、74座塘坝除险加固工程。投资1851万元扩建午极、大孤山镇规模化供水工程；新建南黄镇集中供水工程；改造20个村单村供水工程。投资40万元实施龙角山水库渔业资源人工增殖放流和无公害淡水渔业产品生产基地建设，投放鲢鳙鱼、草鱼、鲤鱼鱼苗约80万尾。投资71.5万元拆除龙角山水库东干渠渡槽中育黎段红旗渡槽和曲水段曲水渡槽。

【便民设施建设工程】 实施人防政府应急指挥中心建设项目，投资470万元配备人防移动指挥车（中巴）及车载设备；完成防空专业队装备掩蔽部工程内部人防设备安装；编制大乳山人防疏散基地专项规划。投资100万元进行文物修复，完成15副作品揭裱修复工作。投资135万元在浦东路、疏港路安装隔离护栏6500米。投资21万元实施基层科普行动计划1项，建立府前社区科普大学教学点并投入使用。投资121.6万元印刷《家庭急救手册》发放到乳山市每个家庭，建立府前社区、龙山社区、观海苑社区应急救护服务站。投资77.62万元开展全民除“四害”工作，通过山东省专家组达标验收；完成10家无烟单位创建活动；更新50处公共场所健康教育栏内容；开展各类健康知识讲座、培训30次；完成环境应急监测设备购置招标。投资711.6万元完成市镇两级食品安全监管机构基础设施建设、执法装备配置工作，完成乳山市行政区域内生产、流通环节食品、农产品、水质检测工作。投资150万元建设并运营10处城市社区日间照料中心。投资5000多万元实施马石山烈士陵园改扩建二期工程，马石山十勇士纪念馆和乳山市革命历史纪念馆建成并投入使用。投资1320万元，撤换黄标公交车26辆，满足现有公交运输需要。

【交通公路建设工程】 投资10500万元完成S704省道环海路浪暖口至东南寨段改造工程，路线全长8.6公里，采用二级公路标准，设计行车速度60千米/小时，路基宽度19.5米，路面宽度18米，中央设置隔离设施（下墩上栏）。投资11000万元实施G309国道乳山境内全线50公里、100万平方米路面中修工程。投资1200万元建设60×25米能源路下穿青威高速主桥1座。投资1850万元实施西峒线、育乳线共8.6公里县乡路大修改造工程，实施县乡路安保工程及中小修工程。投资110万元完成宋冯线洪口大桥加固维修，山大线马台石小桥拆除重建工程。投资600万元完成小青岛陆岛通航码头改造加固，北岸码头东移至新港西侧新建。

【基础设施建设工程】 实施农网改造升级工程，投资11400万元完成白沙滩镇桃村王家、潘家村等269个村新增台区，增加变压器容量储备；完成下初镇车家夼村、东庄村等56个村庄低压台区综合改造；完成10千伏小侯家线、大学线等65

10月9日，乳山市在交通公路建设工程中，完成S704省道环海路浪暖口至东南寨段沥青摊铺工程
（乳山市报社提供）

条线路综合改造。投资1000万元更换乳山市22178个表位计量箱。投资1396万元加强乳山市电网设备维护升级，完成对110千伏夏村变电站等24座变电站设备维修和技术改造，对5条35千伏线路、20条10千伏线路进行综合治理。投资4408万元在滨海新区区内路口安装路牌260个；实施多福山东路、徐银路、金湖路等8条道路共25万平方米绿化工程；对红枫湖路、蒙山路等12条道路安装路灯235支；在长江路、淮河路等人口密集地段修建公厕6个，安装果皮箱120个；淮河路至长江路实施河道清淤护坡工程670米；铺设直径600毫米、双壁波纹管740米；对东方、大庆社区进行改造，滨海新区社区由6个增加到8个。投资60万元，完成城西纺织染整工业园耿家河南路绿化工程及城区工业园威海路、青岛路人行道绿化工程；完成园区基础设施整修铺设，维修、疏通宁波路、营口路、大连路排水管网工程；安装亮化路灯工程20盏。投资920万元对经济开发区内部分道路实施绿化、亮化、污水管线敷设等工程，完成振华食品至锯河污水管线敷设900米；湛江路（广州路—海城街）亮化2650米；滨河路（海口路－三亚路）绿化9000平方米；山海大道（高速路－疏港路）两侧绿化3.5万平方米。

【城市道路建设工程】 实施滨海新区内部分道路整修、建设工程，投资17688万元完成北海路至银金大道、联想路至天柱山路、联想路至台湾路、众和路至银金大道等路段路基及绿化带填方工程；完成长江路至商业街、多福山路北段、太行山西路以东等路段的路面硬化、管道、桥涵等工程。投资1483万元对经济开发区内部分道路进行硬化、整修，完成前进街、海峰街、创业二路北拓部分路段路基工程；实施滨河路、三亚路路面硬化工程；实施刁家埢村北路路面罩面工程。

【智慧城市建设工程】 实施数字化城管、智慧城建档案建设工程，投资870万元建立数字化城市管理指挥中心，对城市建设管理方面问题进行数字化监管；建设智慧城建档案管理信息系统、智能库房管理系统、库房改造及扩建工程、智慧城建档案数据中心建设工程。投资500万元建设政务与公共服务云及政务网站集群、智慧城市运营管理中心工程。投资100万元实施信息化建设工程，增加5处基层医疗单位作为医联体协作单位，公共卫生服务系统软件和硬件设施升级更新完毕。实施乳山市市域信用征询系统建设，投资56万元完成系统建设、基础数据录入和数据维护人员培训工作。实施“阳光厨房”改造工程，投资34.28万元完成18家大中型餐饮单位、老年公寓及集体食堂安装监控设备及联网接口。投资50万元进行网上社区建设，开发滨海新区网上社区管理软件，在社区设置网上交流平台，提升社区管理水平。投资150万元完善海上安全预警平台，在滨海新区部分路口设置高清监控；完善海上安全预警设施，沿海边设置调频高音喇叭、监控、治安岗亭，增加安全管理人员，建设海上安全通道。

7月10日，大乳山湖心岛景观（于泳摄）

· 新石器时代大汶口文化 陶纺轮

· 西周 陶簋

· 新石器时代龙山文化 陶盂

责任编辑：吕素坡

·汉代 陶耳杯

新石器时代大汶口文化 陶纺轮

乳山概况

Profile of Rushan

◎ 建置沿革

◎ 地理环境

◎ 自然资源

◎ 人口 • 民族

◎ 国民经济和社会发展

◎ 蓝色经济区建设

◎ 民营经济

◎ 全面深化改革

◎ 精神文明建设

◎ 生态文明建设

◎ “五城联创”工作

建置沿革

【地理位置】 乳山市位于山东半岛东南部，地处北纬36° 41′至37° 08′，东经121° 11′至121° 51′。东邻文登市，西毗海阳市，北接烟台市牟平区，南濒黄海。东西最大横距60公里，南北最大纵距48公里，总面积1665平方公里。青威高速公路、烟海高速公路、G309国道、S202省道和济威铁路穿境而过。

【建置隶属】 乳山历史悠久。据古文化遗址出土文物考证，早在新石器时代中期，境内就有人类聚居。夏时为东方嵎夷之地，商时属青州，春秋战国时期为齐国属地，秦时属齐郡腄县。汉高祖四年（公元前203年），境内置育犁县。东汉建武五年（公元29年），育犁县并入东牟县。此后，境域先后属文登县、观阳县、牟平县。清雍正十三年（1735年），境域分属海阳县、宁海州（1914年改称牟平县）。民国30年（1941年）2月，划牟平县南部和海阳县东部建牟海县。民国34年（1945年）1月，牟海县更名乳山县（以乳山口南岸的大乳山得名），确定夏村为县城。1958年10月，撤销乳山县，境域分别划归海阳县、文登县及烟台市。1961年10月，恢复乳山县，隶属烟台专区。1983年11月，改属烟台市（地级）。1987年6月，威海市升为地级市，乳山县改属威海市（地级）。1993年7月，乳山撤县设县级市。2001年4月，经山东省政府批准，乳山市区划变更，撤销马石店镇、城北镇，将其行政区划分别并入崖子镇、夏村镇，在城市规划区内设立城区街道。至此，乳山市辖14个镇、1个街道，601个行政村。

地理环境

【海岸海域】 乳山市海岸线西起乳山口，东至浪暖口，全长199.27公里。沿海有大小港湾12个，自西向东主要有乳山口湾、葫芦岛湾、大圈海湾、塔岛湾、白沙湾、白沙口湾、洋村口湾、浪暖口湾等；岛屿22个，自西向东主要有东小青岛、浦岛、险岛（杜家岛）、塔岛、竹岛、南黄岛、腰岛、宫家岛等，其中东小青岛、险岛（杜家岛）、南黄岛有居民居住。海岸类型以沙质岸为主，自西向东大体可分为3个岸带：乳山口内湾和杜家岛内湾至小泓为泥质带，潮间带300～2000米；浦岛至白沙口以西为岩岸，潮间带100～500米；白沙口以东大部分为沙质岸，潮间带300～1000米。乳山近海潮汐属正规半日潮类型，乳山口湾年平均潮差变化范围为237～250厘米。有岬角9处。

链接：2003年，“中国近海海洋综合调查与评价专项”经国务院批准立项，国家海洋局采用世界先进仪器设备和新标准测量，于2008年完成，其中山东省海岸线数据经国土资源厅、海洋与渔业厅提请省政府批复。据批复意见，乳山市海岸线长度更新为199.27公里。2016年，乳山市海洋与渔业局对沿海各镇海岸线长度进行确认：乳山口镇38.69公里，白沙滩镇38.03公里，海阳所镇71.82公里，乳山寨镇17.67公里，徐家镇22.64公里，南黄镇10.42公里。

海岛定义以往是“散布于海洋中面积不小于500平方米的小块陆地”（引自中国国家标准《海洋学术语 海洋地质学 GB/T18190-2000》）。2010年3月，《中华人民共和国海岛保护法》实施，对海岛定义为“四面环海水并在高潮时高于水面的自然形成的陆地区域”。因此，在《中国海域海岛标准名录》（山东分册）和山东省人民政府2013年12月发布的《山东省海岛保护规划（2012—2020年）》中，乳山市海岛数量被认定为22个。

（海洋与渔业局）

【地质地貌】 乳山市地处胶辽古隆起胶东隆起之牟平、文登隆起带西南部，境内地质构造格架主要为华夏系背向斜及华夏系、新华夏系一组断裂构造系列。岩浆岩除昆嵛山体广泛出露外，燕山中晚期岩浆岩极为发育，几乎遍布各镇（街道），有呈岩基状大面积出露的花岗岩，也有呈脉状分布的基性和半酸性脉岩。

乳山市属胶东低山丘陵区。北部和东、西两侧多低山，中、南部多丘陵，间有低山。地势呈簸箕状由北向南台阶式下降。境内山脉自西向东可分为3列，西列自垛山、马石山、垛鱼顶、七崮顶向南延伸至玉皇山；中列由双山、老黄山、寨山、多福山向南延伸于海阳所半岛的帽山、大乳山；东列为昆嵛山脉，

7月11日，乳山市最高山峰——垛山（吕慎豪摄）

由东围子顶、尼姑顶、虎山、松山等构成主峰，斜贯东北边境。海拔400米以上山峰13座，最高山峰垛山613米。乳山河和黄垒河两大河流向南分别流经两侧低山与中部丘陵之间入海，沿岸形成冲积小平原。南部沿海除丘陵外，有零星海积平原分布。境内山地平均海拔300米以上，面积占乳山市总面积22.4%；丘陵海拔100～300米，面积占乳山市总面积50.3%；平原面积占乳山市总面积27.3%。

链接：乳山市海拔400米以上山峰：垛山613米，玉皇山589米，垛鱼顶521米，磨顶472米，马石山467米，堆石465米，平顶450米，东马石山435米，尼姑顶424米，寨山416米，南照山410米，锯齿山407米，三佛山400米。

（吴腾飞）

【气候简况】 乳山市属暖温带东亚季风型大陆性气候，四季变化和季风进退都较明显，与同纬度内陆相比，具有气候温和、温差较小、雨水丰沛、光照充足、无霜期长的特点。同时，旱、涝、风、雹等气象灾害时有发生。

2015年，平均气温12.6度，与上年持平；年极端最低气温-12.5度，出现在2月9日；年极端最高气温34.8度，出现在7月13日；年总降水量509.5毫米，较上年偏少110.2毫米；年日照总时数2275.0小时，较上年偏少155.0小时；年平均气压1011.7百帕；全年无霜期205天；年最多风向南风，最大风速10.5米/秒；年平均相对湿度70%。

全年气候特征：

冬季（2014年12月—2015年2月），平均气温-0.2度，较历年（1981—2010年30年平均，下同）偏高0.3度；日照时数521.8小时，较历年偏少35.2小时；降水量28.1毫米，较历年偏少3.7毫米。

春季（3—5月），平均气温11.5度，较历年偏高0.5度；日照时数691.7小时，较历年偏少13.6小时；降水量90.2毫米，较历年偏少48.9毫米。

夏季（6—8月），平均气温24.0度，较历年偏高0.2度；日照时数603.9小时，较历年偏少8.4小时；降水量258.5毫米，较历年偏少206.2毫米。

秋季（9—11月），平均气温14.5度，较历年偏高0.4度；日照时数525.8小时，较历年偏少99.3小时；降水量133.9毫米，较历年偏多2.1毫米。

乳山市1995—2015年月份主要天气资料

表1

月份	平均气温（℃）	极端最高气温（℃）	极端最低气温（℃）	平均降水量（毫米）	平均日照（小时）
1	-2.1	13.3	-14.3	8.7	185.9
2	0.2	15.9	-14.1	10.6	180.9
3	5.0	23.6	-8.1	20.1	222.7
4	11.2	29.8	-2.3	44.4	229.6
5	17.4	35.5	3.5	63.8	251.5
6	21.7	37.5	11.4	75.2	209.2
7	24.9	37.1	14.8	193.5	171.6
8	25.1	35.7	11.5	204.6	198.6
9	20.8	37.1	8.0	70.5	211.7
10	14.7	29.3	-0.7	24.2	213.2
11	7.2	23.0	-6.1	26.0	181.3
12	0.5	17.1	-14.8	9.6	179.0

（于新力）

自然资源

【土地资源】 截至2015年年底，乳山市土地总面积16.6488万公顷，人均土地面积0.3公顷。其中农用地面积136190.62公顷，占总面积82%；建设用地面积16403.31公顷，占总面积10%；未利用地面积13894.56公顷，占总面积8%。耕地面积58369.95公顷，其中基本农田面积52294.22公顷，人均耕地面积0.1039公顷。

境内土壤类型多样，有利于农、林、牧、渔全面发展。有4个土类、8个亚类、75个属类、153个土种。棕壤分布最广，可利用面积119487公顷，分布在近山阶地、倾斜土地及山丘岭地上；潮土可利用面积18520公顷，分布于乳山河、黄垒河沿岸泊地及沿海各镇近海处；褐土可利用面积33公顷，分布于崖子镇田家村南岭地上；盐土类总面积212公顷，分布于徐家、乳山口两镇近海处。

【矿产资源】 截至2015年年底，境内发现各类矿产25种（含亚矿种），金属矿产主要有黄金、铁、铜、银等，非金属矿主要有花岗石、大理石、硫、石墨、磷、重晶石、石英、石灰岩、膨润土、钾长石、高岭土等。已查明有资源储量的14种，已开发利用的11种，现正开发的有饰面用花岗岩、建筑用花岗岩、金、铁、地热、长石、银（伴生）、伴生硫8种，其中金矿主要位于胶莱盆地边缘及牟乳成矿带下初镇一带，铁矿分布在诸往镇马陵、神童庙、乳山寨镇司马庄一带，花岗岩主要分布在白沙滩镇潘家、宫家及冯家镇卧龙一带。

（吴腾飞）

【水资源】 境内水资源主要由大气降水形成的地表径流和地下潜水组成，资源数量与时空分配都受降水制约和影响。根据威海市水资源评价，截至2010年年底，乳山市多年平均水资源总量4.88亿立方米，多年平均地表水资源量4.30亿立方米，多年平均地下水资源量1.47亿立方米。地表水可利用量1.05亿立方米，地下水可开采量0.87亿立方米。地表水水质大部分在Ⅲ类以上，为重碳酸盐类、钙组、镁组第一型水，呈中性或弱碱性（pH值7～8），硬度为4.2～8.4德国度之间，皆适于饮用及农业灌溉。地下水储存形式大体为孔隙水、裂隙水、脉岩水，其化学性主要为重碳酸盐类水，其次是硫酸盐类水（主要分布于黄垒河流域中、下游），矿化度均小于1克/升，属淡水。小汤温泉位于冯家镇汤上村，水温一般在40℃～60℃，最高达75℃，矿化度2.644克/升，已开发用于医疗、洗浴。乳山市是水资源较贫乏地区，人均水资源占有量约为全国人均量的1/3，合理利用和有效保护水资源是非常重要的工作。

境内河流属半岛边沿水系，为季风区雨源型河流。河床比降大，源短流急，暴涨暴落，径流量受季节影响差异较大，枯水季节多断流。根据全国第一次水利普查成果，有大、小河流393条，其中，2.5公里以上河流71条。乳山河为境内第一大河，发源于诸往镇东尚山村，全长78公里，流域面积1039平方公里。黄垒河发源于烟台市牟平区莒格庄镇曲家口村，全长71公里，流域面积635平方公里。大型水库龙角山水库总库容1.11亿立方米，其中，兴利库容0.67亿立方米，为乳山市最大淡水水源和主要饮用水源地，被列入全国重要饮用水源地名录。

（水利局）

【生物资源】 境内有15米等深线以内浅海66667公顷，可供开发养殖海产品滩涂6667公顷。浅海及海滩水产资源100多种，主要有：鲅鱼、海蜇、带鱼、鲐鱼、对虾、鹰爪虾、墨鱼、马面豚、牙鲆、鲈鱼、梭鱼、黄鱼、黄姑、梭子蟹、鲳鱼、贻贝、牡蛎、文蛤、泥蚶、蚬子、扇贝、缢蛏等。海岸带有海洋生物412种，其中，红藻、褐藻、绿藻类植物91种；软体、节肢、环节、棘皮、腔肠、海绵等类动物321种。潮间带生物量比较丰富，平均总生物量333.68克/立方米，主要是藻类和软体动物。平均生物密度1538.26个/立方米，主要为软体动物和甲壳动物。

野生动物，有兽类18种，鸟类189种，两栖类7种，爬行类14种，鱼类29种。其中，国家二级保护野生动物26种，山东省重点保护野生动物40种，列于《国家保护的有益的或者有重要经济、科学研究价值的陆生野生动物名录》中保护的野生动物146种，列于《濒危野生动植物种国际贸易公约》中保护的动物21种，陆生野生哺乳动物主要有獾、刺猬、黄鼬、野兔、蝙蝠、仓鼠等，鸟类主要有苍鹭、白鹭、喜鹊、麻雀、燕子、雉、乌鸦、海鸥、啄木鸟等。

植物资源丰富，种类繁多。有沙参、元胡、大青叶、黄芩、桔梗、防风、丹参、全草、金银花、透骨草、藏珠等野生药用植物180多种。其他野生草本植物70种，主要有黄背草、野古草、结缕草、羊胡子草、细柄草、隐子草、马唐、蟋蟀草、白羊草、烟台百里香、风松、卷柏、霞草、荻、芦苇、紫苑、野菊花等。根据山东省林木种质资源调查成果，截至2013年年底，境内木本植物有66科142属366种，包括刺楸、北枳椇、三桠乌药、华山矾、蒙古栎、宜昌荚蒾、野柿子、流苏、山茶等国家级和山东省级珍稀濒危树种。主要树种有赤松、栎类、刺槐、黑松、落叶松、楸、赤杨、枰柳、银杏、茶等，主要果树有板栗、核桃、柿子、软枣、枣、山楂、苹果、梨、桃、杏、李、葡萄等，引进的主要树种有刺槐、黑松、落叶松、水杉、刺杉、华山松、赤杨、杜仲、毛竹、鹅掌楸、湿地松、厚朴、刚火松、斑克松、刚松、火炬松、樟子松、小干松、北美黄松、乔松、岷江柏木等。主要天然灌木树种有卫茅、胡枝子、映山红、野蔷薇、酸枣等。

（海洋与渔业局 林业局）

【旅游资源】 乳山市依山傍海，自然和人文景点众多，旅游资源丰富。拥有国家AAAA级旅游景区银滩旅游度假区、大乳山滨海旅游度假区，国家AAA级旅游景区岠嵎山风景区、多福山国际养生旅游度假区、圣水宫道教养生休闲度假区、小汤温泉度假村、福如东海文化园、正华石佛山景区、金牛谷生态农业观光园、台依湖国际酒庄生态文化区，国家AA级旅游景区马石山风景区。拥有省级以上农业旅游示范点11个，省级以上工业旅游示范点5个，旅游强镇5个，旅游特色村8个。乳山市依据“一核三轴三带六区”旅游空间布局进行规划，打造以银滩旅游度假区为龙头，大乳山、岠嵎山、多福山、福如东海文化园等休闲度假景区，小青岛、南泓南村等渔家乐项目，正华农林科技示范园、金牛谷生态农业观光园、益天生态旅游观光园等乡村旅游项目，马石山、冯德英文学馆等红色文化景区，形成山海相连、多点布局、特色鲜明的旅游景观群。

链接：省级旅游度假区1处（山东省人民政府批复）：银滩旅游度假区。

省级以上农业旅游示范点11个：大陶家渔家乐（国家级，国家旅游局命名），金牛谷生态农业观光园、极北绿茶采摘园、南黄休闲农业旅游区、正华农林科技示范园、益天生态旅游观光园、威绿生态农业观光园、后山爱母生态农业观光园、水雲春茶场、胶东伯瑞蓝莓示范园、大乳山滨海旅游生态观光园（山东省旅游局命名）。

省级工业旅游示范点5个（山东省旅游局命名）：富豪菲戈尔皮具有限公司、华隆（乳山）食品工业有限公司、威海吉利食品有限公司、乳山正洋食品有限公司、山东鲁酱酒业有限公司。

山东省旅游强乡镇5个（山东省旅游局命名）：白沙滩镇、海阳所镇、乳山寨镇、冯家镇、大孤山镇。

山东省旅游特色村8个（山东省旅游局命名）：海阳所镇南泓南村、

大孤山镇上夼村、海阳所镇后山于家村、海阳所镇小青岛村、崖子镇钟家社区、育黎镇龙角山村、午极镇中庄村、冯家镇孔家村。

（秦子凯）

人口·民族

【人口】 2015年年底，乳山市总人口558297人，比上年减少3444人，人口密度335人/平方公里，性别比102.06（女为100）。全年出生人口2707人，出生率4.83‰；死亡人口4836人，死亡率8.64‰，人口自然增长率-3.8‰，自1997年以来连续19年人口负增长。城区人口121276人。办理户口迁入1706人，户口迁出2961人。乳山市流动人口登记102684人。

乳山市是“中国长寿之乡”。2015年，人口老龄化程度继续加深。至2015年年底，乳山市有60岁以上老年人154611人，占乳山市总人口27.69%，比上年增长1.69个百分点。其中，100岁以上老人73人。

（李琳 沙晓明 宋礼夫）

【民族】 2015年年底，乳山市常住少数民族33个：朝鲜族、佤族、满族、白族、拉祜族、傣族、蒙古族、苗族、布朗族、傈僳族、纳西族、哈尼族、土家族、彝族、壮族、回族、布依族、土族、侗族、锡伯族、达斡尔族、藏族、畲族、黎族、独龙族、鄂伦春族、俄罗斯族、怒族、瑶族、哈萨克族、鄂温克族、柯尔克孜族、维吾尔族，人口1883人，占乳山市总人口0.34%。

链接： 上年公布的乳山市少数民族人口数量及其占比，包含少数民族流动人口。2015年年底，乳山市民族宗教事务局改从乳山市公安局获取少数民族户籍人口数据，不包含少数民族流动人口，因此少数民族人口数量及其占乳山市人口比例均较上年有所下降。

（陈强）

5月27日，乳山市委书记高书良（中）调研重点项目建设 （乳山报社提供）

国民经济和社会发展

【概况】 2015年，乳山市跻身全国科学发展百强县市第81位。全年完成生产总值477.18亿元，按可比价格计算，比上年增长8.4%。其中，第一产业增加值39.55亿元，增长3.9%；第二产业增加值226.66亿元，增长8.5%；第三产业增加值210.98亿元，增长9.1%。三次产业比例调整为8.3 ∶ 47.5 ∶ 44.2。人均国内生产总值85209元，增长8.97%。实施重大基础设施项目、市政工程项目、实体产业项目建设，创新重点领域投融资机制，完成固定资产投资475亿元，增长13.6%。完成外贸进出口总值7.95亿美元，增长12.6%，其中出口6.72亿美元，增长14.1%；进口1.23亿美元，增长5.1%。实际利用内资127.5亿元，增长15.02%。实际到账外资8706万美元，增长19.6%。实际利用内资127.5亿元，增长15.02%。

【三次产业协调并进】 2015年，乳山市贯彻落实“三年突破乳山产业结构”要求，推动产业转型、结构突破。

大力发展现代农业，创建省级现代渔业示范园区。新增农业龙头企业12家，家庭农场163处，打造33.3公顷以上现代农业园区14处。农林牧渔业增势平稳，全年总产值88.3亿元，比上年增长4.2%。全年粮食总产量24.7万吨，下降7.7%。全年油料产量7.3万吨，与上年持平；蔬菜产量38.66万吨，增长3.8%；水果产量49.68万吨，增长7%。全年肉类总产量8.63万吨，增长3.2%。全年水产品总产量42.5万吨，增长4.7%。

坚持工业强市、工业带动，实施20项重点工业技改项目。组织15家企业自动化改造，重点培育装备制造、食品与生物科技等五大主导产业。工业企业发展壮大，规模以上工业企业（年主营业务收入2000万元及以上工业法人企业）338家，比上年增加27家，实现主营业务收入735亿元，增长9.58%；工业产品产销率100%；实现利润32.77亿元，增长8.45%；实现利税58.49亿元，增长9.5%。建筑业平稳发展，全年完成总产值59.7亿元，增长7.72%。

加快发展现代服务业，培育壮大健康产业、电商经济等新兴业态。通过进一步优化旅游环境、提升服务质量，旅游业实现转型升级跨越式发展，全年实现旅游总收入54.2亿元，比上年增长13%；接待中外游客900万人次，增长10.6%。全年完成房地产开发投资21.26亿元，下降41.47%。全年社会消费品零售总额214.2亿元，增长10.97%。

【财税金融稳健运行】 2015年，乳山市实现公共财政预算收入31.04亿元，比上年增长12.21%。其中，税收收入26.45亿元，增长12.57%，非税收收入4.59亿元，增长10.18%。公共财政预算支出40.6亿元，增长15.91%。乳山市货币信贷运行总体平稳，各项贷款增长较快，1—12月份金融机构各项存款余额280.34亿元，较年初增加2.52亿元，增长0.91%；12月底，金融机构各项贷款余额189.1亿元，较年初增加11.1亿元，增长6.24%。保险业发展加快，2015年乳山市承保总额82.1亿元，增长4.19%；保费收入16040万元，增长6.56%；赔付支出4756万元，增长4.57%。证券市场增长较快，中泰证券乳山营业部开户3618户，增加2975户；存量客户累计实现交易量375亿元，增长250.47%。

【基础设施继续完善】 统筹区域协调发展，实施总投资5.2亿元涵盖城市设施改造、供水排水、公园建设等7大类57项城建重点工程。年末，城市建成区面积58.34平方公里，其中城区33.34平方公里，银滩25平方公里。市区道路面积616.54万平方米，增加16.92万平方米。公路通车里程1776.15公里，全年投资1231.88万元改造县路8.661公里。乳山市公交车营运线路（含银滩）77条，总长966公里，公共汽车267辆；出租车经营企业1家，出租车270辆。拥有陆岛交通航线2条，客渡轮4条，138客位。全年完成港口吞吐量140万吨，比上年增长14%。建成区绿化覆盖面积1525公顷，增加23公顷，绿化覆盖率45.74%，人均公园绿地面积18.92平方米。全年供水总量1522万立方米，增加6万立方米；集中供热面积475万平方米，增加53万平方米。建成区自来水用水普及率100%，燃气普及率100%，生活垃圾无害化处理率100%，污水处理率97%。乳山市实际用电量116620万千瓦时，增长5.39%，其中工业用电量61585万千瓦时，增长0.28%；城乡居民生活用电量27298万千瓦时，增长11.45%。

【社会事业全面发展】 加大科技创新力度，乳山市科研机构用于科技开发投入7620万元，增长9%；拥有各类技术贸易机构16个；受理专利申请700件，其中发明专利申请300件，专利授权252件，其中发明专利授权36件，实施专利210件，实施率83.3%。办学条件优化，投资7620万元，新建府前路学校、二实小综合楼，完成9所学校塑胶运动场地建设，改造3所学校供暖设施，为乳山市中小学建设无障碍设施，更新中小学升降式课桌凳，提升中小学信息化建设水平。至2015年年底，乳山市普通中小学在校学生3.07万人，比上年减少3.2%，有高等学校1所，中等专业学校1所，高级技工学校1所，普通高中3所，初中18所，小学18所（含九年一贯制小学部15处）。文化出版广电事业协调发展，至2015年年底，有艺术表演团体1个，文化馆1座，公共图书馆1座，档案馆1座，文学馆1座，文物管理机构1个，广播电台1座，广播人口覆盖率100%，电视台1座，电视人口覆盖率100%，电影放映单位3个，其中电影院2座，全年出版报纸180万印张。至2015年年底，乳山市有各类医疗卫生机构521个，床位2173张，卫生专业技术人员2699人，其中医生1055人、护士1146人。全年邮电业务总量增长8.1%，至2015年年底，固定电话用户8.77万部，移动电话用户55万部，宽带上网用户11.3万户。有线电视安装23万户，其中市区安装4.4万户。全年参加威海市级以上体育比赛获奖牌146枚，其中国家级金牌2枚，省级金牌8枚。

【居民生活水平提高】 2015年，新增就业再就业6436人。乳山市城镇居民人均可支配收入30445元，比上年增长8.4%；农村居民人均可支配收入13775元，增长8.94%。至年末，共有1584家企业85006名职工和机关事业单位在职职工11549人参加基本养老保险，离退休职工50045人享受基本养老保险，全年发放离退休费和遗属补助费146962万元。职工医疗保险人数120688万人，参保率99.5%；居民基本医疗保险人数382356人，参保率99.8%；城乡居民养老保险人数263872人，参保率99.24%；供养“五保”老人2724人，全年发放五保供养资金1398.81万元，供养标准提高。全年投入资金130万元用于敬老院建设改造、设施配套及医疗、燃煤补助。保障城市低保352人，农村低保11591人，全年发放保障金1809.203万元；开展“慈善大病救助”“关爱老年人”等救助活动，全年救助各类人员44518人次，救助支出1531.3万元。

（发展和改革局　统计局）

7月29日，银滩旅游度假区　（高淑新摄）

蓝色经济区建设

【概况】 2009年8月，乳山市成立以市政府主要领导任组长，常务副市长任副组长，发展和改革局、经济和信息化局、财政局、海洋与渔业局等32个部门为成员的蓝色经济区建设协调领导小组。编制《乳山市蓝色经济区发展规划》，建立责任分工体系。健全办事机构，2010年1月，成立蓝色经济区（以下简称“蓝区”）管理办公室，编制2人，2012年增加到4人，2014年设立规划科和产业科两个科室。

2015年，乳山市以打造蓝色经济“深蓝”区和先行区为目标，实施“城市面海、产业临海、发展向海”战略，突出涉海产业发展方向，鼓足项目建设发展动力，坚守生态保护发展底线，努力构建涉海特色鲜明、产业布局合理、配套功能完善的蓝色产业体系，全年主要海洋产业增加值占地区生产总值比重提高0.42个百分点。

【“蓝区”基础工作】 编制《乳山市海域使用规划》，投资3.6亿元实施潮汐湖等重点海湾污染治理和生态环境修复，开展海岸带综合整治活动，拆除各类违章建筑130户、浅海养殖867公顷。以全面融入半岛“一小时经济圈”为目标，投资3亿元实施乳山口港一期扩建和航道疏浚工程，推进乳山口港一类口岸开放、乳山口大桥立项、青荣城际铁路南线、文莱高速建设等一批事关乳山长远发展的重点工程规划建设，着力构建陆港一体、铁港联运的综合交通网络。做好蓝色产业项目引进工作，引进一期投资100亿元的邦威新材料、总投资50亿元的滕润翔生物科技等投资过亿元项目64个，累计开工园城非金属等投资过亿元产业项目41个。

【蓝色经济产业园区构建】 按照“一轴两带、三区对接、多点组团、一体发展”城市布局，调整优化产业园区，为蓝区建设拓展空间。一是重点建设滨海新区。从2012年年底开始，启动面积349平方公里的滨海新区建设，规划设立大乳山滨海旅游度假区、银滩旅游度假区、海湾新城、新兴产业园、塔岛湾海洋生态保护区、食品和生物科技产业园、海洋科技产业园七大功能区，作为承载蓝色产业发展、承接中韩自贸合作的重要区域。累计投资21.1亿元实施涵盖道路桥涵、园林绿化、供水供气等6大类基础设施配套工程，引进温喜生物科技、鑫晟新材料等重点项目40个，努力打造半岛蓝色经济先行区、半岛滨海高端旅游示范区和国内外知名旅游度假区。加大经济开发区海洋食品产业园开发建设，累计投入2亿元完善基础设施，新引进须之荣食品、长宏水产等海洋食品产业项目15个，园区海洋产业企业达到55家、产值近百亿元，成为山东半岛重要海洋食品加工基地。围绕承载蓝色经济产业发展，规划设立乳山市科技产业园、新材料产业园，实施城区工业园整合，形成“三区十园”产业园区布局，重点打造中韩（威海）健康产业示范园和中韩（威海）节能环保产业园。

【蓝色经济重点产业发展】 推进蓝色经济产业发展，构建蓝色经济支撑力量。一是海洋食品和生物科技产业。发展海产品养殖，推进“深海牧场”建设，获批6处省级现代渔业园区，乳山市年水产品总量突破40万吨。培育壮大华信食品等水产加工企业60家，引进建设好当家牡蛎加工等海产品精深加工项目20个，创树省级以上名牌产品和著名商标44个，海洋食品和生物科技产业发展层次不断提升，出口值占到乳山市出口总额的58%以上。二是临港装备制造产业。依托乳山口港港口物流和岸线优势，设立机械配件产业区和临港装备产业区，发展特种造船、汽车部件、新材料等装备制造产业，引进伯特利汽车、华邦精冲、昊安金科等企业，企业数量达到80家，其中规模以上企业51家，实现产业链条式、集群化发展，被批准为“山东省新型工业产业化示范基地”。三是旅游休闲养生产业。推动大乳山滨海旅游度假区、多福山风景区、福如东海文化园等13大主题旅游项目建设，推进海岛开发、海上旅游、高端度假等新兴产业，搭建“美在韩国、养在乳山”健康养生服务平台，推出滨海休闲度假之旅、中华医疗养生之旅、户外登山体验之旅3条“韩国人游乳山”旅游专线，旅游接待人数和总收入连续多年保持20%以上增长。坚持养生养老与旅游地产相结合，通过盘活闲置资源、改造存量房产、优化公共服务，构建以居家养老、社区养老、专业机构养老和医养结合养老、异地互动养老为特色的养生养老产业“乳山模式”，累计吸纳社会资金10.8亿元，盘活闲置房产22万平方米，擦亮“养老之都、养生天堂”品牌。四是新能源产业。以风能、太阳能、潮汐能、生物质能综合利用为重点，引进大广科技太阳能利用等新能源产业项目，实施华能风电、再生能源BOT等新能源项目，加快打造国家新能源工业化产业示范基地。五是高新技术产业。围绕装备制造、绿色食品、新材料等优势产业，加强与中国海洋大学、四川大学等高校院所合作，组建正洋海洋生物技术研究院、院士工作站等各类创新平台10个，实施各类产学研合作150项，联合研究新技术新成果200个，高新技术企业增加到14家，威海市科技型中小企业数量由12家增加到35家，高新技术产值占比提高5个百分点。

【“蓝区”建设重大事项推进】 2015年，完成威海市“蓝区”建设重大事项考核，名次跃居威海市4个区市第二名。推进滨海新区5个基础设施项目建设和9个产业项目建设；跟进G228国道山东线乳山口跨海大桥立项工作；督导《乳山市海岸带保护与利用规划》编制情况，经乳山市人民政府批准实施；培育乳山滨海健康养生休闲旅游特色产业园，规划文本完成征询意见、编写和修改。

【省及威海市“蓝区”扶持资金争取】 2015年，按照山东省区域战略推进专项资金要求筛选上报项目，海洋

5月21日，乳山市委书记高书良（中）到日晟机械制造有限公司调研创新创业工作（辛戈摄）

食品产业园道路建设项目、海洋食品产业园基础设施建设项目、年产10万吨生物质成型颗粒燃料项目、大孤山镇农村环境整治项目和乳山口镇农村环境整治设施建设项目5个项目通过审查，争取扶持资金760万元。开展威海市级蓝区资金申报工作，争取扶持资金60万元。

链接：本分目内容除标明“2015年”字样和“‘蓝区’建设重大事项推进”“省及威海市‘蓝区’扶持资金争取”条目外，其他为几年综合情况，下限截至2015年年底，数据系累计数据。

民营经济

【概况】 2015年，乳山市个体私营经济总体保持平稳发展态势。截至2015年年底，乳山市民营企业5740家，比上年增长33.24%；个体工商户23106家，比上年增长21.92%。

【成长型企业培育】 财政预算安排专项资金，对乳山市经营业绩突出、贡献较大的中小企业和民营企业给予扶持奖励。重新确定35家重点工业企业，筛选天力电气、成景科技等37户具有竞争优势、发展潜力大的成长型企业，促其发展壮大。支持民营企业加快技术改造和自主创新，培育威海市级“一企一技术”研发中心和创新企业4家，其中省级2家。认定省级中小企业公共服务平台1家，引导服务机构开展多层次、多元化、多方位创业服务。推荐“专精特新”中小企业，威海市级认定11家，省级认定4家，对行业发展起到辐射带动作用。

【融资平台搭建】 举办企业融资知识培训班，聘请专家讲授私募股权等融资知识。召开2016年银企项目合作座谈会，向金融部门推介高成长性企业和在建效益好的项目。对接投资机构，开展企业股权、债权融资调研，协助威海宏福养老服务有限公司引进威海大有正颐等投资机构及个人股权投资1750万元，协助红塔创新投资股份有限公司投资6000万元与乳山正洋食品有限公司合作组建乳山华信食品有限公司。牵头组建乳山市中小企业应急互助基金，为企业提供短期融资，全年为10家企业办理过桥续贷业务12笔。

【创业人才培训】 组织开展威海市中小微企业巡回大讲堂培训活动，培训一批民营企业家和创业者。邀请专家围绕电子商务和资本运营等课题进行面对面讲解和现场解答，全年培训各类人才5000人。组织乳山市重点民营企业负责人赴高等院校集中培训，赴先进市区企业集团对口学习，提升干事创业热情。

（于芬）

【乳山市个体私营企业协会】 2015年，为促进乳山市与西部地区经济合作交流，帮助民营企业开拓市场，根据威海市个体私营企业协会安排，组织1家私营企业负责人赴四川、重庆开展行业考察和对接活动。为推动中韩自贸区地方经济合作示范区建设，应韩国梁山市商工会议署邀请，在威海市个体私营企业协会统一部署下，组织9家具有一定生产经营规模的私营企业负责人赴韩国开展考察对接。摸底排查依法登记注册、从事商业经营活动、证照齐全、经营者为中共党员或雇员中有中共党员的个体私营商户，推荐8家党员经营商户参加威海市组织的“党员诚信示范商户”创建活动。推荐申报乳山金鼎房地产开发有限公司总经理尹刚、中华联合财产保险公司乳山支公司经理姜大勇为第十届“乳山市十大杰出青年”候选人。

（刘超）

全面深化改革

【概况】 2015年，乳山市把改革创新作为推动发展的根本动力，以改革厚植发展优势，以创新推动转型发展，释放经济社会发展活力。制订《中共乳山市委全面深化改革领导小组2015年工作要点》，细化为8大项94小项重点任务，明确年度改革重点和具体责任单位，完善专项小组工作细则，建立定期召开专题会议、请示报告和定期调度改革推进情况等制度，全面深化改革工作有序进行。

【经济体制改革】 深化投融资体制改革，新组建国有资本运营公司和金融投资公司，完成农信社银行化改革，新开业2家金融机构，新设保险分支机构6家，成立首家民间资本登记服务公司，完成10家企业规范化改制、2家企业挂牌，在全省率先开展新型农村合作金融改革试点，设立装备制造产业基金，完成企业股权融资1.3亿元、债权融资11.9亿元。深化公共服务企业改革，以集团化思路抓好公共服务企业经营，推进城投集团、水务集团、热力集团等国有企业改革，转变国有企业经营模式，变财政投入为企业化运作，发挥国有企业优势和作用。深化行政审批制度改革，印发《市级行政审批事项目录和取消的行政审批事项目录》，确定现行有效的行政审批事项148项，印发市级行政权力清单3051项和政府部门责任清单2219项，实行重点项目审批代办，推进中介机构与监管部门脱钩，组织部门间窗口联审联批。

【民主法制领域改革】 完善人民代表大会制度，建立人大常委会监督重点征求人大代表、人民群众意见制度，建立对政府工作部门主要负责人及法院、检察院副职履职评议制度，组织人代会选举的和人大常委会任命的国家机关工作人员向宪法宣誓活动。推进协商民主广泛多层制度化发展，出台政协委员联络办法，推动政协委员联系工作进入规范化、制度化轨道。加强社会组织统战工作，建立统战工作市镇村三级网络，巩固党外知识分子联谊会品牌，将20名优秀党外人士纳入统战工作视野。推进职工工资集体协商，职工集体协商建制率达到100%。加强非公有制企业厂务公开民主管理工作，推进职代会制度建设，乳山市职代会建制率达到99.1%，企事业单位建制率达到98%。

【文化体制改革】 推动传统媒体与新兴媒体融合，促进信息共享、报（台）网互动、一体发展，新开通市报社微信公众号、数字报和手机报，升级改造广播电视台新闻演播室，新上电视触摸屏管理系统，新开通乳山广电微信平台，实现重要内容在网站、微信、微博、数字报、手机报同步发布、推送，增强媒体融合互动。完善重要政务信息及热点问题、突发事件有序发布，新闻发布工作制度化、常态化，组织召开五城联创、城乡环卫一体化、慈善资金使用、创业就业政策解读等新闻发布会，及时回应社会关切，正确引导社会舆论。

【社会治理体制改革】 加强司法公开，加快推进审判流程公开、裁判文书公开、执行信息公开三大平台建设。推进诚信乳山建设，搭建市域信用征询系统平台，制订《乳山市社会信用体系建设工作方案》，拟定社会法人和自然人征信管理办法和失信惩戒办法，制订失信被执行人名单信息发布办法，向社会公布失信被执行名单。在工商、质监部门整合组建市场监督管理局基础上，设立基层市场监督管理所（分局），形成权责明确、公平公正的市场监管格局。完善食品质量可追溯工作机制，开展食品安全城市创建工作，建立食品生产、大型商场、餐饮服务和婴幼儿乳品电子追溯系统，制订食品药品企业“黑名单”制度。开展依法治市和民主法治村（社区）创建活动，以创建“法治文化建设示范点”为契机，健全工作制度，完善考评机制，组织法治镇街、民主法治示范社区、民主法治示范村等基层法治创建活动，提高基层依法管理水平。

【社会事业体制改革】 推进全国义务教育学校管理标准实验区建设工作，在威海市率先开展取消中小学行政级别改革和中小学校长职级制改革试点工作，取消中小学校和校长行政级别，建立中小学校长选聘、轮岗交流和考核评价制度，完成中小学校长职级评定，实施高中学校撤并。推进县级公立医院综合改革，取消所有公立医院药品加成，完善药品零差率补偿机制，通过合理调整医疗服务价格、加大政府投入等方式，破除以药补医机制，探索推进管理机制、运行机制人事分配制度等综合改革，推进医养融合式发展，逐步建立规范便捷的分级诊疗机制。启动“人社公共服务一体化信息便民工程”，推进乳山市机关事业单位养老保险、生育保险制度改革，开展养老保险、职工医疗保险数据质量整理工作，完成养老个人信息采集6.68万人。

【生态文明体制改革】 加强海岸带综合治理，建立完善海域动态管理系统，初步建立海域生态红线制度，明确海洋生态保护底线，划分14个海洋生态红线区，为未来海洋产业

8月10日，乳山市党代表中心工作室投入使用　　（王英男摄）

发展留有余地，大乳山景区作为生态修复典型在联合国气候变化大会上向世界推介。建立饮用水水源地水量水质预警机制，组织19家涉及重金属污染、涉及化学品、涉及危险废物企业开展环境信用评价，加强日常监察，引导更多企业将治污引入外包机制，定期公开环境信用"红黑榜"名单，定期公开地表水、饮用水水源地水质监测数据。落实地质灾害防治网格化管理制度，组织开展地质灾害应急演练，落实应急管理信息员管理制度，成立地震应急指挥系统，构建网络化地震监测格局。

【党的建设体制改革】 落实威海市关于充分发挥党代表闭会期间代表作用的实施意见，开展党代表任期制试点，在镇级全面推行党代会年会制，建设23个党代表工作室，开展集中调研月和分类视察活动，促进党代表常态发挥作用。推行农村小微权力清单制度，实行"项目化"服务机制，促进农村规范化建设。出台加强城乡社区党建、社会组织党建等实施意见，选派99名"第一书记"强化农村班子，整治60个软弱涣散班子，对40195名党员进行网上集中年审，新成立"两新"党组织59个，新增省级党建示范点1个、威海市级示范点4个。

【党的纪律检查体制改革】 落实党风廉政建设主体责任和监督责任，实行问责追究通报制度，出台营造良好政治生态环境和"百官共廉"工程等制度，建立党委（党组）主体责任落实情况专题报告制度，开展主体责任报告评议工作。建立完善市委、市政府党员领导班子成员向市纪委全委会述廉制度，出台《关于落实党风廉政建设责任制的实施细则》《在查处违纪违法案件中加强协作配合的意见》《党风廉政建设责任追究暂行办法》《关于进一步加强农村党风廉政建设的意见》等制度规定，用制度规范和约束干部行为。

（姜燕松）

精神文明建设

【概况】 2015年，乳山市以创建全国文明城市为总抓手，全面推进精神文明建设，做好文明市民培育、志愿服务、全省四德示范市创建、乡村文明行动、诚信制度化建设、新媒体文明传播等工作。

【文明市民培育工程启动】 制订《关于文明市民培育工程的实施方案》。开展公共场所自觉排队、文明礼让、规范停车、不乱扔杂物、不随地吐痰、不大声喧哗、文明遛犬7项活动，提高市民文明素质。利用民情走访契机，发放"文明市民备忘手册"25万份；利用中小学生在家庭中的纽带作用，向39000名中小学生发放"全市中小学生致家长的一封信"。组织制作文明市民培育工程宣传动漫《小明历囧记》，在乳山电视台、"乳山发布"微信、"文明乳山"微信和户外大型电子屏上播发。组织住建局、城市管理行政执法局、公安局等16家重点单位开展专项检查6次，督导完成市区10处公园、广场设置禁止遛犬公益广告牌150个，公交车、医院等公共场所设置禁止大声喧哗标语提示牌600个。开展媒体监督，对不文明言行举止进行多角度、多层面新闻曝光。

【志愿服务制度建设】 制订《志愿服务制度化建设实施意见》《志愿服务工作站（点）建设标准》。在银行、宾馆、酒店、商场、超市、物业等22家窗口单位89处服务场所设立"学雷锋"便民利民志愿服务站（岗）126个。出台《"五城联创"志愿服务工作实施意见》，组织160支志愿服务队开展"情暖家园"等志愿服务活动1700次。制作15000个志愿者小红帽和2000套志愿者服装，分发给各志愿服务组织，对巾帼志愿服务队、金盾学雷锋志愿服务队、善小志愿服务队等10个志愿服务组织授旗。举行乳山市文明交通志愿服务活动启动仪式，对招募的1288名文明交通志愿者进行业务培训，在乳山市31个重要路口和人流密集路段安排文明交通引导员，有效开展文明交通引导。

【"四德示范市"创建】 乳山市各级对照创建标准，收集整理各类材料5700份，完成申报资料40项。在省级网络平台上传四德榜712个，其中村居617个、企业34个、学校27个、机关34个，上传个人优秀品德典型11849名、孝德典型148577名、诚德典型55213名、爱德典型46136名。指导14个镇266个村完善和更新善行义举"四德榜"，乳山市善行义举"四德榜"覆盖率100%。徐

7月4日，志愿者在银滩清理浒苔　　（乳山报社提供）

辉、隋三群2人当选“中国好人”，邵本道当选“榜上有名”先模人物，邢素英、宋维莲等8人当选“山东好人”。邵本道等4人当选“威海市级道德模范”，丛素娟、于龙云等14人当选“威海好人”，全年鲜花送文明表彰“文明之星”92人。推荐公示中央文明办“榜上好人”1.1万名，列全省13个创建城市之首。举行第三届道德模范表彰暨现场交流会，表彰邵本道、段云龙、“善小”无偿献血爱心小分队、徐本江、张进、刘健、丛素娟、高进科、阚西忠、于龙云、马绍刚、秦祥为道德模范。

【乡村文明行动“内涵提升年”活动】 2015年，乳山市开展乡村文明行动“内涵提升年”活动。601个村完成村规民约修订，349个村在显要位置展示宣传社会主义核心价值观、村规民约，75个重点示范村打造特色文化街112条，491个村提炼村训，2万个家庭开展训言建设活动。推进城乡环卫一体化工作，建立农工办、文明办、环卫同抓共管格局，设立400万元奖补资金，组织开展农村环境卫生集中整治月活动，设立专家评委库，每周三随机抽查，组织11次集中检查、17次暗访检查、2次群众满意度电话调查，在6月份山东省城乡环卫一体化群众满意度电话调查中，乳山市得分9.76，排名16。

【乳山市诚信红黑榜首次发布】 为整治失信问题，开展守信联合激励和失信联合惩戒行动，乳山市文明委联合市场监管局、食药监局、交通局、物价局等18个责任单位出台《乳山市开展诚信“红黑榜”工作意见》，确定“红黑榜”具体认定标准，在报纸、电视、网站、政务大厅公布。首次发布诚信红黑榜，共发布红黑榜名单390个，其中红榜259个，黑榜131个。

【“文明乳山”微信平台开通】 改版乳山文明网，在全国167个县级提名城市中首批（第8个）在中国文明网上线。开通“文明乳山”微信平台，全年编发展示文明创建成果和传播文明风尚信息400条，为全省文明办系统唯一一家多次登上山东政务微信排行榜50强的公众平台。

（乔忠锴　李培成）

10月12日，滨海新区潮汐湖湿地　　（滨海新区提供）

生态文明建设

【概况】 2015年，乳山市坚持生态优先发展理念，保护生态环境，发展绿色经济，推进海岸带综合整治与生态修复等工程，乳山市森林覆盖率达到34%，建成区绿化覆盖率达到45.74%，市区大气优良天数329天，优良率90.1%，大乳山滨海旅游度假区作为生态修复典型在第21届联合国气候变化大会上向世界推介。

【节能降耗完成“十二五”目标任务】 全年万元GDP能耗下降7.62%，2011—2015年累计下降22.91%，完成山东省政府下达的“十二五”期间下降17%的节能目标任务。在工业企业、公共医疗卫生机构、敬老养老机构推广太阳能集热系统6600平方米。拥有威海市级以上资源综合利用企业6家，综合利用工业固体废弃物50万吨，利用率87%以上。

（经信局）

【31个重点减排项目建设完成】 完成31个减排重点工程项目建设，其中工程减排项目4个、结构减排项目1个、规模化畜禽养殖污染减排项目26个。调度乳山中诚果汁饮料有限公司、乳山银滩第二污水处理厂等4个工程减排项目，确保按期建成。大气污染防治由单纯燃煤点源治理向燃煤与移动源治理并重转变，在市区重点区域实施禁止“黄标车”通行交通管制措施，办理提前淘汰黄标车1581辆，机动车污染减排工作取得突破性进展。环保、畜牧部门分工合作，全面开展26家规模化畜禽养殖场污染治理工作，指导其采用全过程综合治理技术建设雨污分流污水收集系统，鼓励用粪便生产有机肥。

【环评审批严格高效】 完成建设项目环保审批107项，建设项目环保竣工验收51项，拒批项目17个。环评审批工作进一步明晰流程、提高效率，根据《山东省不纳入建设项目环境影响评价审批的目录（试行）》，6大类、60小类项目可不再办理环评审批手续；报告书、报告表、登记表审批时限分别由60、30、15个工作日缩短至7、3、1个工作日，不需现场勘察的随到随办；通过预约服务、上门服务、跟踪服务等方式优化服务，采取“向上争一块、治理减一块、内部腾一块”的办法优先保障重点项目总量需要，为项目审批、落地创造条件。

【环保监管机制完善】 树立“环保监管请市民参与、优质生态让群众共享”理念，建立环保案件民意征集、即时查处、回访反馈机制。在“12369”环保投诉热线、环保案件24小时值班受理基础上，开通“乳山环保”政务微博，实时了解群众环保诉求，形成“双通道”投诉受理平台。结合环保监管网格化管理，环保投诉案件实行专人受理、专人查办，提高实时反应和案件办理能力。建立案件查办前与举报人见面沟通信息、案件办结后向举报人回访反馈情况的“双见面”制度。

【“三废”及噪声整治推进】按照“联合执法、长期治理、集中整治、严格监管”原则，推进“三废”污染整治。废水治理方面，在推动水污染治理重大基础设施建设的同时，以工业点源治理为重点，抓好企业污水处理设施改造升级，督促完成2处污水处理站建设，推动污染源第三方治理模式，引导企业污染治理服务外包。废气治理方面，围绕“治气、控煤、防尘、削尾”思路，继续清理整治禁燃区范围内的违规燃煤小锅炉，排查出违规小锅炉125台，拆除119台；对使用10吨及以上燃煤锅炉的重点企业，督导其安装脱硫、脱硝、除尘设施。固体废弃物治理方面，探索硫酸渣、碱泥综合利用，同时将乳山市12家危险废物产生企业纳入日常监管，开展“三看四查”活动；强化环境噪声污染综合整治。对建筑工地夜间施工噪声扰民问题，做到举报一起现场查处一起；开展绿色护考行动，中高考期间逐一检查35家易产生噪声的敏感点位，全年共计出动50人次开展夜查15次。2015年，乳山市废水排放量2019.21万吨，废气排放量105.26亿立方米，固体废物处置利用量17.7万吨。

链接： *“三看四查”活动，即看现场，看环保手续，看管理资料；查危险废物现场管理情况，查危险废物申报登记、转移联单等管理制度执行情况，查危险废物贮存是否符合相应规范，查2015年以来督查发现的问题是否落实。*

【环境监测在线、应急、取样】 在企业排污口安装电子眼和监测设备进行实时监控，乳山热电有限公司等企业与乳山市级环保监测平台联网。加强大气、噪音等公共环境监测，银滩管委空气子站与威海市局、山东省局联网。水源地监测变“一年一检”为“一年双检”，在每月31项水质指标取样监测基础上，上、下半年分别对109项水质指标进行一次监测全分析；加强龙角山水库上游新设立的水质自动监测站的运行管理，及时掌控牟平来水水质变化情况。做好2个省控河流断面、17个市控河流断面、2个集中式饮用水源地水环境断面、2个国控空气监测点和乳山市功能区噪声5个点位、城市区域环境噪声201个点位、城市道路交通噪声22个点位的环境质量例行监测工作；组织对7家省控以上重点污染源监测，监督性监测和比对性监测率100%；完成环境执法监测、乳牟交界水域水质监测及城区2条河流水环境监测、省界断面加密监测、农村环境质量等专项监测工所。

【水质、空气质量和噪声监测】 2015年，辖区内近岸海域海水水质达到《海水水质标准》（GB 3097—1997）二类标准要求，水质状况优，达标率100%。乳山河、黄垒河、徐家河、白沙滩河、龙角山水库、台依水库水质等各监测指标年均值达到相应功能区环境质量要求，达标率100%。其中，乳山河流域、龙角山水库水质各项监测指标均达到国家《地表水环境质量标准》（GB 3838—2002）Ⅲ类标准，黄垒河达到《地表水环境质量标准》Ⅳ类标准。

辖区内二氧化硫、二氧化氮、一氧化碳年均值达到《环境空气质量标准》（GB3095-2012）一级标准，可吸入颗粒物、臭氧日最大8小时年均值达到二级标准，细颗粒物24小时平均第95百分位数超标，未达到HJ663—2013环境空气质量评价技术规范（试行）日评价。各功能区声环境昼间平均等效声级达到相应标准。城市道路交通噪声昼间等效声级均值68.7分贝，评价等级为较好。

（宋波）

【小流域治理】 2015年，实施小史家小流域综合治理项目，覆盖大孤山镇小史家、大史家、宫家桃、大木等12个村，流域总面积24.65平方公里，治理全部水土流失面积4.2平方公里，总投资173.53万元。该项目3月份动工，9月份完工，共发展经济林119.1公顷、水保林40.2公顷，疏林补植260.7公顷，新建平塘1座、拦河坝1座，新修生产路4.3公里，道路绿化14.36公里，区域生态环境明显改善。

（耿海滨）

“五城联创”工作

【概况】 3月19日，乳山市召开“五城联创”工作动员会议，对创建全国文明城市、国家卫生城市、国家健康城市、国家智慧城市、国家食品安全城市工作进行动员部署。成立“五城联创”工作指挥部和4个专项创建工作领导小组，建立严格的考核激励和追责问责机制，各部门、单位分工负责，全体市民积极参与，“五城联创”工作全面推进。通过“五城联创”，城市软硬环境进一步改善，城市品牌进一步提升，群众幸福感和满意度显著提高。

【全国文明城市创建】 2015年，乳山市组建创建全国文明城市领导小组办公室，坚持高点定位，突出问题导向，以惠民利民为理念扎实推进创建全国文明城市工作，市民文明素质和社会文明程度明显提高，全民参与创建、全民共享成果的氛围日渐浓厚。

创城网格化管理 镇级自年初开始启动创城网格化管理，取得成效。为解决创建全国文明城市过程中基层工作力量不足等问题，推动创建

11月21日，文明交通志愿者执勤　　（孙轶琰摄）

工作常态化、长效化，乳山市于12月份出台《创建全国文明城市网格化管理意见》，各部门、单位在保持原创建工作责任分工不变的基础上，认领创建网格，发挥自身综合优势和示范带动作用，增强网格属地创建力量。乳山市135个部门、单位认领17个一级和118个二级网格，总投入250多万元，短时间内一批重点难点问题得到解决。

创城测评体系任务落实　制订《全国文明城市测评体系责任分解》等文件26个，作为创建指南。确定主干道、商场超市等43类实地测评框4000个测评点，发现占道经营、乱停乱放、基础设施破损、无障碍设施缺失等问题5677条，下发整改通知397个。组织开展社会主义核心价值观、创城知识、市民公约学习教育活动，群众知晓率、满意率和支持率均超90%。围绕创城测评体系237项内容，收集、整理281份创城档案材料。重新规划制作乳山文明网，开通“文明乳山”微信平台，启动文明市民培训工程，推进“四德”工程，志愿服务实现制度化、规范化、常态化，深化乡村文明行动，首次发布诚信红黑榜。

创城氛围营造　围绕践行社会主义核心价值观、讲文明树新风、食品安全、交通安全等主题，制作公益广告20个，在乳山电视台3个频道、户外电子屏反复循环播放，并利用道旗、高炮、户外电子显示屏等载体进行宣传。市内媒体加大新闻报道力度，并以专版或专题形式曝光农贸市场环境卫生、摆摊占道经营、街头乱停车等现象。

公共设施投入加大　在公共服务设施、市政设施、公共文化设施方面加大投入力度。实施安居工程，加快城市危旧房、“城中村”改造和老旧小区整治工作改造步伐，完善城区路网体系，城市主要道路、公共建筑建设无障碍设施，检查乳山市排水设施，完成市区18处公厕改造。

（乔忠锴　李培成）

【国家卫生城市创建】　2015年，乳山市成立创卫工作领导小组，从卫计系统各单位抽调40名业务骨干组建创卫工作领导小组办公室。制订《乳山市创建国家卫生城市专项整治方案》，各级各部门落实创卫任务，城市基础设施和环境卫生改善，群众文明卫生意识和健康水平提高，乳山市卫生状况满意率达到97.29%。9月，乳山市通过省级病媒生物防制达标复核验收；11月，乳山口镇、海阳所镇被命名为2012—2014周期山东省卫生乡镇；12月，乳山市通过创卫省级暗访。

创卫督导　2015年，乳山市委、市政府召开创卫工作调度会议8次，市领导实地督导考察创卫工作60次，推行市领导挂钩联系创卫工作制度。建立责任单位日调度、重点问题销号、督办事项限时整改等制度，进行无缝隙督导检查，发现问题通过创卫工作动态、督查建议书、创卫督办单等形式反馈给市级领导和责任单位，明确整改时限，进行复查销号，累计编发工作动态10期、督查建议书80期、创卫督办单786份。开展“城中村及城乡结合部”“车辆乱停乱放”“机关企事业单位、汽车站、火车站环境卫生”“基础设施和市容环境”“公共卫生和健康教育”“城市居民小区环境卫生”“食品卫生和废品收购”“农贸市场及周边环境”8项专

5月20日，乳山市委书记高书良（中）现场调度创卫工作　（王欣摄）

项整治工作，每项由1名市级领导具体负责，组织各责任部门单位按照时限和标准要求抓好落实。召开6次技术培训会议，邀请上级专家解读《国家卫生城市标准（2014版）》、病媒生物防制、公共卫生和健康教育等技术标准，培训2000人次。邀请国家卫生城市评审专家组成员、济南市疾控中心消毒监测与病媒生物防制所所长辛正现场指导创卫工作4次，提出关键性意见建议。

创卫宣传 编发创卫工作简报121期；向市民发布创卫知识和创卫短信20万条；开通创卫微信平台，发布创卫信息29期、200篇；《乳山时讯》、《威海晚报》、乳山电视台等新闻媒体刊播创卫新闻950条。利用横幅、宣传栏、墙报、橱窗、电子屏幕等载体制作创卫宣传专栏，播放创卫公益广告，张贴创卫宣传标语和健康知识，市区出入口、车站、建筑工地以及其他人员集中地段设立大型创卫主题宣传广告牌或标语。制作公益广告宣传片和“四清理”活动倡议书、禁烟倡议书，印发创卫知识宣传画、宣传折页、禁烟标识、“致中小学生一封信”15万份，设置健康教育宣传栏1300个，发放健康科普知识宣传材料11万份，打造创卫文化一条街5条，学生健康知识知晓率达95%以上，健康行为形成率达90%以上，居民健康行为形成率达70%以上。

【创卫硬件设施建设】 2015年，安排创卫专项资金2.3亿元，全面做好城区硬化、美化、绿化、亮化等工作。

市区道路交通建设 完成深圳路北段、物资宿舍楼小巷等11条道路路面的沥青混凝土硬化盖被工作，面积98910平方米；完成胜利街、商业街西路等路面坑洼、支路口及过道路沟35310平方米、北环路沥青封层2万平方米的沥青混凝土硬化修补；文化街、商业街、兴乳路、泰山路4条道路实施雨污分流工程，安装污水管道2800米、雨水管道407米；完成浦东路、黄山路、光明街、疏港路等道路水漏安装更换、整修清淤1303套，污水井安装更换、南江路等人行道道板整修铺装47285平方米；整修安装理石板60平方米；整修安装路沿石3649米，安装压顶石30米，整修安装树池石1371个，安装石凳13个。

城市绿化亮化 对金牛山环路、海城街、能源路、滨海路、开发街西段、城南河上游进行绿化，对河滨公园、深圳路进行升级改造，对70块空白地进行补植，乳山市绿化覆盖率45.74%，人均公共绿地面积18.67平方米。对市区13800盏路灯进行全面整修保养，维修缺失破损灯杆门3600个，粉刷灯杆灯头1200套，维修更换路灯灯泡770支、镇流器510个，修复使用电线6300米、触发器360个，更换破损灯罩280套，维修路灯检查井1520个，铺设电缆19000米，更换破损控制箱64台，路灯亮化率97%，设施完好率99.5%。

农贸市场升级改造 按照商务部《标准化菜市场设置与管理规范》和《农产品批发市场管理技术规范》，完成贸易城农贸市场、黄山路商贸市场、金谷园农产品批发市场升级改造工作。按照便民利民与规范管理相结合、经营习惯与合理布局相统筹原则，明确项目、场地、时间、审批、设置、准入、管理7个方面规范要求，新建、改建高标准统一便民摊点7处和自产自销区经营区4处，达到维护城市秩序和满足群众合理需求双赢。

【创卫难点问题破解】 对照国家卫生城市标准，组织破解一系列难点问题，全力推进创卫攻坚。

交通秩序整治 将市区5条主干道、38条非主干道及30条巷的创城任务细化到岗、责任到人，出动警力1万人次、警车3000台次，开展交通秩序集中整治40次，现场执法查纠各类交通违法行为66455起。施划机动车停车位5617个、非机动车停车位2518个，查处机动车乱停乱放7000起、闯红灯4288起、乱掉头381起、扬尘飘洒519起，规范非机动车停放4158辆。完成疏港路、浦东路道路中央隔离设施建设6500米，完成浦东路、深圳路、胜利街、青山路等27条道路标线施划34657平方米。

“四小”行业卫生整治 （即小旅馆、小浴室、小美发店、小歌舞厅）。采取以点带面办法，确定笙歌十字路口至鲁东加油站路口为“四小”行业创卫整治示范街，对该区域7家美容美发行业发放监督意见书，6家旅馆、5家洗浴业进行创卫工作达标指导，确立美容美发、旅馆、洗浴业3家示范业户。召开联合整治工作调度会议3次，组织职能部门合力整治难点单位。乳山市公共场所“四小”行业554家中，512家达到创卫标准，42家因基础条件限

10月28日，海峰街便民摊点群 （王欣摄）

制无法整改关门停业。加强监管力度，食品卫生量化分级管理100%；依靠网格监管力量，整治食品“四小”行业1404家经营业户；加强食品、公共场所从业人员的卫生知识培训，城区范围内食品单位卫生许可证持证率、食品安全公示率、从业人员卫生知识培训率、健康体检率和从业人员“五病”调离率均达到100%。整治烧烤夜市、早餐摊点，取缔全部露天烧烤、食品流动摊点。

城中村和城乡结合部整治 发挥街道和社区（村居）属地管理主体作用，将任务分解到街巷、片区，通过倒排工期、销号管理，实现重点突破、整体推进。投入资金8000万元，清理“三大堆”2.6万处，硬化7.4万平方米，整修排水沟2.6万米，绿化1.4万平方米，清运垃圾40万吨。

市容环境整治 将解决环境卫生脏、乱、差贯穿于创卫全过程，持续开展清理道路、清理公共场所、清理单位庭院、清理家庭卫生“四清理”活动。清理街道、广场绿化带1000万平方米，清除垃圾1000吨；铺修沥青路面及道路交叉口15万平方米；栽植苗木33万株；城中村硬化道路26万平方米，清理污水沟9.5万米，清理整治小菜园10800个，清理“三大堆”2.1万处；拆除违章建筑328处；清理流动摊点6000个；清理公交站亭及站牌卫生1788处；升级改造汽车站、火车站公厕；更换农贸市场门头牌匾59个；捆扎捋顺架空管线16万米；清理乱涂乱画49000处；居民小区内硬化路面25200平方米，清理乱堆乱放4000处。对城区城南河、仇家洼河及各小干河密集实施河面保洁、河道清淤、查污截污、管网配套、上游造景、下游蓄水工程，完成城南河2316米、仇家洼河1736米达标治理；对城南河和炉上河两条主要城市景观河道进行河道清淤、护栏去锈喷漆、亲水平台修复等整治；分批次整治东里村、西里村、黄埠崖、北江村及夏南村多条排水小干河。

环卫设施改造 改造市区18座水冲公厕无障碍通道并安装公厕导向牌，2处公厕完成从旱厕到一类水冲公厕的改造，新建的6座移动水冲公厕投入使用，新建公厕均设残疾人专用坐便器和自动感应冲水装置。购置压缩车12辆、吸粪车4辆、机扫车4辆、洒水车1辆、高压冲洗车2辆、摇臂车6辆，投放密闭式垃圾箱2万个、果皮箱1800个，新建垃圾转运站10座。对城区360万平方米道路实施全日保洁，坚持一日两普扫、全日守岗捡扫、定期洒水冲刷。城市生活垃圾无害化处理率100%，粪便无害化处理率100%。

（王欣）

【国家健康城市创建】 3月19日，乳山市“五城联创”工作动员会议召开，对国家健康城市创建进行动员部署。10月30日，乳山市召开健康产业发展推进会，动员全市上下进一步提高对健康产业的认识，明确产业方向，把握发展重点，加大培育力度，以建设中韩合作健康产业示范园为抓手，重点围绕营养食品、养生养老、生物医药、健康产品制造、文化休闲健身、健康保健管理等产业，高起点规划、全方位布局，推动健康产业发展壮大。12月13日，乳山市委、市政府印发《乳山市健康产业发展规划（2016—2020年）》，从发展基础、总体思路、空间布局、重点发展领域、保障措施等方面提出指导意见。同时，乳山市委办、政府办印发《关于加快健康产业发展的实施意见》，确定以打造中韩健康产业示范区及国内知名健康养生养老福地、健康休闲旅游胜地、健康产品制造基地、健康管理服务高地为定位，重点培育六大产业，抓好园区载体建设、产业平台建设、政策体系建设、服务体系建设，构建“大健康、全链条”产业体系，为创建国家健康城市打下基础。

（吕素坡）

【国家食品安全城市创建】 2014年年底，乳山市启动国家食品安全城市创建工作，2015年纳入“五城联创”。以建设“食安乳山”为抓手，以“食品安全整体状况良好，食品安全治理水平稳步提高，公众满意度显著提升”为目标，落实属地管理责任，督促监管部门依法履职，引导企业诚信经营，鼓励社会各界积极参与，促进食品产业持续健康发展，国家食品安全城市创建工作有序推进，威海地区食品安全工作群众满意度达到81.38%。7月8日，国务院食品安全委员会办公室副主任、国家食品药品监督管理总局副局长滕佳材、山东省食品药品监督管理局局长马越男一行到乳山市调研，对乳山市的食品安全工作给予肯定。2015年，创建方案所列全部8个大项、71个小项目标任务基本完成。

国家食品安全城建立 成立市长任组长，分管副市长任副组长，47个有关部门、镇区负责人为成员的领导小组，领导小组办公室设在乳山市食品安全委员会办公室（以下简称“乳山市食安办”），同时成立10个工作组，市政府与有关部门、镇区签订目标责任书。加大经费投入，全年创建食品安全城市预算897万元。

国家食品安全城市创建机制构建 建立联席会议、信息报送、督导检查、测评考核4项工作机制，实行周调度、月调度、重点工作调度。完善食品安全“黑名单”、新闻发言人、宣传联络员和食品安全监测处置、农产品产地准出和原产地追溯、行政处罚信息公布、案件移交、问题食品后处理、农产品市场准入、食品安全信息发布、部门联动、行刑衔接等机制，乳山市政府召开专题调度会7次，乳山市食安办召开调度会10次。全年印发工作简报69期。

食品安全监管强化 完善镇（街道）监管服务机构，按照“十五个一”要求为乳山市食品药品监督管理局机关及所属15个监管所配备执法装备设施，结合网格化监管在乳山市626个社区和村全部设置协管员。升级改造金谷园、贸易城、黄山路3个农贸市场，新建海峰街、官地、老批发等7个便民摊点群并积极引导摊贩入市，开展食品“四小”行业及各类食品安全专项整治，推动标准化示范基地、示范园区、示范企业、示范店、示范单位等创建及无公害农产品、绿色食品、有机农产品和农产品地理标志认证。加大食品监督抽检力度，督促企业落实主体责任，广泛开展宣传培训，实施智慧食安，提升辖区食品安全水平。

（张德敏）

【国家智慧城市创建】 乳山市自2013年11月启动“智慧乳山”建设，2014年2月完成总体规划，2015年纳入“五城联创”。4月，乳山市被住房和城乡建设部、科学技术部确定为第三批智慧城市试点市。

智慧城市建设管理办公室成立 为统筹推进智慧乳山建设工程，促进各系统信息资源联网共享和综合应用，提高城市管理效率和水平，2015年4月，乳山市决定设立智慧城市建设管理办公室，隶属于市政府，正科级财政全额拨款事业单位，编制7名。职责为：拟订智慧城市建设整体架构设计和发展规划；系统整合、统筹推进智慧城市相关重大基础建设；推进智慧城市相关重大应用系统建设和重大产业基地建设工作；建立智慧城市建设评价体系，并组织实施对相关部门的考核评价；协调、监督乳山市信息安全保障体系建设，组织信息安全检查、风险评估工作；承担乳山市信息安全应急协商工作，协调处理信息安全重大事件。

城市运营动态监测平台建立 城市运营动态监测平台由智慧地下管网数据共享平台、智慧城管部件管理系统、空中安全视频系统3个子平台（系统）组成，涵盖全方位城市部件监测管理体系。智慧地下管网数据共享平台，探查管线点75000个，实现总长3000公里地下管线数字化、可视化、三维化；智慧城管部件管理系统，普查建成区7大类85小类部件，规整6大类75小类城市事件，24名采集员365天不间断巡检，实时采集城市事件并及时上报处理。自7月27日系统试运行至12月底，上报案件数13219，处置数12016，返工率0.32%，按期结案数7273，结案率86.12%；空中安全视频系统，由遍布市区、林地、海岸的2000个视频监控组成，实时汇集城市运行数据，实现全面感知、主动采集。

城市信息管理服务平台建立 城市信息管理服务平台由民生服务平台、社会服务管理指挥平台、诚信乳山征信平台等3个子平台组成，接受和处理市民服务请求，了解市民需求和社会舆情，并行使城市管理职责。民生服务平台，包括市民热线“6512345”、民情网、民情服

务中心；社会服务管理指挥平台，通过对常住人口、流动人口、重点人口、特殊人口有效管理，形成演示、监督、调度、统计、分析、研判“六位一体”的综合性管控平台，核实、整理15个镇（街道）、33个城市社区、601个村、1238个网格信息，乳山市刑事案件、治安案件、信访案件大幅度减少，2015年上半年威海市各市区听民声社会满意度调查乳山市位居第一。诚信乳山征信平台，录入发布自然人及法人诚信信息，提高全社会诚信意识，截至2015年年底，录入基础信息720496条（其中企业信息14254条、社会组织信息548条、房产信息132627条、个人信息573067条），动态信息20万条。

10月27日，智慧城市运营管理中心 （王丽梅摄）

应急指挥平台整合 整合各部门专项应急指挥资源，做到上下贯通、左右衔接、信息共享、互为支撑、安全畅通，实现“普通事件专业处置，重大事件协同指挥，纵横网格状立体联动”，提高应急指挥水平。目前，应急平台已整合应急会商、海渔、公安、交警、林业、交通、安监、食药等视频，水利、气象、环保等部门系统。

（王丽梅）

6月10日，乳山市政府办公区 （王家洲摄）

· 战国 陶敦

· 汉代 陶奁

· 西汉 陶匜

· 新石器时代大汶口文化 陶碗

责任编辑：吕素坡

新石器时代大汶口文化 陶支座

党政群团

Party and Government Organizations and Non-government Bodies

中共乳山市委员会

【概况】 2015年，乳山市委强化政治意识、大局意识和责任意识，认真贯彻落实中共十八大和十八届三中、四中、五中全会精神，扎实开展“三严三实”（严以修身、严以用权、严以律己）专题教育，深入实施“产业强市、工业带动”战略，以工业突破带动产业结构突破，以工业提升带动产业质量提升，全面推进稳增长、促改革、调结构、惠民生、防风险各项工作，乳山市经济社会发展和各项事业迈上新的台阶，实现“十二五”胜利收官。全年完成生产总值477.18亿元，增长8.4%；固定资产投资475亿元，增长13.6%；公共财政预算收入31.04亿元，增长12.2%；社会消费品零售总额214.2亿元，增长10.97%；实际利用内资127.5亿元，增长15.02%；实际到账外资8706万美元，增长19.6%；外贸进出口总值7.95亿美元，增长12.6%；城镇和农村居民人均可支配收入分别达到30445元、13775元，增长8.4%、8.94%。

【党的建设加强】 突出党建中心，强化作风建设。抓好“三严三实”专题教育，认真开展学习交流、组织研讨、查摆问题和整改落实，逐一列出问题清单，逐项抓好整改落实；开展公职人员经商办企业、机关事业单位违规用人借人、出借和截留国有资产等8项专项整治活动，整治不作为、乱作为等损害群众利益问题，乳山市自查和巡查问题587个，处理通报查处21名干部不作为、乱作为问题。以开展“基层组织建设规范年”活动为抓手，抓好镇党委班子建设，推行农村小微权力清单制度，促进农村规范化建设，实施“百村示范”工程，新建省级党建示范点1个、威海市级4个；选派99名干部到村任“第一书记”，整治后进班子60个；深化党代表任期制试点，在镇级全面推行党代会年会制；出台加强城乡社区党建、社会组织党建等实施意见，推行党建工作项目化管理，实施党员网上年审工作。研究出台市级领导班子成员践行“三严三实”要求带头讲大局谋大事抓重点求创新促突破实施意见，提出市级班子要“做到八个带头、当好五个表率”要求，带动乳山市上下形成重抓落实风气；严格执行中央八项规定，规范公车管理、接待费管理、值班作息、重大事项请示报告等制度，加大办公用房、“三公”经费等专项整治力度，查处违反中央八项规定方面问题14起，查处“庸懒散”问题18起，问责处理20人，推动党风政风和社会风气明显好转。研究出台“百官共廉”工程实施意见和农村干部廉洁准则，制订机关工作作风和效能建设问责办法、党风廉政建设责任追究办法等制度；组织100批次、3万人到威海马石山红色教育基地、冯德英文学馆接受红色文化教育，筑牢反腐倡廉思想防线；坚持有案必查、有责必究、有贪必肃，查办违规违纪案件60起，给予党政纪处分69人，保持对违规违纪问题高压态势。

【产业转型加快】 2015年，实施20项重点工业技改项目，组织15家企业自动化改造，推动制造业集群化拓展、链条化延伸和自动化升级。重点培育装备制造、食品与生物科技、纺织服装、节能环保、新材料等五大主导产业，通过招商引资、产业孵化、成果转化等措施，新上项目中五大产业项目占90%以上，食品与生物科技、新材料产业主营业务收入均突破100亿元，其他3个产业主营业务收入均接近100亿元。成为阿里巴巴集团“千县万村”工程第二批农村试点县，乳山市注册登记电商企业140家。研究出台健康产业发展规划和加快海洋经济发展意见，创建省级现代渔业示范园区，新增农业龙头企业12家、家庭农场163处，打造33.3公顷以上现代农业园区14处；台依湖国际酒庄生态文化区通过AAA级景区验收，福如东海文化园成功争创全省文化产业园区，马石山烈士陵园被命名为“全国爱国主义教育示范基地”。抢抓“一带一路”“中韩自贸区建设”等重大国家战略机遇，强化招商选资、项目建设和企业嫁接，推动对外开放纵深发展。树立项目中心意识，调整重点和非重点产业招商部门，完善定期调度分析、招商信息共享、项目备案、项目代办机制，组织外出招商活动1000人次，新开工投资3000万元以上项目45个，其中过亿元项目18个。规划建设中韩合作健康产业示范园，举办威海市国际健康产业交流促进会，对韩进出口总值同比增长20%。实施20家企业与外合作，拉动企业技改投入46.4亿元。加快推进乳山口港一类口岸开放、乳

7月2日，乳山市举行半年总结观摩会议 （辛戈摄）

山口大桥立项、文莱高速建设等前期工作，加强争资立项，争取各类无偿资金8.8亿元，增长17.2%。深化改革创新，释放发展活力。组建国有资本运营公司和金融投资公司，完成农信社银行化改革，成立首家民间融资登记服务公司，新开业金融机构2家，新设金融分理机构6家，新增保险分支机构6家，在全省率先开展新型农村合作金融改革试点，实施企业规范化改制10家，设立装备制造产业基金，完成企业股权融资1.3亿元、债权融资11.9亿元。组建威海正洋海洋生物技术研究院，搭建高分子检测、硅胶产业研发、固废物综合利用平台，新增高新技术企业3家、省级创新平台3家。发展创业项目470个，新增各类市场主体6228个、增长48.6%。

7月11日，中国社科院院长王伟光（前排中）到台依湖国际酒庄生态文化区调研（辛戈摄）

【民生投入加大】 实施投资5.2亿元的涵盖城市设施改造、供水排水、公园建设等7大类57项城建重点工程，建成新热源厂，供热面积达到400万平方米。加快推进滨海新区建设，投资9.4亿元实施道路桥涵、园林绿化、供水供气、生态修复等重点工程。推进12个片区、3166户棚户区改造，实施1038户农村危旧住房改造工程，抓好33个城市社区规范达标工作，实施32个农村新型社区配套建设工作，实现农村新型社区服务中心全覆盖。高标准完成72个村农村环境综合整治，建立477个村农村环境综合整治长效管护机制，完成2600户农厕无害化改造，被评为“全省城乡环卫一体化全覆盖市”，大乳山滨海旅游度假区作为生态修复典型在第21届联合国气候变化大会上向世界推介。规划启动活动实施总投资40.5亿元的10大类便民利民工程，启动“五城联创”工程，开展服务设施提升和老旧小区、施工现场、城乡结合部整治，实施路边停车、扬尘抛洒、露天洗车、占道经营、户外广告、乱搭乱建等规范管理活动，推行创城网格化管理制度，全国文明城市完成年度实地测评，并在13个提名城市中名列前茅；国家卫生城市通过省级暗访；成功争创国家智慧城市试点市，建成智慧城管、智慧社管、智慧管网等平台，智慧城管信息系统建设通过省专家组验收。推进教育体制改革，稳妥实施高中撤并工作，开展取消中小学行政级别改革和中小学校长职级制改革试点，实现校长队伍专业化。搭建市域信用征询系统平台，建立公共法律服务中心和社会管理平台，实现公共安全视频监控智能化、可视化，构建起“一体化、信息化、网络化、规范化”的大综治格局。

【重要决策和工作部署】

3月18日，乳山市委、市政府下发《乳山市创建全国文明城市工作实施意见》，确定以解决广大市民最关心、最直接、最现实的问题为重点，积极有序推进4大类、20项重点工作任务，提高城市整体文明水平和市民文明素质，促进政务环境、法治环境、市场环境、人文环境、生活环境、社会环境、生态环境、未成年人健康成长的社会文化环境改善提升，推动乳山市经济、政治、文化、社会和生态文明建设全面协调发展。

5月21日，乳山市委下发《关于市级领导班子成员践行“三严三实”要求带头讲大局谋大事抓重点求创新促突破的实施意见》，要求领导干部围绕“严以修身、严以律己、严以用权”三个专题认真开展学习研讨，带头讲党课，高标准召开专题民主生活会和组织生活会，进一步增强党内生活的政治性、原则性和战斗性。特别要深化整改落实和立规执纪工作，重点抓好领导干部经商办企业、机关违规进人、侵占国有集体资产等专项整治，完善制度机制，巩固扩大整治效果。

6月3日，乳山市委、市政府下发《关于扎实推进农村扶贫开发工作的实施意见》，确定建立精准扶贫、强化专项资金管理、创新金融支持扶贫、完善干部驻村帮扶、创新社会参与扶贫等5项机制，集中推进加大公路建设力度、提升电力保障水平、扶持特色产业发展12项突出问题解决，实现扶贫对象脱贫致富内生活力、职业技能素质大幅提升，义务教育、基本医疗和住房保障水平进一步提高，贫困村生产生活条件明显改善。

6月12日，乳山市委下发《关于加强作风建设营造良好政治生态环境的意见》，确定在乳山市认真践行维护党的权威、树立正确用人导向、持之以恒地抓好中央八项规定精神落实等22项“三严三实”要求，积极适应全面从严治党新常态，深入推进风清气正的政治生态建设，营造良好从政环境。

6月25日，乳山市委下发《关于实施“百官共廉”工程的意见》，确定以推动乳山市经济社会健康有序发展为基本导向，探索建立与经济社会发展相适应的领导干部廉洁从政体系，狠抓主体责任落实，强化监督执纪问责，督促领导干部形成正确的人生观、价值观和权力观，全方位提高领导干部“抓班子、带队伍、讲廉政、作表率”责任意识，努力在全社会形成和谐融洽的党群、干群关系，营造“百官共廉”、共谋发展的良好氛围。

9月21日，乳山市委、市政府下发《关于加快打造现代海洋产业“八大板块”的实施意见》，确定抢抓各级实施海洋强国战略、建设“海上粮仓”、大力发展现代海洋产业的重大战略机遇，打造特色海水养殖、水产品深加工、海洋装备制造、海洋文化体验等八大海洋产业主导板块，构建创新、高效、包容的现代海洋产业体系。争取到2017年年底，乳山市海洋产业总产值达到290亿元，海洋产业增加值达到120亿元，其中渔业经济总产值达到100亿元、水产品总产量达到50万吨、水产品进出口总额达到6亿美元。

12月13日，乳山市委、市政府下发《关于加快健康产业发展的实施意见》，确定以打造中韩健康产业示范区及国内知名健康养生养老福地、健康休闲旅游胜地、健康产品制造基地、健康管理服务高地为定位，重点培育健康营养产品产业、健康生物医药产业、健康产品制造产业、健康养生养老产业、健康休闲旅游产业、健康保健管理产业六大产业，争取到2020年，乳山市健康产业年均增长速度高于地区生产总值年均增长速度1～2个百分点，构建起“大健康、全链条”的产业体系。

【重要会议】

经济工作会议 于1月13日在乳山市中心会议室召开，乳山市级领导班子全体成员，各镇（街道）、滨海新区、经济开发区和综合经济部门领导班子成员，其他市直部门、单位、驻乳机构党政主要负责人，各类企业主要负责人参加。会议回顾总结2014年经济工作，研究部署2015年经济发展的目标任务，动员乳山市上下进一步认清形势，坚定信心，突出重点，狠抓落实，用工业理念谋划农业发展，用工业经济推动休闲度假经济，用工业发展带动城市化建设，提升产业对经济发展的支撑力，推动经济社会平稳较快发展。

党风廉政建设和反腐败工作会议 于2月11日在乳山市中心会议室召开，乳山市级领导班子全体成员，市纪委委员，各镇（街道）党政主要负责人、纪委书记，滨海新区、经济开发区主要负责人，市直各部门、单位及各驻乳机构主要负责人、分管纪检工作的负责人，市属国有企业董事长、总经理，市纪委各派驻纪检组成员及纪委机关各室主任参加。会议传达学习中央、省纪委全会以及威海市党风廉政建设和反腐败工作会议精神，研究贯彻落实意见，动员乳山市各级切实增强抓好党风廉政建设和反腐败工作的责任感、使命感和紧迫感，为推动经济社会发展提供坚强保证。

经济工作暨履行机关岗位目标责任制总结表彰会议 于2月26日在乳山市中心会议室召开，乳山市级领导班子全体成员，各镇、滨海新区、经济开发区、城区街道副科级以上领导干部，市直各部门、单位部分机关干部，威海市以上驻乳机构主要负责人，市属国有企业董事长、总经理，部分企业主要负责人参加。会议回顾总结2014年度乳山市经济工作和市镇机关履行岗位目标责任制情况，表彰先进集体和先进个人，动员乳山市各级进一步解放思想，凝心聚力，改革创新，真抓实干，推动各项工作再上新台阶。

“五城联创”工作动员会 于3月19日在乳山市供电公司会议室召开，乳山市级领导班子全体成员，市直部门、驻乳单位、市属国有企业主要负责人，滨海新区、经济开发区主要负责人，各镇（街道）党（工）委书记、分管宣传工作的负责人，各中小学校校长，城区街道各社区居委会书记，部分商场、酒店、景区负责人，部分单位分管创建国家卫生城市相关工作的负责人，城市建成区有关村党支部（党委）书记参加。会议对创建全国文明城市、国家卫生城市、国家健康城市、国家智慧城市试点市、国家食品安全城市工作进行动员部署，引导乳山市上下统一思想，坚定信心，明确目标，重抓落实，统筹推进各项创建工作，确保创城取得成功。

庆祝建党94周年座谈会 于6月30日在乳山市中心会议室召开，乳山市级领导班子有关成员，各镇（街道）党（工）委书记，滨海新区、经济开发区和市直各部门、单位主要负责人，各市属国有企业董事长，部分市级党代表、农村和社区党支部书记、企业党组织负责人参加。会议要求，乳山市各级党组织和广大党员干部要进一步明确新形势下党的建设新目标、新任务，牢牢把握中央关于加强党的建设方面的方针政策，认真汲取古今中外其他政党兴衰的经验教训，站在贯彻落实“四个全面”的战略高度，围绕“保持党的先进性”这一目标，统筹抓好新时期党的思想建设、组织建设、作风建设、制度建设和反腐倡廉工作，确保广大党员干部能够经受起市场经济、改革开放、外部环境、执政能力带来的考验。要坚持问题导向，切实解决党的建设过程中存在的突出问题，深入查找理想信念动摇、组织观念淡薄等思想顽疾，着力消除党组织建设的空白点、薄弱点，努力解决制度建设上“无章可循、有章不循”的实际问题，从发生在群众身边的“四风”问题入手，进一步转变干部作风，树立清正廉洁的党员干部形象。

深化县级“三严三实”专题教育会 于10月23日在乳山市中心会议室召开，乳山市级领导班子全体成员，各镇（街道）党（工）委书记，滨海新区、经济开发区及市直各部门、单位主要负责人参加。会议认真学习中组部《关于深化县级“三严三实”专题教育着力解决基层干部不作为乱作为等损害群众利益问题的通知》精神，研究部署贯彻落实意见。会议提出，乳山市各级要从讲政治的高度，提高认识，落实责任，准确把握专项整治的范围和重点、责任主体、方法步骤，建立问题台账，实行销号管理，确保专项整治方向正确、力度集中、成效明显。要坚持把解决问题作为专项整治的落脚点，依法依规解决基层群众反映的突出问题，确保以专项整治的实效取信于民。要建立长效机制，以此次专项整治活动为契机，主动剖析问题产生的根源，研究治本措施，建立完善长效机制，从根本上杜绝侵害群众利益现象的发生，切实维护社会和谐稳定。

健康产业发展推进会 于10月30日在乳山市中心会议室召开，乳山市委常委，市人大、政协主要负责人，市政府班子成员，各镇（街道）党（工）委书记，滨海新区、经济开发区及相关部门主要负责人参加。会议提出，乳山市上下要进一步提高对健康产业的认识，明确产业方向，把握发展重点，加大培育力度，以建设中韩合作健康产业示范园为抓手，重点围绕营养食品、养生养老、生物医药、健康产品制造、文化休闲健身、健康保健管理等产业链条，坚持高起点规划、全方位布局，推动健康产业迅速发展壮大。

【市委办公室工作】 2015年，乳山市委办公室保持“文字材料出精品、督查考核重落实、机要保密零失误、行政接待高标准、农工维稳见实效、安全行车无事故”的工作目标，确保市委机关高效有序运转。

参谋服务 2015年，围绕市委中心工作，按照“好中求好”原则进一步提升服务决策、服务大局、保障发展的能力水平。在日常文字服务上，强化精品意识和效率意识，在材料拟写上保持快节奏、高标准，全年拟写领导讲话及各类材料500篇、300万字。在决策参谋上，针对市委阶段性重大决策和社会难热点问题，深入开展调查研究，拟写有情况、有问题、有分析、有建议的调研文章，围绕互联网+、现代农业、社会救助、电子商务、农村信访、网络安全等方面拟写超前调研和经验性调研30篇；编发《今日参考》270期，为领导提供有价值的国内外政治经济信息，其中8期被乳山市委主要领导批示。在调研信息上，坚持“全室搞调研”，全年威海市以上刊物采用调研文章24篇，其中省级7篇，采用数量和稿件质量均实现突破；上报信息265篇，被威海市采用31篇，被省级以上采用6篇；拟写《乳山信息》12期。

督查考核 创新考核方法，加大督查力度，推动市委决策落实。调整完善岗位责任制考核意见，坚持删繁就简、与上衔接原则，科学合理设置考核内容，加大招商引资工作考核力度，提高经济建设指标考核权重。加大重点工作督促落实力度，健全完善工作台账，对重要会议、重要文件确定的事项和领导批办工作，明确牵头责任人、责任单位和完成时限，定期通报进展情况。全年分办交办重点工作170项，办理领导批件和人民来信150件。做好群众满意度调查活动，组织开展民情走访活动，对群众反映的意见建议督促相关镇（街道）、部门逐一整改，汇总落实全局性问题进，研究统一处理意见，全部答复反馈。

服务保障 超前介入、科学谋划重要会议、活动，成功组织威海市政协“三年突出产业结构”观摩、威海市半年观摩、威海市纪念抗战胜利70周年暨马石山红色教育基地揭牌等大型活动10次，组织筹备岗位责任制总结表彰会、党风廉政会议、赴省内外考察学习等各类会议活动70场次，接待各级客人500人，其中省部级以上领导8人。坚持环境整治、社区建设、“美丽乡村”建设“三位一体”统筹推进，推动72个村环境综合整治和30个农村新型社区建设工作，筛选3个村先行试点“美丽乡村”建设，实现环境整治和社区建设全覆盖。文电办理做到不积压、不丢失、不泄密，累计收发各类文电2000件，印制各类材料500份，密级文件回收率100%。组织开展市级领导分包重点信访案件工作和重点信访案件集中化解活动，召开调度会议17次。保密工作查防并举，组织乳山市2700名机关干部参观保密警示教育展，对乳山市机关事业单位进行实地保密检查。

（姜燕松）

10月30日，乳山市健康产业发展推进会召开 （辛戈摄）

【"三严三实"专题教育】

以上率下示范 中央启动"三严三实"专题教育后，乳山市根据实际将教育范围扩大到科级干部。在市级层面，市委常委会带头开展专题教育，为下级当表率、作示范。印发《市级领导班子成员践行"三严三实"要求带头讲大局谋大事抓重点求创新促突破的实施意见》，提出市级领导干部"做到八个带头，争当五个表率"要求。乳山市级领导班子成员为分管领域或所在单位、工作联系点党员干部上党课，各级领导干部1000人次受教育。在部门、镇（街道）层面，各部门、镇（街道）党委（党组）书记联系实际找准找实存在的突出问题和产生的根源，按照"三个讲清楚"要求为所在单位或镇村党员干部讲专题党课，基层党员干部5100人次受教育。乳山市形成上级为下级做表率、班长给成员做表率，一级做给一级看、一级带着一级干，上行下效、上率下行的局面。

"五学"抓实学习 将专题学习作为基础性工作来抓，增强党员干部对"三严三实"的理解和把握。主要采取"五学"：一是集中研学。在领导个人自学基础上，乳山市级班子带头，坚持原汁原味、系统研读，每个专题拿出2个半天时间集中学习《习近平谈治国理政》《习近平关于党风廉政建设和反腐败斗争论述摘编》等规定书目和领导讲话精神，每次安排不同市级领导领学领读，确保学深悟透、触动思想。二是列席促学。乳山市委组织部安排人员分成工作小组，列席乳山市104个部门、单位领导班子集中研讨交流会议，对部门、单位班子成员发言情况作出书面评价，推动各部门、单位集中研讨活动深入开展。三是专家讲学。每个专题拿出半天时间，邀请不同领域专家教授做专题报告，集中为乳山市各级领导干部辅导授课，邀请山东省财政厅预算处、金融与国际合作处领导讲解财政金融政策，邀请中央党校马列哲学史教研室主任阮青教授围绕"培育和践行社会主义核心价值观"作专题辅导报告。四是外出访学。针对部分"一把手"谋事创业思路不宽、干劲不足等问题，由市级领导带队赴广州、珠海、浙江、成都、西安等地学习党建、经济、产业等方面经验，回来后召开市级会议，带队领导现场汇报外出学习的收获体会和相关工作的思路措施。同时，组织市直部门、各镇（街道）党（工）委书记到浙江大学进行为期一周的集中培训，进一步增长见识、开阔眼界。五是现场教学。组织领导干部到威海马石山红色教育基地接受爱国主义教育，重温革命历史，增强党性观念。组织干部到廉政警示教育基地参观，集中收看廉政警示教育专题片，进一步坚定理想信念和政治立场。

整改贯穿始终 将问题整改贯穿于专题教育全过程，做到边学边查边改。一是列出"不严不实"问题清单。乳山市委领导带头到基层开展专题调研，广泛听取党员干部群众意见建议，梳理出乳山市领导干部不同程度存在"推、拖、躲、捂、怕、守"六方面突出问题。各级各单位也通过讲专题党课、开展学习研讨、集中民情走访、"听民声"调查、调查研究等途径，查摆班子和干部自身存在的不严不实问题，逐条列出具体问题及表现，形成不严不实问题清单。乳山市各级党委（党组）查摆不严不实问题1286条。二是开展不作为乱作为等损害群众利益行为专项整治活动。坚持"广覆盖、早行动、严要求"，将活动范围扩大到机关聘用人员和农村全体干部。将群众来信来访问题作为重点排查内容，进行全面梳理，分门别类建立损害群众利益问题线索台账。抽调乳山市纪委派驻组成员和乳山市委兼职组织员组成10个专项整治工作巡查组，通过问卷调查、座谈交流、个别访谈等方式，对乳山市各部门、单位损害群众利益问题自查、排查、整治等情况进行督导检查，保证压力传导到位、责任落实到位、问题查摆到位和整治成效到位。各级干部查摆问题587条，从严处置干部21人，诫勉谈话2人。三是开展其他专项整治活动。乳山市委常委会研究确定8项专项整治活动，分别是整治"公职人员经商办企业""机关事业单位违规用人、进人""国有资产对外出借、收入截留使用""违规选任单位股级干部""领导干部干扰干预司法案件""领导干部违规报销通讯费""机关事业单位干部违规用地用海用集体资源从事经营""干部借用挪用公款"。四是领导带头抓好立规执纪。乳山市级领导每人负责培育1～2个示范点，每人联系1个经济强村，分包1个贫困村、1个困难户和1个困难职工，分包1个市级重点项目。出台《关于进一步加强作风建设营造良好政治生态环境的意见》，对乳山市领导班子和领导干部重申和提出严守政治纪律和组织纪律、严格规范选人用人、严肃查处违法违纪问题、从严制约领导干部参与市场经济行为、严格领导干部教育监管六方面要求，推进风清气正的政治生态建设。

【组织工作】 截至2015年年底，乳山市有基层党委60个、党总支60个、党支部1407个。2015年，乳山市各级党组织贯彻落实中共十八大及三中、四中、五中全会精神，以开展"三严三实"专题教育为契机，以选贤任能、固本强基、引才聚才为重点，推动组织工作与发展大局深度融合，提升组织工作科学化水平。

基层组织建设规范年 开展农村"基层组织建设规范年"活动，重点围绕班子建设、干部管理、决策议事、党员管理、保障激励和"三资"监管6个方面，明确村级组织规范运行标准，健全"集中部署、台账公示、现场检查、量化打分、通报反馈"闭环式督查落实体系。实施"百村示范"工程，按照"以党建促发展、以创建促规范、以示范带全盘"原则，重点围绕村级班子建设、党员管理、村务管理、决策议事、集体经济等方面，分两个批次集中打造100个特色鲜明的示范村，营造示范带动和对标比超氛围。制订《关

3月13日，乳山市农村"基层组织建设规范年"动员会议

（市委组织部提供）

于加强城乡社区党的建设的实施意见》，落实每个社区20万元为民服务专项经费，建立"项目化"服务机制，提高社区服务实效。制订《关于加强社会组织党的建设工作的实施意见》，新建59个"两新"组织、39个农民合作社党支部、12个联合社党总支，新增1个省级示范点、4个威海市级示范点。

镇党代会年会制试点 作为山东省试点，率先在威海市开展镇党代会年会制工作，探索党代表闭会期间发挥作用的有效途径。列支100万元专项经费，建设23个党代表工作室，开通网上工作室，搭建党代表驻室在线交流和监督平台，建立健全党代表常态化联系群众、团组例会等制度机制，组织开展集中调研月、分类视察等一系列活动。相关经验被山东省和威海市简报刊发，威海市组织各市区学习。

党员队伍管理 2015年，首次举办党员发展对象培训班，培训283名党员发展对象和专兼职组织员，取消17名培训不认真、成绩不合格发展对象资格。强化党员资格年审，对乳山市40195名党员进行网上集中年审，申请年审率99.7%，合格率99.9%。在农村、城市社区开展党员集中轮训，乳山市19695名农村党员参加培训，参训率99.9%。开展"争当创城先锋"活动，乳山市党员参与创城活动、社区服务3773人次，办实事5073件。按照上级部署要求，乳山市级配备5名专职组织员、15名兼职组织员，基层党委配备20名专职组织员、108名兼职组织员。"七一"前后，开展庆祝建党94周年座谈会、庆祝抗战胜利70周年等8项活动。

干部经常性考察 完善干部经常性考察机制，拓宽干部考察的深度和广度。通过一线约谈干部、实地观摩重点工作、参与乳山市重大活动、督导"三严三实"专题教育等方式，深入基层一线考察班子和干部现实工作表现，实现干部考察全天候、常态化，为选准用好干部打下基础。在一线考察和经常性考察的基础上，定期研判班子、会诊干部，按照缺位补充、激励干事、人岗相适、适度交流原则，进行多个批次调整。调整中对拟提拔的人选，不降格以求，不平衡照顾；对个别工作态度不端正、自我要求松、不履行职责的干部，不姑息迁就，进一步优化干部队伍结构，激发干部队伍活力。

干部挂职培养 2015年采取上派下挂方式加强干部培养，在安排优秀干部到上级业务主管部门和信访部门挂职锻炼基础上，7月份从市直机关选派10名优秀年轻干部到镇挂任镇长助理，作为班子成员对待，安排具体分工，接受实践锻炼，防止急用现找。年度考察首次提出推荐选拔1980年以后出生的优秀年轻干部，促进年轻干部脱颖而出。

股级干部规范管理 坚持严格把关、规范管理，严控股级岗位职数，严把公务员岗位任职条件，严格审核拟提拔人选档案，增加廉政鉴定、任前公示等环节。加大抽查检查力度，从7月中旬开始，利用1个月左右时间，对乳山市103个单位的股级干部选任和机关事业单位借人用人工作进行专项检查，对检查发现的问题责令有关单位限期整改。

中小学校长职级制改革试点 2015年10月，会同编制、人社、教育等部门在威海市试点开展中小学校长职级制改革。从教育学学历、教育任职经历、教育专业技术职务等方面对校长任职做出明确规定，健全完善校长的职级和薪资激励机制，提升校长队伍的专业化、职业化水平，为实现"教育家办学"奠定基础。取消2所正科级、4所副科级和22所股级中小学的行政级别；对其原有的4名正科级校长及党支部书记、4名副科级校长、64名股级校长及副校长按照原行政级别实行档案管理。

干部信息数据库更新 从7月份开始，审核完成组织部管理档案1517本，填写干部专项审核登记表3034份，做到应审尽审、不留死角。实时更新乳山市科级干部、股级干部、女干部、少数民族干部、非党干部、公务员等基础数据库，按专业分类建立35周岁以下年轻干部数据库，为整合干部资源、发挥干部专长、实现人岗相适打下基础。完成2015年度机关事业单位工作人员受处分或处罚后工资待遇处理情况摸底。完成大组工网分级保护测评工作，通过山东省保密检测中心验收。

公务员职务职级并行工作 稳妥推进公务员职务职级并行工作。对照申报表和干部档案，逐一核对干部任职年限、年度考核及受处分情况，及时调查落实存疑问题，乳山市审核符合晋升条件机关干部625人，未出现错批、漏批等情况。摸底统计乳山市科级干部任职年限，建立起符合晋升条件科级干部台账。

领导干部报告个人事项制度落实 组织乳山市副处级以上干部（含已退出现职尚未办理退休手续和相当职务层次人员）、镇（街道）党（工）委书记和纪委副书记填报领导干部个人有关事项报告，组织由乳山市管理的机关、事业单位在职和已退出现职尚未办理退休手续的科级领导干部、市属国有企业领导班子成员填报领导干部有关信息报告，做到“凡提必审、凡提必核、凡提必查、凡提必听”。严格执行干部出国境审批程序，重新核实乳山市在职及离退休干部，做好备案，按程序审批出国境申请，办理因公出国46人次、因私出国15人次。做好干部在企业兼任职清理工作，通过信息比对、数据分析等方式，逐条分析研究，按照山东省委组织部、威海市委组织部反馈名单和乳山市自查情况，清理企业兼职或出资办企业公职人员578人次。

干部分类分层培训 加大“走出去”与“请进来”力度，分类分层培训干部。突出解放思想，围绕装备制造、现代农业、绿色食品等内容，赴浙大、西安交大、青岛农大等高校举办党政班、企业班5期，累计培训干部220人。突出业务培训，围绕招商引资、“五城联创”等乳山市重点工作，邀请艾建强、阮清等知名教授举办专题讲座8期；举办依法行政、应急管理、妇女干部等培训班17期，培训干部1000人。突出素质提升，开设青年干部周六讲堂，组织90名青年干部利用周末时间集中学习研讨；举办“流动党校”，组织党校教师赴镇（街道）基层单位送教。突出红色教育，发挥威海马石山红色教育基地作用，培训党员干部1.1万人次。

人才工作创新 2015年，启动实施“学子归巢”计划。建立1.9万人的2013—2015年毕业及在校乳山籍大学生信息数据库、4500人档案迁回乳山的高校毕业生数据库和132人的家庭困难大学生数据库。召开专题新闻发布会，建立微信、微博、QQ群等交流平台。加大扶持力度，新增见习岗位50个，培训各类大学生500人次，为68名创业大学生提供小额贷款700万元。全年新增泰山产业领军人才工程高效生态农业创新类1人、省乡村之星1人、威海市首席技师2人、威海市和谐使者2人、威海市文化名家5人、威海市乡村之星5人，引进全、兼职各类高层次产业人才17人。加强技能型人才梯队培养，评选乳山市具有突出贡献的中青年专家和乳山市首席技师各7人，高级工、技师等高技能人才1400人。将人才平台建设纳入考核，全年获评级企业技术中心2个，滨海新区创业孵化基地升级为省级创业示范基地，新增孵化器入驻企业43家。组织威海市级以上高层次人才进行健康查体，开通高层次人才绿色服务窗户，走访慰问市内高层次人才30名。

远程教育功能拓展 从突出特色、务实管用、发挥作用三方面入手，课件制作取得历史性突破，摄制党性教育、“两新组织”党建、“第一书记”等专题片13部，其中反映胶东红色乳娘事迹的专题片《红色的爱之革命摇篮》获中组部全国党员教育优秀电视片观摩交流活动纪录片类一等奖，3集系列专题片《红色的爱》被山东省委组织部评为2015年度最佳课件奖，3部课件获威海最佳课件奖，中组部“共产党员网”“全国远程教育流媒体频道”展播乳山市制作的专题片3部，山东卫视《齐鲁先锋》栏目采用2部。按照整合资源、携手共建思路，打造户外远教文化广场2处、特色产业示范站点1处、网络电商示范站点2处。为23个党代表工作室配备远程教育设备，实现“一对一”“一对多”在线互动交流。

获评山东省“组工网宣工作先进集体” 围绕党代表任期制、不合格党员认定处置、“学子归巢”、精准扶贫等课题开展调研活动10次，完成总结思路、汇报发言、调研建议及“三严三实”专题教育等综合性材料50篇。向上级组织部门报送创新亮点信息，4篇被中组部筛选入库，8篇被山东省及威海市组织部门内刊刊发，2篇获评威海市社科优秀成果三等奖。落实全员调研工作机制，组织在《大众日报》《支部生活》《领导科学报》等地市级以上报刊发稿50篇，其中国家及省级27篇。全年编发《乳山组织工作》4期、《乳山组工动态》7期、《内部情况交流》17期。组织基层联系点撰写网评文章，372篇被评为省级网络有影响力文章，其中2篇入选山东省委组织部优秀网评选辑。监控上报网络舆情、跟发帖2300条，集中引导24次，发现处理乳山本地舆情12起。乳山市委组织部被山东省委组织部授予2015年全省“组工网宣工作先进集体”称号。

（兰建）

【宣传思想文化工作】 2015年，乳山市加强社会主义核心价值观和仁爱乳山建设，把握正确舆论导向，提升舆论引导水平，宣传思想文化工作取得新成绩。结合“三严三实”专题教育，将习近平总书记系列重要讲话精神列入各级中心组必学内容，组织开展市委中心组“严以修身”集体学习研讨活动，通过专题辅导、现场观摩、理论研讨等方式提高效果。开展社会科学研究，入选威海市重点研究课题1件，参加威海市社会科学优秀成果奖评选，报送20件，获优秀成果奖6件。全年在山东省、威海市重点刊物刊发宣传文化信息14篇，被评为全省优秀调研部刊信息工作联系点，作为唯一县级市在全省调研部刊工作会议上作典型交流发言。

中共十八届五中全会精神集中宣讲 为学习宣传贯彻中共十八届五中全会精神，将乳山市干部群众思想行动统一到中央决策部署上来，11月24日，成立由部门主要负责人和党校骨干教师19人组成的乳山市委中共十八届五中全会精神宣讲团，

8月21日，乳山市纪念抗战胜利70周年文艺晚会　（孙轶琰摄）

组织开展机关、企业、镇区3个层面集中宣讲20场。同时，在《乳山时讯》、乳山电视台、“乳山发布”微信平台中开设专栏进行宣传。

重点媒体关注报道　2015年，央视一套《新闻联播》、二套《经济半小时》、四套《走遍中国》、七套《乡村大世界》、《乡土》等栏目对“仁爱乳山”品牌及乳山市产业转型、红色文化等进行专题报道。《人民日报》以书记署名文章形式刊发“心中有责，才有韧性而不任性”，以图文并茂形式刊发“血战殒身的马石山十勇士”；《大众日报》一版头条刊发“乳山‘五城联创’只做事不作秀”；《威海日报》一版头条15个、专版50个。新华社《山东参考（清样）》调研分析乳山市发展健康产业做法，以专报形式报送山东省委领导参阅。

舆情引导处置　一是组建“策划+采编+传播”宣传工作团队，打造“网站+微博+微信”互通互联新兴媒体传播平台。全年推送应对突发事件、宣传民生实事、推介产业发展、打造城市品牌、展示自然风光等方面信息1000条。二是建立“传统与新兴同步+线上与线下同步”机制，采取“积极解决问题+主动公开信息”方式，及时掌控舆情，稳妥处置。新闻发布工作实现规范化、常态化，围绕环卫一体化、五城联创等工作组织召开新闻发布会8场，回应社会关切，消除公众疑虑。全方位、即时化监控采集网络舆情，向领导呈报《舆情动态》316期、《舆情专报》90期、《领导信箱和人民网舆情动态》62期、《领导信箱和人民网舆情专报》63期。

“仁爱乳山”品牌创树　深入挖掘红色文化资源，组织记者赴各地专访胶东抗战革命前辈及其后代20人，制作专题视频和专题片，《人民日报》、新华社、中央电视台分别对乳山市红色历史进行报道。创作以胶东育儿所乳娘姜明真为原型的长篇报告文学《红色乳娘》；改编的大型现代吕剧《乳娘》入选山东省纪念抗战胜利70周年优秀展演剧目，并首次在央视戏曲频道播出。举办乳山市红色文化传承与发展研讨会，邀请50名胶东革命家后代、红色文化研究者参加。举办纪念抗战胜利70周年文艺晚会等系列重大纪念活动。11月，马石山烈士陵园被中宣部命名为全国爱国主义教育示范基地。开展仁爱文化建设，与弘扬优秀传统文化、培育和践行社会主义核心价值观相结合，市内新闻媒体常年开设宣传专栏，官方微博微信每天推送“仁爱乳山”公益广告、网络标识和相关信息，创作仁爱歌曲。组建“仁爱乳山”百姓宣讲团，开展基层巡回宣讲27场次。乳山市仁爱文化建设经验做法在“新常态、新作为”弘扬优秀传统文化专题研讨班上面向全省交流发言。

通过山东省文化强省先进市县复审　建立奖励机制，完善创作规划，于3月份举办乳山市首届“文学艺术奖”表彰暨文艺工作座谈会，评出金奖作品2件、银奖作品29件，授予特别荣誉奖6件。全年有2人获威海文化名家称号，22件作品获威海市文学艺术奖，1件作品获泰山文艺奖。策划2015年乳山春晚、新春秧歌汇演、首届广场舞蹈大赛、“三下乡”活动和20场消夏晚会，

9月29日，乳山市知联会在怡园社区举办养生保健知识讲座

（于长产摄）

组织举办总政歌舞团慰问乳山军民联欢晚会、“幸福舞起来”全省广场舞大赛（乳山站）等专业演出，组织文化专业人员集中辅导基层文艺骨干 5600 人次。拟定“十三五”文化产业发展规划，研究确定乳山市文化产业重点发展的 5 大项 32 小项工作任务，其中 6 个项目分别列入威海市文化产业重点项目和重点招商项目，4 月 27 日福如东海文化园成功争创全省重点文化产业园区，系威海市唯一。10 月，第二届山东省文化强省建设先进市县名单公布，2013 年获评首届先进市县的乳山市复审合格。

（乔忠锴　李培成）

【统战工作】 2015 年，乳山市印发《推进〈中国共产党统一战线工作条例（试行）〉实施工作方案》，对贯彻落实中央条例提出明确要求。印发《关于加强特约人员工作的通知》，新聘党外特约人员 51 人。

党外代表人士队伍建设 修订完善《党政领导联系党外代表人士制度》等制度10项，建立完善非公经济、无党派、少数民族、宗教、港澳台及海外等 5 大类别共计 331 人的党外代表人士数据库，调整新增党外代表人士 30 人。召开党外代表人士座谈会 2 次，组织党外代表人士专题学习 5 次，就习近平同志关于统一战线的论述、《中国共产党统一战线工作条例（试行）》、协商民主制度、民族团结进步等内容进行宣传辅导，提升党外人士政治把握能力。组织党外人士协商会、通报会、参观考察活动等 6 次，推动政治协商制度落实。组织乳山市宗教界代表人士 12 人参加威海市宗教人士培训班，提高其爱国、守法意识。考察推荐第二届威海市社会新阶层党外知识分子联谊会理事会常务理事、理事人选 9 人。

社会组织统战工作网络建立 印发《关于进一步加强社会组织统战工作的意见》，构建社会组织统战工作市、镇、村（社区）三级工作网络。与民政等部门联合，统计乳山市登记在册的社会组织，在社会组织孵化园建立统战工作办公室，成立统战工作领导小组，确定统战工作联络员。在乳山市社会组织中开展“争当优秀社会主义事业建设者”活动，引导社会组织中的党外人士与党同心同德、同心同行、同心同向。

社区统战工作全覆盖 依托城市社区和农村新型社区建设，提出“社区建到哪里，统战工作覆盖到哪里”的工作目标。印发《关于开展统战工作特色社区创建活动的实施方案》，在新建社区建立以党组织负责人为组长、社区工作者和辖区内有关单位党组织负责人参与的统战工作协调小组，同时建立健全学习交流、工作例会、双向服务、走访慰问、交友联谊等制度，促使社区统战工作科学、规范、有序开展，乳山市形成统战工作特色社区 26 个。

乳山市党外知识分子联谊会 有市级会员 72 名；镇级组织 15 个，会员 294 名。2015 年，开展送农技下乡跟踪服务等服务活动 5 次；依托乳山市党外知识分子联谊会活动中心组织学术研讨、文化艺术展评等活动 4 次。组织会员开展专题调研，形成“关于乳山市电子商务发展情况的调研报告”等调研文章 3 篇。编辑出版《银杏》期刊第 7 期。乳山市加强知联会工作的经验做法被《山东统一战线》刊发推广。3 月，山东省委统战部巡视员王晓炜、山东省新阶层联谊会会长王百忠等专程到乳山市考察党外知识分子联谊会工作。

统战微信公众平台应用 2015 年，维护好统战部网站和党外知识分子联谊会网站，加强官方微博、微信应用。通过“乳山统一战线”微信公众平台开展创新社会治理献良策，征集《协商建言》稿件，同心中国梦、网上正能量征文等活动，收集各类稿件、意见建议 20 条，将操作性较强的意见建议送交有关部门、单位办理。

（张庆）

【机构编制】 2015 年，乳山市编制委员会办公室拓宽思路、创新方法，推进行政审批，中小学校长职级制、事业单位法人治理、编制考核等改革。

政务服务体系完善 2015 年，突出权责对等原则，修定完善权力清单、责任清单、行政审批事项目录清单 3 个清单，逐条梳理，找准依据，定准权责事项，公布权力清单 3051 项、责任清单 2219 项、行政审批事项目录清单 265 项。完善“一体化”政务服务体系，将 46 个部门审批事项全部集中到市民服务中心办理，实行“一个窗口受理、一站式服务”模式。推行限时审批制度，审批时限在 5 个工作日以内的事项比例由 27% 增加到 85%，其中即办件 40 多项。顺应“互联网 +”模式，可通过网上审批的事项全部实现在线办理。制订事中事后监管实施方案，通过书面检查、实地检查、定期抽检等方式加大监管力度。

机构编制管理 进行机构整合，将商务局和经济合作局合并，所属事业单位由 9 个减少到 5 个；将人社局所属人才服务中心和劳动就业办公室整合为人力资源公共服务中心；根据上级统一部署，完成不动产登记机构和职责整合，推进土地、房产、林地等登记业务同一窗口、合证办理，方便企业和群众办事。对事关民生和经济发展部门的用编需求，在编制限额内及时增加，为检验检测中心、安监、审计等部门增加编制 21 名；对其他单位增设机构的要求，尽可能通过职能调整和挂牌方式解决，确保总量只减不增。以机构编制信息综合管理系统平台为载体开展动态检查；联合组织、人社等部门开展专项检查，与部门、单位主要负责人签订承诺书；开展机构编制评估，跟踪管理部门整合后机构运转情况及大部门职责履行情况。“坚持‘四个结合’，切实加强机构编制监督检查工作”的做法，在全省机构编制监督检查工作会议上做书面交流。

事业单位法人治理试点启动 在教育、卫生、文化系统中分别选取一个单位进行事业单位法人治理试点。

试点单位根据要求修订章程，组建理事会，初步完成治理架构建设。

事业单位绩效考核 在教育、科技、文化、水利、农业、林业等14个系统所属149个公益性事业单位中全面开展事业单位绩效考核工作，推动事业单位进一步依法规范运行，提高公益服务质量和效益。

（于琛）

【机关党务】 至2015年年底，乳山市直机关工委辖党支部142个，其中市直党支部76个，离退休党支部37个。共有正式党员2745人，预备党员29人。2015年，开展专题讲座6次，组织21支代表队参加市直机关篮球友谊赛，27支代表队参加拔河比赛。

基层党支部、党员管理 2015年，换届补选机关支部42个、离退休党支部8个，新成立党支部1个，培训党支部书记107名。培训、考核40名入党积极分子，全程跟踪29名新发展党员和24名转正党员，确保党员纳新工作"阳光操作"。年初，对2745名党员进行年审，2740名合格。组织18名预备党员在冯德英文学馆举行"市直机关庆祝建党94周年新党员入党集中宣誓仪式"，组织市直机关74名党支部书记到威海马石山红色教育基地参观学习，组织70名预备党员和入党积极分子到该基地开展志愿服务活动。看望建国前入党的3名老党员和24名困难党员，发放补贴、慰问金24420元。

作风纪律督查 对市直机关在岗值班、挂牌上岗及工作纪律等提出制度规范并定期巡回检查，全年集体活动签到17次，节假日值班抽查711单位次，点对点通报值班违规现象15个单位25人次，上班纪律和挂牌上岗抽查103单位次。落实周五学习日制度，会同乳山市委组织部、宣传部抽查各部门集中学习和党委理论中心组学习情况。发布卫生清理通知8次，对乳山市85家市直单位进行拉网式卫生大检查4次，发放卫生督办单200份。

机关品牌创建 2015年年初，印发《关于在市直机关开展品牌创建活动的实施意见》，市直机关75个党支部参加创建。各单位围绕中心工作寻找机关品牌结合点，在提高服务水平、多办实事好事方面下功夫，促进党员先锋模范作用发挥和岗位管理水平提高。12月2日，在乳山市委群工部召开党建品牌创建活动专题推进会，现场观摩乳山市政务服务中心、乳山市委群工部，5个单位作典型交流。

在职党员进社区 乳山市直机关工委班子成员分组到16个城市社区调研在职党员进社区活动开展情况，了解社区基本情况及对活动的意见、建议和要求，推动社区在职党员党支部功能完善和服务项目认领机制落实。全年工委系统1380名在职党员到社区报到，参与社区服务3773人次，办实事6722件，帮扶资金67750元，"设岗位、搭载体、抓考核，推动'在职党员进社区报到'活动见实效"的典型经验，在全省市县机关工委书记座谈会上交流介绍。

12月2日，乳山市直机关工委召开党建品牌创建活动专题推进会

（马旭辉摄）

"争当创城先锋"活动 2015年，在市直机关开展"争当创城先锋"活动，促使机关党员主动认领社区创城相关工作岗位和服务项目，配合所在社区解难题、抓落实，带动亲朋和周边群众支持创城，并积极参与所在单位的创城工作，当好创城表率。督导市直52个部门和33家责任单位安装创城电子显示屏、固定广告牌及宣传栏，邀请向机关干部做2次专题讲座，组织"五城联创"知识竞赛。申报无烟单位和全民健康教育示范单位10家，安装宣传刊板21块，设置室外吸烟区1处。

机关群团工作 2015年，机关工会工作委员会完成市直第六期爱心互助医疗保险工作；对贫困职工和劳模进行摸底，看望困难劳模3名、困难职工30名，发放慰问金47000元。机关团工委开展青年志愿者活动，争创威海市青年文明号1个，资助贫困学生14名。机关妇女工作委员会推荐3名妇女工作者为市级先进个人，推荐"齐鲁最美家庭"1个，推荐"我的好爸好妈作品"1个；开展"社会妈妈"活动，拉手贫困中小学生10名；组织70名机关女干部参加乳山市妇联举办的"新农村新生活"培训班；组织参加"关爱母亲·共筑幸福"女性安康保险，投保268份；开展"共享书香·传递爱心"捐书活动，各基层妇委会发动271人参与，捐赠图书750册。

（孔晓辉）

【党史研究】 2015年，乳山市党史市志办公室坚持对接大局、顺势而为，以存史鉴今、资政育人为根本，扎实推进党史成果转化、党史征集研究、党史宣传教育等工作。

马石山红色教育基地获评“山东省党史教育基地” 参与威海马石山红色教育基地建设，查找、提供文字6万字和图片340幅，会同民政部门研究确定改陈布展大纲，经全国有关专家和领导审修改完善，按时完成布展。考证抗战史料，完成针对不同群众的3个版本讲解词。系统培训3名讲解员，进行20次党史辅导和实地演练，达到讲解要求，得到领导认可。8月8日，中共山东省委党史研究室主任赵国卿带队到威海马石山红色教育基地调研，给予高度评价。12月，威海马石山红色教育基地被中共山东省委党史研究室命名为“山东省党史教育基地”。

抗战革命史料挖掘考证 结合乳山市红色文化旅游，抢救性挖掘乳山革命史料，重点对许世友、谷牧等人物在乳山活动，第一届中共胶东特委在乳山成立，胶东抗大女生队长王良地洞产子等史料进行再考证，对抗战期间境内孕育诞生的胶东育儿所、胶东公学、胶东兵工厂，以及济南军区总医院、文登中心医院、山东新华制药厂、中国人民银行“两院两厂”在乳山的发展变迁进行再梳理。新挖掘出日籍八路军小林宽澄在境内花家疃战斗中被俘投诚故事。收集整理抗战时期文字资料3万字、照片40幅，上报中共山东省委党史研究室，并形成“挖掘阐发马石山突围战和抗日根据地史料推动红色文化传承与发展的实践和启示”第3篇调研文章。根据威海党史网建设要求，整理提供党史资料20万字、照片120幅。威海市抗战70周年党史作品征集活动上报作品3篇。

党史成果“六进”活动 2015年，启动党史成果“六进”活动。坚持发挥作用最大化原则，选择文化建设突出、党建水平高的企业，文化氛围浓厚、教学质量好的省级规范化学校，阅览室成规模、学习风气浓的机关等单位作为送书对象。利用史志成果库存，向18个学校、企业、机关、村、城市社区、军营赠送党史、地情书籍1000本，发挥资政育人作用，为建设一批“古风书室”打下基础。

党史成果信息化建设 配合湖南、成都、山东、威海等地电视台及《威海日报》记者实地拍摄、采访小林宽澄、胶东红色乳娘等历史人物、事件；配合中共乳山市委组织部、乳山电视台摄制乳山革命题材专题片《烽火胶东》；与中共乳山市委组织部、乳山电视台联合制作专题片《红色的爱之革命摇篮》，该片获中共中央组织部举办的2015年全国党员教育电视片观摩交流活动纪录片类一等奖。建立开通“乳山市党史市志办公室”政务微信，推介信息220条，宣传乳山市党史、地情知识和党史、史志工作动态，关注量达到600个，并关注“胶东育儿所”微信群和胶东育儿所乳儿创办的“胶东寻亲团”微信群，推动工作开展。“马石山十勇士”演讲片入选中共山东省委党史研究室录制的光盘《齐鲁文化讲坛》和演讲录，进一步拓展党史宣传教育新途径。

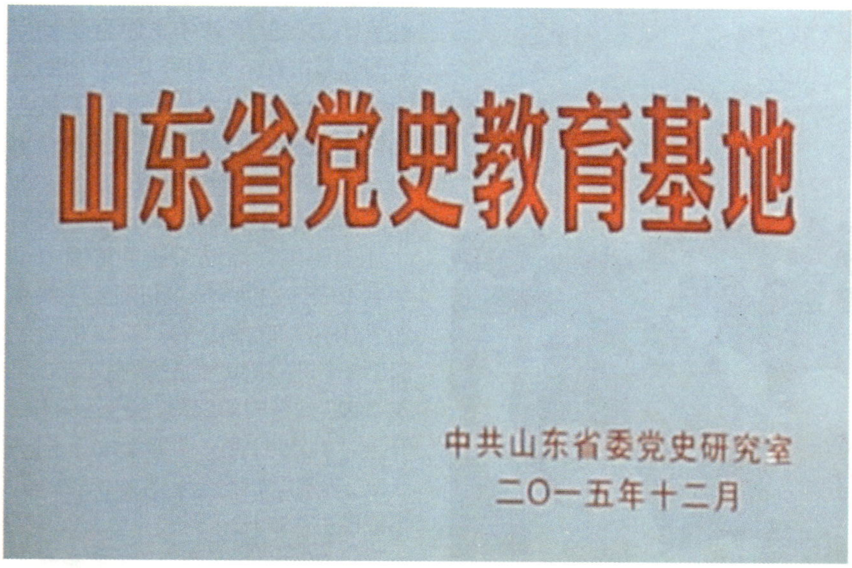

12月23日，威海马石山红色教育基地被中共山东省委党史研究室授予“山东省党史教育基地”称号 （王家洲摄）

乳山市红色文化传承与发展研讨会 8月13日，乳山市举办红色文化传承与发展研讨会，乳山市党史市志办公室会同乳山市民政局邀请50名全国红色文化研究领域权威学者、军事专家、胶东革命先辈后代参会。与会代表围绕回顾以马石山红色历史为代表的胶东革命史、提炼乳山马石山红色革命精神、探讨以威海马石山红色教育基地为核心的红色文化旅游产业融合发展思路举措的主题发言，提出意见建议。

乳山市胶东抗战红色文化研究会 于7月24日注册成立。该会是由部分党史研究工作者发起，中共乳山市委宣传部指导，经乳山市民政局注册成立的非营利性社会团体，吸引乳山党史研究权威、革命后代、乳山作家协会骨干力量、红色文化相关部门干部等65人加入，旨在开展以胶东抗战精神为主题的红色文化研究，挖掘、整理、保护胶东抗战历史资料、文献。研究会成立后，参与组织乳山市红色文化传承和发展研讨会；发动会员向威海马石山红色教育基地、乳山市方志馆捐赠《胶东子弟兵》《峻节傲霜》《宋澄纪念文集》等书籍及书法绘画作品120件；与北京八路军山东抗日根据地研究会及胶东分会建立合作联系；启动乳山市抗战口述史料抢救等工作，取得初步进展。

（吕素坡）

【党校教育】 2015年，乳山市委党校以提升治校办学水平为统领，努力做优干部培训，做强科研成果转化，提高教育教学质量。年内，推行“以老带新、以新促老”传帮带机制，开展“讲坛明星”技能大比武活动，提升教师授课水平。

主体班次举办 围绕乳山市委中心工作，以研究、讲解党委政府重要会议精神、重要战略部署及干部群众关心的热点难点问题为重点，举办乳山市农村支部书记培训班、财政支农政策培训班、党员发展对象培训班、依法行政培训班、政法系统培训班及新录用公务员暨事业单位工作人员初任培训班，培训学员2300人次。完成“青年干部周六课堂”教学工作，在安排校内骨干教师授课的同时，聘请山东省委党校、威海市委党校多名专家、教授到乳山授课，开展培训13次，培训学员1100人次。

专题宣讲活动 组织3名骨干教师参加中共十八届五中全会精神宣讲活动，深入机关、企业、镇区进行宣讲，受众2000人次。参加乳山市纪委组织的廉政警示教育宣讲团、“百官共廉”工程、廉政文化“六进”活动，宣讲10场，受众1000人次。参加乳山市委宣传部组织的“仁爱乳山百姓宣讲团”活动30场，受众4000人次。参加市妇联组织的妇女干部培训班和“内贤助廉”教育活动，受众800人次。

课题研究 2015年围绕党委政府工作中心及新常态下区域经济社会发展现状，有针对性地开展调查研究。年初成立课题调研小组，深入社区、企业、市直部门开展为期1个月的集中学习调研活动。全年推出10个特色调研课题，其中1项被立项为威海市社科重点课题并结项，9项被立项为山东省委党校重点研究课题，3篇调研报告在《乳山调研》上发表。发表地市级以上理论文章19篇。

党性教育精品课“大义忠诚马石山” 成立专题党课领导小组，制订实施方案和工作配档，通过实地考察、参观学习、专家指导等方式，打造党性教育精品课——“大义忠诚马石山”。该课程在威海市处级干部培训班、入党积极分子培训班等威海市级主体班次现场教学中讲授，获得好评。

（杨绍平）

【老干部工作】 2015年，乳山市有离休干部281人，其中抗日战争时期83人，解放战争时期198人；行政机关87人，事业单位105人，企业单位89人。工作中，对老干部政治上尊重，生活上照顾，精神上关怀，赢得老干部的支持，发挥老干部作用。

政治待遇落实 2015年年初，召开乳山市老干部情况通报会。组织担任过县处级以上实职的老干部参加乳山市春节晚会等重大活动。分批组织县处级老干部和城区离休干部、乳山市老干部党支部书记和各镇老干部代表观摩乳山市经济社会发展情况。邀请乳山市委党校教师对老干部党支部书记进行“依法治国，建设法治政府”专题培训。通过会议、培训、网站和QQ群等形式，在离退休干部党员中开展“看变化、谈发展、献良策”主题实践活动，引导老干部围绕乳山市中心大局工作建言献策。开通“乳山老干部”微信，加强与老干部互动交流。

生活待遇落实 春节前，为乳山市离休干部发放慰问品，为城区老干部进行物资供应，组织走访慰问担任实职县处级以上老干部及居住在烟台、威海等地老干部，听取意见和要求。开展“即时关爱”活动，为困难老干部送去党组织的关怀。协调有关部门将离休干部“两项经费”标准提高到每人每年1500元。在组织有关部门认真审核基础上，向乳山市政府提出减免41家困难企业所属73名离休人员医保金的意见，确保老干部医药费及时报销；为265名无工作离休干部遗属发放取暖补贴29.15万元；为乳山市65名困难离休干部遗属发放救助金10万元。组织乳山市347名离休干部健康查体，对部分行动不便的老干部组织医务人员上门体检。向乳山市抗战时期参加革命工作的101名离休干部发放慰问金和纪念章。继续开展“向老干部承诺、为老干部办事、请老干部监督”活动，88个单位向老干部承诺办实事281件次。满足老干部开展文体活动和“四就近”服务需要，推进老干部活动场所建设，21个单位和12个社区分别获评“威海市优秀老干部活动中心（室）”和“威海市离退休干部社区服务示范点”。

老干部文体活动 充实老干部精神生活为目的，开展健康有益的文

9月18日，乳山市委书记高书良（前排右一）陪同老干部观摩

（老干部局提供）

10月17日，乳山市老年大学举办"银龄盛典"中韩艺术交流展演
（老干部局提供）

体活动。举办乳山市第八届老干部门球联赛，举行乳山市老年大学元旦文艺汇演、迎"三八"妇女节文艺演出、庆"七一"文艺汇演、迎国庆文艺汇演。以夏村镇邵家村优秀共产党员邵本道为原型创作的情景诗报告《爱的绽放》在全省老干部艺术节上获团体一等奖、优秀组织奖；6月23日，组织乳山市老干部艺术团到邵家村开展庆"七一"慰问演出，在本道广场演出该节目。10月，乳山市老年大学举办"银龄盛典"中韩艺术交流展演。乳山市委老干部局联合乳山市文联开展"楹联颂党恩·翰墨寄深情"楹联征集活动，参与人数600人，报送作品1000幅。在威海市委老干部局举办的纪念抗日战争胜利70周年系列活动中62人获奖，并获优秀组织奖，为获奖最多单位。

老干部艺术团党支部成立 围绕新时期老干部工作转型发展要求，从老干部的身体状况、志趣爱好、生活特点出发，按照党章规定和"一方隶属、多方管理"原则，于5月份在乳山市老年大学和乳山市老干部艺术团成立"兼合式"党支部，实现党组织对老干部的有效覆盖，增强党组织对老干部的吸引力和凝聚力。老干部艺术团党支部成立后，艺术团成员由25人增至45人，演艺水平提升，成为繁荣乳山市文艺事业的一支重要力量。

关心下一代办实事 理顺镇级关工委组织机构，成立由镇（街道）党（工）委分管政工副书记任主任、一名副科级退休干部任常务副主任、老干部办公室主任兼任办公室主任的镇级关工委组织体系。建立"五老"志愿者数据库，发展"五老"志愿者4000人。25个成员单位每年为关心下一代工作至少办一件实事，乳山市老龄办依托向阳社区每周为社区少年儿童举办文化讲座、乳山市人社局组织专业医务人员为学校新生检查视力、乳山市残联为残疾儿童举办"送康复上门"等活动均受到欢迎。冯家镇开展"三花"党史国史教育的经验在全省关工委会议上作发言交流；威海市关工委主任暨青少年党史国史教育工作会议在乳山市召开，冯家镇关工委在会上作典型发言交流。

镇（街道）老干部志愿者协会组织建立 乳山市15个镇（街道）全部建立老干部志愿者协会组织，人数由200人增至1700人。乳山市老干部志愿者协会组织老干部书画社到社区为群众写春联、送祝福200人次，乳山市老科技工作者协会参与科技"三下乡"服务；乳山市老干部艺术团为基层送演出60场次。老干部志愿者响应"五城联创"，到社区清理小广告，到银滩海边捡拾垃圾，为创城贡献力量。

乳山市老年大学镇级分校设立 6月份在下初镇和乳山寨镇设立分校。两镇首批入学学员300人，开设计算机、戏曲演唱、健身舞蹈、健康养生、拳剑操等专业，进一步扩大乳山市老年大学的辐射带动作用，满足居住在乡镇的老干部，老年人老有所学的愿望。该做法被《威海老干部工作信息》《齐鲁晚报》《威海日报》等刊发推介。

（戴瑛玉）

【群众工作】 2015年，乳山市委群工部以服务发展、服务大局、服务群众为主线，以加大民生诉求事项办理力度和分析研判工作为重点，提升群众工作水平。全年办理群众诉求27605条，办结率100%，办理满意率98.77%。

群众诉求汇集渠道拓展 在通过市民热线、民情网、干部常态化联系服务群众等多种方式汇集群众诉求基础上，将社会管理平台纳入汇集群众诉求渠道，1250名社管网格信息员纳入管理系统，与群众工作指导员一体管理，实行"一口受理，分级办理"，实现人员共用、资源共享、效率提升，群众工作智能化管理系统信息采集的覆盖面提升。同时，配合城市社区建设，在民情网增设社区服务版块，连接"社区在线"网站、乳山发布微信平台、社区QQ群，实现信息互通和实时交流。

民生诉求事项督办落实 出台《关于加强民生诉求事项督办落实工作的实施意见》，以群众不满意事项、市委市政府交办事项、需现场查看事项、需进一步跟踪事项为重点，采取回访督办、实地督办、跟踪督办、重点督办等方式，加大民生诉求事项的督办、落实力度，提高办理质效。在继续实行日报告、周汇总、月分析、及时研判、专题报告基础上，调整《民生诉求办理专报》，将部分有代表性的群众诉求办理回复情况列入专报范围，明细诉求数量、办理时效，对超期办理情况进行督查督办，进一步提高部门责任意识和诉求。全

12月23日，威海市委常委、组织部部长霍高原（左二）到乳山市委群工部调研（群工部提供）

年向乳山市委、市政府上报专报231期，提出研判建议53条。

联系服务群众工作体系完善 将党代表、人大代表、政协委员以及教育、卫生工作者纳入联系服务群众工作体系，每人确定10～20户联系服务对象，定时定点开展联系服务。本着统筹规划、资源共享原则，结合党代表工作室建设，在城市社区和较大的农村新型社区建立“代表委员工作室”，定期安排“两代表一委员”及教育、卫生工作者现场办公，与群众当面沟通服务。建成并规范运行代表委员工作室68个。以此为依托，组织800名“两代表一委员”进社区开展政策法律咨询、社情民意调查等活动，联系服务群众5万人次；204名教育工作者进社区开展文体、科技讲座和主题宣讲活动；卫生工作者进社区开展义诊查体、健康讲座780场1100人次，惠及群众2.3万人次。

二部联系群众常态化 5月15日—6月15日、10月22日—11月22日，组织开展两次民情集中走访活动，4100名干部与20万户常住群众定向联系，发放民生实事、“五城联创”、城乡环卫一体化、大学生就业创业政策、农村淘宝招募等宣传材料100万份，收集群众各类诉求5270件。

部门包村工作 包村工作由“平均用力”变为“突出重点”，以农村新型社区中心村、农业产业项目重点村、公路沿线村、亮点培育村、省定贫困村及部分镇驻地村等为重点，合理筛选包扶对象，进行重点倾斜，引导各包扶部门加大帮扶力度，协助所包扶村抓好社区建设、项目推进、强村富民、亮点培育等工作。2015年，乳山市114个部门为所包扶的115个村投入现金及物资折款431万元，为群众办实事208件。结合乳山市“五城联创”工作，组织包村部门专门开展“环境卫生集中清理月”活动，1500名干部到所包村清理卫生，提供专项帮扶资金45万元。

（王晖）

【信访工作】 2015年，中共乳山市委乳山市人民政府信访局从工作机制创新、畅通信访渠道、信访责任落实等方面着手提升信访工作水平，信访总量持续下降。

信访工作机制创新 一是完善信访工作制度，印发《关于建立市级党政领导干部公开接访首接负责制的意见》等6个关于信访工作的规范性文件，尤其对集体访强化5个环节，确保处置及时得当。二是推行“七步工作法”，即领导批示、面对面交办指导、面对面告知受理、面对面会商调解、面对面答复疏导、面对面引导评价、面对面进行回访提升信访事项办理群众满意率。三是推行“双向告知”，对于应通过诉讼、行政复议、仲裁渠道解决的等6大类不予受理问题，告知信访人受理单位和法定时限，同时告知有权处理单位及时受理。四是开展“双向约访”，一方面党政领导根据信访部门提供的跨部门、跨区域信访难案，约群众“来访”，另一方面信访群众对信访事项办理结果有异议的，约党政领导“接访”，全年14名市级党政领导干部约访208次，接待群众来访216起，一次性化解率90%以上。

信访突出问题疏导化解 围绕银滩区域房地产领域开发、企业拖欠独生子女父母养老补助金等突出问题，乳山市委、市政府主要领导亲自主持研判会议6次，推动一批疑难复杂问题妥善疏导化解。稳妥抓好重点时期信访维稳工作，由乳山市联席办筛选76个重点信访事项，召开21次集中分析研判会议，找准问题症结，研究解决方案，制订化解稳控措施。

重点信访案件集体会诊 由乳山市联席办组织责任单位及社会人士集体会诊63个信访案件，甄别群众诉求，评判责任单位处理程序和意见，对35个存在合理诉求的案件，督促责任单位尽快解决；对2个处理程序不规范、结果不当的案件，责成责任单位及时纠正；对3个属于不合理诉求的案件，组织疏导解释、法制教育，力促化解。

信访积案“百日攻坚”活动 从5月中旬至8月底，组织开展信访积案“百日攻坚”活动，将排查出来的53个信访突出问题和32个重点信访人员全部建立工作台账，逐案化解稳控。筛选24个到省进京上访案件及重点矛盾纠纷，实行市、镇（部门）两级领导包案，限期化解，包括市委、市政府主要领导在内的15名市级领导干部参与包案；筛选1起典型非访案件，以专家解析、群众评论等形式制作专题片，在乳山电视台《新闻联播》和《民生关注》栏目中播放，教育引导群众依法有序信访。对威海市交办的21个非正常上访案件及重点矛盾隐患综合施策，做到“疏堵结合、情理交互”，推动14个信访问题化解，化解率66.7%，居威海市最好位次。

信访渠道畅通 依托智慧城市智能网络建设，实现群众诉求网上可提、办理过程网上可查、办理结果网上可评。建立智能提醒机制，在信访事项转办3周内向责任部门、单位亮牌预警，确保30日内办结。全年网上受理群众诉求2412件，占乳山市信访总量46%，办理结果群众满意率92.79%。依托“乳山信访”微博微信平台，建立与重点群体和重点信访人员的即时沟通、协商机制。同时，对银滩区域购房外地业主、部分军队退役人员、原民办教师等群体，创建多个QQ群，由专门工作人员随时与信访人保持沟通，及时发现化解苗头性问题。

信访信息系统延伸 信访信息系统延伸至各镇区和58个市直部门，在举办信访工作专题培训的同时，采取“沉下去”实地带案轮训、“调上来”实际操作等方法，对基层信访干部进行“点对点”“面对面”培训。摸排信访事项各环节等存在的程序性、实体性问题及网络不通等情况，对排查出来的27个问题有针对性地制订整改措施。信访档案从一案一档向“一人两档”转变，即一套诉求化解档案、一套信访行为档案，同时建设电子档案。

信访责任落实 乳山市联席办将每天信访情况、部门和单位处置情况专报乳山市委、市政府主要领导、分管领导，对信访事项办理不作为、慢作为、乱作为的单位，市领导逐案批示整改，市委办、政府办第一时间跟进督查。对市级领导干部公开接访情况每天一快报、每季度一通报，对部门工作考核每季度一次，年终综合评定。严肃追责问责，对发生进京非正常上访的1个镇进行通报批评，问责4名机关干部。

（于皎）

【对台工作】 2015年，乳山市台办创新方式方法，做好对台宣传交流和招商引资工作。

与台交流 建立台商基本信息库，通过重大节假日短信、微信问候等方式加强联络，加深感情。赴台开展宣传交流和项目对接活动，拜访德奥生物科技公司、得新国际企业、中华两岸经贸文教交流发展促进会、中华产学联盟协会等岛内企业家和协会组织60家，介绍乳山市投资环境及产业发展状况，推荐部分重点合作项目。

借力招商 利用海峡两岸经贸交流协会海洋经济合作委员会和深圳正威集团两个平台开展招商引资，与中国风险投资研究院、中国风险投融网中国创富投融资联合会、深圳联交所、天津股权交易所等企业建立联系，依托深圳南山创业孵化器进行孵化器招商。全年通过两个平台对接40人次。

（张鹏）

乳山市人民代表大会

【概况】 乳山市第十七届人民代表大会代表总额245名。乳山市人民代表大会常务委员会下设办公室、人事代表工作委员会、内务司法工作委员会、财政经济工作委员会、农业和农村工作委员会、科教文卫工作委员会、城乡建设与环境资源保护工作委员会、民族宗教工作委员会、预算工作委员会。2015年，乳山市人大常委会围绕乳山市改革稳定大局，履行法定职责，开展政府工作监督、法律监督，组织人大常委会任命干部履职评议，两次组织新任命国家工作人员向宪法宣誓，在各镇开展人大代表向选民述职活动。

【十七届人大四次会议】 于2015年2月13—15日在乳山市中心会议室召开，221名人大代表出席，出席市政协九届三次会议全体委员以及不是市人大代表的市委常委、市政府副市长、市直部门、人民团体、驻乳单位主要负责人，各镇镇长，城区街道办事处主任列席。会议听取审议《政府工作报告》《人大常委会工作报告》《法院工作报告》和《检察院工作报告》，审议市人民政府关于《乳山市2014年国民经济和社会发展计划执行情况及2015年计划安排意见（草案）的报告》和《乳山市2014年财政预算执行情况和2015年财政预算（草案）的报告》。会议批准上述报告，并分别做出相应决议。会议认为，过去一年，在市委坚强领导下，乳山市上下认真贯彻落实中共十八大和十八届三中、四中全会精神，按照威海市委、市政府“三年突破乳山产业结构”要求，突出主题主线，直面矛盾风险，主动加压奋进，实现经济社会平稳健康发展。新的一年政府工作总体要求和目标任务，体现中共十八大和十八届三中、四中全会精神，符合乳山实际，切实可行。会议对市政府过去一年工作和新一年工作任务安排表示满意。会议号召，乳山市人民要在市委坚强领导下，正确认识新常态，主动适应新常态，积极引领新常态，以更加坚定的信心、更加昂扬的斗志、更加饱满的热情，创新实干，开拓进取，为加快建设现代化幸福乳山而努力奋斗。会议补选孙英奇、赵培森、倪宏伟为市十七届人大常委会委员。会议期间收到建议、意见和批评36件，由人大常委会人事代表室分理后转交市政府及有关部门研究处理。

【十七届人大五次会议】 于2015年5月12日在乳山市中心会议室召开，216名人大代表出席，出席市政协九届三次会议的全体委员以及不是市人大代表的市委常委、政府副市长、市直部门、人民团体、驻乳单位主要负责人，各镇镇长，城区街道办事处主任，人大办公室副主任列席会议。会议补选周兵为乳山市人民政府市长；补选卫玮、郭祝为乳山市人民政府副市长；补选孙保广、陈凤梅、赵红日、薛连文为市十六届人大常委会委员。会议期间收到建议、批评和意见30件，由市人大常委会人事代表室分理后转交市政府及有关部门研究处理。

【人大常委会会议】

十七届人大常委会第二十六次会议 于2015年2月10日在乳山市人大五楼会议室举行。会议审议通过《市人大常委会2015年工作要点》和市人大常委会提交乳山市第十七届人民代表大会第四次会议审议的《工作报告》；确定市十七届人大四次会议有关事宜；接受王祥芹辞去威海市第十六届人民代表大会代表职务的请求和郄占波、高明勇、鲁孝明辞去乳山市第十七届人民代表大会常务委员会委员职务的请求；确认补选市十七届人大代表的代表资格；通报市人大常委会领导班子党的群众路线教育实践活动整改落实情况。

十七届人大常委会第二十七次会议 于2015年3月25日在乳山市人大五楼会议室室举行。会议听取审议市政府《关于村委会换届选举工作情况的报告》《关于消费者权益保护法贯彻实施情况的报告》《关于传染病防治法贯彻实施情况的报告》；通过市十七届人大常委会第二十七次会议审议意见。

十七届人大常委会第二十八次会议 于2015年5月8日在乳山市人大五楼会议室举行。会议接受李淑波、刘建忠、陶刚、刘利辞去乳山市第十七届人民代表大会常务委员会委员职务的请求和兰胜强、高波、曲华良、郭祝、李淑波、刘建忠、于海、许玉安、刘利、陶刚辞去乳山市第十七届人民代表大会代表职务的请求；接受隋建波辞去乳山市人民政府市长职务和隋同朋、丁甫春辞去乳山市人民政府副市长职务的请求；会议决定有关人事任免；决定任命周兵为乳山市人民政府副市长，决定周兵代理乳山市人民政府市长；确认市十七届人大代表的代表资格；确定十七届人大五次会议有关事宜；会议议程结束后，举行新任命人员向宪法宣誓仪式。

十七届人大常委会第二十九次会议 于2015年5月27日在乳山市人大五楼会议室举行。会议听取审议市政府关于金融工作情况的报告、市法院关于提升审判和执行工作质效情况的报告、市检察院关于查办和预防职务犯罪情况的报告；通过市十七届人大常委会第二十九次会议审议意见；决定有关人事任命。

十七届人大常委会第三十次会议 于2013年5月17日在乳山市人大五楼会议室举行。会议审议通过《乳山市人民政府关于2014年乳山市棚户区改造工程项目和乳山市城乡客运一体化建设项目投融资建设及资金方案》。

十七届人大常委会第三十一次会议 于2015年7月24日在乳山市人大五楼会议室举行。会议听取审议市政府关于2015年上半年国民经济和社会发展计划执行情况的报告、关于2015年上半年财政预算执行情况的报告、关于2014年度本级财政预算执行和其他财政收支审计情况的报告；通过市十七届人大常委会第三十一次会议审议意见；决定有关人事任免。

十七届人大常委会第三十二次会议 于2015年9月23日在乳山市人大五楼会议室举行。会议听取审议市政府关于办理代表建议批评意见情况的报告、关于农产品质量安全管理工作情况的报告、关于旅游法贯彻实施情况的报告；通过市十七届人大常委会第三十二次会议审议意见。

十七届人大常委会第三十三次会议 于2015年11月17日在乳山市人大五楼会议室内举行。会议听取审议市公安局、市民政局、市教育局、市科技局、市国土局工作报告，对其工作进行评议；审议市政府工作部门主要负责人、市法院副院长、市检察院副检察长的履职报告，对其进行评议；决定有关人事任免。

4月10日，乳山市人大常委会第一副主任马泽（前排中）带队调研公安工作 （人大办提供）

【人大任免事项】

十七届人大常委会第二十八次会议任免事项 任命周兵为乳山市人民政府副市长，决定周兵代理乳山市人民政府市长；任命东勒什吉为乳山市人民政府副市长；任命于海为乳山市人民政府办公室主任；任命李宏飞为乳山市统计局局长；任命宋福臣为乳山市经信局局长；任命王萍为乳山市科技局局长；任命刘培根为乳山市财政局局长；任命蔡同波为乳山市人社局局长；任命宫在津为乳山市住房和城乡建设局局长；任命许玉安为乳山市城管执法局局长；任命冯夕永为乳山市农业局局长；任命马祝为乳山市海渔局局长；任命刘志勇为乳山市商务局局长；

任命李学兵为乳山市文广新局局长；任命谭先志为乳山市审计局局长；任命李树谦为乳山市环保局局长；任命刘本江为乳山市市场监督管理局局长；任命陶刚为乳山市安监局局长；任命薛连文为乳山市人大办公室主任；任命刘书助为乳山市人大常委会内务司法委副主任；任命于开义为乳山市人民法院副院长；任命郑华为乳山市人民法院冯家法庭庭长；任命于新海为乳山市人民法院诸往法庭庭长；任命冯辛夷为乳山市人民法院刑事审判庭庭长；任命辛莉为乳山市人民法院少年审判庭庭长；任命姜义为乳山市人民法院审判监督庭庭长；任命宋琳琳为乳山市人民法院民事审判一庭庭长；任命杨知函为乳山市人民法院民事审判庭二庭庭长；任命徐建义为乳山市民事审判庭三庭庭长；任命曲龙江为乳山市人民法院城区法庭副庭长；任命刘春红为乳山市人民法院滨海新区法庭副庭长；任命唐文为乳山市人民法院审判监督庭副庭长；任命李振为乳山市人民法院执行三庭副庭长；任命杨小静为乳山市人民法院行政审判庭副庭长；任命王雁为乳山市人民法院立案庭副庭长；任命侯现章为乳山市人民法院民事审判一庭副庭长；任命丛达为乳山市人民法院审判员、民事审判二庭副庭长；任命力阳帆为乳山市人民法院民事审判二庭副庭长；任命于磊为乳山市人民法院审判员、执行二庭副庭长；任命谢凤昌为乳山市人民法院民事审判三庭副庭长；任命于晓波为乳山市人民法院审判员；任命王华为乳山市人民法院审判员；任命李燕为乳山市人民法院审判员；任命刘铭为乳山市人民法院审判员；任命刘昱倩为乳山市人民法院审判员；任命兰晓华为乳山市人民法院审判员；任命孙文星为乳山市人民法院审判员；任命孙敏为乳山市人民法院审判员。

十七届人大五次会议任免事项 任命周兵为乳山市人民政府市长；任命卫玮、郭祝为乳山市人民政府副市长。

【人大常委会主要工作】

政府工作监督 2015年，在常委会会议上听取审议市政府关于国民经济和社会发展计划及财政预算执行、金融工作、审判和执行工作质效提升、职务犯罪预防查办等工作报告。组织代表、委员视察便民利民实事落实、社会治安防控体系建设和市区交通管理、“五城联创”活动、教育体育卫生艺术建设、安全生产重大隐患整改、农村改革、高新技术产业、大项目发展等工作，提出意见、建议120条，交由市政府和相关部门办理，并进行跟踪督办。围绕乳山市中心工作和常委会会议、主任会议等涉及的议题，全年开展调研12次，形成书面调查视察报告10篇。

法律监督 在常委会会议上听取审议市政府关于贯彻执行《中华人民共和国消费者权益保护法》《中华人民共和国传染病防治法》《中华人民共和国旅游法》情况的报告，对《环境保护法》贯彻实施情况进行执法检查。围绕加强污水处理、传染病防治、环境综合整治及维护游客合法权益等方面提出建设性意见，促进有关法律法规正确实施，推动相关工作开展。以提高审判质效、加强法律监督、推进平安建设为主题，建立动态监督机制，对审判、检察、公安机关保持经常性地执法检查，督促司法部门创新工作机制，加强队伍建设，提高依法办案水平和效能，为保护群众合法权益、促进经济平稳较快发展提供司法保障。对乳山市“六五”普法规划实施情况进行专项检查，并就检查中发现的薄弱环节督促有关部门、单位进一步提高思想认识，健全工作机制，突出工作重点，推动依法治理工作深入开展。

人大常委会任命干部履职评议 对市公安局、国土资源局、民政局、教育局、科学技术局5个部门的工作情况进行评议，征询人大代表意见149条，市委、市政府主要领导分别作出办理批示。将常委会任命干部干事创业列入监督议题，对26名市政府工作部门主要负责人、6名“两院”副职作进行履职评议，印发履职情况报告，请市人大代表进行综合评价，征询意见和建议1283条，由常委会委员投票评议，最后综合形成常委会评议意见向评议对象反馈，督促整改。

首次组织新任命国家工作人员向宪法宣誓 5月8日，乳山市十七届人大常委会第二十八次会议议程结束后，首次组织新任命的国家工作人员向宪法宣誓仪式，激励被任命的国家工作人员牢固树立宪法意识，自觉忠于宪法、遵守宪法、维护宪法。

代表履职能力提升 邀请九三学社威海市委员会主委，威海市人大常委会委员，政协山东省委员会委员贾国哲为150名人大代表授课，提升人大代表综合素质。通过发放会刊、定期走访、组织观摩，使人大代表准确把握乳山市政治、经济情况和人大工作动态，为代表执行职务创造条件。以人大代表小组为单位，开展人大代表联系身边群众活动，组织和引导各级人大代表积极参与经济发展、新农村建设和为民办实事工程，发挥人大代表在经济社会发展中的模范带头作用。在新闻媒体中开设“代表风采”专栏，集中宣传报道优秀人大代表执行职务的事迹，发挥引领作用。

人大代表向选民述职 在各镇全面开展人大代表述职评议活动，56名人大代表分组向1000名选民代表述职，并接受选民代表评议，实现强化代表意识、主动接受选民监督、密切与选民联系。

（鞠晓佳）

乳山市人民政府

【概况】 2015年，乳山市人民政府认真贯彻落实中共十八届三中、四中、五中全会精神，以“三严三实”专题教育活动为契机，以突破产业结构为目标，以争先创优为动力，自我加压，积极作为，推动乳山市经济社会继续保持平稳健康发展。全年完成地区生产总值477.2亿元，固定资产投资475亿元，公共预算收入31.04亿元，社会零售品消费总额214.2亿元。规划启动10大类便民利民实事，民生投入规模、受益群体创历史新高。

【产业转型升级】 一方面，抓好工业集群提升。坚持改造传统与培育新兴并重齐抓、产业招商与产业孵化双轮驱动，深入实施企业技改、与外合作、机器换人、市场开拓等强基工程，华信食品等20家企业实现攀高附强、借力发展，玉龙汽配等15家企业实现自动化改造、装备升级，装备制造、绿色食品、新材料等产业主营业务收入均突破100亿元。另一方面，抓好新兴产业培植。主攻海洋产业“八大板块”，加快培育海洋生物、水产加工、海洋装备等产业，创建省级海洋贝藻养殖加工农业科技园区，争取综合性省级现代渔业示范园区。做好健康产业发展规划，发展健康营养食品、健康生物医药、健康产品制造等健康制造业，以及健康养生养老、健康休闲旅游、健康保健管理等健康服务业，构筑起“大健康、全链条”产业体系。

【产业融合发展】 探索“一产延伸、二产带动、产业转型、多业联动”等产业融合发展新模式，引导农业园区和专业合作社配套新上加工项目，农副产品精深加工企业向上拓展巩固种养基地、向下带动生产性服务业发展，房地产企业向养生养老、休闲旅游等领域延伸转型，12家农业龙头企业建立产业基地，打造33.3公顷以上现代农业园区14个，培育养生养老融合示范项目9个，台依湖葡萄酒产业园通过AAA级景区验收，乳山市获评“乡村旅游品牌化集群发展县”，马石山烈士陵园被中央宣传部命名为“全国爱国主义教育示范基地”。推进电子商务在实体经济中运用，引导企业发展线上销售、代运营等新型商业模式，探索跨境电商、社区电商等新领域，启动阿里巴巴“千县万村”农村淘宝工程，打造金谷之园、智创科技、德泰银海等电商孵化平台，乳山市注册登记电商企业达到140家。

【开放活力增强】 抢抓“一带一路”“蓝黄经济”“中韩自贸区建设”等国家战略机遇，完善产业招商扶持政策，理顺招商选资操作流程，建立招商基础数据库，重点引进税源型、关联型、龙头型高端优质项目。组织外出招商活动600人次，新开工投资3000万元以上项目45个，其中过亿元项目16个。规划建设中韩健康产业示范园，举办威海市国际（中韩）健康产业交流促进会，引进福如东海韩国城等项目，加强与韩国在健康产业、经贸文化等领域的全方位合作。从乳山长远发展考虑，积极争取基础设施、公益事业、产业项目等领域政策扶持，做好项目谋划筛选，争取各类无偿资金8亿元，为近年申报项目最多、争资规模最大、项目质量最高的一年。

【城乡统筹发展】 按照“全域城市化、市域一体化”发展要求，加快推动统筹城乡、区域协同、一体发展。高标准实施总投资5.2亿元涵盖城市设施改造、供水排水、公园建设等7大类、57项城建重点工程，推进309国道大中修、环海路大修等交通公路工程，完成西峒线、乳育线等县乡路改造。推进“智慧乳山”创建工作，完成智慧城市运营管理中心、智慧城管等智慧项目建设，提升城市管理水平，便利市民生产生活。全面提升滨海新区开发层次，投资9.4亿元实施道路桥涵、园林绿化、供水供气、生态修复等重点工程，完善便民摊点、休闲娱乐、医疗卫生、文化教育等公益设施建设，为开发城市发展新城区夯实基础。抢抓国家鼓励棚户区改造机遇，推进12个片区、3166户棚户区改造工作，实施1038户农村危旧住房改造工程，抓好城乡环卫一体化工作，被评为“全省城乡环卫一体化全覆盖市”。将生态文明建设贯穿于经济社会发展全过程，开展燃煤小锅炉整治、黄标车治理淘汰等专项行动，建立石材矿山有序退出机制，实施海岸带综合整治与生态修复工程，大乳山景区被作为生态修复典型在第21届联合国气候变化大会上向世界推介。

【改革创新深化】 加强投融资创新，组建国有资本运营公司和金融投资公司，推进海域使用权等创新融资。结合“十三五”规划和财政三年滚动预算编制，建立项目储备库，积

7月27日，乳山市市长周兵（右二）带队实地检查创建国家卫生城市工作
（乳山报社提供）

11月19日，乳山市市长周兵（左二）到乳山寨镇新自然草莓合作社调研新型农村合作金融工作（乳山报社提供）

极引入社会资本合作（PPP）模式，通过“项目+”模式形成“资金+”循环，实现资源变资产、资产变资本。加强金融创新，新开业中信银行、民生银行2家金融机构，成立首家民间资本登记服务公司，推进农信社银行化改制，推行企业互助基金模式，在全省率先开展新型农村合作金融改革试点，多层次融资体系不断完善。设立1亿元的新兴产业投资基金，完成10家规模以上企业规范化改制，2家企业在“新三板”和蓝海股权交易中心实现挂牌，完成股权融资6550万元、债权融资1.9亿元。加强科技创新，签订产学研合作协议50项，加强与中国海洋大学、四川大学等高校合作。完成威海正洋海洋生物技术研究院组建，新增高新技术企业3家、省级创新平台3家，高新技术产业产值同比增长14.6%。加强创业创新，开展“双创”活动，威海智创科技孵化器获评省级创业示范基地，扩大“创业贷”覆盖范围和投放额度，开展“学子归巢”计划，累计发展创业项目470个，新增各类市场主体4935个，增长86.2%。在威海市率先开展取消中小学行政级别改革和中小学校长职级制改革试点，稳妥实施高中学校撤并工作。深化医药卫生体制改革，扩大“医联体”服务覆盖面。搭建市域信用征询系统平台，建立公共法律服务中心和社会管理平台。开展行政审批事项清理，完善建设工程和市场主体设立审批流程，推行“三证合一、一照一码”登记制度，进一步优化发展环境。树立“对历史负责、对发展负责”理念，组织对企业改制、民生政策等领域历史遗留问题进行调查摸底、档案整理，稳妥推进医药公司改制等问题化解和依法依规解决。

【发展环境营造】 以“重规范、讲程序、强基础、提效能、促落实”为主线，加强政府系统基础管理，进一步健全工作制度，规范工作流程，做好依法行政，构建行为规范、运转协调、公开透明、廉洁高效的行政管理体系。启动全国文明城市、国家卫生城市、国家健康城市、国家食品安全城市、国家智慧城市“五城联创”工程，实施服务设施提升和老旧小区、施工现场、城乡结合部整治，开展路边停车、占道经营等8项专项整治行动。结合“十三五”规划编制，高起点修编总体规划，高标准谋划产业规划，高质量实施专项规划，做到无缝衔接、多规合一，使规划成为引领区域发展“总纲”。

【重要会议】 1月22日，乳山市市长隋建波主持召开市政府常务会议，听取并研究《乳山市优待老年人规定》《乳山市维护医疗秩序打击涉医违法犯罪行为实施方案》和关于给予有关人员党纪政纪处理的意见。

2月16日，隋建波主持召开市政府常务会议，听取并研究《关于全面推进绿色建筑发展的实施意见》《关于调整房地产开发行政审批收费的情况说明》，听取春节后开工、复工重点项目和重点工程，通报市政府党组教育实践活动整改落实情况。

3月5日，隋建波主持召开市政府常务会议，听取并研究《2015年五大产业重点工作安排意见》《“五城联创”2015年度重点工作任务》和《内外资考核及奖励办法调整意见》。

4月8日，隋建波主持召开市政府常务会议，听取并研究《关于加快发展养老服务业的意见》《关于编制行政权力清单的意见》和《乳山市企业应急互助基金管理办法》。

5月28日，乳山市市长周兵主持召开市政府常务会议，听取并研究《关于国运公司组建工作任务分解落实的意见》《行政事业单位资产管理和资产清查工作实施方案》和《关于扎实推进农村扶贫开发工作的实施意见》。

6月26日，周兵主持召开市政府常务会议，听取并研究《乳山市政府信息依申请公开制度》《乳山市公共资源交易管理办法》和《关于加强城区便民摊点群及自产自销经营区规范管理的意见》。

7月17日，周兵主持召开市政府常务会议，听取并研究《乳山市规模企业规范化改制工作方案》《关于机关事业单位工资改革的意见》《关于配备智慧城管监督指挥中心坐席人员的意见》和《关于对接省20条财政扶持政策积极争资立项的意见》等文件，传达威海市半年经济形势分析会议精神。

8月10日，周兵主持召开市政府常务会议，听取并研究《乳山市居民基础养老金提标的意见》《关于编制政府部门责任清单的意见》《关于加快农信社银行化改革的政策措施》《乳山政务微博微信管理考核暂行办法》《关于推行中小学校长职级制改革的实施意见》和《乳山市中小学校长选拔聘任管理暂行办法》。

8 月 17 日，周兵主持召开市政府常务会议，听取并研究《乳山市中小学教职工队伍情况分析报告》和《关于实施高中整合推动教育均衡发展的意见》。

8 月 27 日，周兵主持召开市政府常务会议，听取并研究《关于市政府投资市农商行的意见》《关于调整完善提高乡镇工作人员津贴补贴的意见》和《乳山市行政约谈暂行办法》。

9 月 30 日，周兵主持召开市政府常务会议，听取并研究《乳山市市级涉行政审批及相关行政权力中介服务事项清单》《关于提高环卫工人承包费的意见》《关于加快推进农村改厕工作的实施意见》《2014—2016 年乳山市特殊教育提升计划实施意见》和《关于城区住宅楼土地登记发证历史遗留问题的处理意见》。

10 月 15 日，周兵主持召开市政府常务会议，听取并研究《乳山市公共租赁住房管理办法》《关于收购笙歌小区部分商品房的意见》和《乳山市棚户区改造暂行办法》。

11 月 17 日，周兵主持召开市政府常务会议，听取并研究《关于县以下机关建立公务员职务与职级并行制度的意见》和《关于企业职工补缴基本养老保险费的意见》。

12 月 1 日，周兵主持召开市政府常务会议，听取并研究《2016 年度拟实施便民利民实事安排意见》《2016 年乳山市经济工作思路》《乳山市政务外网整合工作方案》和《乳山市国民经济和社会发展第十三个五年规划纲要》。

12 月 7 日，周兵主持召开市政府常务会议，听取并研究《乳山市健康产业发展规划》和《关于加快健康产业发展的实施意见》。

12 月 8 日，周兵主持召开市政府常务会议，听取并研究《乳山市农村信用合作联社银行化改革优惠政策》《乳山市社会法人和自然人征信管理办法》《乳山市社会法人失信惩戒办法》和《乳山市自然人失信惩戒办法》，研究医药公司改制及双连锁业清算有关工作。

12 月 25 日，周兵主持召开市政府常务会议，听取并研究《关于推进基础教育综合改革的实施意见》《关于乳山市建筑工程质量检测站脱钩工作的意见》《关于经济开发区污水处理厂建设方案的意见》《关于实行国有资本经营预算的意见》《乳山市市级国有资本经营预算编报办法》《乳山市市级企业国有资本收益收取管理办法》《乳山市镇级财政监管暂行办法》《关于行政事业单位“两证”齐全房产和公益性资产产权移交的意见》《关于行政事业单位房产对外出租出借及租赁收入截留整治情况的意见》《关于推进不动产登记职责和机构整合的实施意见》《关于修订乳山市行政审批事项目录的意见》和《乳山市国有资本运营有限公司健全机构及承接运营框架方案》。

（于志伟）

【重要决策部署】 《乳山市人民政府关于印发〈乳山市优待老年人规定〉的通知》要求将老年事业纳入乳山市国民经济和社会发展规划，建立养老水平同步增长机制，建立高龄津贴制度，实行政府为部分老年人购买养老服务，切实保障老年人合法权益，弘扬中华民族敬老爱老的传统美德，使老年人共享经济社会发展成果，促进社会和谐稳定。

《乳山市人民政府关于印发〈乳山市小型水利工程产权改革和创新运行管护机制实施方案〉的通知》，要求建立健全小型水利工程管理体制改革监管机制，对小型水利工程管理体制改革中的产权、经营管理权认定和程序履行、国有资产管理等，实行定期或不定期检查监督，确保工程改革权属明晰、程序合法、公开透明。

《乳山市人民政府办公室关于印发〈乳山市创建国家农产品质量安乳山市实施方案〉的通知》，要求发展高产、优质、高效、生态、安全农业，以落实属地管理责任为重点，以健全农产品质量安全体系为核心，以提升农产品质量安全水平和监管能力为目标，坚持“产出来”和“管出来”两手硬、标准化生产与执法监管两手抓，建立覆盖全过程的农产品质量安全监管制度，整体提升乳山市农产品质量安全水平。

《乳山市人民政府办公室关于转发〈乳山市 2015 年地质灾害防治方案〉的通知》预测 2015 年乳山市地质灾害趋势，确定地质灾害防范重点和防治措施，要求切实做好 2015 年地质灾害防治工作，最大限度避免和减少地质灾害给人民群众生命财产造成的损失。

《乳山市人民政府办公室关于转发〈关于加强城区便民摊点群及自产自销经营区规范管理的意见〉的通知》要求按照“便民利民、合理布局、疏堵结合、规范管理”原则，有效利用部分城中村空闲地、非主干道等公共区域，统一设置便民摊点群、自产自销经营区，将特定经营者集中到规定地点、在规定时间设摊经营，探索建立城区摊点管理工作长效机制，实现规范管理与便民利民的有效结合。

《乳山市人民政府办公室关于印发〈乳山市公共资源交易管理办法（试行）〉的通知》，要求创建统一、开放、透明、高效的公共资源交易市场，加强公共资源交易监管，规范公共资源交易活动，依法维护国家利益、社会公共利益和当事人合法权益。

《乳山市人民政府关于贯彻落实威政发〔2015〕14 号文件进一步深化行政审批制度改革的意见》要求坚持依法行政，进一步精简行政审批事项，规范行政审批行为，提高行政审批效率，营造公平竞争市场环境，加快建设法治政府、服务型政府、廉洁政府。

《乳山市人民政府办公室关于印发〈乳山市棚户区改造暂行办法〉的通知》，要求加快棚户区改造步伐，改善棚户区居民的居住条件和生活环境权益。

《乳山市人民政府办公室关于印发〈乳山市公共租赁住房管理办法〉的通知》要求加强公共租赁住房管理，保障公平分配，规范运营与使用，健全退出机制。

《乳山市人民政府关于加快现代流通业发展的意见》要求构建现代流通体系，完善生活服务网络，推进电子商务发展，保障民生消费安全。

《乳山市人民政府办公室关于进一步规范政府重大行政决策合法性审查程序的通知》，要求根据实际需要采取相应方式对政府重大行政决策进行合法性审查，决策事项承办单位应当对合法性审查意见书进行认真研究。

《乳山市人民政府办公室关于印发〈乳山市社会法人和自然人征信管理办法〉的通知》要求建立乳山市信用信息征集和使用制度，维护良好的社会信用生态，各有关单位应当及时、准确地录入信用信息，各级各有关部门在履行职责过程中均应以信用查询情况为重要依据或参考，市征信办应通过信用网站、新闻媒体等方式向社会公开可以公开的信用信息。

《乳山市人民政府关于命名第二批乳山市有突出贡献的中青年专家的决定》，命名宋修军等7人为第二批“乳山市有突出贡献的中青年专家”，要求各级各部门、单位要切实把人才工作放在更加突出的位置，统筹抓好以高层次、创新型人才为重点的各类人才队伍建设。

《乳山市人民政府关于实行国有资本经营预算的意见》要求国有资本经营预算收入由乳山市国有资产监管部门负责收取，市级企业按规定上交的国有资本收益应按预算进度上交国库。

《乳山市人民政府办公室关于印发〈乳山市加快再生资源回收体系建设实施意见〉的通知》要求围绕规范回收利用秩序、降低回收利用成本、提高回收利用效率等内容，逐步构建布局合理、管理规范、网络完善、多元回收、集中分拣、安全储运、回收高效的完整回收体系，推动再生资源回收行业向规范化、规模化、产业化方向发展。

（徐伟）

【文字参谋工作】 强化创新意识和进取精神，做好综合服务和参谋辅政工作。全年拟写领导讲话材料190篇、各类汇报材料150篇，下发各类文件420件，审阅各类稿件800篇。加大对前瞻性、针对性、普遍性问题调研，及时为领导提供准确的第一手材料，全年编印《政务信息》28期、《领导参阅》12期，在威海市以上政府部门和刊物中发表外宣调研文章26篇，威海市以上政务信息得分669分。

【大项目建设推进】 进一步完善项目集中评审、合同审查、调度督导、动态考核、履约验收等工作机制，抓住项目推进关键环节，每周调度督导，提高大项目网格化管理效能。全年组织评审项目63个，拟定扶持政策和履约验收项目2个。

（于志伟）

【建议提案办理】 乳山市十七届人大四次会议期间，市人大代表提出建议、批评和意见36条，其中道路交通方面18条，农业农村方面5条，文教卫生方面1件，工业企业方面7条，商贸旅游方面1条，环保执法方面1条，其他方面3条。乳山市九届政协四次会议期间，市政协委员提出提案44条，其中公路、交通方面16条，城市管理方面7件，文教卫生方面6条，农业农村方面6件，环保执法方面3条，商贸旅游方面2条，工业企业方面4条。乳山市政府均在规定时限内办理答复完毕，办复率100%。

【法制工作】

规范性文件、重大行政决策和政府合同审查 全年审查《乳山市公共租赁住房管理办法》《乳山市社会法人和自然人征信管理办法》等政府规范性文件9条。完善重大行政决策听取意见和合法性审查制度，乳山市政府法制办公室参加乳山市重大行政决策研究和讨论审定。加强政府合同规范化管理，全年审查政府合同、协议41件，参与乳山市农村信用合作联社和乳山市医药公司改制工作。

政府法律顾问聘请 乳山市政府聘请9名政府法律顾问，为政府提供法律咨询，协助政府依法行政，参与信访事项预防与调处，一些重大复杂的涉法问题得到妥善处理。乳山市政府法律顾问团全年代理公开行政诉讼等诉讼、调解案件51例，参与审查合同、协议50条，协调处理上访案件38例，提供其他法律服务25次。

行政执法行为规范 对乳山市行政执法人员进行新法普及和培训，组织8次学习。以行政执法监督管理平台新系统上线为契机，对乳山市持有行政执法证的情况进行全面清理。采取实地检查与抽查相结合的方式，检查指导乳山市行政执法案卷，促进行政执法案卷严谨规范。

行政应诉和行政复议办理 细化立案登记、审查决定、档案管理等流程，创新审理模式，全年受理行政复议案件12件，涉及违章建筑拆除、道路交通违章、社会治安管理和土地使用权限等方面，均按程序结案。进一步规范行政应诉受理程序，落实一把手出庭应诉和责任追究制度，全年参与行政应诉7件，均已审结。

（于晓杰）

【政务督查】 围绕市政府重要会议、各级领导批示和年度重点工作的督导落实，进一步健全完善政务督查体系，规范政务督查程序，采取书面督查与现场督查相结合、明察与暗访结合、静态督查与动态督查相结合、独立督查与联合督查相结合的方式，确保督查事项件件有结果、事事有反馈。全年开展专项督查活动70次，督办年度重点工作270项，办理各级领导批示件1300件，转办群众来信200件。

（于志伟）

【应急管理和信息公开】 以加强政务值班和信息报告为重点，从基础管理和关键环节抓起，加强应急演练、联动处置、队伍建设、网络构建、信息报告及宣教培训等方面内容，提升突发事件处置的统筹指挥、快速响应、有效处置能力，同时扎实推进应急管理十大体系建设，进一步夯实应急管理基础工作，全面提升应急管理科学化水平。将公开透明的要求贯穿于政务服务各个环节，针对公众关切主动、及时、全面、准确地发布权威政府信息，保障人民群众的知情权和监督权。

（于晓杰）

【机关事务管理】 2015年，乳山市机关事务管理局本着“管理上层次、服务上水平、工作创一流”的理念，为机关工作运转提供保障。

公共机构节能管理 6月13日至19日，在全国节能宣传周和“全国低碳日”期间，开展“节能有道，节俭有德”主题宣传和“能源紧缺体验”活动，发放节能公益短信10200条、节能倡议书470份。完成乳山市公共机构燃煤锅炉基本情况调查。指导乳山市中医院创建威海市级公共机构节能示范单位，通过新闻媒体宣传乳山市人民法院、乳山市人民医院等节约型公共机构示范单位节能典型事迹，推广其经验做法。

公务用车管理 按照“不漏一个单位、不漏一辆车、不漏一项信息”原则，动态管理乳山市党政机关事业单位车辆。摸底乳山市党政机关和参公事业单位公务用车情况，汇总统计车改车辆和拟保留车辆。完善公务车辆档案，做到纸质档案和电子档案同步更新，为公务用车长效管理提供真实有效数据。全年办理公务车辆注册、转移等手续59个，包括审批购置车辆27辆（其中执法执勤用车16辆，生产性用车11辆），报废15辆，过户8辆，转移4辆。6月，核实乳山市党政机关事业单位的黄标车情况，限期处置17辆。

机关财务管理 根据《党政机关厉行节约反对浪费条例》规定，按照“大项开支有预算、正常开支按进度”的管理办法，累计支出行政经费3300万元，达到预算收支平衡。落实国内公务接待公函制度、清单制度和差旅审批制度，从严审核，定期公开“三公”经费，对报销单据手续不齐全的一律不予报销。对机关办公用品采取物品入库、发放、领用制度，实行统购、统管、半年一盘点，降低采购成本，减少办公经费支出。对用友财务软件系统进行技术改造，由用友T3升级为用友GRP-U8，建立分单位建制账套平台，启用新公共财政预算收支科目。做好大学生村官、遗属补助等发放及外借款清欠回收工作。

机关国有资产管理 完成38家代账单位清产核资工作，并根据实物调整有关账目，做到家底清楚、账实相符。摸底调查市直行政事业单位（学校、医院除外）土地及房屋建筑物有关情况，审核已有的产权证、出租（出借）合同，健全房产档案。6月，专项整治乳山市市直行政事业单位对外出租出借房产情况，按照合同到期收回、理顺合同、继续租赁使用、限期收回4种情况分类建立台账，逐步移交乳山市国有资本运营公司统一经营管理。

机关办公用房管理 根据2014年出台的党政机关办公用房新标准，组织乳山市做好清理整改办公用房工作专题培训。按照“只少不多”原则，指导各部门、单位重新核定办公用房面积，抓好整改落实，乳山市清退基本用房18000平方米、附属用房167平方米、租（借）用办公用房7970平方米。4月，联合乳山市纪委实地测量乳山市60个市直机关事业单位主要领导干部、1名副职及1个科室的办公室面积，督导整改存在的问题。

机关事业单位公益性岗位人员聘用管理 建立劳务派遣人员花名册及社会保险金缴纳明细台账，实行动态管理。办理新招聘人员入职手续39人次、辞职及退休手续35人次，补缴1至5月份机关事业单位编外聘用人员社会保险金基数上调差额，摸底调资情况，为398名机关事业单位公益性岗位聘用人员缴纳社会保险金474万元。8月份开始，为聘用人员新开设住房公积金账户，共计缴纳55万元。

机关办公区、生活区管理 结合“五城联创”，累计投资120万元，出勤维修10000人次，更换、补植草坪13000平方米，补栽绿化苗木5000棵，清理乱贴乱画110000平方米、垃圾13000立方米，修建毒饵站264个，粉刷内外墙25000平方米，规划停车位265个，硬化路面350平方米，更换屋面瓦片900片，防水处理9600平方米。办理机关办公区车辆通行证420张，规范停车秩序。

机关服务保障 抓好“两会”等重大会议、活动服务保障工作，中心会议室及机关食堂二楼多功能厅开展市直机关日常会议、培训服务170场次。5月，正式启动市民服务中心食堂；8月，收回机关食堂经管权，实行自主管理和自助就餐模式，两个食堂就餐满意率提升。机关幼儿园抓好园舍设施、教职工队伍建设，提高幼教质量，通过省级示范性幼儿园重新认定，1名教师获全省首届幼儿教师教育技能竞赛舞蹈组一等奖，在第十六届“成长的足迹”全国幼儿创意美术大赛中获得特金奖7名。

（姜琳）

【政务服务】 2015年，乳山市深化行政审批制度改革，加强体制机制创新，努力打造公开公正、方便快捷、优质高效的政务服务。

市级行政审批事项目录修订 3月，开展市级行政审批事项目录修订编制工作，制订《乳山市市级行政审批事项目录清单》。7月，根据山东省编办《市县两级行政许可事项通用目录》，修订完善乳山市级行政审批事项目录，取消行政审批事项5项，调整为政府内部审批事项1项，调整为其他行政权力事项16项，承接威海市政府决定下放管理层级的行政审批事项2项。至此，保留行政许可事项265项。

市场主体设立审批流程优化 乳

12月31日，乳山市市长周兵（左三）到政务服务中心窗口调研 （王丹摄）

山市市场监管局、公安局、国税局、地税局等部门实行联审联批，市场主体营业执照、承刻公章、组织机构代码证和税务登记证等手续可在1个工作日内全部办结。自10月1日起，全面实行“三证合一、一照一码”登记制度，将原来企业和农民专业合作社登记时工商局核发工商营业执照、质监局核发组织机构代码证、税务局核发税务登记证，改为由市场监管局核发一个加载统一社会信用代码的营业执照。至年底，办理“三证合一”登记业务1262件。

建设工程项目模块化审批 对重点工程项目及时召开联席会议，听取项目单位介绍项目情况，对申请材料准备进行说明、解释和辅导，共同研究解决项目审批手续办理中存在的特殊情况和问题。需要现场勘验的，组织相关部门集体现场联合踏勘，并提出勘验意见。全年召开联席会议22次，联合踏勘8次，办理项目立项业务6件、用地审批业务4件、规划报建业务4件、施工许可业务5件、竣工验收备案业务3件。

国税、地税部门联合办税 将设立在乳山市政务服务中心的国税部门8个窗口、地税部门12个窗口调整到一个大厅同台面办公，设立国税、地税部门联合办税窗口，通过“双人一窗”形式实现联合登记、联合征收，避免纳税人两头多次办税。同时，将17项涉税业务前移，统一由办税服务厅集中受理，再按照规定程序内部流转，初步实现“前台受理、内部流转、限时答复、窗口出件”流程，节省纳税人办税时间。

重点项目审批代办 借助乳山市政务服务中心集中办公平台优势，推行重点项目审批代办制度。建立乳山市重点项目代办员档案，定期举办项目代办员业务培训班，召开工作例会，乳山市政务服务中心管理办公室与乳山市大项目办公室实行重点项目信息共享，全程督导审批，全面掌控工作动态，及时督促审批部门开辟绿色通道，实行快审快批。全年召开重点项目审批代办工作例会3次、项目代办专员培训会议6次，代办项目8个。

“延时＋预约”组合服务 对临近下班时间受理的业务，可以在短时间内办结的，乳山市政务服务中心窗口工作人员推迟下班时间，直至办结该事项。因特殊情况需在非工作时间办理业务，可提前与窗口工作人员预约，相关人员将在约定时间办理。全年提供“延时”服务136次，“预约”服务35次。

政务服务中心运行 推行窗口协助督查科共同巡查的全员管理模式，分成20个日常巡查组小组，每天1组不定时巡查至少2次，监督检查窗口工作人员的服务态度、工作纪律、内务卫生等方面情况。依托电子审批系统、视频监察系统、指纹考勤系统，全方位监督窗口工作人员服务标准，确保各项制度落实到位。通过电话回访、现场专访、信函回访、登门回访“四回访”形式，构筑广泛的监督投诉网络，全年电话回访1257人次，信函回访536人次，走访企业19家，收到服务对象锦旗7面、表扬信16封。全年举办各类培训和讲座6次、知识测试4次，10月份在威海市政务服务系统文明礼仪竞赛中获团体一等奖。乳山市政务服务中心全年受理审批事项8万件，业务办结率100%。

（王丹）

【公共资源交易】 2015年，乳山市制订《乳山市公共资源交易管理办法（试行）》，明确公共资源交易的管理体制、交易范围、交易规则等重要事项，所有公共资源交易事项全部按规定进场交易，监管范围明显扩大，监管领域不断拓宽。4月，乳山市公共资源交易管理中心成立，为市政府直属正科级事业单位，主要职责是承担公共资源交易的组织指导、协调服务、场内监督和宏观管理。截至2015年年底，监管建设工程招投标、政府采购、产权交易等各类交易活动80场次，成交总额12.6亿元。

加强技术防范 为预防投标企业围标串标，建设工程投标全部实行网上报名。通过提高外地评委比例，保证评审公正性。对监控系统进行全面检修，实现整个交易活动可追溯管理。

规范评标行为 建设工程评标全部采用合理低价法，项目管理机构、施工组织设计改为资格审查项目。所有评委全部在交易中心随机抽取，实行统一监管。业主评委在业主评标室独立评标。每次交易活动全部派员现场监督，对发现的问题当场责令整改，对2起投诉问题进行调查，依法依规提出处理意见。

（姜旭洲）

【外事侨务工作】 2015年4月，乳山市人民政府侨务办公室与乳山市人民政府外事办公室合并为乳山市人民政府外事侨务办公室，乳山市人民政府外事侨务办公室与乳山市归国华侨联合会与合署办公，编制12人。

因公出国（境）管理 规范因公出国（境）业务办理流程，进行一次性告知，做到每个审批环节、时间进度都有据可查。突出“因事定人、人事相符”原则，对出国目的不明确、出国路线不合理、团组人员构成不符合规定、出访日程安排不当的团组一律不批不转，确保出访团组数和人数控制在限额内。要求出国（境）人员签订保证书，保证遵守外事纪律。做好因公护照收缴，上交率100%。全年审批因公出国（境）团组13个36人次；办理青少年赴韩国文化交流团组1个、33人次；为乳山市重点企业申办APEC商务旅行卡6张，出访地有韩国、日本、新加坡、法国、荷兰、德国、瑞士、美国、中国香港等国家和地区。

与韩友好交往 2015年是乳山市与韩国河南市建立友好城市10周年，7月21日至24日，乳山市市长周兵带领有关部门负责同志一行4人，赴韩拜访河南市市长李教范，与河南市政府官员、知名企业家座谈交流，探讨两市今后开展经贸合作、公务员交流、青少年交流、文体交流等事宜。乳山市与韩国韩中日友好交流协会签署友好合作关系框架协议，做好该协会第一届国际少年“扑通扑通”文化庆典活动前期工作。

外事接待 2015年，主要邀请接待来访团组4批6人次，包括澳大利亚澳华国际集团董事长刘秀华、厄瓜多尔华侨华人联合会会长徐涛及韩国群山市政府驻青岛、烟台代表处代表，实现增进友谊、加强交流、促进招商引资等效果。

联络走访侨胞侨企 通过贺年卡、电子邮箱、电话联系等方式，保持与海外重点侨胞的紧密联系。春节、端午节和中秋节期间，走访慰问20名重点侨胞国内亲属和困难归侨侨眷。外侨办机关干部分包，定期走访联系归侨，了解侨情；定期走访重点外资、侨资企业，主动帮助协调解决问题。9月10日，陪同威海市外侨办副主任王乾亮一行6人到威海奥威服装有限公司等7家企业调研。7月下旬到8月中旬，在乳山市范围普查华侨华人、港澳同胞，共普查出100名华侨华人，同时对海外华侨华人创业创新进行调研。

外侨服务 妥善处理涉外事务，帮助找回乳山市两名在英国失联游客。为韩国大韩商工会议所副会长、京畿道商工会议所会长白南红申报山东友好使者称号，2015年9月获批；推荐乳山湖林革制品有限公司董事长金秉助、乳山韩美工业有限公司董事长金吉珠申报山东省荣誉公民称号。协助侨资企业乳山市清泉助剂厂做好创新申报工作。为109名60～80周岁空巢归侨侨眷办理老年意外伤害保险，保费5450元。为52名男年满60周岁、女年满50周岁且无退休金的归侨发放困难补助，每人1800元。为1名“三侨”考生办理高考加分手续。接待政策疑问、银滩房产纠纷、工资待遇、困难求助等各类来访6起8人次。继续开展“创业乳山·富民行动”小额担保贷款工作，制订“1+1”创新工程计划并付诸实施，全年为3人办理小额担保贷款，分别获得10万元贴息贷款。撰写“实施‘暖侨敬老行动’力促侨务工作全面提升”调研报告，闻涛社区申报入选全国“暖侨敬老行动”示范点范畴。开展外事法规和侨法宣传进社区、进家庭、进外企、侨企活动，9月份“侨法宣传月”期间，到华联广场进行侨法宣传。

服务经济发展 加强与外交部、国侨办、侨联等部门联系，为乳山市对外宣传、赴外招商、经贸洽谈、开拓市场提供便利条件。6月4日，在威海东山宾馆与韩国群山市新万金产业园代表进行产业对接和项目洽谈，宣传推介乳山口港。11月13日，接待韩国群山市政府驻青岛、烟台代表处代表到乳山考察招商引资环境。11月30日，聘请澳大利亚山东同乡会会长、澳华国际集团董事长刘秀华女士为“中国乳山·澳大利亚海外联络站”站长，签约并颁发聘书，年底又聘请林昌潮先生为“中国乳山·加拿大海外联络站”站长。做好引进项目跟踪服务，加大对威海潮森建材公司和正洋食品有限公司服务力度，对接设备购置、股权合作等事宜，力促企业增效。多次对接北京红塔创新投资有限公司、红塔创投山东办事处，推进红塔创投公司与华信食品有限公司股权合作事宜，5月25日在北京签订正式增资扩股协议书，计划投资20000万

11月30日，“中国乳山·澳大利亚海外联络站”签字仪式在乳山市举行 （姜新摄）

元；5月27日，首期投资6000万元到位；7月2日，选出新的董事局成员。赴北京、成都、青岛、烟台、深圳等地开展招商活动，对接中国石油和化学工业联合会、北京天士力集团、华仁药业、天府新区创新中心、澳华传媒、深圳艾优贝斯特科技有限公司等多家企业，寻求招商合作信息。

（姜新）

【公务接待】 2015年，乳山市接待各级客人500人，其中省部级以上领导8人。客人到乳山主要是调研、检查、指导、督导工作和参观考察，较集中的领域有海洋经济发展、威海马石山红色教育基地建设、创城等方面工作。

滕佳材调研食品安全监管创新工作 7月8日，国务院食品安全委员会办公室副主任、国家食品药品监督管理总局副局长滕佳材到乳山市调研食品安全监管创新工作，乳山市领导高书良、周兵、孙军陪同。滕佳材一行先后到乳山寨食品药品监督管理所、葡萄酒产业园和乳山市农产品质量安全区域化管理办公室，了解乳山市食品安全监管创新、食品药品监管体制改革和国家食品安全城市创建等工作。滕佳材指出，乳山市坚持管理体系建设和治理能力提升两手抓、“产出来”和“管出来”两手硬，构建食品安全全方位监管、全领域监控和全过程监测体系，打造食品安全监管“乳山模式”，值得推广借鉴。

王伟光调研文化产业发展情况建设 7月11日，中共中央委员、中国社科院院长王伟光到乳山市调研指导工作，乳山市领导高书良、邢海波、王建华陪同。王伟光一行参观葡萄酒产业园、威海马石山红色教育基地。王伟光对乳山市经济社会发展所取得的成就给予充分肯定，特别是乳山市挖掘利用革命老区红色文化资源，推进红色文化基地建设，扩大影响力和美誉度，对于弘扬和培育民族精神、开展全民爱国主义教育、统筹经济社会协调发展具有重要的现实意义和深远的历史意义。

赵国卿调研威海马石山红色教育基地建设情况 8月8日，山东省委党史研究室主任赵国卿到乳山市调研威海马石山红色教育基地建设情况，乳山市领导毕兴全、邢海波陪同。赵国卿一行参观马石山十勇士纪念馆、乳山革命纪念馆，了解马石山十勇士等英雄群体舍生救护群众的感人事迹，以及乳山作为胶东抗战稳固根据地和大后方所做贡献。赵国卿指出，乳山市结合纪念抗战胜利70周年，整合力量构建“大党史”工作格局，对革命遗址遗迹进行保护利用，大力推进红色文化建设的思路正确、站位较高、贴近大局、措施务实、成效明显，符合新形势下党史工作的新方向和新要求。

王守信调研海洋与渔业工作 9月21日至22日，山东省海洋与渔业厅厅长王守信到乳山市调研海洋与渔业工作，乳山市领导周兵、孙军陪同。王守信一行先后到金牌生物科技公司、合和食品公司、华信食品产业园、乳山湾东流海岸、智创科技企业孵化园和温喜生物科技公司了解情况。王守信指出，乳山市以蓝色经济区建设和海洋生态文明示范区建设为抓手，突出“海上粮仓”建设，延伸海渔产业链条，坚守生态保护底线，推进蓝色产业园区、海洋产业集群、高新产业项目建设，构建起创新、高效、包容的现代海洋产业体系，值得肯定。

张江汀考察政法综治工作 10月26日，山东省委常委、政法委书记张江汀到乳山市调研考察政法综治工作，乳山市领导领导高书良、李国徽陪同。张江汀一行先后到乳山市市民服务中心、威海三智科技有限公司，听取有关情况汇报。张江汀指出，乳山市委、市政府在推动经济社会平稳健康发展的同时，加大投入力度，推进社会治理创新，构建起具有乳山特色的社会治理体系，应予充分肯定。

（政府办）

9月29日，政协乳山市委员会主席王祥芹（右三）带队调研乳山市交通重点工程建设情况（政协办提供）

政协乳山市委员会

【概况】 中国人民协商会议乳山市委员会第九届委员会于2012年2月换届产生。至2015年年底，有委员219名，常委33名。政协乳山市九届委员会下设三胞联谊委员会、经济委员会、科教文史委员会、提案法制委员会4个专门委员会及办公室、委员活动工作室2个办事机构。2015年，政协乳山市委员会围绕乳山市工作大局，履行政治协商、民主监督、参政议政职能，为乳山市经济社会平稳健康发展做出贡献。

【政协第九届乳山市委员会第四次会议】 于2015年2月13—15日在乳山市中心会议室举行。会议审议通过乳山市政协主席兰胜强所作的政协第九届乳山市委员会常务委员会工作报告，审议通过政协第九届乳山市委员会常务委员会关于提案工作情况的报告（书面），列席乳山市第十七届人民代表大会第四次会议，补选王祥芹为九届乳山市政协主席，增补邵春光、栾法龙、傅利为九届乳山市政协常务委员会委员，审议通过政协第九届乳山市委员会第四次会议决议。

【政协常务委员会会议】

九届十五次常委会议 于2月10日举行。会议审议通过关于召开市政协九届四次会议的决定；审议通过市政协九届四次会议议程（草案）和日程；讨论修改常委会工作报告，并推举报告人；讨论修改提案工作报告；协商通过不再担任委员和增补委员名单；审议通过市政协九届四次会议常务委员轮值名单；审议通过市政协九届四次会议秘书长、副秘书长名单；审议通过市政协九届四次会议小组划分和各组召集人名单。

九届十六次常委会议 于2月14日举行。会议听取市委领导作的有关人事说明，审议通过有关人员辞职的申请，通过补选九届市政协主席、常务委员协商名单，审议通过大会选举办法（草案），审议通过总监票人、监票人名单（草案）。

九届十七次常委会议 于2月15日举行。会议听取大会秘书处关于市政协常委会工作报告、提案工作报告、大会决议（草案）和政府工作报告讨论情况汇报；听取大会秘书处关于有关人员辞职申请的审议情况；听取大会秘书处关于补选九届市政协主席、常务委员候选人协商名单，选举办法（草案），总监票人、监票人名单（草案）讨论情况汇报，确定正式候选人；审议通过市政协九届四次会议决议（草案）；听取市政协提案委员会关于提案审查情况的汇报。

九届十八次常委会议 于4月9日举行。会议审议通过《关于进一步加强社情民意信息工作的意见》，听取市旅游局关于乳山市旅游业发展情况的汇报，听取市海洋渔业局关于乳山市海洋渔业发展情况的汇报。

九届十九次常委会议 于7月21日举行。会议听取市科技局关于乳山市科技创新工作情况的汇报，听取市金融办关于乳山市金融创新工作情况的汇报，听取市人社局关于乳山市人才创新工作情况的汇报，审议通过有关人事事项。

九届二十次常委会议 于9月25日举行。会议听取市政府关于市政协九届四次会议以来提案办理情况的通报，听取市商务局关于乳山市电商经济发展情况的汇报，听取市智慧城市建设管理办公室关于“智慧乳山”建设情况的汇报。

九届二十一次常委会议 于2016年2月10日举行。会议审议通过关于召开市政协九届五次会议的决定；审议通过市政协九届五次会议议程（草案）和日程；讨论修改常委会工作报告，并推举报告人；讨论修改提案工作报告；审议通过有关人事事项；协商通过不再担任委员和增补委员名单；审议通过市政协九届五次会议常务委员轮值名单；审议通过市政协九届五次会议秘书长、副秘书长名单；审议通过市政协九届五次会议小组划分和各组召集人名单。

九届二十二次常委会议 于2016年2月19日举行。会议听取市委领导作的有关人事说明，通过补选九届市政协副主席、常务委员协商名单，审议通过大会选举办法（草案），审议通过总监票人、监票人名单（草案）。

九届二十三次常委会议 于2016年2月20日举行。会议听取市政协九届五次会议秘书处关于市政协常委会工作报告、提案工作报告、大会决议（草案）、政府工作报告和十三五规划纲要（草案）讨论情况汇报；听取市政协九届五次会议秘书处关于补选九届市政协副主席、常务委员候选人协商名单，选举办法（草案），总监票人、监票人名单（草案）讨论情况汇报，确定正式候选人；审议通过市政协九届五次会议决议（草案）；听取市政协提案委关于提案审查情况的汇报。

【政协常委会主要工作】

协商议政和民主监督 全年召开全委会议1次、常委会议6次、主席会议8次。九届四次会议期间，委员们认真听取和讨论政府工作报告和其他重要报告，围绕乳山市经济社会发展的重大问题和群众关注的热点难点问题，深入协商讨论，广泛议政建言，通过撰写提案、反映社情民意和分组讨论等形式，提出有价值的意见和建议，在产业发展、重大项目建设、统筹城乡发展等重大发展问题上进一步统一思想。召开专题议政性常委会议3次，其中九届十八次常委会议选择“精细发展旅游业”“集约发展海洋渔业”主题，九届十九次常委会议选择“实施创新驱动发展战略”主题，九届二十次常委会议选择“发展现代电子商务”“建设智慧城市”主题，听取相关职能部门工作情况汇报，提出对策性建议70条。围绕市委、市政府中心工作和乳山市经济建设、社会发展及民生工作重要问题，深入调研，认真讨论，集思广益，广泛协商，组织撰写议政建言材料76份，筛选其中有思考、有分析、有对策、有建议的18份汇编成册呈报乳山市委，涉及五城联创、城市管理、现代农业、大众创业、文化事业等多个方面。围绕植树造林、安全生产、社会治安防控、卫生和计划生育、交通安全出行、文化产业和文化事业、行政审批服务等工作开展调研视察8次，参加视察的政协委员160人次，提出意见建议。

提案办理 九届四次会议期间共征集提案72件，立案44件，其中涉及民生39件，占立案总数88%，内容涵盖医疗卫生、环境保护、食品安全、教育公平、文化生活、社会养老和交通建设等方面，成为反映民生诉求重要渠道。在乳山市委、市政府高度重视和各承办部门共同努力下，8月份全部办复完毕，采纳率95%，已采纳并解决36件，推动党政部门改进工作，一批涉及群众切身利益的问题得到及时解决。在乳山电视台开设“提案追踪”专栏，报道4家提案承办单位典型经验做法。

“界别活动月”活动 10月，发动27个界别活动组走乡村、入社区、进企业，开展“三下乡”服务活动33场次，进社区接受群众咨询90人次，资助贫困学生160名，走访企业62家，召开小型协商座谈会25次，提出合理化建议53条，反映社情民意82条。

网络问政途径拓展 通过乳山政府网、乳山热线、乳山政协网等网络平台，面向社会公开征集网络提案线索和社情民意信息，收集网民“微心愿”“微观点”79个，形成提案线索交由政协委员撰写提案时参考，以社情民意信息形式转送有关单位借鉴。全年围绕转变经济发展方式、新农村建设、城乡规划管理、缓解城市交通压力、历史文化保护、教育和医卫改革、健全社会保障制度等涉及人民群众切身利益问题编发社情民意信息16期。

文史资料征集利用 配合山东省政协完成《山东抗战编年纪事》、“记忆山东”系列丛书和《天南地北山东人·台湾卷》征集工作；配合威海市政协完成《威海抗日烽火》编辑出版。以纪念抗日战争胜利70周年为主题，在乳山市政协网站开设“乳山抗战”专栏，刊登反映乳山抗战的历史图片。

（孙学成）

中共乳山市纪律检查委员会

【概况】 截至2015年年底，中共乳山市纪律检查委员会内设信访室、审理室、干部室、党风政风监督室、教育室、纪检监察一室、纪检监察二室、办公室8个室及4个派驻纪检组（监察室），纪委监察局机关、派驻纪检组共有干部42人。2015年，乳山市纪委监察局聚焦中心任务，突出主业主责，坚持把纪律和规矩挺在前面，狠抓监督执纪问责，乳山市党风廉政建设和反腐败工作取得新成效。

【党风廉政建设】 盯住关键时间节点，采取通知、短信、微信、微博、公开电话、与单位主要负责同志签订承诺书等形式，提醒广大党员干部牢记中央八项规定，筑牢廉洁自律思想防线。常态化开展明察暗访和专项治理，对穿上隐身衣的“四风”现象加大查处力度，2015年，检查生活小区340个（次）、餐饮娱乐场所360家（次）、排查疑似公车930辆，查处违反中央八项规定精神案件14起，给予党政纪处分12人、诫勉谈话6人、组织处理6人，通报其中6起典型问题。针对不作为、乱作为、慢作为等问题，暗访部门、单位320个（次），查处“庸懒散”问题18起，问责处理20人。

【纪律审查方法创新】 通过网站、微博、电话、来信、来访等多种途径，集中受理“四风”和腐败问题投诉举报，严格落实领导包案、双向承诺等制度，推动信访问题有效化解。2015年委局机关受理各类问题线索255起，同比下降7.3%。畅通协同办案、案件移送、案件通报、涉案款物追缴等反腐败协调机制，严查党政机关和党员干部失职渎职、贪污贿赂、违反作风建设规定等案件。配合山东省委巡视组做好相关问题线索的纪律审查工作。全年查处案件60起，给予党政纪处分69人。

【廉政制度体系完善】 针对新形势、新问题，研究出台《乳山市机关作风和效能建设问责办法》《乳山市纪委巡查工作暂行办法》《乳山市党风廉政建设责任追究暂行办法》《基层纪检组织向市纪委报告工作制度》《关于进一步加强农村党风廉政建设工作的意见》等8项新制度，织密制度笼子，强化监督约束。5月，设立乳山市廉政专用账户，在新闻媒体上公示，为党员干部廉洁自律开辟新渠道。建立健全宣传教育、预警防范、制度保障、责任落实、监督约束、惩处问责六项机制，细化完善43条具体工作措施，构筑标本兼治的制度规范体系，营造“百官共廉”、共谋发展的良好氛围。

【典型问题通报曝光】 典型问题及时向社会通报曝光，全年点名道姓

7月29日，威海市委常委、纪委书记傅逊（右二）到乳山市徐家镇调研农村党风廉政建设情况

（纪委提供）

曝光42人。召开乳山市加强干部作风工作会议，公开典型案例5起，一次性通报批评24人次，这是乳山市首次大规模、多人次地集中通报，警示教育成效明显。

【监督巡查机制建立】 强化一线监督、靠前监督，每月巡查部门单位领导干部遵守纪律规矩、落实中央八项规定、选人用人、履行主体责任等情况，及时反馈存在问题并督促整改落实。全年巡查单位55个，反馈整改意见160个。

【廉政文化进基层】 打造海阳所镇、徐家镇2处反“四风”向基层延伸示范点。进一步健全完善公车管理、公款接待、印章监控管理、福利发放、农村“三资”管理等制度。

综合运用微信、微博、彩信等“微平台”，每周围绕典型案例剖析、反腐倡廉动态和党纪党规解读等进行互动交流，在线受理效能投诉和违纪举报。全年推送微信50期，发送信息200条，受理网上举报4起。开展廉政文化进机关、进企业、进学校、进社区、进农村、进家庭“六进”活动，打造威海市级廉政文化示范点。编写典型案例警示教育读本《前车之鉴》，组织副科级以上领导干部参加学习《中国共产党章程》和《习近平关于党风廉政建设和反腐败斗争论述摘编》专题测试。

【纪检队伍建设加强】 规范理顺乳山市15个镇（街道）纪（工）委书记职责分工，推动镇级纪委书记职责真正回归“主业”，将全部精力放在保障和维护基层群众切身利益上来。强化村居纪检委员队伍建设，在528个村党支部配备专（兼）职纪检委员，落实农村基层党风廉政建设监督责任。严格遵守威海市纪检监察干部“十条禁令”，树立良好形象。对市镇两级60名纪检监察干部进行专题培训，组织纪检监察干部参加中纪委、省纪委、威海市纪委相关业务培训80人次，提高监督执纪问责能力。

（初金祥）

主要人民团体

【乳山市总工会】 2015年，乳山市总工会开展农民工入会集中行动，全年新建工会93家，新发展会员2300人，其中新入会农民工675人。至2015年底，乳山市有基层工会组织691个，会员5.6万人。两次召开示范镇街、企业观摩会议，制订下发企业示范点建设标准，新创树徐家镇等镇街区域性职代会建设示范点4个，福喜公司、公交公司等企业工会示范点30家。继续推进工会会员爱心互助补充医疗保险工程，发动职工23816人参保。组织130家基层企事业单位、1.2万名职工参与《山东省厂务公开条例》知识答卷和竞赛活动，促进该条例贯彻落实。

乳山市职工服务中心和镇职工帮扶站成立 规划重组职工信访接待、困难职工帮扶、劳动争议调处、互助保险、职工心理咨询等服务平台，成立乳山市职工服务中心，为乳山市职工提供一体化、全方位、普惠式服务。按照市县两级1∶1资金配套方式，在乳山市15个镇（街道）建成职工帮扶（服务）站，面向社会公开招考17名社会化工会工作者，充实到各镇（街道）帮扶（服务）站做专职工会工作，解决服务职工“最后一公里”问题。

“四季服务”活动持续推进 “春送岗位”，配合乳山市人社局等部门，3月3日在人力资源市场举办2015年春季就业洽谈会，130家用人单位入场招聘，提供就业岗位6260个，2800人入场求职，当日达成就业意向1012个。“夏送清凉”，8月份投入专项资金10万元，为800名高温作业工地、企业农民工送去降温防暑用品。“金秋助学”，开展“帮扶送教育”活动，救助困难大学生3人，救助金合计1.2万元；救助单亲女职工12人，救助金合计1.2万元。“冬送温暖”，筹集资金62.85万元，走访慰问困难职工751名；组织乳山市147名党政机关领导干部参与困难职工“一帮一”活动，帮扶资金18.58万元；组织开展爱心献劳模活动，慰问劳模32户，发放慰问金16.3万元，并将乳山市获得市级以上劳模的机关企事业单位退休职工和农民（年满60周岁）的劳模荣誉津贴全部纳入市财政负担。

建会企业职工工资集体协商全覆盖 3月，与乳山市人社局、经信局、工商联联合印发《关于开展2015年工资集体协商集中要约活动的通知》。制作《工资集体协商工作明白纸》，总结提出“三个层面、六步程序、七份材料”的工作流程，

8月6日，乳山市总工会进企业开展“夏送清凉”活动 （市总工会提供）

以便于基层企业规范运作。与乳山市人社局联合举办企业工资集体协商培训班，培训工作骨干 90 名。全年签订工资集体合同 86 份，覆盖企业 413 家、职工 3.1 万人，已建立工会企业覆盖率达到 100%。

职工自主创新创业 鼓励职工自主创新，规范创建标准，细化考核条件，在威海佰德信新材料有限公司召开职工创新现场观摩会，组织 13 家企业工会主席、创新工作室负责人参加观摩学习。金洲公司宫福祝、鑫山集团铁矿房青松分别获威海市“十大金牌职工”“十大创新能手”称号。指导各单位结合生产实际开展“名师带高徒活动”活动，乳山市结成师徒帮扶对子 152 对。引导职工自主创业，与威海智创科技企业孵化器有限公司签订工友创业园合作协议，组织各类创业技能培训 18 次、1209 人次，吸纳下岗失业人员、待岗大学生等入园开办公司自主创业。

职工安全生产保障 5 月，召开乳山市“查身边隐患、保职工安全、促企业发展”活动推进会，做出安排部署。发放宣传画 1000 份，发放车间、班组安全隐患排查记录簿 700 本。联合政府应急办、消防大队在华玺大酒店举行消防演练，组织职工“珍爱生命，我要安全”签名仪式。

职工文体活动 2015 年，组织职工开展丰富多彩的文体活动。4 月，开展免费送节目、送图书进企业“双送”活动，协调心连心艺术团进企业慰问演出 8 场次，向 16 家企业赠书 4000 册。5 月，主办“展示劳动美、凝聚正能量、助力新发展”乳山市企业职工演讲比赛，在女职工中开展“读一本好书”活动。7 月，联合乳山市直机关工委、市体育局举办乳山市职工工间操、跳绳比赛，乳山市 48 个单位、1200 人参赛。9 月，开展以纪念抗战胜利 70 周年为主题的大型职工文艺演出。

（侯永绪　陈岩）

【共青团乳山市委】 2015 年，共青团乳山市委以青春导航行动、青春建功行动、青春创业行动、青春同行行动、青春绿色行动“五项行动”为统领，加强团的建设，提升服务青年能力。全年新发展团员 268 名，截至 2015 年年底，共青团乳山市委辖基层团委 62 个，团员 11119 人。

青年创业就业服务 6 月 25 日，会同乳山市人社局赴山东工商学院开展第二期“青年人回报桑梓”主题活动，引导乳山籍团员青年回乡就业创业，组织 300 名在校大学生观看“仁爱乳山”宣传片，现场填写就业意向调查问卷。11 月 27 日，联合威海机械工程高级技工学校举行 2015 年青年专场招聘会，威海怡和制造有限公司、荣成三星重工等 26 家企业参与招聘，325 名学生与企业达成实习意向。选树农村青年创业典型，阎勇获第九届“全国农村青年致富带头人”称号，张晓峰获“全国乡村好青年”称号。结合乳山市“五城联创”，以岗位建功、岗位创优为重点，组织开展“花 young 青春、文明飞扬”主题活动，带动广大青年弘扬职业文明、争当职业先锋。争取上级关于“创业乳山·富民行动”“鲁青农信贷”“鲁青基准贷”“青春创业贴息”等小额贷款，全年申办“创业乳山·富民行动”11 笔共计 110 万元，申请“鲁青基准贷”“鲁青担保贷”等青年创业贷款 1000 万元。组织青年参加全省农村青年电商培育工程示范培训班，推报 80 名青年参加乳山市“百县万人”电商创业培训，构建青年电商创业孵化中心，于 7、9、11 月各举办 1 期青年电子商务培训班，培训 300 人，择优确定多人进驻青创中心，打造综合服务平台，成功孵化青年电商 20 人。

关爱青少年 1 月 14 日，在乳山市第一实验小学举行“情系少年、关爱明天”中小学生自护图书捐赠表彰仪式，47 家爱心单位捐助资金 30 万元，确保少先队员人手一册。7 月 2 日，联合纳克豪斯健身俱乐部发起募捐活动，为突患白血病的李丹杨募集善款 7000 元。按照创建国家卫生城市部署，9 月 16 日，联合乳山市卫计局在西苑学校和第一实验小学分别开展 2 场健康知识讲座，提高青少年的卫生安全意识。以课堂教学为载体，以兴趣、规范、习惯等养成教育活动为抓手，在乳山市中小学开展“三好”实践活动，使孩子们确立并自觉践行社会主义核心价值观。组织推报“威海市美德少年”评选及“威海市优秀辅导员和团委书记”评选，发挥引领作用。争取上级团委希望工程、心愿直通车、励青公益等帮扶款 21 万元，借力社会爱心力量募集爱心款项 20 万元，举办 5 次助学金发放仪式，资助贫困学生 223 名。4 月 26 日，举办“全城热恋，为爱向前冲”乳山市第二届公益相亲会，吸引 400 名单身男女参与，牵手 20 对。5 月 4 日，举办 2015“鲁酱情”青年集体婚礼，9 对新人重温入团誓词，倡树勤俭节约、文明和谐的婚礼新风尚。

2 处志愿服务工作站创建 牵头成立创建利群社区和青年电商孵化中心 2 处志愿服务工作站。12 月 5 日，组织城区、卫计局、外事翻译学院团委 40 名青年志愿者，到两处志愿服务工作站开展“青春志愿行·共筑中国梦”社区青年志愿服务站主题活动，组织志愿者开展为居民义诊、捡拾垃圾等活动。在暑期、志愿者日等时间节点，发动青年志愿者到银滩、大乳山等景区进行环保宣传。践行“文明市民培育工程”，组织青年志愿者到医院、车站、公交站点等处引导市民文明乘车。

青年工作区域共建 推动城区街道团工委与辖区内 14 家机关、驻区大工程单位、社会组织等单位团组织签订结对共建协议，建立区域青年工作共建委员会，吸纳共建委员会成员单位 34 家，联系金色阳光志愿者服务队、大拇指学团等青年志愿组织 24 个，逐步形成以街道团工委为主、区域青年工作共建委员会为龙头的整体联动格局。

金谷之园电子商务产业园团总支成立 加强“两新”组织团建工作，批复成立金谷之园电子商务产业园团总支，依托其在行业、职能等方面优势及志愿服务站等阵地资源，引导山东外事翻译学院大学生及机关青年志愿者到金谷之园团总支联合开展创城志愿服务、青年电商培训等活动。

（李娟）

【乳山市妇女联合会】 2015年，乳山市妇联立足党政所急、妇女所需、妇联所能定位，将部门工作融入“五城联创”大局，推进各项工作，被全国妇联授予“全国巾帼建功先进集体”称号。

“大众创业万众创新巾帼”行动 开展实用技术、电子商务、家政服务培训9场次，申办小额担保贷款81万元，培育女性致富带头人10名，扶持女老板100人，帮助1008名妇女找到适合自身项目。开展“妇联干部企业行”活动，了解女性创办企业及企业经营中存在的难题与困扰，在此基础上成立女性创业新家园，通过定期开展主题活动、成立巾帼行业互促会等举措，推动资源共享、优势互补、抱团发展，全年开展各类活动6场次，成立服装行业互促会“衣姐联盟”。

女干部、女企业家素质提升 注重提升女干部、女企业家整体素质提升，联合乳山市委组织部对女干部、女企业家进行战略管理、创新思维、心理健康、礼仪形象等方面培训，组织参观烟台市火把创客电子商务产业园和烟台市电子商务创新港，引导女干部和女企业家更新观念、开阔思路。

文明家庭建设 开展“晒家庭幸福生活，议良好文明家风，讲家庭和谐故事，展家庭文明风采，秀家庭未来梦想”活动及事迹展播，动员全社会共同寻找“最美家庭”，以家庭之美促进社会和谐。评选出“乳山最美家庭”53户，其中33户获威海市“最美家庭”称号，2户获“省级五好文明家庭”称号。创建“好爸好妈快乐家教”QQ群，通过成立专家指导团、举办家教公益讲座、开展“我的好爸好妈”作品征集等方式，使家长提高科学育子能力。

“五美家园”创建 开展以“姐妹同心援手，共创美丽家园”为主题的“人美、院美、室美、厨厕美、村庄美”的“五美”家园创建行动，动员妇女搞好自家庭院、房前屋后、所居住街道、村庄及邻近公路、景区的卫生，建设美丽家园，栽植花草5.6万株。通过聘请专家组建讲师团、统一印发培训资料等方式，做好“新农村新生活”培训工作，提升农村妇女文明素质，全年开展契合家庭和妇女需求的家庭文化、法律法规、文体娱乐、健康保健等培训100场次。

妇女创业和维权意识提升 在电视、报纸开辟“十大巾帼创业标兵”专栏，集中宣传10名创业妇女典型。召开女支部书记、女村委会主任座谈会，交流探讨工作中的好经验、好做法。开展以“万家联动，送法到家”为主题的维权周活动，提高妇女依法维权意识。

省级妇女儿童家园建成 按照标准化、规范化、特色化原则，在城区街道府前社区建成一处省级妇女儿童家园，设立“四点半”课堂、儿童乐园等家室，对妇女、儿童开展教育培训、志愿服务、文体娱乐等活动8场次，参与妇女群众1100人次。

女性安康工程启动 启动“关爱母亲，共筑幸福”女性安康工程，组织女性健康专家深入农村、社区、单位、企业举办“关爱女性健康讲座”，普及健康知识。推广女性安康保险，免费为18名贫困母亲办理总额90万元的安康保险。开展“社会妈妈”虹桥拉手活动，31名孤贫儿童获得资助。与乳山市卫计局、财政局联合启动农村妇女宫颈癌、乳腺癌“两癌”免费检查项目，为2.5万名35～64岁的农村妇女进行“两癌”免费筛查。

（于丽丽）

10月12日，乳山市组织女企业家、女干部参观烟台市火把创客电子商务产业园 （仇小民摄）

【乳山市科学技术协会】 2015年，乳山市科学技术协会履行“三服务一加强”（服务经济社会发展、服务提高全民科技素质、服务科技工作者，加强自身建设）职能，推动科普品牌上档升级。积极争创全国科普示范市，打造利群社区科普馆、畅园学校科技活动中心、腾达社区科普长廊、市民服务中心科普自助服务区及乳山特色农产品体验馆海洋知识走廊等示范点，得到省检查组肯定。至年底，乳山市科协有企业科协9个，会员182人；老科技工作者协会1个，会员38人；农村专业技术协会3个，会员1238人。

地方创新驱动发展工程实施 2015年，山东省科协出台《关于实施的意见》，确定7个牵头学会各助力1个产业聚集区，经争取，山东省水产学会助力乳山市渔业产业提质升级与创新发展。该学会多次召开专家对接会，提供优质牡蛎种苗110万粒，并进行现场技术指导。继续开展“创业乳山·富民行动”，联系农技协会员、农村科普带头人、科技示范户，全年帮助群众办理贷款20笔共计200万元。

科普教育平台搭建 指导乳山市消防安全科普教育基地开展进社区、进校园、进机关、进企业、进乡镇“五进”科普教育活动，被山东省科协、财政厅评为“2015年四星级科普教育基地”，被中国科协评为“2015—2019年度全国科普教育基地”。指导台依湖国际酒庄生态文化区通过加强基地自身建设、开设葡萄酒文化课堂、开展科普竞赛等趣味活动、拓展宣传服务渠道、开展科普惠农活动等途径，推动葡萄酒知识宣传普及力度，协助其申报威海市科普教育基地。完善“数字科普通”工程，在全面检修乳山市数字科普通电视终端的同时，更新软件包，摸底群众观看需求，提升实用性。

青少年科技创新工作加强 协调教育部门将青少年科技创新工作列入学生素质教育考核，全年500名师生参与各级科技创新大赛，155件作品在威海市以上科技创新大赛中获奖。6月26日，邀请中科院老科学家演讲团和山东省科普专家团4名科普专家为金岭中学学生授课。

社区科普创新 在利群社区和府前社区建设科普体验馆，设置科普展件体验、数字科技馆、科普图书阅览、错觉画体验和水写布书法体验5个展示区，让观众在快乐的体验中感受科技的魅力。建设向阳、西馨苑、腾达3个社区科普大学，拥有固定学员156人，开设健康生活方式、防盗知识培训和传统文化公益讲座等课程6次。打造“硬件过硬、特色突出、群众满意”科普示范社区，在腾达社区建设百米科普长廊，该社区被评为“2015年山东省基层科普行动计划先进单位”。以“崇尚科学、远离邪教”为主题，开展健康文明生活方式宣传活动，府前社区被评为全省“科学关爱和谐示范社区”，腾达社区被评为威海市“反邪教工作先进单位”并在威海市科协组织的反邪教工作会议上作典型交流发言。

专题科普活动开展 开展全国科普日活动，邀请威海专家刘玉麓、刘淑芹在向阳、府前等社区举办健康知识、救护知识科普讲座；邀请科普志愿者宋点君在龙山等社区表演自编顺口溜，动员市民参与乳山市“五城联创”活动，在各活动现场免费发放《家庭救护知识》《健康小贴士》等科普资料6000份。在第七个全国防灾减灾日组织科普工作者深入社区，通过设置防灾减灾知识展板、发放防灾减灾科普知识宣传手册、张贴社区防震避震知识挂图以及现场接受市民咨询等形式向市民宣传防灾减灾知识，同时在益天社区举办威海市社区科普大学防震减灾专题讲座。加大食品安全科普宣传力度，利用三下乡活动开展食品安全宣传，邀请专家在社区举办健康知识科普讲座，参加乳山市2015年食品安全宣传周启动仪式。

（姜曙利）

【乳山市工商业联合会】 2015年，乳山市工商业联合会通过打基础、抓服务、促提升，促进非公有制经济健康发展。

会员企业凝聚力增强 继续在会员企业中开展“诚信创新、加压发展、凝聚形象”主题教育活动。组织会员企业教育培训1次，相互观摩1次，重点企业观摩1次，专题座谈会2次。组织会员企业到贫困户、贫困职工家中走访，结对帮扶贫困户、贫困职工20名。11月，开展执委企业走基层活动，组织部分执委企业负责人到育黎镇走访观摩，参观育黎镇相关企业和农业产业化种植项目，对育黎镇企业发展提出指导性建议。探索建立执委企业社会责任评价体系，分4个大项、20条细则，从诚信经营、财会纳税、依法用工、公益慈善等方面对企业进行系统评价。加强和改进非公有制经济人士思想政治工作，增强非公有制经济人士对中国特色社会主义的信念、对党和政府的信任、对企业发展的信心、对社会的信誉，会员企业凝聚力进一步增强。

会员企业发展帮扶 利用“会员企业会计服务中心”和“会员企业法律服务中心”为会员企业提供财务、法律方面专项服务，组织财务、法律培训各1次。与建行、农信联合成立中小企业融资帮扶小组，深入企业了解企业资金需求情况，推动银企合作。组织会员企业听取金融知识讲座1次，参加“助保贷”“全额贷”等新型金融产品推介会1次。将省内外部分高校科研成果按行业特点分类，通过工商联网站对外发布，供企业参考，全年发布高校研究成果246项。组织会员企业到外地参观学习2次，开阔眼界。

小微企发展“合作社” 将一些信誉好、有发展前景的小微企业纳入“合作社”，由工商联工作人员、相关职能部门副主席和企业副主席组成融资工作小组、科技工作小组、企业财务小组等若干帮扶小组，为“合作社”中的小微企业提供信息、资金、技术等方面服务。各帮扶小组广泛走访会员企业，帮助8家会员企业规划发展思路，为会员企业解决难题12项。

（赵妍燕）

【乳山市残疾人联合会】 2015年，乳山市残联以社会保障体系和服务体系为出发点，以“残疾人整体赶平均、共同奔小康”为突破口，创建“善爱之家”服务品牌，切实解决残疾人最关心、最直接、最现实的利益问题。

残疾人康复 乳山市新增10处残疾人社区康复站。9月，乳山市中医院和乳山市残疾人康复服务中心通过威海市级脑瘫儿童康复救助项目、孤独症儿童康复救助项目定点机构评审。为25名符合条件0～9岁智力、肢体、听力语言等残疾儿童建立档案，实施免费抢救性康复。投资36万元，免费为400名贫困白内障患者实施复明手术。实施国家彩票公益金和威海慈善救助贫困精神病患者项目，对12名、270名贫困精神病患者分别进行免费住院救助和免费服药救助。开展“辅助器具进家庭”活动，为乳山市728名享受低保的重度二级肢体和一、二级听力残疾人申请辅助器具1166件。

残疾人家庭高校毕业生就业帮助 建立残疾人大学生台账，对符合条件的26名高校残疾毕业生、132名残疾人家庭高校毕业生建立档案，及时跟踪对接未就业或即将就业的大学生，协调相关部门救助32名新录取的残疾人学生和残疾人家庭学生。依托市残联网站、官方微信等载体，宣传乳山市对残疾人大学生及残疾家庭高校毕业生的就业创业扶持政策，发布残疾人大学生求职和企业用人需求信息。

残疾人就业技能培训 以市场需求为导向，根据残疾人自身特点和市场用工需求，实行“培训—就业、创业—扶贫”一体化培训模式，设置焊接、电子商务、计算机平面设计、美容美发美甲等11个培训项目，培训残疾人120名，变输血为造血，提高其就业技能和创业能力。

贫困残疾人家庭帮扶 实施“基层党组织结对扶贫工程”，筛选有劳动能力、致富愿望和一技之长的贫困残疾人家庭进行帮扶，优先保障省定45个贫困村中146户贫困残疾人家庭、24个威海市基层党组织帮扶村残疾人，共计扶持270户，每户给予2000元资金，主要用于帮助其购买生产资料等，所帮扶贫困残疾人家庭收入有明显增长。

残疾人就业扶贫基地建设 投入资金4万元，对20户创业有困难的残疾人每人给予2000元补助。新增市级残疾人就业扶贫基地3个，安置残疾人22名，辐射带动残疾人80户，残疾人可就近到基地上班增加收入，也可通过基地带动，发展适合自己的种养殖项目。

残疾人托养站建立 变残疾人单一家庭式居家照料服务为居家照料、社区日间照料、机构托养等多元化托养服务，在冯家、南黄、乳山寨、育黎、崖子5个镇建立残疾人托养站，将康复服务融入社区机构托养工作之中。

残疾人帮扶政策落实 开展残疾人基本服务状况和需求调查，核查持证残疾人10202人、非持证残疾儿童录入9人。联合相关部门组织专家定期集中鉴定，全年为1200人办理残疾人证，对行动不便的50名残疾人入户办证。严格执行重度残疾人补贴发放流程，全年对5993人次发放补贴465.844万元。从残疾人特殊需求出发，兼顾个性化和人性化需求，对70户智能型和110户基本型残疾人家庭进行无障碍改造。会同乳山市司法局建立5处残疾人法律维权服务站，对残疾人提供无偿法律援助，打造残疾人维权“绿色通道”。

【乳山市文学艺术界联合会】 乳山市文联共有乳山市作家协会、书法家协会、美术家协会、京剧协会、女书画家协会、吕剧协会、心连心艺术团8个协会。2015年，乳山市文联以习近平总书记文艺座谈会讲话精神为指导，坚持一手抓活动开展，一手抓精品创作，丰富和活跃群众精神文化生活，促进乳山市文学艺术事业繁荣发展。

文艺活动开展 一是围绕纪念抗日战争70周年，以“勿忘国耻、珍惜和平”为主题，举办纪念抗日战争胜利70周年大型美术作品展、书法作品展和东方广场音乐会，联合乳山市委老干部局举办纪念抗日战争楹联大赛，同时组织会员参加上级举办的各种展览活动。二是围绕“五城联创”，举办“五城联创——我们在行动”大型文艺晚会、“五城联创”书法美术作品展。三是围绕“仁爱乳山”城市品牌，举办“仁爱乳山”首届中国画展、“仁爱乳山”刻字大展、“福寿杯”书法展、“仁爱乳山”摄影展，组织乳山市家协会会员编写《仁爱乳山故事绘》。

文艺精品创作 年初，在全面调查研究基础上制订乳山市2015年精品创作规划，并将任务层层落实，定期督导。加强文艺精品创作队伍建设，各协会采取举办培训班、读书摄影沙龙、出版会刊、以赛代练等形式，组织会员培训、交流，提升会员创作水平。乳山市作家协会会员全年在地市级以上发表各类作品343篇，其中省级以上87篇，刘方计、高明光等人出版作品集4部，姜增产创作的纪实文学《流星神侠——房秀基》获“纪念中国人民抗日战争暨世界反法西斯战争胜利70周年文学征文”省级报告文学优秀奖，刘方计创作的散文《父亲与他的小推车》获 “第四届全国人文地理散文大赛”二等奖，张敬滋创作的散文诗《喜欢秋天》获第二届中外诗歌散文邀请赛二等奖，李晓莉创作的散文《奔跑的流年》获山东科技报社“十年同行共成长”主题征文活动优秀奖；乳山市书法家协会会员于永强创作的书法篆刻作品获第八届泰山文艺奖三等奖；乳山市摄影家协会102幅作品在市级以上获奖；心连心艺术团创编的情景剧《爱的绽放》参加全省老干部文艺汇演获一等奖。

文艺下基层活动 组织会员到乳山市农村信用合作联社联网点、威海市商业银行等处书写春联4000副，到腾达社区、怡园社区、利群社区送书法500副，在怡园社区举办迎新春对联展，乳山市书法家协会、美术家协会等到基层举办书法、美术笔会20次。乳山市文联心连心艺术团下乡开展慰问演出50场次，观众数万人。乳山市京剧协会8月份开展广场演出周活动，并与有关市区开展交流演出活动。推荐申报的乳山福如东海文化园、南泓渔家乐写生基地、极北茶业观光采摘园写生基地被批准为威海市艺术创作写生基地。

（于月奎）

·战国 铜戈

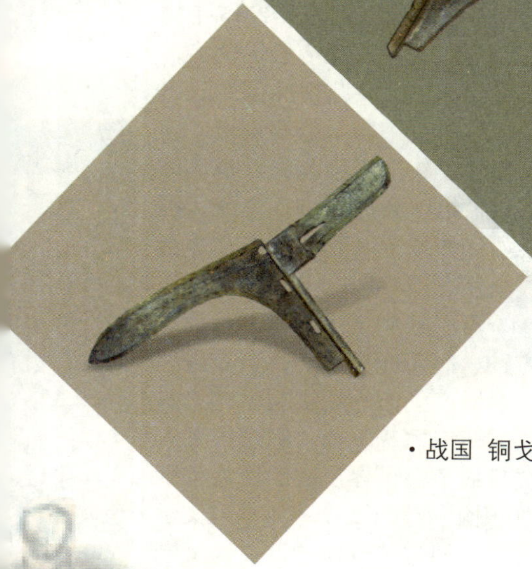

·战国 铜戈

·战国 铜戈

·清代 铁炮

·战国 铜矛

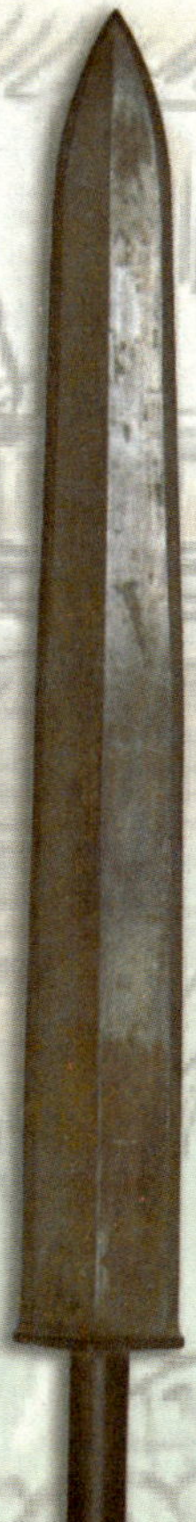

·战国 铜剑

·战国 铜剑

责任编辑：王 浩

·战国 铜戈

法治·武装

Rule of Law, Armed Forces

◎ 政法委及综治

◎ 公 安

◎ 检 察

◎ 法 院

◎ 司法行政

◎ 人民武装

◎ 人民武警

◎ 人民防空

政法委及综治

【概况】 2015年，乳山市政法综治部门贯彻落实上级政法工作会议精神，加强政法队伍自身建设，创新社会治理模式，建立立体化治安防控体系，建设综合信息平台，打造公共法律服务圈，全力维护社会大局稳定，促进社会公平正义、保障人民安居乐业，其建设经验分别在山东省和威海市推广。

【“立体化治安防控体系建设”经验全省推广】 强化“互联网+”理念，按照“封住边、卡住点、控住面”工作思路，立足特殊地理环境，打造城区、城郊、农村、沿海、边界“五大视频监控圈”。投资1200万元，建成总面积278平方米的公共安全视频应急指挥中心，全面融合110接处警、警用地理系统、GPS卫星定位、视频监控、智能卡口等业务系统，完善以指挥中心为龙头的统一调度、统一指挥、跨警种合成作战的指挥调度模式。构建防控时空无缝对接、防控目标全网追踪、防控区域城乡覆盖的新型技防体系。乳山市建成各类监控系统230套、摄像探头7200个。加强基层治保组织建设。在城市社区，整合居委会、物业公司、企业、志愿者等多方力量，配备6～10名相对专业、稳定的保安组成保安队伍。在农村社区，配备4～6名治保队员。在企事业单位，建立内保组织430个。在城市街面和公共场所，组建170人的专业化巡警队伍，启动武装巡逻、“警灯闪烁”工程。整合沿海镇公安、劳动、司法、海渔等部门力量，依托沿海村治保组织，成立涉海矛盾纠纷联调小组、海上110巡逻队、船舶管理服务站3支队伍，加强对沿海码头、停泊点、养殖区等的防控和渔民、渔船的管理，建立起多方位、立体化社会治安防控体系。10月22日，威海市立体化治安防控体系建设现场会在乳山市召开。10月26日，山东省委常委、政法委书记张江汀视察乳山市

4月10日，威海市委政法委书记刘茂德（左一）到徐家镇调研公共法律服务中心建设情况 （林建峰摄）

立体化治安防控工作，给予高度评价。乳山市构建治安防控体系、加强单位内保工作经验做法被山东省综治委以简报刊发推广。

【综合信息平台建设经验在威海市推广】 2015年，全面推进社会管理综合信息平台建设。召开社管平台信息采集动员部署会议，组织90名信息采集骨干进行集中培训，全面开展各类基础数据收集、整理、录入工作，为社管平台常态化运行打下基础。推进市、镇（街道）、村（社区）三级公共法律服务平台建设。按照“整合资源、共享信息、一站式服务”模式，建成1400平方米的乳山市综合性公共法律服务中心，集中开展公证、法律援助、法律咨询、司法鉴定等工作；在各镇（街道）设立集法律援助、公证、普法宣传、法律咨询、公益律师、矛盾纠纷调处、社区矫正、特殊人群管理服务等功能于一体的公共法律服务中心；在社区（村）设立法律工作室，涉及政法部门的法律援助、公证、户籍、出入境、车管等业务向村、社区延伸，打造“城区半小时、乡村一小时”公共法律服务圈。乳山市建设综治信息平台的做法得到威海市领导高度评价，在威海市推广。

【社会治安环境治理改善】 针对人民群众关心、反映强烈的违法犯罪和治安突出问题，市政法系统组织开展“百城禁毒会战”“反侵财大会战”等专项行动，保持对违法犯罪的严打高压态势；结合乳山市开展的“五城联创”活动，组织开展为期半年的打击传销集中专项行动，印发活动方案，召开联席会议，全面动员部署，遏制和打击传销活动发展蔓延态势，维护良好的市场经济秩序；开展机动车乱停乱放、食品药品安全整治等行动，为乳山市经济社会发展营造和谐稳定的社会环境；推进涉法涉诉信访工作改革，建立涉法涉诉信访案件定期排查汇总制度，严厉打击非法上访涉嫌违法犯罪行为。乳山市社会治安环境治理进一步改善。

【为民服务意识强化】 深化“百案评查”“110接处警自动回访”“网上评警”等工作，针对办案质量、办案纪律、办案流程等方面进行评查回访。开展平安建设大课堂进基层活动，着眼当前部门和基层最需要、最期盼、最关注的问题，深入基层开展巡回宣讲260次。实施民生实事“项目化”推进工作，围绕办证办照、执法办案、法律服务、困难救济等与群众生产生活相关的

热点难点问题，确定 1 ~ 2 件实事，简化手续、减免费用、主动服务、救危助困，提高人民群众满意度。2015 年，举办政法系统科级干部培训班，邀请 4 名省、市级专家传授社会管理创新、党风廉政建设、文明和谐执法、网络诈骗预防等业务知识，参训人员 82 人，政法干部队伍素质得到提升。

公 安

【概况】 2015 年，乳山市公安机关立足“创建全国最平安县域，锻造人民最满意警局”目标，全力打好维护稳定主动战、打防管控整体战和“四项建设”持久战，为乳山市经济社会发展创造良好治安环境。在乳山市人大常委会部门评议工作中获“双 100% 满意”，在威海市公安机关年度群众安全感和满意度调查活动中均排名乳山市第一，在威海市局业务考核中序列第一，被授予“人民满意先进单位”。在山东省公安机关群众安全感满意度调查活动中跃居第五名，被山东省公安厅记集体二等功，获“全省优秀公安局”称号。

【公安队伍建设】 开展“三严三实”“秉公执法，人民公安为人民”主题教育及解决基层干部不作为乱作为等损害群众利益问题专项整治工作，全面做好民生实事办理，办结民生诉求 151 件。全面加强教官队伍建设，7 名民警被聘任为威海市局警务实战和业务理论兼职教官，1 名教官被山东省公安厅聘为助理教官。组织 354 名民警开展 8 期武器警械专项训练暨反恐防恐实战训练培训班，提高一线民警应急反应和综合实战能力。结合五城联创工作，组织党员民警对分包联系的 1.98 万户居民进行两次走访，组织 51 名党员参加义务献血、578 名党员民警进社区义务服务 1600 次，以实际行动树立新时期公安民警的良好形象。年内，涌现出“山东省青年文明号”车辆管理所及全国“好警嫂”王莉、全省特别关注“最美青工”王延斐等先进典型代表。全局 17 个次集体、36 人次获地（厅）级以上表彰，1 人荣立二等功，2 个集体、16 人荣立三等功。公安局获“山东省优秀公安局”称号，被山东省公安厅评为“全省公安机关素质强警东西合作工作先进集体”和记集体二等功，被威海市精神文明建设委员会评为“威海市级文明单位”。

【重要案件破获率提高】

命案破案率连续九年百分百 全年破获各类案件 2068 起，比上年上升 10.1%。八类主要刑事案件破案率 98.7%，2 起现行命案全部告破，连续九年实现命案破案率 100%，命案考核成绩居威海市前列。抓获刑事作案成员 409 人，刑拘 382 人，逮捕 271 人，摧毁犯罪团伙 27 个，抓获涉案成员 126 人，破获案件 293 起，破获黑恶团伙 11 个、破案 104 起，抓获上网逃犯 205 名。在威海市“反侵财大会战”综合考评中位居第二。

公安部督办案件告破 乳山市公安局围绕队伍建设、案件查处、五城联创、联勤联动等重点工作，打好民生保卫战。全年共核查公安部集群战役乳山籍人员 17 人，与行政部门开展联合检查 50 次，破获药品案件 5 起、食品案件 2 起，其中，兰某某、孙某某生产销售有毒有害食品案被列为公安部督办案件，在全国发起集群战役，此案被评为“2015 年度全省食品十大典型案例”。全年共抓获犯罪嫌疑人 11 人，涉案价值 400 万元。

涉众型经济犯罪打击 2015 年，乳山市公安机关履行经侦工作打击、服务、参谋三大职能，创建经侦工作“十项机制”，以严密防控涉众型经济犯罪为重点，组织开展惩治处置非法集资、整治传销违法犯罪、银行卡网上非法买卖、假币违法犯罪等专项行动，维护乳山市经济安全和社会稳定。全年破案 15 起，抓获犯罪嫌疑人 26 人，逮捕 13 人，移送起诉 8 起 15 人，抓获上网逃犯 13 名；受理案件涉案价值 9525 万元，挽回经济损失 330 万元。

治安案件控制 全年受理治安案件 11 起，治安拘留 46 人；破获爆炸物品案 3 起，抓获涉案犯罪嫌疑人 14 人。查处涉黄涉赌刑事案件 5 起，其中查处组织、容留卖淫刑事案件 3 起，逮捕 2 人，移送起诉 6 人。查处开设赌场案 2 起，刑事拘留 3 人，移诉 2 人。通过旅馆业信息系统抓获逃犯 5 人，破获卖淫团伙 1 个。办理刘某某等生产、销售伪劣产品案，达到公安部、国家烟草专卖局网络

11 月 27 日，乳山市公安局举行“反侵财大会战”集中返赃仪式
（牛凤伟摄）

案件标准，于2015年6月22日通过初审，8月通过终审。治安案件发生率得到有效控制。

【安全隐患排查】 以“平安行·你我他”行动为载体，建立市、镇、村三级交通安全网络，乳山市15个镇（街道）全部建立交通管理服务站,601个村配备交通安全协管员。开展乳山市道路安全隐患大排查大整改活动，排查整改安全隐患61处。开展酒驾整治、“七类重点车辆和七种违法行为”（七类重点车辆指客车、货车、危险品运输车、校车、农村面包车、渣土车、低速载货汽车；七种违法行为指超员、超载、超速、疲劳驾驶、酒驾、毒驾、涉牌涉证交通违法行为）整治、依法惩治非法违法生产经营活动行为专项整治和危化品运输车专项整治，查处饮酒驾驶207起，醉酒驾驶46起，“七种重点违法行为”6700起。集中开展“对生命安全负责，向交通事故宣战”等系列行动36次，依法惩治交通违法行为。现场查处各类交通违法行为7.7万起，破获交通肇事逃逸案件21起。强化智能交通，安装启用区间测速14套，卡口测速4套，电子警察15套，逆行抓拍3套，电视监控4处，安装交通信号系统14套，电视监控点位41个。在疏港路、浦东路安装道路隔离护栏6500米，世纪大道、胜利街、青山路、新华街等28条道路施划停车泊位6022个，深圳路、商业街、黄山路等32条道路施划交通标线3.47万平方米，交通秩序得到有效规范，道路通行安全系数进一步提高。推进黄标车淘汰工作，当年淘汰黄标车3338辆，完成率100%。全年发生道路交通事故1237起，死亡33人，伤790人，直接经济损失8.94万元，与上年同期相比分别降低0.08%、持平、0.38%、2.61%。

【警务信息平台暨“警务云”治安管理系统启用】 市公安局为18个派出所50个警务区配备88部社区警务采集数据终端，实现社区警务信息化。已采集相关基层基础数据180万条，在威海各市区中排名前列。按照山东省公安厅及威海市局总体部署，全面启动应用社区警务信息平台暨“警务云”治安管理系统，治安系统所有人员权限及派出所、警员、装备情况录入到位。年内，共采集有效数据223万条。

5月18日，乳山市公安110指挥大厅投入使用 （牛凤伟摄）

【乳山市公安110指挥大厅投入使用】 5月18日，总投资2580万元、建筑面积2395平方米，融合指挥调度、网安监管、刑事侦查三大功能的公安业务技术综合楼投入使用。以新指挥大厅启动运行为契机，推进业务系统升级、社会资源整合、勤务模式优化，推行点对点指挥。2600路监控图像、联动部门值班电话、出租车GPS系统和重点单位一键报警系统等应急资源汇聚到110指挥大厅，为警务实战提供精确指导。威海市社会治安防控体系建设现场会、威海市公安机关重点工作现场会相继观摩乳山市110指挥调度工作。

【危爆物品管理强化】 推行民爆物品“配送制”，在40家涉爆单位、6家剧毒化学品使用单位、12处炸药存储库房等安装“红外线入侵报警”“警用地理信息”“电子巡更”信息管理系统，全部纳入危爆物品监管平台。安排专管民警进驻乳山唯一民爆物品经营销售企业（四方民爆公司乳山分公司），对民爆物品进行集中统一管理，在乳山市实施保安员监炮制度。加大治爆缉枪力度，组织辖区派出所开展排查，收集涉枪涉爆线索，力促查缴工作彻底到位。共收缴枪支6支，子弹20发，销毁战争遗留手榴弹、炸弹2枚。年内，完成育黎红旗渡槽爆破拆除和威海市公务用枪销毁安保工作。

【“警灯闪烁”巡逻工程】 乳山市公安局采取基层与机关互动、移动与固定互动、城区与农村互动方式，不定期组织开展“警灯闪烁”巡逻工程。实现“点、线、面”相结合、巡逻时间交错“全时空无缝对接式”巡逻模式，实现城区重点部位一分钟处置全覆盖。乳山市没有发生具有重大负面社会影响的治安事件，人民群众安全感提高，社会面治安良好。

【典型案例选介】

撬盗临街门市团伙案 2015年2月10日7时许，乳山一水产店被撬盗价值10万元的海参一宗。经侦察，初步确定犯罪嫌疑人为三名男子。经对男子图像进一步分析，确认其有多次盗窃前科的郭某。通过对郭某社交和活动轨迹进行深度研判，

3月1日，乳山市公安局在云南瑞丽边防口岸与缅甸警方进行交接，遣送非法入境缅甸人57名（于婷婷摄）

盗销海参团伙成员倪某、刘某某、徐某先后浮出水面。正当相关布控工作展开时，4月18日，建设街一海参店价值15万元海参被盗。在威海市局相关部门配合下，乳山市公安局抽调精干警力，兵分数路，同时出击，分别将郭某某、倪某、徐某、刘某某抓获归案，并从郭某某、徐某住处当场缴获作案工具及被盗海参、鲍鱼、茶叶等物品。经审讯，2014年4月，郭某伙同倪、刘某先后窜至市胜利街、贸易城、建设街等处，采用撬门破锁手段盗窃海参店等临街门市五起，盗窃海参、鲍鱼、现金等财物涉案总价值40万元，窃得海参通过徐某销赃。

爬楼入室盗窃团伙案 2015年7月25日，市区9个居民小区连续发生多起夜间爬楼入室盗窃案。通过对案件基础信息进一步分析，发觉该团伙群住窝点在烟台市区。为防止嫌疑人外逃，乳山市公安局在通往烟台的主干道上重点对过往公交车和出租车展开24小时设卡盘查。7月31日10时许，盘查民警在车道警务工作站对一辆通往烟台公交车进行检查时，发现4名形迹可疑男子，经对其随身物品进行检查，当场缴获7月29日凌晨市化工小区被盗手机一部，遂将犯罪嫌疑人控制审查。经审讯，市西馨园、文苑、滨河等9个小区16起爬楼入室盗窃案和1起撬盗临街门市案均系该四人所为，涉案物品价值5万元。

盗窃单位财物案 2015年7月1日，海阳所镇驻地玉龙集团、市区正华集团20个办公室被撬盗笔记本电脑、黄金首饰、数码相机等物品，涉案价值近10万元。办案民警在围绕获取嫌疑人图像进一步工作时，9月初，白沙滩、海阳所、市区6个单位又发生连续被盗案件，被撬办公室60间、保险柜3个，被盗财物及现金10万元。经研判梳理比对，民警发现乳山籍侵财前科人员郑某某户籍照片与前期锁定的嫌疑人图像相似度极高。9月21日，在威海市公安局行动技术支队的大力支持下，抓获犯罪嫌疑人郑某某（男，32岁，诸往镇泊子庄村人），成功侦破特大系列盗窃单位财物案，追缴被盗笔记本电脑、字画、现金等物品共计10万元。

特大生产销售有毒有害食品案 2015年8月19日，乳山市公安局抓获两名涉嫌销售有毒有害保健食品犯罪嫌疑人兰某某（女，山东乳山人，50岁）、孙某某（男，山东乳山人，52岁），后经深入调查，于11月11日，成功将该上线李某某（男，陕西省咸阳市人，45岁）抓获归案，端掉加工存储窝点一处，当场查获有毒有害保健食品成品2000盒、半成品胶囊5万粒，涉案金额300万元。经查，犯罪嫌疑人李某某自2011年至今，用购买半成品原料，加工成多种含有西地那非成分的壮阳类保健品通过网络、电话等形式销售，涉及山东、广东、湖北等十个省。因此案案情复杂，被公安部列为督办案件，并在全国发起集群战役，此案被评为“2015年度全省食品十大典型案例”。

飞车抢劫案 2015年10月18日、21日清晨，城东区域连续发生3起针对独行妇女飞车抢劫案，两名犯罪嫌疑人戴帽子、口罩，驾驶摩托车抢劫受害人金首饰、手机、存单及现金等物品价值8万元。接报案后，乳山市公安局成立专案组，通过调取案发现场周边视频监控，锁定3起案件为同两名男子所为。29日6时许，市区新华街东首桥东庄村路段再次发生一起飞车抢劫案，女受害人被抢劫手机、银行卡及现金等物品。当日7时许，专案组获悉受害人被抢的银行卡被取走现金2500元，经查询确认取款地点在银滩管委东一ATM机，经调取监控顺线追踪，获悉该两名嫌疑男子为银滩小区租房客。30日凌晨4时许，蹲守民警在该租房处成功抓获飞车抢劫犯罪嫌疑人李某（男，29岁，河南省驻马店人）、蒋某某（男，42岁，河南省驻马店人），一并破获发生在乳山市系列飞车抢劫案4起、入室盗窃案1起，追缴被盗抢手机、烟酒及现金等物品价值1万元。

检　察

【概况】 2015年，乳山市人民检察院树立服务经济社会发展的大局观念，适应深化司法体制改革的新要求，坚持打好“三项建设”（司法规范化建设、检察信息化建设、基层基础建设）攻坚战，确保三年规划圆满完成。强化法律监督、维护法律权威、增强司法公信，各项检察工作协调推进、稳步发展。年内，成立刑事执行检察局。市人民检察院被山东省人民检察院授予“全省检察机关文明接待室”称号；心理咨询服务基层治理经验做法，获评山东省检察机关年度工作创新成果三等奖；经济开发区检察室被山东省人民检察院评为“全省优秀派驻基层检察室”和“全省一级检察室”。

【刑事检察】 2015 年，乳山市人民检察院对社会影响恶劣的胡某某等 21 人涉嫌黑社会性质犯罪案、受害人达 163 人的崔某某信贷诈骗案等重特大案件，提前介入、快捕快诉，消除社会恐慌、回应群众关切。为保障市农村信用合作联社改革的顺利进行，与纪检、法院、公安等单位成立联合工作组，抽调干警到金融管理部门参与集中办公，从快办理骗取贷款案件，解决企业发展难题，受到金融单位好评。办结涉非法经营、合同诈骗、金融诈骗、侵犯知识产权等经济犯罪案件 22 件，批捕起诉 36 人。年内，市人民检察院审查逮捕案件 296 件 350 人，审查起诉 489 件 603 人。对构成犯罪但无逮捕必要决定不捕 32 人，对认真悔改、无羁押必要决定取保候审 4 人，对犯罪情节轻微、社会危害较小，决定不起诉 9 人。对不批捕达成和解的故意伤害案件 9 起，不起诉交通肇事、非法处置查封的财产、聚众斗殴等案件进行公开检察宣告 3 起，最大限度增加和谐因素，减少社会对抗。

【职务犯罪查办】 乳山市人民检察院共立查贪污贿赂案件 13 件 16 人，立查渎职侵权案件 6 件 7 人，所办案件全部侦查终结并提起公诉，法院作出有罪判决 24 人（含往年结转），为国家挽回经济损失 200 万元。开展查办涉农领域贪污、教育系统贿赂犯罪、监狱系统渎职犯罪等专项行动，依法查处副处级干部 1 人、正科级干部 4 人，副科级干部 1 人，大要案比例占 70%。其中依法查处的胡家口村“两委”成员贪污救灾补助和小麦补贴案，为 69 户群众追回补助款 7.5 万元，在社会上产生良好反响。

【职务犯罪预防体系建立】 乳山市人民检察院积极探索预防职务犯罪新途径，建立职务犯罪预防体系。组织实施“检察官联系重大项目”活动，为乳山市 26 个重点项目派出预防特派员，提供行贿犯罪档案查询 289 次，同步监督招投标活动 77 次，全力保障政府投资、公共项目、专项资金规范安全运行。针对山东省人民检察院跟踪预防台依湖文化旅游建设项目，定期走访了解工程建设和生产经营状况，组织建设单位和企业员工接受廉政警示教育，联合审计机关对工程进度和资金拨付情况进行核算检查，确保工程优质、干部优秀。开展“廉政巡回讲堂”20 场次，接待参观廉政警示教育基地 42 次，受教育人数 6000 人，综合性廉政警示教育基地被评为威海市法制宣传教育示范基地。在国税征缴大厅建立预防文化传播点培训预防志愿者 25 名，组织惠民政策落实、行政执法等领域职务犯罪预防调查，向发案单位和监管部门提出检察建议 3 份，惩治和预防职务犯罪年度报告被市领导批示肯定。

【法律监督力度加大】 乳山市人民检察院全面加强侦查和刑事审判监督力度，监督立案 1 件，纠正侦查违法 4 件，提起刑事抗诉 5 件 13 人，追捕追诉 2 人。开展“环境保护行政执法检察监督、道路交通安全法律监督、虚假诉讼法律监督”活动，受理民事行政监督申请 15 件，提请和建议提请抗诉 5 件，办理行政执法监督 3 件，纠正诉讼程序违法 3 件。开展刑事执行检察监督，组织看守所监管安全检查 51 次，对被羁押人员和社区矫正对象开展教育 198 次，对监管活动和社区矫正执法不规范问题书面纠正违法 8 条，配合威海市人民检察院刑事执行检察局查办司法人员职务犯罪案件 1 件。

【司法规范化建设】 开展规范司法行为专项整治和“案件质量提升年”活动，围绕“规范司法全员化，全员司法规范化”总体要求，推进“五位一体”（司法主体更加优化、司法制度更加健全、司法场所更加完备、司法信息化更加高效、司法监督更加严密）司法规范化建设，严明办案程序、细化操作规范、厘定权力边界，切实防止司法不严格、不规范、不作为等问题。正确把握捕诉标准，严守证据裁判规则，全面落实检察官以案释法制度，先后对 50 起案件进行说理答复，对事实不清、证据不足的决定不捕不诉

6月1日，威海市首例民事行政申请监督案件公开听证会在乳山市人民检察院举行
（姜海摄）

6月17日，乳山市人民检察院开展首例公开检察宣告　（姜海摄）

47人，对情节轻微、不构成犯罪不捕不诉3人，做到不枉不纵、不错不漏，筑牢防止冤假错案司法防线。推进“定期评查、集中抽查、类案筛查”相结合的办案质量评查模式，先后6次对办理150起案件进行重点评查，使文书不规范、程序有瑕疵等问题得到即时纠正，批捕准确率、起诉有罪判决率、法定时限审结率保持100%，办案质量连续多年位居威海检察机关前列。按照全面、规范、及时标准扎实推进检务公开，依法公开案件程序性信息1200条、法律文书400份，公开审查逮捕案件、宣告检察决定16件，以公开透明办案程序倒逼司法行为规范。

【检察信息化建设标准规范】　坚持“升级建设”与“深度应用”并重，全面加强统一业务软件和检务综合平台运行维护管理、技能培训和规范应用，促进工作效能提升。积极推进侦查信息、电子卷宗、远程讯问等信息化重点工程建设，年内完成平台建设任务并投入使用。实现信息化与自侦工作深度融合，促进办案效率提升。升级改造综合服务大厅和涉案款物管理室，采购安装电子卷宗制作、案件信息查询、涉案款物管理等系统，规范提供阅卷、查询服务71次，实现从“人控”管理到“程控”管理转变，检察工作的群众满意度不断提高。建立健全新媒体工作机构，加强对检察“两微一端”（检察微信，检察微博、检察客户端）应用推广，发布检察工作动态，与网民互动交流500次，“两微”关注人群达2700人，检察工作影响力稳步提升。

【基层基础建设】　着眼于派驻检察室建设升级与职能发挥，与辖区党委政府和“两所一庭”（公安派出所、司法所、派出法庭）建立共享业务对接机制，举办法治宣传、心理咨询、警示教育20次，开展涉农调研和执法监督活动50次；在派驻检察室法律监督集中推进月活动中，核查派出所刑事及行政处罚卷宗1444宗，核查派出法庭民商事审判及执行卷宗331宗，核查司法所社区矫正档案401份，针对档案材料不全、执法不规范等问题提出意见建议40条。人民积极探索派驻检察室法律服务职能发挥新途径，用心理咨询机制引入检察室业务流程，通过对基层干部实施心理干预、对未成年人实施心理辅导、对特殊群体实施心理矫治，促进提升基层治理法治化水平，获评全省检察机关年度工作创新成果三等奖，派驻经济开发区检察室被山东省人民检察院评为“全省优秀派驻基层检察室”。

【获全省检察机关文明接待室称号】　认真落实检察环节维稳责任，推进涉法涉诉信访机制改革，构建来信、来访、电话、网络“四位一体”举报受理体系，全面畅通网上信访、公共咨询、远程接访等诉求表达渠道，妥善处置来信来访98件，参与调处群体访、告急访22次，11起信访案件被及时导入司法程序。在全国、全省“两会”等重点时段，提前预警、超前处置，确保重大节点信访稳定，始终保持涉检去省进京“零上访”。

10月30日，乳山市检察院举办规范司法行为，提升司法公信“检察开放日”活动　（姜海摄）

年内，乳山市人民检察院被山东省人民检察院授予“全省检察机关文明接待室”称号。

法　院

【概况】 2015年，乳山市人民法院围绕“努力让人民群众在每一个司法案件中感受到公平正义”的目标，发挥审判职能作用，践行司法为民，加强队伍建设，各项工作取得新进展。受理各类案件6895件，审执结6346件，结案标的额4.3亿元，获“山东省档案工作科学化管理示范单位”及“山东省老年人公益维权服务示范站”等称号。

4月10日，乳山市人民法院远程视频接访系统开通现场　（蔡佳摄）

【刑事审判】 乳山市人民法院围绕平安乳山建设，依法打击刑事犯罪。全年共审结各类刑事案件493件，判处罪犯602人，其中判处十年以上有期徒刑8人，三年以上十年以下有期徒刑74人。审结“两抢一盗”等多发性侵财犯罪85件，故意伤害等严重暴力犯罪75件，寻衅滋事、涉黄涉毒等妨碍社会管理秩序犯罪85件，开庭审理胡某某等21人涉嫌黑社会性质组织犯罪一案，增强人民群众的安全感。完善轻微刑事案件快速审理机制，高效审结危险驾驶犯罪164件。对341名初犯、偶犯等具有从轻、减轻情节的被告人依法从宽判处缓刑。加强人权司法保障，为13名符合条件的被告人指定辩护人。完善涉案未成年被告人全程心理干预机制，落实回访帮教工作。

【民商事案件审结量增加】 乳山市人民法院不断完善审前调解工作机制，一审调解和撤诉2178件，占民事结案总数的76.7%。探索推进小额诉讼程序，坚持以“宜简则简，简案快审”的办案思路，优先适用简易程序审理案件，民商事案件简易程序适用率达72.8%。深入落实帮扶企业各项措施，建立金融涉企案件绿色通道，支持农村信用社银行化改革，审结金融借款、企业债务案件784件。加大破产审判力度，设立民三庭专门负责破产工作，稳步推进欣业联科技园公司和欣业联建设公司破产清算及金长城置业有限公司破产重整工作，破产审判工作得到乳山市委主要领导肯定。全年共审结各类民商事案件4083件，比上年增加392件。

【执结方式创新】 2015年，乳山市人民法院创新执结案件执行方式，采取突击执行、集中执行等方式，综合运用媒体曝光、限制消费等措施，督促被执行人履行义务；依托乳山市诚信“红黑榜”发布制度，向社会公布“黑榜”名单18条，125名失信被执行人信息纳入最高人民法院失信被执行人名单库；依法拘留、罚款15人，以非法处置查封财产罪依法追究2名人刑事责任，维护法律尊严。全年执结各类执行案件1726件，比上年增加225件。

【远程视频接访系统开通】 乳山市人民法院落实信访责任，不断强化信访登记上报、流程管理、部门联动、重大信息报告及应急处理等各项机制，共接待来信来访92件次，初信初访化解率达98%。围绕推进“诉访分离”改革，开通远程视频接访系统，在威海市首次实现当事人与最高法院法官直接“面对面”交流，最大限度地将矛盾化解在基层、化解在萌芽状态。

【“阳光司法”加快推进】 结合“用公开促公正建设核心价值”主题教育实践活动，加快推进“司法公开三大平台”建设，在中国裁判文书网公布裁判文书4364篇，通过执行信息公开平台向当事人发送短信1959条；与《威海日报》、威海《晚报》和乳山电视台合作，公开庭室职能、解读司法政策、回应群众关切；开展“法院开放日”活动，在乳山市基层法院率先开通官方微信，发布微信626条、微博966条，法院工作置于公众监督之下。

【老年人权益保障平台命名为首批省老年人公益维权示范站】 乳山市人民法院建立老年人权益保障平台，开展司法救助，对经济困难的当事人，依法减、缓、免缴诉讼费43.7万元，使困难群众真正感受到法律的关怀。开展“法官六进”和民情大走访活动，受教育人员达1500人次，全院干警深入14个村、10个小区，逐户走访群众7200户，向对口帮扶村投入扶持资金7万元，增强法院工作的亲和力。年内，法院建立老年人权益保障平台，被山东省老龄办、综治办等七部门联合命名为首批“山东省老年人公益维权示范站”。

（蔡佳）

司法行政

【概况】 2015年，乳山市司法局发挥司法行政“法治宣传”“法律服务”“法制保障”等职能优势，围绕“法治乳山”建设，各项工作扎实推进。全年举办大型法律宣传活动4次，开展各类咨询活动150次，组织法制讲座10次；办理各类公证事项2622件；办理法律援助案件540件，减免代理费用10万元；接收安置帮教对象546人。

【普法依法治理向纵深推进】 2015年是“六五”普法和第五个依法治市验收年，司法局先后在工商局、电业局、徐家镇、唐曲洼村等不同行业、阶层创树普法依法治理工作典型10个，推动普法依法治理工作向纵深发展。在乳山市报开设法制专栏，定期进行普法宣传；通过发放明白纸、开展法律咨询、张贴标语横幅等形式，对不同对象确定学法重点，到市、镇、农村人员集中街头广场，开展普法宣传活动，收到良好效果。全年举办大型法律宣传活动4次；开展各类咨询活动150次，组织各类法制讲座10次；利用媒体举办普法宣传节目20期，为推动乳山市经济、社会事业全面协调可持续发展创造良好的法治环境。9月，威海市“六五”普法依法治理检查组到乳山市检查验收，给予肯定。

【公证业务办理规范】 2015年，乳山市公证处落实“公证人员日常行为规范”“公证卷宗装订规定”，完善工作管理制度，公证业务办理进一步规范，效率进一步提升。年内，办理各类公证事项2622件，其中，国内公证554件（国内民事公证471件，土地挂牌69件，招投标14件），涉外公证2068件，取得良好的社会效益和经济效益。

【律师执业管理加强】 2015年，乳山市现有律师事务所4家，执业律师28人。乳山市司法局以提高法律服务人员社会责任意识为切入点，采取以会代训形式，强化对法律服务人员理想信念教育，查找其在执业思想、服务能力、工作作风等方面存在问题，强化执业管理，结合执业资格年度审验，按照标准严格审查评分，以考评结果作为年度审验、评先选优的主要依据。在乳山市公共法律服务中心设置律师工作窗口，安排3名律师轮流坐班，积极参与矛盾纠纷化解、法律宣传、法律援助等公益事业。同时设置法律服务监督台，公示乳山市律师照片、执业证号以及监督电话，接受社会监督。年内，法律服务人员参与法律宣传22次，办理法律援助案件81件，参与矛盾纠纷化解289件。

【法律援助门槛降低】 乳山市法律援助中心有工作人员3人（均为执业律师），辖设基层法律援助站19个。2015年，降低法律援助门槛，扩大受援范围，对老年人、残疾人、农民工等只要出示有效证件，即可办理法律援助；同时将原来月收入低于450元予以办理法律援助，放宽到月收入低于600元；对农民工讨薪、老年人或者青少年请求赡养、抚养诉请，均给予法律援助；成立法律援助志愿者队伍，组织基层司法所具有法律专业知识20名人员，参加法律援助志愿活动。畅通法律服务热线，免费为人民群众提供法律咨询服务，解答当事人法律疑难问题，使法律援助惠及更多群众。年内，办理法律援助案件540件，减免代理费用10万元。

【基层调解组织建设】 2015年，乳山市司法局将预防化解社会矛盾作为一项重点工作。建立调解组织网络，推进行业、专业人民调解组织建设力度，在卫生、环保、交通、建设、食品等行业建立综合性调解委员会；在村（居委会）挑选经验丰富、具有一定法律知识人员，在司法所试点设立专职调解员，多渠道提升调解工作实效性。开展排查化解矛盾专项活动，建立矛盾纠纷排查与信访处理机制，成立5～7人法律工作领导小组，集中力量化解多年积累的信访问题和矛盾，将矛盾纠纷解决在萌芽状态。全年共调处各类纠纷2800起，调处率达到100%，真正使人民调解在化解矛盾、平息纠纷中发挥重要作用。

【社区矫正安置基地建立】 优化社区矫正手机定位系统，对社区服刑人员准许活动范围设定“电子围栏”，实现对社区矫正人员实时定位、跟踪管理、历史轨迹查询等功能。乳山市有200名社区服刑人员纳入定位系统，做到定位监管、网上办公等实质性监

9月28日，2015年乳山市依法行政培训班在市委党校开班 （王涛摄）

管帮教阶段。投入资金 20 万元，以企业为载体建立社区矫正安置基地，实现社区矫正人员教育基地培训、生活卫生、公益劳动等资源有效整合，同时规范社区矫正工作程序、档案管理，确保社区矫正人员顺利回归社会，维护社会稳定。

【安置帮教实现信息化管理】 2015 年，进一步加大对刑释解教人员衔接，利用安置帮教对象网络信息资源数据库系统，实现安置帮教工作信息化管理，在具体管理工作中，实施分类管理，做到重点对象重点管理，确保安置、帮教责任落实。全年接收安置帮教对象 546 人，安置 546 人，乳山市安置帮教对象重新犯罪率稳定在 2% 以下。

10 月 10 日，2015 年乳山市录取军校和国防生荣誉牌匾发放仪式在市武装部举行 （管水锁摄）

人民武装

【概况】 2015 年，乳山市人民武装部（以下简称人武部）以“三严三实”专题教育整顿为主线，加强党委班子建设，开展双拥共建活动和国防宣传教育，抓好以军事斗争准备为中心的国防动员实战化建设，扎实推进人武部和基层武装部民兵连正规化建设，基础武装正规化建设经验被山东省军区从严治军现场会推广。

【战备能力提升】 人武部按照实战化要求做好各项战备工作。修订补充战时战备方案 14 类、重大突发事件预案 7 类、配套保障计划 6 类、平时战备方案 5 类。对战备值班系统进行综合调整，规范整理战备器材库，补充战备锹镐 130 套、防爆盾牌 120 套、灭火机 8 台、被褥和战备包等战备物资 120 套，提升战备能力。按照实战化训练要求开展首长机关和专武干部训练，提高作战指挥和作战技术水平。组织现役干部和基层武装部长参加军分区集训考核，全部考核达标。开展民兵应急分队训练，全年分 5 批组织基干民兵训练 395 人次，累计训练时间 40 天。组织通信保障分队、热电、银滩燃气、治安中队、交警新干线、蓝天救援队等应急分队训练，提高民兵预备役整体作战能力。加强预备役部队建设，落实训练人员资源。预备役 57 高炮 2 营参加潍北靶场高炮训练比武，获得省军区实弹射击优胜连队，在预备役师比武中取得 3 个第一、1 个第二的好成绩。抓好国防工程设施维护，按照“四到四清”要求，行程近 500 公里，全面普查辖区国防工事，准确掌握坑道和工事数量、位置、用途及内部设施等基本情况和维护管理现状。年内，白沙滩镇被评为军事设施保护工作先进单位，民兵训练基地教练员王晓生被评为军事设施保护工作先进个人。

【国防后备力量建设】 召开乳山市国防动员委员会会议，调整完善领导成员和组织机构，建立沟通协作机制，开展国防动员潜力调查，摸清底数，组织国防动员训练演练，提高动员能力。会同水利、林业、公安等部门，组织各专业动员力量进行防汛、救火、应急维稳等综合实战演练，提高执行多样化任务能力。开展兵役登记和征兵工作，贯穿全年开展征兵宣传，制作展板深入镇和院校巡回宣传展放，利用传单、报刊、短信、电视、悬挂横幅等信息媒体打好宣传战；开展网上兵役登记，全年登记适龄青年 2011 人，登记率达到 98%；组织乳山市 20 名考取军校国防生家属进行荣誉牌匾发放仪式。结合信阳市潢川县廉洁征兵案开展警示教育，逐级签订责任书，协同乳山市纪委开展廉洁征兵巡查检查，圆满完成新兵征集任务。

【基层武装正规化建设经验或山东省军区推广】 乳山市人民武装部坚持立足实际、注重实用指导原则，完善各类武装设施，加快基层武装正规化建设。研究制订《人武部正规化建设方案》，整修民兵武器仓库，套建大院围墙，整修改造靶场，制作宣传橱窗、灯箱，绿化美化营院，改善工作条件。人武部按照“任务牵引、区分层次、帮弱促强、整体提高”思路，指导白沙滩镇、城区街道办事处、下初镇武装部和城区夏西村、下初镇河南村民兵连进行高标准建设“三室一库”。各镇（办）克服办公条件紧张等难题，调整“部室家”结构布局。武装部投入 50 万元用于基层武装部“三室一库”和民兵连“部室家”建设，基层武装部的硬件设施日趋完善。5 月，军区副政委张烈英对白沙滩镇武装部建设情况进行检查调研，给予充分肯定。在山东省军区从严治军现场会上做典型交流发言，推广基层武装正规化建设经验。冯家镇党委书记赵磊、海阳所镇党委书记张本成被评为党管武装工作好书记，大孤山镇党委书记于荣恺、民政局局长姜炳旭被评为“关心国防建设先进个人”。

【国防宣传】 开展形式多样国防宣传教育，挖掘马石山“十勇士”、胶东育儿所等红色资源，参入“乳山红色文化传承与发展研讨会”，邀请在马石山战斗过的革命前辈后代和军队专家、资深记者与会研讨。中央电视台、《中国国防报》、国《防教育杂志》等中央级媒体刊物进行系列报道，产生良好社会影响。选送教育局“巍巍马石山”诗朗诵节目，参加军分区纪念抗战70周年文艺汇演，获得优秀节目奖，提升具有乳山红色文化影响力。举办国防教育图片展和考取军校国防生荣誉牌匾发放仪式，参与筹备公祭日活动，参加威海市国防教育知识竞赛，荣获优秀组织奖，增强全民国防观念。

【双拥共建】 做好现役军人和随军家属服务保障工作，发放随军家属困难补助，协调安置军人家属3名，帮助解决4名军人子女择校问题，组织干部职工参与乳山市“五城联创”、护林防火、民情大走访等活动，为驻地建设贡献力量。参与扶贫帮困，选派专人任帮扶村第一书记，投资13万元帮助海阳所镇薛格村、池源村整修水渠、硬化道路、整治村容村貌，为下初镇段家村和海阳所镇薛格村共7个贫困户送上价值1万元救济金、慰问品，参与“慈心一日捐”活动，共计捐款9300元。做好涉军维权法律咨询服务，协调解决涉军纠纷一起，为退伍军人查询档案信息，融洽军民关系，树立为民服务良好形象。

【基层党管武装书记述职暨武装工作会议召开】 3月16日，乳山市基层党管武装书记述职暨武装工作会议在市机关食堂二楼会议室召开。军分区副司令员刘建忠大校、乳山市领导高书良、毕兴全、邢海波、鲁向阳、战国生出席会议，人武部部长傅登峰上校主持会议。会上，为2014年度“兴武建功”先进单位和个人颁奖，城区街道、乳山口镇、下初镇和午极镇党委书记分别进行党管武装工作述职。

人民武警

【概况】 2015年，武警部队乳山市消防大队共接处警899起，出动车辆1813辆，出动警力11467人次，其中灭火531起。乳山消防安全科普教育基地由“三星级”晋升为“四星级山东省科普教育基地”，成为山东省内唯一一个消防类四星级科普教育基地；武警部队乳山市边防大队以实现稳固现代海防为总目标，以爱民固边战略为引领，强势推进海陆联管联控，被原济南军区表彰为“军区海防工作先进单位”。

【科普教育基地晋升为省内唯一消防类四星级科普教育基地】 2015年，武警部队乳山市消防大队开展“劳动密集型企业”专项治理行动和夏季消防安全大检查等专项整治行动，共检查单位780家，整改隐患150处，下发责令改正通知书140份，实施行政处罚7家，罚款11.6万元，临时查封4家，拘留1人；招收18名派出所消防文员协助派出所消防民警执法；印制《家庭、社区“五自查四应会三提示”内容》《家庭防火常识》《电动车使用和管理消防安全常识》《防火“六要素”》等宣传材料3000份，在市区15个社区200幢居民楼、170家单位张贴；协调辖区2家大型网吧在其电脑开机动画中插播消防安全常识宣传片，协调辖区设有LED屏的商场和出租车全天候滚动播放消防安全常识。年内，乳山消防安全科普教育基地由“三星级”晋升为“四星级山东省科普教育基地”，成为山东省内唯一乳山消防类四星级科普教育基地；协调市政府应急办消防配备价值160万元应急救援装备、器材；依托香港平远国际城、金牛谷生态园、诸往铁厂、威海恒邦化工有限公司、大乳山滨海旅游度假区成立5支志愿消防队，并为其配备水带、灭火战斗服、战斗靴等消防器材和装备。

【党政军警民合力管控体系完善】 武警部队乳山市边防大队发挥海防委工作职能，完善“五位一体”合力管控体系，推行“精细化”管理模式、“立体化”管控体系、“多元化”综合治理机制，强化对港、船、岛、人、事、物六个方面的有效管控，全力深化“平安惠民”工程。立足本职，扎实开展反侵财大会战、百

9月16日，乳山市人民武装部组织入伍新兵到马石山红色教育基地进行役前教育 （管水锁摄）

9月20日，乳山口边防派出所武警帮助渔民防台风　（江依来摄）

城禁毒会战、破案攻坚等专项行动，共接处警2728起，破获刑事案件63起，刑事拘留54人；查处治安案件242起，处罚191人；抓获网上逃犯22人。组织开展治安清查80次，消除安全隐患90处，化解矛盾纠纷845起，维护辖区和谐稳定。

人民防空

【概况】 2015年，乳山市防空办公室（以下简称人防办）认真贯彻落实国家、省、市人防工作会议精神，围绕乳山市委、市政府中心工作和乳山市经济社会发展大局，不断提升战时防空、平时服务、应急支援能力，在人防指挥、应急管理、抢险救灾等方面提供多功能、综合性防空防灾应急指挥平台。

【防空防灾应急指挥信息系统集成】 结合创建“智慧城市”，建立人防地面指挥中心及机动指挥所信息系统。将人防指挥、应急管理、抢险救灾等功能综合集中，为市委、市政府提供多功能、综合性防空防灾应急指挥平台；推进人防专业队装备掩蔽部竣工验收工作。完成设计方案变更和平战转换方案编制，安装防化设备。编制完成《大乳山人防疏散基地建设规划》并通过专家评审。该规划与大乳山景区规划同步编制、协调配合，统筹规划大乳山人防疏散基地内软硬件基础设施建设，实现平战结合、互利共赢的目标。

【人防宣教基地建立】 结合河滨公园改造，投资建设人防宣教基地。基地内设有人防雕塑、小品、景观石、看板等各类人防主体元素，广大市民在休闲健身的同时了解和学习人防知识。人防办按照人防宣传教育进机关、进学校、进企业、进社区、进网络“五进”要求，开展多种形式宣传教育活动，提高市民人防意识。开展“5·12”防灾减灾日宣传，组织在校学生参观人防工程，结合警报试鸣开展人防宣传进社区、进学校等活动；通过人防宣传看板、LED大屏幕、印发人防知识宣传册，提高市民防空意识；通过各类新闻媒体，《行风热线》、《乳山新闻》、《民生关注》等栏目报道乳山市人防工作开展情况；利用网络媒体宣传人防知识，开通人防官方微博、微信。市人防办积极参加威海市应急装备展示。活动中，展示乳山市最新型可升降人防移动警报器，向市民讲解装备的特点以及各种警报信号的识别，让市民进一步了解人防，认识人防。5月24日，举行“防空防灾警报试鸣日”活动，乳山市警报器总数达到22台，实现乳山城区警报音响全覆盖。通过警报试鸣，检验乳山市防空警报系统，增强市民防空意识。

【人防工程建设规范】 人防办编制《行政权力清单》和《责任清单》，明确主要行政权力、工作职责和职责边界，完善人防工程审批监督事项事中、事后监管制度和责任追究制度。加强对人防工程建设管理，制定人防设计、监理、防护设备生产及安装备案登记制度，规范承揽工程人防企业市场行为。

（林超）

12月3日，乳山市人防办在河滨公园新建市民人防宣教基地（林超摄）

5月18日，乳山市革命纪念馆建成 （辛戈摄）

金代“正隆元宝”
方孔圆钱

辽代“寿昌元宝”
方孔圆钱

·明代“万历通宝”
方孔圆钱

·明代“崇祯通宝”
方孔圆钱

金代“大定通宝”
方孔圆钱

·宋代“庆历重宝”
方孔圆钱

·清代“天保

宋代“大观通宝
方孔圆钱

宋代 “淳化元宝”
方孔圆钱

宋代“太平通宝
方孔圆钱

·宋代 “崇宁重宝”方孔圆钱

责任编辑：刘万波

经济管理与监督

Economic Management and Supervision

- ◎ 发展规划与综合调控
- ◎ 国有资产监管
- ◎ 审计监督
- ◎ 物价管理
- ◎ 市场监管
- ◎ 国土资源管理
- ◎ 质量检验检测
- ◎ 粮食行政管理
- ◎ 食品药品监督
- ◎ 安全生产监管
- ◎ 统计工作

发展规划与综合调控

【概况】 2015年，乳山市发展和改革局按照“站在新起点、迎接新挑战、适应新常态、实现新作为、推动新发展”总体部署，真抓实干、勇争一流，以创新精神、务实作风引领发展。全年研究“十三五”重点课题编制30个，编制、论证和完善专项规划37个；分析经济形势，调整发展目标，强化重大事项谋划，围绕政府投资项目管理等热点问题，提交专题报告30个，提供宏观经济调控和科学决策依据；创新项目审批模式，加强重点项目调度申报，乳山市争取国家各项支持资金8.8亿元，推动县域经济稳健发展。2015年，乳山市实现地区生产总值477.18亿元，比上年增长8.4%。

【“十三五”规划编制完成】 2015年，按照创新、协调、绿色、开放和共享五大理念，全面推进“十三五”规划编制工作。组织有关部门完成30个重点专项课题研究编制，编制、论证和完善37个专项规划，形成“乳山市国民经济和社会发展第十三个五年规划纲要（草案）”。完成健康产业发展规划编制，确定健康产业发展布局，明确健康制造业、健康服务业等6大重点产业发展方向。抢抓中韩自由贸易协定签署时机，创新开展中韩健康产业园和节能环保产业园规划，使其成功列入中韩自贸区地方经济合作开放试验区产业发展规划，成为威海确定的中韩合作7大重点园区之一。争取青荣城际铁路南线莱西－海阳－乳山－荣成，并明确纳入山东省“十三五”规划及山东省城镇体系规划；完成“十三五”现代服务业和新能源专项规划编制。

【经济形式分析与研判】 2015年，乳山市加强经济形势分析研判工作，重点推进机制创新，科学拟定发展指标，结合2015年乳山市国民经济和社会发展主要计划指标建议对季度经济运行情况适时监测、调整相关指标。建立宏观经济运行数据定期报送制度，通过经济运行要素统计数据共享、要素趋势性分析互通，逐月向领导提供乳山市经济运行情况分析报告，探索经济运行情况分析新形式、新内容，突出综合性、及时性、准确性、有效性，提高宏观经济运行分析质量和时效。先后印发产业政策目录、外商投资目录，编发《发改工作动态》44期、《发改信息专报》13期，为部门和企业提供政策解读，提高立项争资与产业投资的针对性、科学性。强化重大事项谋划，围绕政府投资项目管理、科技场馆建设、小微企业增信集合债、铁路发展基金、青荣城际铁路南线建设、中韩健康产业园、归口资金项目申报等热点问题，向乳山市委市政府提交30个专题报告，为加强宏观经济调控和科学决策提供依据。围绕推动政府与社会资本合作，根据国务院、财政部和国家发改委文件精神以及行业专家分析，精心编写“政府和社会资本合作模式PPP政策汇编与实务参考”，成为各部门参与和推进政府与社会资本合作的重要参考。

【重点项目申报】 2015年，搞好重点项目筛选，扩大固定资产投资，拉动经济健康平稳发展，筛选确定乳山市级重点项目88个，其中重点项目27个、“蓝区”项目17个、服务业项目11个列入威海市级重点，台依湖文化旅游建设项目获评省级重点项目，乳山市获新增土地指标支持。围绕国家“11+6+3+1”（涵盖多个行业或领域）重大工程包，加大资源整合力度，科学谋划储备项目68个，包装提报国家专项建设基金项目18个，其中10个项目成功进入国家项目储备库。结合“十三五”规划编制工作，开展三年滚动投资计划，围绕重大基础设施、公共服务设施和重大产业项目，先后筛选提报43个重大项目列入国家或省“十三五”规划储备，筛选提报119个重大项目列入威海市级“十三五”规划，筛选提报46个其他领域重大项目列入省及威海市专项规划。

【争取国家专项资金支持实现新突破】 2015年，积极研究国家产业发展方向，准确把握国家政策取向和资金投向，重点发展创新、环保及涉农项目，全年争取国家专项资金支持8.8亿元，比上年增加1.7亿元。其中：省级创新能力专项资金申报实现零突破，昊安金科山东省高耐

12月16日，国家发改委稽查组稽查乳山社会养老服务体系建设重大示范项目——东方国际养生园

（刘梅芳摄）

12月7日，乳山市发改局工作人员查看省级“乳山市三宝农庄‘特色乳山电子商务公共服务平台’”项目（曹晓东摄）

磨高耐蚀金属材料工程研究中心争取省补助资金148万元；社会事业类争资项目数量实现历史性突破，获国家、省财政预算内专项资金870万元；中央预算内扶持资金再创新高，14个棚改项目纳入省项目库，累计到位资金4180万元；环保资金类争资项目实现零突破，争取项目资金1160万元。威海鲁源科技环保设备有限公司、威海鑫宝食品有限公司分别获批威海市级创新平台，成功争取区域战略推进专项资金820万元、省级服务业引导资金160万元、农林水资金2570万元。部门争取资金1亿元，比上年增长28.8%。

【项目推进实现新突破】 2015年围绕打造“阳光审批、勤廉发改”部门形象，通过优化服务、简政放权、提速增效等措施，项目推进实现新突破。探索“服务前置、容缺受理、即时办结”新模式，在要件齐全前提下项目优先受理，次要件可限期送达，达到提速增效目的。对服务窗口授权，将本来分散审批招标方案核准、节能评估文件、社会稳定风险评估与项目核准合并，实行四合一审批，达到一口受理、快速办理目的。减少前置，将部分前置事项改为后置抄送，简化项目审批环节。全年办理审批事项72项，核准招标方案40个。项目审批即时办结率、群众满意率达100%。服务窗口每季度均获“优秀服务窗口”称号。围绕落实政府投资10项制度，规范决策程序、行政审批程序、资金管理程序，调查摸底乳山市全年政府投资项目，形成“关于政府投资项目普查规范情况的汇报”，建立2015年政府投资项目数据库，50项70个项目纳入数据库，使政府投资管理制度化、规范化、科学化。

（孙艳璐）

国有资产监管

【概况】 2015年，乳山市国有资产监管部门围绕实现国有资产保值增值，完善监管制度及配套办法，行使监管职责，履行担保责任，各项工作取得新进展。至2015年年底，乳山市行政事业单位183户，总资产43.58亿元，总负债10.98亿元，净资产32.6亿元。国鑫资产公司总资产10.75亿元，总负债4.57亿元，净资产6.17亿元。城市国有资产经营公司总资产149.38亿元，总负债48.52亿元，净资产100.85亿元。

【国有企业资产管理突出重点】 2015年，修订完善“乳山市人民政府关于实行国有资本经营预算的意见”及2项配套办法，采取日常监管和重点监管相结合方法加强国有企业监管。日常监管主要审批企业重大事项，重点监管主要以企业负责人业绩考核为抓手，协同审计、企业主管部门，核实31户国有企业2014年度国有资本收益实现情况、考核企业负责人2014年度经营业绩。

【行政事业单位资产管理规范化】 2015年，落实行政事业单位国有资产管理制度，把资产配置、使用、处置、收益收缴、信息报告等具体工作规范化、法制化。加强资产信息统计工作，做到全面及时，截至2015年年年底，乳山市行政事业单位183户，资产43.58亿元，总负债10.98亿元，净资产32.6亿元，其中，房屋建筑物新增2.09亿元，其他构筑物新增0.36亿元，通用设备新增0.58亿元。对于各有关单位撤销、分立、合并需划转资产，及时办理资产划转、注销登记及占有产权登记手续。根据“市直机关事业单位国有资产收益管理办法（试行）”，严格把关审核乳山市行政事业单位资产处置情况，全年取得变卖收入4.28万元。加强国有资产收益管理，根据“市直机关事业单位国有资产收益管理办法（试行）”，将资产收益应收尽收、及时入库，全年收缴租金145.27万元。

（孙东涛）

【乳山市国鑫资产经营管理有限公司】 2015年，乳山市国鑫资产经营管理有限公司总资产10.75亿元，总负债4.57亿元，净资产6.17亿元。

国企资产管理 按期收取国有控股、参股企业财务报表，动态监测权属单位财务运营情况，帮助企业查找问题；审计环卫处和路灯管理处年度资本运营和财务收支情况，帮助查找问题并提出整改意见。参与国有资产经营管理体制改革，配合财政部门落实“乳山市人民政府关于试行国有资本经营预算的意见”及有关配套措施，督促金洲集团、星歌公司、图曼资产公司、鑫山集团、金华矿业等11家企业按时上报国有资本经营预算表，严格把关审核星歌公司、笙歌公司等企业处置、购置重要资产等重大经营事项，防止国有资产流失。

资产保值增值 坚持按照公有资产管理规定办事、按程序办事，以“维护公有资产产权完整和实现保值增值”为目的，保证公有资产保值增值。依靠法律顾问，通过律师持续申诉佑堪官司，乳山市人民法院审理并得以胜诉；按时出席国投中鲁、金洲集团公司等企业的董事会、股东会，及时收缴国有产权收益，规范管理鑫山集团及其子公司，落实管理国有企业责任，全年收缴金洲集团等企业国有资产收益5424.64万元；会同乳山市国资局、审计局完成考核国际大酒店等国有企业负责人经营业绩；实地核实提供反担保企业抵押物，按照市场监管部门出具的清单逐项核实，降低担保风险。

担保责任履行 按照国有资产管理相关规定，履行担保责任，遵循程序，坚持原则，维护公有资产利益，规避担保风险。先后为乳山市广电局、劳动技校、大业金矿、国际大酒店、昆仑路桥公司、自来水公司、铖业公司、中兴水务、经济开发区等企事业单位提供贷款担保，提高资产使用效率。累计担保总额14.07亿元，欧元2631.6万元，美元290万元，其中为“两区”（经济开发区、滨海新区）担保2.8亿元。

融资平台建设 加大银行融资力度，促进城市基础设施建设。经过努力，乳山市第二污水处理厂及管网改造项目，取得国家信贷政策扶持；衔接民生银行上报热力集团贷款项目；与农发行对接能源路贷款项目和乳山河治理项目，年内，乳山河治理项目已出具环评报告；按要求提报中信银行客运公司及棚户区改造贷款项目等，解决乳山市经济发展的资金瓶颈难题，全年到位资金13亿元。壮大资产规模，与乳山市财政局、国土局、规划局、滨海新区及经济开发区沟通衔接，就土地储备出让经营计划、落实还贷资金和项目资本金、项目融资等方面进行研究规划，筹备融资项目和抵押产品；衔接省市渔业部门办理海域使用权证，解决融资抵押资产不足问题，至12月中旬，再办理海域使用权证5.6万公顷，面积达7.6万公顷。

【乳山市城市国有资产经营有限公司】 2015年，乳山市城市国有资产经营有限公司总资产149.38亿元，总负债48.52亿元，净资产100.85亿元。年内，认真行使监督审查职能，核实市政管理工程公司、路灯管理处、自来水公司、环境卫生管理处、园林管理处、国际大酒店、规划局等单位经营成果、资金状况和规范运作情况，完整反映其财务状况、经营成果和现金流量，规范权属单位经营行为，规避经营风险。及时向企业下发收缴国有资产收益通知，依法收缴国有资产产权收益。通过监督审查，向被审计单位提供合理化建议20条，帮助完善各项制度12条，增加投资收益，提高国有资本应对危机能力，增值率6.5%。

【乳山城投债二期发行10亿元】 2015年，与券商配合，到国家发改委沟通协调，申报发行乳山城投债二期7年期10亿元。2月12日，获国家发改委批准，年利率6.17%；3月23日，债券资金全部到账，缓解乳山市资金支出压力。同时，研究制订债券资金使用方案，安排债券资金存储，达到使用要求。截至2015年年底，利息收入400万元。

（孙玉文）

审计监督

【概况】 2015年，乳山市审计局贯彻落实国务院关于加强审计工作意见，拓宽审计范围，创新审计措施，全年完成审计项目33个，查出应缴税金4860.79万元；审减工程款696万元；审计移交公安机关案件1个，涉案人员3人。在2015年乳山市政风行风评议活动中，在17个行政执法部门中名列第二。

【财政预算执行情况审计】 2015年，重点审查核实2014年市级预算净结余、预算结转资金、财政专户结存资金和其他财政存量资金规模。对审计发现2014年度应缴未缴预算收入563.91万元、累计应缴未缴预算收入1659.92万元、其他财政收支存在未按规定实行票款分离的非税收入53748.26万元、非税收入缴库不及时81万元等问题，依法处理并责令纠正落实。

【“三公”经费审计】 2015年，加强“三公”经费审计，把公务接待、公务用车、机构编制情况作为审计项目必审必报内容，分别列入审计报告反映，力促各部门作风转变。每季度跟踪审计，配合乳山市委办公室审计75个部门单位实施情况。将审计小组报告及审计底稿等原始资料纳入重点审理范围，严把审计报告质量关。组织预算执行审计乳山市住建局等部门单位5个，核实2014年“三公经费”和会议培训费基本支出和项目支出情况。

【领导干部经济责任审计】 2015年，加强领导干部经济责任审计，完成审计部门单位23个。根据审计情况建议出台《关于进一步加强审计整改工作的意见》，在原有审计联席会议基础上，建立全面审计整改工作联席会议制度，对审计查出问题，整改坚持“谁牵头、谁负责、谁督导落实”。

【民生项目审计】 2015年，加强审计监督民生项目，纠正项目建设使用过程中损失浪费行为。审计调查农民专业合作社经营管理及优惠政策落实情况22家，针对审计调查出的问题，提出清理“空壳”合作社、规范合作社运营、提高合作社管理水平、以政策扶持促优胜劣汰等审计建议。完成养老服务业政策落实情况专项审计调查，针对问题，提出审计整改建议，民政和财政部门已按审计要求及时下拨欠拨资金600万元。跟踪审计稳增长、促改革、调结构、惠民生、防风险政策措施贯彻落实情况，重点审计32个部门单位政策落实，掌握乳山市政策落实总体情况。审计调查2012—2014年基本养老保险基金征收、管理及使用情况，提出扩大基金征缴范围、采取行政手段加大基金征缴力度、增加优惠政策调动参保积极性、加强监督检查把好基金支出关口4条审计建议。审计调查2014年城镇保障性安居工程款情况，建议建立城市低收入家庭动态管理和登记备案制度、加大公共租赁住房房源筹集力度，改善中等偏下收入家庭住房条件。

【城市建设项目审计】 2015年，审计调查旧村改造项目情况，针对问题，分析原因，建议相关部门加强对旧村改造监管力度。审计拖欠工程款情况，摸清乳山市拖欠工程款总体状况，提出政府投资拨款不到位、建设单位资金不足无力归还欠款等拖欠原因，为领导处理拖欠工程款问题提供第一手资料。实施马石山红色教育基地等工程结算审计项目，审减工程款696万元。

【国有资产运营情况审计】 2015年，跟踪审计调查2012—2013年国有资产管理及运营情况，针对问题，提出修订和完善国有资本经营预算考核体系、对乳山市行政事业单位资产进行清查、理顺周转房管理模式、理顺政企关系、加速国企改革，防止国有资产流失等审计建议。

【税收审计延伸】 2015年，加大税收延伸审计力度，重点审查税收征收质效、税收管理以及个人转让股权征收个人所得税情况，延伸审计企业16家，审出少征税款4860.79万元，下达审计决定，限期整改。对审计发现问题，从征管机制方面薄弱环节进行归纳分析，查找原因，为规范税收征管提出可行性审计建议。

【审计队伍建设】 2015年，加强审计队伍建设，提高人员素质。突出服务理念，按行业性质对内审单位的指导责任落实到每个科室，实行定期和不定期联系服务。开展内控制度评审和制度建设工作，评审242项内控制度执行情况。乳山市内部审计师协会拓展工作思路，推进内审机构围绕本单位中心开展工作，把管理效益审计作为内审机构工作重点。根据威海市内部审计师协会要求，组织内审人员参加在威海举办业务培训班1期；参加山东省内部审计师协会举办培训班3期。做好国际注册内部审计师考试宣传、报名工作，乳山市有3人参加考试。

（官秀娟）

物价管理

【概况】 2015年，乳山市物价局结合部门职能，创建公平、诚信价格、收费环境，建设文明窗口12家；打造明码标价示范街，发放宣传单200份，赠送标价签8000张。加强市场价格监管、收费公示检查、为民价格服务，全力维护价格秩序稳定。全年受理群众来电、来访投诉举报92件次，其中政协委员提案2件，乳山市委群众工作部转办民生诉求12件，办结率100%。

【明码标价示范街、示范窗口建设】 2015年3月，打造明码标价示范街，在金丰步行街开展为期1个月“明码标价示范一条街”建设活动，从基础明码标价政策讲解到标价方式方法指导，先后走访检查商家86个，涉及餐饮、家纺、服装、建材等10个行业，发放宣传单200份，赠送标价签8000张，增强经营者执行明码标价规定、依法经营自律意识，创造公平、诚信价格、收费环境。规范营业窗口明码标价工作，先后检查乳山市公安局、政务服务中心、公交公司等12家创建文明窗口单位价格、收费公示等情况，对检查中发现问题，给予相应政策指导。4月底，派人“回头看”整改情况。

【价格监督检查】 2015年，强化价格执法，维护群众权益。5月，集中检查群众反映机动车驾驶员培训收费不合理问题，对存在问题的2家驾校开具限期整改通知书。规范21个行政事业性收费单位和5家中

3月9日，乳山市物价局工作人员检查“明码标价示范一条街”建设情况

（隋秀泉摄）

介服务机构涉企收费行为，为企业发展创造良好价费环境。检查5所高中收费行为，将查处的违规收费按照法定程序予以罚没，及时上缴财政。结合投诉举报热点问题、节假日和旅游旺季，以检查明码标价和价格欺诈为主要内容，检查辖区零售商业、餐饮、宾馆、娱乐、交通客运及旅游景点等行业价格执行情况，下达检查整改通知书40份，发放价格提醒告诫书6次。同时，发挥“12358”价格举报平台作用，受理群众价格投诉和政策咨询，及时查办各类价格投诉举报案件。全年受理群众来电、来访投诉举报92件次，其中政协委员提案2件，乳山市群众工作部转办民生诉求12件，办委结率100%。

【价格与收费管理】 2015年，出台调价规定，做好价格管理工作。先后调整非居民用天然气和车用天然气价格，重新制订发布“关于明确居民用管道天然气销售价格的通知”“关于实行企业交费登记卡制度的通知”，批复乳山市城市建设投资集团有限公司“关于对老批发临时便民摊点群收取摊位卫生管理费的请示”，将市区集贸市场及早夜市卫生管理费和徐家集中供水工程农村饮水及工业用水价格转为正式标准。

【收费单位年度报告制度实施】 2015年5月，会同乳山市财政局下发“关于做好收费单位年度报告制度等有关事项的通知”，要求各收费单位及时办理收费许可证注销手续，执行收费单位收支状况年度报告制度，落实收费单位名单报送制度。逐一审核收费单位报送资料，确保信息准确性和合法性，督促各收费单位做好收费公示工作。

【景区门票与煤炭热汽价格调研】 2015年，做好理顺景区门票准备工作，调研金牛谷和石佛山景区门票运行情况。走访企业，调研实行煤炭热汽价格联动，监审供暖成本，并公开说明乳山市集中供暖价格情况；会同泰和会计师事务所监审北京燃气公司和银滩燃气公司供气价格成本，为制订阶梯气价做好基础工作。

【价格监测与服务】 2015年，做好价格监测点规范化建设，梳理和调整价格监测点，完善备案确认制度，健全价格监测点动态管理目录，并根据情况，取消价格监测点5家。同时，指导其余10家监测点完善台账管理，规范采报价行为，从源头提高监测数据质量。开展“价比三家”信息服务活动，改版网站和报纸，选择百姓关注的主要民生商品，由原来28种，增加到57种，每周一期，公示价格，完善价格诚信服务，让老百姓在公开、公平竞争中得到实惠。同时，利用网站、6处LED电子屏幕和《威海晚报·今日乳山》栏目开展价格信息服务。

5月8日，乳山市人民政府办公室举办驾校收费新闻发布会 （姜芳摄）

【价格认证】 2015年，开展价格认证工作，严守操作规程，完善“乳山市价格认证中心工作制度”，并按照“山东省涉案物品价格鉴证操作规范”，开展鉴证工作。全年受理案件140起，标的额300万元，涉案物品上万件，实现涉案鉴证零复议。完善已建“乳山市价格鉴证专家库”，在工程造价、房地产、汽修、金银珠宝和园艺林木等10个行业，选聘并向省中心报送备案各类技术专家10名。

（姜芳）

市场监管

【概况】 2015年4月29日，乳山市工商行政管理局与乳山市质量技术监督局职能机构整合成立乳山市市场监管局，整合理顺。年内，以推进企业注册便利化为目标，新登记注册中小企业1788户，比上年增长56.02%；登记注册“个转企”192户，增长93.93%。帮助企业申报山东省著名商标2件；申报地理标志商标2件，“乳山苹果”已经国家工商总局商标局公告，“乳山巴梨”通过初审。群众反映强烈焦点热点问题，立案查处违法违章案件5起；开通“12315”微信平台，全年受理消费咨询756人次，处结消费者投诉、咨询231件，为消费者挽回各类经济损失11万元。威海市涉氨制冷特种设备专项整治工作现场会在乳山市召开，山东省和威海市领导和专家对乳山市工作给予肯定。

【乳山市工商局与质监局合并】 2015年4月29日，乳山市工商行政管理局与乳山市质量技术监督局职能机构整合成立乳山市市场监管局。利用1周时间，整合机构，调整人员，交接资产，做到稳而不乱。人员安置，按研究职位、民主推荐、组织考察、决定任用等程序，选拔任用15名股级干部，重新调整42名中层干部岗位和职务，使执法监管和服务等工作有序开展。

7月2日，乳山市市场监管局食品安全宣传进社区活动 （刘平平摄）

【“三证合一”实施】 2015年10月，围绕注册资本认缴、住所登记、经营范围等16个方面实施改革，工商营业执照、组织机构代码证、税务登记证“三证合一”改革开始实施。至2015年年末，乳山市有市场主体30187户，比上年增长23.24%，注册资金3203629.45万元，增长29.88%；新登记各类市场主体6228户，增长48.6%，注册资金563204.58万元。新登记注册中小企业1788户，增长56.02%；登记注册“个转企”192户，增长93.93%。运用登记注册职能发展“个转企”149户。

【信息年报工作在威海市居前列】 2015年，督促指导企业开展年报工作，避免企业因未及时填报被列入企业经营异常名录造成不良影响。将督导任务落实到22个机关科室、直属局和基层单位，通过培训企业年报操作员、设立年报自助区、专人上门指导、“一对一”服务等措施，提高市场年报率。年内，乳山市个体工商户和农民专业合作社信息年报工作在威海各市区均排名第一，企业信息年报工作排名第二。

【群众利益维护】 2015年，围绕服务民生，维护群众利益，依据“‘12315’消费者申诉举报中心工作规则”，加强“12315”投诉举报中心建设，开通“12315”微信平台，全年受理消费者咨询756人次，处结消费者投诉、咨询231件，为消费者挽回各类经济损失11万元。开展“民生计量”活动，加强商用衡器、出租车计价器、煤气表等与群众生活密切相关的计量器具检定工作，检修计量器具5100台件。检查粮油食品特别是粮油制品及奶制品、农药化肥等定量包装商品200批次。

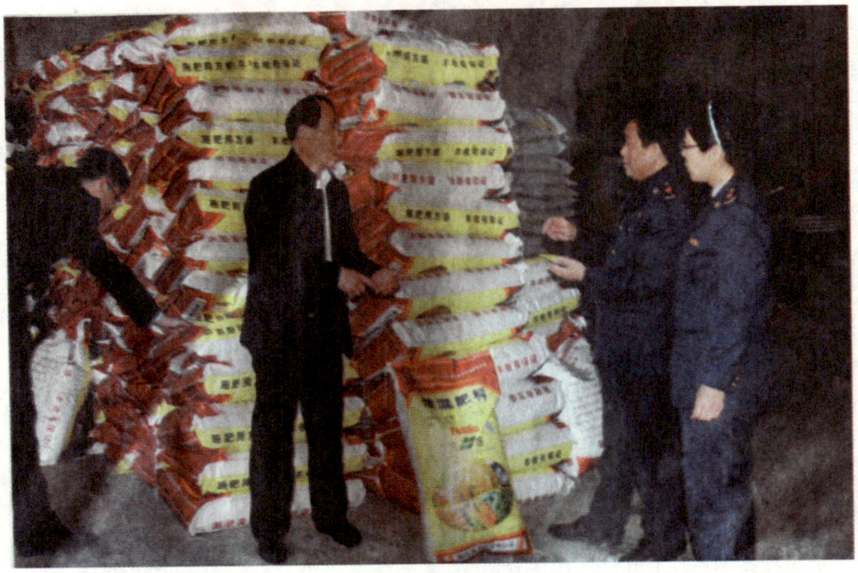

4月23日，乳山市工商局开展“打假护农”执法活动 （王格摄）

【服务企业发展】 2015年，发挥机构整合职能，加强服务企业工作。新办理组织机构代码1019家，为1313家企业按规定免费办证。督导、指导33家商品缺失信息数据企业核对补充数据，为5家企业17个产品标准提供产品标准自我声明公开服务；在10家道路交通和公用事业单位诚信计量自我承诺，推行诚信计量评价体系。立足商标、广告、合同管理职能，对37家威海市级“守合同、重信用”企业进行网上公示；扩大企业融资渠道，办理动产抵押登记24份，主债权金额10096万元；组织新《中华人民共和国商标法》《广告法》培训班，培训商标广告管理人员120人；向山东省工商局申报山东省著名商标2个；指定专人指导客户申报地理标志商标，“乳山苹果”已经国家工商总局商标局公告，“乳山巴梨”通过商标局初审。保障熟食经营业户销售质量，在贸易城、金谷园、黄山路三大市场统一采购安装紫外线杀菌消毒灯61盏。

【市场执法监管】 2015年，围绕市民反映焦点热点问题，组织执法人员检查建材、成品油、石油液化气等行业、商品，检查加油站45家，抽样检查建材产品、油品、液化气57批次，抽检农资产品210批次，立案查处违法违章案件5起；抽检化肥、地膜等农资297批次；检查整治品牌车销售、通信服务、餐馆服务等行业存在问题的合同格式条款，针对22份不公平条款下达行政指导文书；监督抽查危险化学品，烟花爆竹，消防器材等7大类、42种、183个批次产品；指导2家检验机构签订“机动车安全检验机构检验行为规范公开承诺书”，向公众公开作出承诺10项。与乳山市综治办联合召开打击传销联席会议，提升打击传销工作水平，与公安机关联合检查涉传场所30次，遣散传销参与人员220人，同时走上街头发放宣传资料，提高市民的防范能力。

【威海市涉氨制冷特种设备整治现场会在乳山召开】2015年，开展“百日攻坚”整治活动，出动检查人员300人次，检查97家液氨制冷企业和16家维保单位，下达特种设备安全监察指令书132份；组织开展特种设备应急预案演练4次。探索新形势下涉氨制冷特种设备监管方法，重点落实“三个责任”、严把“五个关口”、推行“四化”长效监管机制，通过整治，乳山市特种设备定检率提高到95%。威海市涉氨制冷特种设备专项整治工作现场会在乳山市召开，省和威海市有关领导和专家对乳山工作给予肯定。

链接：“三个责任”，指主体责任、属地管理责任、部门责任。“五个关口”，指排查摸底关、分类指导关、规划设计关、施工检查关、检验检测关。“四化”，指教育培训常态化、操作规程标准化、自查自纠长效化、应急管理制度化。

（刘超）

国土资源管理

【概况】2015年，乳山市国土资源局围绕乳山市发展战略，主动服务，规范管理，各项工作收到成效。至2015年年底，乳山市耕地保有量5.8423万公顷、基本农田保护面积5.2294万公顷，分别超出山东省政府下达保护任务0.6496万公顷和0.0367万公顷。完成土地整理项目18个，新增耕地95.97公顷。落实新增建设用地指标57.1369公顷，54个重大项目用地实现应保尽保。农村集体土地、宅基地发证率100%。科技管矿逐步实现地上、地下全覆盖。乳山市获国土资源部“地质灾害防治高标准‘十有县’”，乳山市国土资源局获山东省国土资源厅“土地调查先进集体”“省国土系统‘六五’普法先进单位”、威海市“安全生产工作先进单位”称号。

【土地利用总体规划完善】2015年，组织完善乳山市土地利用总体规划，9月，调整白沙滩等3镇8.3331公顷土地利用总体规划，经威海市国土资源局批准实施。11月，调整城区街道等4个镇26.9304公顷土地利用总体规划，经山东省国土资源厅批准实施。土地供应执行投资强度、容积率等用地控制标准，逐步完善差别化政策。完善土地使用权网上交易系统，发挥市场配置资源作用。全年供应土地90宗，面积240.6公顷（其中招标、拍卖、挂牌出让87宗，面积233.3公顷，成交价款18.6亿元；划拨供地3宗，面积7.21公顷）。2014年供地率84.2%，2007—2013年平均供地率91.7%。

【耕地连续17年占补平衡】2015年，层层分解耕地保护责任目标任务，完成市镇村三级耕地保护目标责任状签订工作，落实耕地保护考核办法和激励约束机制，完善政府主导、部门联动、社会参与的耕地保护共同责任机制，连续17年实现耕地占补平衡，完成威海市政府下达的耕地保护任务。年初耕地面积58342.65公顷，年末耕地面积58423公顷，年度增加耕地64.28公顷，减少耕地36.98公顷，耕地占用补充41.3425公顷。基本农田应划定51928.4公顷，实际划定52294.22公顷，占耕地总面积89.6%，保护率100%。

在报批建设用地5批次面积65.512公顷中，占用耕地41.3425公顷，全部落实先补后占、“占一补一”占补平衡制度，补充的耕地全部通过验收、确认，纳入省级耕地储备库，质量满足农业生产需要。

【土地变更调查完成】2015年，深化第二次土地调查成果应用，完成

8月27日，乳山市国土资源局开展《中华人民共和国测绘法》宣传

（姜国庆摄）

8月24日，山东省国土资源厅巡查组巡查乳山市测量标志点（姜国庆摄）

年度土地变更调查工作，变更2015年建设用地、农用地等各类图斑（被行政区界线、权属界线以及单一线状地物分割的单一地类地块）749个，变更面积723.3公顷。

【土地集中审批办理模式完善】 2015年，强化政务服务中心窗口建设，完善集中审批办理模式，全年累计办理各类土地登记1.6万宗，按时办结率100%，获评“优秀服务窗口”称号。规范地籍档案管理，按照档案管理标准要求，全部装订成册，全年建档16938宗，调处权属纠纷18件，矛盾化解率90%。

【乳山市不动产登记中心成立】 2015年，依据政策规定，推进不动产统一登记工作，制订“乳山市不动产统一登记职责和机构整合方案”，11月底完成机构整合，成立乳山市不动产登记中心。

【矿产资源管理】 2015年，规范矿产资源开发、利用和整合，开展采矿权人年检工作，年检合格率100%；强化矿业权交易管理，加强规费收缴，收缴采矿权价款、矿产资源补偿费等。推进石材矿山有序退出机制，集中解决矿山开发布局不合理问题，实现资源规模化、集约化开发。完成省属中型矿山金洲矿业集团金青顶矿区和千岭矿业有限公司英格庄矿区科技管矿资料收集及软件安装工作。落实矿山安全生产责任，开展地下开采矿山依法采矿实地检查、矿产资源领域打非治违专项行动和矿业领域隐患大排查整治行动，发现并制止矿产违法行为为25起，撤离非法采矿设备14台，捣毁、封闭井口3处，确保矿山不因监管不到位出现安全事故。

链接： 乳山市有矿业企业35个，其中金矿12个，铁矿6个，石材矿山15个，地热2个，从业人员3000人，年产矿石量286万吨，工业总产值20079万元。

【地质环境保护与灾害防治】 2015年，对有探矿权企业年检勘查项目中，发现有15家企业勘查项目不合格，已监督相关企业全部落实整改到位。严格地质灾害防治网格化管理，完善群测群防体系建设，明确网格责任人，形成局、所、镇、村四级监测格局，严格责任追究，并组建地震应急指挥系统，开展应急演练2次，参演人员300人；组织局机关防震应急演练1次，参演人员68人。完成宫家村北花岗石废弃矿区治理生态修复工作，实施金碃岭矿区地下采空区充填治理工程，规划乳山市已关停的21处石材矿山恢复治理工作。

链接： 乳山市有探矿权企业58个，其中铁矿1个，金矿51个，长石矿2个，高岭土矿2个，蛇纹岩矿1个，金及多金属矿1个。

【乳山市地图数据库更新】 2015年，做好数字乳山地理信息框架体系推广，配合“智慧城市”建设，提供地理信息数据支持。完成乳山市地图数据库更新，组织民政、交通、水利等部门及各镇区审核校对《乳

6月2日，乳山市国土资源局在威海鑫山集团有限公司开展露天采场边坡滑塌灾害应急演练（宋振武摄）

山市地图》样图。4 月，完成乳山市 68 个测量标志点普查工作，6 月 26 日，顺利通过山东省国土资源厅验收。

【国土执法经验被国土资源部执法监察局刊发推广】 2015 年，做好国家土地督察济南局例行督察工作，顺利通过现场核查加强组织领导，成立政府主要领导任组长的整改领导小组，保障整改工作力度和效果；现场检查指导，确保整改质量，建立日报告制度，每天汇总各镇区整改情况，上报市委市政府，并多次召开乳山市推进会议，推动工作开展；发挥镇区党委政府主导作用和部门联动作用，抓好各类土地违法违规问题查处整改，做到查处到位、拆除到位、复耕到位、责任追究到位，立案查处违法用地 24 宗，拆除非法建筑物 4.7 万平方米，罚款 2265.5 万元加强巡查，优化土地执法环境，巩固和完善执法共同责任机制，从源头上杜绝政府主导项目出现违规违法用地情况，提高镇区参与土地管理、加强土地执法工作积极性；推进国土综合执法，与公安、城市执法、规划、电业、安监、环保等部门建立联合执法行动机制，实现由单一向综合执法转变；加大动态巡查力度，确保违法行为发现在初始︱解决在萌芽。全年发现土地违法行为苗头 52 起，全部及时制止处理，避免直接经济损失 500 万元。做法被国土资源部执法监察局以“乳山局三借东风破难题”为题收录在《发现在初始，解决在萌芽——国土资源执法监察创新实例集锦》一书中，经验在全国推广。

【《乳山市土地整治潜力与时空布局研究》获科技二等奖】 11 月，由乳山市国土资源局王明娟、张法朋、王明媚、谭洪涛、宋志超参与的“乳山市土地整治潜力与时空布局研究”课题项目，获 2015 年度山东省国土资源科学技术二等奖。该项目利用土地总体规划数据、土地利用变更调查数据、耕地质量等级补充完善数据等成果，结合外业补充调查，研究乳山市土地整治潜力。针对编制新一轮土地整治规划实践需要，系统探讨市域范围内农用地整理、农村建设用地整理、土地复垦、宜耕土地后备资源开发等不同类型土地整治潜力的调查与评价方法，探讨乳山市 2011—2015 年土地整治时空布局，并进行土地整治项目类型区域划分，为科学编制土地整治规划提供依据。项目对优化用地结构、统筹城乡发展、规范土地开发整理复垦等各项整治活动具有指导作用，同时对加强乳山市耕地保护、推进城乡节约集约用地、促进生态文明建设也有重要意义。

（吴腾飞）

质量检验检测

【概况】 2015 年，乳山市检验检测中心围绕食安乳山建设等中心工作，加强检验检测能力建设，完成食品、农产品、农村饮用水、城市二次供水、消毒餐具及企业委托等定量检测 2152 批次，其中政府安排创城检测 1758 批次，企业委托 394 批次。并依据检测结果风险评估分析乳山市食品、农产品、饮用水等质量安全状况，每季度上报市政府质量安全简报 1 期，对质量安全状况存在问题提出相应解决对策及建议。

【乳山市检验检测中心获山东省“检验检测机构资质认定证书”】 2015 年，强化检测队伍建设，与乳山市编办、人社部门沟通，将编制数由 16 人增加到 20 人，招聘检测人员 2 名，并进行岗前业务培训，同时通过检测人员间、实验室间能力比对，外出参观学习等形式，提升员工检验检测能力。配全设备，争取财政资金 120 万元，采购并安装使用柱后衍生系统、拍击式匀浆器、旋转蒸发仪、氮吹仪、自动稀释仪、漩涡混合器、全自动固相萃取仪、实验室软件管理系统等仪器设备和软件系统。12 月 22 日，首次获得山东省质量技术监督局颁发的“检验检测机构资质认定证书”，有效期至 2021 年 12 月 21 日；12 月 26 日，通过山东省农业厅农产品质量安全检测机构考核评审小组现场考核。

【应急检验检测 17 批次】 2015 年，在做好日常检验工作的同时，加强应急检验检测工作，成立应急检测领导小组，配备应急检测人员，制订应急检测预案，开展应急演练，成功应对各种应急检测任务，为各类食品安全事故应急检测提供技术支撑和保障。2015 年，乳山市食品药品监督管理局送检疑似食物中毒食品样品 11 批次和“有毒西瓜”样品 6 批次，做到及时、准确处理。

（马辉）

粮食行政管理

【概况】 2015 年，乳山市粮食局加强粮食宏观调控，维护粮食市场稳定和粮食安全，促进乳山市经济社会平稳较快发展。全年集中巡查 40 次，检查粮食收购点 50 处，查处高水分粮、高杂质粮 10 宗。完成全年地储粮和政府调控粮轮换任务。被威海市粮食局授予“粮食工作先进单位”称号。

【粮油收购和仓储管理】 2015 年，发挥市场经济条件下粮食购销主渠道作用，完成地方储备粮和政府调控粮轮换任务。全年完成粮油经营量 4.25 万吨，收购国标三等以上夏粮小麦 6500 吨。仓储管理主要利用乳山市粮食储备库加大地方储备粮储存安全管理力度，全部采用电子测温、低氧储存，达到数量准确、质量完好。

链接： 乳山市粮食储备库属政府投资建设的重点工程，占地 6.53 公顷，设计仓容 4 万吨，2006 年 2 月开工建设，同年 12 月竣工，2007 年 3 月正式投入使用。

11月4日，乳山市粮食行业协会成立暨第一次会员大会 （于常青摄）

【粮食行政执法】 2015年，乳山市粮食局依据《粮食流通管理条例》，加大队伍建设、人员配备力度，发挥粮食市场监管职能，做好粮食购销市场工作。开展粮食执法宣传周系列活动，完善相关制度，规范粮食执法行为。开展粮食收购资格核查、原粮质量、社会粮食统计、粮食经营者最高和最低粮库存检查等执法活动，确保乳山市粮食市场健康发展。全年集中巡查40次，检查粮食收购点50处，查处高水分粮、高杂质粮10宗，其中行政处罚3起，涉粮100吨。4次随机检查辖区内有粮食收购资格的购销、加工企业，推进粮食执法工作制度化、常态化、科学化。11月4日，注册成立乳山市粮食行业协会，制订协会章程和管理办法，加强对粮食行业和粮食经纪人管理工作，规范粮食经纪人经营行为。全年粮食经纪人收购入库夏粮占总入库数量73%。加大收购市场整治力度，打击非法收购行为，为群众卖粮和粮食经纪人收粮净化市场。

（于常青）

食品药品监督

【概况】 2015年，乳山市有食品生产企业61家，食品流通业户4967家（包括批发15家，零售3721家，批零兼营1230家），餐饮单位1326家，药包材生产企业5家，医疗器械生产企业3家，药品批发企业1家，药品经营单位231家，医疗器械经营企业47家，镇级以上医疗机构21家，诊所98家，村卫生室340家，保健食品经营单位141家，化妆品经营单位103家。年内，乳山市食品药品监督管理局以“五城联创”为抓手，以创建国家食品安全城市为突破口，创新监管模式，提升服务水平和服务效能，推进科学监管、依法监管、和谐监管，促进乳山市食品药品市场健康发展。

【探索联合执法新模式】 2015年，与公安、市场监管、畜牧、卫生等部门建立食品安全联动执法机制，组织对学校食堂、肉及肉制品、海南毒西瓜等联合执法行动11次，实现部门执法数据、资源、信息共享；与公安、检察院、法院建立联席会议制度，不定期召开会议，会商会诊重大事件，形成监管合力。

【食药品监管网格化】 2015年，按照网格化监管要求，根据分区管理、责任到人原则，结合“五城联创”和食品药品整治工作实际，形成食品城17个、卫生城19个网格责任区创建工作格局，开展以农村、学校周边、旅游景区等为重点区域，以食品、药品和医疗器械等生产经营使用为重点环节，白酒、肉及肉制品、高风险医疗器械和进口化妆品为重点品种52次整治行动，规范食品生产流通、餐饮服务、药品器械及保健化妆品市场秩序。全年出动执法人员24560人次，检查食品生产企业120家次、食品经营企业7860家次、餐饮服务单位1200家次、药品经营使用单位880家次、保健化妆品经营单位1800家次。

【食药品经营主体准入】 2015年，根据《中华人民共和国食品安全法》关于食品生产经营主体准入条件相关规定，严把食品市场主体准入关，并把许可事项在局网站上公示。至2015年年底，发放食品流通许可证1002家，注销1家；餐饮服务许可证481家。按照山东省食品药品监督管理局药品零售（连锁）企业许可验收实施标准和《中华人民共和国药品管理法》相关规定，从严审查新开办企业申报材料，杜绝弄虚作假违法行为发生。受理22家新开办药店、231家药品经营质量管理规范认证企业和129家变更企业的相关材料，已完成认证126家；办理餐饮服务从业人员健康培训证4262个。

【食品生产流通企业分级分类管理】 2015年，在2014年建立食品生产流通经营企业档案基础上，按要求量化考核各单位日常监管风险，实行分级分类管理，建立信用档案，并公示企业信用情况。探索在乳山市食品生产加工企业推行质量授权人制度。至2015年年底，建立食品生产企业监管信用档案61家、食品流通企业档案3000份，量化考核61家企业日常监管风险。

【餐饮服务环节综合治理】 2015年，开展以食用油、肉类和食品添加剂为重点品种，以原材料采购、凉菜制作、餐饮具清洗消毒保洁等为重点环节，以旅游景区、学校及周边等为重点区域，以节假日、中高考等时间为重点时段的餐饮服务环节综合治理。

【食品示范经营单位培育】2015年，推进餐饮示范街、示范单位和示范学校食品创建工作，在2014年完成4条（商业街、世纪大道、深圳路、胜利街）示范街创建基础上，新培育省级食品示范经营单位1家，生产示范企业1家、经营示范店13家、示范食堂1家、餐饮示范单位2家，威海市示范食堂23家、餐饮示范单位15家。乳山市餐饮服务单位量化分级率达90%量化分级评定结果公示率100%，良好（B）级超过50%。

【药品器械生产企业安全风险等级评定】2015年，开展药品零售连锁经营管理、高风险医疗器械、药包材生产企业及儿童鱼肝油类产品等检查，检查药包材生产企业5家、医药批发公司1家；上报药品和器械不良反应报告1587份，新研报告319份。开展2014年药品经营使用单位安全风险等级评定工作，评定A类单位602家，B类单位15家，C类单位6家，D类单位3家。做好辖区媒体药品、保健食品广告监测和移交工作，监测和移交违法广告21个。

【食品药品抽检】2015年，开展监督抽验、风险性抽验和评价性抽验工作，完成抽样计划，加强抽样研究。抽验所有食品生产企业，样品涵盖大桶水、罐头制品、豆制品等26类产品，抽样783批次发现问题产品14批次；药品抽样则以基本药物目录内药品、知名品牌药品、高风险药品和中药饮片为重点，药品快检135批次，抽样送检126批次。

【应急能力演练与投诉举报制度完善】2015年，提高控制和及时处置各类食品药品安全突发事件能力，分别于5月、9月各组织1次由乳山市食安办成员单位参加的突发事件应急演练，设置6个模拟现场，预演可能发生的情况。完善“12331”投诉举报工作制度，建立受理流程和台账，全年受理举报和市民热线转办投诉169起，做到件件有结果，件件有回复。

【“四小”行业整治】2015年，开展小餐饮、小食品店、小作坊、小摊贩“四小”食品整治工作，将摸底与整治相结合，整体提升与打造亮点相结合，完成乳山市671家小餐饮、507家小食品店、33家小作坊、201家市场内小摊贩整改、达标、发证及退市工作。统一发放食品安全监管信息公示牌3000个、供货商档案5000个、散装食品信息公示卡10000个。

3月25日，乳山市食品药品监管局工作人员在市区检查食品经营情况

（张德敏摄）

【食品电子监管平台建设】2015年，在食品生产流通电子监管平台和餐饮安全中央监控平台建设过程中重点实施以数据库技术为支撑的“食品安全信息共享平台”，以条码技术为支撑的“食品可追溯监管”，开发涵盖食品生产、流通、餐饮等模块食品电子监管平台，与“智慧乳山”建设相衔接的食品监管信息化体系，完成38家食品生产企业、5家大型商超和80家餐饮服务单位软件安装和试运行。药品零售企业加入国家电子监管网，按照国家、省、市食品药品监督管理局工作部署，2015年年底乳山市药品零售企业有162家连锁门店基本信息完成入网工作。

（孙丽杰）

安全生产监管

【概况】2015年，乳山市安全生产监督管理局排查和整治安全生产隐患，落实企业主体责任，预防和减少各类生产安全事故。乳山市全年发生各类生产安全事故6起，比上年下降14%；死亡7人，与上年持平。事故起数和死亡人数均控制在威海市政府下达指标内。在威海市安全生产年终考核中获满分。

【安全生产责任体系建设】2015年，落实乳山市委市政府“关于进一步加强安全生产工作的意见”“进一步加强安全生产考核工作的意见”，将安全生产工作纳入党政工作全局统筹，按照“党政同责、一岗双责、失职追责”要求，强化目标绩效考核。细化市政府与各镇区、相关部门和市管企业年度安全生产目标责任书，强化监管责任落实；各镇区按照“属地管理与分级管理相结合、以属地管理为主”原则，督导辖区内企业实现安全生产责任体系落实到位。依法推进安全标准化建设和职业健康申报工作，推动企业安全生产责任制、规章制度、隐患排查、安全投入、职业病防治、教育培训、应急保障等主体责任落实。

【安全生产排查整治】 2015年，开展安全生产隐患排查和整治工作，制订工作方案，成立领导小组及办公室，通过综合督查和暗访暗查，排查治理安全隐患，完成生产经营单位“一县一册”工作。2015年，乳山市排查生产经营单位2872家次，排查隐患1944处。

非煤矿山监管 开展地下矿山关键环节整治和露天采石场安全检查，检查露天矿山24家，排查整改安全隐患40处；组织专家，诊断式检查在产井下矿山2次，排查整改安全隐患和问题88条；汛前检查在用尾矿库9座，查出隐患43处，责令限期整改，确保尾矿库安全度汛；制订地下矿山依法整顿关闭工作方案，召集矿山企业负责人部署落实，责令停产扩能改造地下矿山5家、独立生产系统7个。

危险化学品监管 通过采取“政府购买服务”方式，委托中介服务机构“诊断式”安全检查乳山市14家次及46家次加油站，发现安全隐患并组织整改579处。完善重大危险源监控措施，组织绘制乳山市危险化学品（化工）、烟花爆竹批发企业及加油站分布图，把企业信息、厂区平面图、储存信息和应急处置方案等汇编成册，每周按时汇总生产、使用、存储数据，实现市应急办、安监、公安、交通等部门信息共享，确保特殊情况按图索骥、快速处置。开展烟花爆竹百日安全整治和经营治理行动，检查批发企业6家次、常年销售30家次、临时销售单位230家次，对发现的问题和隐患全部整改到位。开展粉尘防爆、液氨制冷和有限空间作业治理工作，对其强化安全标准化建设和隐患排查治理，改换介质企业33家，氨升级33家，关停28家。采取购买服务方式，委托中介机构检查涉爆企业16家，查出整改安全隐患256条。完成用人单位职业危害检测和申报工作94家。

【安全生产行政许可】 2015年，审查通过5家井下矿山的9个独立生产系统和6座尾矿库延期申请材料。完成危险化学品生产企业5家、一般经营20家、甲类19家许可转报工作。审批符合销售烟花爆竹条件的36家常年经营和193家临时经营点发证，完成1家批发企业转报工作。指导相关工商贸企业对14个新建、改建、扩建项目履行建设项目“三同时”手续。

6月7日，乳山市市长周兵（右一）调研金洲集团安全生产工作

（陈国光摄）

【安全生产法制宣传】 2015年，贯彻新《中华人民共和国安全生产法》，结合生产经营单位主要负责人和安全管理人员年度再培训集中宣讲，并开展进企业活动，向职工宣讲，营造学法、知法、懂法、用法氛围，夯实安全生产基础。开展“安全生产月”活动，利用媒体发布“深入开展安全生产月活动公告”，在乳山电视台黄金时间播放安全生产警示教育片《生命不能重来》；举办“安全生产月主题咨询日”“安康杯”知识竞赛等系列活动，普及安全知识，提高公众安全意识；利用“乳山安监”政务微博、微信发布安全信息260条；围绕“强化红线意识、促进安全发展”开展活动，受教育6000人次。

【安全生产检查方式改进】 2015年，探索建立抓落实倒逼机制，运用执法监察、督导检查、暗访暗查、“黑名单”等方式，加大督查各部门、行业领域力度，确保安全生产法律法规、决策部署落到实处。改进检查方式，采取“四不两直”（不发通知、不打招呼、不听汇报、不陪同接待，直奔基层、直到现场）形式暗查暗访，并发挥舆论监督作用，公开曝光发现的非法违法问题和安全隐患，起到警示作用。

【安全队伍建设】 2015年，加强安全生产工作组织领导，乳山市政府调整充实市安全生产委员会成员，市长周兵任主任。建设标准化监管执法队伍，乳山市16个安监中队，有12个通过威海市标准化验收。开展应急演练工作，创建应急管理示范点活动，指导企业编制完善车间、岗位现场处置方案；组织各部门、企业应急预案演练，全年演练166场次，其中非煤矿山、危险化学品企业救援市级综合演练3次；推进应急救援体系建设，市级兼职应急救援队伍达2个、专职救援人员80人。加强人员教育培训工作，全年组织企业主要负责人、安全管理人员和特种作业人员教育培训

32期1956人，其中安全培训1382人，特种作业培训574人。推进安全生产信息化建设，做好信息网络和视频会议系统升级改造工作。

【安全标准化企业及安全社区建设】2015年，推进安全标准化企业建设，井下矿山8个独立生产系统通过二级标准化水平，1个独立生产系统达到三级标准化水平，6家危险化学品生产企业中，1家通过二级、4家通过三级安全标准化验收，其余1家已通过三级标准化专家评审；33家规模以上企业、37家小微企业通过达标验收；推进安全社区建设，有2个镇通过省级安全社区验收。

（王帅）

统计工作

【概况】 2015年，乳山市统计局坚持提高统计数据质量，开展统计调查工作，全国1%人口抽样调查完成摸底调查、现场上门登记及质量抽查、数据审核汇总等阶段性工作；按规范进行县级粮食产量抽样调查、第三次全国经济普查数据汇总、新增企业清查摸底等调查。被乳山市委市政府表彰为“履行机关岗位目标责任制先进单位”。

【人口抽样调查完成】 4月，由乳山市政府办公室下发“关于开展2015年1%人口抽样调查的通知”，明确工作要求。成立由13个部门组成的调查工作协调小组，抽取15个镇区，38个村作为调查对象，划分38个调查小区，组织调查指导员17人，调查员38人，采用手持电子终端设备（PDA）入户登记与互联网自主填报相结合的方式完成摸底调查、现场上门登记及质量抽查、数据审核汇总等阶段性工作。

【粮食产量调查、第三次全国经济普查数据汇总及社情民意调查完成】2015年，开展山东省县级粮食产量抽样调查工作，按照粮食面积实地调查和丈量、粮食单产实割实测原则，抽样调查粮食产量；做好乳山市第三次全国经济普查数据汇总工作，采用普查单机版程序汇总普查数据，并根据数据汇总结果，修订2013—2014年乳山市地区生产总值总量和增长速度。开展社情民意调查，电话调查城乡环卫一体化、民情集中走访、镇区社会综合评议及“听民声”群众满意度等4项情况，抽查样本22000个。

【统计、分析与调研职能发挥】2015年，发挥职能作用，做好统计服务工作。收集整理乳山市月度主要统计数据，每月按时印发《统计月报》“主要经济指标预计情况”报市委市政府领导和相关部门。围绕科技创新、节能减排、“蓝区”发展等方面开展统计分析和监测，全年完成统计分析和调研材料72篇，其中2篇分析被《山东统计》采用、1篇分析被收录在进《乳山市优秀调研分析》。突出行业、企业调研指导，实地调研房地产行业，以政策解读方式研讨当前形势与未来走势。发挥统计部门预警、监测职能，紧扣目标任务，及时跟踪和监控各项经济指标，将统计触角延伸到乳山市经济各领域。

【统计制度建设】 制订下发《2015年度镇区统计工作目标责任制考核办法》，从基础工作、企业一套表上报、固定资产投资、报表报送、法规教育、统计服务等方面制订考核办法，分季度分专业通报镇区统计工作存在的问题。通过考核，规乳山市范和推进镇区统计机构建设、人员配置、条件保障、数据质量监控等各项工作，并将考核结果纳入市委对镇区工作考核。加强基层统计人员业务指导，每季度召开统计工作会议，调度指导企业一套表及其他各项统计工作，及时解决统计工作中发现的问题，部署落实下阶段重点任务；组织市镇区和“四上”企业统计人员400人，参加威海市统计局组织的业务培训，提高基层统计人员业务水平。

链接：“四上”，指规模以上工业企业、县以上批发零售企业、资质内建筑和房地产企业、规模以上服务业企业。

【基本单位名录库更新】 及时做好基本单位名录库更新维护工作，与相关部门沟通，清查摸底企业数，跟踪“四上”企业经营状况，确保达标企业及时入库。2015年，新增“四上”企业62家，其中规模以上工业企业27家。

（徐英）

5月18日，乳山市统计局举办基层统计人员专业知识培训班 （徐英摄）

4 月 28 日，春至大乳山 （旅游局提供）

· 宋代 铁镰

· 宋代 铁镢

· 宋代 铁铲

责任编辑：陈宗坚

· 宋代 铁犁铧

农 业

Agriculture

· 宋代 铁锹

综 述

【概况】 2015年，乳山市实施农村制度改革，以粮食增产、农业增效、农民增收为目标，优化农业产业结构，发展高效特色农业，加强农产品质量安全监管，扶持龙头企业，提高农业产业化水平。全年实现农业总产值88亿元，比上年增长5%，其中农业46亿元，增长3.9%；林业1210万元，增长30.2%；畜牧业15亿元，增长5.4%；渔业25亿元，增长5.4%；农林牧渔服务业1.6亿元，增长6.7%。实现农村经济总收入472.28亿元，农民人均纯收入15469元，比上年增长分别为5.47%和6.06%。

（王自伟）

2015年乳山市农村基本情况及农业生产条件

表2

项目	单位	数额	比上年±%
年末耕地总资源	公顷	58342.6	−0.1
常用耕地	公顷	58342.6	−0.1
其中：水浇地	公顷	11692.4	−0.1
临时性耕地	公顷	—	—
农业主要物资消耗	—	—	—
农村用电量	万千瓦小时	11282	-6.3
农用塑料薄膜使用量	吨	1421	−0.2
地膜使用量	吨	813	−2.2
地膜覆盖面积	公顷	8295.7	−1.2
农用柴油使用量	吨	22489	−6.8
农药使用量	吨	2840	−4.2
农用化肥使用量（按实物量）	吨	1386596	−5
农用化肥使用量（折纯计算）	吨	39595	−4.4
乡村人口与从业人员	—	—	—
乡村户数	万户	18.17	0.2
乡村人口	万人	46.65	−3.9
乡村劳动力资源	万人	29.9	−4.8
乡村人口从业人员	万人	26.16	−4.4

（邵进杰 郭美丽）

【农业产业结构调整】 2015年，乳山市推进农业产业结构调整，发展高效特色农业，培育壮大优势产业，采取政策宣传、技术指导、典型示范、土地流转等方式，引导发展特色产业体系，实现区域现代农业突破发展，促进农民增收、农村发展。至年末，建立花生、大姜、芋头、果品、蔬菜等农产品标准化基地2万公顷。

（姜宏浩）

【农业产业化水平提高】 2015年，乳山市以服务企业、壮大龙头、增强带动能力为目标，采取建基地、争取项目和组织参展等方式，加快培育农业龙头企业。为4家威海市级龙头企业争取无偿奖励资金38万元，山东台依湖葡萄酒业有限公司等12家企业获第七批“威海市级农业产业化龙头企业”称号。组织龙头企业参加国内外各类展销会5场次，推介乳山大姜、乳山绿茶、乳山苹果、乳山大花生等名优农产品品种200个。年内，乳山市共有农业产业化龙头企业44家，其中省级9家，威海市级35家。

（张力成）

【农业综合执法加强】 2015年，乳山市组织开展放心农资下乡宣传周、春秋季农资市场专项检查行动，提升农资市场监管水平。落实农药经营告知制度，规范农药经营告知程序，公开告知16家农药配送中心农药产品1490种、20家肥料配送中心肥料422种、19家种子配送中心种子65种。出动执法人员400人次，检查农资经营单位600个（次），立案查处违法经营案件8起，罚没款1.53万元。年内，乳山市无违禁农资和农资质量不合格现象。

（王琰）

【大孤山镇、育黎镇分获全国、省级“一村一品示范镇”】 2015年，乳山市深入实施一村一品强村富民工程，促进专业村镇提档升级。大孤山镇充分发挥资源优势、传统优势和区位优势，推进大姜产业规模化、标准化、品牌化和市场化建设，年实现销售收入3亿元，获“全国一村一品示范村镇”称号。育黎镇发展优质葡萄种植基地133.33公顷，带动农民增收3000万元，促进乳山市葡萄产业标准化、规模化和集约化发展，获“全省一村一品示范村镇”称号。

（张力成）

【新增农民合作社和家庭农场332家】 2015年，乳山市成功申报省级农民合作示范社7家，总数13家，成功申报威海市级农民合作示范社8家，总数36家。7家农民合作社获威海市财政专项扶持奖励资金56万元。年内，乳山市新增各类农民合作社169个，总数947家，成员78812人。乳山市经工商部门登记注册，新增家庭农场147家，总数197家，从业人数1068人。乳山市新自然家庭农场被山东省农业厅认定为“省级示范场”。

【农业产业化示范基地建设】 2015年，乳山市农业产业化示范基地建设实现新突破，当年，新建扩建正华农林茶叶示范园、董格庄蓝莓基地等现代种植业示范园、基地162处，

4月20日，爱母茶叶合作社茶叶采摘　（农业局提供）

新建现代畜牧示范基地55个、海洋精品养殖示范区11个，打造葡萄酒产业园、伯瑞蓝莓、正华山庄、金牛谷、爱母茶叶等新型农业产业化示范基地50个，组织开展“乳山牡蛎品鲜季”“葡萄酒文化节”“樱桃采摘节”“蓝莓采摘节”节庆活动，有效提升优质农产品知名度和影响力。

【农业科技培训】 2015年，乳山市发挥科技在推动农业增效、农民增收中的作用，加快科技成果向现实生产力转化。实施新型职业农民培育工程，争取上级资金44万元，培育新型职业农民550人，其中，专业技能型职业农民250人、社会服务型职业农民300人。开展“农业科技人员下乡”活动，举办农技培训300期，科技人员下乡1000人次，发放宣传资料20万份，现场指导1万户，服务指导面积2666.67公顷。

（陶皓）

农村经济管理

【概况】 2015年，乳山市以农村制度改革、增加农民收入为目标，落实农村土地承包、土地经营权确权登记、农村产权制度改革等政策，完成农村土地承包经营权确权589个村，土地经营权确权实测总面积43644.27公顷。农村集体产权制度改革107个村，注册资金4.12亿元。推行农村“三资”管理，农村集体资金实行委托管理及财务电算化管理601个村，托管资金总额2.95亿元。乳山市实现农村经济收入472.28亿元，农民人均纯收入15469元，比上年分别增长5.47％和6.06％。

【农村土地承包经营权流转】 2015年，乳山市新增土地流转面积3440公顷，新增规模经营流转面积2620公顷，乳山市土地流转总面积12962公顷，流转农户84532户。建立农村土地流转服务对象备案样本库，对土地流转供求信息登记备案。组织农村土地承包经营权流转财政奖补资金申报工作，6家土地规模经营主体获扶持资金50万元，7个当年新增连片规模流转较大村获扶持资金15万元。至年末，完成589个涉农村土地承包经营权确权任务，完成率100%。农村土地经营权确权实测总面积43644.27公顷，其中，家庭承包实测面积39043.53公顷，涉及农户142792户，签订承包合同142792份，打印土地承包经营权证书142792本，建立确权登记数据库。注册成立土地股份专业合作社8个，确权面积184.38公顷，涉及农户2177户；以产权制度改革相结合方式确权的村2个，确权面积14.48公顷，涉及农户1598户。

【农村产权制度改革】 2015年，乳山市农业局指导符合农村集体产权制度改革条件的村，在广泛征求民意基础上，确定能够享有股份权利人口后，将村集体净资产量化给每名股东，使每名股东参与村集体经营活动并享有集体资产收益分配权，当年新增工商登记注册45个村。至年末，完成农村集体产权制度改革107个村，注册资本4.12亿元人民币，注册社员个人股东57876人，发放经济股份合作社股权证书57876本。

6月10日，台依湖酒庄　（农业局提供）

【农村集体资金委托管理及财务电算化全覆盖】 2015年，乳山市加强农村财务管理和民主监督，建立农村集体资产、资源、资金"三资"监管平台，农村集体资金实现委托管理及财务电算化管理村601个，占乳山市总村数100%。至年末，乳山市农村托管资金总额2.95亿元。年内，开展乳山市535个村农村财务镇间交叉审计，审计金额38.62亿元。

【农民负担监督管理】 2015年，乳山市建立领导机构，加强农民负担监督管理，落实惠农政策。推行农村"一事一议"筹资筹劳申报审批工作，年内，采取"一事一议"筹资筹劳方式，对乳山市13个镇、72个村进行农村环境综合整治，受益农户20717户，受益人口53680人。在南黄、下初镇设立省级农民负担监督管理监测点，有效监测农民负担监督管理新动态。

2015年乳山市有关经济指标前15名的村

表3

村　名	经济总收入（万元）	村　名	人均纯收入（元）
乳山口镇打磨	50021	城区街道东里村	23000
乳山口镇旗杆石	42786	海阳所镇南夼	21400
乳山口镇寨前	42078	城区街道黄埠崖	20180
城区街道东耿家	32724	海阳所镇所后常家庄	19959
乳山口镇南唐家	31656	海阳所镇池源	19934
乳山口镇兰家	29748	乳山镇旗杆石	19535
乳山口镇秦家庄	29148	海阳所镇李家	19466
城区街道夏东	27832	乳山口镇西北岛	19171
乳山口镇宅口	26910	海阳所镇小石口	19165
乳山口镇西里村	24972	城区街道夏东	19077
乳山口镇改造夼	23512	乳山口镇寨前	19042
乳山口镇前尹家	17275	乳山寨镇南司马庄	19018
诸往镇东诸往	16792	城区街道草埠	19000
南黄镇西浪暖	16630	海阳所镇杜家岛	18700
城区街道官地	16301	海阳所镇小泓	18700

（王自伟）

2015年乳山市主要农作物播种面积及产量

表4

品种	面积（万公顷）	比上年±%	单产（公斤/公顷）	比上年±%	总产（万吨）	比上年±%
小麦	1.54	−0.6	5731.5	0	8.8	0
玉米	1.95	0	6607.5	−3.8	12.88	0
地瓜	0.30	0	7648.5	0	2.28	0
花生	1.85	2.7	3939	1.1	7.29	1.8
大豆	0.26	26.9	2845.5	−5	0.73	19.2

种植业

【概况】 2015年，乳山市农作物播种面积6.82万公顷，比上年减少3.8%，其中，粮食作物播种面积4.043万公顷，比上年减少6.5%；经济作物播种面积1.85万公顷，比上年减少0.53%；全年粮食总产量24.7万吨，比上年减少7.7%。蔬菜及瓜类种植面积0.92万公顷，比上年增加0.2公顷；总产量45.55万吨，比上年增长4.09%。

【农业技术推广】 2015年，乳山市做好农业新技术引进、示范、推广工作，实施"阳光工程"专项技术、粮油高产创建、测土配方施肥、基层农技推广补助等项目，指导农民科学种田，推广应用新技术、新品种，提高粮油产量。全年举办培训班300期，培训农民5.6万人，制作和播放电视讲座110期，印发明白纸10万份。推广测土配方施肥技术，年内化验土样812个，化验4060项次；建立乳山市土壤养分查询系统，设立"触摸屏"查询系统15处，配方施肥应用面积7.67万公顷。建立苹果、小麦、玉米等农产品标准化基地面积1.4万公顷，新增无公害、绿色食品及有机认证数量14个，乳山市无公害农产品、绿色食品和有机农产品"三品"认证总数67个，国家地理标志认证总数9个。在乳山市推广小麦"一喷三防"、小麦氮肥后移、小麦宽幅精播、"花生套餐"、玉米"一增四改"、玉米"一防双减"、玉米晚收、农作物病虫害综合防治等新技术，首次在玉米生产上使用化控剂，效果较好。实施基层农技推广补助项目，在乳山市范围内选定技术指导员64名，筛选科技示范户640户，村级农民技术员60名，参加省、市级技术培训班，提高技术指导员业务能力和科技示范户科技水平。

【农业新品种示范项目】 承担小麦及玉米良种补贴项目，优良品种乳

10月9日，山东省农业厅组织专家对乳山市玉米高产创建项目进行验收（农业局提供）

山市覆盖率100%；承担花生良种补贴项目，推广花育22、花育33花生新品种，推广数量460吨；承担农业部小麦、花生及玉米高产创建项目，通过有关部门验收。6月19日，山东省农业厅组织专家对育黎镇汪水村小麦高产攻关田进行实打验收，0.23公顷小麦平均亩产669.85千克；9月15日，山东省农业厅组织专家对乳山寨镇仇家兴村0.67公顷花生高产攻关田测产，平均亩产628.7千克；10月9日，山东省农业厅组织专家对乳山寨镇仇家兴村玉米高产攻关田进行实打验收，0.2公顷玉米平均亩产876.6千克。

（郑强）

【农作物病虫害测报与防治】 2015年，乳山市遵循“预防为主、综合防治”植保方针，测报和防治农作物病虫害，推广植保新技术、新成果，开展绿色防控和专业化防治，为农业丰收提供保障。全年准确发布病虫情报15期，其中，长期预报2期，中、短期预报13期；向省测报站发送病虫害模式报表6期。农作物病虫草害发生总面积15.39万公顷，发生程度为中等发生（3.1级），发生程度与上年一致，发生面积较上年减少1.67万公顷，其中，病害发生面积6.26万公顷，比上年减少1.58万公顷；发生程度3.7级，较上年下降0.7级。病害重发生和偏重发生的有花生叶斑病、小麦纹枯病、玉米锈病，其他均为中等或中等以下发生程度。虫害发生面积4.62万公顷，发生程度2.6级，较上年加重0.7级，面积增加1.27万公顷。各种虫害中仅苹果红蜘蛛偏重发生，其他均为中等或中等以下发生程度；从病虫总体发生情况看，2015年，属于病虫害中度发生年份。农田草害发生面积4.37万公顷，发生程度3级，发生面积较上年下降，发生程度与往年基本相同，属发生较轻年份。2015年，乳山市有害生物防治总面积15.25万公顷，防治面积占发生面积的99.13%，粮食损失4.01万吨，挽回油料损失2.01万吨，水果损失9.48万吨，蔬菜损失3.35万吨，实际损失粮食0.2万吨、油料0.11万吨、果菜0.67万吨。

病虫害特点 小麦蚜虫有减轻发生趋势，发生面积0.73万公顷，发生程度1级，是少有的轻发生年份之一。二代黏虫危害夏玉米：乳山市小麦收获期较常年提早10天，夏玉米播种期相应提早10天，往年二代黏虫主要危害套种玉米，没有危害夏玉米的记载，2015年首次发现危害夏直播玉米。夏玉米锈病发生重，2015年，乳山市降雨次数较多，降雨量大，夏玉米生长后期气温偏高，导致玉米锈病发生早、发生重，发生面积1.2万公顷，发生程度4级。

病虫害防治 在小麦穗期继续组织实施“一喷三防”技术措施，免费向小麦种植户发放小麦“一喷三防”物资，实现小麦“一喷三防”全覆盖，确保夏粮稳产增产。承担2015年农业病虫害专业化统防统治能力建设示范项目，购置大型机械17台套，提升统防统治组织作业能力，拥有农作物专业化防治组织9个，专业化防治队伍26个，人员452人，拥有大、中型施药机械548台，日作

5月13日，乳山市小麦“一喷三防”统防统治现场会（农业局提供）

4月22日，乳山市农业局执法人员对种子经营进行执法检查（农业局提供）

业能力2133.33公顷。5月13日，威海市农业局在夏村镇官庄村召开威海市重大病虫暨小麦“一喷三防”统防统治现场会，现场投入拖挂式喷杆喷雾机、自走式喷杆喷雾机、担架式喷雾机、背负式喷雾器、拖拉机喷雾机等新型植保机械18台套，提升各部门协作能力，提高统防统治服务组织作业能力和应急水平，为应对重大农业有害生物灾害提供经验。

（王炜）

【农产品质量安全】 2015年，乳山市围绕农产品质量安全城市和食品安全城市创建工作，坚持管理体系建设和治理能力提升两手抓，保障群众“舌尖上的安全”。农产品质量安全宣传培训工作全面开展。开展基地技术人员、农药残留速测人员和基地负责人培训，培训内容为禁限用农药知识、科学合理使用低毒低残留农药和按照农药安全间隔期用药，确保农药残留速测人员能够熟练掌握农残速测方法，在农产品上市前进行农药残留速测，保证农产品质量安全，使基地负责人认识农产品质量安全的重要性和必要性，做到安全生产。2015年，举办培训班4次，培训人员200人次。开展镇级和村级农产品质量安全协管员培训4期，协管员每月巡查农资店和基地，上报农产品质量安全隐患。加强农产品质量安全监测，年内开展农产品定量检测380批次，速测3.5万批次，全部合格。配合农业部及山东省农业厅开展抽样检测181批次，无农药残留超标现象。推行农产品产地准出和原产地追溯工作，新增标准化基地5处，可追溯基地达37处。

（王琰）

果　业

【概况】 2015年，乳山市果园总面积13156公顷，果品总产量49.68万吨，其中，水果46.45万吨，较上年增长6.3%，干杂果0.77万吨。乳山市果品收入22亿元，其中，苹果收入20亿元。

【果业发展奖励政策】 2015年，乳山市继续对采用矮化中间砧苗木新植苹果园进行补贴，连片成方面积在0.67公顷以上的每株补贴2元。育黎镇政府对发展果业实行奖励措施，对农户发展苹果或葡萄每公顷奖励900元，发展矮化中间砧苹果每公顷奖励1800元。年内，乳山市新发展苹果园500公顷，其中现代苹果园152.33公顷。

【大宗水果收购价格下降】 2015年，乳山市苹果花量增多，套袋数比上年增长30%，苹果总产量增长14.2%。年内，苹果价格比上年下降，80毫米富士苹果混级收购价格3～6元/千克，80毫米以上富士苹果最高8元/千克，红香蕉、红星直径80毫米以上混级苹果收购价格5元/千克，嘎拉苹果直径75毫米价格5～6元/千克，红将军苹果混级直径80毫米收购价格平均4元/千克、一级80毫米果最高6元/千克。梨产量比上年减少，价格比上年下降。葡萄产量比上年增加，价格3～5元/千克，桃产量与价格均与上年持平。樱桃平均单产比上年增长15%，杏单产比上年增长5%～10%，价格与上年持平。

【现代农业生产发展资金苹果产业项目】 2015年，乳山市继续实施现代农业生产发展资金苹果产业项目，在夏村镇石头圈村、于家庄村、崖子

2015年乳山市水果业主要品种生产情况

表5

品种	面积（万公顷）	比上年±%	产量（万吨）	比上年±%
苹果	1.17	−7.9	45.75	40
梨	0.05	0	1.2	−7.7
葡萄	0.09	0	1.6	0
桃	0.03	50	7.7	54
草莓	0.03	0	1.19	13.7

3月18日，意大利果树专家现场传授现代苹果栽培管理技术 （农业局提供）

镇青山村和冯家镇东官庄村、花家疃村建设苹果现代矮砧集约栽培示范园5个，成方连片面积均13.33公顷以上，总面积89.67公顷。年内，申报2015年乳山市现代农业生产发展资金苹果产业项目，获山东省财政扶持资金600万元，在大孤山镇宫家桃村、吴家沟村、育黎镇塔庄村、夏村镇马家庄村、冯家镇东官庄村、白沙滩镇白沙滩村建设苹果现代矮砧集约栽培示范园6个，成方连片面积均13.33公顷以上，总面积108.67公顷。

【农业部苹果标准园项目实施】 2015年，乳山市志合果蔬食品有限公司承担农业部苹果标准园建设项目，位于冯家镇南高村，实施面积78.67公顷。项目建设内容主要有：硬化主干道1000米，整修平塘1个，设立项目区标志牌1个，购买迷雾喷药车1台，购买伟盛滴灌专用冲施肥10吨，购买喜力多滴灌专用土壤生物杀菌剂200桶，购买多抗霉素2吨，购买枝条开角器20万个，购买修剪工具30套，购买硫磺1吨，购买防虫网2万平方米。项目完成后，年可生产苹果3500吨，产值1400万元，年实现增收节支500万元，带动160户以上农民参加苹果种植与管理。12月，该项目通过山东省农业厅、财政厅专家组考评验收，农业部奖励项目承担单位资金50万元。

【参加威海市第六届苹果擂台赛】 2015年11月25日，乳山市组织30个优秀苹果样品参加威海市第六届苹果擂台赛，为苹果生产者搭建技术交流平台，展示乳山苹果质量水平和产地形象，获特等奖1个、二等奖3个、三等奖4个、优秀奖13个，获“优秀品牌奖”一等奖1个、二等奖5个，乳山市农业局获“优秀组织奖”。

【意大利果树专家传授苹果矮砧集约栽培技术】 2015年3月18日，乳山市引进实施国外智力项目，邀请意大利果树专家Kurt Werth到乳山市对果农进行技术指导，在夏村镇小疃村、南黄镇朱家屯村、白沙滩镇白沙滩村苹果矮砧集约栽培示范园进行修剪及拉枝等现场技术指导，220名果农参加培训，乳山市苹果高产优质高效管理技术水平得到提高。

【果园反光膜污染治理】 2015年，乳山市农业局推广新型长效果园反光膜，推广使用面积1200公顷，组织4个反光膜清理督导小组深入果业专业镇检查督导，将反光膜清理情况纳入乡镇年度考核，着力解决传统反光膜污染问题。

茶 业

【概况】 2015年，乳山市加大乳山茶叶宣传力度，组织企业参加茶叶展销会。继续对新发展茶园进行补贴，对连方成片新发展茶园3.33公顷以上的，按4500元/公顷标准予以补贴。年内，新发展茶园面积23公顷，茶园总面积523公顷。

【乳山市2015—2017年茶产业发展规划】 根据国家、省、市农业开发办要求，乳山市农业局充分调研论证

5月23日，乳山市茶企业参加威海春季茶博会 （农业局提供）

4月26日，乳山市茶企业参加北京茶叶博览会　　（农业局提供）

乳山茶产业，制订《乳山市茶叶产业发展规划(2015—2017年)》，规划创建市级优质高效生态示范园6个，扩建、新建标准化茶园20处，新增茶园146.67公顷，要求乳山市茶叶加工企业实现清洁化生产，加大“乳山绿茶”和“胶东红”品牌推介，完善茶叶质量标准体系，为乳山市茶产业发展壮大打下基础。

【乳山茶品牌推向全国市场】 2015年5月15日，中央电视台《农广新天地》栏目组和威海电视台《希望的田野》栏目组到威茗茶业拍摄玫瑰红茶纪录片，记录玫瑰红茶的采摘、加工全过程。8月20日，中央电视台国际频道《走遍中国》栏目组到极北茶业拍摄《茶与健康》节目，提升乳山茶业品牌形象，将乳山茶品牌推向全国市场。

【乳山茶叶企业、合作社参加第六届中国国际茶业及茶艺博览会】 2015年4月23—26日，乳山市正华、极北、威茗、水云春、凤凰山、爱母、乳叶青7家茶叶企业及合作社参加在北京举办的第六届中国国际茶业及茶艺博览会。5月22—25日，上述7家茶叶企业及合作社参加威海市农业局、威海报业集团“2015年第七届威海国际春季茶博会暨紫砂茶具展”。通过参展，为企业和消费者搭建交流、对接、展示、购物平台，带动乳山与外地茶文化交流与流通。

【省果茶站专家到乳山市技术指导】 2015年7月21日，乳山市农业局邀请山东省果茶站专家段稼祥到乳山市指导茶园管理和红茶、绿茶加工，专家在乳山寨镇圈堷村现场讲解提高茶叶品质、减少污染残留的茶园管理技术，并现场演示红茶加工技术，提高茶农技术水平，为茶业增收提供技术保障。

（王进）

蚕　业

【概况】 2015年，乳山市有柞峦面积1.2万公顷，柞峦放养面积0.4万公顷，比上年增长9%。全年发柞蚕种量18860万粒，比上年增长26.49%；柞蚕种总产量17950万粒，比上年增长24.48%；柞蚕茧统价48元/千克，比上年降低59.91%；柞蚕蛹均价30元/千克，比上年降低42.31%。桑园种植面积减少，不足3.33公顷，放养蚕种5张，产桑茧量200千克。5月7—8日，正值春蚕稚蚕期，晨有雾霾，半岛蚕区受灾严重，春蚕减产，其他各季蚕茧产量较高，全年柞蚕总产量250吨，比上年增加。

【中央电视台到乳山市录制柞蚕放养技术专题片】 2015年4—10月柞蚕制种、放养季节，乳山市果茶蚕站邀请中央电视台7频道(农科频道)摄制组，到柞蚕制种企业、柞蚕放养现场，录制《柞蚕养殖》专题片，重点介绍乳山市柞蚕制种、多次放养技术等生产情况。

【蓖麻蚕养殖项目引进】 2014年，德州乐陵人史晓辉从淄博家祥种业引进蓖麻种子，从江苏省蚕业研究所引进蓖麻蚕种，成立晓辉蓖麻种植专业合作社，开始在午极镇下万口村发展蓖麻蚕养殖。2015年，乳山市蓖麻种植面积发展到133.33公顷，年产蓖麻子50万千克，年产蓖麻蚕茧15万千克，年纯利润500万元。

（何秀丽）

食用菌

【概况】 2015年，乳山市食用菌生产种类主要有平菇、香菇、黑木耳、毛木耳等，总产量3432吨，年产值4842万元。其中，平菇年产量1200吨，年产值720万元。香菇年产量2000吨，年产值3720万元。干黑木耳年产量10吨，年产值62万元。毛木耳年产量20吨，年产值100万元。榆黄蘑年产量200吨，年产值200万元。松茸年产量2吨，年产值40万元。香菇菌棒出口韩国和日本90万个，创外汇1473万元。除黑木耳、毛木耳和松茸初加工成干制品外，其余食用菌销售为鲜品，出口到韩国和日本或在威海地区各大超市销售。

【乳山市夏季毛木耳生产填补空白】 2015年，乳山市以威海鑫宝食品有限公司为主体，实施山东省农业技术推广项目——“毛木耳夏季高效安全生产关键技术示范与推广”，选择适宜夏季栽培的高温型栽培品种——毛

9月2日，鑫宝公司毛木耳生产车间　　（农业局提供）

木耳杂34号，配套利用液体制种技术和夏季高效安全生产关键技术，在威海、烟台市等地销售毛木耳105万棒，实现销售收入202万元，填补乳山市夏季木耳生产空白。

【威海鑫宝食品有限公司】 威海鑫宝食品有限公司位于乳山市惠州路49号，成立于2012年10月，注册资金100万元。公司现有职工58人，是一家专业从事菌种研究开发、食用菌菌棒现代化加工生产的企业，拥有自营进出口权。主导产品有富硒香菇、富硒平菇、富硒黑木耳、富硒杏鲍菇等。公司购置包括生物反应器、气象色谱仪、定氮仪、高压灭菌器、溶氧仪、恒温恒湿培养箱、菌种冷藏柜等在内的研发实验设备96台（套），建成食用菌智能化标准菇房。公司常年与鲁东大学农学院合作，进行香菇育种、栽培等研究，具备完善的技术研发条件。现拥有国家授权发明专利1项、授权实用新型专利4项、授权外观设计专利1项；受理国家发明专利4项、实用新型专利6项、外观设计专利2项；完成科技成果鉴定1项，且获威海市科学技术进步二等奖，其核心技术达到国内领先水平；发表相关学术论文2篇。先后获“威海市农业产业化重点龙头企业”“威海市企业技术中心”“威海市工程实验室”“威海市一企一技术研发中心”“威海市专精特新中小企业”“威海市科技型中小企业”“山东省农业标准化生产基地”等称号。主导产品香菇、平菇、黑木耳、灵芝、杏鲍菇通过中国绿色食品发展中心绿色食品认证。

（何秀丽）

畜牧业

【概况】 2015年，乳山市以创建省级畜产品质量安全示范县、全国病死动物无害化处理长效机制试点县、胶东半岛无规定动物疫病区为重点，坚持一手抓监管、一手抓发展，创新思路、完善机制、狠抓服务，乳山市畜牧业呈现出持续稳定发展态势。至年末，乳山市生猪存栏26.33万头，家禽存栏量1016万只。乳山市动物卫生监督所获“山东省四为兽药监管单位”称号。

2015年乳山市畜牧业生产情况

表6　　单位：万只、万头

项 目	名 称	数 量	比上年 ±%
年末存栏量	大牲畜	0.53	−47
	奶牛	0.73	0
	生猪	26.33	−4.4
	羊	4.48	0
	家禽	1016	1.4
	兔	20.16	−9.2
出栏量	猪	41.59	1.2
	家禽	4154	4.4
	兔	4.2	0.7
	牛	0.39	2.6
	羊	3.93	−0.3

【畜产品质量安全监管网络建立】 2015年，乳山市建立畜产品质量安全监管平台，乳山市有1家畜药生产企业、2家畜禽屠宰加工企业、19家兽药经营单位、9家饲料生产企业及61家规模化养殖场纳入网络监管平台，新上监控设备125台(套)，畜产品从生产到销售实行全过程实时监管，从源头上把住质量关口。充实完善监管平台11大板块33项信息，新增饲养免疫备案记录2.1万条、病死畜禽收集记录2000条、从业人员信息200条、投入品备案信息700条，扎实有效推进畜产品质量安全监管工作。

【连续 16 年无重大动物疫情发生】 2015 年，乳山市落实重大动物疫病防控措施和检疫检测工作，加强重点区域、重点环节疫情监测和强制性免疫，连续 16 年无重大动物疫情发生。年内，开展春秋两季集中免疫和高致病性禽流感、高致病性猪蓝耳病、口蹄疫、猪瘟、鸡新城疫等重大动物疫病强制性免疫工作，免疫畜禽 404.7 万只（头），应免尽免率 100%。加大动物疫情监测力度，日常监测家禽血清 1.09 万份、家畜血清 680 份。检测动物疫病 8 万头（只）、畜产品 208 批次、饲料 148 批次和兽药 10 批次，合格率 100%。做好消毒灭源工作，定期对乳山市畜禽养殖场、屠宰加工厂、交易市场等重点场所进行消毒处理，应消毒场所消毒率 100%。开展涉畜各类监测 16 次，抽取样品 407 个，合格率 99.5%。

【病死动物无害化处理】 2015 年，乳山市以创建国家病死动物无害化处理长效机制试点县为抓手，控住源头，关口前移，完善病死动物无害化处理设施和收集体系，在乳山市建成的威海市病死动物无害化处理中心正式投入运营，总投资 2000 万元，年处理能力 3.5 万吨。规划病死动物收集点 70 处，统一配备专业收集设备，满足乳山市病死动物收集需要。

【标准化畜禽养殖示范场创建】 2015 年，乳山市加快转变畜牧业生产方式，提升畜禽养殖标准化生产水平，创建畜禽国家级标准化示范场 6 家、省级标准化示范场 13 家、市级标准化示范场 47 家。制订《乳山市“十二五”畜禽养殖业主要污染物减排工作实施方案》，对乳山市 134 家规模化养殖场进行污染治理，畜禽粪污综合利用率 96%。

【畜产品监管执法】 2015 年，乳山市开展畜产品质量安全知识培训，推广质量安全控制技术，加大生产环节质量安全巡查，全年检疫畜禽 5731.6 万只（头），组织畜牧、食药监、公安等部门联合开展肉品品质专项整治月、病死动物无害化处理专项整治月活动，集中查处和严厉打击随意使用违禁药物、添加饲料添加剂及私屠滥宰、销售注水肉品、收购加工病死畜禽等违法行为，保障畜产品质量安全。

（汤嘉伟）

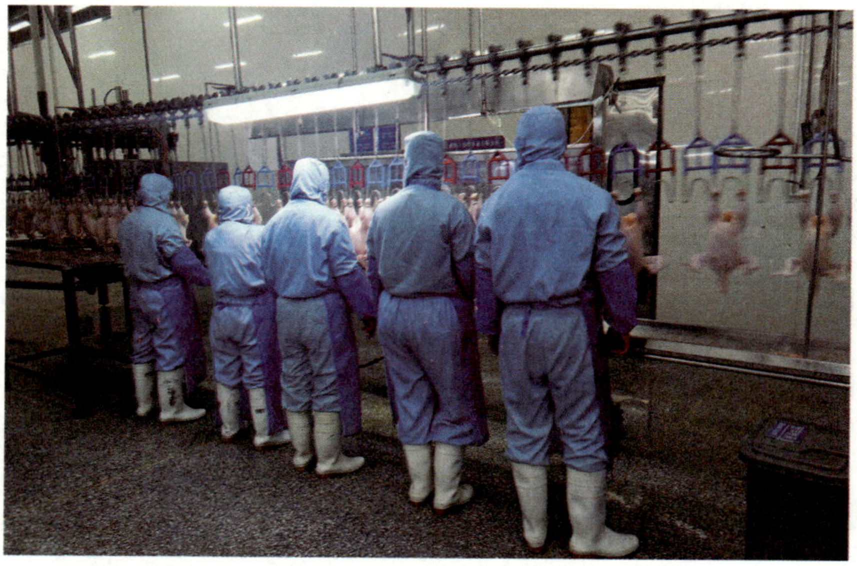

11 月 2 日，福禧威海农牧发展有限公司工人进行肉鸡宰后检疫

（宋莎莎摄）

林 业

【概况】 2015 年，乳山市抓好以沿海防护林建设为重点的荒山绿化、绿色通道管护、森林中幼林抚育以及封山育林等绿化工程，坚持社会效益和经济效益并举，推动乳山市林业建设又好又快发展。年内，乳山市林业用地面积 62167 公顷，其中，有林地面积 56727 公顷，其他林地 5090 公顷，活立木蓄积量 87.08 万立方米，森林覆盖率 34%。

【生态造林绿化】 2015 年，乳山市荒山绿化工程坚持混交造林模式方式，以荒山中、下部栽植 1 ~ 1.5 米高黑松，上部栽植 2 年生黑松容器苗，山沟山腰部栽植刺槐、火炬、紫叶李、黄连木等彩色树种，中间成块状、片状栽植连翘等树种，实施带状、块状、株间等混交，常绿树种、落叶树种和花灌木等树种相结合造林方式。实施荒山绿化工程，完成成片造林 2060 公顷，其中，防护林面积 933.33 公顷，经济林面积 933.33 公顷，用材林面积 133.33 公顷。完成新建农田林网 933.33 公顷，完成中幼龄林抚育面积 2000 公顷，完成育苗面积 733.33 公顷，完成义务植树栽植树木 180 万株，重点加强国家、省级、市级重点生态公益林保护 32826 公顷。新建绿色通道 15 公里，折实造林面积 60 公顷。新建滨海新区绿色通道 15 公里，两侧各宽 20 米，栽植龙柏、蜀桧、紫叶李、连翘、黄金槐等绿化苗木 10 万株，完善绿色通道总长度 118 公里，补植黑松、龙柏、柳树、百日红等各类苗木 2 万株，组织专业队对绿色通道进行重点管护。完成国家沿海防护林 466.67 公顷，其中白沙滩镇 18.87 公顷，海阳所镇 75 公顷，乳山寨镇 261.6 公顷，夏村镇 19.1 公顷，诸往镇 733.33 公顷，育黎镇 18.7 公顷。

【林木抚育管理方式创新】 2015 年，乳山市改进中幼林抚育管理方式，推行“联户互抚，出资代抚，承包专抚”抚育管理方式，对个别技术不到位、抚育不及时的造林农户，督促限期整改。严厉查处以采代抚、乱砍滥伐等违规违法行为。优化林分结构和质量，增强森林抵御病虫害能力，提高林木管理水平，提升

3月12日，市委书记高书良（中）参加植树造林活动　（林业局提供）

森林抵御火灾能力。年内，投资300万元，完成16个林场2000公顷中幼龄林抚育工作，卫生伐2000公顷，修枝2000公顷。

【森林防火工作加强】 2015年，乳山市加强森林防火宣传教育，调整、补充、完善应急预案，2月6日组织实兵防火演练1次。根据林情、火情，科学划定高火险区、高火险期，向社会公布，张贴防火通告1.2万份、禁火令1.5万份，发送防火手机短信40万条、发放宣传材料30万份，新设大型防火警示牌23处、小型防火警示牌230处、标语横幅2000条（幅），发放《致学生家长一封信》10万份，广播电视台防火字幕宣传、播放防火动漫、防火警示片200次，在报纸开设专栏，宣传防火知识20期，向重点林区经营户发放一封信3000份，签订防火责任书。成立督导组，重点督导检查各镇（街道）防火队伍、防扑火装备、基础设施、防火制度等工作，防火重点期严格落实“日督导、日通报”制度。加强林区监控设施保养维护，新安装监控探头26个、智能卡口监控探头20个。院里、垛山林场新建固定式检查站2处，铁丝围挡1处，各防火重点镇新增固定检查站13处。改扩建瞭望台12处，新建防火通道13条，长30公里，整修防火隔离带56公里，新购置本田TP40型大流量水泵1部、大功率高压水泵6台、脉冲水炮4台、汽油机充气泵1台、背囊往复式灭火水枪80台、高压细水雾6个、风力灭火机135台、油锯120台、割灌机4台、水车9台、对讲头盔及分体头灯460个、运兵车3辆、消防车1辆。11月，通过公开招聘，新招专业森林消防队队员16人，各镇（街道）分别成立专业扑火队，配备训练器材，标准化改造完成7个营区。

【森林病虫害防控】 2015年，乳山市成立4支林业有害生物防治专业队伍，按照统一时间、统一组织、统一标准、统一药物“四个统一”防控办法开展林业有害生物防治工作。乳山市以河滨公园测报点为中心建立测报点6处。5月，制订《乳山市2015年林业有害生物防控防治方案》。发布森保情报8期，全年防治作业面积10666.67公顷，其中，防治松毛虫、松针褐斑病及松树枯枝病1000公顷；防治美国白蛾施药作业面积5173.33公顷，释放周氏啮小蜂4亿头，剪除网幕2.1万个；防治松材线虫病传播媒介松墨天牛，作业松林面积4433.33公顷，清除病死木5000株，处理伐桩1万个。乳山市有害生物无公害防治率100%，有虫株率0.7%，叶片保存率98%，监测覆盖率100%，测报准确率96%，种苗产地检疫率98%，调运检疫率96%，死树鉴定率95%，死树伐除率100%，无林业有害生物成灾现象发生。

【争取林业专项资金1345万元】 2015年，乳山市林业局积极争取林业专项资金，为乳山市林业建设发展提供保障。共争取无偿资金1345万元，完成全年计划115%。其中，争取中央财政林业补贴资金520万元，林业有害生物防治资金11万元；山东省造林绿化资金40万元，森林资源保护与管理资金564万元，沿

8月1日，乳山市林业局开展森林病虫害防治　（林业局提供）

海防护林建设资金 210 万元。

（刘欣）

水　利

【概况】 2015 年，乳山市水利局抓好水利基础设施建设，创新管理机制，提升防汛抗旱能力，落实兴水惠民政策，推进水利改革发展。乳山市有大中型水库 4 座、小型水库 106 座、塘坝 773 座、机电井 2280 眼，流域面积 50 平方公里以上河流 16 条，农村饮水工程 575 处，集中供水工程 4 处。年内，乳山市水利局获山东省“全省水利系统先进集体”称号。

【小型农田水利重点县工程推进】 2015 年，乳山市实施小型农田水利重点县工程，按照“输水管道化、粮田喷灌管灌化、经济作物微灌化”要求，改善农业基础设施条件，向茶叶、蓝莓、大姜等高效农业产业倾斜，投资 2825 万元，为种植大户和农业专业合作社新上水源，发展高效节水灌溉工程，建设高效节水农田 1466.67 公顷，实现旱能灌、涝能排，旱涝保丰收。

【农村饮水安全工程实施】 2015 年，乳山市按照“农村供水城市化，城乡供水一体化”要求，投资 986 万元，实施农村饮水安全工程，在南黄镇新建水厂 1 座。实施海阳所镇城市水网延伸及育黎、冯家等镇 8 个村单村供水净化设备安装工程，提升农村饮水安全保障能力。

【20 个库区移民扶持项目实施】 2015 年，乳山市重点解决库区村饮水、交通及水利设施配套问题，投资 450 万元，实施崖子镇双石村、育黎镇北由古村等库区移民项目 20 个，改善库区生态环境，解决库区移民吃水用水等问题。

【重点区域山洪预警能力建设】 2015 年，乳山市投资 719 万元，实施山洪灾害防治非工程措施建设，提升乳山市重点区域山洪预警能力。密切关注旱情发展态势，科学调度抗旱水源。立足“防大汛、抗大洪、抢大险”，落实防汛抗旱行政首长负责制，重点抓好河道行洪安全、水库塘坝度汛、城市防洪排涝和山洪灾害预防，全年无水利灾害发生。

【国家级水利产权制度改革和创新运行管护机制试点县启动】 乳山市作为全省 6 个国家级水利产权制度改革和创新运行管护机制试点县之一，每年可获上级奖补资金 600 万元，连续奖补 3 年，合计 1800 万元。2015 年，乳山市通过设立市、镇两级管护服务站，明晰工程产权，落实管护主体和责任，建立适应市情、水情和农村经济社会发展要求的小型水利工程管理体制和良性运行机制，做到水利工程产权有归属，管理有载体，运行有机制，工程有效益。白沙滩、乳山口、海阳所、夏村 4 个镇级服务站已建成并投入使用，形成“总站 + 分站”的管理新机制。

6月1日，山东省水利厅巡视员刘勇毅（右四）调研乳山市水资源智能化管理工作

（李世东摄）

【水资源管理严格】 2015 年，乳山市严格实施水资源管理，做好计划用水管理工作，全年征缴水资源费 256 万元。依法加强“三条红线”控制，严格按照威海市下达用水总量、用水效率和水功能区限制纳污控制指标执行，乳山市用水总量 1.1756 亿立方米，万元工业增加值用水量 5.7 立方米 / 万元，水功能区限制纳污达标率 71.4%。严格执行建设项目水土保持设施与主体工程“三同时”制度，强化水土保持方案审批。严厉惩治非法采砂、淘金行为，加强跨河道管线工程安全防护检查工作，维护河道管理秩序。

【水利项目扶持与招商引资】 2015 年，乳山市围绕农业节水、防潮堤、河道治理、农村饮水、移民扶持等重点领域，搞好项目储备，争取无偿资金 7867 万元。引进首联通航（北京）国际会展有限公司乳山通航产业园项目，项目一期计划投资 1000 万欧元，占地 10 公顷，用于通航飞机制造生产线投入和产业园基本设施建设，已签订合作框架协议。

（耿海滨）

【龙角山水库蓄水水位变更】 受“厄尔尼诺”现象影响，乳山市 2015 年度降水较往年偏少，至 8 月 1 日 8 时，龙角山水库水位 32.32 米，库容 1289 万立方米，是自 2002 年 10 月水库工程除险加固以来蓄水最低点。7 月 31 日，经山东省人民政府防汛抗旱总指挥部（鲁汛旱总字〔2015〕6 号）批复，龙角山水库汛末水位由 37.00 米变更为37.50米，水库库容由3266万立方米变更为3583万立方米，增加蓄水量317万立方米。全年提供城市供水量1672.82万立方米。

链接：龙角山水库位于育黎镇龙角山村北，是一座以防洪为主，城镇供水兼顾淡水养殖的大（二）型水库，总库容1.0789亿立方米，年均城市供水量1600万立方米，为乳山市重要饮用水水源地。龙角山水库管理处为山东省水利工程规范化管理二级单位，连续11年获“威海市级文明单位”称号。

【龙角山水库工程维护】 龙角山水库东干渠农业灌溉输水工程中的育黎镇育黎村段红旗渡槽和育黎镇曲水村段渡槽，年久失修，存在重大安全隐患。6月30日下午3时和7月16日下午3时，分别被爆破拆除。更换水库溢洪闸启闭机钢丝绳7组，进行除尘涂油，对水库闸门浸水面进行除锈维护，拆除水库主坝背水坡下废旧厂房93间，占地1.33公顷，更新改造防汛物资储备库1座，面积120平方米。

【龙角山水库淡水渔业养殖】 2015年12月8日，乳山市龙角山水库管理处投资30万元，在龙角山水库码头进行淡水鱼人工增殖放流，投放鲢鳙等鱼苗80万尾。该次人工增殖放流工作获省级以上渔业资源人工修复项目资金20万元，威海市海洋与渔业局、乳山市海洋与渔业局领导及专家进行现场指导。

（田明泉）

12月8日，龙角山水库管理处增殖放流 （田明泉摄）

农业机械

【概况】 2015年，乳山市农用拖拉机小型61156台，总动力47.58万千瓦；大中型2896台，总动力11.14万千瓦；拖拉机配套机具11.17万部。当年机耕面积42945公顷，机播面积56240公顷，免耕播种面积25286公顷，其中小麦8453公顷，玉米16833公顷。当年农机化投资4000万元，其中，财政投资1210万元，农民个人投资2790万元。

【农机购置补贴政策落实】 2015年，乳山市落实“全价购机、定额补贴、县级结算、直补到卡”补贴方式，组织召开农机购置补贴工作启动会议，与乳山市农机购置补贴经销商签订补贴工作责任状，与全体补贴工作人员签订廉洁责任状，建立“谁办理、谁负责，谁核实、谁负责”制度，完成农机购置补贴资金1210万元，补贴农户83852户，落实机具9094台。

【山东省农机报废更新试点县启动】 2015年，乳山市作为“山东省农机报废更新试点县”，启动农机回收拆解业务，根据市场废旧钢材回收价格，对农机回收指导价格作出调整。按照“农民自愿、国家扶持、方便高效、促进更新”原则，对自愿报废淘汰老旧农机且购买新农机农户给予农机报废更新补贴，鼓励和引导农业机械以旧换新和升级换代，加快节能、环保、安全农业机械推广应用。全年报废更新机具3843台，完成资金618.07万元，受益农户3789户。

【连续两年成为全省农机反光贴推广试点县】 2015年，乳山市再次被山东省农机部门确定为全省农机反光贴推广试点县，使用新型反光标识，有效弥补拖拉机、联合收割机自身反光、照明不足缺点，增强夜间行车可视性和安全性。获省级反光贴专项补助资金4万元，农机监理人员定期深入镇村开展便民服务，做好宣传和监督，为未按要求粘贴标识或标识损坏脱落车辆免费修复粘贴反光标识，消除农机安全隐患。

【农业机械化实用人才培养工程】 2015年，乳山市农业机械管理局聘请农机专家开展农机技能培训，采用课堂讲授与现场观摩、理论讲解与实际操作、集中培训与个别指导相结合等方式，免费培训农机专业合作社成员、农机致富带头人500人次，打造有文化、懂技术、讲诚信、会操作、善经营、能致富、保安全农机服务人才队伍。

（侯玉红）

· 金代 双耳罐

· 元代 四系罐

· 元代 四系罐

· 金代 四系罐

责任编辑：陈宗坚

· 民国 粉彩花鸟纹将军罐

海洋与渔业

Ocean and Fishery

综　述

【概况】 2015年，乳山市提升渔业综合生产能力，强化海上监管，全面开展产业招商，培植特色产业，海洋与渔业保持持续、稳定、健康发展。乳山市水产品总产量42.496万吨，其中海洋捕捞4.69万吨，海水养殖37.13万吨，淡水养殖0.67万吨。实现水产品总产值41.08亿元。水产品养殖总面积11993公顷，其中海水养殖面积11573公顷，淡水养殖面积420公顷；水产品加工企业60家，加工能力16.5万吨每年，加工总量13.8万吨，产值20.43亿元，比上年增长8.1%。主要加工品种有鳕鱼、马哈鱼、红鱼、章鱼、鱿鱼、海蜇皮、虾酱、海藻等。

10月30日，徐家镇三倍体牡蛎苗装笼　（于成松摄）

【现代海洋产业“八大板块”建设启动】 2015年，乳山市出台《关于加快打造现代海洋产业“八大板块”的实施意见》，打造特色海水养殖、现代海洋捕捞、水产品深加工、海洋生物科技、海洋装备制造、海洋商贸物流、休闲旅游养生、海洋文化体验八大板块，构建创新、高效、包容的现代海洋产业体系。

【“乳山牡蛎”品牌推介】 2015年，乳山市制订牡蛎全产业链规划，引导企业参加国内外知名渔博会、展览会和展销会，组织岳海水产、润德食品2家水产品加工企业参加“2015第十六届中国国际食品和饮料展览会”“第十届中国国际(厦门)渔博会暨2015亚太水产养殖展览会”及“2015第二十届中国国际渔业博览会”，推介乳山牡蛎产品。以网络、电视和平面媒体为平台，宣传“乳山牡蛎”品牌。11月，举办“乳山市牡蛎协会换届大会及‘蛎尚往来’电商平台上线仪式”活动，加入牡蛎协会会员77人。与威海柏特传媒公司联合运营管理《“蛎”尚往来》网站电商平台，吸引入驻企业约20家，实现乳山牡蛎产品统一品牌、统一包装、统一销售。

11月18日，乳山市牡蛎协会换届选举大会暨“蛎”尚往来·海洋名品网网站上线仪式　（海渔局提供）

【无公害水产品生产标准化】 2015年，乳山市提高水产品质量，在乳山市推广无公害养殖。年内，久大牡蛎、宏伟日本对虾、正洋江蓠和瑞力海参等4个产品被认证为无公害水产品。开展水产健康养殖示范场创建活动，瑞力被评为国家级水产健康养殖示范场，岳海水产被评为省级水产健康养殖示范场。农业部、省、威海市质检中心对水产品生产企业进行抽检，完成苗种成品检、捕捞检、风险检及投入品抽检293个批次，涉及海参、牡蛎、大菱鲆、南美白对虾等17个品种，合格率100%。开展养殖场、育苗企业、渔业码头环境卫生整治，年内新增环境卫生一类企业38家，总数达78家。联合公安、畜牧等部门对乳山市50家海参、鲆鲽类养殖企业开展打击水产品安全违法犯罪“百日行动”。沿海6镇设1～2名水产品质量安全管理人员(负责执法)与食药监所合署办公，各村设置水产品协管员1名，协助开展质量安全联合执法检查，提升企业质量安全意识。

【水产品质量安全管理】 2015年，乳山市以建设“食安乳山”为目标，开展“守护舌尖安全”专项整治行动。制订《乳山市创建国家食品安全城市水产品监管实施方案》，印发《诚信体系建设方案》《安全举报奖励工作办法》《渔业投入品专项整治实施方案》等12份制度文件，对乳山市水产育苗养殖单位进行“拉网式”排查，完善基础信息数据库。与养殖、育苗企业签订水产品质量安全责任状，出动水产品质量安全流动宣传车，在6处渔业镇巡回宣传，开展科普宣传教育活动10场。培训质量安全监管人员、水产养殖育苗单位负责人、管理人员4班次。威海市在山东科合公司试点，建立大菱鲆质量安全追溯体系，提升企业疫病防控、质量检验和环境监测技术服务能力。

2015年乳山市水产品产量

表7　　单位：吨

项 目	总 计	海水捕捞与养殖			淡水养殖
		小计	捕捞	养殖	
		418220	46941	371279	6740
一、鱼类	32482	25742	11865	2877	6740
其中：白姑鱼	5514	5514	5514	—	—
鲅鱼	1662	1662	1662	—	—
梭鱼	1575	1575	1575	—	—
沙丁鱼	1300	1300	1300	—	—
鲳鱼	2717	2717	2717	—	—
其他鱼	12974	12974	10097	2877	6740
二、甲壳类	18608	18608	17441	1167	—
其中：虾	11254	11254	10634	620	—
蟹	7354	7354	6807	547	—
三、贝类	354797	354797	2908	351889	—
其中：扇贝	9918	9918	—	9918	—
牡蛎	302842	302842	—	302842	—
蛤	14964	14964	—	14964	—
其他	27073	27073	2908	24165	—
四、头足类	580	580	580	—	—
五、其他水产品	18493	18493	3147	15346	—
其中：海蜇	2971	2971	2971	—	—
海参	2501	2501	—	2501	—
其他	13021	13021	176	12845	—

渔业发展

【概况】　2015年，乳山市加快渔业转型升级，优化渔业产业结构，加快乳山市休闲渔业产业发展步伐，提高乳山市渔业现代化水平。全年创建省级现代渔业园区总数6处，放流各类苗种3.75亿尾（只），乳山市实现休闲渔业总产值2.4亿元，比上年增长118.2%。

【综合型省级现代渔业园区项目成功申报】　2015年，乳山市发挥海域资源丰富优势，加快渔业转型升级，提高乳山市渔业现代化水平，加大现代渔业园区建设力度。年内，乳山市南部路基标准化渔业基地成功申报“一园多主体”、全产业链、立体生态循环型综合型省级现代渔业园区，项目获省级财政扶持资金220万元，主要用于合众生产平台建设（带动渔户新增200户以上）、合众科研平台建设（科研院所＋企业＋合作社＋渔户模式）、产品质量社会共治体系构建、园区创新驱动建设等方面。至2015年年底，乳山市单体省级现代渔业园区总数6处，实现乳山市渔业增效和渔民增收。

【年度资源增殖放流3.75亿尾】　2015年，乳山市持续开展增殖放流工作，放流各类苗种3.75亿尾（只）。其中，中国对虾2.42亿尾，日本对虾0.62亿尾，梭子蟹0.18亿只，海蜇0.52亿只，金乌贼卵23.6万粒，黑鲷101.6万尾，圆斑星鲽（市级新增品种）15.65万尾。年内，乳山市申请“将圆斑星鲽苗种纳入2016年省级增殖放流计划”通过省海洋与渔业厅专家组可行性论证，圆斑星鲽被纳入2016年省级增殖放流计划，进行试验性增殖放流，同时开展增殖放流效果评估。山东科合海洋高技术有限公司经过10年科学研究，成功总结出一套亲鱼促熟、人工繁育苗种生产技术，年生产苗种500万尾，为增殖放流提供保障。

【乳山市海洋牧场建设规划完成】　2015年，乳山市为优化渔业产业结构，编制《乳山市海洋牧场建设规划（2016—2020年）》。规划建设“一湾两河三岛”规模化新型海洋牧场，“一湾”是指塔岛湾正南海区，“两河”是指乳山河入海口正南海区和黄垒河入海口西南海区，“三岛”是指宫家岛东南海区、汇岛周围海区和竹岛附近海区。规划实施期限为2016—2020年，建设目标是通过贝藻类立体生态健康养殖技术推广和人工鱼礁设置，修复近海海域生态系统，改善水域生态退化状况，保护水生生物多样性，形成集海洋资源开发、增殖、海上游钓、休闲观光等多功能于一体生态建设框架，打造乳山特色海洋牧场。

【休闲渔业实现总产值 2.4 亿元】 2015 年，乳山市为加快乳山市休闲渔业产业发展步伐，培植渔业新的经济增长点，建设提升小青岛、南泓南村、正华山庄等休闲渔业项目陆地配套设施。青艺蔬菜渔业陆地池塘垂钓区和金牛谷生态农业观光园垂钓区成功申报威海市休闲渔业产业发展奖励项目，分别获市级补助资金 10 万元。2015 年乳山市休闲渔业总产值 2.4 亿元，比上年增长 118.2%。

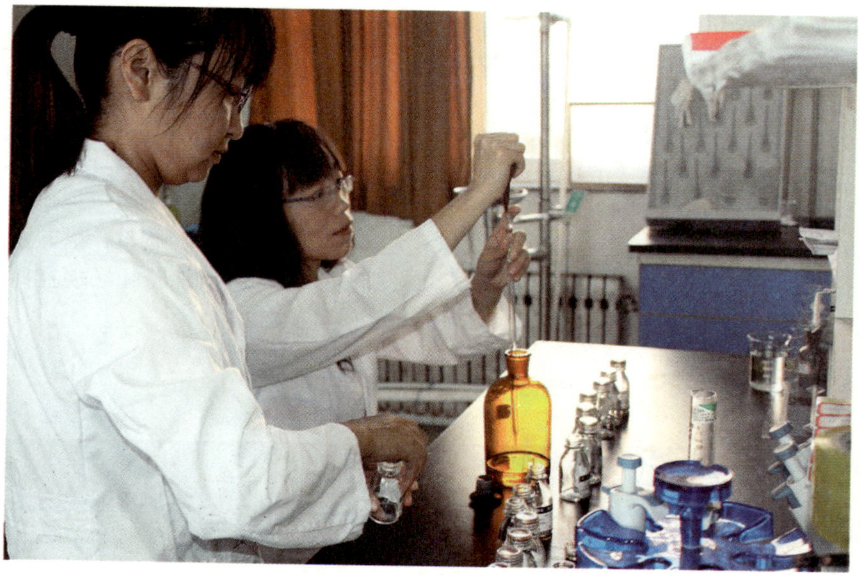

10 月 15 日，乳山市近海海水营养盐测定 （郑国强摄）

海洋管理

【概况】 2015 年，乳山市积极谋划，创新发展，积极开展海域资源普查工作，加强海洋环境监测，科学应对浒苔自然灾害，实现海洋动态化管理。

【海域使用规范化】 2015 年，乳山市制订海域使用权招拍挂实施方案，通过政府审批，公开选择拍卖公司，11 月，启动海域使用权招拍挂工作。编制完成《乳山市海域使用规划（2013—2020 年）》。制订海域资源普查方案，历时 2 个月，完成乳山市海域资源普查工作。实施县级海域动态监管能力建设项目，编制县级海域动态监管能力建设工作方案，实现海洋动态化管理。

【海洋环境监测】 2015 年，乳山市开展海洋环境监测、环境监管监测、公益服务监测和环境风险监测 4 大项 6 类监测，在乳山市近岸海域均匀布设站位 32 个，跟踪监测水质、气象、沉积物、生物生态和生物质量要素，获监测数据 6000 个，依据相关标准和技术规范对监测结果进行评价，编制《2015 年乳山市海洋环境公报》，增强海洋环境保护意识。按照《山东省海洋生态环境监测与评价工作方案》要求，首次对银滩海水浴场进行公益性监测，通过网络、站牌、浴场电子屏等渠道及时向公众发布，为乳山市旅游业发展提供信息支持。

【浒苔自然灾害应对】 2015 年，乳山市浒苔灾害爆发时间早、密度分布大、波及范围广，零星浒苔从 6 月 14 日开始登陆岸滩，到 7 月 23 日结束。全面做好浒苔应急处置工作，累计出动人员 10248 人次、机械车辆 16483 台次、船只 53 艘次，打捞处置浒苔 30.72 万吨，日处置浒苔 1000 吨，实现浒苔"日上日清"，保障沿海渔业和旅游活动开展。加大日常监视监测力度，及时掌握浒苔分布情况，编制情况专报上报上级部门，为各级领导决策提供科学依据。

【海洋执法力度加大】 2015 年，乳山市履行海洋监察执法职能，落实岸段负责及近岸海域定期巡查制度，全年开展岸线巡查 140 次、出动执法艇 50 次，检查各类用海项目 150 宗。开展"海盾 2015"、"碧海 2015"、无居民海岛专项执法行动，巡查监管涉海大项目、海洋特别保护区、近岸海域，利用监控设备和现场巡查等手段，严厉惩治海洋违法行为。

渔政管理

【概况】 2015 年，乳山市严格渔政执法，开展清理涉渔"三无"船舶、违规渔具专项行动及"三渔"普查、渔业安全隐患排查和渔船年审年检工作，完成省级渔业文明执法窗口单位创建工作，获"全省平安渔业示范县"称号。

【获评"2015 年省级伏休先进单位"】 2015 年渔业伏休期间，乳山市严格执行船籍港与转港审批制度，组织召开辖区内各渔船修造企业负责人会议，签订《2015 年伏季休渔坞修船厂责任状》，规范渔船坞休规定。成立陆地和海上（中国海监 4037 号船）协作配合的联合执法小组，开展清理涉渔"三无"船舶、违规渔具专项行动。对查获的各类案件，严格执行"海查陆处"有关规定，在乳山口渔港设立专门渔船扣押泊位，制订扣押渔船交接记录表，落实扣押渔船看管人责任。违规案件实行"首案问责制"，违法案件发现一处查处一起。伏休期

11月3日，海洋与渔业局省级文明执法窗口评审会召开　（于连洋摄）

间，查获违规渔船81艘，清理定置网具12盘，办理渔船坞修285艘，其中县内坞修269艘，跨县坞修16艘，未出现群体性违规事件。获“2015年省级伏休先进单位”称号。

【省级渔业文明执法窗口单位创建】 2015年，乳山市制订年审、伏休、海上安全生产暨秋冬季渔场管理及涉外管理工作方案，完善外省籍渔船管理、违规渔具清理整治工作计划，建立捕捞许可证年审、春汛渔场、专项资源管理工作台账，保证可追溯性和完整性。开展为期8个月的渔业文明执法窗口单位创建活动，完成省级文明窗口创建工作。

【获评“全省平安渔业示范县”】 2015年，乳山市开展“三渔”普查、渔业安全隐患排查和渔船年审年检工作，采取救生衣、灭火器刷写船名号方式，逐船落实消防、救生设施配备。开展秋冬季安全隐患大排查、渔船防碰撞、渔港码头和停港渔船安全防火工作专项整治行动，彻底消除安全隐患。加强渔船网格化管理，开展渔业安全生产教育培训5期，培训渔民2200人。开发运行渔船信息化管理平台软件系统，为乳山市1350艘渔船安装发放渔业船舶身份标签和渔业船舶卡，构建智能化渔船信息管理系统。获“全省平安渔业示范县”称号。

渔业科技

【概况】 2015年，乳山市把海洋与渔业科技创新作为推动现代渔业经济转型的重要手段，深入推进产学研合作，研发和推广新品种新技术，实现渔业增产增收。

【基层渔业技术推广】 2015年，乳山市建成由5名专家、20名技术指导员、250名示范户和1350名辐射带动户组成的水产科技服务网络，海参示范带动面积1600公顷，牡蛎示范带动面积5333.33公顷。指导示范户填写《科技示范户手册》和养殖生产日志，解决技术难题48个。举办集中培训班5期，开展分散式培训20期，结合新型渔民培训项目举办技术培训班2期，结合山东省贝类产业创新团队举办相关技术培训班5期，联合饲料、渔药生产企业开展实用技术培训2期，举办“电子商务培训班”1期，培训2038人次，发放技术资料2100份，保证主推技术推广规模和应用效果。

【新品种和新技术示范推广】 2015年，乳山市建成牡蛎养殖试验示范基地72.8公顷，建成海参养殖试验示范基地334.67公顷。联合乳山市宝裕水产养殖场开展自选推广项目“刺参微生态水质改良技术”示范推广，建立示范场3200立方水体，推广面积12000立方水体，养殖水质得到改善，刺参产量、产值、品质明显提升。与山东省海洋生物研究院合作开展省农业推广项目“牡蛎浅海生态养殖技术”，推广牡蛎、龙须菜生态混养技术723.33公顷，培训指导296人次，发放技术材料1100份，实现渔业增产增收。

9月29日，乳山市牡蛎筏式育肥技术培训班　（于成松摄）

乳山市渔业企业选介

【山东科合海洋高技术有限公司】位于乳山市徐家镇，成立于2001年。注册资金1200万元，总资产2000万元，为股份制企业。占地11.33公顷，建有综合办公楼3000平方米，餐厅楼900平方米，实验楼1000平方米。工厂化标准育苗车间12000平方米，室外养殖池12.53公顷，为省级水产健康养殖示范场、省级现代渔业园区、省级圆斑星鲽原种场、威海市"海水地方名优珍稀苗种繁育"工程技术研究中心、威海市水产品质量可追溯试点单位和威海市科技型中小企业。主要生产品种有大菱鲆、圆斑星鲽、美洲黑石斑、牙鲆、海参等，其中圆斑星鲽为特有品种。2015年，威海市首次举办圆斑星鲽放流，将其纳入2016年省级增殖放流品种。年生产繁育各类海水鱼苗500万尾，繁育海参苗种4000公斤，销售优质海参种5000公斤，产品辐射山东、辽东半岛。2015年，主营收入445万元，利税127万元。

9月22日，山东省海洋与渔业厅厅长王守信（右二）到乳山市华信食品有限公司调研（海渔局提供）

【乳山华信食品有限公司】位于乳山口工业园，成立于2002年6月，公司原名乳山正洋食品有限公司，注册资本11829.4579万元，现有职工1600人。拥有万和食品、华信食品、海珍品育苗、海丰养殖等7个全资子公司和威海正洋海洋生物技术研究院、威海久业仓储物流有限公司、乳山市华信牡蛎养殖专业合作社等8个关联企业，集研发、育苗、养殖、加工、检验、冷链物流、贸易等为一体。为农业部水产健康养殖示范场、农业部经济海藻遗传学与育种创新团队、高新技术企业、山东省农业产业化重点龙头企业、山东省水产健康养殖示范场、山东省现代渔业示范园区、山东省工业旅游示范点、山东省消费者满意单位等，拥有北美认证、欧盟认证、美国HACCP、BRC、MSC等国际性权威认证及国内QS食品安全生产许可证。注册"养生仙贝"商标、"金龟岛"商标、"HOPE WELL"商标。取得冷冻扇贝柱、盐渍裙带菜绿色食品A级认证和栉孔扇贝、裙带菜、牡蛎、龙须菜无公害农产品认证和无公害农产品产地认证。新注册成立乳山市华信牡蛎养殖专业合作社，吸收社员220人。2015年，销售收入8亿元，进出口总额2.2亿美元，出口创汇连续多年位居威海市同行业首位。

【威海金牌生物科技股份有限公司】位于乳山经济开发区，成立于2005年，注册资金2000万元，总资产5662万元，固定资产3424万元，法人代表为杨德福。现有职工110人，大专以上学历专、兼职员工30人，研究与试验开发人员12人，外聘专家3人，中级职称以上7人，博士3人，硕士4人。主导产品为海参、鲍鱼和海蜇配合饲料、海洋微生物发酵生物活性饵料和微生态制剂。利用生物技术解决海珍品养殖过程中各生长阶段需要的营养物质及饵料，研制出不同海珍品生物饵料配方及生产工艺，完成17项成果转化。2015年，完成销售收入2477万元。拥有"金牌饲料院士工作站""山东省企业技术中心""威海市高值水产品饲料工程中心""威海市企业技术开发中心""威海市海珍品饲料工程实验室"，获"威海市高新技术企业""威海市农业产业化重点龙头企业""威海市科技型中小企业""中国海珍品饲料第一品牌""重质守信——3·15满意品牌""山东省创新驱动发展能力百强企业"称号。

【威海市恒源渔业有限公司】位于乳山市城区，成立于2012年2月。注册资本3000万元，固定资产6000万元，职工103名。公司致力于远洋渔业开发，特别是南太平洋金枪鱼钓业。以斐济苏瓦港为渔船补给基地，渔场辐射所罗门至大溪地公海。为中国远洋渔业协会会员，山东省远洋渔业协会理事单位，拥有农业部远洋渔业企业资格、交通部申办海员证资格以及自理报关报检资质。加快发展印度洋远洋渔业，以毛里求斯路易斯港为渔船补给基地，发展金枪鱼钓船和灯光围网船。2015年，实施南太平洋和印度洋公海作业金枪鱼项目，作业渔船7艘，完成产量2231吨，产值3347万元，实现利润478万元。

（于秉敏）

5月30日，乳山口海湾　（高淑新摄）

·宋代 铁斧

·宋代 铁犁镜

·宋代 铁杈

·唐代 铁釜

责任编辑：王 浩

· 宋代 铁马镫

工 业

Industry

· 宋代 铁凿

综　述

【概况】 2015年，乳山市工业调整完善产业结构，深化改革创新，突出项目建设，着力提高经济发展质量和效益。年末，乳山市工业企业（单位）1810家，其中，规模以上工业企业338家，规模以下工业企业1472家。工业企业中内资企业262家，港、澳、台商投资企业11家，外商投资企业15家；大中型企业68家，小微企业270家。规模以上工业企业完成增加值171.57亿元，实现销售收入735亿元，利税58.49亿元。

【产业改造提升】 2015年，乳山市围绕改造传统产业，实施重点工业技改项目20项，自动化改造企业16家。推动食品加工等产业向精深领域拓展，资源型企业向循环经济延伸，装备制造等产业向智能生产转型；促进制造业实现集群化拓展、链条化延伸和自动化升级。壮大新兴产业，强化新材料、节能环保等产业的招商引资、产业孵化、成果转化，新材料产业产值突破100亿元。

【骨干企业培育】 2015年，乳山市33户重点企业和44户成长型企业稳步发展，实施佰德信四期等重点项目20个，累计完成投资21.4亿元，有16个项目竣工投产，形成一批新的经济增长点，鑫山集团、金洲集团和正洋食品等10家企业纳税过千万元。

【产业合作重点项目】 2015年，乳山市利用无形资产，先进技术、市场资源等优势，引进市外企业参与资产重组、资本运作或市场合作。促成华信食品引入红塔集团资本、福建华昌食品与华信食品合作扩大产能、隆图新型建材与东莞拉菲合作、成景有机硅与浙江客商生产汽车内饰布等10项合作项目，总投资7.7亿元，与外合作已成为企业发展的重要途径。

【工业品牌"三级联建"】 2015年，乳山市继续实施"政府引导、部门指导、企业主导"的品牌三级联创工作，恒裕食品的"亨裕及图"和振兴铸钢的"ZX及图"创树"山东省著名商标"。截至2015年年末，乳山市有"国家地理标志商标"9个，省级以上品牌产品49个。

2015年规模以上工业企业主要产品产量完成情况表

表8

产品名称	计量单位	本年生产量
铁矿石原矿	吨	347961.00
小麦粉	吨	26927.00
饲料	吨	18704.00
其中：配合饲料	吨	14389.00
鲜、冷藏肉	吨	100548.00
冷冻水产品	吨	194304.68
乳制品	吨	4187.00
固体及半固体乳制品	吨	4187.00
其中：乳粉	吨	4187.00
罐头	吨	24562.00
饮料酒	千升	13151.00
其中：白酒（折65度，商品量）	千升	3635.00
啤酒	千升	9516.00
软饮料	吨	19084.00
包装饮用水	吨	7371.00
果汁和蔬菜汁类饮料	吨	11713.00
布	万米	12954.17
化学纤维短纤布	万米	12954.17
亚麻布（含亚麻≥55%）	万米	266.61
蚕丝及交织机织物（含蚕丝≥50%）	万米	6.61
无纺布（无纺织物）	吨	3622.00
服装	万件	1713.67
梭织服装	万件	1438.18
其中：羽绒服装	万件	119.63
西服套装	万件	1290.39
针织服装	万件	275.49
家具	件	46419.00
其中：木质家具	件	46419.00
机制纸及纸板（外购原纸加工除外）	吨	2792.00

续表 8

产品名称	计量单位	本年生产量
纸制品	吨	25640.00
其中：瓦楞纸箱	吨	13611.00
单色印刷品	令	282188.00
多色印刷品	对开色令	67728.00
硫酸（折 100%）	吨	96338.62
合成氨（无水氨）	吨	31161.44
农用氮、磷、钾化学肥料（折纯）	吨	122602.71
磷肥（折五氧化二磷 100%）	吨	122602.71
涂料	吨	6232.00
初级形态塑料	吨	1721.00
塑料制品	吨	42583.00
泡沫塑料	吨	2862.00
塑料人造革、合成革	吨	5731.00
水泥	吨	657941.04
商品混凝土	立方米	264728.00
石膏板	万平方米	3718.10
天然花岗石建筑板材	平方米	535192.00
生铁	吨	148172.00
铸铁件	吨	58235.00
铸钢件	吨	34265.00
锻件	吨	25377.00
粉末冶金零件	吨	10661.00
金属切削机床	台	1352.00
泵	台	5416.00
液压元件	件	1067.00
衡器（秤）	台	1228.00
模具	套	78551.00
电动机	千瓦	159324.00
交流电动机	千瓦	159324.00
电子元件	万只	4.58
钟	只	26766.00
自来水生产量	万立方米	1172.00

（丁培坚）

【2015 年纳税明星企业】

五星级纳税明星企业（1 家）： 山东乳山农村商业银行股份有限公司。

四星级纳税明星企业（2 家）： 山东金洲矿业集团有限公司、威海鑫山集团有限公司。

三星级纳税明星企业（3 家）： 国网山东省电力公司乳山市供电公司、乳山市益天房地开发有限公司、乳山市富大房地产有限公司。

二星级纳税明星企业（9 家）： 山东双连制动材料股份有限公司、乳山华信食品有限公司、威海佰德信新材料有限公司、山东鲁菱果汁有限公司、山东力久特种电机股份有限公司、山东乳山工艺品有限责任公司、山东日信工业有限公司、泰山石膏（威海）有限公司、中国建设银行股份有限公司乳山支行。

一星级纳税明星企业（26 家）： 威海恒邦化工有限公司、华隆（乳山）食品工业有限公司、乳山金鼎房地产开发有限公司、乳山市烟草专卖局（营销部）、乳山市大陶家房地产开发有限公司、威海海大塑胶有限公司、乳山振华商厦有限公司、山东省昆仑路桥工程有限公司、威海同仁食品有限公司、福喜（威海）农牧发展有限公司、中国工商银行股份有限公司乳山支行、中华联合财产保险股份有限公司乳山支公司、乳山市海天集团有限公司、中国农业银行股份有限公司乳山市支行、乳山汉泰大麻纺织有限公司、乳山天骄村镇银行股份有限公司、威海华邦精冲科技股份有限公司、乳山市富地渔具有限公司、乳山振华海洋食品科技有限公司、威海市明珠硅胶有限公司、乳山恒裕食品有限责任公司、乳山市金果花生制品有限公司、特来蓓丝特印染（乳山）有限公司、威海龙峰硅胶有限公司、乳山市佳利制衣有限责任公司、威海兴进印染有限公司。

2015 年乳山市工业主要经济指标完成情况表

表 9

项　目	单位	实际完成
全部工业		
工业总产值（当年价）	亿元	797.30
工业销售产值（当年价）	亿元	789.77
主营业务收入	亿元	792.84
规模以上工业		
工业总产值（当年价）	亿元	738.34
工业销售产值（当年价）	亿元	731.93
其中：出口交货值	亿元	135.06
工业增加值	亿元	171.56
主营业务收入	亿元	735.00
工业产品产销率	%	99.13
利税总额	亿元	58.49
其中：利润	亿元	32.77
资产总计	亿元	562.85
总资产贡献率	%	12.66
资产负债率	%	43.77
全部从业人员年平均人数	人	64749

（丁培坚）

2015 年乳山市规模以上工业企业主要经济指标完成情况表

表 10

单位：万元

项　目	企业单位数	其中：亏损企业	工业总产值（当年价）	工业销售产值（当年价）	其中：出口交货值	工业增加值	资产总计	主营业务收入	利税总额
总　计	338	56	7383445	7319309	1350570	1715652	5628512	7349991	584933
内资企业	262	42	5607447	5555601	737806	1345304	4348185	5555128	465294
国有企业	5	2	89297	89196		39831	185993	85099	11670
集体企业	1		73330	68917	21517	16319	34778	69520	4918
联营企业	1	1	42394	43296	2396	5887	8959	40382	1684
其他联营企业	1	1	42394	43296	2396	5887	8959	40382	1684
有限责任公司	57	10	1449157	1449584	169438	403966	1398717	1451314	144689
其他有限责任公司	57	10	1449157	1449584	169438	403966	1398717	1451314	144689
股份有限公司	8	2	372296	352965	26770	81440	341264	363246	12082
私营企业	190	27	3580973	3551643	517685	797862	2378473	3545566	290251
私营独资企业	54	7	1155862	1142542	144620	234512	784653	1148645	89699
私营合伙企业	7	1	100626	96019	52073	23447	51507	97669	12394
私营有限责任公司	123	17	2245415	2234786	296754	523334	1480051	2221189	180848
私营股份有限公司	6	2	79070	78295	24238	16570	62262	78063	7311

续表 10

项 目	企业单位数	其中：亏损企业	工 业总产值（当年价）	工 业销售产值（当年价）	其中：出 口交货值	工 业增加值	资产总计	主营业务收入	利税总额
港澳台商投资企业	11	2	217890	213491	72874	62105	137125	224788	17204
与港澳台商合资经营企业	4		95328	92118	34499	25973	50812	99156	8585
与港澳台商合作经营企业	2	1	59084	60729		18355	30110	61144	3637
港澳台商独资企业	4		61467	58632	38376	16990	43953	62477	5079
港澳台商投资股份有限公司	1	1	2011	2011		787	12251	2011	−97
外商投资企业	65	12	1558108	1550218	539890	308243	1143201	1570075	102435
中外合资经营企业	24	4	672378	669584	208918	107985	490361	695025	22005
外资企业	39	8	869258	865231	320489	193998	640974	857912	76669
外商投资股份有限公司	1		10300	10482	10482	3879	7995	10786	2389
其他	1		6173	4921		2381	3872	6352	1372

（丁培坚）

工业园区

【经济开发区】 于1992年12月经山东省人民政府批准成立。2015年12月28日，经山东省环保厅、商务厅、科技厅鲁环函〔2015〕972号文批复，同意乳山经济开发区建设省级生态工业园区。2015年，经济开发区引进项目10个，总投资13.2亿元；全区实现工业总产值348亿元，财政收入1.65亿元。

招商投资过十亿元项目五个 2015年，经济开发区新引进总投资5亿元华信产业园海产品深加工项目、总投资1.2亿元华邦精冲汽车调角器项目、总投资1亿元高档针织服装制造博诺制衣项目；盘活闲置资源，引进总投资2.5亿元的远深新能源项目；通过设立在外能人数据库，安排专人开展对接工作，引进投资1.1亿元东典智能农业项目和投资8000万元福如东海韩国城项目。全区引进新项目10个，其中过亿元5个，总投资达13.2亿元。

项目建设加快 实行项目分包责任制，促进项目加快开工建设。华信产业园、远深新能源、博诺制衣等新引进项目达到当年引进当年开工；推进力牌石油、科大孵化中心、海洋机械等重点续建项目，海洋机械、力牌石油、瑞华达机械汽车座椅等项目在年内建成投产；利用国家金融政策，为困难企业提供资金支持，园区内双连、伯特利等12家企业技改扩规。完成威海市级以上创新平台6家，省级1家。

涉氨制冷改造 2015年，经济开发区与区内160家重点企业签订《安全生产责任状》，对乳山合和食品有限公司、山东同兴食品有限公司等涉及涉氨制冷、涉爆粉尘、危化品及一般工商贸企业实施综合检查180家次，关停液氨制冷企业25家，更换其他制冷介质并完成改造32家，特种设备定检率提高到95%。涉氨制冷改造工作居威海市前列，被评为威海市安全生产工作先进单位。

【华邦科技挂牌上市】 2015年10月9日，园区企业威海华邦精冲科技股份有限公司登陆新三板挂牌交

10月9日，威海华邦精冲科技股份有限公司在全国新三版上市（刘淑真摄）

易，股票代码为“833693”，交易方式为协议交易。平安证券为其主办券商。总股本为2500万股，每股收益为0.12元。华邦科技主营业务汽车精冲零部件研发、加工、销售业务，主要产品为蹄铁、齿环、齿轮、齿板等。

（杨静）

11月10日，乳山市海湾新城能源路140米大桥建成通车 （陈晓辉摄）

【滨海新区】 成立于2012年12月26日。范围包括银滩旅游度假区、大乳山滨海旅游度假区、海湾新城、新兴产业园、塔岛湾海洋生态国家级海洋特别保护区、食品与生物科技产业园、科技产业园7个功能片区。2015年，滨海新区坚持“产业兴区、工业带动、产城融合、一体发展”目标，全年签约过亿项目29个，完成基础设施投入30.7亿元。实现公共财政预算收入7655万元。“银滩—大乳山”海岸线入选山东省首批“齐鲁美丽海岸”。

招商引资实现新突破 2015年，滨海新区采取委托招商、以商招商、对韩招商、重点产业招商等形式加强招商引资工作。全年外出招商100批次，引导中外企业、协会、金融机构等50家到乳山市考察，签约过亿项目29个。年内，引进总投资1亿元的威海海若食品、总投资3亿元的元辰能源、总投资1.3亿元的老来乐康复医院等项目。依托健康养生、休闲度假、海洋科技、新兴产业4大优势产业，加快建设温喜生物、骏翔科技、帕斯砜新材料、智创科技企业孵化器、岳海水产等过亿元项目13个；新签元辰热力、元辰新能源科技、喜来登主题酒店、浙江中房乳山旅游综合体等过亿元项目8个；新开工大学生创业基地、靖翔家具、元辰热力等规模以上项目5个，其中，温喜生物、帕斯砜新材料、鲁酱酒业、老来乐老年公寓、隆图新型建材等项目已投产。

设施建设与服务质量提升 全年投资15.7亿元，实施路网桥涵、园林绿化、海岸线修复、便民服务、供水供电供气5大类42项基础设施建设工程，提升基础设施对经济发展的承载力。推行滨海新区、社区居委会、业主委员会、物业公司“四位一体”精细化物业管理，创新开展社区网格员、小区物业、小区居民互补式“三方互动”物业考核新模式，加强对物业企业的考核和监督，提高物业企业服务意识和质量。

（徐圆圆）

6月28日，乳山市滨海新区 （高淑新摄）

【纺织染整工业园】 于2003年经威海市人民政府批准成立，分纺织染整、服装加工、化工助剂3个区域，是乳山和威海地区唯一一处以纺织染整为主导产业的专业特色园区。

重点项目建设推进速度快 2015年，推动城西孵化器项目与上市公司一滕集团开展收购谈判，加快翰升纸业的债转股进程，实行产权、经营权相分离，引入专业团队注资扩规发展。城西科技孵化中心和艾文生物科技各投资一个亿进行续建，城西科技孵化中心2号、4号、8号车间主体及抹灰完成，7号车间钢结构立柱完成，传达室等附属设施完成；艾文生物科技1号、2号车间已完成，正在进行附属设施及设备基础施工。丽浦维尔投资500万元、兴进印染投资200万元对设备进行升级改造，惠川制衣扩建厂房3000平方米。

9月9日，空地一体应急侦查指挥系统 （孙凤侠摄）

新上项目跟踪服务 抓好园区新上项目跟踪服务工作。全程帮助办理艾文生物科技、城西科技孵化中心、正华纺织旅游用品等项目的立项、注册、规划、开工、土地等各种手续。抓好企业调研工作，解决企业后顾之忧。定期走访企业，了解企业困难，帮助亚细亚机电公司招工1200人，解决企业用工难问题，满足企业生产需要；做好丽浦维尔印染设备的升级改造和技能减排工作，做好企业2016年上半年在三板挂牌上市的目标规划的前期准备服务工作；协调土地、银行、财政等部门为圣民纤维、吾星纤维、佑成纤维等企业周转资金1800万元。

【城区工业园】 2013年，由原城区科技工业园、夏村镇工业园、大孤山工业园、长庆工业园整合而成，占地面积5.65平方公里。

三智无人机项目入园 2015年，为打造智慧工业，引进投产三智无人机项目，被市政法委纳入治安立体化防控体系建设。围绕无人机项目，先后筹备并成功迎接威海市社会治安防控体系建设现场会和山东省政法委书记张江汀一行的观摩调研；同时，城区工业园启动特种车辆改造项目，洽谈高清晰成像和无人船项目；筹划推进穹顶室内生态园、以眼科为主的综合性医院、富城民俗艺术馆建设；以久久发商贸城为依托，跟踪洽谈承接中韩自贸、电商实体结合的商贸物流项目，发挥示范带动作用。

入园企业全程服务 对园区落户企业进行常态化走访，摸底调查园区企业情况，掌握企业最新动态和需求；对入园企业的项目报批、定点、土地征用、用水、用电、工商税务登记、前期开工手续、项目的推进以及竣工验收等需要办理的手续，均由园区管委会负责协调办理。

（庞毅敏）

黄金工业

【概况】 2015年，乳山市拥有黄金工业集团两个，黄金矿山8座，采选总设计能力3550吨/日。年生产黄金1204.4公斤，实现销售收入2.23亿元，上缴税金3742.31万元。

【山东金洲矿业集团】 集团组建于1998年3月，2003年9月加入山东黄金集团有限公司。2015年，金洲集团拥有山东金洲矿业集团有限公司、山东金洲集团千岭矿业有限公司和山东金洲集团富岭矿业有限公司3家矿山企业，总资产10亿元，职工1300人。当年生产黄金1056公斤，实现利润总额6610万元，上缴税金3686.55万元。年内荣获“乳山市纳税明星企业”“威海市纳税新星企业”“山东省设备管理优秀单位”、山东黄金集团“管理创新奖”和“安全环保奖”等荣誉和奖项，通过国土资源部组织的“国家级绿色矿山试点单位”评估验收。

黄金生产形势好转 2015年，在原矿品位下滑、供矿不足等不利因素影响，科学调节生产与基建关系，优化劳动组织方式，累计采矿40万吨，出矿43万吨，生产黄金1056公斤，比2014年增产9.12公斤。销售收入1.93亿元。

年内，将残矿探采作为保供矿、保产量的重要举措，累计残采矿石6.81万吨，生产黄金400公斤。突出抓好金青顶矿区深部开拓工程施工，完成井巷掘进工程量1762米19220立方米。−785米盲风井井筒累计掘砌200米，−785米、−1145米中段供电排水系统以及−905米、−1025米中段脉外掘进快速推进，为矿区深部接续创造条件。推进以探边摸底、攻深找盲为重点的探矿工作，新增矿石量30.3万吨，金属量969.67公斤，为矿山长远发展提供资源保障。

矿山安全强化 抓隐患排查治理，严格落实安全专管、安全确认、安全监察等制度，推行“违章记分考核”“薄弱环节建档重点管控”等安全监管新模式，对安全隐患及“三违”行为进行彻底排查整治；严格安全教育培训，实现全员安全教育培训率和特种作业人员持证上岗率100%。对应急救援队伍举行井下顶板塌方、一氧化碳中毒、井下应急撤人演练等活动，提升矿山应急保障能力和水平；实施井下微震监测、安全监控数字化改造、尾矿库在线运行监测等项目，其中金青顶矿区井下微震监测系统，实现与东北大学井巷和地压控制中心联网，为加强深部地压活动研究，科学指导深部采矿工作奠定基础；推进合规生产，金青顶矿区深部开拓工程安全设施设计通过国家安监总局组

11月25日，乳山市非煤矿山应急救援演练在金洲公司举行（张岩峰摄）

完善爆炸物品购买手续和网上申请购买盐酸管理工作。配合相关单位完成新炸药库选址、设计、建设及安全评价。召开施工队及相关管理人员会议，严格领用手续，安排专人押运爆炸物品，对井下爆炸物品跟踪管理，不定时对施工单位进行检查。

扩界扩能准备就绪 2015年，针对唐家沟矿区扩界扩能和办理新采矿证，编写开发利用方案、土地复垦方案、水土保持方案、恢复治理方案、水资源论证报告，以上报告已经评审备案，环评报告亦编写完毕，送山东省环保厅评审。

（蔡春梅）

织的专家审查，西泊、三甲及胡八庄矿区扩能扩界手续办理有序推进。公司所属5个生产矿区以及3个尾矿库项目顺利通过安全生产二级标准化验收。

管理模式创新 根据生产经营环境变化以及内部市场化要求，修订编纂出70万字的《第六版企业管理制度汇编》，为推动公司改革创新提供制度保障；成立内部市场化改革领导小组和工作小组，制定《内部市场化运营实施方案》，加紧内部市场价格、预算、核算、验收等制度体系的编制，内部市场化改革取得阶段性成果；在物资管理上，严格采购审批、强化定额考核、推行库存物资内部调配等措施，实现材料消耗比上年下降13.76%；在节能管理上，加快设备节能改造，深挖调荷节电潜力，实现调荷节电107万元；在效能监察上，组织开展工程监察及跟踪验收350场次，审计预决算项目30个，参与完成招标项目5个，实现管理效益37万元。在金价持续低迷情况下，通过加强金价走势研判，黄金销售均价比上海黄金交易所均价高出3.09元/克，增加效益230万元。2015年，公司开展员工创新成果奖评活动，58个项目获得创新成果奖。

（张岩峰）

【乳山市金华矿业有限公司】 成立于2007年7月，2012年11月完成企业改制，为青岛金王集团控股子公司，注册资金1亿元。公司集黄金矿产资源勘察和采选为一体。采选能力为800吨/日。2015年，有职工168人，年产黄金148.41公斤，实现销售收入2990.37万元，比上年减少33.55%。上缴利税55.76万元。

黄金产量创新高 2015年，处理矿石267561吨，原矿品位平均0.61克/吨，精矿品位平均10.31克/吨，选矿理论回收率平均91.48%，比上年提高0.33%。生产金精矿14361.65吨，生产精矿金148.41公斤，比上年增加11.82公斤。各项经济指标均达到历史最高水平。

采选平衡 主副井共完成采矿61824吨，出矿量71657.96吨，副产矿石7774.26吨，各类掘进工程总量4499.25米；新建2号井完成掘进工程量1738.35米，采矿24812吨，出矿2670.19吨，副产矿石5271.53吨；5号井全年完成掘进工程量1928.58米，副产矿石3559.28吨。满足选矿生产的正常运行及探矿要求。

井下深部开采通过产前安全评估 聘请有资质单位对唐家沟矿区井下—60米以下中段、峒岭矿区井下—120米以下中段进行恢复生产前安全评估，通过专家组验收；

冶金工业

【概况】 威海鑫山集团有限公司组建于2006年。公司是以铁矿石采选、生铁冶炼、短流程铸件加工、资源综合利用（高炉煤气发电）、工业三废综合利用（高炉水渣生产水泥、工业冷却水全闭路循环、工业粉尘回收循环利用）、商贸物流为一体的综合性企业。企业拥有冶炼铸造生铁高炉2座，配套机械化烧结、高炉喷吹煤粉、高炉富氧喷吹、烧结机烟气脱硫等先进工艺和技术。2015年，公司拥有职工1250人，总资产41160万元，年产铸铁25万吨，比2014年增加1.68万吨。亏损322万元。

【全国铸造生铁基地地位巩固】 2015年，公司依据"搞好主业、多元拓展"的经营理念，攻克铸造产业技术瓶颈，完善、革新工艺流程。全年开发完成新机种13个，使铸件机种增至33个。生产配重2338件6012吨，量产合格率达到98.7%，比上年增产3000吨，合格率提高0.5%。生产自用铸铁钢模1335件132吨，为易地铸铁项目节约资金30万元。自制V法模具4台套，节约采购资金5万元。和日本协立、烟台斗山建立长期供货关系，全年共销售配重7000

吨，比上年增加4000吨。铸造生产拓展产业链条，填补短流程生产工艺，巩固全国铸造生铁基地地位，增加产品技术含量和产品附加值。

【企业管理方法创新】 **指标考核** 铁厂炼铁车间进行降耗考核，高炉综合燃料比降到573公斤，比上年降低10公斤。铁厂机修车间通过工时考核，总加工量达到630吨，比上年增加200吨。铁矿马陵矿区通过产量考核，年产达到17.57万吨，比上年增产1.68万吨。铁矿选矿车间通过工艺改进考核，磨矿效率提高5%。

人力整合 铁厂利用一座高炉生产、一台机组发电的时机，对人力资源进行整合，把精干力量补充到关键岗位、重点部门，弥补一线人员不足，提高劳动生产率。

网络共享 公司、厂矿三方联网，采购计划网上提报，备品备件信息通用，使库存盘活，资金占用减少，采购成本降低。

体系认证 质量管理体系、环境管理体系、职业健康安全管理体系通过监督审核。能源管理体系文本通过效果评价。体系认证工作的开展，培养储备一批管理人才，为开展工作提供依据、规范标准、科学方法。

倡导革新 铁厂铸造车间进行缩短砂子冷却循环周期等5个工艺环节改造，提高功效。制作的扒渣除尘器，获得国家专利；炼铁车间对料嘴的落料方式进行改造，延长料嘴使用寿命；发电车间提高冬季给水温度34度，日节电500千瓦时；铁矿革新选矿磁选机陶瓷片粘贴技术，年节省费用1万元。设计制作井下设备开停显示装置和空压机清滤器。

【市场风险化解】 2015年，全国冶金市场产品供大于求，价格持续下滑。面对严峻形势，在巩固老客户基础上，开拓新用户、新市场，在江南地区取得突破，年销售产品过万吨。为使产品卖出好价格，通过网上比对、信息反馈等途径，紧盯市场行情，产品销售价格高于山东省平均价格100元。坚持“先付款、后发货”原则，货款回收率达100%。在大宗原材料采购上，挂靠大厂家，保证原料质量，享受优惠政策。在备品备件等辅助材料采购上，利用“买方市场”，捕捉市场信息，修订供需协议，降低库存数量。

【企业技改加速】 面对钢铁市场低迷，企业生存艰难的困境，着眼长远，谋划后期发展，打好装备上档、工艺更新、技术进步攻坚战，备足企业发展后劲。2015年，投资1430万元对1号高炉大修改造，5月动工，11月结束。大修改造后，全面采用新技术、新工艺，工装设备在同等规模上达到国内一流。为抢占市场，投资711万元，建设易地铸铁和新建生铁场地。7月动工，11月投产。生铁质量得到提高，铸铁成本降低，大幅度减轻炉前员工劳动强度。铁矿经过现场勘察、实地测绘、合理规划、逐级申报，矿山扩界通过山东省联席会议审批。投资500万元，进行厂矿高压配电扩容改造，投资439万元对铁厂烧结车间进行改造，11月投产，解决困扰多年烧结筛分扬尘问题。在1号高炉炉前，自行设计、制作、安装除尘设备。对烧结烟气脱硫系统进行升级改造对高炉称量除尘进行改造。硬化路面，消除沙土路。物料场安装抑尘墙，铺盖抑尘网。铁矿在碎矿生产环节应用电控喷淋技术，环保效果明显。

（宋昌鑫）

11月5日，威海鑫山集团有限公司生产叉车配重铁　　（宋昌鑫摄）

机械工业

【概况】 2015年，乳山市规模以上机械制造及金属制品工业企业62家，全年实现工业总产值170.09亿元，销售收入169.2亿元，利税12.03亿元，出口交货值7.12亿元，销售收入和利税总额分别占乳山市规模以上工业总量23.14%和20.57%。主要产品产量：金属切削机床1352台，液压元件1067万件，交流电动机15.93万千瓦。

（丁培坚）

【山东双连制动材料有限公司】 始建于1990年，2014年改制为山东双连制动材料股份有限公司。2015年年底，资产总额2亿元，销售收入2.2亿元，实现利税4500万元。拥有职工350人，其中工程技术人员54人。主要产品有汽车用盘式刹车片、鼓式刹车片、手刹制动片、工程机械片、油田钻井机制动闸瓦、精冲及焊接等。2000种型号刹车片，覆盖

4月2日，山东双连制动材料股份有限公司生产车间 （林园园摄）

北美、欧洲、日本、韩国和中国车型。其中，DOUBLE LINK牌（系列）产品于2011年被评为山东名牌。主要生产设备（生产线）有盘式刹车片生产线，年产能4000万片；鼓式刹车片生产线，年产能1600万片；精冲/普冲生产线，拥有日本森铁工精冲机、英联邦自动滚凸焊机等，年产蹄铁1600万件、钢背4000万片；具有每月开发80个型号的模具开发能力。

无铜陶瓷摩擦材料工程实验室获国家发明专利授权 2015年，公司开发和储备多项具有自主知识产权先进技术和成果，包括半金属、低金属和陶瓷等20种系列配方，承担多项国家级和省级科技创新项目，有多项技术达到国际先进水平。无石棉手刹制动片取得美国天合（TRW）汽车底盘公司配套供货资格，产品辐射美国通用、福特和克莱斯勒三大汽车公司，结束中国摩擦材料行业在国际高端（欧美主机）市场无原配供应商历史；陶瓷纤维增强树脂基摩擦材料代表国际摩擦材料先进技术发展方向；无铜陶瓷摩擦材料工程实验室建设项目2015年获国家发明专利授权。

产品出口达九成 销售市场包括原配（OEM）和售后两大领域。国际原配市场，主要向美国通用、福特和克莱斯勒三大汽车公司配套供货。国内原配市场，主要为奇瑞、长城、比亚迪、力帆等配套供货；国际售后市场，主要分布北美、欧洲、中东、南美、澳大利亚等20个国家和地区，产品出口率达90%。国内售后市场遍及65个大中城市。

【山东力久特种电机股份有限公司】 2003年12月成立，位于乳山市经济开发区山海大道22号，是集科研、生产、销售、服务于一体的特种电机生产企业。2015年，有职工455人，其中工程技术人员114人。拥有各项专利74项，各类加工设备528台套，各种检测量具、仪表710台套，建有先进的电动机型式试验检测中心，年产能力达300万千瓦。主要产品有特种电机、标准电机和电机控制系统三大类。以特种电机为主导，拥有NEMA、YE3（CGX）、YE2（YX3、GX）、YP2、YVP、YCT等20个系列、3000个规格电机品种，产品与服务广泛应用于石油机械、包装机械、冶金机械、造纸机械、塑料机械、橡胶机械、食品机械、矿山机械、锻压机床、工业生产线等行业，在石油机械、包装机械、冶金机械等行业处于业内首创或领先地位。全年完成产量83万千瓦，营业额1.6亿元，实现利税1694万元。

10月7日，山东力久特种电机股份有限公司装配生产线 （于真真摄）

公司被中国电器工业协会评为“中国电器工业知名品牌”，获中国质量检验协会“全国质量诚信优秀企业”，被山东省经济和信息化委员会评为“山东省节能环保企业100强”，获“威海市市长质量奖”。

新产品研发取得成果 2015年，“KYT空压机用高效永磁电动机研发”项目获得省级部门认可，被列入“2015年山东省自主创新及成果转化专项（新兴产业）计划”。该项目产品可直接驱动空压机，解决联轴器或皮带轮中间传动装置的大量损耗，提高空压机工作效率，具有高效、节能、噪声低、寿命长等特点；TYJX系列高效三相永磁同步电动机通过中国质量认证中心节能认证；公司研发的TYJX系列高效三相永磁同步电动机通过节能认证并达到最高能效等级——国标1级能效（国际标准IE4）。该产品具有高效率、高功率因数、高起动转矩、噪声小、温升低等特点，广泛应用于油田游梁式抽油机和矿山机械，具有良好使用性能和显著节能效果；研发的NEMA PE系列电动机产品通过加拿大CSA危险场所安全认证、能效认证和美国CC能效认证；NEMA 6D系列电机产品通过加拿大CSA危险场所安全认证。

电机实验室通过国家能效实验室能效备案 2015年12月22日，山东力久特种电机股份有限公司实验室通过国家能效备案，成为山东省2个能效实验室之一。实验室可以出具国家认可的能效试验报告，与国家检测机构出具的检测报告具有同等效力。公司实验室对额定功率在0.75千瓦～400千瓦中小型三相异步电动机，变频电源供电、额定功率0.55千瓦～55千瓦电梯用永磁同步电动机、变频电源供电、额定功率0.55千瓦～90千瓦变频驱动永磁同步电动机进行型式试验。

企业通过环境管理体系认证 2015年5月，公司通过ISO 14001环境管理体系认证、OHSAS 18001职业健康安全管理体系认证。至此，公司通过世界三大权威体系认证，为提供优质产品和服务奠定坚实基础。

（于真真）

【威海伯特利萨克迪汽车安全系统有限公司】 始建于2012年12月，由芜湖伯特利公司和印度萨克迪公司合资成立新型汽车零部件生产企业，位于乳山市经济开发区开拓三路2号，占地面积4万平方米，公司是一家专业铝制汽车零部件的生产企业。2015年年末，拥有固定资产原值9521万元，净值8843.4万元，职工200人，其中工程技术人员20人。主要产品为铝合金转向节。公司采用先进的差压铸造工艺，主要生产设备（生产线）有铸造、机加工，年生产能力500万件铸铝转向节。

公司在市场开发方面获产品研发项目6个，配套客户有通用汽车、福特汽车、沃尔沃汽车、吉利汽车、长安汽车以及奇瑞汽车等国内外知名汽车生产商。公司年实际利用外资700万美元，完成工业总产值1.6亿元，工业增加值4500万元，出口交货值5100万元，创汇4100万元，上缴利税3100万元，其中利润2500万元，分别比上年增长492.6%、1225%、521.95%、720%、487.5%、412.5%。公司获“上海通用绿色供应商”，2015年获“进出口先进企业”称号。

【威海佰德信新材料有限公司】 建于2000年，位于乳山经济开发区，占地10万平方米，建筑面积4.5万平方米，是由美国太平洋工业发展有限公司在中国投资兴建的外商独资企业。2015年年末，拥有固定资产原值10233万元，净值6882万元，职工340人，其中工程技术人员25人。威海佰德信新材料有限公司主要从事汽车用尾气净化处理载体催化剂材料、光电子材料和纳米材料等高端产品的研发与生产，是国内唯一一家汽车尾气处理技术达到欧Ⅳ、欧Ⅴ以上排放标准的企业。产品覆盖国内所有合资品牌汽车生产企业，80%产品销往欧美等国际高端市场。主要生产线为汽车用尾气净化处理载体催化剂材料生产线，年生产能力1万吨。

2015年，公司投资5000万元实施4期工程，建造4座总建筑面积23487.58平方米的车间和仓库，增加汽车尾气催化剂生产线2条。建设车间1个、仓库1座，建筑面积1.2万平方米，车间设备调试完毕投入生产，仓库投入使用。年内，公司完成工业总产值13875万元，工业增加值6076万元，完成出口交货值9631万元，出口创汇11779万元，完成利税3180万元，其中利润1769万元，分别比上年增长20%、

6月3日，保加利亚技术人员在调试安装进口铸造设备（经济开发区提供）

75%、57%、67%、192%、393%。

（经济开发区提供）

建材工业

【概况】 2015年，乳山市规模以上建材工业企业23家，实现工业总产值17.01亿元，销售收入16.96亿元，利税1.95亿元，出口交货值220万元，销售收入和利税总额分别占乳山市规模以上工业总量2%和3%。主要产品产量：水泥65.79万吨，商品混凝土26.47万立方米，石膏板3718万平方米，天然花岗石建筑板材53.52万平方米。

【乳山山水水泥有限公司】 成立于2005年，位于育黎镇曹家村北，309国道西侧。隶属山东山水水泥集团有限公司。现有2条水泥球磨机生产线，从事新型干法水泥生产，年产能力100万吨。主要产品有P.C32.5R、P.O42.5、P.O42.5R水泥。2015年，企业拥有员工104人，其中技术人员25人。固定资产原值5421万元，净值3615万元，全年生产销售水泥35万吨，比上年增加16%。实现销售收入6182万元，缴纳税费168万元。

2015年，公司先后投资720万元，新建长80米、宽36米钢结构物料堆放棚和长16米、宽6.6米、高20米水泥散装站，提高水泥品质和发送货速度，降低粉尘污染；在市场开发上，实施"立足乳山，福射周边"发展策略，主动走出去，调查了解市场状况，建立客户联系档案，及时了解客户需求，不断提高产品适应性能，满足不同客户对产品质量需求。

【乳山市极丰水泥有限公司】 1997年由乳山市第三水泥厂改制成立。位于乳山市午极镇，占地面积5万平方米，建筑面积0.86万平方米。2015年年末，拥有固定资产原值4000万元，净值3500万元，职工70人，其中工程技术人员13人。辖原料车间、水泥粉磨车间、水泥包装车间。主要产品有普通硅酸盐水泥、复合硅酸盐水泥。主要生产设备有直径3.8米×13米球磨机1台，年生产能力70万吨。2015年，为扩大水泥存储量及水泥均化，新建2座直径12米×18米水泥圆库。年内，"鲁厦"牌系列产品质量达到国家GB175-1-2007标准，获"威海市知名商标"称号。全年完成工业总产值3680万元，利税350万元。

（王洪芳）

【泰山石膏（威海）有限公司】 始建于2013年，位于乳山市下初镇驻地，面积12.5公顷，建筑面积50000平方米。主要产品为纸面石膏板和装饰石膏板。企业建有年产4000万平方米纸面石膏板和年产400万平方米装饰石膏板生产线各1条。纸面石膏板生产线达到国内领先水平。石膏板产品市场占有率在青岛、烟台、威海地区达80%。2015年，企业拥有职工178人，其中工程技术人员12人。固定资产原值14200万元，净值13500万元，全年实现销售收入1.7亿元，利税965万元。公司生产的纸面石膏板原料来源于化工废渣，每年可综合利用磷石膏36万吨，节约化工废渣堆存占地6公顷（高度6米），达到减少污染、资源综合利用等多重功效。2014年、2015年连续获乳山市"纳税明星企业""安全生产工作先进单位"等称号。

（孔庆涛）

纺织与服装工业

【概况】 2015年，乳山市规模以上纺织与服装工业企业55家，全年实现工业总产值90.08亿元，销售收入88.6亿元，利税6.87亿元，出口交货值36.98亿元，销售收入和利税总额分别占乳山市规模以上工业总量12%和12%。主要产品产量：布12954万米，蚕丝及交织机织物6.61万米，服装1713.67万件。

【山东乳山工艺品有限责任公司】 始建于1956年，2004年9月由工艺品工业公司改制为工艺品有限责任公司，成为以服装、毛衫生产、品牌开发、销售为一体的大型服饰企业。主要产品有休闲装、机制衣衫、家纺织品、抽纱制品等系列，主要生产设备970台，年生产能力800万件（套），产品销往美国、韩国、日本等20个国家和地区。2015年，为扩产增效，公司投资300万元进行车间改造，新上电脑缝纫机等设备50台（套）。为保护环境，投资120万元，将燃煤锅炉改为天然气锅炉。至年末，公司拥有职工389人，固定资产净值3600万元。完成销售

6月9日，乳山市山水水泥有限公司水泥库一角　（武红摄）

收入1.5亿元，出口创汇1000万美元。

（王晶）

【威海星歌服饰有限公司】 2006年5月由山东笙歌集团公司改制成立，位于乳山市世纪大道北金水街6号，占地面积1.2万平方米，建筑面积1.3万平方米，是集来料加工、一般贸易、品牌开发为一体的大型加工国有企业，公司主要产品为男装、女装、童装、家纺四大系列，滑雪装、羽绒服、棉衣、运动装、夹克等几十个花色品种。“笙歌”牌系列产品被评为山东国际知名品牌，“笙歌”商标是山东省著名商标，“笙歌查迷孩童装”是山东省唯一在美国与中国同时注册的童装品牌，“笙歌休闲装”是山东省名牌产品，被原国家外经贸部列为“重点支持和发展的名牌出口商品”。产品远销欧洲、日本、土耳其、美国等10个国家和地区。主要生产设备300台，年生产能力60万件（套）。

2015年，在服装行业不景气背景下，公司加强企业内部管理，合理调配管理人员，减少行政费用。开拓国际市场及广交会、华交会，参加日本大阪成衣展、土耳其服装展会、日本东京成衣展，通过展会加强与国外客商的接触和交流。至2015年年底，公司拥有固定资产原值2200万元，净值1800万元，职工355人。完成工业增加值3600万元，出口创汇1100万美元，利税750万元。

6月15日，山东富豪菲格尔皮具公司参加2015年中国山东（波兰）出口商品交易会　（夏紫飞摄）

【山东富豪菲格尔皮具有限公司】 成立于1996年3月，位于富豪工业园，占地12万平方米，建筑面积67000平方米。主导产品为“菲格尔”品牌箱包皮具。2015年年底，拥有职工500人，其中技术人员38人。固定资产原值5511万元，净值3912万元。主要专业生产设备1000台（套），产品远销欧美及日本、澳大利亚、韩国等30个国家和地区。全年生产各类箱包皮具90万只，完成工业总产值8800万元，工业增加值1876万元，出口交货值4592万元，出口创汇703万美元，利税471万元。

2015年，面对劳动密集型企业人力成本及原材料价格不断上涨、企业效益大幅度下滑的局面，公司着力提高订单承揽能力，通过参加广交会、华交会和在波兰举行的“山东出口产品交易会”，捕捉市场机遇，同德国、加拿大、日本等国家客户达成合作意向，开始初步贸易合作；投入资金不断开发新产品，招收新专业设计人员，提升设计研发水平。增加投入，扩大在“淘宝”等电商平台网络销售。

（夏紫飞）

10月7日，威海星歌服饰有限公司在日本东京展会　（姜月霞摄）

电力工业

【概况】 2015年，乳山市有风力发电企业2家，供电企业1家。境内有220千伏变电站2座，变电总容量630兆伏安；110千伏变电站5座，变电总容量401.5兆伏安；35千伏变电站18座，变电总容量301.75兆伏安；用户自备35千伏站19座，变电总容量703.25兆伏安。110千伏线路9条，35千伏线路32条，总长度378.99公里。10千伏线路111条，

9月27日，10千伏学院线工程施工现场　（张杰摄）

长度1550.95公里。公用变压器1216台，容量21.27万千伏安；专用变压器2957台，容量71.32万千伏安。覆盖供电区域1665平方公里。

【乳山市供电公司】 乳山市供电公司成立于1977年3月，2015年12月由国网山东省电力公司子公司改制为分公司。截至2015年年底，企业固定资产达到8.15亿元，在册职工962人，担负乳山市21万个客户的电力供应与服务工作。全年完成售电量10.63亿千瓦时，上缴税金3509万元，获国网山东省电力公司先进单位、企业文化示范单位等称号。

电网建设提升 高质量完成“十三五”配电网规划，超前完成2017年35千伏崖子站等4项工程前期踏勘及预可研编制，开展首期电网设施布局专项规划。2015年，完成电网投资9905万元，新建改造35千伏线路18.43公里10千伏线路257.46公里、0.4千伏线路195.66公里，安装配电变压器323台，合计净增容量4.99万千伏安，公用配电变压器户均容量提高0.24千伏安。10千伏线路绝缘化率提高16.6%，消除重过载线路10条、重过载台区178个、低电压用户1万户。配网线路实现拉手59条，提升23%。10千伏学院线新建工程获国网山东省电力公司“配农网优质工程”称号。

供电可靠性达到99.92% 组织3944人次进行《安规》《中华人民共和国安全生产法》培训，投入120万元配置个人安全装备。开展安全生产大检查、“安全隐患大排查、快整治”等9项查改工作，处理各类缺陷和隐患563处，组织900人次健步治“膜”6万千克，八级及以上电网设备事件比上年下降35.05%。强化事前安全承载力分析与“三措一案”资料预审，做实到位监督、专责监护等三级四层事中保障，健全事后“三级约谈、说清楚”责任落实，全年累计到位监督949人次，通报考核违章问题160处、55人次，生产现场全年未发生八级及以上人身事件。修订下发各类应急预案26项、现场处置方案和应急处置卡400份，组织1000人次开展触电急救、防震自救等培训。开展气象预警、地震疏散、政企联合处置大面积停电等演练6次，成功应对强台风“灿鸿”、夏季高温等考验。故障自动定位系统全年准确定位线路故障62起，平均故障排查时间缩短45分钟，10千伏线路故障停运率下降51.97%，供电可靠性达到99.917%。

“客户导向型”服务体系建立 降低停电感知，提升上电效率，精简业扩流程，开通重点项目快速通道，平均上电时间缩短17.1%，业扩

2015年乳山市用电结构一览表

表11　　单位：万千瓦时

项　目	全年用电量	比上年 ±%
农林牧渔水利业	10420	8.52
其中：排灌	40	53.85
工业	56422	−0.19
其中：轻工业	16835	7.54
重工业	39587	−3.15
建筑业	4542	22.06
交通运输、仓储、邮政业	948	10.49
信息传输、计算机服务和软件业	1217	16.46
商业、住宿和餐饮业	5202	8.85
金融、房地产、商务及居民服务业	1375	11.07
公共事业及管理组织	3961	15.41
城乡居民用电	27298	11.54
其中：乡村	13115	5.11
城市	14183	18.03

说明：此表不含其他企业自行发电用电量

（张杰）

工程带电作业率100%。推行营业厅模板化管理，乳山市11个营业窗口实现视频监控全覆盖。组织明察暗访、窗口服务视频纠错62次，行风上线3期，走访客户416人次。拓宽智能化服务渠道，21万个0.4千伏客户全部实现抄表自动化、核算智能化。完善“十分钟缴费圈”，开通“村邮站”164处，增加移动POS终端77台，开展电子化对账业务，建立钱电对账信息传递机制，绑定微信4.66万户，占比22.1%。主动服务新能源消纳，协助3个光伏项目完成并网。完成电锅炉等电能替代项目11项，替代电量4250万千瓦时。投资399万元，安装739台智能漏保，改造49个台区1.2万户屋檐线。开展“彩虹新气象”“优质服务再教育、再提升”等专项活动，故障抢修平均处理时长缩短21.6%，服务态度类投诉数全省最低。

食品与饮料工业

【概况】 2015年，乳山市规模以上食品与饮料工业企业72家，实现工业总产值159.03亿元，销售收入159.72亿元，利税8.96亿元，出口交货值59.79亿元，销售收入和利税总额分别占乳山市规模以上工业总量22%和15%。主要产品产量：饮料酒13151千升，软饮料1.91万吨，小麦粉2.69万吨，鲜冻畜肉10.05万吨，罐头2.46万吨，乳制品4187吨。

（丁培坚）

【山东鲁菱果汁有限公司】 成立于1992年8月14日，系山东中鲁果汁食品工业公司与日本三菱商事株式会社共同成立的中外合资经营企业。2014年3月，鲁菱公司整体搬迁至徐家镇中鲁工业园，建设用地9.56公顷，项目投资总额1.5亿元。生产能力为：1条处理能力50吨/小时的浓缩苹果清汁生产线，年生产浓缩苹果清汁20000吨；1条处理能力30吨/小时浓缩苹果浊汁生产线，年生产浓缩苹果浊汁5000吨。2条生产线合并在1个车间内，具备清汁和浊汁同时生产功能。主要生产浓缩苹果清汁、浓缩苹果浊汁、梨汁等产品。公司建设储存能力2万吨冷库，确保产品质量稳定。公司构建销售网络遍布美国、日本、俄罗斯等20个国家和地区。在中国同行业中率先通过ISO 9000体系认证、果蔬汁HACCP体系认证和KOSHER认证等，无条件通过美国FDA审核，与可口可乐、雀巢等国际大公司保持良好合作关系。2015年，公司生产各类产品23936吨，产品质量合格率100%。销售产品23826吨，实现销售收入2.1亿元，净利润5000万元。

（李志伟）

【华隆（乳山）食品工业有限公司】 成立于1993年7月，中外合资企业。位于乳山市徐家镇驻地，占地44万平方米，建筑面积12.9万平方米，拥有总资产1.6亿元，固定资产原值5545万元，有员工242人，其中，高级管理人员及科技研发人员30人。相关联企业有山东众合食品有限公司、乳山市华隆生物科技有限公司、乳山市华隆种业有限公司，是集花生系列制品、脱水果、蔬菜、花生蛋白粉、花生肽、菌丝粉等生物科技产品研发与生产、种子加工及销售为核心产业的多元化企业集团。产品60%销往日本、韩国、美国、东南亚等国家和地区。“东宝”牌商标为山东省著名商标。2015年，实现销售收入7343万元，上缴税金418万元，出口创汇570万美元。

市场拓展步伐加快 2015年，公司以客户需求为出发点，从生产商逐步向服务商转变，严格执行合同约定，信守承诺，产品品质和到货及时性在合作客户中形成良好口碑。除与华润、百佳等1500家大型商超连锁店建立合作关系外，年内，与俄罗斯客户签订100万美元合同，开发3家日本新客户，共同研发小包装麻辣、紫薯花生等新产品，并已进入日方指定超市。华隆食品旗舰店在天猫网正式上线运营。

产品研发成果显著 2015年，申请通过山东省企业技术中心和威海市花生精深加工工程技术中心验收，同时开发研制油炸红衣花生、芥末杏仁、花生酥、水煮花生等新产品。其中部分产品已开始批量生产，大豆肽、花生肽获得生产许可，并已实现产业化，具备年产100吨的生产能力。对玉米肽、胶原肽进行初步制备研究，获得制备玉米肽、胶原肽，有待于进一步进行中，并实现产业化，现正申请生产许可。与品牌策划机构合作，打造自己的品牌。年

7月10日，山东鲁菱果汁有限公司浓缩果生产线纯汁车间（李志伟摄）

7月8日，华隆公司厂区 （单春玲摄）

内，先后申报注册爱福瑞、仙瑞祥、鲁老生、90轻食代、太好乐、落地生花等产品品牌。

（单春玲）

【乳山恒裕食品有限责任公司】于2005年在乳山威美食品有限责任公司基础上整体改制而成的股份制企业，占地7.8万平方米，建筑面积2.8万平方米，成品储藏面积8000平方米，冷库储藏能力6000吨。

公司拥有国际先进水平罐头生产线和品管中心，形成洋梨、大樱桃、杏子、黄白桃、干装苹果、什锦、李子等糖水和梨汁水果罐头、水果派、水果泥以及芦笋罐头、混合菜罐头等蔬菜类罐头四大系列20个品种，年总产能力10000吨。公司拥有自营出口权，年出口率85%。洋梨罐头、大樱桃罐头为公司出口创汇主导产品，出口量居全国前列，产品远销美国、加拿大、日本、澳大利亚、德国等50个国家和地区，并与国内外知名企业都乐、胡培顿、喜之郎等多家公司保持合作关系。实行订单生产，满足客户不同需求。在国内同行业中率先取得BRC、IFS、KOSHER、HACC等多项国际认证和QS、绿色食品等国内认证，公司被评为“山东省农业产业化重点龙头企业”和“山东省农产品加工业示范企业”。

2015年，公司拥有职工500人，其中各类专业技术人员50人。加工各类罐头5389吨，完成工业总产值4014万元，出口交货值2170万元，创汇347万美元，实现利税358万元。

（王三霞）

【山东鲁酱酒业有限公司】2014年由原乳山国营酿酒厂改制成立，属村办企业。位于白沙滩村南，占地18公顷。

38度酱香型白酒成为全国低度酱香白酒之一 企业拥有生产技术中心，企业技术研发中心，品鉴文化中心和拥有原子吸收仪、分光光度计、安捷伦气相色谱仪等先进设备的中心化验室。投资2.2亿元，建设5000平方米综合办公大楼，6000平方米包装车间，2万平方米酿造车间，1万平方米浓香型及清香型白酒发酵生产车间。建成酱香型窖池32个，浓香型窖池200个，清香型窖池72个，2条现代化灌装线，3000平方米半地下通风式酒窖，储酒容量3000吨不锈钢酒罐。主要产品有38度和53度的鲁酱牌白酒，

多种酒精度数的圣仙牌白酒。其中38度酱香型白酒为全国低度酱香白酒之一。

酿酒工艺获自主知识产权 为提升酒类品种，公司聘请中国科学院成都生物研究所、贵州省白酒研究院、贵州大学酿酒与食品工程学院、茅台股份有限公司等知名酱香酒机构共同攻关，发明在传统工艺中实施功能微生物强化制曲，在蒸馏取酒时加入强化酒醅，采取古法酿造出优雅细腻、醇厚饱满的低度酱香型白酒，已获得国家发明专利。公司取得酱香型、浓香型、清香型、保健酒生产许可证，拥有自主知识产权酱香型、浓香型及清香型白酒生产工艺。

“圣仙”牌白酒获金奖 从原材料采购到成品销售，从产品质量保障到安全生产等各环节有严格的规章制度和行为规范。获得ISO 9001质量管理体系认证、ISO 14000环境管理体系认证和HACCP食品安全管理体系认证。2015年，“圣仙”牌38度浓香型白酒和“鲁酱”牌38度酱香型白酒分获山东省白酒行业评委感官质量金质奖和银质奖，6月，“圣仙”酒获山东轻工业名牌，“鲁酱”酒获山东白酒创新品牌。12月公司被评为“食安山东”食品生产示范企业。

3月2日，山东鲁酱酒业有限公司酒窖 （王敏摄）

销售渠道拓展至韩国 2015年，公司追加投资1000万元，新建成品库及饮用纯净水生产车间。投产2年时间，产品销售由烟台威海地区扩大到青岛、济南、潍坊等省内各地以及东北、华北地区，并出口韩国。至年末，公司有职工160人，年产浓香型白酒、清香型白酒、酱香型白酒各1000吨。完成销售收入2000万元，利税300万元。

（王敏）

【乳山市曙光啤酒有限公司】 建于1987年10月，1998年改制为有限责任公司。厂区占地3.5万平方米。主要产品“威岛牌”啤酒。2015年，公司在确保产品质量前提下，加大新产品开发力度，成功研制出金威岛啤酒和威岛黑啤酒2个新产品，满足消费者不同需求。投资200万元，更新改造制冷设备，为安全生产提供保证。至年末，企业拥有职工100人，固定资产5000万元，完成销售收入960万元，上缴税金220万元。

（徐世峰）

10月29日，乳山经济开发区 （高淑新摄）

· 清代 青花狮子纹瓶

· 民国 粉彩花鸟纹将军罐

· 民国 粉彩庭院侍女纹瓶

· 清代 青花花卉纹瓶

责任编辑：于 晓

· 清代 青花缠枝双喜将军罐

旅游 · 会展

Tourism, Convention and Exhibition

综 述

【概况】 2015年，乳山市围绕资源整合、发展效益、集聚能力、品牌影响“四个突破”的发展思路，突出规划引领，引导旅游企业加大配套设施资金投入，推动旅游业与其他产业融合，保持乳山市旅游业健康稳步发展。全年接待国内外游客900万人次，实现旅游综合收入54.2亿元，分别比上年增长10.6%和13%。乳山市新增A级景区2家，A级景区总数量达11家。成功建成“乳山市乡村旅游品牌集群化发展县”，乳山市旅游局被山东省旅游局评为“山东旅游系统先进集体”，大乳山景区、多福山景区、金牛谷景区、福如东海景区4个景区被评为首批“全国旅游价格信得过景区”。

【山东省“旅游资源一体化改革试点市”】 根据山东省财政厅、山东省旅游局《山东省乡村旅游发展专项资金管理暂行办法》通知，乳山市旅游局聘请山东省规划设计院专家编制《乳山市乡村旅游发展总体规划》，规划项目管理；出台《旅游综合管理意见》，明确旅游资源备案、旅游项目预审、旅游资源开发合同、旅游项目规划、旅游项目开发进度等措施，完善乡村旅游项目的立项、规划、建设、考核等机制；出台《乳山市旅游业发展奖励办法》和《乳山市农（渔）家乐管理办法》，设立1000万元的旅游业发展专项基金，扶持新增乡村旅游项目、示范点、特色村、农家乐。坚持“以点带面、点面结合”理念，乡村旅游产业延链、补链、壮链，成功创建山东省“旅游资源一体化改革试点市”，培育大陶家渔家乐为典型的全国农业旅游示范点，其他省级农业旅游示范点9处。

【山东省乡村旅游品牌集群化发展县】 2015年，海阳所镇小青岛村被山东省旅游局评为“乡村旅游示范村”，并被国家旅游局评为“中国乡村旅游模范村”。大孤山镇被山东省旅游局评为“山东省旅游强镇”，育黎镇龙角山村、冯家镇孔家村、午极镇中庄村被评为“山东省旅游特色村”，大乳山滨海旅游度假区生态观光园、胶东伯瑞蓝莓示范园被评为“农业旅游示范点”，正华农林科技示范园、金牛谷生态农业观光园、益天生态旅游观光园被评为“省精品采摘园”，鲁酱酒业被评为“省工业旅游示范点”，乳山市获评“山东省乡村旅游品牌集群化发展县”。

【乡村旅游从业人员培训】 8月28—29日，乳山市旅游局在乳山市乡村旅游培训基地——威海机械工程高级技工学校组织乡村旅游从业人员专题培训，130人参加培训。此次培训是乳山市首次大规模的乡村旅游从业人员专题培训，邀请专业人士讲授“乡村旅游服务礼仪”“乡村旅游餐饮服务与管理”知识，并就农家菜制作、面点制作进行现场操作演示。培训后进行考核，考核合格者由山东省旅游局发放山东省乡村旅游从业人员培训合格证书。切实提高从业人员综合素质和服务技能，推动乳山市乡村旅游业发展。

【春节期间乳山市游客量攀升】 2015年春节期间，乳山市旅游市场突出“逛庙会、赏花、泡温泉”宣传主题，正华石佛山景区春节期间推出庙会、秧歌表演、滑草活动，进景区免门票；小汤温泉推出“暖冬之旅”及“迷彩少年”军事冬令营体验活动。受高速公路免费通行政策影响，春节期间自驾游、自助游明显增多，乳山市自驾游游客占游客接待总量的68%，大乳山景区推出“山东半岛任我行”自驾游活动，小青岛村、南泓南村渔家乐推出“过大年”活动，吸引自驾游旅客。旅游市场繁荣有序，共接待游客10.4万人次，实现旅游总收入3668.3万元，分别比上年增长10.2%、12.8%。其中，大乳山、岠嵎山、多福山、小汤温泉、正华石佛山等主要景区共接待游客

8月12日，海阳所镇小青岛村被山东省旅游局评为乡村旅游示范村 （侯贺良摄）

21157 人次，比上年增长 8.8%，乡村旅游共接待游客 6645 人。

（李娜）

旅游规划与项目建设

【概况】 2015 年，乳山市整合旅游资源，推进开发保护，加快乳山市整体旅游价值提升，聘请中外建工程设计与顾问有限公司编制《乳山市旅游发展总体规划》《乳山市红色旅游概念规划》《马石山景区旅游景观规划及概念方案》。加强精品景区创建，组织 A 级景区开展首批“全国旅游价格信得过景区”创建工作。推进景区创 A 升级，台依湖国际酒庄生态文化区获评国家 AAA 级景区，威海马石山红色旅游教育基地获评国家 AA 级景区，大乳山景区、银滩旅游度假区完成 AAAA 级景区质量复核。

【《乳山市旅游发展总体规划》编制】《乳山市旅游发展总体规划》主要内容是总结乳山市旅游发展，整合、提升乳山市现有旅游资源，发掘有潜力的新兴优秀旅游景点，构建乳山市未来 15 年旅游资源开发和景区建设总体布局。

【《乳山市红色旅游概念规划》编制】《乳山市红色旅游概念规划》主要内容是梳理乳山市境内抗日红色遗址及人文地理资料，以马石山红色旅游区为核心，组合胶东育儿所遗址、济南军区总医院遗址等乳山市红色旅游资源，精品红色旅游线路，成为威海市乃至山东省首屈一指的国家级红色旅游景区。

【《马石山景区旅游景观规划及概念方案》编制】 《马石山景区旅游景观规划及概念方案》是在乳山市红色旅游概念规划指导下，通过对马石山红色景区的纪念馆、建筑小品、雕塑、纪念性广场、碑林等建筑和构筑物的规划设计，纪念性物品的参观及射击、攀爬、野战等体验性项目的构建，使游客感受或重温革命战争时代氛围，激发爱国主义情怀，变过去游客被动观光旅游模式为主动参与体验的游览模式。

【重点旅游项目建设】

大乳山景区 2015 年，大乳山景区投资 3050 万元，完成设计规划拓展基地项目，温泉湾项目道路、沙滩整修，巡福天路索道索桥工程建设，采摘园基本种植，海上和沙滩娱乐项目，并投入使用。

福如东海文化园 投资 1.3 亿元，完成福如东海皮草城二期建设、韩国商品街装修和招商、福如东海珠宝城的装修和招商，装修奥特莱斯时尚购物公园、海洋论坛会议中心。其中，福如东海珠宝城正式运营，奥特莱斯时尚购物公园已对外招商。

多福山景区 完成投资 2798 万元，进行景区绿化工程及相关配套设施建设，完成温泉度假区、森林木屋、水上乐园、碧霞元君祠扩建项目。

台依湖国际酒庄生态文化区 投资 1.9 亿元，规划设计风情小镇、游客中心项目，完成房车营地建设，完成 5 个酒庄主体工程，其中，14 号酒庄已完工。

马石山景区 投资 5000 多万元，在原有基础上改陈布展建立马石山红色教育基地，基地占地 1.69 万平方米，建筑面积 2900 平方米，布展面积 1933 平方米，布展照片 747 幅，主要包括马石山十勇士馆、乳山革命纪念馆、宣传教育中心、烈士墓区四个部分。马石山十勇士纪念馆投资 1800 万元，建筑面积 1585.5 平方米，2 层结构。乳山革命纪念馆投资 900 万元，建筑面积 572 平方米，单层建筑。宣传教育中心投资 600 万元，建筑面积 770 平方米。烈士墓区投资 200 万元，建设面积 1100 平方米，建设墓穴 150 个，安葬乳山、海阳、牟平三地在马石山反扫荡突围战中牺牲的烈士。

（秦子凯）

旅游市场开发

【概况】 2015 年，乳山市加大旅游市场宣传力度，树立全域旅游城市形象。开通“乳山旅游”微信，开展“关注微信送景区门票”活动，及时发布乳山旅游咨询和游玩推荐，提供旅游服务，提高影响力。加强高铁沿线城市旅游推介，组织旅游企业进行“乘高铁游乳山”旅游大篷车促销活动。加快海外市场开发，组织威海市首届中韩旅游文化艺术节，中国台湾高雄旅游交易会及推介会，推动大乳山滨海旅游度假区与俄罗斯旅游市场合作。与同程网、携程网等旅游网站合作，提升景区知名度，吸引游客走进乳山。

【与同程旅游网开展合作】 2015 年，与同程旅游网签订全年合作协议，整合推出“乘城铁游乳山”“熊猫展”“风车季”等 10 个线下旅游活动，以及“一元游景区”等 9 大线上旅游微营销活动，在同程旅游以及乳山旅游自媒体平台同步宣传造势，聚拢景区人气，活动信息网上关注转发量过万。活动期间举办乳山首届无碳登山节、彩绘熊猫展、风车节、女神季、“十一”欢庆旅游季活动，游客增长 8000 人次，景区知名度提升。

【“乘高铁游乳山”旅游大篷车宣传活动】 3 月 24 日至 4 月 1 日，组织大乳山滨海旅游度假区、台依湖国际酒庄生态文化区、福如东海文化园、多福山景区、正华石佛山景区、小汤温泉等重点旅游企业赴上海、无锡、常州、镇江、南京、合肥、蚌埠、徐州 8 个高铁沿线客源城市进行“乘高铁游乳山”旅游大篷车促销活动，每站邀请 20 家旅行社召开乳山旅游专题推介会，签订旅游合作协议 200 份。5 月，组织乳山市重点旅游企业赴省内重点客源城市（东营、淄博、聊城、泰安、济宁、临沂）巡回促销，大乳山滨海旅游度假区、福如东海文化园、正华石佛山景区与多家客源地企业达成合作意向。

【旅游市场开发】 针对韩国、俄罗斯等海外客源地市场，加强旅游宣传推介与交流合作，推进对韩旅游信息宣传服务平台建设，衔接旅游信息平台、省市级旅游网站海外版；推动大乳山滨海旅游度假区与俄罗斯旅游市场合作，6～7月接待俄罗斯游客2000人。

【乳山旅游宣传】 抓住青荣城铁开通契机，通过列车冠名、列车广播、镜框展板等7种载体宣传展示乳山市旅游资源，打造“仁爱乳山号”动车组列车；投资60万元，在山东卫视黄金时段集中宣传乳山城市形象。投资48万元，在《新航空》《新商旅》杂志投放平面广告，专版宣传乳山城市、景点、特产，提升乳山市近郊辐射影响力。

（王宝磊）

旅游行业管理

【概况】 2015年，乳山市旅游局落实《中华人民共和国旅游法》，依法加强乳山市旅游行业管理，组织旅游行业安全生产大检查8次，旅行社市场专项治理整顿检查7次，执行《旅游投诉暂行规定》，完善旅游投诉体系。乳山宾馆被山东省旅游局评为“2013—2014年度诚信旅游示范单位”。

【旅游业安全检查】 在春节期间、“两会”期间、旅游旺季8次开展旅游行业安全生产大检查，明察暗访旅游企业安全生产工作，确保节假日期间旅游行业安全生产，重点检查落实旅游安全生产责任制情况及应对突发事件的防控准备、应急预案、报告制度、防范措施的落实情况。

【旅游市场专项治理整顿】 联合公安、市场监管部门对乳山市旅行社、A级景区、星级饭店旅行社市场专项治理整顿检查7次，对违规旅行社下发整改要求，限期整改，规范旅游市场秩序，树立“文明、秩序、优质、安全”的乳山旅游形象。

【旅游投诉体系完善】 执行《旅游投诉暂行规定》，依法、及时、公正处理旅游投诉，坚持旅游投诉电话24小时畅通，及时处理旅游投诉和游客信访工作，确保所有投诉第一时间、第一地点得到有效处理。1～9月，旅游执法监察大队受理旅游投诉25件，办结25件，办结率100%，无恶性游客投诉案件发生，接受旅游咨询电话570人次。

【旅游业诚信评价机制设立】 为提高城市文明程度，引导旅游企业诚实守信经营，乳山市旅游局定期发布旅游服务质量信息、曝光旅游企业及从业人员不文明行为，打造乳山市旅游诚信“红黑榜”，评选出游客反映好、投诉率低、服务质量优的旅行社、景区，并在旅游网站发布，督促企业和从业人员诚信经营。以健全旅行社诚信档案为基础，完善诚信记录、评价和奖惩制度，定期开展“诚信旅游单位”“明星导游员评定”，将发现的发布虚假旅游广告、旅游合同欺诈、“零负团费”等违规行为列入“黑名单”进行曝光，并监督其限期整改，打造文明、诚信旅游环境。

（李娜）

2015年乳山市国家AAA级以上旅行社一览表

表12

单位名称	电话	等级	地址
乳山市春秋旅行社有限公司	6634566	AAA	乳山市胜利街83号
乳山市和顺旅行社有限公司	6635119	AAA	乳山市胜利街104号

2015年乳山市国家AA级以上景区一览表

表13

景区名称	等级	地址
乳山市银滩旅游度假区	AAAA	乳山市银滩
大乳山滨海旅游度假区	AAAA	乳山市海阳所镇
正华石佛山景区	AAA	乳山市乳山寨镇赤家口村
小汤温泉度假村	AAA	乳山市冯家镇汤上村
圣水宫道教养生休闲度假区	AAA	乳山市冯家镇孔家村
多福山国际养生旅游度假区	AAA	乳山市白沙滩镇
金牛谷生态农业观光园	AAA	乳山市午极镇午极村
福如东海文化园	AAA	乳山市银滩旅游度假区
岠嵎山风景区	AAA	乳山市乳山寨镇
台依湖国际酒庄生态文化区	AAA	乳山市夏村镇
马石山红色旅游区	AA	乳山市诸往镇马石山

2015年乳山市三星级以上饭店一览表

表14

名称	电话	等级	地址
国际大酒店	6870189	四星	乳山市胜利街71号
乳山宾馆	6606699	三星	乳山市商业街121号
东海宾馆	6606588	三星	乳山市青山路57号
香榭丽舍	6855555	三星	乳山市宁波路北
银滩大酒店	6778888	三星	乳山市银滩度假区长江路中段
金海假日酒店	3603999	三星	乳山市银滩度假区长江路中段
望海山庄大酒店	6791088	三星	乳山市海阳所镇工业园
正华山庄大酒店	6614046	三星	乳山市乳山寨镇赤家口村西

景区景点

【概况】 2015年，乳山市有A级以上旅游景区11家，其中，国家AAAA级旅游景区2家，AAA级旅游景区8家，AA级旅游景区1家。省级旅游度假区1处；省级以上农业旅游示范点11个，其中国家级1个，省级以上工业旅游示范点4个。旅游强镇5个，特色村8个。

【银滩旅游度假区】 银滩旅游度假区位于乳山市东南部，距市区15公里，位于中国著名旅游开放城市青岛、烟台、威海三市的中心地带，南濒黄海，与日本、韩国隔海相望。始建于1992年，1994年7月被山东省人民政府批准为省级旅游度假区，2002年10月被国家旅游局批准为国家AAAA级旅游区。度假区规划控制面积65平方公里，海岸线长21.7公里，拥有866.7公顷的海边防护林带，3个大型海水浴场，可供10万游人沐浴，可开展多种水上游乐项目。度假区天然质朴，沙质洁白，水质清澈，有“东方夏威夷”的美誉，新华社前社长穆青先生曾题书：天下第一滩。是养生、休闲、旅游、度假的理想之地。获得“中国自驾车旅游品牌十大景区提名”“山东最具竞争力旅游度假区”“山东省十佳旅游景区”“中国最美六大海岸线之一”等称号。2015年，景区总接待游客600.2万人次，旅游综合收入70124.5万元。

【大乳山滨海旅游度假区】 濒临黄海，与青岛、烟台、威海三个旅游城市之间的车程均在1小时左右。2004年8月被山东省发展和改革委员会批准立项，由山东乳山维多利亚海湾旅游开发有限公司投资建设，计划投资30亿元。2005年开工建设。2006年8月建成开放。2009年，被国家旅游局批准为国家AAAA级旅游度假区。度假区以大乳山为中心，海陆面积60平方公里，山、海、滩、湾、岛资源齐全，景观丰富，环境优美，春温秋爽，冬暖夏凉，被誉为“北方三亚”，总体规划为乳山湾旅游风情镇、母爱文化片区、福地养生片区、幸福休闲片区、海洋公园片区5大片区，是一处集观光旅游、休闲度假、文化娱乐、养生康体于一地的综合性大型滨海旅游度假景区。先后获“山东旅游最具成长力品牌”“中国十佳休闲胜地”“中国旅游品牌十大景区”“中国休闲旅游最佳目的地”“国际知名旅游景区”“山东省十大齐鲁文化新地标”“国家级海洋公园”“国家水利风景区”“山东最具人气休闲旅游景区”“第四届中国最令人向往的地方”和“最受网民好评的旅游景区”称号。并被选定为中华母亲节永久性会址、国际休闲产业协会永久性会址、美中贸易发展协会旅游度假基地、“山东省文化产业示范基地”“山东省环境教育基地”、中国妇女报社采风基地、中国社会科学院疗养度假基地和山东省文化产业示范园区。2015年，景区总接待游客56.5万人次，旅游综合收入11656.2万元。

泓兴寺 原名泓兴院，始建于南北朝北魏时期，距今已有1600年的历史，唐贞观十二年（638）曾因地震损坏重修，2012年5月18日经山东省佛教协会及当地政府、宗教部门批准重建并举行开光仪式。寺院整体为仿明清宫殿式建筑，总占地面积1.33万平方米，建筑面积3462平方米，由山门、天王殿、大雄宝殿、藏经楼、法堂等四进殿堂及众多配殿组成，依山面海，曲径通幽，享有“海天佛国”之称。

海天康乐园 该处沙滩总长2000米，占地34.87万平方米（陆地、沙滩），建有梦幻蓝天滨海娱乐场、凝海闻涛休闲区、海水浴场区、深海潜水俱乐部。其中，梦幻蓝天滨海娱乐区长1000米，占地21.9万平方米，区内设摩托艇、魔毯、拖坠降落伞、橡胶船、帆板、深海潜水、沙滩排球、沙滩摩托车等娱乐项目及休闲沙吧、营帐、树林草地广场、售卖亭、综合服务站等设施。

国际会议中心 位于大乳山景区核心景观区，建筑面积4600平方米，可提供会议及餐饮接待，设有会议厅、宴会间及多功能厅，会议厅装有多国同声传译系统、视频会议系统、计算机网络系统，可承接各种高端会议。

长寿廊 展示长寿之乡乳山市的百岁老人和景区内3个村的80岁以上老人的影像。

巡福天路 从三神牌山至笔架山，全长2200米，沿途有百福广场、万福山、祈福台、奶奶庙、触摩顶等景点。

大乳山母爱文化苑 分为孝道文

9月3日，大乳山滨海旅游度假区（于泳摄）

11 月 5 日，小汤温泉度假村　　（冯家镇政府提供）

化区和母爱文化区。展示以中国传统剪纸工艺为灵感打造的母爱图腾，营造母爱文化氛围。

【正华石佛山景区】 位于乳山寨镇，占地 200 公顷，毗邻国家级森林公园——岠嵎山森林公园。主峰石佛山海拔 326.4 米，因其远观如一弥勒佛仰卧观紫微星而得名，景区峰奇谷幽，植被茂密，森林覆盖率 90%，空气含有丰富负氧离子，形成独特的天然氧吧。景区内有百年古树 200 棵，并有胶东地区唯一的映山红林带及百亩樱花林；开辟 13.33 公顷向阳坡地种植茶叶，带动“茶园采风及采摘体验游”发展；特色养殖场内饲养观赏及食用动物梅花鹿、马鹿、孔雀、珍珠鸡、火鸡、野猪、家猪；奇珍植物园位内栽种上百种南北方珍稀植物香蕉、芒果、柠檬、辣椒树、茄子树等，采用无土栽培与有机栽培技术，打造独特植物景观。正华石佛景区集绿色无公害蔬菜、应季水果采摘，滑草、漂流，特色植物园观光，餐饮、住宿、垂钓、登山、迷宫于一体，打造多功能娱乐休闲景区。2010 年，“正华大乳山”绿茶获威海首家“山东名牌”称号。2013 年，被评为国家 AAA 级景区。2015 年，景区总接待游客 18.12 万人次，旅游综合收入 394.4 万元。

【小汤温泉度假村】 坐落在乳山市区东北 20 公里的冯家镇，是集温泉洗浴、餐饮、住宿、会议、娱乐为一体的现代化温泉度假村景区。延续唐时距今约 1400 年的老汤原址兴建，属纯天然温泉。2013 年 12 月，被评为国家 AAA 级景区。泉水温度一般在 40℃～60℃，最高达 75℃（水资源），富含锶离子和偏硅酸、硒等矿物质。设有热带雨林园景观温泉区，可供 1000 人同时沐浴，可供 300 人住宿的客房，会议室、餐厅、户外拓展基地及采摘园 7 个。2015 年，景区总接待游客 30.1 万人次，旅游综合收入 1528.05 万元。

【圣水宫道教养生休闲度假区】 位于冯家镇。圣水宫又名玉虚观，为省级重点文物保护单位，名列《中国名胜辞典》。景区内群山绵亘、林峦深邃、清泉奔涌，素有“小昆嵛”之美誉，自古就以山异水奇闻名遐迩，自然人文景观丰富。据史书和碑碣记载，唐贞观年间在此建庙曰“圣水宫”。其鼎盛时（627-650 年）期在金元，曾是全真教三大圣地之一。度假区为国家 AAA 级景区，占地 130.67 公顷，规划投资 1.2 亿元，主要规划为弘道区、道教养生休闲区、生态农业观光区，其中弘道区投资 6079 万元，竣工的玉虚观、财神宫、百草园等已对外开放。2015 年，投资建成文昌塔、大仙堂，并举行开光典礼。景区总接待游客 39.9 万人次。

【多福山国际养生旅游度假区】 多福山是中国第一座以参禅、悟道、祈福、养生为主题的文化名山，海拔 395.95 米，是乳山市滨海新区的第一高峰，多福山国际养生旅游度假区由日百集团控股、威海多福山旅游开发有限公司开发建设，计划投资 11.9 亿元，占地 10 平方公里，规划建设“一心”（综合服务中心）、“一镇”（卢塞恩养生小镇）、“四区”（道教祈福区、禅修体验区、森林休闲区、温泉度假区），打造成为集观光旅游、养生度假、温泉疗养、休闲娱乐、宗教朝圣、会议会展于一体的大型综合性养生度假胜地。景区于 2013 年 5 月 1 日开园，获评国家 AAA 旅游景区、山东省首个“长寿文化研究基地”和“2013 好客山东最佳休闲旅游度假区”。2015 年，景区总接待游客 32.5 万人次，旅游综合收入 61 万元。

【金牛谷生态农业观光园】 金牛谷生态农业观光园位于乳山市午极镇午极村北郊总投资 2.8 亿元，占地 200 公顷，为国家 AAA 级景区。以打造“胶东蓝莓第一园”为目标，建设集农业生产、科技示范、休闲娱乐、旅游度假、环境保护于一体的综合开发项目。园区投资 1.2 亿元，栽植树木 1.8 万棵、蓝莓 56.67 公顷、树莓 3.33 公顷、茶 6.67 公顷，其他果树 26.67 公顷，完成园区道路、绿化工程、餐饮住宿、沼气、水电配套等基础设施，搭建滑草、滑索等游乐项目，开工建设农业采摘园、生态餐厅、婚庆长廊、四合院、木制别墅等项目。举办蓝莓产业文化节，实现旅游与农业融合发展。2015 年，景区总接待游客 11.1 万人次，旅游综合收入 211.6 万元。

【福如东海文化园】 福如东海文化园位于国家 AAAA 级旅游度假区——乳山银滩旅游度假区，占地

5月2日，福如东海文化园内游人如织 （辛戈摄）

106.67 公顷，海域使用面积 1.07 平方公里。福如东海文化园是以“福文化”“东渡文化”及“东夷文化”为主题而打造的大型文化旅游综合开发项目，主要包括一轴：“福如东海”文化旅游主轴；二带：滨海景观带和沿长江路绿化景观带；三区（三个主题游览区）：“福如东海”书画院区、“福如东海”度假酒店区和“福如东海”游艇俱乐部区。2012 年，中国美术创作研究基地山东省基地在园区落户。同年，被评为国家 AAA 级景区。2014 年 8 月，被威海市委宣传部确定为重点文化企业。2015 年，福如东海文化园投资 1.3 亿元，完成福如东海皮草城二期、韩国商品街的装修及招商、福如东海珠宝城装修及招商。2015 年，景区总接待游客 35.3 万人次，旅游综合收入 28 万元。

【岠嵎山风景区】 位于乳山市区西 18 公里处。四周群山环抱，中间形成“人”字形峡谷，岠嵎山地质奇特，原系海底山脉，后因太古到中生代的造山运动和燕山运动，构造当今秀俏天成、奇石林立的自然风貌。景区总面积 1204 公顷，主峰海拔 599.5 米；有植物 180 种、国家保护树种 70 种、动物 170 种，林地总面积 746 公顷，是天然的动植物王国奇石因地貌奇特险峻，怪异嶙峋，如禽如兽，似人似物，成为齐鲁一绝，有“天然石雕园、植物园、天然氧吧”之称。2002 年 12 月，被批准为国家级森林公园，2009 年 3 月，被评为国家 AAA 级旅游景区。2015 年景区总接待游客 1.2 万人次，旅游综合收入 16.6 万元。

【台依湖国际酒庄生态文化区】 由台依湖集团投资开发建设，总投资 30 亿元，规划用地 2000 公顷，拟建设 300 座大酒庄。依托乳山当地优良的葡萄种植环境，以台依湖水域为中心，投资 3000 万元从法国引进葡萄破碎机、除梗机、全氮气保护气囊压榨机，意大利全自动灌装线，法国原产橡木桶，聘请拉菲集团原首席酿酒师，与国内外葡萄酒技术机构合作，从葡萄种植到酿造全程严控，酿造高标准酒庄酒，打造集葡萄种植与酿造、现代农业、科普文化、采摘体验、休闲旅游与度假为一体的综合项目。台依湖以葡萄酒文化为主题，打造葡萄酒学院、葡萄酒博物馆、葡萄酒主题小镇等核心体验项目，配备超五星级酒店、水上娱乐、商业休闲场所、葡萄科普体验园等，主题鲜明、格局清晰，按照国家 AAAAA 级景区标准规划建设，力争打造万亩葡园、千亩水景、千亩公园、百亩湿地四大生态景观，缔造中国乃至全世界最大的酒庄生态文化区和葡萄酒产业集群。

【马石山红色旅游区】 马石山位于乳山市西北隅，海拔 467.4 米，是胶东的名山。山体呈东西走向，从北面远眺，像一匹头西尾东的骏马，头、耳、鬃、背、臀清晰可辨，又因山多岩石，故名马石山。这里峰岭巍峨，山势陡峭，怪石嶙峋，森林茂密，鸟类繁多，保持着原始山林特有的秀美风貌。景点有姊妹石、棋盘石、五凤楼、天梯、勃鸽塘、威海马石

1月16日，中央电视台乡村栏目组到乳山市台依湖酒庄录制节目 （辛戈摄）

山红色教育基地等，为乳山著名自然景区。同时，这里是抗日战争时期，日军制造骇人听闻的“马石山惨案”发生地、马石山反“扫荡”突围战发生地，是省级重点文物保护单位，著名红色旅游胜地。

姊妹石 马石山西麓井乔家村旁，乳山河上游水潭龙湾岸边，耸立两尊高三丈许的巨石，其形似一对亭亭玉立的少女，仪态端庄，相互偎依在一起，人们称其“姊妹石”。

五凤楼 马石山主峰西南2.5公里处，陡峭的石崖上，有一天然石窟，分为上下两层，上层又有前后两窟，两窟中间相通；前窟门窗俱全，明柱支撑，飞梁走檐，造工精巧；后窟为一石洞，明亮宽敞，可容纳数十人。远观石窟，酷似人工凿建的石楼，当地人称其为五凤楼。

棋盘石 马石山主峰西坡有一巨大的方形岩石，周围松林芳草环绕。巨石紫黑色，高3米，顶端平坦如砥，可容十余人围坐。令人称奇的是，巨大的岩石上，中间部分有纵横交错的岩石纹理，形似棋盘，“格线”清晰。

通天梯 马石山主峰以西的悬崖峭壁间，有一条斗折蛇行、层层相接的登山石阶，远眺似一条通向陡峭山顶的石梯，人们称其为“通天梯”。

鹁鸽塘 在“五凤楼”的西北处，有一狭窄的深谷，谷深30余米，深谷两侧岩壁陡峭险峻，是攀岩爱好者的绝妙佳地。岩壁经过风化形成许多小石洞，成为鸽子的栖息地，常年有大批野生鸽子在此繁衍生息，故称其为“鹁鸽塘”。

威海马石山红色教育基地 1942年11月，日本侵略军及伪军2万多人，对抗日根据地进行拉网合围式“大扫荡”，24日在马石山残杀抗日军民500多人，制造震惊中外的“马石山惨案”。在反扫荡斗争中，胶东抗日军民同日本侵略军进行了殊死搏斗。1970年10月，乳山市为纪念在“马石山惨案”中遇难的抗日军民，决定在此修建马石山烈士陵园，分革命烈士纪念塔、抗日烈士纪念堂、广场、烈士陵墓和接待室与管理人员生活区4部分。1985年，许世友上将、林浩少将为革命烈士纪念堂题词。1990年6月被山东省人民政府批准为省级烈士纪念建筑物重点保护单位。2005年12月，被批准为山东省爱国主义教育基地。2013年被山东省政府列为省级文物保护单位，2014年被列入第一批国家级抗战纪念设施、遗址名录。马石山十勇士英雄群体为中国五大著名抗日英雄群体之一。乳山市资5000多万元，在原有基础上修建马石山红色教育基地，主要包括马石山十勇士馆、乳山革命纪念馆、宣传教育中心、烈士墓区4个部分，展示胶东抗战简史、日本侵略者制造马石山惨案的罪行，马石山十勇士及其他英雄群体视死如归、舍生取义救民众的英雄事迹。

（秦子凯）

旅游线路

【母爱文化之旅（一日游）】 路线安排：市区母爱文化广场—大乳山滨海旅游度假区—银滩旅游度假区—福如东海文化园。

【红色文化之旅（一日游）】 路线安排：冯德英文化馆—胶东育儿所—马石山红色旅游区。

【葡萄酒体验之旅（一日游）】 路线安排：金谷园民俗展览馆—正华石佛山景区—台依湖国际酒庄生态文化区。

【乡村休闲之旅（一日游）】 路线安排：正华农林科技示范园—金牛谷生态农业观光园—极北绿茶。

【民俗文化之旅（一日游）】 路线安排：金谷园民俗展览馆—冯德英文化馆—乳山母爱文化广场—久久发古玩商贸城。

【道教文化之旅（一日游）】 路线安排：圣水宫道教养生休闲度假区—多福山国际养生旅游度假区—益天农业生态园青龙观。

【森林养生之旅（二日游）】 路线安排：大乳山滨海旅游度假区—多福山国际养生旅游度假区—正华石佛山景区—岠嵎山景区。

【海上观光之旅（二日游）】 线路安排：银滩旅游度假区—福如东海文化园—大乳山滨海旅游度假区—海上观光游—小青岛。

8月15日，威海市纪念抗战胜利70周年大会暨威海马石山红色教育基地揭牌仪式在马石山举行

（孙铁琰摄）

6月20日，乳山市组织企业参加中国·威海国际食品博览会

（商务局提供）

【康体养生之旅（二日游）】 路线安排：大乳山滨海旅游度假区—银滩旅游度假区—多福山国际养生旅游度假区—福如东海文化园—圣水宫道教养生休闲度假区—小汤温泉度假村。

（王宝磊）

会展业

【概况】 2015年，为应对国际大环境等因素影响下的外需下降等问题，乳山市组织乳山市60家外贸企业参加德国纽伦堡国际玩具博览会、日本千叶食品博览会和中国进出口商品交易会等国内外展会10个，拓宽出口渠道，开拓新兴市场，加快形成渠道多元、风险分散的市场格局，据统计，通过参展，乳山市17家出口过千万美元的骨干企业新获订单增长70%。

【中国·威海国际食品博览会参展】 6月20—29日，以“提升出口农产品质量安全水平、打造中韩自贸区先行城市品牌”为主题的第六届中国·威海国际食品博览会在威海市国际展览中心举办。乳山市突出“乳山三宝”主题，组织30家企业参展，共接待国内外客商1000人次，成功与韩国、马来西亚和俄罗斯等地客商意向成交50项，意向金额300万美元。同时，组织华美淀粉、华隆食品、吉利食品等10家企业与中国商业联合会的优质食品采购商开展“采购商对口洽谈会”，提升乳山出口农产品质量安全示范区的国际影响力，推动乳山市农业优势产业由生产加工基地向产业聚集区转变。

（王晓鹏）

【第十七届长春中国绿色食品博览会参展】 2015年9月2—5日，由农业部、中国绿色食品发展中心主办的中国绿色食品博览会在吉林省长春农业博览园举办，展会集中展示无公害农产品、绿色食品、有机食品及地理标志农产品。乳山市在展会上设展位2个，金果花生、华隆食品、华美淀粉、吉利食品4家企业参展。展会期间，通过发放宣传册、宣传图板形式，推介乳山优势农产品，宣传乳山优质农产品品牌，从农产品生产各环节抓好农产品质量安全，树立乳山农产品质量安全市形象。

【第十三届中国国际农产品交易会参展】 2015年11月7—10日，中国国际农产品交易会在福州市海峡国际会展中心举办，旨在展示全国农业领域发展成就、促进农产品贸易、推广先进技术、推动国际交流合作。乳山市组织金果花生、华隆食品、华美淀粉、台依湖酒业、吉利食品等8家企业参加，展示乳山优势农产品的整体形象，推介宣传乳山优质农产品品牌，期间，展示宣传“乳山大花生”“乳山苹果”“乳山大姜”等特色农产品30个品种，整合乳山市品牌资源优势，提高乳山名优农产品品牌知名度。

6月13日，岠嵎山风景区 （乳山寨镇提供）

·南北朝 “常平五株”圆钱

·汉代 “五株”剪边方孔圆钱

·后周（五代） “周元通宝”方孔圆钱

·汉

·唐代 “乾元重宝”方孔圆钱

·唐代 “开元

责任编辑：于 晓

商贸服务业

Industry of Services in Commerce and Trade

·隋代 "五佚"方孔圆钱

综　述

【概况】2015年，乳山市以“转方式、调结构、提质量”为目标，自我加压，创新实干，提升对外合作的质量水平，全市商贸服务工作保持健康稳步发展的态势。全年实际利用内资127.5亿元，比上年增长18.3%；实际到账外资8706万美元，比上年增长15.2%；完成外贸进出口79458万美元，比上年增长12.6%。全市社会消费品零售额完成214.2亿元，比上年增长10.9%，商贸运行健康有序，市场消费繁荣活跃。

【项目建设成效明显】 抢抓“一带一路”“中韩自贸区建设”战略机遇，加强招商选资、项目建设和企业嫁接，推动对外开放向纵深发展。坚持“走出去”和“请进来”相结合，集中开展赴青岛、珠三角、长三角等20次及赴韩国、欧洲10次集中招商活动，邀请北京、上海、韩国、德国120批次客商到乳考察，为招商引资、扩大开放搭建新平台。2015年，全市组织外出招商1000人次，新开工投资3000万元以上项目45个，其中华信食品工业园、隆图新型建材、辉远新型建材等过亿元项目18个，签订威海远深新能源、神耐特瓷基盘式制动片等5个过亿项目。深化企业与外合作，推进正洋食品与华昌食品等20个合作项目。

【德泰银海商贸城一期建设完工】乳山市德泰银海商贸城位于乳山市海阳所镇驻地，2013年被列为威海市重点建设项目，由乳山市恒信房地产开发有限公司投资1.8亿元，分二期工程进行建设。项目总用地7.5万平方米，建筑面积5.2万平方米，营业面积4.7万平方米。2015年，项目一期建设完工，建有仓储物流区、海产品区和农贸市场。其中，仓储物流区提供摊位108个，用于储存和配送建材、汽车配件、文化教育产品；海产品交易区提供摊位216个，主要经营鲜活海产品批发和冷藏加工、蔬菜及果品批发；农贸市场提供摊位150个，主要经营海产品、蔬菜及果品的零售。截至2015年底，海阳所大集搬至商贸城内，入驻商户80家。

商贸业

【概况】 2015年，乳山市商贸业坚持以繁荣市场、保障供应为目标，以扩消费、惠民生为主线，以转方式、调结构、促发展为方向，搭建流通载体，完善经营网络，优化业态布局，开拓城乡市场，推动全市商贸流通经济持续平稳较快发展。全年实现社会消费品零售额214.2亿元（商务局统计），比上年增长10.9%。其中，国有、集体经济实现零售额105亿元（统计年鉴），增长15.3%；个体经济零售额110亿元，增长7.2%。批发业零售额21.6亿元，增长10.7%；零售业零售额166亿元，增长10.4%；住宿业零售额4亿元，增长15.9%；餐饮业零售额22亿元，增长14.7%。城乡居民收入稳定增加，城乡市场消费同步增长，全年城市消费品零售额124亿元，增长11.35%；农村消费品零售额90亿元，增长10.4%。

【酒类流通管理加强】 2015年，依据《酒类流通管理办法》，全市办理酒类流通备案登记9家，开展酒类流通专项检查行动8次，出动执法人员83人次，检查企业40家，按照规定办理备案登记，由酒类经营者领取《酒类流通随附单》，并将所发放的《酒类流通随附单》装订成册，建立酒类经营购销台账，并在显著位置明示“不得向未成年人销售酒类商品”警示牌。在市区酒类流通集中的商户区域采取上门发放宣传单、张贴公告、书面通知方式进行宣传，接受商户和消费者咨询100人次，加强酒类流通管理，增强酒类经营者诚信守法经营意识和消费者自我保护意识，树立良好商务形象。

【侵权假冒商品整治】 2015年，乳山市落实打击侵犯知识产权和制售假冒伪劣商品工作，制订《2015年乳山市打击侵犯知识产权和制售假冒伪劣商品工作要点》，完善联络员、信息报送和数据统计工作制度及工作监督考核办法。组织相关部门，围绕互联网、农资、车用燃油、食用盐、烟草、旅游纪念品、注册商标等重点领域开展打击侵权假冒专项整治活动。年内，全市共查处打击侵犯知识产权和制售假冒伪劣商品案件41起，罚没款项36.9635万元。

【商务诚信体系创建】 2015年，乳

9月28日，乳山市举办中韩自贸区知识专题讲座　　（商务局提供）

11月24日，商务局组织“再生资源在线回收”专题培训（商务局提供）

山市商务局印发《推进商务诚信制度化建设的实施方案》《乳山市商贸流通领域“诚信经营示范单位”创建活动方案》，建立企业信用认证和等级评价体系、守信激励和失信惩戒机制、信用红黑榜发布制度，加快商务领域信用体系建设步伐。开展诚信经营示范单位创建、诚信兴商宣传月系列主题活动，提升企业主体意识，增强诚信经营的自觉性和主动性。乳山市泰和典当有限公司、乳山市振宇电脑网络有限公司、乳山市华润物流有限公司、乳山市母爱大姐家政服务有限公司等4家企业登乳山市商务诚信“红榜”。

【再生资源回收体系建立】2015年，乳山市出台《乳山市关于加快再生资源回收体系建设的实施意见》，启动再生资源回收体系建设，依托缘溶分拣中心和100个回收站的建设，逐步形成布局合理、网络完善、设施适用、功能齐全、回收高效、分拣良好、管理规范、覆盖城乡的现代再生资源回收体系。根据《乳山市再生资源回收站点环境卫生联合整治行动方案》，组织再生资源回收体系建设成员单位开展联合整治行动10次，重点推进再生资源回收站点环境整治工作，现场核查、跟踪督导62家已整治完成的站点，现场整治39家再生资源回收站点存在的环境卫生问题，并专项督查15家进展缓慢的站点。

【乳山市海天集团有限公司】乳山市海天集团有限公司是一家集宾馆、酒店、摄影彩扩、美容美发、洗浴、健身、副食品加工、茶艺、装潢设计等行业为一体的综合性饮食服务企业。2015年，辖属独立企业20家，其中二星级以上企业2家。客房总床位880个。中餐酒店7家，总餐位6000个。美容美发厅3处，大型洗浴中心3处，彩扩摄影婚纱影城、配送中心、茶艺厅各1处。拥有固定资产上亿元，员工1000人。公司自1997年成立以来，坚持高点起步、长远规划、快速发展的战略，内抓管理，外树形象，力创“海天”优质服务品牌，企业各项经济指标逐年递增。跻身山东省县市级餐饮服务行业前列，连续8年在威海市三市三区饮食服务系统中名列首位。公司获山东省“百强企业”，威海市“文明单位”“优质服务明星单位”“威海市百佳诚信单位”，乳山市“明星企业”“十佳窗口单位”“食品安全诚信单位”“餐饮业先进单位”称号。2015年，全年营业额3250万元，比上年减少0.05%。

【乳山国际大酒店】乳山国际大酒店隶属于乳山市政府，位于市区商贸、文化中心地带，1994年7月正式营业，1995年6月被评为三星级饭店。2006年酒店改造升级，2007年2月被评审为四星级饭店。酒店占地面积5.1万平方米，建筑面积1.9万平方米，分1、2号主楼和3号辅楼（婚宴楼）。主体布局为仿唐风格，古朴典雅，别具一格，是一座融民族风格、地方特色与现代气息于一体的花园式酒店。有客房91间，其中，豪华套房2间，大套房2间，小套房9间，单人间42间，标准间36间，共127个床位。有各种接待规格的大、中、小型会议室5个，宴会厅23个，可同时容纳1100人就餐。康乐中心有歌舞厅1个和KTV包房16个，棋盘室、健身房、洗浴、咖啡、茶艺等服务设施一应俱全。获“山东省消费者满意单位”“山东省诚信旅游示范单位”“食品卫生等级A级单位”“金叶级绿色旅游饭店”“威海市优秀星级饭店”“诚信单位50佳”称号。2015年，全年营业额比上年增长8%。

【利群集团乳山购物广场】利群集团乳山购物广场是利群集团的第21座万米商厦，2005年4月28日营业。位于乳山市商业街东段、贸易城北侧，建筑面积3万平方米，是乳山市最大的集购物、餐饮、娱乐、休闲于一体的综合性购物广场。经过10年发展，完成商场扩建，调整商场布局，优化品牌结构，经营范围涵盖男女服装、箱包皮具，家电、化妆品、黄金珠宝、日用百货、食品生鲜等。商场设有室外停车位200个。与肯德基、永和豆浆、彤德莱、英雄煮、阿香米线合作，提供美味可口的食品。2015年，企业秉承“倡导低价、为您节省每一分钱”经营理念，保证生鲜、肉类食品天天新鲜，全年营业额13586.3万元，比上年减少0.63%。获“百姓最喜爱的消费品牌”“威海市消费者满意单位”“威海市安全生产单位”“山东省第二届食品安全诚信单位”“治安保卫工作先进集体”“消防安全先进单位”“乳山市纳税明星企业”称号。

【乳山振华商厦有限公司】 原系威海华联集团乳山商厦，成立于2000年11月26日，位于乳山市城区繁华地带，北临商业街，东靠富山路，营业面积1万平方米，是一家大型综合性商业服务企业。2006年年末改制为综合性大型股份制商业企业，2009年5月更名乳山振华商厦有限公司。2015年，发扬“团结、务实、开拓、创新”企业精神，秉承“荟萃精品、服务大众”经营理念，把“满足消费者需求，维护消费者利益，把微不足道的小事做得完美无瑕”作为企业服务宗旨，加强和完善经营管理机制，贯彻执行《中华人民共和国消费者权益保护法》《中华人民共和国产品质量法》《新“三包”规定》，加强商品管理，严格把关，抵制假冒伪劣商品，强化员工管理，开展优质服务活动，以诚实守信经营，为消费者提供满意放心服务，全年营业额6017万元，比上年减少14.46%。

【乳山振华购物中心】 位于乳山市最繁华的商业中心，2013年12月28日营业，建筑面积3万平方米，是集购物、休闲、娱乐、美食餐饮等功能于一体综合性购物中心。2015年，中心以市场为向导，以消费者需求为目标，秉持“荟萃精品，服务大众”的经营理念和“优质服务赢市场，科学管理创高效”管理理念，打造符合乳山市民消费需求的中、高档购物中心。中心以中、高档为主，汇集国内外名优品牌，满足乳山市民高品质生活需求。店内设备先进，功能齐全，配有双向电梯、自动消防系统、中央空调、电子商务系统等，尽显现代商业气息。店内专厅购物环境舒适典雅，让消费者赏心悦目，尽享休闲购物之情趣，为乳山市民打造一个集餐饮、购物、休闲娱乐于一体的高雅时尚、充满现代潮流的一站式购物中心，全年营业额6064万元。

【山东家家悦集团有限公司】 2015年，家家悦集团乳山区域积极作为，继续保持良好发展势头。构建城乡一体化网络，把市区和镇村市场作为重点，实现市区10分钟商圈密度，镇村区域发展连锁门店34处。优化供应链体系，调整布局，优化业务流程，提高配送效率，提升服务水平，提高门店综合运营效率。加强生鲜PC商品标准研发，改进加工工艺，注重品质提升，提高标准化操作，降低门店加工成本。优化商品结构，按照工业产品品牌化、地方产品特色化和农副产品基地化战略，加强新品引进和评估，优化商品品类，提高商品满足率和适销率。探索国际化采购，范围延伸到欧洲、美洲、大洋洲、东南亚等国家和地区，形成生鲜资源优势，提升差异化竞争力。

11月1日，乳山振华购物中心 （王家洲摄）

【农副产品批发市场】**贸易城中心市场** 位于深圳路中段，1993年由威海金桥房地产开发有限公司出资建设，占地1.6万平方米，分为交易大棚、海鲜早市和3个经营区，其中交易大棚位于市场中心，占地8000平方米，设计摊位220个，实际使用摊位108个门市房38个；海鲜早市位于市场大棚南侧，占地1100平方米，固定摊位56个、流动摊位20～30个，每日早1:00～7:30营业，经营海鲜批发为主；3个经营区在交易大棚外围，门市房62个。贸易城中心市场以经营海鲜产品为主，干货、蔬菜、水果、肉蛋为辅，日平均人口流动数量2000人次，2015年，营业额6.8亿元，比上年增长6.25%，是乳山市最大的综合性农副产品交易市场。

金谷园农产品批发市场 位于乳山市区世纪大道北端，由乳山市金谷园农机市场有限公司于2009年5月融资建设，2010年6月开业。总投资1.12亿元，占地7.9万平方米，建筑面积4.7万平方米。有农副产品交易大厅3个，其中蔬菜交易大厅营业面积6000平方米、固定摊位60个，水果交易大厅营业面积3800平方米、固定摊位60个，肉类交易大厅营业面积2000平方米、固定摊位36个；市场内露天经营固定摊位5个，为蔬菜交易摊位；门市房220个，全部入驻业户，小部分出租；冷库18处，仓库40处，总面积3000平方米。市场以蔬菜、水果批发为主，干货、海产品、小商品、肉蛋禽等农副产品为辅，日平均人口流动数量3000人。2015年，营业额9.6亿元，比上年增长24%，是乳山市唯一一家农产品批发市场。

黄山路农贸市场 位于黄山路北段，由城区街道办事处金硝岭村委会投资建设，2005年5月营业。投资800万元，占地2800平方米，摊位380个（其中门市房75个），入驻业户50户。主营蔬菜、水果、禽类等农副产品，水产品为辅。日平均人口流动数量600人，2015年，营业额0.86亿元，比上年增长1.2%。

【义乌小商品城建设】 位于乳山市区向阳街35号，由个人筹资518万元，望海房地产开发有限公司兴建，占地5000平方米，经营面积1万平方米，设计摊位288个，实际使用230个，主要经营服装、日用百货、小家电、文体、床上用品、工艺品等。2015年，营业额1500万元，比上年增长10.9%。

【粮油品牌化经营】 2015年，乳山市粮食局开展放心粮油工程，发挥粮食部门点多面广、设施齐全优势，引入连锁经营方式，整合粮油经营渠道，实现粮油供应品牌化经营，保障居民用粮用油安全。在全市设立5个粮油价格监测点，实行价格监测周报制度，及时掌握夏粮收购价格变化情况。筹措资金2600万元，收购农民余粮，设立10个夏粮收购点，投资50万元维修改造仓库，夏粮收购仓容达1.1万吨，检修粮仓机械32套和检化验仪器40套，为夏粮收购做好准备。累计收购国标三等以上夏粮新小麦6500吨，完成5500吨地方储备粮轮换任务。截至2015年年底，全市有收购许可证的粮食经营企业和个体工商户328家，全年累计收购粮食3.32万吨，其中政策收购5500吨、市场收购2.77万吨。建设乳山放心粮油配送中心2个、“放心粮店”8个。当年全市累计销售粮油33233吨，其中政策销售5500吨、市场销售26633吨。

（于常青）

【烟草专卖】

卷烟销售 2015年，乳山市烟草专卖局（营销部）以“勇做深耕者、争当排头兵”为动力，夯实基层基础、增强队伍活力、抓执行效果、创新驱动发展，开展“全满意客户”、机关人员“驻店营销、服务一线”创建活动，提升卷烟经营。全年销售卷烟1.77万箱，实现单箱收入2.61万元、利税1.1亿元。年内，获乳山市“支持地方建设先进单位”“纳税明星企业”称号。

专卖管理 完善协作机制，聚集执法合力，开展农村集贸市场烟叶、烟丝专项整治，物流快递企业集中整治，五小市场专项治理等活动；建立物流快递市场、互联网涉烟平台、宾馆酒店等特殊市场档案资料，通过采取错时检查、应急人员重组等工作模式，提升监管的针对性和实效性。全年查获涉烟违法案件229起，涉案卷烟177.52万支，涉案总值151.6万元。涉案嫌疑人被刑事拘留6人，逮捕4人，判刑1人。破获国际网络案件1起，破获市标案件1起。

（张磊）

【石油供应】 2015年，中国石化销售有限公司山东威海乳山石油分公司拥有加油站14处，设县公司管理部、大客户经理部、发卡经理部，共有员工90人，销售成品油4.438万吨，非油品主营业务销售收入560万元。

经营体制改革 2015年，中国石化销售有限公司山东威海乳山石油分公司（以下简称石油公司）深化用工制度改革。按照经营规模对辖区内11座年销售量4000吨以下的加油站，在所有权和经营权不变的前提下，通过招标的方式，将加油站的现场管理、现场服务及部分经营变动费用，委托给符合条件的11个社会化加油站管理服务公司，并按照《中华人民共和

2015年加油站累计完成情况统计表

表15

单位	成品油计划量	累计销售量	完成计划%	非油品计划量	累计销售量（万元）	完成计划%
1站	8750	8650	98.86	104.20	99.83	95.81
2站	6700	6892	102.87	109.45	97.55	89.13
4站	1100	1066	96.91	41.16	38.03	92.39
8站	1600	1471	91.94	51.30	47.91	93.39
9站	3450	3571	103.51	71.98	58.82	81.71
10站	2900	2772	95.59	71.98	62.82	87.27
11站	3800	3934	103.53	71.98	65.47	90.96
12站	3300	3769	114.21	71.98	65.56	91.09
14站	3000	2965	98.83	58.24	51.47	88.37
15站	1500	1000	66.67	46.71	40.82	87.39
17站	2800	2612	93.29	61.64	57.52	93.32
18站	2200	2244	102.00	56.50	48.21	85.32
19站	2700	2621	97.07	61.64	52.33	84.90
21站	920	821	89.24	51.30	46.74	91.11

（刘晓雁）

国公司法》设立1人有限责任公司，与威海石油公司签订委托管理合同，实行委托管理，实施业务（服务）外包，由“管人”转变为“管事”、由“用工”转变为“用服务”。按照“人随业务走”的原则，各委托管理站原在岗职工与威海富田劳务派遣公司解除劳动关系，与中石化威海公司解除上岗协议，与委托公司订立书面劳动合同，减少企业直接用工数量60人。依法规范用工形式、严格控制企业用工总量。同时，对辖区年销售量超过4000吨以上的3座站点实行自营自管管理模式，配置劳动合同制员工。截至年底依据岗位分类不同，自营自管站的27名职工与中石化威海石油分公司初次签订劳动合同，构建市场化用工机制。

【供销社体制创新】 乳山市供销合作社联合社（简称供销社）辖社有企业6个，基层社16处，干部职工1127名，总资产3.6亿元。市供销社根据省社《构建实体性合作经济组织指导意见》要求，按照市场化发展和公益化服务并重的原则，把具有示范效应和龙头带动作用的农民专业合作社组织起来，自下而上组建区域性农民合作社联合社。2015年，根据乳山苹果、大姜产业发展的需要和合作社建设状况，成立乳山市共赢果品和乳山市惠农农产两处镇区域性农民合作社联合社，与基层供销社“两社合一”。成立县级区域性农民合作社联合社1处，与供销合作社联合社“一套机构，两块牌子”，搭建起农村合作经济联合发展的综合服务平台。以参股等方式联结各类专业合作社联合社，建立起经营性和公益性功能互为支撑、互促共融、上下贯通的运行机制。全年发展联合社社员2300个，果品、大姜农业服务规模化面积达到1333.33公顷。

【社村共建模式试点】 2015年，供销社落实威海市委组织部和威海市供销社《关于加强新形势下农村基层“党建带社建、社村共建”工作的意见》，发挥供销社的服务优势、农民合作社的经营优势、农村基层党组织的政治优势，努力形成供销社、村两委、合作社“三位一体”发展格局，在增加农民收入、壮大村级集体经济、加强服务型党组织建设的同时推动供销事业的发展。年内，市供销社投资50万元，与冯家镇南泥沟村两委、恒丰药材专业合作社联手开展社区共建试点工作，建立起5.33公顷金银花中药材种植基地、农资连锁经营网点、日用品超市、专业合作社以及图书阅览室、联合党支部办公室。社村共建走出“农民得实惠、村两委得收入、供销社得发展、党委政府得民心”的新路子。

【为农服务中心建立】 按照省社为农服务中心建设要求，以涉农企业、基层社为实施主体，因地制宜发展规模适宜、功能适用的“供销社为农服务中心”。2015年，供销社以三农物资配送中心为依托，投资150万元，建设占地1.33公顷，集农资交易展示、农资仓储配送、土壤检测、自动化智能配肥、农机配套服务、农产品购销、农民技术培训为一体的标准化为农服务中心1处。该中心围绕土地托管、农资直供、农机服务、农产品仓储加工、统防统治、农民培训等多项服务功能，为“三农”提供“一站式”服务，打造农业生产全程社会化服务的主阵地。2015年，市供销社与蓖麻合作社共同投资200万元，在午极镇下万口村新建80公顷蓖麻基地和4200平方米蓖麻蚕养殖加工车间，引导区域内农民规模经营，增收致富。

【“互联网+供销社”模式加快推进】 供销社加快推进“互联网+供销社”行动计划，加强与省社合资公司对接，凝聚系统合力，共享优势资源。2015年，以三农物资配送中心为依托，成立华润宜家电子商务有限公司，发挥“乳山三农网”“乳山三农商城网站”作用，整合乳山特色农产品、水产品等资源，对接山东供销京东农贸发展有限公司，建立优势互补、资源共享、上下贯通、线上线下融合发展的新型农村流通网络体系。年内，发展农村电商推广员210个，建立村级农产品信息网点600个，为拓展农村电子商务打下基础。

（刘斯琪）

【食盐专营】 全市盐业行政主管机构为乳山市盐务局，是全市盐行业管理、盐政执法及食盐专营的行政管理部门，依法从事本行政区域内的盐资源开发、利用和盐产品生产、加工、储运、批发经营业务，实行上级盐业部门和地方政府的双重管

5月14日，乳山市盐务局开展防治碘缺乏病宣传 （王君君摄）

理机制。2015 年，全年累计销售食盐 3481.5 吨，其中，销售小包装食盐 1800 吨，销售饲料添加剂（NaCl）748.65 吨，销售渔盐 653.4 吨，销售小工业盐 3092.05 吨，销售精制工业盐 132.8 吨。

营销网络体系建立 全年围绕“服务客户、培养产业”这一主题，以现有营销网络体系为基础，深入细致地做好网点登记、台账设立等基础信息工作，通过年初组织人员深入用盐企业进行调查走访，签订用盐协议，同时根据用盐企业用盐时间，周密安排，制订完善的出入库方案，确保供应。

营销服务意识提升 优化服务流程，严格做好装、运、卸等环节优质服务工作，按照客户要求保质保量、及时送达，同时根据企业用盐数量，对直供盐产品价格实行阶梯式优惠，实现互惠双赢；在走访老用户的同时发展新客户，不断挖掘市场潜力，协助企业及时了解种植农副产品规模及国内外市场营销行情，提升用户诚信度，以优质的服务态度赢得市场；优化盐品结构，丰富盐品种类。通过市场调研，为饲料加工企业引进饲料添加剂新盐种，节约企业的运营成本。同时，为满足不同群体的食盐消费需求，2015 年新增弱碱性食用盐和海花盐两个新盐种，完善高、中、低三档的食盐销售格局。

盐业市场秩序进一步规范 2015 年盐业行政管理部门协同公安等职能部门，密切关注盐业市场动态，加大盐政执法力度。坚持日常走访与突击检查相结合，每季度全面大检查一次，重点对全市商店、食品加工户和企事业单位及学校食堂进行集中清查，确保盐业市场规范有序；加强对经销商经销数量和用户消费量的网络动态监测，对发现异常的区域和用户实行重点监管，增强工作针对性；加强盐政执法软件建设，规范使用行政处罚系统，做到行政处罚案件信息公开，促进提高办案质量。全年共查办案件 8 起，其中一般案件 7 起，简易案件 1 起，没收违法盐产品 0.26 吨，上缴罚没款 3400 元，涉盐案件处结率达 100%，盐政执法继续保持无错案。

（王君君）

5 月 15 日，乳山市领导张平（左一）到物资小区查看改造工程进度

（马世勇摄）

【乳山市工贸资产经营公司】 2013 年 12 月，撤销市轻工资产经营公司、市流通资产经营公司，成立工贸资产经营公司。原与轻工资产经营公司合署的市机械工业集团总公司、市建材工业集团总公司及与市流通资产经营公司合署的市商业集团总公司、市物资集团总公司、市对外贸易总公司，均调整为与市工贸资产经营公司合署。为市政府直属正科级事业单位。工贸资产经营公司内设 6 个科室，辖属停产倒闭企业 92 家。

化解历史遗留问题 针对系统内存在企业负债多、历史欠账多、下岗职工多、信访案件多，以及涉军、事改企和企业破产重组等引发的新问题、新矛盾，公司按照多措并举、齐抓共管、协调联动的“大信访、大稳定”格局要求，规范完善信访工作流程，在机关干部中开展争当民情信息员、信访联络员、政策宣传员、舆情分析员、矛盾调解员、心理疏导员、信访代理员七大员活动，做到矛盾排查到位、责任落实到位、调解化解到位、宣传引导到位，将维稳工作抓早抓小、抓实抓透。全年职工来信来访率比上年下降 9%，越级上访和缠访闹访数量明显下降。

惠民生保稳定 围绕“惠民生、保稳定”，实施民生工程。协调资金硬化物资小区路面、植树绿化、安装路灯。按照“五城联创”统一部署，筹措资金 16 万元，对所辖 47 幢居民楼进行集中清理整治，硬化路面 1500 平方米，清理垃圾 53 吨，移植绿化苗木 50 株，种植草坪 600 平方米，安装路灯 3 盏，方便居民的出行。改善职工居住条件，及时整修污水管道阻塞、水管漏水、线路断电和楼顶渗漏等问题，筹集资金 6.5 万元，维修楼顶 2100 平方米。

闲置资产增值 严格监管系统内停产倒闭企业费用开支、资产处置以及房屋租赁合同签订，建立基础资料数据库，核实资产，数据化、规范化管理资产，促进闲置资产保值增值，全年，共盘活闲置资产 600 万元，偿还历史欠账 60 万元。按照分类原则规范整理全市破产企业财务档案，进行细化分类，解决收集过程中杂乱无章、分类不准、归档错位现象，为职工查阅提供快捷服务。

招商引资与对外贸易

【概况】 2015 年，乳山市调整成立外商投资促进服务中心、国内投资促进服务中心和产业招商调度考核办公室，规范专业化招商队伍建设。其中，外商投资促进服务中心主要负责推介乳山投资环境、促进外商投资以及外商投资的管理服务工作；国内投资促进服务中心主要负责对国内的招商引资和投资促进活动，以及该区域投资信息的搜集整理等工作；产业招商调度考核办公室主要负责对全市招商引资项目的汇总统计、检查分析、初级项目评审和调度督导工作，研究制订对内资、外资项目的考核政策和对接威海市相关考核工作，并做好对外招商引资的资源整合、项目包装、招商手册编印、PPT 制作以及宣传推介等相关基础工作。通过探索搭建产业数据共享、投资信息服务、招商活动组织三个平台，实现各镇区、部门间招商信息互通、资源共享，引领全市一体化产业招商推介活动，提升招商引资工作的专业性和实效性，推动产业项目建设实现突破。2015 年，全市实际利用内资 19.9 亿元，增长 18.3%；实际到账外资 8706 万美元，增长 19.5%；完成外贸进出口 79458 万美元，增长 12.6%。

10月28日，山东乳山经济合作（广州）交流会在广州举行 （商务局提供）

【招商引进 74 个新开工项目】 2015 年 5 月，组织赴西安开展招商活动 6 次，拜访陕西人才高级人才事务所、山东省陕西商会、西安交大山东企业家协会，参加“第十九届中国东西部合作与投资贸易洽谈会暨丝绸之路国际博览会”和“2015 中国跨境电子商务交流会”。10 月，卫玮副市长率商务局、经济开发区、海湾新城、下初镇党委负责人赴珠三角地区开展经济交流考察活动，举办山东乳山经济合作（广州）交流会，拜访珠海齐鲁商会、广东省湖北商会，考察珠海横琴新区和深圳前海自贸区。12 月，卫玮副市长率经济开发区、下初镇、驻韩办的相关负责人赴韩国经贸考察，参加秀韩国企业联合会组织的韩国国际馆招商会，参观拜访韩国国际整容协会、美之爱美容整形医院，与高丽人参流通公司、东兆高丽木耳、安世医院等企业交流对接。全年，共组织 1100 人次赴韩国、新加坡、北京、上海、青岛等地区开展招商引资活动，引进华信食品、三智科技、兴业源农业等 74 个新开工项目。

【外商投资审批与管理】 2015 年，乳山市新设外资项目 8 个，总投资 2075 万美元。为加快扭转“利用外资结构单一、储备外资项目不足”的被动局面，在全面加强外资招商强度和成效的基础上，进一步突出对意向外资项目的调度服务，审批设立总投资 490 万美元的圣海旅游投资开发项目，对接洽谈 5000 万美元的成福海贸易项目，实现乳山市服务业利用外资的新突破，丰富全市利用外资项目领域。

2015 年乳山市新设外资项目汇总一览表

表 16

单位：万美元

序号	企业名称	总投资	合作	批准时间	所在地
1	乳山盛生生物科技有限公司	16.3	独资	2015.2	经济开发区
2	乳山市欧意特食品有限公司	600	合资	2015.4	徐家镇
3	乳山市圣海旅游投资开发有限公司	490.7	合资	2015.5	滨海新区
4	乳山寒润服装有限公司	300	合资	2015.6	经济开发区
5	乳山市秋谷贸易有限公司	100	独资	2015.6	白沙滩镇
6	乳山台农农业发展有限公司	49	独资	2015.6	午极镇
7	乳山品知源果蔬有限公司	300	合资	2015.6	大孤山镇
8	乳山美太投资咨询有限公司	218.9	合资	2015.12	午极镇

【出口与进口】 2015年，乳山市实现进出口79458万美元，比上年增长12.6%。其中出口67201万美元，比上年增长14.1%；进口12257万美元，比上年增长5.1%。

外贸进出口增长势头强劲 坚持常态化联系服务企业机制，加强对外贸企业的服务保障，外贸进出口增长势头强劲。扩大优势产品出口，放大“出口农产品质量安全示范区”和“汽车零部件出口基地”等品牌优势，引导优质企业结伴开拓市场，传统产品出口优势明显，全市农副产品、机电产品出口分别达到37228万美元和11590万美元。

骨干企业出口扩大 开展“点对点”走访企业活动，了解企业服务需求和工作建议，现场帮助解决企业生产经营难题，全市外贸出口过1000万美元企业达12家。扩大韩国市场出口，鼓励企业抱团参加韩国经贸洽谈活动，加大农海产品等对韩优势产品宣传推介，支持企业抢订单、拓市场，对韩贸易总额突破1.5亿美元，比上年增长23.5%，成为拉动全市外贸增长的重要增长点。

乳山市对外贸易进出口情况

表17 单位：万美元

项目	进出口		出口		进口	
	金额	增幅	金额	增幅	金额	增幅
合计	79458	12.6%	67201	14.1%	12257	5.1%
按贸易方式划分						
一般贸易	44248	10.4%	43132	9.6%	1116	53.5%
加工贸易	34453	13.4%	24069	23.3%	10384	-4.3%
其他贸易	757	834.6%			757	846.3%
按大类商品划分						
纺织服装	15381	11.7%	14986	13.9%	395	-36.2%
农产品	37228	-0.5%	27968	-1.4%	9260	2.2%
机电产品	11590	67.1%	10456	64.5%	1134	95.9%
高新技术产品	321	33.8%	236	16.3%	85	129.7%
按地域划分						
美国	16223	12.6%	14621	10.7%	1602	32.3%
日本	14494	1.9%	11768	3.5%	2726	34.2%
欧洲	12823	3.3%	7376	13.5%	5447	-7.9%
韩国	11345	20%	9531	21.3%	1814	13.4%
香港	4110	-30.3%	4059	-30.5	51	10.5%

【中韩自贸区经济合作】 2015年，乳山市抓住威海市建设中韩自贸区地方经济合作示范区的战略机遇，科学规划中韩健康产业园和中韩节能环保产业园两大对韩合作示范园区，承接韩国产业转移和扩大对韩经贸合作。组织10次城市间友好交流和经贸洽谈活动，与韩国东海市、大田市等城市达成经济合作和文化交流共识，与韩国忠南大学、世界交流协会、中韩亲善友好交流协会、首尔产业振兴院、全国经济联合会等韩国知名高校、商会建立合作关系，推动庆北机械配件协会与玉龙汽车、韩国晓星电机与力久电机探讨合作，审批注册1700万美元的福如东海韩国城项目，建设运营乳山港进口商品交易中心，打造韩式消费首选地及韩国食品和日用品集散地。

现代服务业

【概况】 2015年，乳山市电商经济加快发展态势良好，成功发展金谷之园和智创两大电商产业基地，吸引入驻网商近百家，带动大众创新创业和实体经济融合，电商产业聚集效应日益显现。采取“互联网+”模式，鼓励和引导家政企业创新服务方式，建设“6512343母爱大姐家政服务中心”，推动以乳山母爱大姐家政服务有限公司为龙头的乳山家政服务行业，由实体型、区域型向信息化、网络化协同发展转变，满足居民便利化、即时化生活服务需求。

【家居服务业】 全市家庭服务机构95家，其中，家政服务类63家，家政中介类14家。有乳山市母爱大姐家政服务有限公司、乳山居雅保洁有限公司、乳山市福万佳家政服务有限公司、乳山市家家顺家政服务有限公司、乳山市广联家政服务有限公司和乳山银滩助手家政服务有限公司等6家家政服务企业，其余均为个体工商户，注册资金10万元以上的有24家，5万～10万元22家。家庭服务机构主要集中在城市社区，城区街道办事处向阳、金丰、静园、利群、幸福、府苑、怡园、富大、腾达、松山、龙山、东里、府前、华冠14个社区内有家庭服务机构39家，其余10家分布在各乡镇社区。

【企业电子商务起步】 2015年，乳山市在工业领域大力推进企业发展电子商务，鼓励企业成立专门的电子商务运营部门或将其从传统企业中剥离，成立独立法人企业。全市企业电商应用效果显著，带动示范作用十分明显，华隆食品与第三方电商运营服务商合作开设“咔咔大陆”淘宝店，以市场为导向丰富冻干蔬菜干、即食海鲜等产品品类，研发冷榨花生油、蛋白质粉等高端产品；乳山市规模最大的海产品出口加工企业正洋食品集团积极与智创电子商务产业基地和海之韵电子商务有限公司洽谈合作，探索以合作或收购的形式开展电子商务业务。

【农村淘宝项目启动】 2015年5月13日，在山东省县域电子商务大会上，乳山市作为“千县万村”工程第二批农村试点县，与阿里巴巴集团签订合作协议，成为威海市唯一一个直接与阿里巴巴集团正式签约的农村淘宝项目。10月21日，乳山市农村淘宝项目正式启动运营。全年农村淘宝项目1200人报名，召开招募面试宣讲会8次，面试人数800人次。至年底，乳山市建设市级服务中心1个，开设村级服务站点61个，村级服务站点数量在全省33个试点县中排名第6，建立起集物流、培训、金融于一体的服务体系，带动农民参与线上体验，孵化催生农商经营业户，实现乳山农村电商“生态圈”的突破。全年累计代购5.75万笔，代购金额672万元。

【母爱大姐家政公司】 作为乳山市家庭服务行业龙头的母爱大姐家政公司始创于2013年，业务范围涵盖家政服务、月嫂培训、亲子早教、月子护理、养老养生等方面，辖有东生劳务服务公司、乳山市母爱大姐职业培训学校和母爱好宝贝早教咨询有限公司、母爱大姐健康养生咨理有限公司、乳娘月子护理有限公司等分公司，在静园、久久发、西馨园社区设立5家连锁服务网点。母爱大姐家政服务有限公司致力于打造完善的家政服务体系，是威海市重点扶持的家政企业、乳山市商务局诚信单位、妇联定点服务单位。2013年被山东省家庭服务业工会联合会评为“山东省家庭服务业诚信服务先进单位”，被乳山市民政局评为“A”级社会组织；2014年被评为山东省人力服务十大品牌。2015年，乳山母爱大姐家政服务公司牵头成立乳山市家庭服务行业协会。

【金谷之园电子商务产业园】 位于乳山市城区世纪大道20号，由乳山金谷之园电子商务有限公司投资1.1亿元建设。园区一期建筑面积1.21万平方米，其中电商办公区3400平方米、特色产业文化体验馆3400平方米、仓储物流区5300平方米。特色产业文化体验馆设有金色农业、银色工业、蓝色海洋、绿色养生4大板块，展示装备制造、食品与生物科技等优势产业和乳山三宝、国家地理标志产品等乳山优质产品；电商办公区入驻电商企业50家，电商从业人员200人。园区二期建筑

5月13日，在山东省县域电子商务大会上乳山市签订合作协议成为“千县万村”工程第二批农村试点县

（商务局提供）

3月23日，母爱大姐职业培训学校2015年第1期家政服务员培训班结业
（商务局提供）

面积3.85万平方米，计划2016年8月开工，建设2.6万平方米生活公寓和5500平方米的美食城等生活服务设施。园区突出“O2O”的运营模式，依托“乳山特色产业文化体验馆”展示平台，构建“线下体验、线上购物”的电子商务生态链条，集特色产品展示体验、名优产品网上销售和高校毕业生创业孵化多种功能于一体，为入驻电子商务企业提供集“办公、仓储、物流、金融”一条龙服务。

【智创电子商务产业基地】 智创电子商务产业基地是上海华东理工大学科技园和北京大学北大青鸟集团投资组建的集科技企业、电子商务、海洋生物、智慧农业产业为一体的综合型孵化园。园区位于乳山市滨海新区台湾工业园，占地10万平方米，拥有2万平方米办公孵化大楼和1.1万平方米的电商物流基地，配备展厅、商务休闲厅、办公室、会议室、摄影棚、物流仓储车间、餐厅、宿舍、洗浴间，设施完善。园区为入孵企业提供2大平台：公共服务管理平台和电子商务运营平台，公共服务管理平台与华东理工大学科技园的管理平台互联，为入孵企业提供科技、人才、创业、知识产权方面的服务；电子商务运营平台包括电商运营中心、线下体验中心、电商服务中心和仓储物流中心4部分，为电商企业提供支持服务。

【海阳所镇电子商务产业园】 位于海阳所镇德泰银海商贸城，投资1.2亿元，规划建筑面积2.5万平方米，主要功能区包括仓储物流基地、大学生创业中心、特色海产品展示厅、电商培训中心、单身公寓及餐饮娱乐区。园区依托乳山牡蛎资源，主打“乳山牡蛎”品牌，打造“互联网＋养殖户”运营模式，引导养殖户借助特色海产品展示厅、赶海网及第三方电商平台，构建“线下体验交流、线上购物创收”的电子商务生态链条，带动产业园和养殖户共同发展。

【威海久鼎电子商务孵化器有限公司】 成立于2015年9月，是一家由多年从事淘宝、天猫、京东等电商平台运营和推广优化的人员组建而成的电商服务公司，致力于为众多中小电商企业提供有价值的服务模式，为传统企业提供电商代运营、培训及技术指导服务，帮助企业摆脱电商运营瓶颈，完成企业电商化转型。公司拥有员工30人，有5年以上电商行业从业经验的专家级核心运营人员10人。2015年组织每月定期公开课、不定期电商进阶培训以及线上电商公益培训10次，培训电商创业、从业人员500人，并与星歌、虹龙、顺如、塞隆等公司签署代运营协议。

【威海华购贸易有限公司】 一家集批发与零售贸易、广告策划、物流仓储、电子商务、网络科技及货物技术进出口于一体的多元化企业，注册资金5000万元，由河北骥驰投资集团公司和山东乳山港共同成立，与威海港、河北冀中国际物流集团形成战略合作伙伴关系。公司总部办公及仓储面积2000平方米，辖有河北石家庄分公司，办公面积1000平方米。公司下设营销中心、采购物流中心、电商运营中心、财务结算中心、行政人事中心五大中心10个部门，专业团队100人。依托骥驰集团的金融背景、乳山港与威海港的通关与仓储优势、冀中国际物流集团的物流优势，以“互联网＋”的新思维，打造全新“O2O”商业模式的全球进口商品跨境销售平台。2015年年底，线下实体加盟店已签约6家，线上商城有商品1200种。

【乳山三宝农庄有限公司】 建于2014年12月，位于乳山市智创电子商务产业基地，专注于农特产品网上销售。公司注册资金200万元，办公面积360平方米。设产品部、设计部、运营部、客服部和仓储物流部，有电商专业人才20人，涉及软件开发、网络应用、艺术设计、电子商务、广告策划及仓储物流多个流域。旗下有淘宝皇冠店“乳山三宝农庄”、企业店铺“乳山特产专卖店”和“中韩跨境电商免税店”。与乳山世康牡蛎养殖合作社、乳山伯瑞蓝莓种植基地、乳山南黄镇无花果种植基地和乳山正洋食品有限公司等签订电商战略合作协议，先后将牡蛎、蓝莓、无花果、正洋粉丝扇贝等乳山农特产品网上销售，2015年在淘宝网“牡蛎”类目下销量排名第一、“扇贝”类目综合排名第四、“蓝莓”类目下排名前五，年销售额517万元。

（王晓鹏）

·明代 青花瓷碗

·清代 黄地绿彩花卉图碗

·唐代 执壶

·清代 青花盘

责任编辑：王 浩

·清代 青花花卉盘

城乡建设·环境保护

Urban and Rural Construction, Environmental Protection

- 城市规划
- 城市管理
- 市政基础设施建设
- 村镇建设
- 房地产开发与管理
- 建筑业
- 环境保护

城市规划

【概况】 2015年，乳山市强化规划的宏观调控职能，科学编制城乡规划，提升城市规划的科学性和前瞻性。启动《乳山市城市总体规划》《南黄镇总体规划（2015—2030）》《乳山市地下管线综合规划》《乳山市地下综合管廊建设规划》《乳山市水系改造提升专项规划》的修编、编制工作，探索经济社会发展规划、城乡规划、土地利用规划、生态环境保护规划等“多规合一”，全面推动乳山市新型城镇化、城乡一体化有序协调发展。2015年年底，乳山市建城区面积58.34公顷，其中，城区33.34公顷，银滩25公顷。

【《乳山市农村新型社区布局发展规划》完成】 2015年，编制完成《乳山市农村新型社区布局发展规划》，将符合条件的社区纳入城市化管理，加强农村基层组织整合、公共服务建设，打造功能完善、配套齐全、宜居宜业的新型社区。完成《乳山市农村新型社区和新农村建设住宅图集》编制工作，推进宜居小镇宜居村庄建设。

【海岸带生态修复规划完成】 2015年，依据乳山市城市及镇总体规划、土地利用规划、经济社会发展规划、海洋功能区划、生态环境保护等相关规划，结合乳山市经济发展实际，提出《乳山市关于市域生态控制线规划的意见》，完成和尚洞码头至浪暖口段海岸带生态修复规划。

【城建重点工程规划设计完成】 2015年，高标准完成7大项50个小项的城建重点工程规划设计。完成世纪大道南段、泰山路东段、怡园西路及金丰步行街等6条道路改造规划设计及污水管线设计；完成建设街西段、光明街、兴乳路等8条道路人行道改造及污水管线设计；完成海利尔南北道路线型及竖向设计；完成金碃岭公园、能源路等绿化工程规划设计；依据《乳山市城市地下管线管理办法》，完成海口路给水管线规划设计，审批胜利街、怡园路等广电线8条；完成城南河、炉上河及沿线小河河道绿地规划设计20处；完成商业街深圳路口东南角及商业街西端两处绿化规划方案设计；完成胜利街、商业街、北环路等10条主次干道两侧绿化铺装和实地勘察摸底工作，汇总出图；完成利群北批发市场道路及雨水管线、向阳街（兴农巷～南山路）道路改造规划设计及审批工作；完成中医院南、光明街两侧、工会门前停车场规划方案设计审批；审批利群北批发市场改造规划方案。保证2015年城建重点工程顺利实施。

【《乳山市城市供水专项规划》编制完成】 2015年，乳山市水务集团与国内权威机构合作，在调研与论证基础上，完成《乳山市城市供水专项规划》编制任务，为科学安排乳山市城市供水工程实施规划，减少工程建设中的盲目性提供科学规划依据。

【城市农贸市场、公厕选址完成】 年内，完成新汽车站等地块农贸市场意向选址5处；规划审批光明街南曹城村便民市场、计生委南菜市场等5处；完成金牛山公园、晨读公园等公共厕所选址规划图10处。

【规划行政服务创新】 **规划审批实行三级会审** 乳山市规划局推行“阳光规划”，构建优质高效、公开透明的规划服务审批体系，形成“城市规划技术审核小组会～局长办公会～市城乡规划委员会”三级会审工作机制，评审后的规划方案通过规划局网站、建设现场设置公示牌等形式进行公开，杜绝各类违规行为，保障群众知情权、参与权。年内，召开城市规划技术审核小组会31次，审查重点、复杂项目规划建筑方案121个；协助市政府筹备城乡规划委员会会议3次，审议重要规划15项。

网上审批效能提速 推行网上电子审批，开发应用规划项目窗口报建审批系统，实现“窗口受理～部门审核～领导签发～窗口发证”网上审批流转，缩减审批时限，提高工作效率。创新推行“容缺受理、补缺发证”“并联审批模式”“变群众跑为规划部门跑”等审批模式，为群众提供周到及时的贴心服务。年内，核发《建设项目选址意见书》9件，建设用地规划许可证30件，用地面积58万平方米；建设工程规划许可证52件，建筑面积93万平方米。规划局行政服务窗口被评为“优秀服务窗口”，窗口工作人员被评为“优秀服务标兵”。

动态监控力度提升 加强规划验线确认、项目批后现场公布、竣工规划核实等工程建设环节的规划监督检查。严把规划验收关、临街广告和临时建设审批关、违建定性关口，实行责任追究制，对测量精度严格控制，确保建筑物、构筑物工程建设符合城市规划，为城市健康发展奠定基础。年内，受理并查验规划验收材料45次，组织相关科室实地规划竣工验收55次，验收面积63.9万平方米。

【城乡规划依法实施】 **项目建设规划批后管理** 严格执行《乳山市建设工程规划批后管理规定》，对已建成或正在建设的工程项目进行全程动态监控，确保规划设计方案落到实处；建立规划批后管理档案，按批后管理程序，定期上门服务，做到巡查、验线与建设方沟通，消除违规建设。年内，设立规划批后管理档案13处。

城乡规划督察 乳山市规划局组织监察、设计、测绘等专业人员，对山东省规划督察传来《乳山市规划遥感督察图斑资料》开展核查及违法案件的查处工作，涉及乳山市城区及周边区域疑似违法图斑51个，对于涉及重点问题图斑进行现场勘查，出具详细调查报告。加强与土地、城市行政执法等部门合作，推进违法建设图斑查处工作，将遥感督察工作抓出成效。

函告联动机制建立 乳山市规划

监察大队与乳山市城市管理行政执法局建立函告联动机制，规划部门严把违法行为性质认定关，以函告方式依法提出处罚意见，城管执法部门根据处罚意见下达处罚决定。强化日常性监管、前置性监管，做到发现问题互通信息，实现及时发现、及时制止、及时报告、及时立案和及时拆除。

（王波　王忠阳）

城市管理

【概况】 2015年，乳山市住房和城乡建设局（以下简称乳山市住建局）在乳山市开展城市精细化管理，定期检查城市道路、环境卫生、园林绿化、给水、排水及路灯设施。智慧地下管网项目验收，智慧管线管理平台运行，提供管线数据查询服务。全年办理挖掘手续57份，检查乳山市街道30条，排查城区盲道30条，排查问题300个，存在问题建立台账实施销号管理，城市环境进一步改善。

（王欣淑）

【“三位一体”整治模式见成效】 2015年，乳山市城市管理行政执法局制订城市管理“十无”标准，采取“上、中、下”（上看：沿街两侧户外广告无破损陈旧、无擅自乱设；中看：沿街墙面、门市门窗无乱挂乱晒、无乱贴乱画；下看：道路两侧及公共场所无店外经营、无堆放杂物、无垃圾污水、无乱搭乱建、无乱停车辆、无乱设摊点）三位一体整治模式，开展城市环境整治提升行动10项，城市环境得到极大改观。

【违法建设整治】 2015年，乳山市城市管理行政执法局与规划、城房管等部门配合，开展主要道路两侧违章建设清查整治行动。在对5纵9横14条主要道路两侧铁皮房、彩钢瓦房、电话亭等影响城市景观、危害公共秩序的各类违法违章建筑进行清查的基础上，建立台账，倒排工期，限期拆除。全年拆除各类违法建设208处，拆除面积1.8万平方米，配合房管部门拆除小区违建120处，拆除面积1万平方米。制订《乳山市雨阳蓬设置管理规定》，限定禁设区域，统一审批流程、设置标准和管理要求，拆除市区不规范雨阳蓬40处，沿街建筑面貌改善。

【占道（店外）经营整治】 2015年，开展集中整治行动，对城区主次干道、背街小巷逐条进行治理，挨家挨户走访，发放创城明白纸及联系卡，点明存在的问题，督促限期整改。引导“跨门入室、流商入市”规范经营，完成48条主次干道及25条背街小巷的占道经营整治任务，清理疏导各类摊点9672处、店外经营6057处。

【户外广告整治】 2015年，建立户外广告长效管理机制，通过前置广告审批、建立诚信档案、强化批后管理和安全检测等方式，规范户外广告管理。完成道旗广告2188处和公益广告118处的设计制作安装工作，拆除违规广告牌匾1712处，清理落地广告灯箱956个，更新破损广告、门头1820处。

【市容环境整治】 2015年，采取清理与治理、专业清理与集中整治相结合，清除城市“牛皮癣”，解决城市脏乱差问题。按照所属辖区开展乱贴乱画集中清理整治行动，聘请协管员4名，清理乱贴乱画22560处、乱挂乱晒2165处、乱堆乱放2148处，查处乱发、乱贴小广告58起，收缴小广告宣传单6500张。

【室外洗车整治】 2015年，乳山市城市管理行政执法局，联合环保、建设、水利等部门，建立联席审查机制，统一洗车行业标准、经营范围及条件，改造洗车门店设施，入室规范经营，完成室内洗车场地改造56家，取缔15家，店外洗车现象得到有效遏制。

【露天烧烤整治】 2015年，采取城管执法与联合执法相结合、单兵巡查与集中整治相结合、执法效果与考核奖惩相结合，深化露天烧烤整治。组织食药局、环保局等部门发放烧烤整治通告，告诫业户配合创城活动依法经营等形式，控制露天烧烤和室外就餐，开展露天烧烤联合执法行动5次，确保整治成果不反弹。

【非机动车治理】 2015年，采取“边划线、边规范、巡查督导”的方式，加强门前三包管理，发放《温馨提示》告知书，强化宣传教育，引导非机动车主入位有序停放，确保人行道畅通，共施划非机动车标识线2万米，喷画非机动车标志图案2518个，规

11月9日，乳山市智慧城市管理信息系统验收会议　（吴增辉摄）

范乱停放非机动车 4158 辆。

【小修理摊点管理】 2015 年，摸底排查，建立工作台账，制订《“小修理”规范整治方案》，对乳山市 30 处小修理摊点统一经营模式和作业区，按照市场化运作，协调商家出资统一设计、制作围挡，免费提供业户使用，打造城市新亮点。

【智慧城管建设通过省住建厅专家组验收】 2015 年，乳山市城市管理行政执法局将智慧城管纳入智慧乳山一体化建设，整合群工、社管平台硬件及公安监控等公共资源，完成系统软件开发、硬件安装、数据普查、网络搭建及运行环境建设，涉及城市管理六大类 75 项事件、七大类 7 万个部件进行信息普查和确权。11 月，智慧城管建设以全省最高成绩通过山东省住建厅专家组验收，推进乳山市城市管理科技化水平提升。

【便民服务能力提升】 2015 年，开展“五走进”活动，提高为民服务能力和水平。协调解决广场舞扰民、乱搭乱建、马路市场等各类热、难点问题 2000 起；办理市人大代表建议、政协委员提案 2 件，满意率 100%；答复办理民生诉求热线问题 295 个，办结率 100%；信访量 2 件，满意率 100%；处理电话举报案件 493 起，智慧城管涉办案件 2402 件，审批占道经营事项 313 件；开展义工志愿服务活动和党员进社区活动 190 次。按照“堵疏结合、流商入市、减量增效、就近便民”原则，在城区规划设置新华、东山、祥和便民摊点群 6 处，夏南、夏北、城南河、仇家洼自产自销经营区 4 处，取消临时摊点群 18 处，引导摊点入市、入群规范经营。对新华、东山、祥和 3 处便民摊点群实行市场化运作，由市场管理公司投资配套硬件设施、提档升级改造，节省财政资金 193 万元。在市区黄金巷、商业街、新华街、黄山路设置春节临时年货市场 10 处，满足市民备年货需求。

（吴增辉）

市政基础设施建设

【概况】 2015 年末，乳山市区道路长度 337.86 公里，面积 616.54 万平方米，人均城市道路面积 31.81 平方米。实有桥梁 86 座，路灯 19049 盏。排水管道长度 673.23 公里。污水年处理量 1278 万吨，污水处理率 97%。供热管道长度 312 公里，燃气管道长度 370.17 公里。

【城区道路改造加快】 2015 年，完成商业街东段（深圳路—浦东路）、泰山路东段、兴乳路北段（光明街—北环路）、文化街中段（青山路—富山路）、金丰步行街等道路改造，道路盖被 6.3 万平方米，道路改造 5.5 万平方米，人行道铺装 4.4 万平方米。新增道路长度 13.88 公里，新增道路面积 16.92 万平方米，城区道路总长度 337.86 公里，路面总面积 616.54 万平方米，分别比上年增长 4% 和 3%。

【园林道路绿化升级改造】 2015 年，完成河滨公园升级改造工程和金牛山环路绿化工程，其中，河滨公园增加苗木 35 种，绿化总面积 15 万平方米，占园区总面积 50%；金牛山环路总绿化面积 5.89 万平方米。开发街、新华街东段栽植行道树 1423 株，栽植乔木 2600 株，空白地补植 1.2 万平方米，新增绿化面积 40 万平方米，城市绿化覆盖率达 45.74%。

【城市供热升级改造】 2015 年，乳山市热力集团投资 3.2 亿元对热源及供热管网进行升级改造。其中投资 2.72 亿元建设新热源厂及新热源输出管网和补水管网工程，铺设主管网 17000 米；投资 4800 万元对开发街以北、城南河以南 5000 户居民进行区间供暖管网铺设，共铺设管网 5000 米，新增供暖面积 50 万平方米；投资 500 万元对北郊分厂锅炉本体及公用系统和附属设备进行大修改造。华地热力有限公司投资 700 万元对光明街、浦东路等主管网及和平小区、怡园小区等区间管网进行更新改造。年内，共铺设新管网 3.8 万米，建设换热首站 1 座，升级改造怡园、香格里拉 AB 区、丽景苑等换热站 8 个，新增供暖面积 50 万平方米。

【城市防汛体系完善】 2015 年，乳山市住建局市政处进一步完善城市防汛预案，组织水务集团开展城市防汛演练，提高快速反应能力。成立应急抢险队伍 18 支共 600 人，准备防汛物资沙土袋 8000 条、砂石 4000 立方米、抢险车辆 132 辆、水泵 44 台、发电机 4 台、冲锋舟 2 艘、皮艇 2 艘，对防汛人员定期开展安全教育培训。督导城投集团完成青山路河滨公园向

5 月 22 日，乳山市河滨公园改造施工现场 （李俊卿摄）

7月29日，乳山市怡园小区供热管网改造现场（崔国宁摄）

西排水沟下游增大泄水口的排水量；世纪大道宅口村长江超市处增加水漏，加粗排水管管径；在城区内更换破损、缺失的雨水篦子936套，更换“三防井盖”798套，清理疏通检查井、雨水井1500座，清理雨水斗、沟涵2300个。完成城南河、炉上河、北江村小河等污水暗渠及排水管网清淤40公里；调查城市建成区黑臭水体32个，完成河道护栏等附属设施整修工程，确保城市汛期排污畅通。

【城区基本实现天然气全覆盖】 2015年，完成香格里拉~仇家洼中压燃气管道3公里；广电大厦~圣川新城中压燃气管道2.6公里；台湾路（世纪大道~华信食品）中压燃气管道3.4公里。完成燃气管网铺设9公里。为仇家洼村旧楼、毛家村、民政局军休所旧楼、金岭阳光等10个小区1200户安装天然气管道，838户年底完成通气，城区基本实现天然气全覆盖。

【城市照明维护】 2015年，乳山市住建局路灯处新建和改建路灯592基，更换路灯供电设备60台，铺设管线1.8万米。检修和保养路灯6200盏，路灯设施清理保洁4500套，维修路灯设施2900处，亮灯率99%。

【环境卫生设施进一步完善】 2015年，乳山市住建局环卫处聘请山东省城建设计院完成《乳山市环境卫生专项规划》（2015—2030）。全年改造完成水冲公厕无障碍通道18座，并安装公厕导向牌；完成静园、黄山路旱厕改水冲公厕2座；新建移动水冲公厕14座，并投入使用。新购置垃圾桶6000个、果皮箱800只、铁制垃圾箱200个、清扫保洁三轮车50辆、清扫车2辆、高压清洗车1辆、护栏清洗车1辆、垃圾压缩车2辆、吸污车1辆。年内，市区街道清扫保洁率达到98%，清运垃圾15.7万吨，垃圾清运及时率达到98%，日处理垃圾场渗滤液50吨，全部达标排放。

【通过山东省首批城乡环卫一体化全覆盖认定】 3月28日，山东省委宣传部、农工办和住建厅等单位联合发布《关于全省城乡环卫一体化全覆盖县（市区）认定结果的通报》，乳山市被认定为全省城乡环卫一体化全覆盖市。乳山市推行“村收集、镇转运、市处理”城乡环卫一体化处理模式，配备环境卫生专管员40名，农村环境卫生管理员601名，农村环境卫生保洁员1493名，实行定人、定岗、定责任，形成市、镇（街）、村三级环卫管理网络。投资4000万元，建成镇级中转站10座，配置垃圾桶1.5万个、垃圾清运车38辆，形成完善的农村道路保洁和生活垃圾收运体系。实现镇村垃圾集中无害化处理，乳山市601个村生活垃圾收集转运率达到100%，生活垃圾无害化处理率100%，农村人居环境显著改善。

（王欣淑）

【乳山市水务集团有限公司】 成立于2013年10月18日，实行城市输水、供水、排水、中水回用以及污水收集等领域一体化管理。2015年，新建供水管网7645米，改造供水管网6540米，新增用水人口3万人，扩大供水服务面积5平方公里。全年完成供水1230万吨，水费回收率98.7%，管网漏失率21.6%，完成水检750次，水质综合合格率达100%。

融资实现新突破 水务集团融资2.89亿元，提供担保融资2亿元，推进设施建设，缓解政府财政资金压力。公司参与各类工程投标竞争，累计争取工程2200万元。在项目建设中采用“PPP”模式，通过市区至银滩（能源路段）DN1000主输水管线项目与社会资本合作，乳山市城市水务领域已有概算总投资20亿元的9个项目纳入PPP运作计划，为企业融资工作持续推进奠定基础。

链接：“PPP”，是指政府与私人组织之间，为合作建设城市基础设施项目，或是为了提供某种公共物品和服务，以特许权协议为基础，彼此之间形成一种伙伴式合作关系，并通过签署合同来明确双方权利和义务，以确保合作的顺利完成，最终使合作各方达到比预期单独行动更为有利的结果。

城市排污治理 水务集团实施以河道清淤、附属设施整修以及污水管道改造为主要内容的达标治理工程。先后投入人力1600人次，机械设备240台次，清挖河道污泥9.35万立方米，打捞清理漂浮物90吨，整修沿河护坡、护栏和石立柱2.5万米，修复亲水平台3座，整修橡胶坝管理房13座，完成市区河道综合治理22公里。

银滩第二污水处理厂 位于乳山市徐家镇东南埠村东，洋村河西，松花江路以北。一期工程占地面积2公顷，工程设计规模2万吨/天，采用（厌氧、缺氧、好养法）处理工艺。服务范围包括滨海新区政府东路以东，银金大道北居住区以南，南至海边，东至洋村河。2015年，完成银滩第二污水处理厂、第一污水处理厂、银滩西部污水管网工程，乳山市两河附属设施整修、乳山市两河达标治理、雨污分流污水管网工程。完成污水收集1425万吨，疏通和改造污水管网2100米，更换污水检查井盖560套。

（赵玉梅）

【乳山市城市建设投资集团有限公司】 成立于2013年10月18日，注册资本10亿元。辖乳山市绿城园林有限公司、市政建设工程有限公司、城投物业服务有限公司、城投置业有限公司，与威海市北洋电气集团股份有限公司合资成立乳山智慧城市网络技术有限公司。2015年，市绿城园林有限公司获"威海市园林绿化优质工程""威海市守合同重信用企业""威海市级文明单位"称号，市政建设工程有限公司获"威海市级文明单位"称号。全年完成融资3.5亿元，实施乳山市重点工程建设项目31个，总投资1.9亿元。

市政道路建设 完成市区深圳路北段等路面沥青盖被工程12万平方米；市区道路及背街小巷进行综合整治，更换人行道板4.7万平方米、路沿石3000米、水漏1000套、井盖200个，安装雨水管道2800米、污水管道1000米。改进施工工艺，完成胜利街、世纪大道等80条道路路面坑洼及支路口沥青修补共3.5万平方米，北环路沥青封层2万平方米，延长道路使用寿命。

城区绿化 绿城园林有限公司栽植行道树4000株；市区空白地补植小乔木和灌木32万株、麦冬草1.3万平方米、草花7万株；城区街道绿化带、公园、广场绿地卫生进行地毯式清理，出动人员6000人次、运输车辆800车次，清理面积1000万平方米、垃圾950吨；公园、广场破损排椅维修、更换93个，新安装健身器材44套，更换5套，维修19套；胜利街等主干道5000株行道树进行树穴美化，铺石子100吨。配合绿地开道口、安装管道等其他市政工程，搬迁苗木8.6万株。

棚户区改造进度加快 2015年，棚户区改造工程计划投资11亿元（农发行贷款8.5亿元），惠及11个片区2666户。东南埝、南江村等6个片区462户采取货币购买存量房模式，夏西、翁家埠等5个片区采取货币化补偿模式64户、新建安置模式2140户。年内，白沙滩镇翁家埠、宫家庄等7个片区开工建设。

乳山市成为第三批智慧城市试点县 4月23日，住房和城乡建设部、科技部联合公布国家智慧城市2014年度试点名单，山东10个市和县（市、区）入选。其中，乳山市成为威海市唯一入选的县市区。自2014年以来，乳山市陆续建成一批示范项目。其中，建成智能电网和故障智慧排查系统，安装智能电表20万块，实现远程抄表；开发设置自助服务终端111个，覆盖32个社区、37万人口，实现自助缴费和社保信息自助查询；建立地下管线智慧管理平台，实现对市区和滨海新区2800公里管网的数字化、可视化监管等。项目通过数据融合，给市民带来便利。

（徐楠）

11月20日，乳山市城区街道南江村棚户区改造新建安置小区　（刘欣摄）

【乳山市热力集团有限公司】 成立于2013年10月18日，是乳山市政府规划组建的国有独资企业，注册资金4839.57万元，干部职工362人。设办公室、党群工作部、财务审计部、生产技术部、企业管理部、物资供应部，辖乳山热电有限公司、乳山图曼热力安装有限公司、乳山市万佳热力服务有限公司。公司负责城市供暖（供热范围为城区深圳路以西区域）、供汽、发电、供汽工程设计和资产经营管理等工作。

设备检修 2015年，投资500万元完成北郊分厂1号、2号锅炉本体、脱硫等主辅设备及公用系统的全面大修；2号～4号换热器和预热器进行更换，新安装无功补偿器装置和除污器；配合脱硫设备运行，投资120万元对烟囱内部进行防腐。11月13日，北郊分厂2台锅炉投入供暖运行。

热网建设 2015年，投资7610万元对新热源厂配套主管网，金岭阳光、金孟小区等部分老旧小区的区间供暖管网进行安装和优化改造，重点对前进街两侧，金岭中学、第一实验小学等4所学校供暖管道进行安装，纳入城市循环水集中供暖系统。投资4800万元对第一标段、第二标段、第三标段共计1.7万米供暖主管道进行安装；投资1950万元对前进街两侧区间管网进行安装，满足城区南部5000户居民用

11月11日，乳山市新热电厂施工现场　　（崔国宁摄）

暖需求；投资230万元对学校区域的区间管道进行改造安装，纳入城市集中供暖系统；投资230万元对和平巷、自来水巷等管道进行优化改造。完成光明小区、黄山小区、金泰小区等10个小区340幢楼外墙保温板粘贴及砂浆抹面工作，累计完成外墙保温面积110万平方米。全年累计新建和改造供热管网2万米，新增供热面积80万平方米，乳山市供暖面积达到360万平方米。

服务优化 规范窗口服务，落实“一口对外”和“首问负责制”，履行群众业务办理一次性告知义务。转变服务观念，加大供暖宣传。主动登门服务，解决群众用暖需求，组织人员对前进街、海峰街两侧用户进行上暖宣传，发放明白纸2000份，通过报纸、电视、网络等平台向广大取暖用户宣传供暖知识。深入东里村等社区对供暖问题进行走访调查，为海峰街、西里村社区等老楼接入到城市集中供暖系统。公司共受理民生诉求300件，按期办结率100%，群众回复满意率99%。

（崔国宁）

村镇建设

【概况】 2015年，乳山市住房和城乡建设局以推动新型城镇化和农村新型社区建设、促进城乡一体化为目标，组织开展棚户区改造、危房改造、农村新型社区建设、示范镇建设、传统村落申报、宜居小镇及宜居村庄申报等工作。年内，建设完成金源社区、大乳山社区、太湖社区、多福山社区拟城市化农村新型社区；成功申报传统村落2个，宜居小镇2个。

【棚户区及危房改造】 2015年，出台《乳山市棚户区改造暂行办法（乳政办发〔2015〕27号）》，研究棚改贷款政策，推进乳山市棚户区改造专项贷款申报；对乳山市楼房存量进行摸底调查，探索棚户区改造货币安置消化存量房模式可行性。乳山市计划内棚户区改造的12个片区，涉及改造户数3166户。至2015年年底，12个片区棚改项目全部开工，危房改造1038户，完成镇级初审及市级审核，各镇正在组织改造。

【农村新型社区建设】 2015年，乳山市住建局探索新农村建设模式，通过旧村改造、移民搬迁，促进人口向中心村、集镇、产业集聚区汇聚，推动农村新型社区发展，提升农村公共服务水平、改善农村生产生活环境，加快推进城乡一体化，促进乳山市城镇化发展。市金源社区、大乳山社区、太湖社区、多福山社区四个拟城市化农村新型社区建设完成。

【示范镇建设】 2015年，示范镇建设投入资金1.2亿元。根据《山东省人民政府关于开展“百镇建设示范行动”加快推进小城镇建设和发展的意见》（鲁政发〔2012〕22号）、《中共威海市委、威海市人民政府关于培育示范镇加快小城镇建设的若干意见》（威发〔2012〕16号），引导海阳所示范镇利用好省政府给予资金、政策支持，在旧村改造、基础设施建设、公共服务设施建设等方面加强对该镇指导，发挥该镇示范带动作用。通过政府推动、政策扶持、市场运作系列措施，将海阳所镇培育成乳山市产业成长新载体，带动乳山市小城镇、农村新型社区建设。

【传统村落、宜居小镇及宜居村庄申报】 2015年，乳山市成功申报传统村落2个（诸往镇东尚山村、大孤山镇东林家村），传统村落获专项资金20万元；宜居小镇2个（海阳所镇、冯家镇），宜居小镇获专项资金30万元。乳山市住建局配合诸往镇、大孤山镇，编制传统村落保护规划。

（王欣淑）

【“美丽乡村”建设】 2015年，乳山市筛选“美丽乡村”试点村12个，按照生态美、村庄美、生活美、乡风美的标准，协同推进村容村貌美化、环境卫生改善、旅游开发、生态农业等工作。经威海市农工办等部门实地验收，确定冯家镇观上冯家村、孔家村和白沙滩镇翁家埠村为山东省“美丽乡村”。

（农工部提供）

房地产开发与管理

【概况】 2015年，乳山市有房地产开发企业90家，其中，二级资质4家，三级资质13家，四级资质35家，暂定资质38家。全年办理施工许可证

12 月 26 日，全市社区建设暨物业企业项目经理培训班　（贺明文摄）

32 个，施工许可面积 83.6 万平方米，竣工面积 62.3 万平方米，竣工验收备案工程 31 个，办理合同备案 87 份。年内，获住房保障国家专项奖补资金 5821 万元。银龙湾和海洋国际小区被评选为威海市级优秀住宅小区。

【房地产建设手续简化】 2015 年，乳山市住房和城乡建设局面对房地产市场开发规模不景气状况，在深入企业调研基础上，工作重心由“重审批、轻监管”转变为“淡化前置管理、重视事中和事后监管”，简化办事程序，在承揽业务、企业资质、办理相关建设手续等建筑市场管理方面创造公平竞争环境。简化房地产项目、民营投资工业项目前期手续，落实威海市住建局《关于落实 < 关于促进全省房地产市场平稳健康发展的意见 > 的通知》《关于进一步规范房屋建筑和市政工程招标投标的意见》等文件要求，自主选择符合资质条件施工企业和监理企业。

（王欣淑）

【住房保障新模式】 2015 年，乳山市住房保障和房产管理局（以下简称乳山市房管局）根据上级相关政策，修订《乳山市公共租赁住房管理办法》，开辟住房保障新模式，改变以往由政府或企业投资改建新住宅模式，探索建立“以房抵费”“政府回购”等方式，回购滨海新区碧海苑小区 220 套小户型住宅纳入公租房管理，引导亚细亚机电公司、国鑫资产经营公司利用厂区内闲置资产改建 31 间 2200 平方米、25 间 1554 平方米集体宿舍。乳山市 400 套公共租赁住房全面对外招租，解决低收入家庭住房困难。2015 年廉租房货币补贴延用 2014 年廉租住房货币补贴实施方案，157 户住房困难家庭通过社区居委会、城区街道办事处（开发区）初审，经公安、民政、房管三部门审核，141 户家庭（其中复核 111 户，新增 30 户）确定为 2015 年度廉租房货币补贴对象，货币补贴资格证全部发放完毕。

【物业管理提升】 乳山市有物业管理小区 143 个，物业服务企业 57 家。在开展创建全国卫生城市和文明城市达标工作中，清理小区广告 45 万平方米，粉刷内外墙壁 81 万平方米，拆除乱搭乱建、违章建筑 200 处，清理乱堆乱放、垃圾死角及小菜园等 3000 处，补绿 5.35 万平方米，路面硬化 2.5 万平方米，更换垃圾箱 1100 个，改造公共厕所 2 处，规划停车位 78 个，建设毒饵站 4000 处。制作公益广告宣传栏 500 个，覆盖乳山市所有物业小区；成立“整顿规范物业管理市场秩序领导小组”，制订《全市物业服务市场秩序专项整治年活动实施方案》，向 57 家物业企业下发《关于开展整顿规范物业管理市场秩序检查工作的通知》；举办物业项目经理培训班，49 家物业服务企业 106 人参加培训，提升物业从业人员整体素质。

【房产交易与权属登记】 2015 年，推动新版商品房买卖合同示范文本应用，举办“新版《商品房买卖合同（预售、现售）示范文本》及相关法律问题专题讲座班”，完成新合同文本本地化修订工作。规范商品房预售许可管理，明确预售许可审批和工程形象进度要求，采取动态管理方式，不定期对预售市场进行巡查，掌握各预售项目销售和工程进展，防控预售风险。发放商品房预售许可证 24 个，批准预售面积 40.33 万平方米；办理商品房预售合同备案 3057 起，备案面积 19.95 万平方米。办理预售合同备案撤销 508 起。加强房屋登记工作，办理初始登记 205 起，登记面积 76.18 万平方米。办理转移登记 12637 起，登记面积 93.03 万平方米，登记金额 34.57 亿元。办理抵押权登记 4983 起，登记面积 252.70 万平方米，登记金额 53.37 亿元。办理变更登记 518 起，更正登记 77 起，补证登记 118 起，继承登记 151 起，查封登记 536 起，解封登记 42 起。办理已购公房产权比例过渡 209 起，补交差价 61.32 万元。农房下乡办理 197 人次，96 车次。办理农房初始登记 468 起，登记面积 4.25 万平方米；转移登记 504 起，登记面积 3.93 万平方米；其他登记 201 起，登记面积 1.56 万平方米。

【房地产资金监管】 2015 年，监管商品房预售企业 50 家，预售项目 100 个，预售资金专用账户余额 7016.7 万元。全年缴存预售资金 1.19 亿元，拨付用于支付工程建设及税费预售资金 1.06 亿元，解除 15 家开发公司 19 个监管项目监管资金 644.7 万元。建立业主分户账 5768 个，归集资金 2041.5 万元，补交利息 3.55 万元；办理部分退款 316 笔，退还资金 41.09 万元；办理全额退款 16 笔，退还资金 5.51 万元。办理维修资金业主过户61笔；签订维修资金代收代交协议29个，代收资金2301.46万元；落实5月1日新实施《山东省住宅专项维修资金管理办法》，拟定维修资金一般使用和应急使用流程，推行和开展应急使用工作。指导和协助部分物业公司、业主委员会完成应急支用项目17个；新排查4家开发建设单位欠交资金。对欠交资金开发建设单位下发整改通知，采取相应措施督促整改。全年归集启动资金166.22万元，支出257.64万元，账户余额741.35万元。归集质量保证金252.96万元，退款133.63万元，账户余额4246.58万元。

【房产交易市场监管】 2015年，乳山市房管局建立健全星级倒逼考核和信用管理二项工作机制。通过现场巡查、合同抽查、投诉受理等方式对中介机构进行考核，对2家中介机构进行减扣绿星处罚并限期整改，1家中介机构被清出乳山房产代理市场。坚持正面导向，强化宣传引领，以发布"购房特别提示"、公布房产预售现状、公开举报电话等形式提醒购房者。年内，受理投诉35起，比上年下降46%。《中国产经新闻》、新浪网、新华网、大公网、金融界等十几家报刊和网站对乳山市整顿房地产销售市场做法进行报道，提升乳山市对外良好形象。

（贺明文）

【部分房地产开发企业简介】

乳山国泰城建开发有限公司 成立于1985年，具有二级房地产开发资质，2001年通过ISO 9001质量管理体系认证，现有干部职工100人，其中专业技术人员48人。公司是集住宅、别墅、商业网点及物业服务为一体的多功能综合性开发建设集团，成功开发建设世纪花园、幸福小区、宏泰花园、银泰海景花园等20多个楼盘，累计开发面积达300万平方米。世纪花园小区获省建设厅颁发"首届城市优秀住宅小区银奖"和"省级花园式小区"称号，东山小区被授予"精神文明示范小区"和"威海市优秀住宅小区"称号，银泰海景花园小区、宏泰阳光花园小区获得建设部中国建筑文化中心颁发"全国人居·经典楼盘"和中国房地产品牌战略研究中心颁发"中国房地产精品住宅示范楼盘""中国房地产最佳人居环境典范社区"等称号。公司先后获山东省"房地产综合效益百强企业""省级文明单位""消费者满意单位""房地产行业诚信企业"等称号。2015年，开发幸福小区东区总建筑面积11.21万平方米，绿地率38%。全年实现销售收入8022万元，实现利税1997万元。

（高科）

乳山市益天房地产开发有限公司 成立于2001年，具有房地产开发企业三级资质。现有技术管理人员292人，是集房地产开发、建筑施工、物业管理、工程质量检测、海产品养殖育苗、生态旅游观光为一体的集团化公司。先后开发胜利花园小区、海渊小区、城东二区、祥和小区、常瀛花园小区等项目，开发面积100万平方米，开发的小区先后被评为"无质量通病住宅工程"、威海市"花园小区"、威海市"科普文明社区"，益天花园小区被评为威海市"城市优秀住宅小区"和"优秀户型奖"、山东省优秀住宅小区。2015年开发紫锦祥园小区、总建筑面积11.01万平方米，绿地率35.8%。年内，实现销售收入9808万元，利税2226万元。

乳山市腾达房地产开发有限公司 成立于2002年4月，注册资金3000万元，公司主要从事房地产开发、商品房销售等业务。先后开发城东二区A1～A4号楼、腾达花园、腾达二区、腾甲庄聚龙园小区等项目。2015年开发建设隆城林语小区工程，总建筑面积10.29万平方米，用地面积4.77万平方米。公司被评为"威海市房地产协会常务理事单位""乳山市AA级纳税人""乳山市慈善先进单位"，2015年被威海市住房和城乡建设局评为"AA级信用单位"。年内，实现销售收入1600万元，纳税600万元。

乳山市恒信房地产开发有限公司 成立于2003年7月，具有房地产开发三级资质，通过ISO 9001:2000质量管理体系认证，公司开发乳山德泰银海商贸城被列为威海市重点建设项目，是滨海新区最大惠民配套工程，总建筑面积5.2万平方米，涵盖物流、海产品、农副产品、旅游特色产品等高中低档多种类多层次，解决外地来乳游客及本地居民购物难问题，推动区域经济发展。公司连续8年获威海市"诚信开发企业""建筑施工诚信企业"，连续10年被评为威海市级"守合同重信用"企业。年内，实现销售收入1900万元，上缴税金254万元。

乳山市南江房地产开发有限公

7月15日，国泰城建开发有限公司新开发的宏泰阳光花园小区（高科摄）

司 成立于2002年，注册资金3000万元，主要从事房地产项目开发与销售。公司以“诚信是金”为企业宗旨，打造优质精品住宅小区。开发位于光明街中段路北金苹果小区，总建筑面积11万平方米，配套建设社区医疗室、社区服务中心，社区健身及老年人活动中心。2015年进行南江村旧村改造项目，建设安置楼9137平方米。被评为“威海市房地产协会理事单位”“乳山市慈善先进单位”称号。年内，实现销售收入2794万元，上缴税金368万元，

（王欣淑）

建筑业

【概况】 2015年，乳山市有建筑企业61家，其中施工总承包企业40家，专业承包21家，从业人员1.9万人。全年办理安全监督手续22分，监督工程44个，建筑面积122.3万平方米，涉及施工单位27家，监理单位4家；有安全在监工程29个，建筑面积101.4万平方米，其中市区16个工地，建筑面积67.5万平方米。办理竣工验收备案工程31个，工程面积62.3万平方米，其中市区20个，面积30.4万平方米。办理合同备案87份，其中施工总承包合同21份，监理合同25份，专业分包合同41份。

【建筑市场信用评价】 2015年，乳山市住建局加大对违法违规行为查处力度。按照《威海市建设市场责任主体信用档案管理办法》，建立乳山市统一建筑市场信用体系，对日常监管和市场检查中发现违法违规行为，给予不良行为扣分，情节严重的暂停投标资格或清除市场。开展企业资信评价，建筑企业信用等级与资质挂钩，信用评价结果作为企业从事建设承发包活动、资质管理、评先选优及执（从）业资格管理等工作的重要依据。

【建筑工程质量治理】 2015年，乳山市建设工程质量监督站开展“工程质量治理两年行动”，推行开工前质量承诺和竣工后永久性标牌制度。全年联合执法检查三次，开展建筑材料专项检查一次，涉及工程项目38个，抽查钢筋、防水材料、水泥砖等建筑材料51份，下发整改通知35份，提出整改意见82条，下发不良行为记录6份。新办理监督手续在建工程项目签署授权书、承诺书，124个竣工工程设立永久性标牌。推行住宅工程“样板引路”制度，组织建筑企业参加工程质量现场观摩会，明确施工标准，增强施工可操作性，加强重要部位、关键工序的质量控制。乳山市在建住宅工程样板引路制度覆盖率达到100%。加大节能改造工程质量巡查力度，对主要节能材料进行抽样，下发整改通知单3份，节能改造完成基层验收277幢，样板验收203幢，完成抹灰200幢。

2015年乳山市“泰山杯”工程一览表

表18　　单位：平方米

施工单位	工程名称	建筑面积	结构形式
威海正华建工集团有限公司	乳山市人民医院综合楼	14132	框剪

2015年省级安全文明工地一览表

表19　　单位：平方米

施工单位	工程名称	建筑面积	结构形式
威海建设集团股份有限公司	山东外事翻译职业学院银滩学院图书馆、科技楼	40636	框架

2015年威海市级安全文明工地一览表

表20　　单位：平方米

施工单位	工程名称	建筑面积	结构形式
乳山市春华建设工程有限公司	乳山市巴黎世家1-3号、5-13号、15～18号住宅楼，19号公建及地下工程	48059	框架
乳山市春华建设工程有限公司	白沙滩村闻莺苑1号、14号（16号套）、15号公建、29～31号、A区幼儿园工程	21080	框架
乳山市诸往建筑有限公司	乳山阳光家园22号、25号、30号楼和沿街商业网点	12083	框架
乳山市恒基建筑工程有限公司	乳山市金盛苑小区三期5号、6号、7号、15号住宅楼工程	18935	框剪
乳山市恒基建筑工程有限公司	乳山市海天集团东方大厦2号楼工程	6451.47	框架
乳山市恒基建筑工程有限公司	乳山市金盛苑小区二期1号、2号、3号、8号住宅楼及商业、物业管理用房工程	14745	框剪
乳山市白沙滩建筑工程公司	乳山市紫锦东区·祥园小区	91324	框剪
江苏南通三建集团有限公司	新力·银龙湾12～13号、15～17号楼	32864	框剪

【住宅工程质量常见问题治理】 乳山市质监站加强对住宅工程质量常见问题的治理，推行住宅工程外窗淋水试验制度。落实分部工程常见问题质量监督交底制度，加强对竣工验收的监督检查；细化市政工程质量管理，对影响工程质量的关键工序控制点实行定点监督检查，加大对市政工程的日常巡查力度，每周开展2～3次巡查，实行市政工程材料见证取样送检制度，规范市政工程技术资料收集。2015年住宅工程外窗淋水试验完成16个项目124个楼的试验，合格117个，不合格的7个均整改后复检合格，合格率94.4%。

2015年威海市优质结构工程一览表

表21 单位：平方米

工程名称	施工单位	结构	面积
金鼎深蓝小城B3-7号、B9-11号楼	通州建总集团有限公司	剪力墙	38382
山东外事翻译职业学院银滩学院图书馆工程	威海建设集团股份有限公司	框架	25524.07
东方大厦2号	乳山市恒基建筑工程公司	框架	6451
金盛苑三期5号、6号	乳山市恒基建筑工程公司	剪力墙	12722

【建筑业安全生产检查】 2015年，累计排查施工现场安全隐患180条，下发隐患整改通知书50份，停工整改通知书19份。各施工企业签订《乳山市建筑施工防汛工作责任书》，在建工程制订防汛预案，成立应急抢险队伍，储备应急抢险物资，8家施工企业各组建一支20人的专业应急抢险队伍，储备相应防汛物资。在施工现场组织地震应急疏散、突发事故应急演练、消防应急演练。模拟发生地震、高空坠落、触电、火灾等突发事故，检验事故报警、人员集合、应急疏散、开展自救等各个环节的应急处置，增强应急预案的实用性和可操作性，提高建筑施工现场应对突发安全事故的快速反应和应急处理能力。

【绿色建筑推广】 2015年，采取政策引导与市场运作相结合的推广模式，加快绿色建筑推广，改善城市人居环境。年内，乳山市城市规划区范围内新建建筑全部执行绿色建筑一星级以上设计标准。执行建筑节能技术与产品省级统一认定制度，新型墙材应用比例达到90%；严格执行新型墙材基金政策，2015年收缴基金820.6万元，太阳能应用面积38.18万平方米。组织各相关单位参加建筑产业现代化观摩学习，推进乳山市建筑产业现代化发展，起草《乳山市推进建筑产业现代化实施方案》《关于推进乳山市建筑产业现代化的指导意见》，组织资料进行建筑产业现代化城市申报。

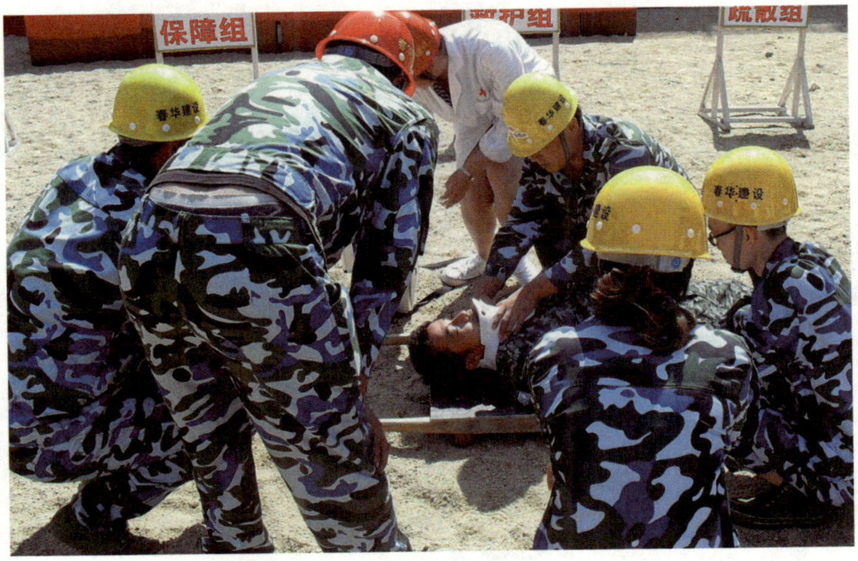

9月15日，春华公司开展施工现场“坠落颈托固定”应急演练（王欣淑摄）

【农民工工资支付银行卡制度推行】 2015年，在完善劳动合同、民工登记备案、工资发放公示、工资支付月报的基础上，推行农民工工资支付银行卡制度，施工企业根据进场农民工信息，为农民工办理银行卡，发放工资通过银行转账直接将工资发放到银行卡中，杜绝个别“包工头”截留工资行为，维护农民工的合法权益。开展施工现场农民工工资管理专项检查，排查在建工程项目19个，涉及企业25家，重点检查施工企业与农民工签订劳动合同、民工登记备案、工资发放、建设单位拨款情况等，坚持“发生一起投诉，启动一次约谈”，对发生拖欠行为的施工企业及拖欠工程款导致施工企业拖欠农民工工资的房地产开发企业，对第一责任人和直接责任人启动约谈问责机制，力求及时化解矛盾。年内，协调处理劳资纠纷7件，涉及农民工工资830万元。

（王欣淑）

【部分建筑施工企业简介】

乳山市白沙滩建筑工程公司 成立于1976年，注册资金2192万元。公司是集土木建筑、水电暖安装、铝塑门窗制作安装、幕墙工程施工为一体的股份制国家二级总承包施工资质的企业。在职职工290人，招用农民工2000人，其中高、中级专业技术管理人员270人。公司发扬“团结、创新、优质、高效”精神，进行企业变革、管理创新，增强企业整体素质，激活企业发展潜能。共创建省优工程39项，获山东省建筑工程质量最高奖——泰山杯奖14项，创建市优工程201项，获得山东省经济效益金杯奖、质量效益银杯奖和推广应用新技术省级示范工程奖及山东省安全文明工地奖、国家工程建设优秀质量管理小组三等奖、山东省建筑业优秀成果奖。年内，完成生产总值1.38亿元，上缴利税1464万元。

威海正华建工集团有限公司 成立于1994年，辖设建工、装饰、房地产、物业管理、木业、药房、诊所等10个子公司。主要经营建筑施工、房地产开发、物业管理、装饰设计施工、家具设计制作、木业、钢构、门窗工程、药房等。企业通过ISO 9001 、ISO 14001、OHSAS 18001三体系认证，注册资本9400万元，有固定员工800人，其中一级建造师5人，高级工程师3人，工程师30人，环境艺术设计人员8人。公司先后获山东省“守合同重信用”企业、省级“文明诚信民营企业”、山东省“消费者满意单位”“山东省建筑装饰行业优秀企业”“威海建筑业综合十强企业”“威海市建筑施工诚信企业”等称号。施工的乳山市医院综合楼获2015年度山东省建筑施工质量“泰山杯”奖，施工的华百电影广场乳山项目获“山东省建筑业新技术应用示范工程”。年内，实现销售收入2.2亿元，上缴税金1192万元。

乳山市春华建设工程有限公司 成立于2007年5月，位于乳山市白沙滩镇金海湾工业园，是集建筑工程、金属门窗工程、水利水电工程、市政工程、装修装饰工程施工于一体的施工总承包二级企业。注册资金5000万元，资产2.6亿元，职工1000人，工程技术人员150人，各类机械设备310台（套）。公司通过质量体系、环境管理体系、职业健康安全管理体系认证。先后承建安康居观海苑1号2号楼、盛世滩家园小区等多层住宅楼群体工程、银滩管委标志广场、白沙滩村棚户区改造等工程。先后被评为省、市级安全文明优良工地，威海市“诚信企业”“劳务用工管理先进单位”“诚信经营示范企业”等称号。年内，实现销售收入6031万元，上缴税金207万元，

乳山市建业工程有限公司 成立于2010年5月，是集土木建筑、水电暖安装、土石方挖掘、建筑材料销售为一体的施工企业。注册资金2000万元，具有国家二级建筑工程施工总承包资质。公司先后通过ISO 9000、ISO 14000及ISO 18000三个体系认证，有职工800人，工程技术和经济管理人员151人，二级注册建造师15人。主要机械设备300台（套）。设生产办公室、技术科、预算科、安全科、质量科等7个项目部。公司具有年施工面积10万平方米、施工产值达1亿元施工能力。获威海市“建筑工程质量管理先进集体”“建筑工程安全管理先进集体”“建筑业农民工工资管理工作先进单位”等称号。年内，实现销售收入8000万元，上缴税金700万元。

乳山市恒基建筑工程有限公司 成立于2005年6月，是一家集房屋建筑、钢结构、消防设施安装、装饰装修为一体的大型施工企业。有职工890人，工程技术和经济管理人员100人，二级注册建造师13人，主要建筑设备400台（套），先后通过ISO 9000、ISO 14000及ISO 18000体系认证。先后承建的乳山市看守所、拘留所及室外附属工程及乳山港生产管理及生活配套工程被评为山东省样板工地，乳山市第三水厂二期工程及室外配套工程，被评为威海市优质结构工程，乳山市金盛苑小区三期5号、6号、7号、15号楼、乳山市海天集团东方大厦2号楼工程被评为威海市建筑施工安全文明工地。公司连续多年被评为“重合同守信用企业”“威海市建筑业劳务用工管理工作先进单位”等称号。年内，公司总产值8012万元，实现利税250万元。

（王欣淑）

环境保护

【概况】 2015年，乳山市环境保护工作围绕“改善环境质量、确保环境安全、服务科学发展”主线，贯彻新《中华人民共和国环保法》，推进环境监管、总量减排、处理和答复来信来访等专项工作，抓好污染治理、项目把关、审批效能、环境监管等重点工作。年内，乳山市冯家镇唐家店子村、大孤山镇上夼村、夏村镇台依村被山东省环保厅命名为省级生态村，

6月2日，乳山市环保局工作人员对院里水库水质取样检测 （毕炜杰摄）

市环保局在2015年度机关岗位目标责任制考核中被评为一类单位。

【环境质量提升】 2015年，乳山市加大环保投入，强化环境监管，乳山市环境质量稳步提升。辖区内近岸海域海水水质达到《海水水质标准》二类标准要求，水质状况优，达标率100%；乳山河、黄垒河、徐家河、白沙滩河、龙角山水库、台依水库水质等各监测指标年均值达到相应的功能区环境质量要求，达标率100%。其中，乳山河流域、龙角山水库水质各项监测指标均达到国家《地表水环境质量标准》（GB3838-2002）Ⅲ类标准，黄垒河达到《地表水环境质量标准》Ⅳ类标准。城市环境空气质量符合《环境空气质量标准》（GB3095-2012）二级标准。空气污染指数年均值为56，市区大气优良天数329天，全年优良率90.1%。城市区域环境噪声等效声级昼间年均值52.8分贝，交通干线噪声昼间年均值68.7分贝，均达到相应环境噪声功能区标准要求。

【减排重点工程项目完成】 乳山市环保局以“调结构、控新增、减存量”为目标，推进乳山中诚果汁饮料有限公司、乳山银滩第二污水处理厂等4个工程减排项目按期建成，发挥减排效应。根据山东省政府《关于印发山东省黄标车提前淘汰补贴管理办法的通知》，联合财政、公安等部门在行政服务大厅设立黄标车提前淘汰补贴办理服务窗口，负责黄标车提前淘汰业务办理,2015年办理提前淘汰黄标车1581辆。推进规模化畜禽养殖场污染治理，与畜牧部门分工合作，制订污染治理方案，开展26家规模化畜禽养殖场污染治理，指导规模化养殖场采用全过程综合治理技术，建设雨污分流污水收集系统，鼓励用粪便生产有机肥，督促各规模化畜禽养殖场履行减排责任，确保治污设施正常稳定运行。年内，乳山市31个减排重点工程项目全部完成建设，其中工程减排项目4个、结构减排项目1个、规模化畜禽养殖污染减排项目26个。

【项目审批流程优化】 2015年，推行环评豁免制度。根据《山东省不纳入建设项目环境影响评价审批的目录（试行）》，6大类60小类项目不再办理环评审批手续，优化环评审批管理，更好地方便群众。推行限时审批制度。审批时限由60、30、15个工作日缩短至7、3、1个工作日，不需要现场勘察的随到随办。深度对接企业，采取预约服务、上门服务、跟踪服务等方式，与企业面对面想办法、一对一搞服务，采取“向上争一块、治理减一块、内部腾一块”办法，优先保障重点项目总量需要，为项目审批、落地创造条件。

【“12369”环保投诉热线开通】 乳山市环保局建立环保案件民意征集、即时查处、回访反馈机制，搭建民意征集平台。发挥“12369”环保投诉热线作用、实行环保案件24小时值班受理，开通乳山环保政务微博实时了解群众环保诉求，加强与市民互动交流，形成一线一网“双通道”投诉受理平台。环保投诉案件实行专人受理、专人查办，提高实时反应和案件办理能力，建立案件查办前与举报人见面沟通信息、案件办结后向举报人回访反馈情况的“双见面”制度，提高市民对环保工作的满意度。

【环境在线监测设施更新】 2015年，乳山市做好省控河流断面监测2个、市控河流断面监测17个、集中式饮用水源地的水环境断面监测2个、国控空气监测点2个和乳山市功能区噪声5个点位、城市区域环境噪声201个点位、城市道路交通噪声22个点位的环境质量例行监测工作，组织对7家省控以上重点污染源监测，监督性监测和比对性监测率达100%。在企业排污口安装电子眼和监测设备进行实时监控。更新在线监测设施，与市级环保监测平台联网，由随机化、粗放式的末端排放监控、转变为实时化、精确式的全过程监控。加强大气、噪音等公共环境监测，完成银滩管委空气子站与威海、省局联网。抓好水源地监测，变“一年一检”为“一年双检”，在每月29项水质指标取样监测基础上，对109项水质指标进行两次监测全分析。加强龙角山水库上游新设立水质自动监测站运行管理，掌控牟平来水水质变化情况。

【市域功能区环境噪声监测】 2015年，乳山市城市道路交通噪声昼间等效声级均值为68.7分贝，评价等级较好；功能区声环境昼间平均等效声级达到各功能区相应标准。与上年相比，城市道路交通噪声及功能区声环境总体保持稳定。乳山市城市道路交通噪声昼间平均等效声级范围为65～75.3分贝，均值达到国家标准。乳山市功能区声环境在每季度第二个月各监测一次，全年监测4次，每个监测点位每次监测24小时，从当日6时至次日6时为1昼夜，其中昼间为6时至22时，夜间为22时至次日6时，监测方法采用《声环境质量标准》GB3096-2008附录B中定点监测法和普查监测法，并根据《声环境质量标准》GB3096-2008标准进行评价。2015年乳山市区道路交通噪声昼间平均等效声级集中65～70分贝之间，占道路总长71.25%。超过70分贝的路段有12.95公里，占道路总长24.04%。

【环境空气质量监测】 2015年，乳山市区环境空气质量监测采用自动监测方法，2001年8月至2004年8月先后共投资118万元建设环保局站和老年大学子站，两个监测点已成为国控监测点。2015年空气监测数据，除细颗粒物24小时平均第95百分位数未达到HJ663-2013环境空气质量评价技术规范（试行）日评价，二氧化硫、二氧化氮、一氧化碳年均值达到《环境空气质量标准》（GB3095-2012）一级标准，可吸入颗粒物、臭氧日最大8小时年均值达到二级标准。

乳山市区空气污染指数年均值为56。其中环境空气质量为优的天数为186天（空气污染指数在50以下），

乳山市功能区环境噪声统计监测结果一览表

表 22　　　　单位：分贝

类型 市区	疗养区（0 类）		居民文教区（1 类）		混合区（2 类）		工业区（3 类）		交通干线道路两侧（4 类）	
	昼	夜	昼	夜	昼	夜	昼	夜	昼	夜
乳山市	—	—	49.3	39.2	50.5	42.4	55.0	46.2	—	—
执行标准	50	40	55	45	60	50	65	55	70	55

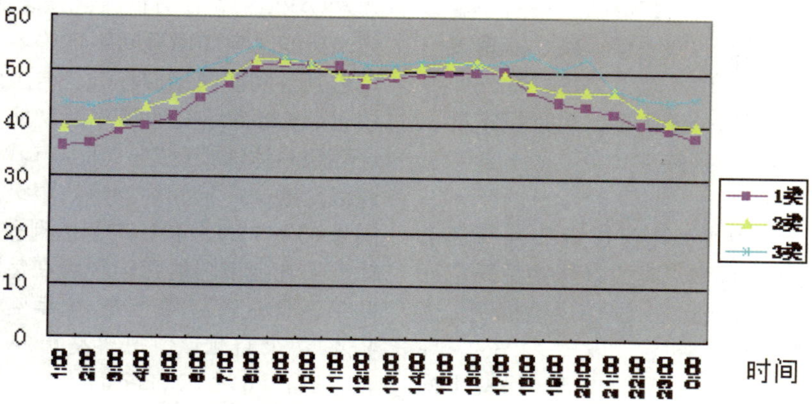

乳山市功能区声环境质量时间分布图

说明：1 类功能区噪声数据一般低于 2 类和 3 类功能区噪声数据；1 类、2 类、3 类功能区噪声数据比较正常，即 3 类 > 2 类 > 1 类。

2015 年乳山市区道路交通昼间暴露在不同声级下的分布统计表

表 23

声级范围 dB(A)	≤ 60	60 ~ 65	65 ~ 70	70 ~ 75	> 75
测点数（个）	0	1	16	3	2
路段长 (km)	0	2.530	38.370	8.010	4.940
占道路总长 (%)	0	4.70	71.25	14.87	9.17

占全年总天数的 51%；环境空气质量为良的天数为 166 天（空气污染指数在 51 ~ 100），占全年总天数的 45.5%，有 10 天为轻微污染，占全年天数的 2.7%，有 3 天为中度污染，占全年天数的 0.8%。

【污染源治理】 2015 年，推行污染源治理第三方运营模式。引导中鲁果汁、垃圾焚烧等排污大户引入第三方治理机构进行污染治理服务外包，由“谁污染谁治理”向“谁污染谁付费、第三方治理”转变。以绿色动力公司为例，公司已与具有废气和废水“双甲”设计资质的福建省嘉园环保有限公司签订治污服务外包合同。绿色动力公司将垃圾渗滤液污染治理服务外包给嘉园环保有限公司，并负责支付污染治理费用，嘉园环保负责对绿色动力公司原有治污设施进行升级改造，并承担设备的运营服务。第三方运营模式开展后，绿色动力公司运营改善，处理效果好。经过嘉园环保公司的专业处理垃圾渗滤液中 COD、NH3-N（废水处理中的氨氮数）分别降至 20 ~ 60mg/l 和 1 ~ 5mg/l，为原来数值的 30% 和 20%，处理垃圾渗滤液每年为公司节省资金 50 万元。服务外包后，乳山市环保部门与绿色动力公司对嘉园环保进行监管，实现由单一监管向双监管转变，充实环保部门监管力量，企业污染治理效果良好。

（毕炜杰）

2015 年空气监测指标年均值、百分位数及日达标率监测结果统计表

表 24

项目 指标	二氧化硫			二氧化氮			可吸入颗粒物			细颗粒物			一氧化碳		臭氧日最大 8 小时	
	年均值	98% 百分位数	日达标率	年均值	98% 百分位数	日达标率	年均值	95% 百分位数	日达标率	年均值	95% 百分位数	日达标率	95% 百分位数	日达标率	90% 百分位数	日达标率
监测值	21	61	100	13	26	100	62	135	96.4	34	81	93.7	2.0	100	148	94.5
一级标准	20	50		40	80		40	50		15	35		4		100	
二级标准值	60	150		40	80		70	150		35	75		4		160	

8月28日，乳山市滨海新区　（高淑新摄）

·汉代 铜马衔

·西周 铜车軎

·战国 铜鼎

责任编辑：于 晓

· 战国 铜舟

交通 · 邮政 · 通信

Traffic, Postal Service, Communication

· 战国 铜带钩

· 西汉 铜车辖軎

- ◎ 交通运输与管理
- ◎ 公路建设与管理
- ◎ 港口建设与管理
- ◎ 邮政与物流
- ◎ 通 信

交通运输与管理

【概况】 2015年，乳山市有公交线路77条，公交车267辆。其中，城区公交线路2条，城乡公交线路67条，年客运量1170万人次；陆路营运货车2198辆，年货运量532万吨；铁路完成客运量40万人次；海上客运船舶12艘，座位217座，全年完成陆岛旅客运输量2.3432万人次。海上货运船舶3艘，吨位4.7212万吨，全年完成货运量124万吨，货运周转量10.215亿吨公里。国家二类开放口岸1个，陆岛交通码头4个。道路运输从业资格人员17053人。营运货车2198辆，其中汽车2160辆，农用车38辆。客运车辆202辆，其中区内客车97辆，跨区客车105辆。出租汽车270辆，从业人员556人。汽车维修企业113家，机动车驾驶员培训机构4家，全年培训学员6000人。年内，威海远航客运有限公司和乳山新干线巴士旅游有限公司中标威海市道路运输管理处公开招标的客运包车经营权，新增客运包车10辆，完善运力结构和经营结构，提高运输服务水平。

【交通运输监察形式多样】 2015年，乳山市交通运输监察大队以威海I类治超站为依托，采取日常执法和不定时执法相结合、重点执法和跟踪执法相结合的方式，做好超限超载超员治理工作、“打非治违”和隐患排查治理专项行动、公路撒漏污染专项治理行动、309国道危化品运输车辆专项整治行动。净化道路运输市场秩序，维护行业和谐稳定。全年共投入执法人员3600人次，执法车辆900辆次，检查货运车辆10000辆次，客运车辆300辆次，查处车辆违章383起。

开展“平安行·你我他”行动，重点针对客运班车、接送学生校车经过的县乡公路进行安全隐患排查治理。开展“七类重点车辆、七种违法行为”集中整治行动，组织32次集中整治行动，检查汽车站7次，抽查客车38辆，查处违章客车18辆，并对危险品运输企业和4所驾校进行了检查。以“安全生产月”活动为载体，在维修企业内部结合质量信誉考核开展自查，对客运、公交、出租车辆进行技术等级评定，对客运站、船舶进行安全隐患排查。对所辖管养道路及施工现场进行检查，同时，结合夏季汛期安全生产特点，对存在严重安全隐患的桥梁及时进行拆除重建和加固维修。开展水运企业经营资质年度检查和经营资质预警检查活动、港航综合大检查等，检查港口企业1家、海上货运企业1家、海上旅客运输企业2家，出动执法人员48次，排查出一般隐患4项。全年安全生产“零事故”。

【道路客运企业晋升AAA级】 2015年，乳山市交通运输管理局从源头抓客运市场管理，查处客运违法经营行为，重点整治不按规定线路行驶、站外上下客。督导汽车站贯彻“三不进站、六不出站”（三不进站：无关人员不进站、无关车辆不进站、易燃易爆和易腐蚀等危险品不进站；六不出站：超员客车不出站、客车证件不齐不出站、乘客未系安全带不出站、出站登记表未签字不出站、驾驶员资质不符合要求不出站、安全例行检查不合格客车不出站）规定，做好消防、安保等工作。打击银滩路段“黑车”非法运营。定期开展旅游包车专项整治，查处违章车辆。开展年度质量信誉考核工作。客运市场不断规范。道路客运企业威海远航客运有限公司被评为AAA级客运企业，乳山市客运公司及乳山新干线巴士旅游有限公司被评为AA级客运企业，评定出机动车维修企业AAA级5家、AA级19家，评定出汽车综合检测站AA级2家、A级企业8家。

【乳山火车站连续安全运营21年】 乳山火车站隶属威海地方铁路管理局，是桃威铁路客运站之一。截至2015年底，乳山火车站连续安全生产7588天，安全运营21年，全年完成客运量40万人。车站坚持“安全第一、预防为主、综合治理”方针，以旅客安全为重点，落实安全责任，加大设备检查力度，加强安全基础建设，树立安全生产意识，确保安全生产有序可控。引导职工通过不断学习，提高业务素质和技能。站领导分工明确，各车间监管无死角，确保每个职工按标准化作业程序完成工作，完成全年运输任务。

【改造驾驶员培训教练场地】 2015年，按照《机动车驾驶员培训机构资格条件》和《机动车驾驶员培训教练场技术要求》2项国家标准，组织开展驾培“国标”场地建设。全

1月5日，圆方驾校科目二培训场地建成使用 （交通局提供）

9月22日，乳山火车站工作人员检查火车线路、设备 （乳山火车站提供）

市4所驾校，通过自身资质自查、聘请专业设计单位设计、升级改造原有场地等措施，改造教练场地及软硬件设施，永达、圆方、松海3所驾校按照二级驾校标准改造完成。

【运营车辆审验】 1月19—28日，组织春节参运车辆专项检查活动，检验道路客运车辆149辆、公交车265辆、出租车270辆，春检合格率100%；6月14—17日，对全市客运线路班车进行年度审验，检验道路客运车辆153辆；6月18—24日，摸底检查公交车、出租车的技术条件、标志标识、车载设施设备等车辆硬件设施，并直接审验车辆运营所必需的行驶证、驾驶证、上岗证、营运证，共检验公交车267辆，出租车270辆。

全年办理新增车辆道路运输证131个，换发道路运输证261个，审验道路运输证2671个，车辆年审率86.8%，办理从业资格证诚信考核6788个。淘汰营运黄标车1658辆，登记改绿车辆75辆。举办继续教育培训班19期，培训3303人，换发从业资格证612个。督导乳山市华润物流有限公司、乳山市隆源气体有限公司2家危险品运输企业完成安全生产标准化达标工作、质量信誉考核工作及危险品运输车辆年审工作，确保货运市场安全畅通。

【春运旅客疏运】 2016年春运期间共投放客车（含客运包车）149辆、出租车270辆、公交车265辆，备用客车8辆。安全运送旅客7.9万人次，其中跨区输运5.6万人次，区内输运旅客2.3万人次。安排加班车84个班次，包车450辆，运送旅客2.3万人。

公路建设与管理

【概况】 2015年，实施G309荣兰线中修工程、S704环海路浪暖口至徐家大修工程，以及G309、S208、S202、S206、S207、S704等6条线路安全防护工程，S206牟白线南黄至牟平界大修工程路基小桥涵部分基本完成，建设总里程150公里。至2015年年底，境内273.92公里的干线公路中，一、二级路达258.96公里，占总里程的94.54%，较“十二五”初期提高14%，构筑起“四纵三横一环”路网结构，国省道综合优良路率由“十一五”末的87.6%上升到92%。农村公路总里程1501公里，其中，县道17条253公里，乡道20条141公里，村道1107公里。

【G309荣兰线文登乳山界至乳山海阳界段中修工程完工】 2015年，项目起于文登杭格庄桥西侧，止于乳山与海阳交界处，路线全长56.176公里。施工采取原路面病害处理后，一级路段采用4厘米沥青混凝土（AC−13）+热沥青封层罩面，二级路段采用MS−3型改性热沥青微表处罩面。该工程5月开工，8月完工。

【S704环海路暖浪口至东南寨段大修工程完工】 路线全长8.6公里。全线采用二级公路标准，设计速度60公里/小时，路基宽度19.5米，路面宽度18米，中央设钢筋混凝土分隔护栏。全线均在原路线左侧（自东往西）加宽，设大桥1座、小桥3座、涵洞25道，路基填筑18万平方米。

7月8日，G309荣兰线中修工程施工现场 （付伟强摄）

该项目2014年初由乳山市政府先行垫资施工，后列入2015年省公路大修计划，2015年10月完工。

【干线公路安全生命防护工程按期完成】 乳山公路局投资4700万元，实施公路安全生命防护工程，主要包括G309荣兰线增设中央分隔带波形护栏，隧道安全设施完善提升工程，S207牟乳线穿城段安全综合整治工程。工程2015年9月实施，12月底完成，处理铺设沥青混凝土面层13万平方米、微表处治12.42万平方米，增设波形防护栏9.5万米、中央城市护栏8000米、单柱式交通标志388个、标线2.5万平方米，完善马石店、双顶山两隧道内机电和交通设施。

8月5日，路域环境综合整治施工现场 （公路局提供）

【县乡公路生命安全防护工程通过省级验收】 2015年，乳山市交通运输管理局在全市范围内实施生命安全防护工程，对急弯、陡坡、连续下坡、视距不良等路段，增设交通标线1328平方米，标志牌366面，广角镜18面，爆闪灯12个，防撞护栏6000米，提高县乡路安全保障能力，6月通过山东省交通运输厅专家组验收。

【路域环境综合治理】 2015年，建立由地方政府组织、乳山市公路局牵头、各镇（街道）共同参与的路域环境综合治理工作机制，明确职责范围，设置工作台账。投入大型机械设备40台，清理“三大堆”和其他堆积物220处、2300立方米，疏通边沟、排水沟1.3万米，砌筑挡墙2000立方米，增设警示桩3000米，栽植小龙柏等绿化苗木1万株，设置大型宣传牌1个。省道207午极镇驻地、国道309冯家镇驻地穿村镇路段实施路宅分家工程，路侧埋设警示隔离桩240根。309国道冯家镇驻地补植小龙柏、金边女贞等矮灌760平方米，靓化公路通行环境。

【县乡公路管养市场化】 为提高养护质量，降低县乡路养护成本，乳山市交通运输管理局市场化运作县乡公路的管养工作，实行“政府主导+市场化运作”的新机制，公开招标，择优选择专业企业承包管养工作，乳山市交通运输管理局会同财政部门定期考核养护质量，进行行政监督，利用专业企业的集约经营优势，专业化、机械化养护作业，降低农村公路养护成本，提高养护资金的使用效率，实现农村公路畅通、安全、舒适和美观的养护目标。2015年5月，县乡公路全部实现市场化管养，年降低管养费用20%。

3月5日，乳山港口 （辛戈摄）

港口建设与管理

【概况】 乳山港位于乳山市南部的乳山口湾内，是国家二类开放口岸，总占地面积41公顷，码头前沿长390米，前沿水深-10.9米，设计年吞吐能力180万吨。2015年，有散杂货泊位3个，其中，1000吨级散杂货泊位1个，2万吨级散杂货泊位2个。有新型机械设备17台，货物装卸基本实现机械化。乳山港主营业务以散杂货装卸为主，进口货物包括煤炭、磷矿、铜矿、铁矿及水泥熟料等，出口货物包括石子、硫酸渣等。全年完成港口吞吐量133万吨。

10月20日，小青岛陆岛码头维修加固工程 （交通局提供）

【港航管理动态化】 2015年，开展年度港口企业经营资质核查工作，督促企业加强安全管理和制度建设。推行乳山辖区港口安全检查制度，建立动态安全管理体系，完善港口安全管理工作。督促安全隐患整改，完善突发事件应对机制。建立全方位安全管理责任保障体系，与6处沿海镇政府签订《沿海船舶安全管理责任状》，把安全责任落实到实处。

【小青岛陆岛码头改造完工】 2015年，乳山市政府投资56万元，完成小青岛陆岛码头1520平方米面层维修、基床抛石、扭王字防浪块的制作和安放等维修加固工程；投资162万元，在旗杆石重建陆岛交通浮码头1座，硬化连接道路2400平方米；投资30万元，在4个陆岛交通码头增设候船厅、消防、救生、防碰撞等安全设施设备。

【口岸开放步伐加快】 2015年，乳山市人民政府口岸办公室围绕争取乳山口港水域实施一类开放这一中心工作，深入研究更新观念，加强管理，在争取加快口岸开放步伐、优化完善口岸硬软环境、服务五城联创和自身建设等方面都取得新进展。

一类口岸申报提速 2015年5月完成威海市级口岸查验机关意见征询，11月完成省级查验机关意见征询，12月3日山东省政府将口岸开放请示报告上报到国务院，2015年12月15日国务院将报告转发至国家口岸办，国家口岸办按照开放程序规定，完善相关资料和办理审批程序，为下步启动征询国家级各查验部委意见程序做准备。争取乳山港水域开放取得阶段性成果，创开放争取速度省内最快纪录。

口岸锚地审批取得阶段性成果 完成锚地勘探、扫测、可行性研究报告编制工作，并与武汉理工大学达成完成锚地环评、航海安全评估、论证等相关工作的协议，口岸锚地审批取得阶段性成果，为整体推进口岸开放奠定基础。

指导服务企业新思路 乳山市人民政府口岸办公室发挥口岸信息优势，当好企业参谋，将帮助企业转变经营思路、拓宽经营范围、提高经济效益作为服务企业的第一要务。在调研、掌握情况的基础上，利用自身信息广的优势，为企业提供信息、拓宽经营思路：提出做强集装箱业务，确保货运量稳定增长；壮大物流基地，即利用威海首个中韩自贸区优势，加快发展对韩商品贸易，抓紧建设“乳山港进口商品交易中心”，形成集进出口、仓储、中转、保税、电子商务为一体的现代化物流基地。

邮政与物流

【概况】 2015年，乳山市有快递物流经营户36家。其中，中国邮政集团公司山东省乳山市分公司（以下简称乳山邮政分公司），下设营业网点19处，其中，农村支局网点14处（各乡镇驻地均有服务网点），市区营业网点5处。乳山邮政分公司依法经营邮政专营业务，负责本辖区邮政生产、经营、服务工作。主要经营邮政包裹寄递、邮政金融保险、集邮、函件、物流分销、报刊，同时承担邮政普遍服务义务。2015年，乳山市邮政分公司坚持“一言一行树邮政形象，一心一意为人民服务”的服务宗旨，注重服务民生，践行社会责任，拓展业务发展新领域，推出自邮一族、代收代缴、电子商务等新业务，全年完成业务收入4015.79万元，比上年增长21.49%。

【主要邮政业务效益增长】 2015年，乳山市邮政分公司完成业务收入4015.79万元，其中函件收入247.76万元，增长153.7%；包件收入185.15万元，增长2.4%；报刊订阅收入174.96万元，下降2.99%；报刊零售收入80.18万元，增长25.1%；集邮收入157.46万元，下降40.24%；电商收入93.56万元，下降21.8%；分销收入368.11万元，增长38.27%；保险收入838.19万元，增长52.34；金融业务收入1844.89万元，增长28.02%；房产运营业务收入17.25万元，完成目标利润458.40万元。

【邮政综合服务平台建设】 “互联网+”模式加强数据库营销平台建设，注重大数据营销，整合资源优势，找准业务发展融合点，做好客户用邮分析。通过“市场分析+客户群定位+活动推动+专业整合+微营销”方式，创建“乳山邮政综合服务平台”“乳山集邮”微信公众号、“乳山特产邮政旗舰店”微店、“乳山集邮”等系列微店。整合金融、函件集邮、分销营业、包裹中心等专业，创建“买卖惠”平台，加快线上线下一体化综合服务平台建设，解决农村配送“最后一公里”难题。推广电商市场，进驻电商商户14家，零售商118个，签约商户14家。

（王冲）

【邮政助农项目】 按照“合作社＋示范田＋农资配套供应＋科技服务＋邮政业务”的新模式，乳山邮政分公司注重服务三农、助推乳山农业生产，围绕农民需求，拓展服务领域，开展化肥、农药等农资、日用品及酒水配送业务。2015年，创立“万亩示范田”项目，主要通过在果树、大姜种植区域，联合厂家，邀请农技师专家开展农业知识讲座，并在讲座现场进行农资订货会，科学助农、专业配送农资产品并实现创收。全年开展农业知识普及讲座64场，惠及14个乡镇，利用邮政分销渠道与化肥厂家联系，选取苹果、大姜特色产业种植户2150户，邮政公司出资免费配发果树、大姜套餐肥2150套，扶持农业发展。

【华润物流园】 创建于2006年11月，位于西外环路，占地8公顷，仓储面积2万平方米，资产6000万元。2015年，已入园区的物流、快递经营户36家，农资、家电、日用百货等经营户16家。主要经营仓储、货运配载、货运信息、货运站场、危险品运输、三农物资配送。三农物资物流配送是该园区的物流支柱产业，设立乳山市三农物资分拨中心，开通“乳山三农网”，打造集三农服务、物流公交车、连锁超市、仓储配送于一体的网络服务平台，包括农资服务站、农资电子交易、供应及求购信息、今日聚焦、名优特产板块，实时发布与三农相关的政策信息，方便百姓查询利用。

【乳山市华润物流有限公司】 成立于2006年11月，位于乳山市西外环路，主要从事道路危险货物运输工作及物流配送业务，2012年3月取得道路危险货物运输经营2类（气体）、3类（易燃液体）资质。公司现拥有配送车辆55台，停车场地面积500平方米。新建单、双层立体物资仓库1.5万平方米，露天货场3.5万平方米。拥有10吨以下运输车辆6辆，10吨以上运输车辆13辆，配送车辆55台，并配备专业的人员队伍。2015年货运量12万吨，货物周转量1420万吨公里。

（冷伟）

通　信

【概况】 2015年，乳山市互联网宽带传输主干网容量和传输速度不断提高，光纤敷设实现全市全覆盖。主干传输网带宽达10GB/S，固定宽带入户速率城市20兆，农村10兆，全市固定宽带入户率达70%。全市已建成基站1854个，WIFI热点617个。

【中国联合网络通信有限公司乳山市分公司】 中国联合网络通信有限公司乳山市分公司（以下简称乳山联通）有员工127人，承担着普遍通信服务和党政专用通信、应急通信等任务。乳山联通可为社会提供固话、2G/3G/4G移动业务办理，固话手机同响、来电显示、呼叫转移等业务，光纤宽带上网和无线上网业务，智能电话卡，语音聊天、短信，建立个人、商户、企业网页，组建行业、部门信息化应用系统。2015年，乳山联通优化和完善现有2G、3G移动通信网络，加快4G网络建设速度，推动固定和移动网络的宽带化，建设3G基站75个和4G基站255个，4G基站累计262个，镇驻地以上区域实现连续覆盖，重点农村区域实现基本覆盖。完成马石山烈士陵园开园、公安局防暴演练、金融系统重保等重点通信保障任务。公司保持“省级文明单位”“省级消费者满意单位”“威海市文明单位”“威海三星级劳动关系和谐企业”“威海百家诚信单位”“支援地方建设先进单位”称号，多个基层部门获“山东省青年文明号”“山东省模范职工小家”“威海青年文明号”“威海巾帼文明示范岗”“威海创新示范岗”称号。

全光网络建成 乳山联通加大光纤宽带建设力度，改造农村宽带和城市小区宽带光纤网络，完成全部601个村光缆铺设和配套设施安装开通工作，完成全市15.8万传统语音用户和5.6万ADSL上网用户接入网光纤化升级，新铺设光缆2162皮

9月20日，乳山联通营业大厅　（联通公司提供）

长公里，全部传统交换设备退网和下电。实现光纤到村、到楼，全市绝大部分联通宽带用户具备20兆接入能力和升级至百兆甚至千兆接入技术潜力，率先在威海地区建成全光网络。

服务质量提升 坚持“以客户为中心、用服务促发展”服务理念，提高客户感知度、客户满意度和忠诚度，创树乳山联通全新社会形象和良好的企业品牌形象。乳山联通开展入户装维检查12次，组织营业窗口服务专项检查12次。全年共接投诉工单1549件。处理上门投诉1100次，落实处理“行风热线”反馈的问题129件。

【中国移动通信集团山东有限公司乳山分公司】 中国移动通信集团山东有限公司乳山分公司（以下简称乳山移动）下设4个城区营业厅、8个乡镇经营部。经营范围为主要经营许可证批准范围内的基础电信业务和增值电信业务（有效期限以许可证为准）。从事通信和互联网等网络的设计、投资、建设及出租；通信和互联网等设施的安装、工程施工和维修；经营与通信和信息业务相关的系统集成、漫游结算清算、技术开发、技术服务、广告业务、设备销售；出售、出租通信终端设备、互联网设备及其零配件，并提供售后服务，房屋、柜台出租，商务代理服务，代收费业务。落实中央的提速降费工作要求，推出流量不清零服务。2015年协助乳山市林业局发展森林防火监控，实现森林防火的移动高效指挥。在全市多个行业提供远程监控、无线信息传输等功能和服务。做好养老服务保障，确保政府的关爱工程落地，投资49.5万元，发放“12349”话机3300部。打造便民多样化服务体系，在原有的居家、急救等服务的基础上，增加“12349”移车服务，满足居民的需求。

网络建设提速升级 2015年，乳山移动落实“宽带中国”战略，全年建成有线宽带热点550处，做到有需求的乡村“村村通”，有需求的小区“户户联”。加快4G网络建设全面、深度覆盖，4G基站总数358个，城区及银滩旅游度假区基本实现无缝覆盖。新建设传输杆路60杆公里，新建设通信管道20公里，助力乳山“智慧城市”建设。推进“全光网络城市”建设，网速由10兆提升到50兆～100兆的带宽接入能力，推出4K电视、volte高清视频传输，提高语音视频通话效果，将普通4G通讯由需要6～9秒接通一个电话提升到2秒以内就能接起，下载一部1GB蓝光电影，30秒即可完成。

人口健康信息专网建成 投资100万元，建设人口健康信息专网，实现人民医院、中医院、银滩医院等各大医院，市、镇等卫生计生机构、社区卫生服务站、村级卫生室等管理机构信息互联，方便医疗信息在医疗卫生领域，各参与主体间共享互通，实现医疗信息共享，提升医疗服务水平。该平台的建成，使患者用较短的等待治疗时间、支付基本的医疗费用，就可以享受安全、便利、优质的诊疗服务。目前全市规划建设363处，镇级以上站点42处，已完工31处。

（姜丽丽）

【中国电信股份有限公司乳山分公司】 2015年，中国电信股份有限公司乳山分（以下简称乳山电信）坚持以收入为中心，突出价值导向，实现有效益的规模新突破。

通信网络建设 增强天翼3G移动网络覆盖优势，建设“宽带卓越计划”工程、4G基站建设，完善移动网络。巩固天翼3G网络的覆盖优势，全网3G掉话率下降0.08%，全局无线连接成功率提高0.14%，光网宽带覆盖范围和带宽速率明显提升。推进“宽带中国·光网城市”战略，加快光纤入户在政、企、事业单位，个人家庭用户和个体商户速度，光纤小区覆盖率80%。开展宽带提速工程，全市城域网出口带宽由40G提升至60G，家庭光纤用户网速由原来的4兆起步提升至20兆起步、最高可达100兆。

助推“智慧城市”建设 中国电信移动办公、天翼对讲、全球眼、销售管家、外勤助手、旺铺助手、翼机通、视频会议、位置定位等新业务新产品在全市党政、渔业、林业、物流、司法、交通、公交、医疗、制造、贸易、金融保险和军队等行业系统广泛应用，为企、事业单位，大中小型企业和个体商户等提高运营效率、降低运营成本提供信息化支撑。在农村信息化建设方面，公司开展“信息惠农”专项行动，以光网宽带、天翼4G双百兆新融合为切入点，主推适合农村用户信息化需求的宽带产品及增值服务，推动农村信息化应用向纵深发展；落实“信息消费试点”和“信息惠民试点”城市建设，拓展信息化在民生服务上的应用。通过100兆光纤宽带、4G高速网络和家庭智能网关等构建的无缝宽带智能组网，实现通信、信息和娱乐一体化的智能家居体验，可以视频监控家庭安全，高清iTV、PAD、智能手机等多终端家庭信息共享和互动；推广手机支付民生应用——翼支付，实现话费、电费、加油、交通违章罚款、网购等在手机客户端上代缴费服务。

“双百兆”网络初步建成 2015年，威海电信公司发布“中国电信双百兆领跑计划”，乳山电信全年投入资金300万元开通天翼4G室外站宏基站100个，室内分布系统10套，电信天翼4G信号已基本覆盖全市城区和主要乡镇以及城铁、高速、旅游景区等重点区域。推进“宽带中国·光网城市”战略，完成ESTN退网和光进铜退工作，全市网络能力基本实现“百兆进户、千兆进楼、T级出口”，家庭光纤用户网速提升到“20兆起步、50兆普及、100兆领航”。10月，乳山电信宽带和固话全部实现光纤接入，标志着“全光网时代”的到来，乳山电信全光网“双百兆”网络初步建成。

（刘培育）

【部分单位微信二维码】

政协乳山市委员会

乳山发布：rushanfabu

乳山市教育局：rssjyj

乳山市住房保障和房产管理局：rssfgj2015

乳山市经济和信息化局：rushanjingxinju

乳山市科技局：rsskjj

乳山市林业局：rushanlinye

乳山市人力资源和社会保障局大学生就业微信

乳山市规划局微信号：rushanguihua

手机年鉴

乳山市旅游局：rs6625634

乳山市民政局：Paning60

乳山市商务局：rushanswj

乳山市住房和城乡建设局

乳山市卫计局：健康乳山

乳山市物价局：rswjjl

乳山市信访局：rushanxinfang

乳山市史志微信

10月8日，青威高速乳山东立交桥　（侯贺良摄）

· 战国 “齐建邦张法化”刀币

· 春秋战国 “齐之法化”刀币

· 战国 “齐法化”刀币

责任编辑：刘万波

· 西汉王莽时期 货币

财税 · 金融 · 保险

Finance and Taxation, Banking, Insurance

◎ 财 政

◎ 国家税务

◎ 地方税务

◎ 金 融

◎ 银 行

◎ 保 险

◎ 证 券

◎ 担保和民间融资机构

财 政

【概况】 2015年，乳山市财政工作适应经济发展新常态，把握稳中求进总基调，推进财税改革，树立“经营财政”理念，创新生财、聚财、用财思路，促进“收、支、管”协调发展，收支预算执行良好。乳山市公共财政预算收入310358万元，完成预算100.64%，比上年增长12.21%，其中税收收入264478万元，增长12.57%；乳山市公共财政预算支出406036万元，完成预算116.17%，增长15.91%。

2015年乳山市财政收入执行情况统计表

表25

单位：万元

项目	年初预算	金额	比上年（±）	比上年（±%）	占年度预算%
公共财政预算收入合计	308398	310358	33770	12.21	100.64
1. 税收收入	262016	264478	29532	12.57	100.94
(1) 增值税 (25%)	10723	9529	273	2.95	88.87
(2) 营业税	91440	94521	13254	16.31	103.37
(3) 企业所得税（40%）	8793	7453	−557	−6.95	84.76
国税征收	4805	4152	−95	−2.24	86.41
地税征收	3988	3301	−462	−12.28	82.77
(4) 个人所得税（40%）	2259	2855	775	37.26	126.38
(5) 资源税	705	537	−94	−14.90	76.17
(6) 城市维护建设税	9407	9146	1197	15.06	97.23
(7) 房产税	3276	2728	−320	−10.50	83.27
(8) 印花税	1581	1561	128	8.93	98.73
(9) 城镇土地使用税	10595	7079	1025	16.93	66.81
(10) 土地增值税	97478	92182	1186	1.30	94.57
(11) 车船使用和牌照税	1681	1592	33	2.12	94.71
(12) 耕地占用税	10339	16863	7189	74.31	163.10
(13) 契 税	13739	18432	5443	41.90	134.16
2. 非税收入	46382	45880	4238	10.18	98.92
(1) 专项收入	9444	9431	5229	124.44	99.86
排污费收入	480	281	−197	−41.21	58.54
水资源费收入	311	401	90	28.94	128.94
教育费附加收入	4036	3923	510	14.94	97.20
地方教育附加收入	2690	2613	344	15.16	97.14
水利建设专项收入	1345	1299	175	15.57	96.58
残疾人就业保障金收入	308	220	12	5.77	71.43
农田水利建设资金收入	102	93	−13	−12.26	91.18
教育资金收入	170	156	−21	−11.86	91.76
育林基金收入	2	–	−2	–	–
其他专项收入	–	445	445	–	–
(2) 行政事业性收费收入	7326	5822	−1,504	−20.53	79.47
(3) 罚没收入	1723	6507	4784	277.66	377.66
税务部门罚没收入	–	7	–	–	–
(4) 国有资本经营收入	23804	22197	−2107	−8.67	93.25
(5) 国有资源（资产）有偿使用收入	4085	1923	−2162	−52.93	47.07
(6) 其他收入	–	–	−2	–	–

（姜晓丹）

2015年乳山市财政支出执行情况统计表

表26 单位：万元

项目	年初预算	金额	比上年（±）	比上年（±%）	占年度预算%
公共财政预算支出总计	349505	406036	55721	15.91	116.17
1. 一般公共服务支出	38858	41727	3689	9.70	107.38
2. 国防支出	384	18	-516	-	-
3. 公共安全支出	13164	13319	226	1.73	101.18
4. 教育支出	90029	104284	15927	18.03	115.83
5. 科学技术支出	7634	8025	318	4.13	105.12
6. 文化体育与传媒支出	5094	5874	895	17.98	115.31
7. 社会保障和就业支出	55271	58100	2888	5.23	105.12
8. 医疗卫生与计划生育支出	30746	31836	-155	-0.48	103.55
9. 节能环保支出	12712	17702	7137	67.55	139.25
10. 城乡社区支出	13378	17221	484	2.89	128.73
11. 农林水支出	47808	58159	8374	16.82	121.65
12. 交通运输支出	9648	10119	-119	-1.16	104.88
13. 资源勘探信息等支出	2546	6173	3411	123.50	242.46
14. 商业服务业等支出	8395	9248	15	0.16	110.16
15. 金融支出	18	25	1	4.17	138.89
16. 援助其他地区支出	1000	1082	1082	-	108.20
17. 国土海洋气象等支出	2996	5751	2573	80.96	191.96
18. 住房保障支出	5879	14302	8019	127.63	243.27
19. 粮油物资储备支出	519	600	101	20.24	115.61
20. 国债还本付息支出	500	691	691	-	138.20
21. 其他支出	2926	1780	680	61.82	60.83

（姜晓丹）

【财政融资多元化】 2015年，乳山市在抓好税收征管、综合治税、非税收入等常规工作基础上，着力谋划政府融资，做好资金、资产、资源经营工作。完善财政存放利益挂钩机制，扩大贷款融资规模，保障区域发展资金需要。加强国有资产管理，开展市镇两级清产核资、债务摸底工作，摸清家底、理顺体制、划转资产，推进乳山市国有资本运营公司组建工作，将城投集团、热力集团、水务集团、公共交通公司和乳山港港务公司变更为国有资本运营公司子公司，壮大公司资产规模。探索将乳山市区至银滩（能源路段）DN1000主输水管道建设项目按类PPP融资“3+2”付款模式运作，拉长还款周期，降低项目综合成本。

【财政收入调控】 2015年，乳山市创新社会综合治税机制，完善财政运行分析制度，强化管税控税措施，保证收入总量稳定增长、收入质量逐步改善。第二产业实现税收111505万元，第三产业实现税收204920万元，比上年分别增长24.9%和4.6%，呈现出工业和服务业良好发展态势，税源基础趋向稳固。开展税收综合整治活动，深挖增收潜力，清理收缴欠税7553万元。落实“先税后证、先款后证”和“收支两条线”政策，强化部门配合联动机制，做到非税收入应收尽收。做好“一票征缴”工作，征收基础设施配套费、防空地下室易地建设费、价格调节基金等11331万元。研究财政体制改革精神，按照政策，配合部门筛选、论证、上报项目，争取更多资金、项目和政策支持，缓解财政支出压力，全年争取无偿项目资金11900万元。针对企业养老保险基金收支矛盾，配合人社部门与上对接，实现企业养老保险威海市域统筹，当年减少财政支出4.35亿元。

【民生项目保障】 2015年，把关注民生和改善民生放在财政保障首位，调度整合各类资金，集中财力服务民生发展。乳山市涉及民生教育、医疗卫生、社会保障和就业、农业等重点支出大幅度增长，累计完成282403万元，比上年增长14.6%，占一般公共预算支出

69.6%。优先调度资金，保证工资按时足额发放和津贴补贴调整及时兑现。加大教育投入力度，推进教育基础设施建设、信息化建设和农村中小学校舍维修改造工程建设。拨付资金32993万元，提高城乡居民医疗保险、养老保险、最低生活保障等标准，落实社会保障提标扩面工作。实施农村环境综合整治、水利重点县、农业综合开发、美丽乡村建设等新农村建设项目，夯实农业和农村发展基础。落实各项支农惠农强农政策，畅通“一卡通”兑付平台，保证各项惠农补贴按时发放。做好小额担保贷款工作，累计办理贷款业务717笔，发放贷款7056.5万元。拨付资金4358万元，落实农村干部待遇和村级组织运转经费保障机制。

【“三公”经费压减】 2015年，加强制度建设，控制成本，提高财政精细化、科学化管理水平。深化国库集中支付制度改革，稳步推进“金财工程”建设，全年累计通过集中支付系统拨付资金20.3亿元，提高资金运行效率。全面细化推进财政预决算公开，加大“三公”经费支出控制力度，压缩行政成本，全年压减“三公”经费支出10%。加大政府采购监管力度，严肃采购纪律和运作规程，全年组织集中采购144次，节支17528万元。完善财政支出“事前评审、事中监控、事后评估”机制，重点加强政府投资工程项目监管，累计审减不合理支出5297万元。

（石立委　陈雪佳）

【农业综合开发财政支持】 2015年，乳山市争取土地治理项目3个、产业化经营项目5个、省级土地治理和产业化经营结合试点项目1个，财政总投资达2570万元。土地治理项目中，夏村镇667公顷高标准农田建设项目，财政投资1120万元，项目区涉及炉上、桑行埠、东泗水头、西泗水头、姜家庄、郑家、于家庄、西圈、井子、清口涧、官庄11个行政村；大孤山镇333公顷高标准农田建设项目，财政投资560万元，项目区涉及上册、赵家、河东、山西头、果园5个行政村；乳山市正强果蔬合作社66.7公顷高标准农田建设项目，财政投资140万元，项目区涉及下初镇日照庄村。主要工程包括修建拦河坝10座，修建排灌站5座，打深水井1眼，架设输变电线路2.5公里，疏浚渠道10.5公里，衬砌渠道12米，埋设地下管道8.4公里，修建漫水桥5座、板桥23座、管涵1000座，上滴灌13.33公顷，挖石砌平塘20座，挖大口井30眼，建蓄水池3座，扩建加固塘坝11座，修建拦水谷坊1座，修建田间道路34.25公里（其中硬化6.6公里），植树1万株。产业化经营项目中，分别拨付资金140万元，用于威海威茗茶业有限公司3万公斤清洁化茶叶加工车间扩建项目、威海宇祥果业有限公司8000吨果蔬冷风库改建项目、乳山市友谊无花果合作社50万千克无花果设施栽培扩建项目和乳山市丰年果蔬专业合作社33.33公顷核桃种植基地新建项目。拨付资金70万元，用于乳山市爱母茶叶专业合作社3万千克优质茶叶示范基地扩建项目。省级试点项目中，投资120万元，用于乳山市小康蔬菜专业合作社5万千克绿色果蔬设施栽培改建项目。

（刘东刚）

5月20日，市委书记高书良（左三）、市长周兵（左四）带队调研城市绿化工作

（辛戈摄）

国家税务

【概况】 2015年，乳山市办理税务登记5664户，其中，国有企业25家、集体企业24家、私营企业1004家、股份企业158家、涉外企业70家、个体工商户4331户。全年税收收入48588万元，增收532万元，比上年增长1.11%。分行业统计，第一产业实现税收收入156万元，第二产业实现税收收入31810万元，第三产业实现税收收入16622万元。按企业类型统计，内资企业税收收入32555万元，比上年增收285万元；港澳台及外商投资企业税收收入8188万元，比上年减收136万元；个体经营税收收入7845万元，比上年增收383万元。全年乳山市缴纳国税前20名的企业纳税人缴纳总额17965万元，比上年增加4203万元，增长31%；个体私营纳税人缴纳总额5035万元，比上年减少3482万元，下降41%。

2015 年乳山市国税局税收完成情况统计表

表 27 单位：万元

项目	入库金额	比上年 ±%
税收合计	48588	1.11
国内“两税”	32539	1.93
增值税	32283	1.74
消费税	256	34.03
企业所得税	10380	−2.24
车辆购置税	5669	2.81

2015 年乳山市缴纳国税前 20 名的企业纳税人一览表

表 28 单位：万元

企业名称	法人代表	纳税额
乳山市农村信用合作联社	于　洋	2978
国网山东乳山市供电公司	邢晓军	2288
威海鑫山集团有限公司	王　军	1490
威海佰德信新材料有限公司	武　伟	1153
山东力久特种电机股份有限公司	张　成	1012
山东日信工业有限公司	高寺有三	1000
泰山石膏（威海）有限公司	贾同春	979
山东双连制动股份材料有限公司	姜　涛	957
山东鲁菱果汁有限公司	张继明	890
山东乳山工艺品有限责任公司	徐瑞兰	771
乳山正洋食品有限责任公司	刘海军	728
威海恒邦化工有限公司	常贵德	588
山东同兴食品有限公司	于会同	569
乳山汉泰大麻纺织有限公司	丁洪亮	511
威海华邦精冲科技股份有限公司	庄华传	423
华隆（乳山）食品工业有限公司	刘芳友	359
中国移动通信集团山东有限公司乳山分公司	黄嘉辉	346
乳山华信食品有限公司	刘海军	329
特莱蓓丝特印染（乳山）有限公司	朴兴洙	299
乳山天骄村镇银行股份有限公司	王　飞	295

2015 年乳山市缴纳国税前 20 名的个体私营纳税人一览表

表 29 单位：万元

企业名称	法人代表	纳税额
威海海大塑胶有限公司	侯世文	794
乳山恒裕食品有限责任公司	张玉锡	365
乳山市金果花生制品有限公司	孙玉鼎	336
威海龙峰硅胶有限公司	姜　峰	321
乳山市佳利制衣有限责任公司	姜云涛	285
乳山市富地渔具有限公司	王春林	272
乳山市环宇化工有限公司	李文刚	233
山东美城房地产开发有限公司	马灵波	220
乳山市龙马服装有限公司	马绍海	217
山东富豪菲格尔皮具有限公司	焦传忠	211

【税收稽查评估深化】 2015 年，乳山市国税局面对经济新常态对税收收入的影响，主动作为、挖潜增收。深化税收稽查评估工作，与公安、地税等部门联合执法，开展特种油行业、交通运输行业和虚开增值税专用发票等专项整治行动，稽查企业 53 户，查补税款 766 万元；细致评估企业用水、用电、用气等数据指标，做好数据比对分析，堵塞税款征缴漏洞，全年评估企业 201 户，查补税款 1026 万元。深化重点领域监管，加强房地产所得税清算监控，检查疑点信息和疑点企业，查补入库税款 1400 万元；集中进行关联交易申报审核，完成威海市首家日资企业反避税调查，入库税款 460 万元。深化企业上档升级和主辅分离，加强对企业纳税情况测算、核实，对年初纳税 10 万以上企业逐户预计直接收入和免抵、管理增收税额，先后 3 次测算大、中小企业 15 年增幅，并按月督导、定期考核，实现 86 户企业上档升级，其中新增纳税千万级企业 3 户，辅导主辅分离企业 11 户，较上年增加 2 户，入库税款 180 万元，增长 18.42%。

【税收优惠兑现与出口退税扶持】 2015 年，全市加大税收优惠政策兑现以及出口退税扶持力度，种养殖业、饲料生产、黄金生产、污水处理等免税企业优惠备案由事前申请改为事后备案，实现 144 户新办企业免税 4100 万元；严格新办、小微企业申报信息审核，甄别筛选 263 户次优惠申报有遗漏的年报表，帮助企业享受优惠 463.7 万元；加快“出口退税规范”落实力度，开通退税办理绿色通道，保障企业产品研发、技改扩规资金，全年 119 户外贸出口企业累计办理退税 2.1 亿元。

【税收征管改革】 2015 年，以贯彻落实纳税服务、出口退税、税收征管、国地税合作“四个《规范》”为契机，深化征管领域创新改革，初步建立纳税服务、调查审批、基础管理、风险分析、纳税评估和税务稽查 6 个专业化团队，实现由“事事统管”向“专

续表 29

企业名称	法人代表	纳税额
威海市明珠硅胶有限公司	周　凯	210
乳山市安吉房地产开发有限公司	于炳喜	198
山东燕喜堂医药连锁有限公司五十九店	杨雪梅	194
乳山和信制衣有限公司	王　飞	186
山东双连锁业有限公司	王国选	185
乳山振华食品有限公司	姜振兴	182
威海环宇包装有限公司	李文刚	180
乳山鑫山贸易有限公司	王　军	178
乳山市恒基建筑工程有限公司	赵新刚	140
乳山茂盛工业用布有限公司	隋进涛	128

业化管理”转变。突出专业化管理，成立风险控制中心1个、税源监控局2个和征收服务局3个，分别司管风险评估、税源监控和经常性、基础性业务，并打造“受理业务、实地核查、事项审批”实体化办税服务厅，梳理规范业务流程61项、表证单书173个，将17项审批事项前移至办税服务厅，使税源管理、服务更加专业化。突出分权制衡，本着“分权制约、相互制衡”原则，明确91名业务岗人员职责。制定10大类504小类《税收征管工作指南》，建立受理、核查、审批三岗分离业务流程，收回稽查局、基层分局稽查权和自主评估权，形成由风险控制中心牵头的规范式稽查评估模式。突出责任落实，将同一户纳税人可能涉及的26项日常管理、3项监控评估和18项办税服务事项，分解到征收服务局、税源监控局和办税服务厅进行落实，实现全时、全域、全程责任追溯机制。同时，将关注的重点放在业务事项流程节点，通过节点绑定管理、服务、执法责任，强化税收征管过程的风险管控。突出重点治理，理顺个体管理流程，推行个体工商户范本化管理，开展集体评议2440次，整理、归集个体档案4344份。开展个体税源普查，加强对乡镇漏征漏管户的补查与管理；加强委托代征规范化管理，专项审查全市4个委托代征商场的开票设备、场所等2大类9小项相关资质，终止1户商场委托代征协议。

【国地税联合办税启动】 2015年，针对纳税服务中出现的“梗塞”，坚持“典型引路、先试先行”工作思路，强化服务模式创新，实现便民、惠民、利民。实行“一体化”征缴，在威海市率先试点国地税联合办税模式，采取“一口双责、国地联办”方式，在行政审批服务大厅设置5组国地税联办缴税窗口，实现国地税税费征缴、联合办证一体化服务，节约纳税办理时间，避免税收收入流失；“一站式”审批，全面整合操作程序和办税事项，将41项审批事项前移至办税服务大厅，实现资料报送、业务受理、调查核实、事项审批、办税服务的“五体合一”，明晰操作流程，压缩审批时限，72项业务即时办结，18项业务办税时间缩短60%，解决纳税服务“最后一公里”问题；“一证式”登记，在威海市率先试点“三证合一”，整合市场监管、地税等部门信息平台功能，纳税人只需手持统一社会信用代码营业执照，即可办理相关涉税事项，简化税务登记办理手续；“一揽子”服务，扩展纳税信用使用范围，与商业银行共同创推“融税通”服务产品，企业凭借连续3年纳税A类企业可进行免抵押贷款，并创造性推出“邮政代开”业务，节约纳税人办税成本，全年代开发票6970份。

【政风行风评议列行政执法部门总评第一】 2015年，引入国税系统“数字人事”管理模式，树立“干在平时、考在经常”工作导向，以“定岗、定责、定标、定核”为考核关键，加强干部日常工作考核考评，实行一般干部每天早晚签到、每日工作纪实，领导干部每日评估评价工作纪实，人事管理部门按照日、周、季度定期通报考核管理情况，全面加强队伍管理。加强干部业务素质培训，修订《教育培训管理办法》，鼓励干部参与培训，11名干部参加注册税务师资格考试；建立并严格实施每周1次业务学习、1次案卷分析、1次综合考试“三个一”学习制度；组建17个传帮带学习对子，加快老带新、一对一实战培训力度；提升培训层次，先后组织21批360人次参加税收专业院校培训，提升队伍业务素质。加强勤政廉政建设，每周至少1次内部随机检查，全程录像并将检查结果全局通报；每季度重点对纳税评估、税收稽查对象及不同纳税等级纳税人发放调查问卷，重点了解过程中是否存在不廉洁行为，分类处理发现问题，对违纪人员诫勉谈话；组织全体干部到马石山教育基地学习，接受教育。全年组织内部检查43次，发放调查问卷630份，通报并诫勉谈话违反工作纪律干部9人次。乳山市国税局政风行风在全市17个行政执法部门总评中列第一位。

（于会永）

地方税务

【概况】 2015年，全市登记地税纳税人14889个，其中，单位纳税人3525个，个体工商户11364户。全年组织各类收入268105万元，比上年增收30891万元，增长13%。中央级完成9235万元，增收470万元，增长5.37%；县市级完成258848万元，增收30388.7万元，增长13.3%。第一产业收入112万元，与上年同期持平；第二产业收入79695万元，占总收入29.72%，比上年增收21344万元，增长36.6%；第三产业收入188298万元，占总收入74.33%，比上年增收9524万元，增长5.3%。全年全市缴纳地方税收100万元以上的企业纳税人127个，数量比上年略有下降。

2015年乳山市地税局各项税收情况统计表

表30　　　　单位：万元

项目	总计	其中			比上年 ±%
		中央	省级	县级	
一、税收合计	260032	9235	–	250797	12.96
1. 营业税	94521	–	–	94521	16.31
2. 资源税	537	–	–	537	–14.90
3. 城镇土地使用税	7079	–		7079	16.93
4. 个人所得税	7138	4283	–	2855	37.27
5. 城市维护建设税	9147	–	–	9147	15.07
6. 印花税	1561	–	–	1561	8.9
7. 土地增值税	92182	–	–	92182	1.3
8. 房产税	2728	–	–	2728	–10.50
9. 车船税	1592	–	–	1592	2.12
10. 企业所得税	8252	4952	–	3300	–12.29
11. 契税	18432	–	–	18432	41.90
12. 耕地占用税	16863	–		16863	74.31
二、其他收入	8073	–	22	8051	14.87
1. 教育费附加	3923	–	11	3912	14.91
2. 地方教育费附加	2613	–	–	2613	15.16
3. 地方水利建设基金	1299	–	–	1299	15.96
4. 文化事业建设费		–	–		–100
5. 残疾人就业保障金	231	–	11	220	5.96
6. 其他罚没收入	7	–	–	7	250
总 计	268105	9235	22	258848	13%

2015年乳山市缴纳地方税收100万以上的企业纳税人一览表

表31　　　　单位：万元

序号	企业名称	法人代表	入库税款
1	山东金洲矿业集团有限公司	于　虎	3686.55
2	乳山市农村信用合作联社	于　洋	3266.93
3	乳山市益天房地产开发有限公司	王春深	3015.60
4	威海鑫山集团有限公司	王　军	2343.69
5	乳山市富大房地产有限公司	孙福忠	2186.50
6	山东乳山维多利亚海湾旅游开发股份有限公司	刘新利	1538.28
7	乳山市电业总公司	邢晓军	1136.55
8	威海广澳旅游投资有限公司	徐国岩	1016.75
9	中国建设银行股份有限公司乳山支行	徐　辉	1016.72
10	乳山市大陶家房地产开发有限公司	陶贵和	879.24
11	山东省昆仑路桥工程有限公司	许丰财	799.19
12	乳山国泰城建开发有限公司	李振石	796.89

续表 31

序号	企业名称	法人代表	入库税款
13	乳山光谷新力房地产有限公司	尹　刚	721.57
14	乳山振华购物中心有限公司	刘跃华	678.54
15	福喜（威海）农牧发展有限公司	DAVID GERARD MCDONALD	645.09
16	中国工商银行股份有限公司乳山支行	宋　宁	634.38
17	乳山市腾达房地产开发有限公司	于希钧	627.94
18	中华联合财产保险股份有限公司乳山支公司	姜大勇	606.97
19	乳山市海天集团有限公司	王丛涛	600.40
20	山东双连制动材料有限公司	姜　涛	592.93
21	中国农业银行股份有限公司乳山市支行	陶海华	588.29
22	威海市工田房地产开发有限公司乳山分公司	戚中瑜	585.09
23	乳山市东风房地产开发有限责任公司	黄泽聪	519.52
24	乳山市新宇房地产开发有限公司	宫润轩	474.10
25	威海房地美置业有限公司	王树跃	465.45
26	中国银行股份有限公司乳山支行	于志强	458.12
27	威海市中创鸿泰置业有限公司	王书明	432.73
28	乳山银滩鸿海房地产综合开发有限公司	李培臣	422.44
29	中国人民财产保险股份有限公司乳山支公司	于　杰	416.72
30	乳山松海房地产开发有限公司	许大林	405.17
31	威海市旅游房地产开发有限责任公司乳山分公司	唐崇豪	404.46
32	乳山华凯投资有限公司	林秀芹	396.87
33	乳山市安吉房地产开发有限公司	于炳喜	390.12
34	乳山市水利工程公司	于开杰	383.39
35	威海恒邦化工有限公司	常贵德	381.12
36	中国平安财产保险股份有限公司乳山支公司	肖明广	369.26
37	乳山市长城住宅开发有限公司	王学昭	361.83
38	华隆（乳山）食品工业有限公司	刘芳友	360.21
39	山东工艺品工业公司	徐瑞兰	352.10
40	威海市金森房地产开发有限公司	王德进	343.47
41	山东鲁菱果汁有限公司	张继明	334.56
42	乳山益正公路工程有限公司	张　旭	332.50
43	山东智邦置业发展有限公司	刘宝贞	322.54
44	威海华油置业有限公司	高　见	308.06
45	中泰证券股份有限公司乳山胜利街证券营业部	郑新基	307.13
46	乳山市皓诚房产营销策划有限公司	崔晓菲	279.22
47	山东三庆置业有限公司乳山分公司	唐　辉	274.23
48	威海温喜生物科技有限公司	张如民	270.53

续表 31

序号	企业名称	法人代表	入库税款
49	江苏仪征建设工程有限公司乳山分公司	唐松青	247.47
50	乳山市永胜集团	宋吉波	247.34
51	乳山市恒基建筑工程有限公司	赵新刚	243.49
52	乳山天骄村镇银行股份有限公司	王　飞	239.92
53	乳山市南江房地产开发有限公司	宋述波	238.49
54	威海市商业银行乳山支行	宫本军	238.46
55	乳山市恒安建筑公司	高　强	238.03
56	乳山金鼎房地产开发有限公司银滩分公司	尹　刚	237.47
57	威海市明珠硅胶有限公司	周　凯	234.52
58	威海帕斯砜新材料有限公司	王盈盈	233.40
59	乳山市富地渔具有限公司	王春林	231.79
60	山东力久特种电机有限公司	张　成	229.86
61	中国邮政储蓄银行股份有限公司乳山市支行	刘　利	226.70
62	威海众望建设工程有限公司	林贞刚	226.07
63	乳山市新宇房地产开发有限公司银滩分公司	宫润轩	225.86
64	中国农业发展银行乳山市支行	梁军文	222.03
65	招商银行股份有限公司威海乳山支行	史国兴	215.01
66	乳山市城西置业集团有限公司	宋好文	214.69
67	山东日信工业有限公司	桧森啓二	212.60
68	乳山市夏东建筑工程公司	王　早	212.22
69	乳山市御尊房产营销策划中心	常前德	211.14
70	乳山隆利达路桥工程有限公司	宫峻青	211.03
71	乳山市城投置业有限公司	李　伟	210.94
72	山东恒昌置业有限公司	庞玉明	203.39
73	阳光财产保险股份有限公司乳山支公司	宋吉超	202.17
74	乳山市恒信房地产开发有限公司	刘战胜	199.98
75	乳山中诚果汁饮料有限公司	张　健	199.42
76	中国太平洋财产保险股份有限公司乳山支公司	孙晨阳	197.02
77	利群集团乳山购物广场	丁　琳	195.00
78	乳山市春华建设工程有限公司	于永玲	194.86
79	山东富豪菲格尔皮具有限公司	焦传忠	187.63
80	威海辰远置业有限公司	段晓飞	185.81
81	威海市威胜房地产综合开发有限公司乳山分公司	孙　超	185.22
82	威海金祥房地产开发有限公司	姜　强	183.34
83	乳山市老来乐养老服务有限公司	罗连松	181.40
84	乳山市城关建筑安装工程有限公司	王锦茂	181.07

续表 31

序号	企业名称	法人代表	入库税款
85	泰山石膏（威海）有限公司	任　利	178.02
86	山东颐和房地产有限公司	杨玉仁	176.81
87	威海佰德信新材料有限公司	武　伟	162.40
88	乳山市市政建设工程有限公司	林夕君	162.18
89	乳山海鑫置业开发有限公司	杨志刚	162.14
90	中国人寿保险股份有限公司乳山市支公司	于洪兵	161.58
91	乳山热电有限公司	王　晓	160.65
92	山东昂士集团公司	李文刚	155.34
93	乳山市海阳所建筑安装有限公司	宋炳义	153.58
94	威海市大豪置业有限公司	姜运军	150.63
95	威海市正华建工集团	郑福玉	149.40
96	山东银滩物业服务有限公司	王　密	148.73
97	中国大地财产保险股份有限公司乳山支公司	张书周	148.65
98	乳山国际大酒店	李　峰	145.01
99	威海市鸿图房地产开发有限公司	姜福亭	144.24
100	乳山市金泰房地产开发有限公司	于开海	143.32
101	乳山市银海达置业有限公司	吕在淑	140.00
102	威海市望海房地产开发有限责任公司乳山分公司	孙　超	135.59
103	太平财产保险有限公司乳山支公司	孟宪锋	133.79
104	颐中烟草（集团）有限公司	赵　昆	133.57
105	乳山致恒房地产开发有限公司	赵红梅	133.24
106	乳山市建业工程有限公司	张　建	131.17
107	山东德厚房地产开发有限公司	张延玲	130.39
108	乳山市兴安房地产开发有限公司	祝旦镇	124.13
109	威海海润新材料科技有限公司	许红卫	123.57
110	北京燃气集团山东有限公司乳山分公司	曹　雷	123.49
111	特来蓓丝特印染（乳山）有限公司	朴兴洙	121.21
112	威海龙电房地产置业有限公司	王德强	120.55
113	威海龙威不燃板有限公司	廉培英	118.44
114	中国移动通信集团山东有限公司乳山分公司	张东泉	117.13
115	威海湄洲湾房地产置业有限公司乳山分公司	刘炳元	116.47
116	威海海大塑胶有限公司	侯世文	115.90
117	山东美城房地产开发有限公司	马灵波	113.82
118	乳山城市之光房地产开发有限公司	黄吉芬	110.63
119	威海华邦精冲科技股份有限公司	庄华传	109.10
120	乳山市下初建筑公司	宋吉忠	108.96

续表 31

序号	企业名称	法人代表	入库税款
121	乳山正洋食品有限公司	刘海军	108.13
122	乳山金联建材有限公司	刘建军	107.54
123	乳山市水务集团有限公司	徐武林	105.89
124	乳山城基置业有限公司	戚纪伟	102.56
125	日照运总房地产开发有限公司乳山分公司	赵利峰	102.23
126	山东威海烟草有限公司乳山营销部	陈　波	101.13
127	乳山市西里村建筑工程公司	丛才明	100.01

【税收征管重点突破】 2015年，落实“全国税收征管规范（1.0）”，利用信息技术，加强税收信息化和现代化建设，推进税收征管体制改革。加强重点税源分析，尤其加强房地产和建筑业分析，及时掌控税源增减变化，对当期税款实时监控，严格落实组织收入原则和征管绩效管理，保证申报率和入库率达98%。加强重点行业管理，将全市134户房地产企业纳入重点税源企业管理，跟踪督导，按月采集房地产开发项目工程进度和财务报表等信息，并计算出房地产企业计税收入和应缴税额，保证当期税款及时足额入库，全年全市房地产企业实现营业税及附加税费9057万元。同时，按照现行税法规定征收建筑业税，采取项目登记和以票控税相结合管理方式，解决税源监管和税款征收难题，要求建设单位（房地产企业）在支付工程款时，必须取得建筑业发票；取消大部分建筑企业自开发票资格，实行代开发票管理，落实以票控税措施，全年建筑业入库税款15433万元。加强餐饮业管理，调查餐饮业个体户纳税人经营情况，按照费用率倒推办法测算纳税人营业收入，定期定额调整，全年调查具有代表性餐饮业个体业户纳税人83户，调整税款定额52户，年增加税收171万元。依托山东省税务局风险管理平台，监控管辖重点企业，加强风险分析识别，筛查税收预警信息370条，查补入库税款245.2万元。加强重点税种管理，采取三方信息比对、实地核查和专项检查方式，摸清全市应税土地面积，强化城镇土地使用税基础信息管理，确认全市应税土地面积1772.21万平方米，年内，入库税款7635.58万元。汇算清缴全市641户集体企业和190户个人独资、合伙企业所得税和个人所得税，查补入库税款816.3万元，落实退税107万元。辅导900名年所得税12万元以上自然人进行个税自行申报，查补税款143.9万元。落实企业所得税、小微企业营业税、车船税、房产税、土地使用税、契税等税种税收减免优惠政策，全年减免企业税款1329万元。

【税收执法检查加强】 2015年，落实“山东省地税系统税收执法检查工作规范”，规范税收执法行为，完善税收执法流程，加强税收执法约束力，营造公平税收法治环境。开展房地产企业拖欠税款治理，采取限售销售不动产发票、企业银行账户扣划欠税、查封扣押未售商品房和闲置土地、向法院申请破产企业债权等措施清理房地产企业欠税，全年清理欠税15560万元。发挥全市联合治税机制作用，与政府职能部门协作，加强涉税信息交换，形成税收征管合力，挖掘潜在税源。全年征收股权转让环节、房产转让环节和土地流转环节税款26285万元。开展税收专项检查，根据国土资源部门土地证信息和镇村土地租赁信息，数据比对全市1686户用地企业占地面积，查补应缴税款2460万元；检查房地产企业拨付工程款取得建筑业发票情况，核查全市484户涉税房地产企业和建筑企业，查补入库税款3615万元；清查全市涉及“营改增”建筑业、不动产、金融和生活服务类行业营业税；调查核实建筑企业收取城建部门拨付“建筑企业职工养老保险金”的申报纳税疑点问题，查补入库税款96万元；采取统一选案、统一检查、统一审理、统一执行威海市级“一级稽查”模式，检查26户高风险企业税收，查补入库税款730.5万元。

【“征纳共盈”纳税服务品牌建设】 2015年，落实“全国县级纳税服务规范2.0”和“威海国地税〈合作工作规范〉实施意见”，明确服务职责，细化规范内容，规范服务流程，创新服务方式，开展“征纳共盈”纳税服务品牌建设。推行全程服务、预约服务、提醒服务、延时服务、首问责任制等办税服务制度和信息公开、限时回复、岗位承诺等监督制度，提升纳税服务质量。实行“同城通办”和“一站式”服务，方便纳税人办税。优化国地税联合办税服务厅服务职能，开展国地税合作，建立涉税信息共享机制，采取“一窗双岗，国地联办”形式，建立联办窗口，统一征管与执法标准，联合开展税收宣传和执法检查，共同防范税收风险，形成一体化征管体制。全年在国税代开发票环节附征地方税费96万元。

【队伍建设整体加强】 年内，开展全员全岗学习培训，参加脱产培训人均12.13天；组织乳山市地税系统网络技能知识全员考试，全年3人

12月23日，乳山市国税局、乳山市地税局联合开展税务检查 （王超智摄）

考取市级业务能手，1人进入总局财产行为税人才库。推进学习型、创新型、服务型党组织建设，评选“党支部工作法”，建设“活力地税、温暖地税”。开展“税收宣传月”“科级干部走访企业”“局长服务日”等活动，帮助纳税人解决经营实际困难，解答税收政策疑难问题。开展“节俭养德”签名活动、在职党员“工作在单位，活动在社区，奉献双岗位”活动、“爱心奉献、情暖家园”志愿服务进社区活动、“慈心一日捐”活动，提高干部队伍奉献意识和团结意识，提升集体凝聚力和战斗力。开展“纠四风”活动，坚持零申报、“双签字背书”等责任制度，把违反中央八项规定精神列入纪律审查重点。以“三严三实”要求开展党性党风党纪教育，加强廉政主题教育，坚持党组负责人定期上廉政党课、领导干部述职述廉、绩效考评和监督问责工作，强化廉政建设组织领导和责任追究，营造风清气正工作环境。2015年，被乳山市委市政府表彰为“支持地方建设先进单位”。

（杨伟强）

金　融

【概况】 2015年，全市完成金融业地税收入11263万元，占全部地税收入比重达4.2%。年末，全市有银行业金融机构12家，本外币贷款余额189.10亿元，较年初增加11.10亿元，增长6.24%；本外币存款余额280.34亿元，较年初增加2.52亿元，增长1.05%。有证券机构1家，交易额375亿元，比上年增长250.47%。有保险机构23家，实现保费收入4.8亿元，比上年增长16.03%。有融资性担保公司1家、小额贷款公司1家、民间资本管理公司6家，民间融资等级服务公司1家。年内，2家企业实现挂牌上市。

【股权融资缓解企业资金困境】 2015年，乳山市金融工作办公室立足职能，帮助企业缓解资金难题，先后与上海昊阳创业投资有限公司、上海港澳资讯产业股份有限公司、威海市大有正颐创业投资有限公司、威海财智资产管理有限公司等10家投资机构对接，就股权、债权融资方面调研企业30家，帮助威海宏福养老服务有限公司引进威海大有正颐等投资机构及个人股权投资1750万元；协助红塔创新投资股份有限公司投资6000万元与乳山正洋食品有限公司合作组建乳山华信食品有限公司。

【金融助推2家企业在新“三板”成功挂牌】 2015年，联合中介机构到50家规模以上企业实地走访、把脉诊断，筛选有意向和符合新“三板”挂牌的企业，推动华邦精冲、维多利亚旅游开发、阿甘担保、金果花生、华隆食品、韩威生物6家企业启动新“三板”挂牌程序，协助协调企业解决挂牌工作中难题。10月9日，经平安证券推荐，威海华邦精冲技术股份有限公司在全国中小企业股份转让系统新“三板”成功挂牌，股权代码833693。11月11日，经青岛尚道投资管理有限公司推荐，威海宏福养老服务股份有限公司在青岛蓝海股权交易中心成功挂牌，股权代码800336，为乳山市第一家登陆青岛蓝海股权交易中心的企业，

12月31日，市长周兵（前中）到地税服务大厅调研 （王超智摄）

11 月 11 日，威海宏福养老服务股份有限公司在青岛蓝海股权交易中心成功挂牌。（倪鹏辉摄）

也是青岛蓝海股权交易中心挂牌的唯一养老企业。

【乳山市中小企业应急互助基金设立】 2015 年，解决企业短期融资难题，化解企业资金链风险，由乳山市金融办牵头组建乳山市中小企业应急互助基金，该基金由企业按照贷款最大额 5% ~ 10% 比例出资，乳山市政府注入引导资金 1000 万元组建，为企业提供短期融资。至年末，已帮助山东富豪菲格尔皮具有限公司、乳山市金果花生制品有限公司、乳山玉龙汽车配件有限公司等 10 家企业续贷过桥，续贷业务 12 笔，帮助企业融资 15420 万元。

链接：续贷过桥，即由省财政安排、市级财政配套、专业管理机构等参与，用于支持小微企业贷款短期过桥的资金。

【新型农村专业合作金融试点】 2015 年，山东省被国务院列为全国唯一开展新型农村合作金融试点省，在全省 27 个县（市、区）进行新型农村合作金融试点。乳山市作为威海市唯一试点县，坚持严格审核、严格把关，从全市 894 家合作社中精挑细选，选择管理规范、运行良好的 25 家合作社作为试点后备库，并组织专业力量逐一走访试点后备库合作社，从硬件设施、内部管理、试点意愿等方面综合评估，确定试点合作社。至年末，全市取得试点资格合作社 5 家，分别是夏村镇顺泰果蔬专业合作社、乳山寨镇新自然草莓专业合作社、徐家镇久大海珍品养殖专业合作社、下初镇宏利来果蔬专业合作社和海阳所镇爱母茶叶专业合作社；开展互助业务 9 笔，互助金额 22.9 万元，探索缓解社员农业生产资金紧张的新途径。

【非法集资防范】 2015 年 4 月下旬，组织市内银行、小额贷款公司、民间资本管理公司等机构以自查自纠为基础，开展远离非法集资宣传活动 1 次。8 月 20 日至 10 月初，按照省、威海市统一部署，组织公安局、市场监管局、行政执法局等部门，全面排查清理涉嫌非法集资广告资讯信息，检查投资类公司 30 家，净化市场环境，营造防范非法集资良好氛围，保护人民群众合法权益，维护经济金融秩序和社会稳定。

【小额贷款业务平稳发展】 2015 年，乳山市地方金融监管局加强小额贷款业务监督，呈现出平稳发展态势。乳山市益兴小额贷款有限公司发放贷款 60 户，金额 12268 万元；收回 75 户，金额 12218 万元；贷款余额 67 户，金额 13196 万元，其中公司类贷款 31 笔，金额 8391 万元，占 63.59%。全年实现净利润 435 万元，缴纳营业税、企业所得税等税金 392 万元。

（徐向向）

【中国银行业监督管理委员会威海监管分局乳山办事处】 2015 年，中国银行业监督管理委员会威海监管分局乳山办事处贯彻银监会和山东省银监局年度工作会议精神，主动适应经济新常态下的监管形势和

9 月 25 日，威海市副市长徐连新（前中）观摩乳山市新自然草莓专业合作社（王英男摄）

任务，应对复杂严峻的经济金融形势，防范化解各类风险，推进银行业改革，提升金融服务水平，增强监管能力质效，实现辖区银行业安全稳健运行。至年末，核销不良贷款5670万元。

金融风险监管 坚守住不发生系统性、区域性风险底线，防控大额授信风险，组织债权银行统一摸底调查大额授信风险，加强信息沟通，通过银行间信息交流，抑制过度授信和共同防范信用风险。对不良贷款按照"真实反映，充分暴露，加快处置，能核尽核"原则加快处置，辖内银行机构核销不良贷款5670万元，有效降低经营风险。防控重点行业风险，密切关注房地产和造船业风险变化，督导其有效化解风险。

金融机构布局优化 督导辖内银行业金融机构贯彻稳健货币政策，主动适应经济发展新常态，优化辖内银行业金融机构布局，适应经济发展需要，加大信贷投放，推动地方经济社会协调发展。全年辖内银行机构向社区和农村基层延伸，金融支农深度和力度加大，新设民生银行威海乳山支行和中信银行威海乳山支行2家股份制银行支行，增设威海市商业银行乳山支行青山路支行、幸福社区支行、深圳路小微支行和城北小微支行4家机构，乳山天骄村镇银行增设海阳所支行和崖子支行2家支行，全市银行业金融机构达12家，从业人员达1088人，截至2015年年末，乳山辖内银行业金融机构向实体经济贷款余额189.09亿元，较年初增加11.1亿元，增长6.24%。

【农村信用社银行化改革完成】 稳步推进乳山市农村信用合作联社改革，采取指标调度、现场摸底、监管座谈、考核督促等方式监管引领，督导其完善治理模式，优化主要监管指标，提升经营管理水平，增强发展实力。2015年，乳山市农村信用合作联社主要改革指标全部达标，资本金达10亿元，抵债资产处置2.5亿元，不良贷款压降1.17亿元，顺利通过三方会谈，完成清产核资和资产评估，股东大会顺利通过银行化改革有关决议。12月31日，乳山市农村信用合作联社银行化改革获银监会山东银监局批筹。

（孙绍华）

【外汇管理改革推进】 年内，深化货物贸易外汇管理改革，辖内99%的企业享受到改革政策带来的贸易便利。全年全市外贸进出口总值79973万美元，比上年增长13%；其中，出口额68896万美元，增长11%；进口额11077万美元，增长27%。贯彻服务贸易外汇管理改革要求，全市服务贸易收支额5603万美元，比上年增长12%，其中，服务贸易收入4234万美元，增长16%；支出1369万美元，增长1%。落实资本项目外汇管理改革政策，年内，全市直接投资外汇登记企业8家，外商货币出资入账登记497万美元；有110家直接投资企业完成存量权益登记，外汇业务管控未登记企业15家。加强国际收支统计申报数据核查，在中心支局各季度考核通报中保持"零差错"。全年全市完成国际收支申报10298笔、金额51219万美元，申报率100%。做好银行机构外汇业务管理，促进合规经营，评估、考核6家外汇指定银行2014年10月至2015年9月执行外汇管理规定情况，评定A级行4家、B级行2家。经逐级上报省分局同意，批复乳山市农村信用合作联社一次性购买150万美元外汇资本金，为其开办外汇业务提供必要条件。跨境人民币业务量较快增长，全市跨境人民币收支总额折合5394万美元，比上年增长20%，占同期跨境收支总额9%，居第二大结算货币。

（姜爱丽）

银　行

【概况】 2015年，全市有2家股份制银行支行获批开业，有2家银行增设6个分支网点。至年末，金融机构有12家，其中，政策性银行1家、国有独资商业银行4家、城市商业银行1家、农村信用合作联社1家、邮政储蓄银行1家、村镇银行1家、股份制商业银行3家；营业网点91个，从业人员1088人。各银行业金融机构贯彻执行稳健的货币政策，围绕全市经济转方式、调结构、提质量要求和经济发展规划，加快发展，优化服务，提高运行质量，支持地方经济平稳健康发展。至年末，全市本外币贷款余额189.10亿元，较年初增加11.10亿元，比上年增长6.24%；本外币存款余额280.34亿元，较年初增加2.52亿元，比上年增长1.05%。

2015年乳山市银行经营情况统计表

表32　　单位：万元

项目			年末余额	上年末余额	比上年增减数	比上年%
各项存款	总额		2803435	2774238	29197	1.05
	其中	企业存款	226274	216033	10241	4.74
		储蓄存款	1957131	2168086	−210955	−9.73
		财政存款	16200	15463	737	4.77
		机关团体存款	306875	356152	−49277	−13.84
各项贷款	总额		1890954	1779971	110983	6.24
	其中	短期贷款	325481	319114	6367	2.00
		中长期贷款	1365114	1220074	145040	11.89
		票据融资	130092	166918	−36826	−22.06
		其他贷款	70003	73559	−3556	−4.83

【中国人民银行乳山市支行】 2015年，中国人民银行乳山市支行根据经济新常态，重点围绕县域经济发展新变化，将贯彻落实货币政策与服务地方经济有效结合，维护金融稳定，提升金融服务水平，支持地方经济社会健康发展。加强货币流通管理，全年收缴假人民币729张金额60565元，被表彰为“省级反假货币工作先进集体”。

货币政策传导 出台《乳山市关于认真贯彻稳健货币政策改进金融服务和外汇管理支持全市经济稳增长和转型发展的意见》，引导金融机构加大对实体经济的支持力度。召开金融支持外贸稳增长工作专题会议，督导金融机构加大对重点出口企业的融资满足力度，降低授信条件，拓宽出口企业融资渠道，助推全市进出口逆势增长。搭建银企对接平台，组织12家金融机构与36家企业对接，达成授信协议金额8亿元，扭转信贷投放增势缓慢态势。加强分析调研，发挥好服务地方经济参谋助手作用。围绕区域经济发展、产业结构调整、金融机构流动性等方面问题开展分析研究，做好有关货币政策出台后的宣传引导工作，全年向市委、市政府报送《呈阅件》6期、《乳山金融信息》8期，“关于预算法实施条例的意见和建议”得到市领导批示。加大对“大众创业、万众创新”信贷支持力度，发放下岗再就业、妇女创业、农民工返乡创业、鲁青基准贷等贷款金额1.26亿元。创新推进新型农村合作金融试点，推动信贷管理方式、担保抵押方式和信贷产品创新，发放林权抵押贷款余额1.67亿元，仓单质押贷款余额5400万元，船抵押贷款余额1.6亿元。

金融风险监控 加大风险监测排查力度，排查全市12家金融机构资产质量状况，按月监测评估房地产信贷风险情况，及时掌握风险状况。落实金融机构重大事项报告制度，督导各金融机构报告重大事项36项，做到风险早发现、早提示、早处置。重点做好《存款保险条例》公布、实施后金融稳定工作。成立人民银行和各银行机构存款保险制度工作领导小组，明确工作职责和任务分工，畅通联络机制。督导金融机构坚持合规稳健经营理念。加强舆情监测预警和舆论引导工作，加强存贷款和流动性等监测管理，7月初，核查上报法人金融机构乳山市农村信用合作联社、天骄村镇银行5～6月保费数据的真实性。推动乳山市农村信用合作联社银行化改革，督导其加大不良贷款清收力度，截至9月末，不良贷款余额9489万元，较年初下降41.46%，较上年同期下降54.06%；动态监测其资金安全性、流动性、盈利性，受理重大事项报告3期，稳健推进银行化改革。

金融服务拓展 深化农村支付服务环境建设，年内，支持3家农村网点加入支付系统。至2015年年末，全市农村支付系统覆盖率达95%。所有助农取款服务点均开通现金汇款、转账汇款等功能，为农村居民办理发放政府各种补贴、新农保等业务104万笔，金额1.75亿元。完善农户和小微企业信用信息征集体系，实现农户、小微企业信息电子化档案建设，入库小微企业信息233条、农户信息4110条。开展“金融知识普及月”活动，送国债知识下乡2次；组织金融政策法规、打击非法集资等金融知识宣传13次，累计分发各种宣传资料1.4万份（册），受众1.7万人。加强金融消费权益保护工作，开通金融消费权益保护信息管理系统，出台金融消费权益保护示范窗口评选活动实施方案。加强人民币流通管理，做好纪念币预约及兑换和新版100元纸币发行工作。

（姜爱丽）

【中国农业发展银行乳山市支行】 2015年，中国农业发展银行乳山市支行按照“稳健发展”工作思路，履行支农职能，统筹贷款、存款、中间业务发展，强化基础管理，各项工作取得发展。截至2015年年底，各项贷款余额102093万元，较年初增加49320万元，增长93%；各项存款余额34182万元，较年初增加19731万元，增长137%；日均存款25301万元，较年初增加1715万元；办理国际结算4115.37万美元，收入36.23万元；实现账面利润992.13万元。

信贷支农 确保政策指令性粮油信贷资金及时供应，向市粮食储备库发放地方储备粮轮换贷款1342万元，保证轮换收购小麦5500吨资金需要，期间严格落实收购资金封闭运行规定，未出现问题，实现政府、农民、企业和银行“四满意”。支持地方经济建设，发放农业农村基础设施建设贷款，发放中长期贷款2.8亿元综合治理乳山河、发放贷款

10月12日，人民银行乳山市支行举办乳山市银企对接会 （孙霞摄）

2.5 亿元建设改造后尹家村至小泓村道路工程。开展存量融资平台贷款期限重置业务，按时完成城市投资、国鑫公司等单位 3 个项目贷款期限重置工作，延长贷款期限，缓解地方政府还款压力。支持产业化龙头企业，增加发展后劲，为乳山正洋食品有限公司发放贷款 3000 万元。

业务拓展 面对存款持续下滑形式，坚持财政性存款与贷款项目配套资金一起抓，沟通财政局等部门，引导社保基金存款和水利项目、路网项目资本金等相关配套资金全部纳入存款。全年吸收项目资本金 29110 万元、财政局活期社保基金存款 22482 万元。坚持项目贷款客户和延伸客户存款一起抓，至年末，项目贷款下游客户日均存款 4691 万元。加大自营性客户存贷款监测力度，及时督促企业将各类资金存入，日均存款 605 万元，较上年增加 5 万元。突破同业存款业务，关注同业存款利率变化，常与驻地商业银行联系，定期走访重点同业客户，对资金充足、有合作潜力的金融机构，及时传递合作信息，全年办理存款 5 笔，年末存款余额 409 万元。鼓励员工营销县域公众存款，全年营销 600 万元。

基础管理 做好粮油收储业务，重点抓住库存管理，确保库存充足、权属真实、贷款安全，并完成库存模块维护，试运行监管到仓工作。与财政局、粮食局等部门沟通，推进地方财政补贴资金及时、足额到位，全年财政应拨补企业各项补贴 3488 万元，实补 3488 万元，到位率 100%。开展财务会计基础整治工作，通过自查和及时整改，规范会计基础管理、内控环节操作流程，培养业务人员合规意识和风险防范意识。获上级分行 10 个专业条线考核 6 个第一名。

队伍建设 把企业文化与员工作风建设、业务素质密切结合，夯实基础。开展“道德教育年”活动，到大孤山敬老院等慰问服务 12 次，召开培训会 6 次；赴马石山“十勇士”纪念馆等现场教育 8 次，评先选优当先锋 1 次，在山东省、威海市行举办的征文、演讲比赛中均获优异成绩。按照乳山市文明办开展上街规劝不文明行为等公益活动要求，弘扬正能量，彰显“建设新农村银行”品牌。

（宋词）

【中国农业银行股份有限公司乳山市支行】 2015 年，中国农业银行股份有限公司乳山市支行（以下简称农行）加快经营转型，支持全市重点企业、重点项目及中小企业融资，服务乳山经济建设。截至 2015 年年底，各项存款余额 262498 万元，较年初增加 19312 万元，增长 8%，其中个人存款余额 200065 万元，个人日均核心存款较年初增加 28197 万元，完成计划 158.4%；对公存款余额 62433 万元，较年初减少 2154 万元。外币个人存款较年初增加 40 万美元，外币对公存款较年初增加 402 万美元。各项贷款余额 258210 万元，较年初减少 3072 万元，下降 1%，其中个人贷款余额 137261 万元，较年初减少 16414 万元；法人客户本外币贷款余额 120949 万元，较年初增加 13342 万元。电子银行业务新增 K 宝（K 令）有效客户 12655 户、K 码支付客户 12763 个、K 码短信动账通知客户 27208 户、企业网银有效客户新增 101 户，个人电子银行有效客户新增 47982 户，均超额完成计划。全行实现中间业务收入 1441 万元（含委托资产处置收入 20 万元），比上年增加 62 万元。实现拨备前利润 1343 万元，比上年增长 9.3%；拨备后利润 4375 万元，比上年减少 2206 万元。

绩效考核和营销激励 2015 年，农行先后制定“综合绩效评价方案”“绩效费用配置考核办法”“贷款营销激励办法”“营销服务明星评选办法”，从支行本部到网点员工、从绩效分配到费用配置全方位激励考核措施，设立多个奖项表彰和奖励优秀网点和员工，加大资源配置力度，营造全员营销良好氛围。同时，制定“账户拓展及重点产品营销费用配置管理办法”“对公结算账户承包管理办法”，鼓励各营业网点在抓好存量账户维护，做好零余额账户、低效账户的提升，拓展新的对公结算客户。

存款营销活动 上下联动多频次举办营销活动，增加资金头寸，组织优质客户重点产品推介会，统一制作外部营销重点产品推荐课件下发各网点，指导配合网点开展金融产品“进社区、进商场、进企业、进集市”等营销宣传活动，普及金融知识，全年组织活动 50 次，发放宣传单 1.3 万份，带动个人存款

11 月 19 日，农行送金融服务下乡在西林家村场景　　（隋大明摄）

增加3000万元。同时，响应上级行“贵宾客户提升年”活动部署及要求，督导各网点对中高端贵宾客户实行名单制管理，开展客户普查走访活动，提升中高端客户在农行金融资产。支行班子成员、部室负责人挂点了解网点业务经营情况，帮助协调解决营销中存在的困难和问题。

农村客户市场拓展 在崖子镇设立金融便利店，主要利用结构性理财产品、存款利率上浮、大额存单等产品和政策优势，做好城乡结合部、经济强镇和资源富集村重点客户群体营销工作，拓展一批农村优质客户，提升农行产品的渗透率，增加个人资金来源；协助市政府和金融办等相关部门举办威海市新型农村合作金融试点工作推介会，介绍其在办理农民专业合作社信用互助托管业务中的职责及相关优惠政策；开展送“金融服务下乡”活动，为百姓现场讲解人民币防伪、防诈骗、存款、贷款等知识。

贷款业务创新 贯彻国家宏观调控政策，履行国有银行义务，支持全市发展前景好的小微企业，满足其资金需求，全年投放资金1078万元。拓展错币参融通业务，办理业务2笔1600万元；办理福费廷业务3笔1.5亿元，节约企业融资成本8万元。发展信用证业务，支持企业出口增收，累计办理出口押汇459万美元、信用证208万美元。

链接：错币参融通业务，指农行境内分行作为发起方，邀请农行海外分支机构或代理行，共同参与境内分行客户国际贸易项下进出口贸易融资，境内分行对参与行的融资部分本息还款承担第二性保负责任。主要有跨境人民币参融通和错币参融通两种形式。

福费廷业务，是一项与出口贸易密切相关的新型贸易融资业务产品，是指银行或其他金融机构无追索权地从出口商那里买断由于出口商品或劳务而产生的应收账款。

信用证业务，是国际结算方式的一种。信用证方式是典型的逆汇。（逆汇：由债权人主动出具票据，委托银行向债务人收取一定金额款项的方式，结算工具是由债权人转向债务人，资金是由债务人转移给债权人）。

（兰文彬）

【中国工商银行股份有限公司乳山支行】 2015年，中国工商银行股份有限公司乳山支行拓展服务渠道，创新金融产品，加大贷款投放力度，实施便民措施，各项工作稳健发展。截至2015年年底，各项存款余额191845万元，各项贷款余额162076万元，全年发放贷款27765万元，上缴各项税金1028万元。

信贷投放 根据上级行信贷政策，优化调整信贷结构，加大与政府机构及市属国有企业集团合作，做好项目储备及项目贷款营销，加大对重大工程和重点项目以及各领域优质客户等信贷支持力度，支持全市各领域龙头优势企业及其上下游企业相关融资业务，持续跟踪供热、电力供应、制造业等行业资金需求，并有针对性营销重点小企业，组织专人分析各工业园区、各行业客户，跟进符合信贷政策及能够正常生产、按时缴纳税金的企业。同时，根据全市产业特点，加大营销专业产业市场融资力度。

互联网金融发展 支持企业发展电子商务，3月，工商银行“e-ICBC”互联网金融全面启动，主要品牌包括“融e购”电商、“融e联”即时通讯和“融e行”直销银行三大平台，以支付、融资和投资理财为途经，主营“工银e支付”“逸贷”“网贷通”“工银e投资”“工银e缴费”等一系列互联网金融产品，通过推介帮助2户生产加工土特产品企业免费加入“融e购”名优产品商务平台，使企业知名度得到提高，销售渠道得到拓宽。

智能化银行增设 加强智能化改革，改进工作流程，优化劳动组合，方便客户自助办理银行业务，实现网点内外联动，打破原有网点传统服务模式，促进客户服务从“柜面服务”向“协同服务、自助服务、智能服务”转变。10月，在营业大厅增设智能化银行1处，经山东省人民银行验收小组现场验收，被授予省级“现金服务示范网点”称号。

社会保障自助服务终端延伸至镇区 加强网点建设，增加网点覆盖密度，方便客户办理存取款、转账及查询业务，在银滩增设24小时自助银行1处；加大社会保障自助服务终端的投放使用力度，针对市民持有社保卡全属工商银行的实际，

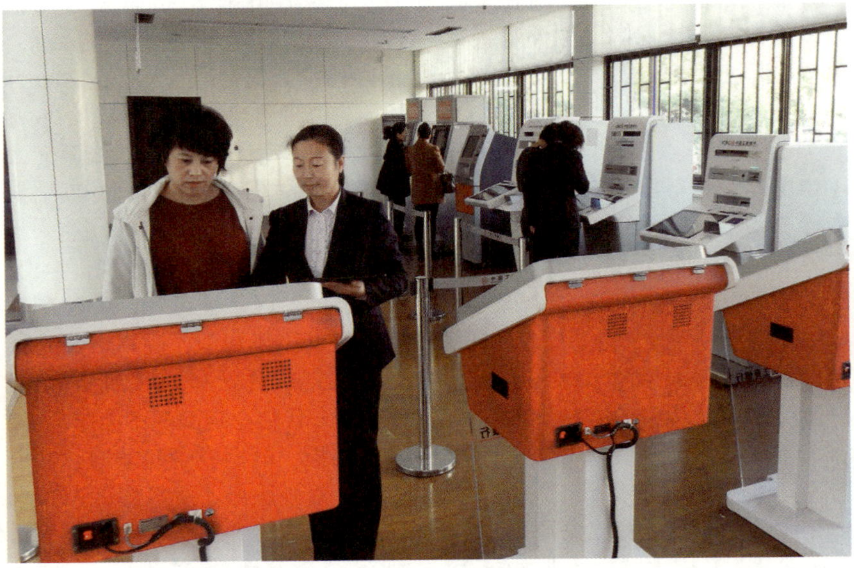

11月8日，工商银行乳山支行智能银行正式投入使用 （任绍军摄）

8月9日，工商银行乳山支行开展业务技能比赛活动　（任绍军摄）

与乳山市人社局合作，在市区人流密集区地带及镇区投入使用社会保障自助服务终端，方便市民办理社保缴费业务。开展业务技能比赛，提高员工服务水平。组织员工上街头、进社区和企业，宣传理财、外汇、基金等业务，普及金融知识，提升金融消费风险意识。

风险防控力度加大　抓好违约及不良贷款压降工作，采取多种可行措施，全力清收压降违约及不良贷款，在做好日常电话催收、寄发催收函和寄发律师函催收工作的同时，投入人力、物力，加大对初期违约客户业务知识及个人信用宣传力度，提升借款人自身信用维护意识。同时以法律清收为保障，加大对恶意欠款户诉讼力度。

（勇钢芳）

【中国建设银行股份有限公司乳山支行】　2015年，中国建设银行股份有限公司乳山支行辖商业街分理处、府南分理处、银滩分理处3个营业机构，设立“附行式”自动存取款机9台，“离行式”24小时自助银行2台，有员工87人。全年全口径存款余额24.53亿元，较年初新增3100万元；各项贷款余额26.82亿元，发放贷款4.12亿元，其中，发放公司类贷款1.05亿元（其中大中型企业7958万元、小企业2553万元）、发放个人住房贷款3.07亿元；电子银行渠道综合占比69.99%；实现中间业务收入1099万元，实现利润6544万元，缴纳地税1040万元。被乳山市委、市政府表彰为“支持地方建设先进单位”“纳税明星企业”。

支农项目贷款一笔首次过千万元　与市农业主管部门沟通，筛选辖内省级以上龙头企业、农业合作社和家庭农场等，与养殖户签约一笔项目贷款1500万元获山东省建设银行批准。

融资业务发展　支持企业发展，全年为企业办理日元远期信用证15116万元、美元远期信用证1405万元、人民币换币转通知信用证1944万元。办理汇出汇款113笔，金额1691万美元；汇入汇款3586万美元；办理跨境人民币结算4396万元。办理跨境结汇业务733万元，掉期业务65万美元，办理即期结售汇业务1988万美元。

服务质量提升　深入机关、学校、企业、商贸区、社区等，讲解存贷业务，宣传新知识，提高市民的认知度。提高工作效率，简化业务流程，实行新一代核心柜面业务操作系统，全行高柜、低柜、自助渠道、电子渠道等对外服务，服务界面、流程统一规范，客户“一点接入、全网服务”，系统性、综合性得到加强。优化服务质量，完善规范服务考核办法，突出一线网点服务管理、服务能力、服务规范等考核；加强客户投诉管理，理顺客户投诉机制，规范化服务检查小组加大现场检查和远程监控抽查频率及处罚力度，提高全行柜面人员服务水平。

信贷风险防范　面对复杂严峻的经济金融形势，坚持业务发展与风险防范统筹兼顾、有机统一，注重依法合规、稳健经营，从完善体制机制、落实规章制度、创新技术手段、加强监督检查等方面入手，强化内部控制管理。建立信贷风险监测预警机制，严把贷款准入关，加强贷后管理，确保全行资产质量稳定，风险整体可控。落实运营风险核查工作，开展反洗钱工作。抓好人防、物防、技防等防范措施落实，促进内控和案防水平提升，杜绝各类案件发生。

链接：“附行式”自动存取设备，是依附银行分支机构或营业网点的自助设备。

“离行式”自助设备，是银行在营业网点以外地域设置自助存取款设备。

（王佐福）

【中国银行股份有限公司乳山支行】　2015年，中国银行股份有限公司乳山支行优化服务功能，提升服务质量，强化风险防范和内部管理，各项业务稳健运行。截至2015年年底，各项存款余额121844万元，较年初增加2455万元，其中，企业存款余额16267万元，较年初减少2715万元；储蓄存款余额105577万元，较年初增加5170万元。外币存款余额3001万美元，较年初增加400万美元：企业存款余额319万美元，较年初增加10万美元；外币储蓄存款余额2682万美元，较年初增加390万美元。贷款余额126881万元，较年初增加8512万元，其中，零售贷款余额116231万元，较年初增加10143万元；不良贷款余额2986万元，不良贷款核销278万元；中小企业流动贷款余额10650万元，较年初减少

1631万元，其中涉农贷款余额4850万元。

贷款导向转变 加强资产项目营销，发挥优势力量集中争取优质客户贷款。跟踪政府招商引资大项目，积极上门营销。做好进出口企业拓展工作，从国际结算客户中寻找优质中小企业和特定客户。梳理优质中小企业目标客户，加大走访和营销力度，并加强目标客户群建设，做好项目储备工作。个人贷款坚持做大规模，重新评估银滩房贷市场，停止合作风险较高的项目，选择抗风险能力强、信誉良好房地产企业合作，逐步将个人贷款市场由房贷主导转为个人经营性贷款为主导，提高非房贷款占比，提高贷款综合收益水平。推出营销渔船一贷通、商户贷等金融新产品。

存款营销 加强公司存款营销，深入挖掘按揭贷款开发商、对公授信户等企业存款潜力，注重与客户建立长期、稳定关系，行级领导对重点客户坚持每月拜访1次。通过政府平台，加强对镇财政经管服务中心和周边园区客户的营销力度，其中，徐家、白沙滩、诸往3个镇财政经管服务中心存储资金2200万元。对私存款方面，落实目标责任，加大营销人员、网点负责人考核力度，提升全行整体营销能力；依托客户统一数据分析平台，挖掘目标客户，开展传统项目和大客户营销；推进网点转型，支行营业部实行智能化网点建设，改善办公环境、硬件设施，增强网点营销服务能力；抓好过程管理，由发展部旬通报存款情况，确保各项考核指标落到实处。

理财产品推出 分析市场情况，加强国际结算、远期结售汇、周末理财、贵金属销售、代客外汇买卖等有吸引力产品和产品组合推广，推出协议融资、融信达、跨境人民币结算等产品，为正洋食品、奥威服装等公司叙做进口押汇、订单融资等业务，并搞好乳山市进出口量前20名客户营销。同时发展汇兑、代收付、理财、信用卡等业务，以出国金融专业服务为卖点，树立“中银汇兑”品牌形象；坚持渠道发卡为主，以新一代长城信用卡等重点产品为突破，开展交叉销售，提高行内公司客户、理财客户、零售贷款客户等配卡率。加大卡分期业务叙做，将卡分期业务作为增加业务收入增长点来抓。依靠网点优势，发展代理业务，加强第三方存管、理财产品、贵金属等产品的交叉组合营销，理财产品销量成效显著。

（宋颖超）

1月16日，乳山市农信社员工礼仪培训　（李晓莉摄）

【乳山市农村信用合作联社】 2015年，乳山市农村信用合作联社优化服务功能，加大信贷投入力度，推进银行化改革，为支持乳山经济社会发展做出贡献。年末，各项存款余额116.26亿元，各项贷款余额75.95亿元，分别占全市存、贷款余额42.18%、41.80%。全年累计发放贷款79.98亿元，缴纳税金6244.93万元。获威海市总工会“工人先锋号”、乳山市“纳税明星企业”“支援地方经济建设先进单位”称号。

银行化改革顺利推进 9月29日，召开三届五次社员代表大会，审议通过“关于筹建山东乳山农村商业银行股份有限公司的议案”等议案；成立山东乳山农村商业银行股份有限公司筹建工作小组；聘请中介机构清产核资和资产评估，出具“清产核资报告书”“资产评估报告书”，11月9日，银监会山东银监局验收，出具“验收意见书”；完成增资扩股工作，在保护老股东合法权益前提下，增扩股本金600912550股，金额10亿元；12月11日，向银监会山东银监局提交“关于筹建山东乳山农村商业银行股份有限公司的请示”，12月31日，筹建获批。

资金实力增强 加强存款工作，优化营业网点环境，推进规范化服务，通过开展上门服务、代收代付业务，促进服务理念创新、服务礼仪规范、服务环境优化、社会形象提升。同时，推进金融服务创新，实现新农保、医保缴费业务一票征缴。全年各项存款余额116.26亿元，占全市存款总额42.18%。

贷款投放增长 重点加大扶持“三农”、中小微企业及高新技术产业力度，全年发放贷款79.98亿元。推进金融业务创新，推出威海市首笔400万元应收账款质押贷款、开具威海市农信系统首笔履约保函、推出“石材监管贷款”、发放农用机械抵押贷款、开办福农卡小额贷款业务、开通“移动办贷”业务及微信支付功能和微信申贷平台。全年各项贷款余额75.95亿元，占全市贷款余额41.80%。

金融服务全覆盖 加大ATM、“农金通”、电话POS等金融自助设施的布设力度。年末，拥有自助

4 月 26 日，乳山市农信社员工为农户讲解金融知识　（李晓莉摄）

银行 14 处、ATM47 台（各镇全覆盖）、银联 POS362 台、“农金通”80 台、电话 POS521 台。同时，推进手机银行、网上银行等电子银行业务，让农村居民享受“足不出户可缴费，身不出村存取款”便捷金融服务。年末，网上银行客户达 22403 户，手机银行客户达 14825 户，实现农村金融自助服务全覆盖。

社会公益事业参与　参与社会公益事业，主动履行社会责任。全年缴纳税金 6244.93 万元，居全市首位；缴纳慈善基金 70 万元；冠名“农信杯”大秧歌比赛；与乳山市委宣传部联手举办“消夏晚会”；与乳山市政府新闻办公室联合开展“农信杯”主题微信创作大赛；组织员工开展“慈心一日捐”活动，捐款 58050 元；组织青年员工参加市委举办的抗战 70 周年文艺汇演；为全市种养大户赠订 2015 年度《山东科技报》550 份。

（李晓莉）

【威海市商业银行乳山支行】　2015 年，威海市商业银行乳山支行坚持“服务地方经济，服务中小企业，服务城乡居民”市场定位，追求“热情、亲切、高效、优质”的服务标准，致力于“打造乳山金融第一品牌”，提升服务内涵，推动全市经济社会稳定。截至 2015 年年底，各项存款余额达 29.27 亿元，全年发放中小企业贷款 4.19 亿。

服务区域拓展　5 月设立幸福社区支行、6 月设立深圳路及城北小微支行、10 月设立乳山青山路支行 4 家经营机构，依托原有乳山支行、乳山城区支行 2 家传统支行组成“三大三小”网点布局，实现市区纵横全覆盖，并依托“支行＋两小支行”模式，在全市 16 个社区设立金融服务站，将服务和营销网络延伸至学校和农村。

金融产品创新　利用乳山城区支行被市政府确定为唯一一家科技支行，采取知识产权、股权、收费权等权力灵活担保方式，为科技型企业提供优惠信贷支持；通过特色金融产品“随心赢”“快乐宝”“网易贷”及“安心聚富”“稳健成长”理财产品和储蓄利率优势，结合网上银行、电话银行、手机银行等电子化金融服务体系，搭建安全、便捷的融资增收平台。

社会公益活动　开展“金融知识进万家”“慈心一日捐”“学雷锋志愿者服务”等活动，彰显企业风采，践行“让客户满意，尽社会责任”，支持帮扶村现金 2 万元，物资折款 1.8 万元。

（邵鹏飞）

【中国邮政储蓄银行乳山市支行】
2015 年，中国邮政储蓄银行乳山市支行坚持“普惠万家，成就梦想”发展理念，增加信贷投放总量，提升服务中小企业、“三农”和民生工程质量，各项业务得到稳健发展。截至 2015 年年底，各项存款余额 132731 万元，各项贷款余额 53153.6 万元，不良资产率 0.16%。

理财业务增长　坚持抓转型、促营销，做好客户系统应用工作，引导客户经理认识了解客户，并根据实际需要推荐产品，提供快捷、方便的“一站式”金融服务。全年理财业务净增 4538 万元、代销国债 4640 万元、代理保险 2263 万元、基金销售 930 万元。

再贷款投放力度加大　用于支持农村种植、养殖业和其他农副产品生产，全年再贷款投放 8480 万元；

10 月 8 日，威海市商业银行乳山青山路支行成立　（邵鹏飞摄）

11月18日，邮政储蓄银行乳山市支行举办理财沙龙活动　（陈大勇摄）

支持地方中小企业经济发展，并创新产品，为客户节省融资成本，全年上报2笔“鲁青担保贷”项目500万元，获山东省共青团批准，为客户节省10.88万元融资成本；配合人社保部门做好下岗失业人员小额担保贷款业务，用于二次创业，全年发放再就业贷款334笔3338万元，享受优惠334人。

中间业务发展 依托传统业务，实施新产品带动、服务带动，加快创新应用。向商贸客户推出易汇通卡，根据客户资产情况给予转账免费优惠；提升银企合作深度，宣传、推广电子银行各项应用，提高企业、个人网上银行、手机银行交易率；发展信用卡刷卡业务，发展特惠商户，开展多项刷卡优惠活动；实施“走出去，请进来”营销策略，辖属4个网点工作人员常深入社区、村镇、学校开展“送金融服务下乡”活动，向客户普及金融知识，推荐优质金融产品，并利用节假日，举办理财沙龙活动，推动个人金融业务发展。同时，将贵金属纳入常态化销售管理，推动中间业务发展。

（陈大勇）

【招商银行股份有限公司威海乳山支行】 2015年，招商银行股份有限公司威海乳山支行强化风险管控意识，各项业务保持稳健发展。截至2015年年底，各项存款余额38188万元；自营贷款余额42952万元；信贷投放5.19亿元，其中流动资金贷款2.78亿元，票据、国内信用证等表外融资9345万元；办理国际贸易融资2310万美元。管理零售客户总资产9.2亿元，较上年新增2.2亿元。

“一卡通”与融资业务推广 推广“一卡通”业务，主要卡种有：一卡通、一卡通金卡、一卡通金葵花卡、一卡通M+卡等，将客户所有账户及业务集中到一张银行卡中，为各类客户提供“一站式”金融服务，提高客户资金管理效率，至年末，发行一卡通1.7万张。融资渠道除传统流动资金贷款和银行承兑汇票外，提供国内信用证、国际信用证、国际贸易融资、出口押汇、进口押汇等融资产品，满足客户日益多样融资需求。

理财产品多样化 提供期限灵活、收益稳健产品，主要品种有：基金定投、黄金定投、定期理财等，至年末，管理零售客户总资产9.2亿元。同时，依托先进金融工具，推出稳健、便捷理财产品，主要品种有：“小企业E家”定期理财项目、同业理财项目等，通过“小企业E家”现金管理平台，为企业及其员工提供起点低、期限灵活产品，实现企业资产增值与员工薪酬倍增的良性循环，调动员工参与企业经营的积极性。

服务品牌创新 9月21日，率先实行“网上转账汇款全免费”服务，所有个人客户通过招商银行网上个人银行、手机银行APP办理境内任何转账业务（包括异地和跨行转账），均享受零费率，将“普惠金融”落到实处。对中小、小微企业经营贷款，提供受理、审批、放款“全流程”服务，将放款期限缩短至5个工作日，缓解客户资金周转压力。

（徐兵）

【乳山天骄村镇银行】 2015年，乳山天骄村镇银行秉承“立足乳山，服务三农，服务小微企业，服务市

3月6日，招商银行乳山支行举办保险知识讲座　（王丛丛摄）

9月28日，天骄村镇银行海阳所支行开业　　（潘琳琳摄）

民百姓”理念，完善法人治理、人员结构和组织架构，拓展资金来源，服务地方经济发展。截至2015年年底，有员工66人，设有综合管理部、审计稽核部、财务会计部、客户经理部、科技信息部、安全保卫部6个职能部室，辖总行营业部、富山路支行、经济开发区支行、夏西支行、海阳所支行、崖子支行6个营业网点，1幢办公楼在建。全行各项存款余额70032万元，较年初增加5347万元，增长8%；各项贷款余额43461万元，较年初增加4977万元，增长13%。拥有资产98493万元。

存款利息全市最高　发挥政策优势，主要办理定期储蓄存款、活期存款、定活两便存款等业务，其中，一年定期存款利率上浮40%，为全市最高。推出“七日盈”理财产品，利率高活期利率近4倍。

贷款向小微企业、“三农”倾斜　以发放短期贷款为主，解决小微企业、农户、个体工商户贷款难问题，向种养殖户、渔民、个体工商户推出“助农贷”“助渔贷”“助商贷”等金融产品；深入调研市场，根据小微企业、“三农”、个体工商户生产经营情况和需求特点，开办“成长之路”“助业贷”等产品；跟政府相关部门合作，开办“创业贴息贷款”，提供“0利率”创业基金。

金融服务范围延伸　加强金融服务网络建设，开业运营海阳所支行和崖子支行；上线运营ATM存取款一体机。推出相关金融服务，主打“优惠牌”“免费牌”，实现跨行转账零手续费，账户管理零费用，开户、换折零费用。

（潘琳琳）

保　险

【概况】　2015年，乳山市有保险机构23家，新增保险分支机构6家，实现保费收入4.9亿元，比上年增长16.03%。其中，人身保险11家，实现保费收入3.3亿元；财产保险12家，实现保费收入1.6亿元。各保险公司上缴税金2459万元，其中，人身保险上缴262万元，财产保险上缴2197万元。

2015年乳山市人身保险统计情况一览表

表33　　单位：万元

序号	机构名称	保费收入	理赔支出	赔付率(%)	上缴税金	
					2015年	2014年
1	中国人寿保险股份有限公司乳山市支公司	19292.4	1015	45.00	167	128
2	新华人寿保险股份有限公司乳山市支公司	1848	63	3.42	1	–
3	中国平安人寿保险股份有限公司乳山市支公司	775	141	18.19	59	49
4	太平洋寿险保险股份有限公司乳山市支公司	93	97	96.00	8	–
5	中国人民人寿保险股份有限公司乳山市支公司	5777	387	6.70	26	
6	中国太平人寿保险股份有限公司乳山市支公司	1393	0	0.00	–	–
7	生命人寿保险股份有限公司乳山市支公司	121	105	86.78	–	–
8	民生人寿保险股份有限公司乳山市支公司	1096	152	13.87	–	–
9	农银人寿保险股份有限公司乳山市支公司	149	15	9.87	–	–
10	泰康人寿保险股份有限公司乳山市支公司	1813	48	2.67	1	–
11	华夏人寿保险股份有限公司乳山市支公司	195	25	12.82	–	–
	合计	32552.4	2048		262	177

2015年乳山市财产保险统计情况一览表

表34　　　　单位：万元

序号	机构名称	保费收入	理赔支出	赔付率(%)	上缴税金	
					2015年	2014年
1	中华联合财产保险股份有限公司乳山支公司	3658	2071	59.70	608	617
2	中国人民财产保险股份有限公司乳山支公司	3246	1420	41.26	417	408
3	中国平安财产保险股份有限公司乳山支公司	2330	1039	44.59	369	335
4	中国太平洋财产保险股份有限公司乳山支公司	1600	1350	84.38	182	227
5	阳光财产保险股份有限公司乳山支公司	1220	446	36.56	202	167
6	中国大地财产保险股份有限公司乳山支公司	791	389	49.18	158	141
7	太平财产保险有限公司乳山支公司	798	0	0.00	133	113
8	都邦财产保险有限公司乳山支公司	542	280	51.65	31	102
9	天安财产保险有限公司乳山支公司	427	272	63.80	72	110
10	安邦财产保险有限公司乳山支公司	451	172	63.74	25	70
11	永安财产保险有限公司乳山支公司	384	156	40.63		65
12	泰山财产保险有限公司乳山支公司	254	202	79.59	—	—
	合计	15701	7797	—	2197	2355

【中国太平洋财产保险股份有限公司乳山支公司】 2015年，中国太平洋财产保险股份有限公司乳山支公司秉承“诚信天下、稳健一生、追求卓越”经营理念，各项工作有序推进，呈现出保费规模平衡增长，经济效益持续良好，全年完成保费收入1600万元；理赔业务履行承诺，赔付1350万元；缴纳营业税及车船使用税182万元，入库率达100%。在上年设立2处服务门店的基础上，根据客户需求年内新增设门店1个。持续开展农业保险工作，做好全市花生承保与理赔事项，解决农民在种植、收获中的忧虑；下半年，沟通上级公司，设立3处标准化服务站，其中冯家服务站已建成投入使用，另2处正在筹建中。

（姜佳林）

【中国人寿保险股份有限公司乳山市支公司】 2015年，中国人寿保险股份有限公司乳山市支公司依托覆盖全市城乡服务网络，向个人及团体提供人寿、意外和健康保险产品，涵盖生存、养老、疾病、医疗、身故、残疾等多种保障范围，满足客户在人身保险领域的保险保障和投资理财需求。全年实现保费收入19292.4万元，处理理赔案件5000件，给付理赔保险金1015万元，上缴税金167万元。贯彻“科技国寿”战略，提高增效升级能力，实施国寿e家、E宝账、公众号、云助理、云桌面为核心的“彩虹计划”。截至2015年年底，公众号数达2万人，E宝账使用人数5000人。开展“诚信我为先”活动，推进综合治理销售误导和防范治理非法集资诈骗风

1月16日，中华联合财产保险乳山支公司工作人员察看天长地久婚纱影楼火灾现场　（金永利摄）

中华联合财产保险股份有限公司乳山支公司服务大厅　（于卓丹摄）

险工作。做好满期给付和转保工作，给付满期金额 6400 万元。继续与各大商业银行、邮政储蓄银行建立长期合作关系，为客户提供全方位的投资、理财服务。

（于洪开）

【中华联合财产保险股份有限公司乳山支公司】 2015 年，中华联合财产保险股份有限公司乳山支公司践行“忠诚服务、笃守信誉、回报社会”服务宗旨，在确保主营业务发展的同时，注重拓展新业务增长点，新增服务“三农”保险和中小企业贷款保证保险。同时做好案件的勘察和赔付工作。全年实现保费收入 3658 万元，赔付支出 2071 万元，纳税额 608 万元。获“全国保险系统先进集体”“全国文明单位”，乳山市“纳税明星企业”称号。1 月 16 日，及时现场察看及赔付天长地久婚纱影楼火灾款达百万元。4 月，在海阳所镇设立农村保险服务网点。积极履行社会责任，组织员工开展岗位创先争优活动，向公益事业、困难群体捐款捐物，向威海市高级技工学校一因伤致贫学生一次性捐款 7000 元，获学校“扶危救难”锦旗。支持地方经济建设，成为中华保险系统首批完成四级机构标准化建设的支公司。

（于卓丹）

证　券

【概况】 2015 年，中泰证券乳山胜利街营业部（以下简称营业部）培育全市资本市场，服务企业上市，把自身发展与经济发展融为一体。截至 12 月末，托管客户资产市值 14.18 亿元，股票、基金交易量 373.10 亿元，融资融券余额 2.33 亿元，公募基金销售 1 亿元，私募基金销售 500 万元，资产管理产品销售 3.53 亿元，实现收入 6407.73 万元。被乳山市委、乳山市政府授予“支持地方经济建设先进单位”称号。

【企业上市服务】 2015 年，营业部配合乳山市金融办公室走访服务重点企业 36 家，推动签约企业山东双连制动材料股份有限公司挂牌进程；与乳山市金果花生制品有限公司达成新“三板”挂牌意向。帮助山东力久特种电机股份有限公司实现新“三板”做市，使其由协议转让改为做市交易方式，为提高其股权流动性、增强其市场吸引力提供保障，并为其融资、增发、并购重组等打下基础。

【客户理财引导】 2015 年，营业部做好客户服务工作，先后 10 次举办专业投资报告会，邀请资深分析师到乳山讲课，提升投资者投资能力，加深其对资本市场的认识；通过“95538”客户服务热线及时与客户进行沟通和交流，了解投资者的意见及建议，认真处理投资者投诉，保护投资者正当权益；通过公司网站及营业部微信公众平台为投资者及时推送财经资讯及研究所研究报告；成立理财中心，细化客户群体，根据客户需求提供相适应产品及服务，引导客户树立正确投资理念；通过融资融券、股票质押式回购、“易融”小额股票质押式回购等业务办理，为投资者提供可供选择低成本、高效率融资方式。

4 月 25 日，中泰证券乳山胜利街营业部举办投资报告会现场（宋岩峰摄）

【内部管理规范】 2015年，健全各项管理制度，加大目标考核力度，对可量化或可行化关键指标予以考核，提高员工积极性；建立内部夕会制度，加强业务知识学习，提高队伍综合素质；强调过程管理，明确工作目标和负责人。将合规作为运营的前提，定期进行合规培训，培育员工合规意识，倡导诚实、守信道德价值和企业文化，使依法合规经营成为员工自觉行为。

（宋岩峰）

担保和民间融资机构

【概况】 2015年，乳山市有融资性担保公司1家，即山东阿甘融资担保有限公司，注册资本1亿元，公司总资产11881万元；有民间资本管理公司6家，分别是乳山恒通民间资本管理有限公司、乳山昌盛民间资本管理有限公司、乳山玉辉民间资本管理有限公司、乳山市恒达民间资本管理有限公司、乳山三和民间资本管理有限公司、乳山融盛民间资本管理有限公司，注册资本均为3000万元；有民间融资登记服务公司1家，即乳山市元通民间融资登记服务有限公司，注册资本500万元。

【山东阿甘融资担保有限公司总资产过亿元】 山东阿甘融资担保有限公司成立于2011年6月22日，注册地为威海市高新技术开发区。2013年迁址至乳山市青山路57号，注册资本1亿元。2015年，乳山市金融办加强对山东阿甘融资担保有限公司业务监管，不定期现场检查，监测其经营及风险状况，适时提出资本质量和资本充足率要求。至年末，该公司总资产11881万元，在担保余额47995.8万元，协议放大4.69倍，平均担保费率2.28%。担保对象多数为小微企业及个体工商户，占在担保比例80%。

【民间资本管理公司投资突破亿元】 2015年，乳山市地方金融监管局引导民间资本管理公司按照“支农、支小、分散”和“合规经营”原则，开展各项业务投资。至2015年年底，乳山市6家资本管理公司资产达18210.65万元，全年投资179笔，金额11456万元。

【乳山市首家民间融资登记服务公司成立】 2015年，乳山市地方金融监管局规范民间借贷行为，推动借贷阳光化、规范化。经过多方对接和筹备，6月29日，注册成立乳山市元通民间融资登记服务有限公司，为乳山市民间借贷双方依法提供资金供需信息发布、中介、登记等综合性服务。至年末，登记需求余额200万元，累计登记需求金额850万元；登记出借余额29万元，累计对接成功笔数7笔，金额59万元。

（徐向向）

8月10日，乳山市岠嵎山风景区（高淑新摄）

·清代 松筠“寿”字

·清代 “寿”字

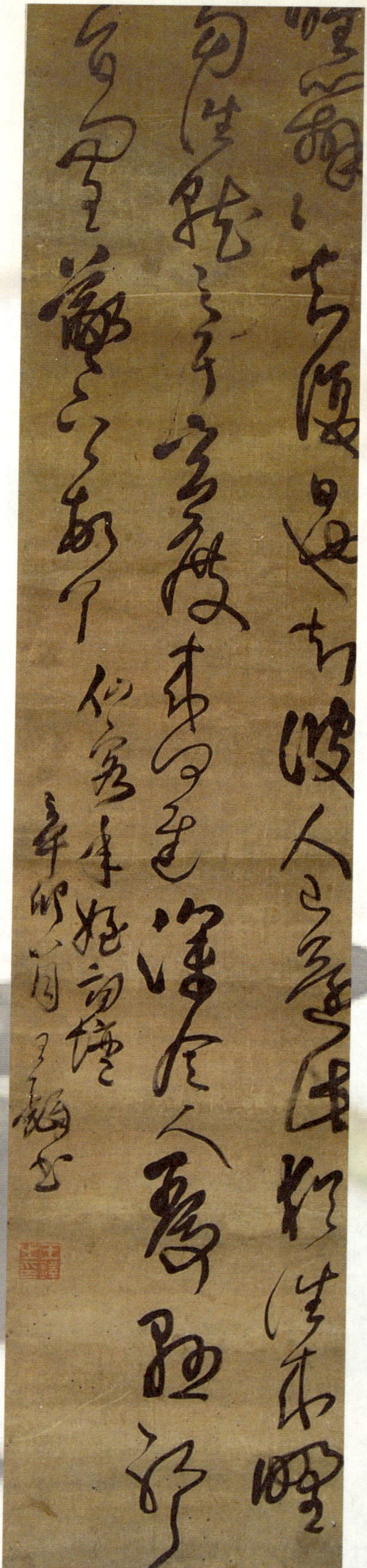

·清代 王铎草书

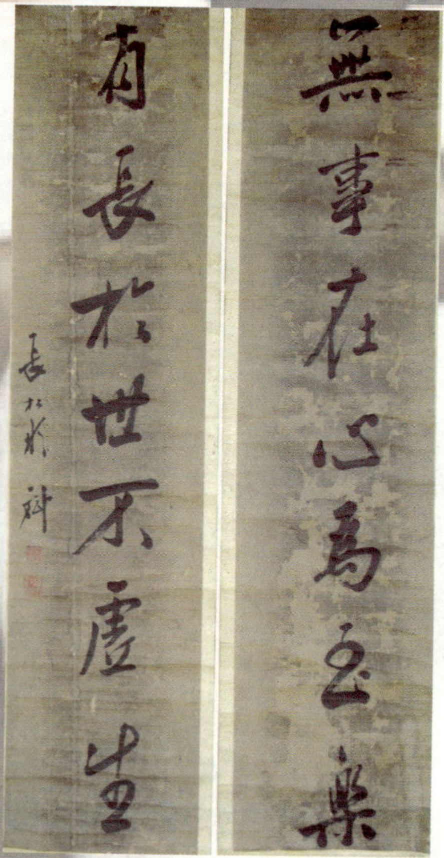

·清代 那斌行草对联

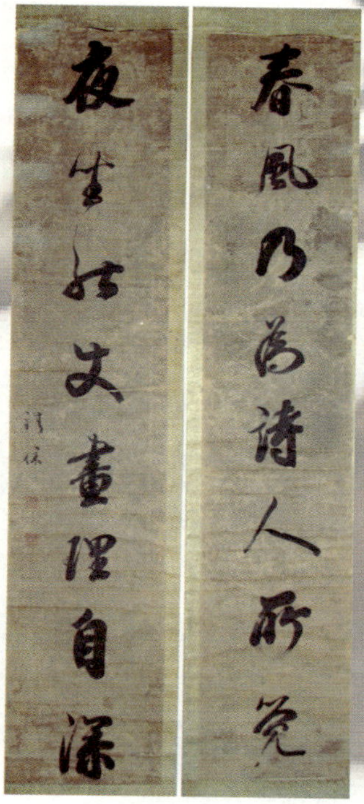

·清代 铁保行书对联

责任编辑：于 晓

·清代 康有为行草对联

教育·科技

Education, Technology

- ◎ 综 述
- ◎ 基础教育
- ◎ 职业教育
- ◎ 高等教育
- ◎ 科学技术

综 述

【概况】 2015年，乳山市教育局以办好人民满意教育为目标，在乳山市教育系统开展“内涵提升年”活动，推进基础教育综合改革，创建“全国义务教育管理标准实验区”和特色学校建设，完成高中教育布局调整，促进各类教育优质均衡发展。学前三年幼儿入园率为99%；小学适龄儿童入学率、巩固率均为100%；初中入学率100%，巩固率99.9%；高中阶段普及率99.5%。年内，乳山市教育局获“山东省学生艺术水平考试优秀组织奖”“威海市安全生产工作先进单位”“威海市优秀基层团组织”“威海市审计工作先进单位”称号。

【教师队伍建设成果丰硕】 2015年，乳山市教育系统有教职工4684人（含职能部门108人），其中，高级以上职称资格761人、中级职称资格2150人、初级职称资格1614人。年内，18名教师新取得高、中级专业技术职务资格。新录用师范类本科以上毕业生19人。

师德主题教育活动 开展“守法纪、讲文明、树新风”师德主题教育活动，评选“最美班主任”“我最喜欢的教师”。组织“师德标兵报告会”“有益讲堂”，通过国旗下讲话、校园广播、黑板报、宣传栏、师德论坛等途径，加强师德师风建设。用师德典型感染、引领身边教职工，激励教师忠于职守、爱岗敬业、无私奉献。完善监督检查机制，畅通群众诉求和信访渠道，贯彻师德建设例会制度、培训制度、督查制度和考核制度，确保师德主题教育活动取得实效。

干部教师业务培训 选派1名骨干参加全国教育信息化专题培训班，52名领导干部参加学校章程审核培训；916名高中教师、1526名初中教师、982名小学教师和207名幼儿园教师参加山东省教育厅组织的远程培训；4436名专业技术人员，参加继续教育公需科目培训。针对当前和今后一个时期教育工作重点和工作中遇到的热点、难点问题，举办“有益讲堂”2期，邀请省内外名师、名校长和专家学者到乳山市专题授课、讲座，更新中小学干部、教师理念，拓展办学思维，提高教育创新能力。2015年，通过现场授课和在线观看形式接受培训7000人次。

教师表彰奖励 9月9日，乳山市委、市政府召开庆祝第31个教师节暨表彰先进新闻发布会，10名十佳教师、100名优秀教师和教育工作者、250名先进教师和教育工作者、15个教育工作先进单位获乳山市委市政府表彰。十佳教师是：陶强、李新波、宋世杰、于水英、于进、张平、郭进岭、王佐东、杨永利、刘聪。年内，宋海蓉被评为“山东省女职工建功立业标兵”，冯利华等16人被评为“威海市师德标兵”，从培红等115名农村中小学优秀教师获“威高农村教育贡献奖”，李振梅获乳山市“有突出贡献的中青年专家”称号，宋彬等50人被评为“乳山市师德标兵”。

【中小学校长职级制改革前期任务完成】 2015年，根据威海市关于校长职级制改革试点工作部署，乳山市研究制定试点工作方案，取消中小学校及其校长的行政级别，建立完善中小学校长选聘、轮岗交流和考核评价等新制度，共选聘校级领导干部71人，其中，正职校长25人、副职校长44人、专职党支部副书记2人，中小学校长职级制改革前期任务完成。

（孙胜利）

【财政性教育经费投入保持增长态势】 2015年，乳山市教育经费总收入11.67亿元，比上年增长16.12%，其中，财政性教育经费10.45亿元，比上年增长15.6%；教育经费总支出11.78亿元，比上年增长17.21%。财政性教育经费投入继续保持增长态势，为教育事业优先发展提供保障。建立教育经费保障机制，按标准落实中小学公用经费。年内，按照省定初中生均1010元、小学810元的标准全额落实初中、小学预算内公用经费，到位资金2223.9万元；高中按照生均900元（上半年300元）标准拨付预算内公用经费419.43万元；特殊教育学校按照小学8100元/人、初中10100元/人标准拨付公用经费共计64.1万元。严格教育经费管理使用，完善落实教育会计集中核算、国库集中支付、大项开支审批、政府采购、经费使用效益考核等财务管理机制，强化过程监管，确保经费高效使用。加强收费管理，学校收费全部通过公示栏、“致家长一封信”等形式公开，接受群众监督。

2015年乳山市中小学校基本情况

表35　　单位：所、人

项目	学校	教职工	毕业生	招生	在校生
总计	25	4578	7543	6541	30748
小学	3	1601	2303	2538	13965
初中	18	2011	2724	2314	10585
高中	3	939	2511	1680	6128
特教学校	1	27	5	9	74

2015 年乳山市教育经费收入支出表

表 36　　　　单位：万元

项　　目		金　　额
经费收入	合　　计	116693
	公共财政预算拨款	104284
	政府性基金拨款	200
	社会捐资	23
	事业收入	11940
	其他收入	246
经费支出	合　　计	117817
	工资福利支出	80316
	对个人和家庭补助支出	19682
	商品和服务支出	7089
	其他资本性支出	9349
	经营支出	627
	其他支出	754

【困难家庭学生资助政策落实】 以不让一名学生因家庭经济困难而失学为目标，乳山市落实各学段家庭经济困难学生资助政策。2015 年，共发放资助金 320.49 万元，受助学生 6075 人次。其中，学前教育阶段，发放学前教育政府助学金 95.4 万元，受助幼儿 1590 人次；义务教育阶段，发放乘班车补助 26.34 万元，受助学生 878 人次；高中阶段，发放普通高中国家助学金 143.8 万元，受助学生 1438 人次，减免学费 49.15 万元，受助学生 2111 人次；中等职业学习阶段，发放国家助学金 5.8 万元，受助学生 58 人次。自 2015 年秋季起，实施残疾学生生活补助政策，每生每年 4000 元， 94 人获资助 18.8 万元。本着应贷尽贷原则，开展生源地信用助学贷款工作，2015 年为 195 名贫困大学生办理生源地信用助学贷款 143.06 万元。

（宋吉光　李进卫）

【教育基础设施建设投入增加】 2015 年，乳山市持续加大教育基础设施建设投入，全年投入资金 6591 万元，比上年增加 500 万元。中小学办学条件提升，为教育优质均衡发展提供保障。

校舍设施建设工程 投资 1200 万元，实施府前路学校和第二实验小学校舍扩建工程，拆除府前路学校原办公楼，新建一幢五层综合教学楼，建筑面积 4747 平方米；建设第二实验小学综合楼，建筑面积 1795 平方米。投资 191 万元，为乳山市中小学建设无障碍厕位、坡道、楼梯等无障碍设施。

教育信息化设施建设 投资 260 万元，更新学生计算机 840 台，配备英语考试专用耳麦，实现人机对话，满足英语口语听力教学与考试需要。

塑胶操场建设 投资 4400 万元，完成乳山市第六中学、乳山市实验中学、乳山市黄山路学校、乳山市第一实验小学及乳山寨、大孤山、南黄、冯家、下初镇初级中学 9 所学校塑胶运动场地建设，改善学生体育活动设施。

课桌凳更新工程 继续实施学生课桌凳更新工程，投资 170 万元更新升降式课桌凳 1 万套。

城区学校供暖改造 投资 370 万元，改造乳山市金岭中学、乳山市第一实验小学、乳山市实验中学供暖设施，并入城市集中供暖网。

（潘咸强）

【校园安全管理“七个一”制度落实】 梳理有关校园安全制度和规范性文件，汇编成《乳山市校园安全制度选编》，作为学校做好安全管理工作指导性、纲要性文本，完善以“每天一次安全教育提示、每天一次领导巡查、每周一次安全管理员自查、每月一次学校全面排查、每月一次专题会议、每月一次应急演练、每学期一次安全法纪讲座”为主要内容校园平安建设“七个一”制度，

5 月 12 日，乳山市金岭中学塑胶操场完工并投入使用　（教育局提供）

7月2日，乳山市特殊教育学校教学楼　　（教育局提供）

促进校园平安建设规范化、常态化。分学段、分主题开展安全教育主题班会优秀课件展评活动，丰富安全教育资源。以火灾、地震、校车事故为重点，组织各学校完善应急预案，开展应急演练，组织集中观摩活动2次。建立逐级隐患排查机制，联合建设、房管、卫生、电业、气象、公安消防、食品监管部门，检查乳山市学校、幼儿园安全情况2次；会同城市执法局、食药局等部门，开展学校周边摊点、小饭桌清理整治行动，净化学校周边环境。加强防溺水安全教育，采取教师包联学生、进村到户宣传、电话短信提示、分片包干巡护，逐个隐患点检查警示标志等措施，实现暑期无学生溺水事件发生。制订《幼儿园管理制度》样本，将民办幼儿园纳入学校一体管理，促进幼儿园安全管理规范。健全校车安全管理制度，实行校车“一车一档”管理，突出随车照管和接送交接工作，落实校车安全管理目标任务及措施。协调公安、交通部门，为27辆民办幼儿园接送幼儿车辆办理校车使用许可，发放校车标牌，安装车载监控系统，并入公交公司校车监管平台，实施动态监管。

（高光）

【学前教育“三年行动计划”出台】 2015年，乳山市有幼儿园29所，在园幼儿7924人，教职工884人。乳山市学前教育围绕农村幼儿园示范化和城市幼儿园规范化建设总目标，联合发改、财政、人社、国土、建设、规划、编办等部门出台《乳山市2015～2017年学前教育3年行动计划》，确立乳山市学前教育3年目标任务。构建优质均衡、可持续发展学前教育治理与服务体系。开展首届幼儿园区域活动展评和幼儿园教师教育技能大赛，组织农村幼儿园综合督导评估和城市幼儿园年度检审。加强幼儿园日常管理督导，召开乳山市学前教育工作会、幼儿园教育教学会议，开展学前教育宣传月活动，促进幼儿园规范管理。强化教师培训，组织暑期远程研修、园长跟班学习、骨干教师观摩学习、省级示范幼儿园园长赴北京师范大学幼儿园培训及幼儿教师基本功培训，开展基本功达标考核，促进幼儿教师成长。

省级示范性幼儿园创建　9月16日，乳山市教育局召开创建工作调度会，组织开展专题培训、实地指导、观摩学习等活动，推动省级示范性幼儿园创建工作。年内，组织10所镇中心幼儿园申报山东省省级示范性幼儿园。

公益普惠性幼儿园占比近八成　2015年，规划论证2015～2020年公办幼儿园建设，加强公办（含公办性质）幼儿园规范化建设，新建幼儿园1所，提供公益普惠性幼儿学位240个；鼓励村级收回改制村办幼儿园，提升公益普惠性幼儿园比例。2015年，乳山市公办及公办性质幼儿园比例达79%，学前教育规范化水平进一步提高。

8月5日，乳山宝威幼儿园　　（教育局提供）

【民办教育培训机构达10所】 2015年，乳山市共有民办教育培训机构10所，开设英语、书法、绘画、器乐、剪纸、舞蹈、作文等专业。乳山市出台《2015年全市民办教育工作要点》，召开乳山市民办教育工作会议，按威海市民办培训学校办学评估细则，组织年度审验、安全工作检查、民办学校招生简章备案，加强民办学校办学行为监管。加大无证照办学查处力度，查处私自设立分支、扩大办学范围违规办学行为1起，促进民办学校规范、健康发展。

【特殊教育体系健全】 2015年，乳山市特殊教育学校设6个教学班，在校学生74名，教职工总数27人，专任教师中大专以上学历21人，占教职工总数78%。学校坚持特教特办，强化校园环境建设及康复设施配套，实现启智教育与康复训练双促共进。在实现教室标配多媒体、电视、空调基础上，建有感统训练室、微机室、律动室、健身房、体育室、美工室、书法室、图书室、阅览室等专用教室，并配有聋儿语言训练系统和设备，配备学生宿舍空调，教师办公微机每人1台。坚持一切为残疾学生的办学理念，在加强文化课教学基础上，特招音乐、美术专职教师，着重培养学生艺体特长，在山东省举办特殊教育学校文艺节目汇演中获小品类银奖。注重学生技能培养和实用技术培训，沿袭"康复＋九年义务教育＋职业劳动技术教育"现代特殊教育体系，使学生掌握一技之长，成为一名自食其力劳动者，年就业率100%。2015年，乳山市特殊教育学校被评为"山东省残疾人之家""乳山市教育工作先进单位"。

（兰兴）

基础教育

【学校德育工作特色化常态化】 研究制订《关于进一步加强中小学德育工作指导意见》，将社会主义核心价值观教育融入国家课程和校本课程教学目标，探索形成各学校特有德育课程体系，常态化开展主题教育活动。组织府前中学和实验中学学生到威海市学生实践基地参加实践活动，提高学生实践能力和综合素质。面向教师开展心理健康培训，1月10日，邀请鲁东大学心理学咨询中心主任、国家人社部心理咨询师培训师孙静，培训乳山市中小学校校长、中层领导干部及心理健康教师；9月24日，邀请教育心理学博士、国际沙盘治疗师认证项目中国发展组织负责人杜大干先生举办专题讲座，培训学校分管德育工作负责人、班主任、心理健康指导教师100人，面向学生开展"敞开心灵、共享阳光"主题教育活动。2015年，午极初中、怡园中学被评为"威海市特色心理健康学校"。

【课堂教学改革创新】 2015年，引入"翻转课堂"教学理念，重新调整课堂内外时间、将学习决定权从教师转移给学生，重点抓实预习、交流、小结三环节改良优化，尝试推广课前、课中"学习任务单"，逐步转变教师传统教学方式，提高课堂教学效益。举办聚焦教学环节汇报课、研讨课、观摩课"三课联动"活动，搭建名师交流平台，推广先进经验。启动信息技术应用教学改革，研究制定教育信息化改革方案，开展考察学习等信息化改革预热活动，建设信息技术平台，利用录播教室和宽带网络，设立乳山市"名师直播间"，"周三网上教研日"，为教学研究搭建交流平台；开展"一师一优课"、微课大赛、示范课展示活动，引领教师主动应用信息技术改良课堂，提高课堂教学质量。

【素质教育初见成效】 全面落实国家素质教育政策，开展学校体育、卫生、艺术、科技教育，促进学生全面发展和个性化发展。在义务教育阶段，实施学生特长能力"2+1+1"（2项运动技能、1项艺术技能、1项科技技能）评价改革，为学生特长发展创造良好条件；举办乳山市篮球、排球、足球、乒乓球、田径、健美操"六大联赛"以及才艺大赛、文艺汇演活动，加强学生社团和特长小组建设，为学生个性发展、特长发展搭建平台；规范保量音体美课程，采取不打招呼、推门检查方式，督查学校体卫艺课程开设情况，推进素质教育实施。2015年，乳山市健美操项目在威海市蝉联团体冠军，畅园学校在全国全民健身操舞大赛总决赛获得表演轻器械、健身轻器械2项全国冠军，并获2016年亚洲健身操比赛参赛资格；初中级男队获威海市中小学生篮球比赛第二名；西苑学校京胡齐奏《迎春》和戏曲《梨园新蕾情》等节目参加威海市中小学生艺术展演；怡园中学《凤凰涅槃》和畅园学校《乳娘》先后获威海市和山东省经典诵读比赛一等奖，怡

9月20日，怡园中学参加威海市第七届中小学生经典诵读比赛

（教育局提供）

12月11日，乳山市中小学生参加威海市中小学生艺术展演　（教育局提供）

园中学《凤凰涅槃》在山东电视台教育频道展播；11件作品在山东省青少年科技创新大赛获一等奖；白沙滩初中被评为“全国青少年足球示范校园”，是威海市唯一上榜学校。素质教育初见成效。

【特色学校建设力度加大】2015年，乳山市教育局研究制定特色建设考核评价意见，将特色学校建设纳入年度重点工作，加大考核比重，持续加大特色学校建设。举办特色建设培训，组织乳山市中小学校骨干教师赴青岛、济南、潍坊等地特色学校体验学习，开展“影子培训”，为每所学校确立省内2所伙伴关系学校，强化双向交流，学习先进经验，提高教学质量；组织特色建设论坛，围绕学校特色建设理念、规划远景、年度实施重点及保障措施展开交流、研讨，扫除发展障碍。组建特色创建联盟，以4所骨干学校为龙头，坚持同质归类原则，将乳山市中小学分为4个联盟片，实行片内结对，问题共研，资源共享，“抱团”发展。2015年，共创建乳山市级特色项目学校12所，被认定为“威海市特色项目培育学校”8所，其中第二实验小学、黄山路学校被评为“威海市特色学校”。

【10所学校获评首批“威海市义务教育管理标准化示范学校”】2015年，按照全国义务教育学校管理标准实验区试点市，对照国家管理标准，确定乳山市府前中学、乳山市实验中学、乳山市第一实验小学、乳山市第二实验小学、乳山市黄山路学校、乳山口初级中学、海阳所初级中学、午极初级中学、乳山市畅园学校、乳山寨初级中学10所学校为试点学校，在调研基础上，组织试点学校创新研究和实践，完善学校系列管理制度，形成“一校一章程”制度汇编，并建立台账分析、问题会诊、交流指导、考核评比机制，将学校管理纳入标准化、规范化轨道。在威海市级评估检查中，10所学校一次性通过验收，被评为首批“威海市义务教育管理标准化示范学校”。

【初中学生学业考试改革全面实施】2015年，根据威海市《关于进一步推进初中学生学业考试改革实施意见》，乳山市初中学生学业考试改革全面实施。2012年以后（含2012年）入学初中学生，学业考试成绩变以往单纯“分数”考核为“分数＋等级”考核方式，实行语文、数学、英语、物理、化学、体育实分制，总分为560分，政治、历史、地理、生物、信息技术等级制。同时，增加物理、化学、生物实验技能测试、英语听力口语测试，引导师生更加注重应用能力培养。乳山市2012级学生初二、初三学业考试科目全部实行等级制，生物首次进行实验技能测试，促进初中教学工作改革，在弱化影视教育、减轻学生课业负担上迈出重要步伐。

【高中教育布局调整工作完成】2015年8月，乳山市撤并乳山市第三中学、乳山市第五中学、乳山市第九中学，优化高中学校布局、配置高中教育资源，推动乳山市普通高中办学条件标准化、科学化、规范化建设。3所高中共分流2013级、2014级学生1033人，主要参考学生个人意愿，分流安置到乳山市第一中学、乳山市金岭中学和乳山市第六中学就读；共分流干部21人，符合校长、副校长任职条件的参加校长职级制改革，未被聘任的由乳山市教育局统一调配；分流教职员工315人，参照教职工个人意愿，根据近三年个人业务考评成绩排序以及各学校学科和岗位需求，采取组织调配方式确定人员具体去向。年内，高中教育布局调整工作已全面完成。

2015年乳山市小学学籍人数统计表

表37

一年级（2015）		二年级（2014）		三年级（2013）		四年级（2012）		五年级（2011）		合计	
班数	人数	班数	人数	班数	人数	班数	人数	班数	人数	班数	人数
66	2539	70	2967	68	2940	59	2585	64	2937	327	13965

2015年乳山市初中学籍人数统计表

表38

初一（2015）		初二（2014）		初三（2013）		初四（2012）		合计	
班数	人数	班数	人数	班数	人数	班数	人数	班数	人数
56	2314	63	2672	66	2758	68	2841	253	10585

2015年乳山市高中学籍人数统计表

表39

高一（2015）		高二（2014）		高三（2013）		合计	
班数	人数	班数	人数	班数	人数	班数	人数
34	1680	40	2020	46	2428	120	6128

（王忠国）

【教育信息化建设步伐加快】 2015年，乳山市将“实施教育信息化三年升级工程，搭建教育信息化软件应用平台，实现与全国重点学校优质教育资源共享，探索智慧教育新模式”纳入《乳山市国民经济和社会发展第十三个五年规划纲要》。制订《乳山市教育信息化建设项目规划（2016～2020年）》，协调相关部门出台《乳山教育信息化三年（2016～2018年）滚动投资规划》和《乳山教育信息化建设项目任务书》，计划三年投资5000万元建设乳山教育信息化项目。乳山市教育录播资源服务平台正式运行，通过“阳光课堂”展示、“优课、微课”资源展评活动，促进区域教育教学资源互通互联与共建共享，实现学科网络教科研和网络课堂教学即时观摩，促进教学和教研工作有机结合；举办乳山市教师交互式电子白板达标活动，提升教师信息化应用水平；完善“乳山市实验教学管理系统”，实现学段、各学科实验教学在线网络化管理，规范乳山市各学校实验教学工作；改善基层学校微机室教学环境，更新学生用计算机840台，提高微机使用率，保障威海市统一组织初中英语听力测试及初中信息技术学业水平测试正常进行。

（孙京涛）

职业教育

【概况】 2015年，乳山市有职业教育学校1所，即威海机械工程高级技工学校（增挂乳山市职业中专牌子），在校生共1466人，教职工303人。毕业生就业率100%。乳山市职业中专成功申报五年制高职专业试点，通过山东省规范化中等职业学校验收。

（李元）

【威海艺术学校】 山东省威海艺术学校是直属于威海市教育局的一所国家级重点中等职业学校，位于商业街中段。2015年，学校占地3万平方米，建筑面积3.3万平方米，固定资产3500万元。拥有教职工137人，其中，高级讲师、讲师80人，研究生25人，齐鲁名师1人，山东省特级教师1人。在校生882人，毕业生一次性就业率100%，音乐、美术绘画高考本科升学率70%。

内部管理体制改革 调整学校内设机构，由9个职能部门压缩为6个，压缩科室人员的10%充实到教学一线，增强教学力量。撤销教学部建制，实行专业统筹管理和教研室具体实施运行模式，由教研室具体负责所

8月2日，威海机械工程高级技工学校 （高洪鹏摄）

属学科的教学计划落实、教学研究和集体备课等工作，增加教学调度灵活性。

教师技能培训 42名教师参加威海市中职学校专任教师技术能力中级培训，全校专任教师到威海市第二中学和相关培训机构参加为期10天的文化课和专业课培训，7名教师到浙江大学参加“四名工程”（名教师、名班主任、名校长、名学校）人选培训。

办学条件改善 由威海市兴顺餐饮有限公司承包学校食堂，节省人力、满足师生需求。投资200万元重新铺设塑胶操场，购置1300套课桌凳、96组书柜、48组卫生柜、400张双人床、200个衣柜、200个暖瓶架，招标采购价值400万元的实训楼中央空调、电梯、36架钢琴，美术、学前教育、美术设计与制作专业实训基地建设、音响设备等。

5月4日，威海机械工程高级技工学校数控车工实训车间一区
（威海机械工程高级技工学校提供）

【威海机械工程高级技工学校】 威海机械工程高级技工学校（乳山市职业中等专业学校），位于市区北环路，于2008年8月由乳山市技工学校、乳山市第二职业高级中学、乳山市经贸中等专业学校、威海市商业职工中等专业学校整合组建而成。2015年，学校占地33.35万平方米，总建筑面积10万平方米，可容纳100个教学班，全日制在校生5000名。学校投资1.7亿元，按国内一流院校标准设计，分办公区、教学区、实训区、体育运动区、生活区五大区域，功能齐全，设施完善。学校拥有教职工303人，其中，专职教师178人，中、高级职称教师134人，理论课教师全部具有本科以上学历，实习指导教师全部达到技师以上技能水平，“双师型”教师比例达85%。有教学班53个，在校生1466人，开设数控加工（数控车工方向）、数控加工（数控铣工方向）、机械设备维修等4年制高级工专业，数控加工（数控车工方向）、汽车维修、焊接加工、电气自动化设备安装与维修、农副产品加工、农村经济管理等3年制中级工专业，旅游服务与管理、会计电算化、服装设计与工艺、美术设计与制作、美发与形象设计、电子商务等3年制中职专业。其中，数控加工（数控车工方向）专业为山东省技工院校百强专业，机械设备维修专业为山东省技工院校首批重点专业，电气自动化设备安装与维修、数控加工、服装设计与工艺、焊接加工、烹饪专业实训基地为威海市中等职业教育示范实训基地。并为“全国农民工培训基地”“全国职工培训优秀示范点”“山东省再就业培训定点机构”“山东省乡村旅游培训基地”、“威海市创业就业定点培训机构”“威海市金蓝领培训基地”“威海市中小民营企业培训基地”“威海市巾帼星火创业就业培训基地”，当年培训金蓝领2250人次、培训电子商务人才320人次，社会培训4100人次。年内，学校获评“2014—2015学年度教育工作先进单位”“基层双拥创建模范单位”“山东广播电视大学招生工作先进集体”。在由山东省教育厅等部门联合举办的“2015年全省职业院校技能大赛（中职组）”比赛中，威海机械工程高级技工学校张胜、王路路同学分获“数控铣加工技术”“服装设计与制作”专业二、三等奖，实现学校省赛成绩新突破。

教师能力达标工程实施 学校注重教师业务素质提升，实施教师基本能力达标工程，选派教师参加各级各类培训和企业实践活动。全年212人次参加各级培训，赴企业实践锻炼80人次，开发校本教材15部，68个教学成果在威海、省及国家级展评中获奖。

“一站式”人才培养 开辟校企合作新途径，开展“订单式”“冠名式”培养，开设有威高集团、威海怡和、大乳山旅游度假区、汉泰大麻等企业冠名班，形成“一站式”人才培养“绿色通道”，建立稳定可靠就业链。经省教育厅批准，与山东服装职业学院协商合作，以“3+2”分段贯通培养方式，培养服装设计与工艺、会计电算化两个专业专科学生，即在威海机械工程高级技工学校学习3年，考试合格后，进入山东服装职业学院学习2年培养方式，实现双方可持续发展。6月4日上午，山东服装职业学院分段贯通培养教学基地揭牌仪式在威海机械工程高级技工学校举行。

数字化校园项目建成 威海机械工程高级技工学校实训大楼于2014年6月动工建设，投资1500万元，建筑面积8505平方米，9月，实训大楼竣工并投入使用。该大楼设备先进、设施完善、功能齐全是学校重要技术技能人才培训培养基地。学校数字化校园项目于2015年7月启动，历时4个月建成，在学校教学管理、学生管理、行政管理和后勤管理方面全面实现信息化，学校管理更为规范、便捷。11月11日，乳山市委书记高书良等领导到学校实地观摩数字化校园建设项目，给予肯定。

专业指导委员会成立 为加强对学校人才培养、专业建设和教学工作宏观指导，推进学校内涵建设，促进行业人才培养质量提升，学校成立专业指导委员会，11月20日，学校举行交通运输、财经商贸等专业建设指导委员会成立暨第一次全体工作会议。来自行业、企业以及政府有关部门70名专家、学者参加会议。

首批省级规范化职业学校通过验收 12月26日，山东省职教研究所所长杜德昌一行6人，对威海机械工程高级技工学校省级规范化中等职业学校建设项目进行验收，专家组通过听取汇报、实地查验、资料查阅等方式，对项目进行评估，项目建设通过验收，威海机械工程高级技工学校成为山东省首批省级规范化职业学校之一。

高等教育

【概况】 2015年，乳山市高等教育学校有山东外事翻译职业学院1家，在校生10020人，专任教师500人。设有外国语学院、管理学院、商学院、工程学院、继续教育学院、综合学院等6个二级学院和1个基础教学部，开设商务英语、商务日语、国际贸易实务等37个专业。

【山东外事翻译职业学院】 是经教育部审核、山东省人民政府批准设立的全日制普通高校，地处国家AAAA级风景区乳山银滩，依山面海，景色宜人，占地106.67公顷。有省级教学成果奖2项，省级品牌专业群1个，省级特色专业2个、省级精品课程4门、省级教学团队1个、省级优秀教师1名、院级精品课程45门、院级教学能手30人。

“外语+专业+技能+素质”人才培养模式 山东外事翻译职业学院以外语为基础，翻译为特色，坚持“外语+专业+技能+素质”的人才培养理念，强化外语、外经、外贸和管理类专业，逐步增加社会需要的工程类专业。2015年，学院人才培养工作得到山东省教育厅专家组的肯定。国际经济与贸易专业被省教育厅批准为“3+2”对口贯通分段培养试点专业，并开始招生。学院集中优势教学资源，建立以商务英语、商务日语和应用韩语为龙头，阿拉伯语、西班牙语等7个语种共同发展的应用外语类专业群。应用外国语实验实训中心被评选为“威海市职业教育市级示范实训基地”。组织辅导员培训和学生管理工作研讨及培训会，邀请有学生工作经验的院领导指导工作，提高辅导员队伍素质，组织辅导员参加山东省高校工委组织培训，7名辅导员参加省级培养项目，提升学生队伍工作素质。2015年，商务英语专业学生在山东省职业技能大赛中获得英语口语比赛团体一等奖，并代表山东省参加全国总决赛。

科研成果丰硕 2015年10月28日，学院举行以“科学规划、稳步推进、全面提升科技工作水平”为主题的2015年科技工作大会，副院长李庆祥教授做主题报告，回顾学院五年来的科技工作，总结学院在科技成果、科技管理、科技团队、科技交流与合作、科技工作氛围等工作上取得的成就，审视学院科技工作现状，指出学院科技工作在机制和政策、工作量、成果层次、工作领域等方面存在不足，并就“十三五”期间学院科技工作思路和重点进行说明。2015年，学院共承担国家级科研课题2项、省级科研课题18项、市厅级科研课题13项、协会重点课题1项，获得省市及协会科研成果奖励28项。教职工2013至2015年间发表论文285篇，出版学术著作5部，以科研促教学之风逐渐形成。

学院开展多主题安全教育 学院注重学生安全教育与管理，举办“安全生产月”活动，邀请乳山市交警大队银滩中队和乳山交警大队宣传科民警到学院进行“文明交通、平安出行”主题宣传活动；邀请乳山市公安局禁毒大队与乳山市公安局银滩分局民警到学院开展以“珍爱生命，远离毒品，争做健康文明大学生”为主题宣传活动；邀请威海居安防火技术中心高级教官为师生举办消防知识讲座。通过系列活动和专家讲课，提高学生安全防范意识。

4月3日，山东外事翻译职业学院 （教育局提供）

教学及附属工程 2015年，开工建设图书馆、科技楼、3号教学楼、风雨体育馆、学生公寓2栋，共计8.2万平方米。排水暗河道、人工湖扩建、排污沉淀池、消防泵房、道路扩修等附属基础设施建设按期完工。

（刘忠伟）

科学技术

【概况】2015年，乳山市开展科技创新活动，投入经费1504万元，组织实施科技计划项目57项（含上年结转项目）。促成技术合同230项，成交金额3.29亿元。乳山市高新技术产业产值175.76亿元，占规模以上工业产值23.04%。规模以上工业企业研究与实验性发展经费支出占生产总值1.23%，比上年增长0.14%。乳山市被山东省地震局评为“全省防震减灾基础工作示范县（市）”，乳山市科技局获“2015年度全国县级防震减灾工作综合考核先进单位”称号，白沙滩镇韩家庄、小滩等旧村改造工程被山东省住建厅、山东省地震局评为“山东省农村民居安全示范工程”。

【26项科研项目获威海市级以上科技计划立项】2015年，乳山市加大科研开发与利用力度，26项科技项目获威海市级以上科技计划立项，其中，山东省自主创新重大专项项目、山东省重点研发计划等省级以上项目6项，威海市科技发展计划、重大专项、产学研合作专项等项目20项。乳山市韩威生物科技有限公司引进人才获得山东省泰山产业领军人才项目扶持，山东力久特种电机有限公司获得山东省自主创新专项资金扶持。

全年新申报科技型中小企业138家，总数达173家；新增高新技术企业3家，总数达17家。

【4类科技平台建设取得突破】以乳山华信食品有限公司为龙头企业，开展海洋育苗、海产品精深加工等技术研发和成果推广，壮大乳山贝藻养殖加工及副产物处理等领域发展，获批山东省级贝藻养殖加工科技园区；威海温喜生物科技有限公司围绕海洋生物源饲料制品技术领域，研发推广以海藻、鱼蛋白、牡蛎等为原料功能活性海洋生物源饲料制品技术成果，并延长相关产业链条，带动乳山市该领域行业发展，获批建设威海市工程技术研究中心；威海正洋海洋生物技术研究院建立“裙带菜良种选育与高校栽培技术研发平台”“紫菜高效栽培技术研发平台”等6个研发平台，重点开展江蓠良种、“海藻凉粉”生产、裙带良种等方面技术研发，并为其他企业及养殖户提供技术指导服务，带动沿海经济发展；威海市重大专项扶持项目，2015年进入技术研发运营阶段。乳山金谷之园电子商务有限公司被批准为威海市级企业孵化器。

【14个科技项目获威海市科技成果奖】2015年，乳山市获得14项威海市级科学技术奖，其中，威海鲁源科技环保设备有限公司承担的火化烟气深度净化技术与装备获威海市科技进步一等奖。

2015年获威海市级科技奖项目一览表

表40

序号	项目名称	完成单位	获奖等级
1	火化烟气深度净化技术与装备	威海鲁源科技环保设备有限公司	一等
2	威海香菇品种引进及液体制种优质栽培技术开发与应用	威海鑫宝食品有限公司 乳山市金果花生制品有限公司	二等
3	液固两相发酵生产海珍品生物活性饲料技术的研究与应用	威海金牌生物科技股份有限公司	二等
4	曲轴柔性锻造与悬挂连热处理生产工艺及装备	乳山市黄海汽车配件有限公司	二等
5	定位直充式间隔器及车载充气系统	威海埃姆提爱矿山设备有限公司	二等
6	无铜陶瓷纤维配方摩擦材料	山东双连制动材料股份有限公司	二等
7	污水处理设备及工艺的开发与应用	威海鸿润环保设备有限公司	二等
8	利用水产加工副产品生产宠物食品	威海同仁食品有限公司	三等
9	乳山海域海蜇增殖放流效果及持续发展研究	乳山市水产技术推广站	三等
10	钠钙硅酸盐玻璃广谱防发霉防擦伤粉制备技术	威海成景科技有限公司	三等
11	精细化硅胶吸附技术的开发与应用	乳山市大洋硅胶厂	三等
12	节能型化工原料回收技术与装备	乳山市日晟机械制造有限公司	三等
13	伞形泪道硅胶管经鼻腔置入术治疗鼻泪管阻塞	乳山市人民医院	三等
14	依达拉奉联合辛伐他汀对颅内动脉瘤术后脑血管痉挛的疗效评价	乳山市人民医院	三等

【专利申请总量比上年增长近三成】2015年，乳山市专利申请总量720件，比上年增长27%。其中，发明专利309件，发明专利授权量达36件。新增威海市恒邦化工有限公司、山东天力电气有限公司等专利大户企业10家，申请发明专利178件。继续推行《企业知识产权管理规范》（标准GB/T 29490—2013），威海金牌生物科技股份有限公司、乳山市黄海汽车配件有限公司、威海鲁源科技环保设备有限公司完成知识产权规范标准认证，威海金牌生物科技股份有限公司被认定为山东省知识产权示范企业。

【地震流动监测预制点建立】2015年，乳山市政府办公室下发《关于进一步加强应急预案管理的通知》，修订《乳山市破坏性地震应急预案》，增强乳山市各级防震减灾意识和自救互救能力，提高群众应对突发地震灾害事件的综合能力。乳山市地震局在学校、机关、镇区、部队等部门与单位组织开展防震减灾应急演练、知识宣传与培训200场次；在7个镇设置地震流动监测预制点。

【"乳山震群"专题研讨会在乳山召开】"乳山震群"专题研讨会于2015年7月26—27日在乳山召开。国家、省及威海市地震局有关领导、专家针对2013年10月1日以来，乳山市有感地震持续活跃，从胶东地区地震活动、发生机理研究和今后发展趋势综合判定，将乳山市持续近2年的有感地震定义为"乳山震群"。

【乳山近海发生4.6级地震】2015年5月22日22时24分，乳山、文登近海发生4.6级地震，震源深度7公里。此次地震是山东省震级较大的地震之一，有震感范围较大。其中，威海市区、文登、乳山、荣成有震感强烈，烟台市大部分地区有震感，青岛市市区、崂山区、李沧区有震感。此次地震宏观震中位于乳山市白沙滩镇，震中地震烈度Ⅴ度，地震没有造成人员伤亡，震中区农村部分老旧的土木结构和砖木结构房屋，出现墙体裂缝、墙皮脱落、旧裂缝扩大、掉瓦、滑瓦以及石砌围墙倒塌等现象，个别房屋出现结构性破损。乳山市防震减灾领导小组办公室组织有关人员与山东省、威海市地震局专家分析震情发展趋势，编发震情简报，并通过报纸、电视、微信、微博等新闻媒体宣传，平息谣传，人心安定、社会稳定。

【乳山市气象局】乳山市气象局承担地面气象观测、天气预报、农业气象、人工影响天气、科技气象服务以及区域自动站监测、探测环境保护、防雷技术检测及建筑图纸审核与验收工作。2015年，有职工18人，其中工程师11人。专业气象服务涉及农业、林业、交通、工矿、城建、能源、水利、环保、保险、旅游、储运、文化、教育等行业。服务对象包括政府机关、企事业单位、个体用户及电台、电视台、报刊、网络等各类媒体。服务内容包括，提供各镇24小时、48小时天气预报和短期天气预警等气象服务；提供沿海地区大风天气预报、灾害性天气等天气预报；提供3小时及突发天气预报、天气预警（突发天气不定时预报）；提供一周天气滚动预报；提供省内（国内）各地48小时天气预报和交通线路天气预报；提供全省10天以上短期气候预测；随时提供乳山市历史气象资料、气候分析和实况信息；提供年（12月末）、月（月末）、周（周末）长中期预报；提供台风移动路径资料；提供雨量快报，即市区降水过程及乡镇降水量报告；提供气象资料服务及重要天气报告，包括各类气象要素历史、实时资料服务，暴雨（雪）、高温、寒潮、干旱等重要天气预报、警报、实况；随时提供特约天气预报。

（王秀兰）

7月27日，"乳山震群"专题研讨会召开 （科技局提供）

明代 玉挂件

宋代 玉镯

清代 玉镯

·清代 石雕花瓶

责任编辑：于 晓

·清代 石板鱼化石插瓶

卫生·体育

Health, Sports

◎ 医疗卫生

◎ 计划生育

◎ 红十字会

◎ 体 育

医疗卫生

9月14日，卫计局组织骨干开展服务百姓义诊活动（卫计局提供）

【概况】 2015年，乳山市卫生和计划生育系统坚持深化改革为主线，加强公共卫生服务和医疗智联管理，提升卫生计生服务能力。年内，成功创建省级"艾滋病"综合防治示范区，以最高分通过省级"除四害"达标复核验收和创建全国卫生城市省级暗访初步考核，乳山市人民医院获评三级乙等综合医院。推进社会资金办医，简化社会资本设置医疗机构的审批手续，落实社会办医鼓励政策，新批老年人养护中心医务室1所，换发30所民办医疗机构医疗机构执业许可证。

2015年，乳山市有卫生医疗机构521个，其中，公立医疗机构24处，按服务区域分为10处市直医疗机构和14处乡镇医疗机构；卫生技术人员2699人，其中，执业（助理）医师1055人，注册护士1146人；床位2173个张。市级医院门诊量74.06万人次，比上年增加3.01万人次；住院病人5.1万人次，比上年增加0.2万人次；床位使用率100%，与上年持平；住院病人平均住院日10.6天，比上年减少0.02天。镇级医院门诊量38.12万人次，比上年增加0.91万人次；住院病人2.55万人次，与上年持平；床位使用率79.08%，比上年减少0.5%；住院病人平均住院日6.25天，与上年持平。

【医药卫生体制改革】 实行基本药物制度和公立医院改革配套联动，扭转"以药养医"格局。推进公立医院综合改革，在率先启动威海市第一家县级公立医院综合改革工作的基础上，总结改革经验，科学评估医改成效，每月上报医改数据，2015年，威海市审计组对乳山市县级公立医院综合改革推进情况进行专项审计，对乳山市公立医院综合改革工作给予综合、客观评价，为乳山市医改工作指明方向。巩固完善国家基本药物制度，投资2339万元，在乳山市所有公立医院、基层医疗卫生机构和镇村一体化管理的村卫生室推进国家基本药物制度，对121种常用低价药品、22种地区遴选补充药品进行合理议价，实行阳光采购，加大考核监管力度，确保常用低价药品临床使用，促进合理用药、减轻群众负担。

【"医联体"网络扩展】 在搭建以乳山市人民医院为中心，连接3处乡镇医院和3个村卫生室的医疗服务联合体服务模式的基础上，2015年，银滩医院、崖子镇卫生院、乳山寨镇卫生院、下初镇卫生院加入到医联体（VPN）网络，邀请北大人民医院著名专家通过医疗服务网络平台，提供远程视频会诊、病例讨论及授课培训服务，提高乳山市卫生技术人员诊疗水平，让百姓不出门就能享受到国内顶级的医疗服务。建立重点专科对口扶持机制，根据乳山口卫生院的业务特点，选择市人民医院神经内、外科作为对口支援科室，实行"双向转诊、分级诊疗"，实现市、镇医疗服务的业务互补、技术整合。

【卫生应急机构增加】 2015年，理顺应急管理组织机构，开展应急培训3次，组织应急演练5次，修订完善应急预案，加强应急物资储备，做好应急值守，及时报送各类突发事件信息，新建诸往和冯家农村急救站2处，完成农村急救站改造4处，完成人感染H7N9禽流感、中东呼吸综合征以及各类突发事件应对工作。

【国医堂建设启动】 2015年，制订《国医堂建设实施方案》，规划中医门诊，整合中医药资源，完善基层中医药服务体系。建设市中医院、南黄中心卫生院、银滩医院、崖子中心卫生院、乳山口镇卫生院、城中社区卫生服务中心6个国医堂，提升中医药服务能力。借助与北京东直门医院建立的中医战略合作联盟平台，定期邀请全国知名的中医专家到乳山市坐诊、查房、授课，取得良好的社会效益和经济效益。中医药门诊服务量达2.6万人次，比上年增长13.6%，国医堂总收入383万元，其中，中药收入比国医堂启用前增加55万元，基层常见病、多发病的中医治疗率达30%以上。

【卫生医疗培训形式多样】 组织滚动轮训、外派进修、远程教育、定点规培，培训专业技术人员2267名。安排以全国首批名老中医于鹄忱先生第一代传人徐元山、于永仟及第二代传人王柱林、单志丹为代表的8名专家进行带徒培训中医师。选派基层骨干到国家级重点专科医院深造学习，2015年，9名中医师前往北京东直门医院、2名中医师前往山东省中医院深造学习，重点培养临床思维、医患沟通和临床技术操作能力。

【基本公共卫生服务均等化】 2015年，配置公共卫生服务资源，规范基本公共卫生服务，服务经费由人均35元提升至40元，城乡居民建档率67.6%，“五苗”（卡介苗、脊灰疫苗、百白破三联疫苗、麻疹疫苗和乙肝疫苗）基础免疫合格接种率90%，老年人健康管理率65%，高血压患者管理率38%，糖尿病患者管理率27%。落实重大公共卫生服务项目，做好农村妇女增补叶酸和“两癌”筛查工作，免费增补叶酸2031人，“两癌”免费筛查24750人，查出患乳腺癌19人，宫颈癌6人，宫颈癌前病变38人。妇幼保健工作方面，提高6岁以下儿童和孕产妇纳入管理比率，做好艾滋病、梅毒、乙肝母婴阻断，婴幼儿死亡率5.66‰，孕产妇连续22年“零”死亡；加强产前筛查和新生儿疾病筛查，全年免费筛查新生儿2440例，筛查出可疑阳性患儿31例；免费筛查乳山籍孕妇1665名，筛查出高风险孕妇80例，提高出生人口素质。

【省级艾滋病综合防治示范区建立】 2015年，通过网络直报系统报告法定传染病17种1897例，总发病率330.58/10万人。接种卡介苗、乙肝疫苗等一类疫苗47697针次，二类疫苗24605针次，报告接种率99%。建设省级艾滋病综合防治示范区，宣传普及艾滋病防治知识，贯彻《艾滋病防治条例》《山东省艾滋病防治办法》，加强高危行为干预，开展自愿咨询检测工作，扩大HIV检测的覆盖面，提高艾滋病病毒感染者的发现率，落实国家“四免一关怀”政策，降低艾滋病发病率，提高患者生存质量。2015年，乳山市疾控中心获“山东省乙肝示范区项目工作先进集体”“山东省医学科普工作先进集体”称号。

链接：2004年国家出台“四免一关怀”政策，“四免”指的是：1.对农村居民和城镇未参加基本医疗保险等保障制度的经济困难人员中的艾滋病病人免费提供抗病毒药物；2.在全国范围内为自愿接受艾滋病咨询检测的人员免费提供咨询和初筛检测；3.为感染艾滋病病毒的孕妇提供免费母婴阻断药物及婴儿检测试剂；4.对艾滋病病人的孤儿免收上学费用。“一关怀”指的是：将生活困难的艾滋病病人纳入政府救助范围，按照国家有关规定给予必要的生活救济。积极扶持有生产能力的艾滋病病人。避免对艾滋病感染者和病人的歧视。

【公共卫生监督力度加大】 依法履行卫生监督职责，加大医疗卫生、公共卫生、计划生育监督执法力度，开展“四小”行业（小理发店、小旅馆、小浴池、小歌舞厅）放射卫生专项整治及生活饮用水卫生监管工作。配备手持机、小型电脑笔记本、现场交直流打印机设备，具备现场拍照、录音、短信、规范文书打印和存储、卫生法律法规查询等功能的移动执法终端系统，提高卫生计生监督执法信息化水平，在全省现场执法建设中处于领先。按照创建国家卫生城市要求，在乳山市范围内实施网格责任制，拉网式监督调查“四小”行业，摸清被监管单位底数，重点督查卫生许可证、健康证、卫生检测报告及卫生管理制度公示、现场内外环境卫生、卫生消毒设施设备配备及从业人员卫生知识掌握等情况，督促指导卫生技术整改，至10月底，提前完成建成区内544家“四小”行业整治任务，520家单位卫生条件基本达到创建国家卫生标准要求。以卫生计生服务监督年为依托，开展以打击非法行医、“两非”（非医学需要的胎儿性别鉴定及非医学需要的人工终止妊娠）、饮用水卫生安全、血液质量与服务提升、消毒隔离强化为重点的5项行动，出动卫生执法人员1860人次、监督车辆500台次，监督检查753家单位，下达《卫生监督意见书》260份，《卫生监督巡查意见书》510份。2015年，全省执法能力大赛中，乳山市2名卫生监督员作为威海代表队仅有的2名县级监督员参加比赛，获全省执法能力大赛第一名和第二名。

【爱国卫生运动】 开展以病媒生物防制、爱国卫生月和以改水改厕为主要内容的爱国卫生运动，改观乳山市城乡卫生面貌。2015年，投入70万元，购置病媒生物防制药械，开展全民除“四害”工作，9月，通过“四害”达标省级复核验收，“三灭一控”（灭鼠、灭蝇、灭蟑螂，将

2月13日，卫计局组织骨干开展卫生计生宣传服务活动（卫计局提供）

蚊密度控制在国家标准之内）工作全部达到A级标准。组织以"清洁家园、除害防病、助力创卫"为主题的"爱国卫生月"活动，通过召开会议、媒体宣传、开设专栏、广场活动、张贴标语等形式，提升群众主动参与爱国卫生运动的意识。推进农村无害化卫生厕所改造力度，改善农村生产生活环境，年内，乳山市共建设、改造农村无害化卫生厕所5000座。

【乳山市人民医院】 是一所集医疗、教学、科研、预防、保健为一体的三级乙等综合医院，是滨州医学院附属医院。始建于1945年。2015年，开放病床829张，临床科室39个，医技科室10个，年门诊量50万人次、出院病人3万人次。全院职工1158人，其中，专业技术人员958人。年内，获威海市"病理质量控制工作先进单位""医疗器械不良事件监测工作先进单位""工人先锋号"称号。

医疗设施与技术 拥有美国GE64排CT、美国GE1.5T核磁共振、西门子数字减影血管造影系统（DSA）2台、飞利浦及西门子DR拍片机、美国GEVV7心脏彩超、LOGE9、胎儿四维彩超、罗氏全自动生化分析仪、西门子直线加速器、徕卡手术显微镜系统等医疗仪器设备。每年选派专业技术骨干到北京协和医院、解放军301医院、北京大学人民医院、上海长海医院、山东省千佛山医院等进修学习，建立长期协作关系。自2015年7月23日开始，山东省千佛山医院呼吸内科、内分泌科专家及烟台毓璜顶医院儿科、泌尿外科、神经内科、心内科的专家，每月一次到乳山市人民医院坐诊，并通过教学查房、专题讲座、手术示教、疑难病例讨论等方式，对医院进行对口帮扶，乳山百姓不出家门就能享受省城专家送来的医疗服务。开展急诊冠脉造影及PTCA支

2015年乳山市医疗卫生机构基本情况一览表

表41

机构类别 \ 项目		机构数（个）	床位数（张）	人员（人）	卫生技术人员（人）			
					合计	执业（助理）医师	注册护士	其他
总计		521	2173	3705	2699	1055	1146	498
医院	小计	3	1406	1660	1388	470	712	206
	综合医院	1	836	1129	923	296	500	127
	中医（民族）医院	1	470	474	411	161	182	68
	专科医院	1	100	57	54	13	30	11
基层医疗卫生机构	小计	496	741	1765	1156	532	407	217
	社区卫生服务机构	7		124	95	32	35	28
	镇卫生院	14	741	737	677	260	251	166
	村卫生室	344		531	14	13	1	
	门诊部（所）	11		89	89	46	34	9
	诊所、医务室	120		284	281	181	86	14
专业公共卫生机构	小计	19	26	261	142	49	18	75
	疾病预防控制机构	1		58	44	21		23
	专科疾病防治机构	1		17	15	7	2	6
	妇幼保健机构	1	26	74	57	21	15	21
	卫生监督机构	1		27	23			23
	计划生育技术服务机构	15		85	3		1	2
其他卫生机构	小计	3	0	19	13	4	9	
	其他	3		19	13	4	9	

7月21日，乳山市人民医院实行网络查房 （卫计局提供）

架置入术、内镜下逆行胰胆管造影术、肿瘤三维立体定向适形放疗术、肿瘤综合微创介入治疗、周围血管病介入治疗、脑动脉瘤介入栓塞术、颈内动脉狭窄支架成形术、脑动脉瘤开颅夹闭术、人工关节置换术等新技术新项目。60项科研成果获省、市科技进步奖，获国家实用新型专利70项。神经内科、神经外科被确定为威海市临床重点专科。

医疗信息化建设 建成医院信息管理系统、电子病历系统、检验管理信息系统、影像归档和调阅系统、远程病理会诊系统、办公自动化系统、数字化图书馆、检验结果自助打印系统、临床路径管理系统、院长（科主任）综合信息查询系统、医院感染管理系统、抗菌药物管理系统、危急值预警系统、慢性病管理系统、医院综合统计核算系统、健康体检系统等，信息化系统实现医生用平板电脑查房、护士手持PDA（掌上电脑）核对患者身份和治疗信息，保证治疗准确及时。2014年，乳山市人民医院与北京大学人民医院牵手，构建远程网络医疗会诊系统，实现北大人民医院预约挂号、预约检查、查询检验结果、视频会诊以及专家授课和学习交流。为8名患者成功挂取北京大学人民医院就诊号。

参与“五城联创”活动 在“五城联创”活动中，优化基础设施，改善就医秩序，提升技术水平。投资70万元优化生活和工作区域；投资500万元，装修病房大楼；投资300万元，安装电子监控摄像头270个。投资24万元，在门诊楼、病房楼、综合楼大厅及入口处安装电子彩屏及条屏6处，滚动播放创城标语及视频、动画等公益广告，收到良好宣传效果。

建院70周年 2015年是乳山市人民医院建院70周年，在《院报》开设70周年院庆专栏，连续刊载《人物讲述》《医院变迁》《镜头中的记忆》栏目；编撰完成60万字《乳山市人民医院志》；举办“光荣与梦想”庆祝建院70周年文艺晚会；利用宣传栏、文化长廊、电视台、微信公众号、大屏幕等载体，滚动播放医院70年在医学、科研、教育、预防、文化、管理等方面取得的成就，弘扬乳医人自强不息、开拓进取的奋斗精神。

【乳山市中医院】 成立于1983年5月，是一所集医疗、急救、教学、科研、保健、康复为一体的二级甲等中医院，占地3.74万平方米，业务用房3.2万平方米。2015年，开放床位470张，设有临床常规科室20个、特色专科8个、病区11个、急救点1个，年门诊量18万人次，住院病人1.6万人次。全院职工490人，专业技术人员413人，其中正高级职称8人、副高级职称33人、硕士研究生26人，有威海市专业技术拔尖人才1人、乳山市专业技术拔尖人才2人、威海市十佳医生1人、威海市名中医药专家4人、威海市优秀科技工作者1人、乳山市级突出贡献中青年专家1人。先后获山东省“文明医院”“示范中医院”“价格诚信单位”“中医工作先进集体”“省级卫生先进单位”“省级青年文明号”称号。

医疗设施 拥有美国、德国等产64排128层CT、DR、彩超、电子内窥镜、宫腔镜、腹腔镜、全自动生化分析仪、血液透析仪、实时动态胰岛素泵系统、全自动笑气镇静

7月20日，乳山市中医院组织骨干到益天社区义诊 （卫计局提供）

镇痛系统等医疗设备1000台（件）。

重点专科 建设完成国家级农村医疗机构特色专科妇科和针灸理疗科2个中医重点专科，正在建设省级特色专科糖尿病科、威海市级重点专科中风病科、肝病科3个重点专科。康复科是乳山市唯一工伤康复和脑瘫康复定点单位。医院有12项科研成果达国内领先水平，获国家实用新型专利18项。与北京中医药大学附属东直门医院、广安门医院、北京大学人民医院、齐鲁医院、烟台毓璜顶医院、青医附院等建立长期业务合作关系，各临床科室用中医、西医、中西医结合及现代诊疗手段对常见病、多发病、危重病及疑难病救治形成自身特色。承担威海“120”院前急救及山东省中医药高等专科学校临床教学实践工作。

医疗服务 建立国医堂，由的名、老中医坐诊，配备标准化中药煎药室，开展中医诊疗、养生保健一站式服务。调整细化门诊设置，每个临床科室均有对应的门诊，各科室主任和业务骨干轮流坐诊，方便患者就诊，提高门诊诊疗水平。查体科实行内、外、妇、五官、中医、检验、功检等一站式查体服务，打造流程合理、技术全面、服务到位的查体服务。为减少病患支出，减少医（社）保支出，完善诊疗效果，建立“心医”系统（链接如下），和北京大学人民医院医联体远程会诊，与北京专家共同商讨患者的治疗方案，由北京专家协助地方医院对疑难病患者进行明确诊断，制订下一步治疗方案，将先进的医疗技术传递到地方。

惠民医疗 开展白内障复明工程，解决因病致盲的问题，减轻患者医疗负担。编辑出版《杏林馨苑》《乳山市中医院便民服务手册》《中药优势、品牌服务》等养生、保健、服务手册，录制《养生堂》栏目，为群众讲解宣传健康知识。

送健康进基层 2015年，乳山市中医院开展送健康进企业、进学校、进社区、进乡村活动。进企业：到中鲁果汁厂开展心肺复苏培训，到烟草公司开展健康饮食和养生相关讲座；进学校：到第二实验学校开展高血压方面讲座；进社区：到益天、利群、金丰、将军府社区开展惠民、利民活动，为社区的居民免费检查血压和血糖，由名中医专家进行义诊，宣传中医保健知识，发放宣传手册1000份，义诊600人；进乡村：开展中医中药进乡村惠民利民活动，先后到海阳所镇南泓北村、冯家镇东吉子村、合子村、崖子镇石甲庄村等18个村开展惠民利民活动，为村民免费检查血压和血糖，由名中医专家进行义诊，免费发放感冒冲剂等药品600盒，发放宣传手册2000份，义诊1000人。

（刘锋）

计划生育

【概况】 2015年，乳山市人口和计生工作呈现稳步健康发展态势，低生育水平持续稳定，人口素质和结构不断优化，统筹解决人口问题合力增强。乳山市人口出生率4.26‰，合法生育率96.77%，晚育率93.65%，自然增长率-4.19‰，连续19年人口负增长，新生儿先天性畸形发病率、出生缺陷发生率控制在2‰以内，群众综合满意率达98%以上。

【“单独两孩”政策落实】 稳妥有序实施“单独两孩”政策，乳山市共受理“单独”夫妇再生育申请841例，审批730例，其中，2015年度申请561例，审批484例，已实施再生育的有281人，占审批数的38.49%，其中，2015年已生育的有183人，占本期二孩出生数的28.24%。“单独两孩”月均申请量46例，月均出生人数16例，“单独两孩”政策实施低于预期。

【“全面两孩”政策预测分析】 为应对“全面两孩”政策落实，乳山市做好政策性解读以及人口出生预测分析，根据测算，乳山市25～40岁符合“全面两孩”政策的目标家庭4.4万户，其中妇女年龄在35岁以上占41.9%。根据育龄妇女婚育意愿调查以及“单独两孩”政策的实施情况，预测乳山市两孩再生育的比例为20%～30%，“全面两孩”出生量为8700～1.3万人，年均出生量为1800～2600人。加上平均一孩出生人数2900人，年平均人口出生总量为4700～5500人。

【计生奖扶政策到位】 执行计划生育农村独生子女父母奖励费、城镇失业（无业）人员独生子女父母奖励费、农村部分计划生育家庭奖励扶助资金、城镇部分独生子女家庭奖励养老补助、计划生育节育并发症人员生活补助、计划生育特困家庭社会救助、计划生育家庭特别扶助、特殊家庭代缴医疗保险和养老保险9项奖励扶助政策，确保奖励扶助资金按时、足额发放到位。2015年，乳山市计划生育奖励扶助受惠对象共66769人，发放资金4016.78万元。乳山市农村30206人获独生子女父母奖励费172.3万元；城镇失业（无业）人员4064人获独生子女父母奖励费22.94万元。28600人获农村部分计划生育家庭奖励扶助金2745.6万元。1151人获城镇部分独生子女父母养老补助资金110.49万元。1259人获独生子女伤残死亡家庭特别扶助资金785.7万元。88人获计划生育节育并发症对象生活补助资金22.22万元。1452户获农村和城市计划生育困难家庭救助金134.92万元。计划生育特殊家庭代缴养老保险429人，金额12.87万元。计划生育特殊家庭代缴医疗保险972人，金额9.72万元。

【“两非”案件查处】 开展“出生人口性别比重点治理活动”，坚持“党政领导、部门配合、群众参与、标本兼职”原则，深入开展专项治理行动，严厉打击“两非”（即非法鉴定胎儿性别和非法选择胎儿性别终止妊娠）行为。对乳山市456个医疗卫生机构、104个私人诊所、252个药店等进行全方位、拉网式清理清查，摸清底数，查处“两非”案件1例，完成威海市下达的工作任务。

【计生服务行动】 投资48万元，创建健康教育示范基地6个，完成18个创建示范中心和教育基地，8万名市民获益；筹集人口关爱基金，投入3万元救助计划生育贫困人口60人；协调相关部门帮扶计生困难家庭，整合社会资源，发放救助金109.22万元，救助882户；开展“健康义诊温暖贫困母亲”活动、创业就业援助贫困母亲培训活动，为50名城镇下岗失业贫困母亲争取“无息小额贷款”资金。

【流动人口服务均等化】 建立健全流动人口计划生育基本公共服务“均等化、个性化、优质化”运行机制，向460名流动人口发放亲情服务卡和“计生服务礼包”，免费计生检查服务4000人次。

（刘锋）

红十字会

【概况】 2015年，乳山市红十字会履行职能，凝聚人道力量，弘扬人道理念，推进造血干细胞捐献、遗体及器官捐献工作、应急救护培训工作，全年投入帮扶资金25万元，帮扶物资价值33.798万元。

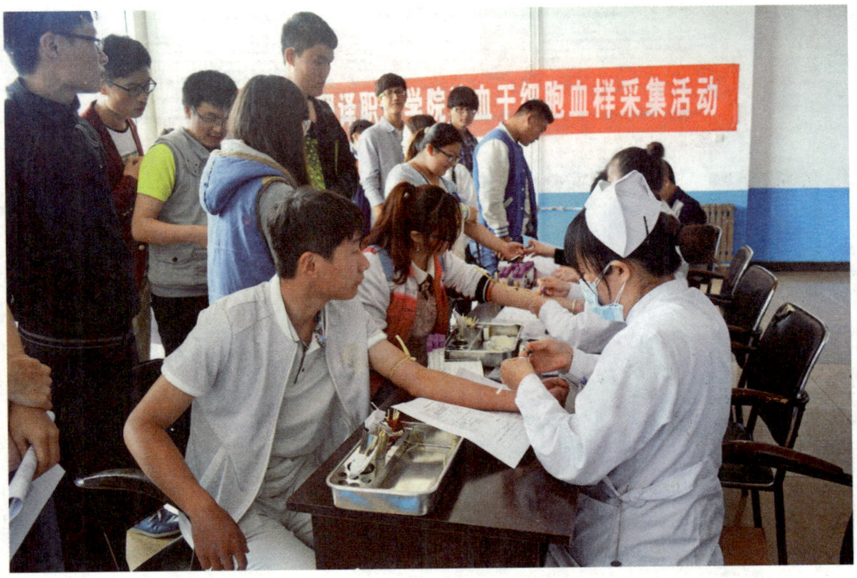

5月6日，外事翻译职业学院造血干细胞血样采集活动 （红十字会提供）

【人道主义救助】 2015年，向340户因灾因病致贫家庭发放大米680袋，价值9万元；为24名患白血病、心脏病等大病少儿发放慰问金11.94万元；走访慰问乳山市23所敬老院，送去感冒药800盒、棉被30床；走访慰问特困家庭，发放温暖箱10个。

【应急救护培训】 印发《家庭急救手册》25万册；在府前社区、龙山社区、观海苑社区设立红十字服务站，配备练习心肺复苏术的模拟人、血压计、血糖仪、应急救护的相关器材和书籍，为推广应急救护知识提供保障；推进应急救护“进机关、进农村、进社区、进学校、进企业”活动，培训下岗职工、出租车司机、企业员工、红十字会志愿者10次，培训1000人次。

5月21日，乳山市出租车驾驶员应急救护知识培训 （卫计局提供）

【遗体（器官）及造血干细胞捐献】 强化遗体及器官捐献宣传、登记工作，向居民宣传遗体器官捐献知识，介绍遗体捐赠的意义，消除人们对遗体捐献的误解和偏见，使更多爱心人士加入到遗体、器官捐献公益活动当中，全年有3人登记遗体（器官）捐献。制作乳山市6位实捐造血干细胞志愿者事迹专题片在乳山电视台播放，并通过急救手册、急救日宣传等方式宣传造血干细胞捐献知识。2015年，共采集造血干细胞志愿者血样111人份，2人成功捐献造血干细胞。乳山市红十字会造血干细胞捐献项目在“威海市志愿服务先进典型”评选活动中被评为“最佳志愿服务项目”。

【帮扶救助项目】 主动与上级沟通、对接，中国红十字基金会为乳山口初级中学捐赠价值3万元的图书；中国红十字会事业发展中心为乳山市老年养护中心捐赠价值20万的养老器材。为2个患白血病的困难儿

4月9日，金鼎·映刚基金捐赠仪式　（卫计局提供）

童家庭向中国红十字会基金会成功申请每人3万元的“小天使基金”。

【“金鼎·映刚基金”设立】由金鼎房地产开发有限公司出资100万元作为本金设立、持有并管理，每年向乳山市红十字会捐赠10万元用于开展救助活动，救助期限10年。主要救助乳山口初级中学以及乳山市第六中学困难学生和奖励部分学习成绩优异的学生。2015年，启用基金2.06万元救助困难学生11名、5万元奖励优秀学生。

（连莎莎）

体育

【概况】2015年，乳山市建立镇级文体工作指导站，并配备专兼职工作人员，负责辖区内的全民健身活动开展。在全部601个行政村设立全民健身辅导站或老年体协。落实国家和省体育彩票公益金30万元，建设户外健身基地2处（乳山益天体育休闲公园、乳山岠嵎山国家森林公园登山步道），为80个村免费配备音响等健身设备。参加省、威海市社会体育指导员培训班3期，培训国家一级社会体育指导员18名，国家二级社会体育指导员35名，完成乳山市120人的三级社会体育指导员培训工作。乳山市拥有各级社会体育指导员2212名，占乳山市总人口数的3.8‰。其中国家级12人，一级188人，二级189人，三级1823人。将乳山市体育学校搬迁至威海市高级技工学校，并为乳山市体育学校增配价值150万元的教学训练器材，改善教学训练条件。

【全民健身活动】5月12日，在乳山市人民广场举行2015年全民健身月启动仪式，表彰先进健身站点、先进个人，600名健身爱好者进行表演，展示乳山市群众精神风貌。8月3日，在银滩管委会广场举办2015年全民健身日启动仪式，1000名健身爱好者表演舞蹈、武术及千人太极拳。8月7日，在东方广场举办全民健身日主题活动暨大型武术表演专场晚会。7月18日，在东方广场举办“威海市商业银行杯”首届广场舞大赛，32个代表队参赛。

【竞技体育活动】2015年，乳山市举办乳山市象棋、台球、柔力球、门球、广场舞、登山、围棋、羽毛球、工间操、跳绳、篮球等19项赛事活动。参加威海市乒乓球、篮球、台球、太极拳（剑）、毽球、健身气功、健身腰鼓、速度轮滑、大众广场舞、体育舞蹈、门球、围棋等17项赛事。承办大乳山绿色休闲健身联盟论坛、华东体育健身大联盟工作会议及象棋比赛、山东省第七届百县篮球总决赛。

2015年，乳山市在国家级比赛中获金牌2枚、银牌5枚、铜牌3枚；乳山市体育代表团在山东省锦标赛中获奖牌30枚，其中，金牌5枚、银牌6枚、铜牌19枚；参加威海市举重、摔跤、柔道、跆拳道、拳击、自行车等项目的年度锦标赛，获金牌47枚。与乳山市教育局联合举办中小学生乒乓球、排球、田径、足球、健美操、篮球体育联赛；组队参加

7月7日，“体彩杯”2015年乳山市全民健身运动会职工工间操比赛
（体育局提供）

9月2日，2015年湘鄂鲁皖赣全民健身大联盟象棋比赛在乳山举办

（体育局提供）

威海市篮球、田径、乒乓球、排球、足球、健美操中小学生体育联赛；开展2015年乳山市中小学生普及游泳运动。举办2015年全国铁人三项及全国现代五项青少年——乳山站夏令营。向威海市级以上优秀运动队输送运动员70名。

【省七届百县篮球总决赛在乳山举办】 10月20日，由山东省体育总会主办的第七届百县篮球总决赛在乳山市海洋篮球馆举行，全省各地市17支代表队119名运动员参加比赛。比赛采用中国篮球运动协会最新审定的“三人制”篮球竞赛规则，分四组进行小组循环赛，决赛采用积分编排制，所有参赛队伍按团体名次进行排名。经过3天角逐，乳山市代表队获第3名。

【湘鄂鲁皖苏赣全民健身大联盟交流培训基地】 9月2～4日，由山东省体育总会承办的华东区体育总会工作会议在乳山市召开，来自山东、上海、江西、安徽、福建、江苏、浙江7省市体育局、体育总会的领导参加会议，会议确定大乳山滨海旅游度假区为“湘鄂鲁皖苏赣全民健身大联盟交流培训基地”和“山东省绿色生态休闲体育活动基地”。同时承办2015年湘鄂鲁皖赣全民健身大联盟象棋比赛，来自湖北、湖南、安徽、江西、江苏、山东的6支代表队30名选手参加比赛。比赛与会议同步展开，同步推进，丰富会议内容，以实际行动促进全民健身活动的开展。

【中小学生体育联赛举办】 3—11月，乳山市体育局与乳山市教育局联合举办“中国体育彩票杯”乳山市中小学生体育联赛，联赛由篮球、足球、排球、乒乓球、田径、健美操6项组成，分小学男、女组，初中男、女组及高中男、女组共6个组别举行，3002名运动员参加比赛。开展中小学生游泳普及活动，8月，在东方大厦海天游泳馆分4期培训中小学生320名，提倡学校体育和竞技体育相结合，提升中小学生健康素质和生存技能。

【体育彩票销售超额完成】 乳山市体育局坚持把体彩工作作为“一把手工程”常抓不懈，通过“三个提升”，即提升网点形象、提升服务水平和提升销售总量，拓宽销售渠道。利用广播、电视、公交车车载广告等媒体及大型赛事和会议活动等形式，宣传和展示体彩公益事业，使体彩市场步入正规化、良性化轨道。2015年，乳山市新增体育彩票销售站点8个，乳山市体育彩票销售站点共51个，体育彩票销售总额3963万元，超额完成年2000万的工作目标。

2015年乳山市运动员参加全国及以上比赛成绩一览表

表42

姓名	性别	比赛名称	比赛项目	成绩	输送教练
刘　威	男	亚洲自行车锦标赛	男子4km团体	第一名	宫爱红
肖慧敏	女	世界大学生运动会	马拉松团体	第二名	牟晓红
于　珊	女	全国第一届青运会	赛艇4双	第二名	李凯建
李　刚	男	全国自行车锦标赛	凯林赛	第二名	李凯建
李　刚	男	全国自行车冠军赛	竞速赛	第三名	李凯建
阮军超	男	全国小轮车青年锦标赛	团体	第一名	牟晓红
阮军超	男	全国小轮车青年锦标赛	个人	第二名	牟晓红
刘燕妮	女	全国手球青年锦标赛	手球	第三名	王益强
于性哲	男	全国手球锦标赛	手球	第二名	马晓峰

2015年乳山市运动员参加山东省比赛成绩一览表

表 43

姓名	性别	比赛名称	比赛项目	成绩	输送教练
罗晨颖	女	山东省柔道锦标赛	女乙+ 78KG	第三名	王志强
于肖婷	女	山东省柔道锦标赛	女乙团体	第三名	李凯建
冷晓寒	女	山东省柔道锦标赛	女乙团体	第三名	王益强
周海燕	女	山东省柔道锦标赛	女甲 78KG	第三名	牟晓红
荆玉清	男	山东省柔道锦标赛	男乙团体	第三名	孙延财
荆玉正	男	山东省柔道锦标赛	男乙团体	第三名	孙延财
张莲莲	女	山东省举重锦标赛	女乙 44KG	第二名	王益强
王雅婷	女	山东省公路自行车锦标赛	女乙个人计时	第一名	李凯建
王雅婷	女	山东省公路自行车锦标赛	女乙个人	第一名	李凯建
宋莎莎	女	山东省场地自行车锦标赛	女乙团体竞速	第三名	李凯建
柯　倩	女	山东省场地自行车锦标赛	女乙团体竞速	第三名	李凯建
王玉存	女	山东省自由跤锦标赛	女甲 53KG	第二名	李凯建
邓　鑫	女	山东省自由跤锦标赛	女甲 60KG	第三名	马晓峰
宫新潮	女	山东省自由跤锦标赛	女甲团体	第三名	杜振宽
邓　鑫	女	山东省自由跤锦标赛	女甲团体	第三名	马晓峰
王玉存	女	山东省自由跤锦标赛	女甲团体	第三名	李凯建
于子超	男	山东省皮划艇锦标赛	男甲 200M 双人	第三名	马晓峰
于进洋	男	山东省皮划艇锦标赛	男乙 200 米双人	第三名	牟晓红
史　杰	男	山东省田径锦标赛	男乙 3000 米	第一名	牟晓红
史　杰	男	山东省田径锦标赛	男乙 5000 米	第二名	牟晓红
胡文文	男	山东省田径锦标赛	男乙 5000 米	第三名	牟晓红
孙志伟	男	山东省拳击锦标赛	男甲 69KG	第三名	孙延财
姜泽鑫	男	山东省篮球锦标赛	男甲	第三名	董兰鑫
徐广洋	男	山东省篮球锦标赛	男乙	第六名	董兰鑫
姜晓婷	女	山东省排球锦标赛	女乙	第二名	马晓峰
宋佳慧	女	山东省手球锦标赛	女乙	第三名	宫爱红
张　雪	女	山东省手球锦标赛	女乙	第三名	杜国润
高玉杰	男	山东省手球锦标赛	男甲	第六名	马晓峰
刘彩蝶	女	山东省手球锦标赛	女乙	第六名	牟晓红
孙雪萍	女	山东省手球锦标赛	女乙	第六名	周红艳
王丹阳	女	山东省手球锦标赛	女乙	第六名	马晓峰
刘燕妮	女	山东省手球锦标赛	女乙	第六名	王益强

续表 43

姓名	性别	比赛名称	比赛项目	成绩	输送教练
宋凤仪	女	山东省手球锦标赛	女乙	第六名	王益强
宋建军	女	山东省手球锦标赛	女乙	第六名	马晓峰
李文斌	男	山东省射箭锦标赛	男甲双轮全能	第二名	王志强
李文斌	男	山东省射箭锦标赛	男甲单轮全能	第二名	王志强
滕振润	男	山东省赛艇锦标赛	男乙 2000 米双人单桨	第一名	邵政
滕振润	男	山东省赛艇锦标赛	男乙 2000 米 4 人双桨	第一名	邵政

10月15日，乳山市第二十三届老年人运动会在威海机械工程高级技工学校体育场举行　（王英男摄）

明代 秋山雅士题壁图

明代 松鹤延年图

明代 芦雁图

清代　百禄图

清代　柳岸鸬鹚图

责任编辑：于　晓

文　化

Culture

- 综　述
- 文学艺术
- 群众文化
- 文博与图书
- 非物质文化遗产
- 马石山红色教育基地
- 文化产业
- 广播电视
- 报刊与网络
- 史　志
- 档　案

综 述

【概况】 2015年，乳山市提升文化服务效能，加快文化强市建设，制订《乳山市“十三五”文化产业发展规划》和《乳山市关于加快发展文化产业的实施意见》，为文化产业发展提供政策保障和发展依据。年内，乳山市成功创建“全国文化先进市”；福如东海文化园、南泓渔家乐写生基地、极北茶业观光采摘园写生基地被批准为威海市艺术创作写生基地。

7月10日，乳山市举办首届广场舞大赛　　（文广新局提供）

【“三馆一院”设施改造】 按照“一手抓设施完善、一手抓功能提升”的工作思路，加大乳山市图书馆、文化馆、美术馆、尼山书院“三馆一院”设施改造力度。图书馆整合资源、优化布局，在乳山市委群工部三楼建设“图书馆·尼山书院”，开办国学堂、社区儒学讲堂；创新国学教育形式，举办唐诗宋词之旅网络连线和异地诵读讲解活动，历时半年，行程3万公里，现场讲解唐诗宋词30首。以第四次全国文化馆评估定级为契机，完善戏曲票友之家、书画驿站、宣传橱窗等免费开放场所设施；加强美术馆藏品收集管理，利用信息系统实现在线藏品研究、登记、普查和展示，丰富美术信息资源，提高美术馆公共文化服务能力。

【冯德英文学馆成为特色教育基地】 2015年，冯德英文学馆收藏、陈列、展示冯德英文学创作生涯中的图片、作品、影像、实物资料2000件，全天候对社会免费开放，全年接待来自全国34个省、自治区、直辖市的观众16万人次，其中，未成年观众7万人次，观众留言2000条。举办“迎新春馆藏文物图片展”，设置展板20个，发放宣传纸1000张。举办“纪念胡翘然先生诞辰100周年研讨会”，乳山市文广新局、乳山市文联领导及威海、乳山专家、学者及书画爱好者和胡翘然先生学生、亲属30人参加，编辑出版《中国近现代名家画集·胡翘然》。与乳山市黄山路学校、乳山市怡园中学、乳山市第二实验小学、威海艺校、乳山市府前中学联合开展特色教育活动，介绍冯德英作品的时代背影、故事梗概、主要人物、社会意义，讲述新旧社会儿童的生存状况和生活质量对比，阐述造成不同命运的原因，以《苦菜花》母亲为范本，讲述母爱的无私与博大，激发孩子们爱国、爱家，感恩父母、友爱同学和关心他人的自觉性，探索未成年人思想道德教育新途径。

9月1日，府前中学和冯德英文学馆联合开展德育教育基地揭牌仪式
（文广新局提供）

【农村社区文化阵地建设】 投资150万元，优化社区文化大院100个，配备电脑、音响、乐器、服装等设备器材500台套；投资35.6万元，更新178个社区农家书屋图书；指导各镇配齐基层文化辅导员，落实镇综合文化站免费开放资金和文化辅导员补助资金60万元，实现基层文化工作有阵地、有人员、有制度、有经费的“四有”目标。

【引导社会力量参与公共文化平台建设】 2015年，乳山市联合社会力量建设乳山历史文化展览馆，展示

7月30日，文广新局邀请专家为官兵讲解国学知识　（文广新局提供）

乳山历史沿革、重大事件、重要人物、民俗非物质文化遗产资源、红色文化、精品文物及文化遗址。建设大爱坊民俗艺术馆、龙吟银滩美术馆、台依湖葡萄酒博物馆等场馆，举办文化培训交流、展览展示活动100场次，形成政府主导与社会参与相结合的文化服务新机制。

【群众文化活动】 围绕仁爱乳山、纪念抗战胜利七十周年、五城联创等主题，举办“仁爱乳山，我们在行动”文艺晚会、乳山市首届广场舞大赛、纪念抗日战争胜利70周年文艺晚会、“欢乐乡村”群众文艺汇演等演出活动20场。举办“台依湖杯”全国刻字名家作品邀请展、“仁爱乳山”首届中国画展、“福寿杯”书法展等展览10场（次）。开展送戏、送电影下乡活动，共送戏130场、电影7212场，丰富群众精神文化生活。同时，抓基层文艺骨干培训，组织文化专业人员集中辅导镇基层文化辅导员，深入镇、村（社区）开展广场舞培训，培训领舞1600人，全年举办书画、音乐、舞蹈培训讲座50期，培训4000人次。

【文化拥军活动】 世界读书日期间，开展读书沙龙进武警中队活动，书友与官兵交流读书心得，推荐国学经典。“八一”建军节期间，开展文化进军营活动，为武警中队送书300册，组织专家为官兵们进行国学知识讲座；为海军雷达站官兵放映《虎头要塞之最后决战》《马石山十勇士》等影片，活跃官兵文化生活。

文学艺术

【概况】 2015年，乳山市文艺工作者围绕纪念中国人民抗日战争暨世界反法西斯战争胜利70周年、仁爱乳山、五城联创等主题开展创作，作品普遍呈现高扬主旋律、讴歌真善美、为家乡建设服务、为人民生活服务的特点，作品的质量和数量进一步提高。全年出版文集5部，4个作品获省级以上奖项，102副摄影作品获威海市级以上奖项，30位书法美术作品在威海市级以上单位举办的展览中展出。

【文艺精品创作成果丰硕】

戏曲类创作 吕剧《乳娘》入选山东省纪念中国人民抗日战争暨世界反法西斯战争胜利70周年优秀剧目展演参演剧目，进入国家艺术基金复评，并在央视11套戏曲频道“九州大戏台”栏目播出；乳山市心连心艺术团创编的情景剧《爱的绽放》参加全省老干部文艺汇演，获一等奖；刘国贤作词、王仁浩作曲的歌曲《回家》，于江泳作词、宫少英作曲的歌曲《你在我身边》获第四届“威海文学艺术奖”二等奖；“天翼杯”威海市青年歌手大赛，韩波、焉宏分别获美声唱法一等奖和优秀奖，王晓红获民族唱法优秀奖；山东省青年歌手大赛，韩波获美声唱法优秀奖；“欢乐乡村——2015威海市农村（社区）群众文艺汇演”，王仁浩、于鹏、韩波、付连菊获优秀辅导奖。

文学类创作 宫本森的作品《宫本森诗词剪纸选集》由山东文艺出版社出版，高明光的散文集《此去经年》由团结出版社出版，刘方计的诗歌集《寄一朵浪花给你》由文汇出版社出版，张淑艳主编的《国学经典弟子规》由吉林人民出版社出版，邓德光主编的《同步作文》由吉林人民出版社出版。姜增产纪实文学作品《流星神侠——房秀基》获“纪念中国人民抗日战争暨世界反法西斯战争胜利70周年文学征文”省级报告文学优秀奖；刘方计作品《父亲与他的小推车》获“第四届全国人文地理散文大赛”二等奖；张敬滋的散文诗《喜欢秋天》获第二届中外诗歌散文邀请赛二等奖；李晓莉作品《奔跑的流年》获山东科技报社“十年同行共成长”主题征文活动优秀奖。郑华的报告文学《母爱如山》获威海市第四届威海文学艺术奖三等奖。

书法类创作 于永强书法篆刻作品获第八届泰山文艺奖三等奖；乳山市摄影家协会共102幅作品在威海市级以上获奖；选送书画作品参加威海市第十五届少儿美术书法作品展，乳山市获金奖10名、银奖20名、铜奖30名、优秀奖49名、优秀辅导教师奖37名，乳山市文化馆获优秀组织奖。

【画展笔会活动】 2015年，乳山市举办书画展5场，其中，在文化中心一楼展厅展出作品219幅；到基层举办书画笔会2次，创作书画作品150幅。参加在威海博物馆举办的庆“六一”儿童书画展，展出作品140

件；组织“仁爱乳山·幸福家园”迎新年剪纸艺术作品展，展出剪纸作品40幅；组织举办“仁爱乳山”工艺美术作品展，展出剪纸、木刻、平绣等作品43幅；与书画院联合承办“水墨风骨——银滩情”纪念抗日战争暨世界反法西斯胜利70周年书画展，展出书画作品56幅；与书画院联合承办“乡情墨韵——曹仲敏书法作品展”，展出书法作品40幅；举办乳山市纪念抗战胜利70周年书画展，展出书画作品40幅。

7月29日，乳山市在东方大厦广场举办消夏文化夜市（文广新局提供）

【摄影展览活动】 全年举办专题摄影展5次。在文化中心艺术展廊举办2015年乳山市春节联欢晚会暨“农信杯”秧歌汇演图片展，展出图片100幅；举办2015年“农信杯”“仁爱乳山·缤纷夏日”消夏晚会掠影摄影展，展出图片65幅；举办纪念抗日战争胜利70周年活动掠影摄影展，展出图片49幅；举办“五城联创·我们在行动”文艺晚会、中韩文化艺术交流晚会图片展，展出图片54幅；举办“欢乐乡村——2015威海市农村（社区）群众文艺汇演”乳山赛区图片展，展出图片50幅。

群众文化

【概况】 2015年，乳山市共组织大型群众文艺演出活动20项，包括“五城联创·我们在行动”文艺晚会、纪念抗日战争胜利70周年文艺晚会、中韩文化艺术交流会、“欢乐乡村——威海市农村（社区）群众文艺汇演（乳山赛区）”决赛。举办基层文艺骨干培训班18期，培训文艺骨干1600人次。开展进社区、农村、学校、企业、部队文化服务活动40次。

【消夏文化夜市】 乳山市按照“政府组织、群众参与、企业搭台、文化唱戏”的创办模式，以群众自娱自乐为主，通过与企业联姻的形式，举办为期3个月共15场的乳山市消夏文化夜市，以群众关心的事情为主题，贴近百姓生活，为市民度夏提供好去处，充实市民精神生活，共展演文艺节目220个，2000人次参演。

【“梦想中国·仁爱乳山”春节联欢晚会】 1月22日晚，由乳山市委宣传部、文化广电新闻出版局和广播电视台联合主办的乳山市2015年春节联欢晚会，在威海市机械工程高级技工学校文体馆举办，晚会围绕“梦想中国，仁爱乳山”为主题，贯彻中央节俭办晚会要求，坚持“厉行节约、喜庆热烈、务实创新”原则，鼓励群众自编自演，打造贴近中心、贴近群众、贴近生活的春节晚会。通过歌舞、小品、情景剧等表演形式，展现各级各部门和乳山市人民忠爱仁孝、明礼仁义、厚德仁民、诚信仁智的大爱情怀和精神风貌及乳山经济社会发展取得的成就。

【2015“农信杯”秧歌汇演】 3月1日，为活跃群众文化生活，喜迎元宵佳节，乳山市组织“农信杯”秧歌汇演，各镇（街道）以及威海艺校、老年体协17支秧歌队的2000名演员共同出演舞龙、骑毛驴、花鼓等传统节目，万名群众观看演出。

【文艺下基层活动】 组织书法家协

1月22日，乳山市举办“梦想中国·仁爱乳山”春节联欢晚会（文广新局提供）

会会员到乳山市农商银行网点、威海市商业银行网点为群众免费写春联4000副，到腾达社区、怡园社区、胜利花园送书法500副；在怡园社区举办迎新春对联展，组织书法家协会、美术协会会员到基层举办书法、美术笔会20次；乳山市文联心连心艺术团下乡开展慰问演出50场次，1万名群众观看演出；乳山市京剧协会开展广场演出周活动，宣传传统文化，活跃市民生活。

文博与图书

【概况】 2015年，乳山市制订并实施《乳山市文物保护工作计划》，开展乳山市内地上、地下文物的保护及考古调查研究，可移动文物普查工作完成数据登录上报工作。开展“文化遗产日”宣传活动。乳山市图书馆全年免费开放，开通免费Wi-Fi供读者使用，读者流通人次、图书借阅册次持续增长。全年书刊文献外借17.2万册次，总流通18.5万人次。在“中图学会第五届百县馆长论坛”上，乳山市图书馆创新服务管理模式案例《推行图书馆集群网络服务体系实现图书资源城乡服务均等》获三等奖。

【可移动文物普查工作完成】 2015年，开展并完成第一次全国可移动文物普查工作。乳山市文物管理所、冯德英文学馆、乳山市文化馆、威海马石山红色革命教育基地、乳山市党史市志办公室和乳山市档案局等6家国有文物收藏单位，共普查登录上报数据15273件\套，其中文物管理所13270件\套，冯德英文学馆1956件\套，文化馆37件\套，马石山烈士陵园6件\套，史志办1件\套，档案局3件\套。此次数据采集上报工作的开展，为可移动文物保护打下基础。

【“乡村记忆”工程启动】 2015年，乳山市将“乡村记忆”工程列为乳山市2015年便民利民重点工作之一，经调查，有乳山寨镇南司马庄村、诸往镇东尚山村、徐家镇东嵎岭村、大孤山镇东林家村、海阳所镇赵家庄村、崖子镇大崮头村李丕桓民居、诸往镇下石硼村、午极镇泽上村张氏祠堂、大孤山镇河东村一中旧址等10处有价值的传统村落或传统民居。其中，南司马庄村入选山东省乡村记忆工程名录，东尚山村、东林家村入选山东省传统村落名录。

【红色抗战遗、旧址新发现】 结合纪念抗战胜利70周年，组织开展乳山市红色抗战遗址、旧址普查工作，新发现北海印钞厂旧址、谷牧教学旧址、于得水活动纪念地旧址、西乳山战壕遗址、双山战斗遗址、胶东特委诞生地旧址、牟平县委诞生地旧址、胶东军区司令部旧址、花岩沟阻击战遗址、东海医院诞生地旧址、胶东军区临时指挥所旧址、八路军总部军工部第三兵工厂旧址、胶东育儿所旧址、胶东军区卫生三所旧址等14处红色抗战旧址，公布为县级文物保护单位。胶东军区卫生四所旧址、安家军寨遗址、翁家埠遗址、潘家庄遗址成功申报第五批省级文保单位。

【乳山口跨海大桥考古勘探调查完成】 2015年3月，威海市文物管理办公室、乳山文物所联合对乳山口跨海大桥项目的陆地沿线用地及周边区域进行考古勘探调查，主要是对地下可能存在的古遗址、古墓葬的范围大小、形制结构以及时代性质等进行勘查，并完成勘探报告，为下步考古保护发掘打下基础。

【水下考古调查取得线索遗迹3处】 2015年4月，根据威海文物管理办公室要求，乳山市文物所在乳山沿海区域展开水下考古调查，重点调查收集相关水下传说、沉船线索，取得具有重要线索遗迹3处，分别是：小青岛村北2000米海域内有遗物出土；南泓村东南1000米海域内有1947年国民党货物运输船触礁搁浅的船只一艘；邹格村西北600米海域内有1942年日本战舰搁浅船只一艘。

【明清时期海防遗迹调查】 2015年，实地调查乳山市明清时期海防遗迹。通过调查，已确定海阳所城遗址位置，基本确定乳山巡检司位置。确定乳山现存军寨遗址7处、所城遗址1处、烟墩18处。有6处烟墩遗址、1处军寨遗址、3处炮台遗址遗迹已消失。

4月22日，乳山市第三届读书节暨2015全民阅读活动启动仪式

（文广新局提供）

【全民阅读活动】 2015年，乳山市开展春节系列活动、"共筑中国梦，好书伴我行"读书朗诵大赛、乳山市第三届读书节活动、全民阅读进军营、纪念中国人民抗日战争暨世界反法西斯战争胜利70周年系列活动等主题读书活动12类、6000人次参与。4月22日，在威海"书香威海——阅读让城市更文明"2015全民阅读活动动员会上，乳山市图书馆被威海市委宣传部、文广新局授予"全民阅读活动优秀组织奖"。"阅读，请到图书馆"读书活动获"威海市全民阅读活动优秀创新项目奖"。组织参加威海市"共筑中国梦、好书伴我行"读书朗诵比赛，乳山市1名选手获二等奖，2名选手获三等奖，乳山市图书馆获"优秀组织奖"。

【儒学讲堂进社区】 完善尼山书院建设，制作统一标牌，悬挂孔子像，设置国学讲堂、文化体验中心，在图书外借室开辟国学经典阅览区，设计布置道德展廊。建成群工部尼山书院、利群社区儒学讲堂、宋家庄村儒学讲堂等，并配送书架、制作道德刊板，流通图书2600册。围绕经典诵读、国学普及、礼乐教化、道德实践、情趣培养"五个板块"活动，每周开展一次国学经典诵读及文化体验活动，年内举办35期；每2周开展一次读书讲座活动，年内举办25期；自11月开始，每周举办一次"易经文化精读班"讲座，年内举办5期；开展节庆主题活动，年内举办11次。7月起，联合具有"当代徐霞客"之称的李振华先生开展唐诗宋词之旅"异地同步诵读经典"活动，与李振华先生所到之地进行现场视频连线，馆内家乡学子聆听李振华实地讲述经典诗词诞生的社会、历史背景，比看古今，共读经典。

【基层公共文化服务】 2015年，下基层辅导培训工作人员42次，流动图书27次，流通图书总量9000册。建成乳山市社会保险事业处、幸福苑老年公寓等5处基层服务点；为怡园社区、松山社区等15个社区安装文化信息资源共享工程、文化惠民服务平台软件，提高资源利用率；为春江源农民工服务基地、幸福社区、银滩老来乐等10个基层点流通图书3000册。完善社区图书室建设，为10个社区图书室配送流动图书5400册。开展农家书屋提升工作，逐步把农家书院纳入总分馆服务体系，建成基层服务点。

非物质文化遗产

【概况】 2015年11月，乳山大秧歌、乳山钩织2个非物质文化遗产项目被山东省人民政府公布为第四批省级非物质文化遗产项目名录。组织第四批县级非物质文化遗产名录申报材料，挖掘整理寨前小伏虾、乳山芦苇席制作技艺、乳山柞木炭烧制技艺、乳山杆秤制作技艺资料。

【非物质文化遗产宣传活动】 元旦期间，举办"仁爱乳山，幸福家园"迎新年剪纸艺术作品展；春节期间，举办第19届乳山大秧歌春节汇演活动；在乳山电视台开辟美丽乳山行专栏，展示非物质文化遗产代表性项目名录，在《乳山时讯》开设"关注非物质文化遗产"专栏，出版《乳山市非物质文化遗产名录》宣传册。在乳山市畅园学校举办第十个"中国文化遗产日"非物质文化遗产保护成果展览。组织参加"传承中华文明·绵延齐鲁文脉——我眼中的非物质文化遗产"全省摄影大赛，乳山市有3人获奖，2人作品获入围提名。

【非遗传承人展示活动】 1月16日，乳山剪纸代表性传承人潘周录制中央电视台第七套节目《乡村大世界》节目表演剪纸绝活。2月，组织牛郎棍、乳山镂绣代表性传承人参加全省非物质文化遗产大讲堂培训班。4月，乳山镂绣代表性传承人参加河南洛阳"丝路嘉年华"非物质文化遗产展。6月13日，组织葫芦烙画代表性传承人孙华丰参加威海举办的第十个"文化遗产日"现场展演，同时，选送乳山镂绣、姜家柳编2个名录的10件作品参加威海第十个"文化遗产日"展览。6月，乳山剪纸代表性传承人潘周参加北京、山西两地剪纸艺术交流会。7月12—8月上旬，乳山剪纸代表性传承人潘周参加文化部在济南举办的非物质文化遗产传承人培训班。

【非遗产品销售】 引导非物质文化遗产传承人对非物质文化遗产产品进行创意性开发设计，与金谷之园电子商务产业园合作，选择适合规

8月5日，尼山书院读书讲座活动 （文广新局提供）

模性开发生产的10种产品进驻产业园区，采取委托金谷之园电子商务产业园代理宣传销售的模式，通过O2O线上线下网络销售平台宣传推广非物质文化遗产产品，利用互联网及微信等网络销售平台，实现核心文化与产业产品融合，丰富文化产品内涵，扩大品牌影响力，创造经济效益。

（宋林林）

马石山红色教育基地

【概况】 威海马石山红色教育基地于2015年8月15日正式对外开放。基地占地面积1.69万平方米，建筑面积2900平方米，主要包括“两馆一中心”，即马石山十勇士纪念馆、乳山革命纪念馆和宣传教育中心。2015年11月，获批为“全国爱国主义教育示范基地”；同年12月获批全省党史教育基地。

【基地改陈布展】 2015年，在山东省党的群众路线教育基地领导指导下，聘请国家军事博物馆和二十七军军史博物馆的专家以及熟知马石山历史的乳山市党史市志办公室同志担任顾问，研究规划设计和布展方案，制作教育专题片、解说词等教学资料，增加20世纪30年代相关革命历史资料20件，购置与胶东革命历史有关的文物及资料200件。基地共展出图片300张、实物240件、雕塑10件、景观12处、艺术品6件。选拔培养讲解员3名，对外开放以来，接待参观学习团队207批1.1万人次。

【马石山烈士陵园获批国家级烈士纪念设施保护单位】 加强抗战纪念设施、遗址的保护管理，重修150名革命烈士陵墓，修建无名烈士墓碑，保护性修复1943年竖立的“马石山殉难军民之墓”碑石、“马石山殉难军民纪念碑”，修缮维护抗日军民与日本侵略军激战时使用的5处掩体和被困抗日军民饮水的一口水井。2015年7月21日，马石山烈士陵园被民政部批准为“国家级烈士纪念设施保护单位”。

【威海纪念抗战胜利70周年大会在马石山红色教育基地举办】 8月15日，承办“威海市纪念抗战胜利70周年暨世界反法西斯战争胜利70周年大会”，威海市委书记孙述涛、市长张惠为基地授牌，威海市及乳山市党政、部队主要领导，机关干部，驻威官兵，青年学生和各界群众代表到基地悼念革命先烈；9月30日，承办“全市烈士公祭仪式”，乳山市主要领导和机关干部、青年学生、各界群众一起，缅怀先烈。

文化产业

【概况】 乳山市实施文化产业招商走出去战略，推动文化渗透和文化融合工程建设。建立文化产业项目信息数据库，确定福如东海展览馆、中国友联画院、金谷园特色产业文化体验馆、银泰创意文化产业园等16个文化产业重点项目，文化创意大厦、光伏科技文化展览馆、圣水宫道教文化博物馆等成为具有发展潜力的文化项目。建立文化项目定期调度机制，推进文化产业考核工作开展。福如东海文化园成功申报山东省重点文化产业园区，是威海市唯一一个入选园区的企业。推进银泰文化创意园区、山泽大学生文化创意基地、友联画院（山东创作中心）、福如东海展览馆、文旗文化创意大厦等在建项目建设，筹建金谷园文化创意园区、大乳山文化艺术产业创作基地、多福山文化创意产品孵化园、台依湖国际酒庄山东省刻字基地，打造文化创意产业的集聚平台，推动文化创意产业规模化、链条式发展。

【电影放映】 2015年，乳山市开展公益电影下乡活动，以爱国电影为主，科教电影为辅，4月6日至10月30日期间，乳山市601个行政村每村每月放映电影1次，每次2场，每村全年共放映电影6次，全年共放映电影7212场，观众36万人次。

【图书发行】 山东新华书店集团有限公司乳山分公司（以下简称新华书店），按照“转、调、创”发展战略，创新营销思路、拓展发行领域，内抓管理、外树形象。全年营业收入1781万元，完成计划的101.77%，实现利润总额31.6万元，完成计划的105.33%。通过省级文明单位复查，被集团公司授予“优秀奖”。

参照全国新华书店实体店服务标准要求，改造门市部营业场所的图书陈列、分类标识、服务细则等。根据不同时期，结合不同主题，开展主题营销活动，开展“暑期读一本好书”“文教工具书展销”，引导消费需求、带动销售。开展送书下乡、送书进企业、送书到校活动。转变发行模式，依附电商平台，做好互联网与实体书店的结合。9月，注册乳山分公司新华阅购二级域名，网络销售与实体销售互为补充，迈出互联网电子商务的第一步。一般书销售呈增长趋势，完成集团公司下达的指标任务。

【文化市场监管】 2015年，乳山市加强对乳山市文化市场的依法、科学和有效管理，文化市场持续繁荣有序发展。乳山市网吧51家、歌舞娱乐场所26家、电子游戏游艺娱乐场所18家、图书报刊经营场所26家、音像制品经营场所8家、电影放映经营场所2家、营业性演出团体3家、印刷企业23家、复印打印经营单位69家、电视台1家、广播电台1家、报社1家、互联网文化经营单位22家。加强日常监管，在繁华街区闹市、城乡结合部、农村地区和校园周边等关键部位，针对“两会”、元旦、春节、国庆、寒暑假等重要节点，以网吧、KTV、出版物市场、印刷复制企业、游艺娱乐场所、营业性演出市场、广电市场等为重点，联合公安、工商、文广新局等有关部门，开展专项整治行动10次，打击违规经营行为，文化市场经营秩序得到规范。2015 年，出动执法检查人员 1 万人次，检查文化市场经营单位 2600 家（次），办理案件 26 个。查缴非法印刷品 760 本（份），取缔非法店档摊点和不法游商 12 个，查缴卫星地面接收设施及其他非法设备 25 套（件），拆除私自安装的卫星地面接收设施 38 套，查处非法广播电台案件 1 起。受理投诉举报 20 起，举报办结率、回复率均 100%。2015 年，乳山市文化执法局获山东省“‘扫黄打非’工作先进集体”称号。

6 月 9 日，“护苗 2015”专项行动中执法人员检查校园周边书店
（文化执法局提供）

【文化市场监管专项行动】

“净网 2015”专项行动 面对互联网技术迅猛发展对扫黄打非工作带来的严峻挑战，乳山市“扫黄打非”办公室开展“净网 2015”专项行动，打击网上淫秽色情等有害信息。行动中突出对手机移动智能端、微博、微信等微领域的集中整治，有效净化网络文化环境。乳山市文化执法局、公安局等部门处置网络淫秽色情信息 120 条，收缴淫秽色情出版物 230 件。

“秋风 2015”专项行动 乳山市文化执法局开展“秋风 2015”专项行动，打击“三假”活动。专项行动以重点案件查办和重点问题整治为主线，以打击非法采编、非法印刷、非法出版、非法新闻网站和记者站整顿为突破口，以清查非法报刊和非法互联网报刊为重点，从采编、印刷、销售、运输等多个环节落实管控措施，收缴非法报刊 1300 件，“三假”现象减少，新闻出版传播秩序改观。

“护苗 2015”专项行动 为打击制售传播非法有害少儿出版物违法行为，乳山市文化执法局开展“护苗 2015”专项行动。同时组织以“护助少年儿童健康成长、抵制和远离有害少儿出版物”为主题，开展“绿书签”行动，联合相关部门开展正版生活、绿色阅读等宣传教育活动，引导少年儿童自觉远离和抵制有害出版物及信息。整治中小学校园周边出版物市场，查缴含有淫秽色情、暴力、恐怖、迷信等内容的非法出版、侵权盗版的少儿出版物，清理含有妨害少年儿童身心健康内容的互联网音频、视频、游戏、小说、动漫等，收缴非法有害少儿出版物 200 件，工作取得明显成效。

【文化市场安全生产】 加大文化经营场所安全生产和消防安全巡查力度，掌控安全生产和消防安全动态。2015 年，乳山市文化执法局会同公安消防等部门，组织开展文化市场消防安全排查整治和文化市场安全生产大检查行动，重点排查和检查电影、网吧、歌舞、游戏游艺、印刷等经营场所的消防设施、设备及消防安全责任制落实情况。举办文化市场经营业主法律常识和安全知识培训班 1 期，组织开展文化市场消防应急演练 1 次，增强经营业主的安全生产和消防安全意识。全年排查和检查出文化市场安全隐患 90 处，下达责令整改通知书 32 份，与文化经营单位签订安全生产责任书 70 份，签订文化经营单位安全生产承诺书 70 份。

【文化市场服务】 2015 年，乳山市文化执法局投资 2 万元制作发放公益广告宣传牌 125 块、文明上网小桌牌 200 个、统一格式证件悬挂牌 80 个、未成年人禁入标识 70 张、禁烟标识 560 张、节约用水用电标识 78 张、消防设施保养记录卡 110 张，改造 40 家文化经营单位的卫生间，为 24 家网吧安装机械通风装置，粉刷网吧经营场所墙面 3000 平方米，为 51 家网吧免费更新安装监控软件。

广播电视

【概况】 2015 年，乳山市广播电视台坚持“新闻立台、栏目活台、广告促台”的办台理念，利用现有资源，加大整合挖掘力度，生活频道、农村频道、图文频道 24 小时全天候播出，实现所有频道 24 小时播出全覆盖。围绕产业转型、“仁爱乳山”品牌建设、五城联创、庆祝抗战胜利 70 周年等工作，推出新栏目 17 个，全年对上发稿 300 条。被山东广播电视台授予“2015 年度山东电视宣传先进集体一等奖”。

【对内新闻宣传】 围绕市委、市政府的中心工作，把握时间节点，推出《站在新起点，实现新突破》《创城在行动》《创城监督台》《仁爱故事》《企业形象展播》《中韩自贸区建设》《每日房价》《道德模范风采》《最美一线职工》《奋战三年，实现产业大突破》等新栏目。为配合乳山市开展的“五城联创”工作，制作“五城联创”宣传片花及公益广告32个，在乳山人民广播电台及乳山电视台3个频道大密度播出。在《乳山新闻》中开设《全民参与五城联创，共同建设仁爱乳山》专栏，报道各部门和基层群众在创城工作中的好经验、好做法，挖掘创城工作中涌现出的感人故事，并利用监督台栏目，对影响城市形象的不文明、不规范行为进行曝光，为“五城联创”工作营造氛围。完成“2015年乳山春晚”“乳山市第三届道德模范表彰暨现场交流会”“总政歌舞团慰问乳山军民文艺演出”“纪念抗日战争暨世界反法西斯战争胜利70周年文艺晚会”“‘五城联创’文艺晚会”等9场重大活动的现场录制任务。

【对外新闻宣传】 全年在威海市级以上电视台发稿300条，其中，在中央电视台发稿28条，实现历史性突破；在省级媒体发稿130条。为宣传乳山抗战故事，弘扬乳山红色文化，通过与上对接，“马石山十勇士”“乳娘”故事分别入选中央电视台《新闻联播》《抗战记忆》栏目；胶东育儿所的故事先后在中央电视台《晚间新闻》《朝闻天下》专题报道；9月18日晚8点中央电视台由倪萍主持的《等着我》栏目，播出乳山市广播电视台推送的《乳娘》特别节目。在山东省电视台以连续报道、专题采访等形式播发乳山市生态文明建设、基层党建、红色文化等稿件20篇，扩大“仁爱乳山”品牌知名度。

【网络微视频制作】 2015年，为扩大宣传范围、增强影响力，乳山电视台与时俱进，创新工作方法，利用网络平台传播便捷的特点，围绕乳山市工作重点，以崭新的形式，结合网络热点内容，制作网络微视频作品《“乳山三宝”甄嬛篇》《五城联创小苹果》以及慈善MTV《爱在乳山飞翔》三部宣传片，为宣传乳山开辟新渠道。

【基础设施改造提升】 投资100万元，升级改造新闻演播室，配套新上新闻电视背景墙、LED栏目大屏、触摸屏、电视制作导播间等电视设施，这些高端设备的投入使用，增强电视画面呈现的多样化和鲜活度，丰富节目的生动性和可看性，提升节目的质量和整体包装效果。

【大型专题片《红色的爱》获奖】 2015年，乳山市广播电视台创作大型专题片《红色的爱之革命摇篮》，该片运用大量的珍贵历史画面和事件亲历者专访，真实记录抗日战争、解放战争时期，乳山境内“胶东育儿所”300名乳娘在极其艰苦的条件下，用乳汁和汗水精心哺育1000名党政军干部子女的感人事迹。是继“红嫂”之后，山东涌现出的杰出女性群体，塑造乳山母爱无疆的精神丰碑。该片获中央组织部《共产党员》纪录片一等奖、全省新闻宣传片一等奖、全省史志专题片一等奖。

11月1日，新改造的演播室完工投入使用　　（广播电视台提供）

【山东广电网络威海有限公司乳山分公司】 成立于2012年3月，隶属于山东广电网络威海有限公司，其前身为乳山广电宽带网络有限公司。2015年，公司有员工173人，设综合部、财务资产部、人力资源部、运行维护部、市场运营部5个部门。设银滩营业中心1个，在15个镇、城区街道设服务站。担负着乳山市有线电视传输网络的规划、建设、运营和管理工作，负责中央、省、市、县广播电视节目和数据信息的安全传输。

有线电视数字化整体转换工作结束 2015年6月30日，乳山市有线电视数字化整体转换工作结束，实现有线数字电视“村村通”。乳山市有线数字电视用户14.7万户（高清数字电视用户11.2万户）。建成网络带宽1千兆、拥有架空光缆2419.52公里及地下光缆375.76公里的立体有线电视主干线传输网，传送数字标清信号节目171套，其中，数字高清信号节目54套，3D节目频道1套，点播频道3套。

100兆宽带互联网等新业务开通 2015年，开通10兆、20兆和100兆宽带互联网业务和视频互动点播、电视节目时移回看等业务，为用户提供丰富的视听享受。建有291.68公里SDH环形数据传输网，最大带宽2.5千兆，可为乳山市各类用户提供视频监控、远程数据传输等业务。2015年获乳山市“支持地方建设先进单位”称号。

报刊与网络

【《乳山时讯》】 为中共乳山市委机关报，由乳山市报社编辑出版，原名《乳山市报》，1996年9月8日创刊，2001年编入国内统一刊号。2004年按政策规定改为内部出版物《乳山市讯》，向机关企事业单位和农村免费赠阅。2006年5月，挂靠威海日报社，改为《威海日报·乳山时讯》。2012年7月，与威海报业脱钩，并进行全新改版，为对开四版周三刊彩报，国际流行黄金报型，期发行量1万份，免费赠阅至市直机关、企事业单位、各镇村、社区、主要宾馆酒店、沿街主要门市、威海市党政机关、部分离退休老干部及乳山籍在外知名人士。

报纸编辑出版 2015年，乳山市报社强化大局意识、创新意识、精品意识、服务意识，准确、及时地传递党和政府的声音，发挥党报舆论宣传的主阵地作用。加大"五城联创"、城乡环卫一体化、经济发展、招商引资和项目建设等方面的宣传力度，加强政策宣传和典型引导，凝聚发展合力，其中，为宣传"五城联创"活动，推出专版67个、专栏12个、刊发公益广告100条。全年共编辑出版《乳山时讯》147期，开辟新闻专栏40个，宣传先进典型60个。

报纸与新媒体融合发展 2015年，乳山市报社促进报纸与新媒体的融合发展。7月开通乳山时讯官方微信公众平台，报纸出版日定时推送信息，关注粉丝8000人；9月开通乳山时讯数字报、手机报，读者报纸出版日早8点即可抢先在网上、手机上阅报。《乳山时讯》的重要内容和报纸电子版，均在乳山新闻网、乳山时讯官方微信、乳山市报社官方微博、《乳山时讯》数字报、手机报同步发布或推送；网络媒体获得的新闻线索，报纸及时跟进报道，实现信息共享、报网互动、融合发展。

（张高）

【《银杏》杂志】 银杏杂志是由中共乳山市委统战部主管、乳山市党外知识分子联谊会主办的综合性文化季刊。创刊于2011年12月。作为党外知识分子的精神家园，《银杏》围绕中心，服务大局，宣传党和国家方针政策、法律法规，搭建知识分子研究交流学习的平台，为更好地发挥知识分子作用提供服务。坚持正确的政治方向和舆论导向，遵循"贴近时代，关注社会，反映民生，服务会员"的办刊宗旨，挖掘深厚文化底蕴、传承传统文化、培育现代文明，创树"高雅、清新、精美、隽永"的刊物风格。主要开设刊首寄语、专题报道、前沿观察、文艺天地、生活随笔、时尚视窗、会员风采、域外传真、风情乳山、企业剪影等栏目。立足乳山，面向省内外，办成融思想性、艺术性、学术性、乡土性和可读性为一体的刊物。2015年9月，《银杏》出版第7期，刊登来自全国各地优秀稿件60篇、照片21幅，书画作品6幅。得到社会各界及中央、省和威海市统战部门领导的肯定。

【《仁爱文化》杂志】 由乳山市文广新局、乳山文联、仁爱文化研究会主办。2011年9月创刊，为季刊。至2015年12月，共出版发行17期。《仁爱文化》发行范围为市直各部门、各大型企业、研究会会员等，邮赠乳山籍在外地工作的处级以上领导干部、国内相关的宣传和文化部门。2015年出版4期，设仁爱论坛、仁爱故事、文化动态、乳山记忆、地域特色、仁爱艺苑等栏目，年内重点推出阐述仁爱文化系列、回忆胶东育儿所系列、研究乳山民俗系列、宣传非物文化遗产保护系列等内容，通过发表研究成果、讴歌仁爱事迹、推广先进经验、共享资料方式，诠释乳山城市文化品牌，推动区域文化经济发展。

【乳山政府网】 乳山市人民政府在互联网上建立的政府门户网站，是乳山市人民政府及各部门信息发布的总平台、对外宣传和为民服务的总窗口。2002年1月1日上线运行，设置乳山市情、政务公开等栏目，特别是在政务信息公开和民生诉求方面，利用网站公开政府信息，解读政策，答复民生诉求问题，将政府网站建设成为政府和百姓之间的桥梁。2015年，通过政府网站，公开行政权力清单3051项；责任清单2219项，其中主要职责317项，具体责任事项1293项，部门职责边界52项，事中事后监管制度425项，公共服务事项132项；中介服务事项51项，其中涉行政审批的中介服务事项37项，涉行政确认、登记、年检、备案的中介服务事项14项；公开重大决策16项，有效保证群众的知情权。

【乳山新闻网】 开通于2007年5月29日，由乳山市报社主办与维护，2007年注册域名为"http://www.rs.whnews.cn"，内设新闻、时讯、时讯记者、乳报动态等22个新闻和资讯频道。2010年6月域名更改为"http://www.rushannews.com"。2011年，网站全面改版，设有时讯电子版、视频乳山、图片乳山、银滩之窗、行风热线等16个栏目版块。2013年，网站再次改版，新设乳山三宝、民生关注、民生诉求回音壁、银滩360°等栏目。乳山新闻网成为展示乳山形象的重要窗口。2015年，乳山新闻网重点围绕市委、市政府中心工作和乳山市发展大局做好新闻宣传，将《乳山时讯》每期所刊发新闻稿件全部提前一天上传，重要新闻随时上传，确保将最新的乳山资讯传送给百姓。新设"社会主义核心价值观""全民参与五城联创、共同建设仁爱乳山""乳山新闻发布厅""视频新闻"专栏，关注乳山发展，传递正能量，营造良好网络舆论环境。

（张高）

【乳山网】 2013年7月上线，由乳山市宣传部主办，服务大局、服务民生，坚持正确的舆论导向。2015年乳山网全新改版，凸显民生服务职能，增加民生会客厅、招聘公告、人物故事栏目10个。全年总访问量120万人次，更新信息4000条，发挥党和群众的喉舌作用，为民众认识乳山，了解乳山，提供平台。

2015年，结合乳山市重点工作，与相关部门沟通，建立联络机制，实时掌握动态信息并及时发布，引领社会舆论，开设“五城联创”“乳山发布厅”等4个专题网页，“乳山两会”“文化动态”等10个专栏。把民众的所需所想作为第一要务，以部门上下联动的方式，发布交通、医疗、就业、社保等与民众相关的便民讯息，全年发布相关信息2000条，为群众的日常生活提供便利。以民众关心的热点问题作为抓手，与市政府新闻办公室对接，建立乳山市新闻发布会的联合发布机制，以乳山网为首要网上信息发布载体，建立网上新闻发布厅专题网页对乳山市每期的新闻发布会进行网上提前预告、网上直播、视频播报，并做好相关政策解读，全年发布新闻发布会8场，推送政策解读文件60条。

【乳山热线】 乳山热线网站（www.rushan.com）是乳山市最早开设的地域性门户网站，始建于1998年，由乳山市联通公司主办，致力于提供老百姓需要的日常实用信息，同时为广大网民提供交流平台，将传统营销转型到新媒体营销。网站设有跳蚤市场、人才市场、新闻、网友社区等便民板块，同时承接网站建设、视频宣传制作和网络技术服务业务。为丰富老百姓文化生活，2015年6—10月，在利群广场举办“百姓大舞台”选秀节目，邀请文化产业协会会长陶新文、舞蹈专业老师许丽丽、国家级录音师吕锐担任评委，评选出优秀节目在乳山市国际大酒店举办“百姓大舞台”拜年晚会，700名百姓现场观看表演。2015年，网站更新新闻类信息3000篇，网友发布交流信息2万条，最高日访问量突破17万。

【乳山教育网】 创建于2003年7月，是乳山市综合性的教育信息资源应用平台，主要用以发布教育信息、宣传教育成果、整合教学资源、提供教育服务，致力于实现乳山城域教育的网络化、现代化，为广大师生、家长和社会各界人士提供教育服务。主要由教育网主网站、教研中心子网站、学校网站群、学科网站群以及业务网站群（如办公网、招聘网、干部管理网等）组成。主网站设有教育简讯、公文发布、队伍建设、教育科研、推介交流、信息公开、便民服务、专题栏目等八大主体栏目，为社会提供了解教育的窗口。子网站主要围绕教研中心教学研究、指导和服务等职能，搭建师生学习交流的平台。学校网站群主要发布与学校教育教学相关的资讯，展示师生风采、宣传办学成果、提升教育形象。学科网站群集成最优教学素材，提供教学资源，助力教育发展。经过7次改版之后，2015年，乳山教育网综合访问量日均达1万人次。

【官方微信“乳山发布”】 2014年11月上线运行，在每周大众网对全省政务微信的大数据分析中，“乳山发布”一直名列前茅。2015年，官方微信“乳山发布”以服务为宗旨，以导向为舵手，把准舆论方向，充分发挥政务新媒体的战斗堡垒作用，营造良好舆论氛围。注重发挥微信平台传播快、受众面广的优势，借助图片、视频、图表等表现形式，将重大主题宣传与受众口味融合，受众的需求与官方宣传需要融合，变单向枯燥传递为双向互动、多方交流，增强宣传效果，全年推出主题性宣传板块10个，如针对乳山市经济发展情况，“乳山发布”策划推出“我叫乳山，这是我的名片”栏目，点击量6万人次。以民众需求为出发点和落脚点，收集民生讯息，将“乳山发布”打造为大众的办事指南。全年发布招工、就业等民生信息280条，服务民众60万人次。秉持“准确、及时、有效”的处置原则，紧跟事件热点，把握舆论导向，引导舆论发展，2015年7月，乳山市白沙滩镇沟李家村发生水井冒泡事件，部分网民谣传将发生地震，造成市民恐慌，“乳山发布”与相关部门沟通，了解实际情况及应对措施，发布介绍政府部门对事件的应对处置情况的内容信息，提醒市民勿信谣传谣，澄清事实、有力辟谣，掌控舆论导向先机，避免民众猜忌和恐慌。

史　志

【概况】 2015年，乳山市党史市志办公室贯彻落实国务院《地方志工作条例》和《山东省地方史志工作条例》，坚持对接大局、调高目标，创新思路，史志年鉴编修工作取得新进展。2014《乳山年鉴》获全省优秀年鉴综合一等奖。

【二轮市志编修启动】 2015年内，乳山市党史市志办公室着眼于编修全国精品志书，通过学习优秀志书、外出考察，完成志书33编212章924节编章节框架设计，得到省、威海市专家、领导肯定。9月10日，乳山市召开乳山市党史市志工作暨二轮修志启动会议，乳山市第二轮修志工作全面启动。邀请省、市专家召开编辑培训班1期、全体供稿员培训班1期、分行业小班培训班6期，提高编修水平。建立长效机制，强调跟踪调度，年内召开编辑调度会4次，调度编修速度，汇总编修难题，商讨解决办法。至年底，乳山市70%单位完成初稿。

【地方综合年鉴首次改版】 乳山市始终坚持地方综合年鉴由史志部门编纂、管理的工作体制，坚持逐年编纂、当年启动和出版。注重创新，严把质量关，《乳山年鉴》2015卷全书在框架结构、文字编排、装帧设计等方面改版提升，首次改版为大16K版本、三列排版、轻型纯纸全彩印刷，并同步推出电子版（光盘），调整部分类目、分目设置，增加反映地域特色的条目，特别是有的分目末设资料“链接”，延长资料链，增加年鉴记述深度。正文设特载、大事记、乳山概况、党政群团、法治·武装、经济管理与监督、农业、海洋与渔业、工业、旅游业、商贸·服务业、个体与民营经济、城乡建设·环境保护、交通·邮政·通信、财税·金融·保险、教育、科技·卫生、文化·体育·新闻、社会生活、人物、镇与街道、附录、索引23个栏目。12月，《乳山年鉴》2015卷由方志出版社出版。

【地情资料库建设】

史志产品信息化 乳山市史志工作坚持资料征集、编辑加工、排版设计全程电子化处理，史志产品印刷出版后，注重收集、整理、保存史志产品初稿、定稿电子文档。《乳山年鉴》自1999年创刊后，每年年鉴皆存有电子文档。2015年，更加注重电子文档的保存，将原有志、鉴、地情资料等各项史志产品通过光盘、U盘、地情资料库等多方式保存，为史志资料存档、查证、对外服务及打造数字方志馆奠定基础。

地情网站更新 2015年，保持栏目内容更新，更换“乳山风光”栏目图片，“史志动态”保持每周更新，且新闻信息稿件均采用图文相配的模式上传，全年更新各类信息100条，增强网站可读性。全年开展网站自查2次，排查空栏目、死栏目及确保信息上传的规范性和保密性，保持网站内容常新，坚持上传信息备案审查制度，做到专人维护、专人审查。加大史志产品利用率，将史志产品电子化后上传至省情资料库平台，可在全省乃至全国的平台上为社会提供信息化服务，以起到扩大宣传和保存资料的作用。2015年，完成《乳山市志》及16本年鉴计1000万字资料电子化及上传工作。

史志微信开通 乳山市党史市志办公室自2014年开通微博，2015年开通微信号为rsdsszb公众平台，用户600个，更新微博、微信信息250条，其中，原创信息20条。微信、微博主要内容为宣传乳山，宣传党史、市情知识，为大众了解乳山、了解乳山市党史市志办公室提供平台。

【志鉴供稿员轮训备案管理】 按照国务院《全国地方志事业发展规划纲要（2015—2020年）》及各级纲要和实施意见，加强志鉴编纂队伍建设。结合二轮修志，对基层单位供稿员，由各单位推荐、党史市志办公室备案，共确定基层供稿员270人。采取部署一项工作，组织一次培训的措施，对供稿员进行编鉴修志业务轮训。至2015年底，共邀请省内、外编鉴修志专家培训9期、810人次。

9月23日，乳山市档案馆举办乳山民俗图片展 （档案局提供）

【史志规划纲要宣传落实】 《全国地方志事业发展规划纲要（2015—2020年）》和《山东省地方史志事业发展规划纲要(2016—2020年)》印发后，乳山市党史市志办公室迅速宣传落实。组织全体干部认真学习的基础上，将《全国地方志事业发展规划纲要（2015—2020年）》在《乳山时讯》全文转发。拟定实施办法及13个“十三五”规划谋划项目，协调确认行政执法资格和《乳山市地方史志工作管理暂行办法》规范性文件属性，将乳山市党史、市情资料出版纳入备案。主持《乳山市国土资源志》评议，指导《乳山市教育志》《乳山市人民医院志》编纂。启动史志志和史志年鉴编修，完成《山东省志·地方史志志》和《山东地方史志年鉴（2015卷）》供稿任务。

档　案

【概况】 2015年，乳山市档案局加强档案馆基础建设、信息化建设和队伍建设，全年接收归档文件14875件、电子档案6779件、婚姻档案603件，收集现行文件资料84件、重大活动照片4500件并归档整理。全年接待档案利用者1486人次，查阅档案1562卷次。被山东省人力资源和社会保障厅、山东省档案局表彰为“全省档案系统先进集体”，连续4年被威海市委、市政府授予“市级文明单位”称号。

【乳山市法院获评山东省档案工作科学化管理示范单位】 根据《山东省档案工作科学化管理规范》及实施办法、测评细则，乳山市档案局召开专题会议部署乳山市档案工作科学化管理工作，采取培育重点、由点到面、夯实基础、深入指导的措施，确定乳山市法院作为“山东省档案工作科学化管理示范单位”试点单位，通过业务指导、帮助理解测评标准、制定申报工作方案等方法，8月，乳山市法院以98分的威海市最高分通过山东省档案局档案工作科学化管理示范单位的测评。

【乳山民风民俗照片集】 乳山市档案局通过向社会公开征集、利用馆藏资源等途径，征集反映乳山市民风民俗、传统节庆、民间工艺、民间文艺等方面照片，重点收集乳山市十大民俗艺人和十大非遗传承人资料照片，征集照片500张，撰写资料2万字，从中挑选297张照片编辑成《乳山民风民俗照片集》。

【档案利用服务】 2015年，乳山市档案局高质量地为档案利用者提供查询服务。接待各类办理离婚、复婚、落户口、贷款、房产公证、出国等档案利用者1486人次，查阅档案1562卷，同时，以“服务社会、服务群众”为目标，减免群众查档费用，全年减免档案查询费8000元。

【基层档案指导】 培训乳山市检验检测中心、乳山市龙角山水库等20家单位新进档案员，指导乳山市水利局、乳山市房管局、乳山市法院等20家单位档案室建设，举办教育系统档案员培训班，培训乳山市30所学校档案员。

6月7日，滨海新区福如东海文化园 （高淑新摄）

· 杯

· 盘

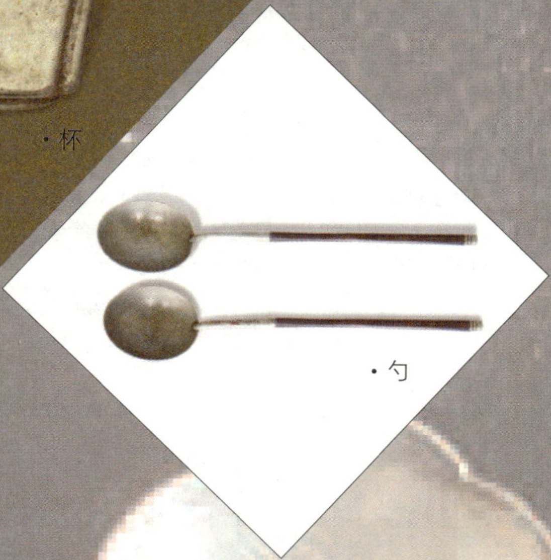

· 勺

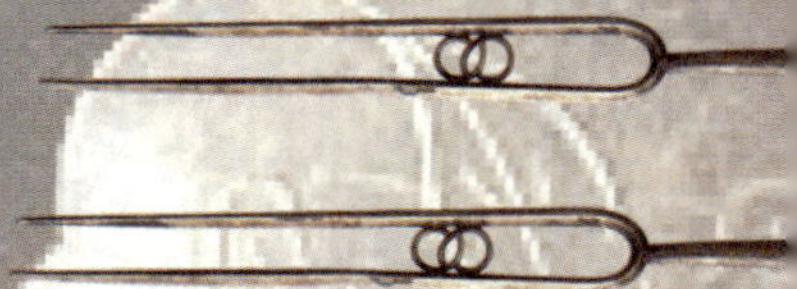

· 清代 套装银质餐具

责任编辑：吕素坡

社会生活
Social Life

- 人力资源和社会保障
- 民政事务
- 住房公积金管理
- 民族宗教事务
- 老龄事业
- 慈善事业
- 居民生活

人力资源和社会保障

【概况】 2015年，乳山市就业局势继续保持平稳，人才队伍建设加强，社会保障水平提高，劳动关系协调工作推进。新增就业再就业人员6436人，城镇登记失业率1.49%，企业职工基本养老保险、机关事业单位基本养老保险、职工医疗保险、城乡居民基本医疗保险、失业保险、工伤保险、生育保险参保人数分别达到85006人、11549人、120688人、382356人、49554人、83085人、76751人。全年接收档案1705份，转出干部档案1031份，为社会各界提供档案查询5536次。

【人力资源开发】 2015年，发挥人力资源市场促进就业主渠道作用，增加招聘会举办密度。举办春季、秋季两次大型就业洽谈会，组织开展“春风行动”“就业援助月”“民工恳谈日”等专项活动，组织企业参加威海市2015年高校毕业生供需见面会和山东省化工人才专场招聘会。全年举办各类就业招聘会45场，458家企业参与洽谈，发放用工信息登记表5000份，提供岗位11592个，入场人数3900人，达成就业意向1751人。全年新增就业再就业人员6436人，其中就业转失业人员再就业1754人，就业困难人员实现再就业442人，转移农村劳动力4103人。

【创业担保贷款和创业补贴发放】 凡在法定劳动年龄内，具有乳山市户籍、诚实守信、有创业愿望和具备创业条件的登记失业人员、军队退役人员、被征地农民、残疾人、随军家属、返乡农民工、大学生（毕业5年内普通高等学校毕业生和驻威高校在校大学生，无户籍要求）等自主创业人员，均可申请创业担保贷款。贷款最高额度为10万元，期限2年，给予全额贴息。2015年全年创业担保贷款申报922人，审批发放721笔，总计7091.5万元。为各类创业人员和企业发放创业补贴32.86万元。

【省及威海市级创业孵化基地创建】 9月，威海智创科技企业孵化器有限公司经营管理的乳山创业孵化基地通过山东省人社厅评估验收，被认定为省级创业孵化示范基地。11月，乳山市创业孵化基地和金谷之园电商孵化基地通过威海市人社局评估验收，被认定为威海市级创业孵化示范基地。获得省及威海市级奖补资金400万元，为大众创业提供优质载体平台和经费资助。

【职业技能培训鉴定】 2015年，开展就业技能培训56个班期，培训4207人。建立任务明确、分工负责、政策共享、运转协调的工作机制，对有意愿从事二、三产业的农村劳动力特别是大龄劳动力，开展保健按摩师、家政员、中式面点师培训，就近开班，方便农村劳动力集中学习，共培训农村劳动力1825人，其中保健按摩师832人，家政员460人，中式面点师533人。对重点骨干企业新录用并签订1年以上期限劳动合同人员，开展基本职业技能、操作规程、安全知识、规章制度、从业素质等为主要内容的岗前培训，全年培训230人。全年对职业学校毕业生和企业技术工人进行职业技能鉴定6095人。发放各类证书5509个，其中，初级技术等级证书4164个，高级技术等级证书1308个，技师证书37个。组织“金蓝领”高级工鉴定考试，参加“金蓝领”培训1597人。

3月3日，乳山市春季就业招聘会 （全庆凤摄）

【社会保险征缴发放】 2015年，乳山市实现各项社会保险基金总收入9.2亿元。连续11年调增企业离退休、退职人员养老金，企业离退休、退职人员人均每月领取养老金增加240.17元。全年24118人通过自助终端机或网上代扣缴纳保费。

企业职工基本养老保险 乳山市参加职工社会养老保险企业1584家，参保职工85006人，全年企业养老保险基金总收入4.8亿元。依据相关政策为26615人办理企业职工基本养老保险补缴。为乳山市42264名离退休人员和1166名遗属支付离退休费和遗属补助费93172万元，支付率99.98%。

机关事业单位职工基本养老保险 乳山市参加机关事业单位职工基本养老保险单位285个，参保职工11549人，全年机关事业单位养老保险基金总收入16972万元。为7781名离退休人员和636名遗属支付离退休费和遗属补助费53790万元。10月，按照威人社发〔2015〕53号《关于机关事业单位工作人员养老保险制度改革的实施意见》文件要求，乳山市机关事业单位养老保险制度改革正式启动。

基本医疗保险 2015年，乳山市参加职工医疗保险120688人，参保率99.5%，收缴职工医疗保险费21361万元，支付医保费28959.1万元。乳山市有离休干部336人，公费医疗参保率100%，全年收缴公费医疗保费369.6万元，支付离休干部医疗费735万元。参加城乡居民基本医疗保险382356人，参保率99.8%，收缴保险基金18953万元，为43747名参保居民报销医疗费用20060.5万元，居民大病保险补偿10804人次、2174万元。从6月开始，转外就医职工、居民在省内定点医院住院可直接报销，只需支付个人自付部分，不需全额垫付住院费用，不用来回奔波，为转外就医人员提供极大便利，全年异地直接结算职工553人次、居民81人次。

城乡居民基本养老保险 乳山市参加城乡居民基本养老保险263872人，参保率99.24%。全年为114612名居民养老保险参保人员发放养老金1.45亿元。

工伤保险 乳山市参加工伤保险83085人，征缴工伤保险费2136万元。全年受理工伤案件413起，认定430起，支付工伤保险费3346.5万元。

生育保险 2015年，完善生育保险制度，自1月1日起，将乳山市机关、事业单位、社会团体和中央、省属及外地驻乳机关事业单位在职在编职工全部纳入生育保险范围。乳山市参加生育保险76751人，征缴生育保险费1207元，2400人享受生育保险待遇，支付生育保险费641.9万元。

失业保险 2015年，乳山市参加失业保险企事业单位1869个，参保职工49554人。全年收缴失业保险费2215万元，为1659名失业职工发放失业金1011.3万元，代缴医保费284万元。

【工资福利管理】 3月，为乳山市9631名机关事业单位在职人员晋升年度考核工资，人均月增资38元。4月，为乳山市11524名机关事业单位工作人员调整津贴补贴及243名离休人员、7542名退休人员人离退休人员增加生活补贴，调整后机关人均月增495元，事业单位人均月增783元，离休人员人均月增828元，退休人员人均月增379元，同时为在职与离退休人员增发物业补贴，人均月增160元。6—7月，为机关事业单位11500名在职工作人员调整基本工资标准、7776名离退休人员增加离退休费，其中机关人均月增1274元，事业单位人均月增1474元，离休人员人均月增626元，退休人员人均月增459元；同时将机关事业单位在职人员部分津贴补贴纳入基本工资，津贴补贴标准相应减少，严格按纳入基本工资后剩余的额度执行。11月，根据中共山东省委办公厅、山东省政府人民政府办公厅《关于县以下机关建立公务员职务与职级并行制度的实施意见》(鲁办发〔2015〕29号)文件规定，实施公务员职务与职级并行制度，为符合条件人员按调整后职级兑现工资待遇。

【机关事业单位人员管理】 2015年，新录用89名公务员、165名事业单位工作人员。参照事业单位公开招聘办法，为部分单位配备编外聘用人员53人。年度考核机关事业单位人员11534人，其中合格、称职及以上等次11219人，不称职1人，不合格3人，不进行考核49人，不定等次262人。办理机关事业单位67人次调动，其中市外调入9人，调往市外28人，市内调动30人。办理1名公务员和13名事业单位工作人员辞职等手续。

【军队转业干部安置】 2015年，接收安置军转干部14人，其中，计划安置军队转业干部3人，接收自主择业军队转业干部11人。做好企业军转干部解困政策落实，全年发放企业军转干部各项困难补助825.39万元。

【人才队伍建设】 调查7000个单位、601个村的人才资源，建立人才资源数据库。落实“学子归巢”计划，吸引乳山籍大学生回乡创业就业。12月，乳山市政府命名宋修军、高文阔、李振梅、郑强、张成、王志勇、宋玉波等7人为“第二批乳山市有突出贡献的中青年专家”。

紧缺人才引进 2015年，乳山市企业引进紧缺专业本科以上学历大学生342人，其中硕士以上38人。新增留学回国人员10人。新增威海伯特利萨克迪汽车安全系统有限公司就业见习基地1处，见习基地总数达到7家。为威海韩孚生化药业有限公司、乳山正洋食品有限公司2家企业成功申报2015年度山东半岛蓝色经济区人才发展项目，争取项目经费20万元。协助乳山韩威生物科技有限公司博士后工作站完成博士后进站工作，办理进站手续。

国外智力项目 山东省鑫丰源有限公司被评为山东省引进国外智力成果示范推广基地。可拆卸式换热器联合高效三腔管集热器的分体式太阳能热水系统、“KYT空压机用高效永磁电动机系统研发”“无铜陶瓷纤维配方摩擦材料优化生产研究”和“规模化肉鸡生产智能模式应用”4个项目被列入威海市重点引智项目，“优质酿酒葡萄栽培管理技术集成示范推广”等11个项目被列入威海市常规引智项目，全年为15家企业争取引智项目经费34万元。

专业技术人员管理 2015年，上报中、高级评审材料131份，其中，中级98份、高级33份。为41名大中专毕业生确认任职资格，评审通过初级任职资格专业技术人员7人，为11名研究生确认中级专业技术职务资格。

【劳动关系协调】 通过“人力资源社会保障政策法规培训大课堂”等方式，培训乳山市100家企业人力资源管理人员。开展劳动保障法律法规“进企业、进社区”活动，组织宣讲活动30场，发放宣传资料、明白纸5万份，覆盖15个镇(街道)。推动劳动关系和谐企业创建，发挥

10月12日，山东省民政厅财务处调研员刘尚平（左二）到南黄镇幸福院调研
（辛戈摄）

劳动关系三方协商机制作用，完善劳动关系协调组织网络。抽查130家企业的劳动合同签订、用工备案和工资集体协商情况，劳动合同签订率96.8%。

【劳动保障监察和劳动人事争议仲裁】

劳动保障监察 通过日常巡查和开展农民工工资支付、劳务派遣专项检查等活动，依法为2078名职工追讨工资760万元。全年处理劳动保障监察案件387起，其中立案受理167起，参与协调220起。全年答复网上信访858条、群工部派单168条，接待群众来访1960人次。

劳动人事争议仲裁 乳山市劳动人事仲裁院发挥人力资源管理交流QQ群作用，与企事业单位人力资源管理人员在QQ群中对遇到的劳动争议、社保政策等问题进行在线交流，230名企事业单位人力资源管理人员加入，为其解答疑难问题600个。实行阶梯式调解制度，由企业调解委员会、基层调解组织先行介入调解，进入仲裁程序后由仲裁院在立案前、开庭前、庭审中、结案前通过电话、建议书、组织当事人当面协商方式，对事实明确、标的较少、分歧较小案件进行调解，提高调解效率，全年组织调解225次，达成一致调解意见177起，取得“定纷止争、案结事了、息事宁人”办案效果。全年收到仲裁申请296起，受理271起，其中因工资争议53起，因经济补偿、赔偿金争议93起，因工伤待遇争议70起，其他争议55起，结案率100%。

（裴玉东）

民政事务

【概况】 2015年，乳山市民政局以“落实民生保障、提升服务水平、创新社会管理”为主线，将生活困难的重点残疾人纳入最低生活保障，构建居家养老、社区养老、机构养老等相结合的养老服务体系，提高优抚保障及安置工作水平，加大城市社区建设力度，加强社会组织培育，做好婚姻登记、殡葬服务、地名、福彩等专项工作。

【社会救助对象动态管理】 2015年，发放城乡低保救助金1938.3万元、五保供养资金1398.8万元。落实《山东省最低生活保障管理办法》，将2320名生活困难的重点残疾人纳入最低生活保障范围。在严格落实救助审批流程的同时，加大救助对象信息核对和信息公开力度，核查救助家庭人口、收入和财产状况变化等情况，实行动态控制，提高救助对象认定准确度；建立低保对象长期公示制度，在乳山市601个行政村统一设置低保公示栏，公示低保政策和在保人员名单，并将在保人员名单在《乳山时讯》、乳山热线等媒体公布，接受社会监督。

【多层次养老服务体系构建】 2015年，在居家养老上，将乳山市居家养老服务中心政府购买养老服务覆盖面扩大至城区65周岁以上老年人，更好地满足市民居家养老服务需求，同时建立优胜劣汰竞争机制，强化加盟服务企业管理，培育扶持一批优秀社会组织、服务企业，提升居家养老服务质量。社区养老上，在农村社区，按照政府扶持、村级主办思路，规划建设82处农村幸福院；在城市社区，建设13处日间照料中心；机构养老上，按照“民办公助”运营模式，争取上级资金394万元，新建、改扩建小汤温泉、幸福老年公寓、乳山寨敬老院等一批养老机构，乳山市新增养老床位1400张。加强养老机构运营监管，开展乳山市养老机构安全隐患排查农村敬老院综合管理专项提升等活动，提升养老机构整体管理、服务水平。

【双拥优抚及安置工作落实】 2015年10月1日起，调整优抚对象抚恤补助标准，在乡复员军人生活补助标准每人每月提高200元，带病回乡退伍军人、参战涉核人员的生活补助标准分别为每人420元、460元。继续开展关爱功臣活动，组织3批46名重点优抚对象到威海复退军人康宁医院进行短期疗养，组织693名优抚对象到该院进行健康查体，组织4个批次240名优抚对象到乳山市光荣院疗养查体。为28户优抚对象维修危房，为30名市直六级以上残疾军人缴纳公费医疗基金24万元，为68名下岗、失业企业优抚对象缴纳医疗保险金502702.3元。开展优抚对象困难救助，发放医疗和生活救助金278万元。接收退役士兵和转业士官248人，为

247 名选择自主就业退役士兵发放一次性经济补助 706.7 万元，培训退役士兵 164 人。做好军休干部接收和服务管理工作，确保军休干部政治待遇、生活待遇落实。

【品牌城市社区打造】 指导滨海新区、经济开发区、城区街道办事处投入资金 200 万元对 8 个城市社区进行设施改造，落实新建城市社区居民委员会办公用房 1 处。开展城市社区“品牌创建”活动，城区街道府苑社区、利群社区获“威海市城市示范社区”称号，宋修建、王雪、于开芹、赵晓艳、黄园园 5 人获“威海市优秀社区工作者”称号。

【社会组织培育】 结合年检和社会组织评估等工作，引导社会组织规范管理，形成一批自身建设过硬、发挥作用明显的先进社会组织。抓好社会组织孵化园建设，已有 6 家社会组织入驻，开展活动 30 次。全年新登记社会组织 19 家，新备案城市社区社会组织 55 家。截至年底，乳山市有社会组织孵化园 1 处、登记社会团体 71 家、民办非企业单位 61 家、备案城市社区社会组织 160 家，社会组织呈现蓬勃发展势头。

【专项社会事务管理】 2015 年，办理结婚登记 3799 对，离婚登记 991 对，补办婚姻登记证书 1055 对，出具婚姻登记记录证明 3516 份。落实民政部《关于进一步规范（无）婚姻登记记录证明的通知》要求，自 9 月 18 日起不再向任何部门和个人出具（无）婚姻登记记录证明。全年火化遗体 4984 具，落实福利化殡葬政策，免除 4248 具遗体基本殡葬服务费，减免金额 244.4 万元。命名 4 个住宅小区；开展第二次地名补查工作，收集各类地名信息资料 227 条；开展牟平—乳线、文登—乳线边界联检，实地检查界桩 15 个，其中，三面桩 2 个，双面桩 13 个，界桩完好。7 月 23 日，新建的“中福在线”彩票销售大厅正式对外营业，全年销售福利彩票 4934.44 万元，比上年增长 13.52%。

（于波）

住房公积金管理

【概况】 2015 年，威海市住房公积金管理中心乳山管理部按照上级政策调整放宽住房公积金贷款使用政策，加大对职工住房消费支持力度。截至年底，乳山市开立住房公积金账户并正常办理业务的单位 462 个，缴存职工 36530 人，当年完成住房公积金归集额 17468 万元。全年向 335 户职工家庭发放住房公积金个人购房贷款 7735 万元，占当年归集额 44.2%；8617 人次提取使用住房公积金，提取金额 10218 万元，占当年归集额 58.4%。

【住房公积金贷款政策放宽】 5 月，执行威海市住房公积金管理中心《关于调整部分住房公积金贷款政策的通知》。一是提高最高贷款额度，借款人及配偶均符合住房公积金贷款条件最高贷款额度由 40 万元提高到 50 万元。二是降低首付款比例，缴存职工家庭使用住房公积金贷款购买首套普通自住房，最低首付款比例由 30% 调整为 20%；拥有 1 套住房并已结清相应购房贷款（含商业住房贷款和住房公积金贷款）的缴存职工家庭，为改善居住条件再次申请住房公积金贷款购买普通自住房，最低首付款比例为 30%，贷款利率按基准利率 1.1 倍执行。三是将二手房贷款额度及期限调整到与新房一致，分别为 50 万元及 30 年，但贷款年限不得超过土地使用权的剩余使用年限。

【住房公积金贷款政策调整】 10 月，执行威海市住房公积金管理中心《关于调整部分住房公积金管理政策的通知》。一是放宽公积金贷款条件，连续足额缴存 6 个月（含）以上，可申请住房公积金贷款，曾在异地缴存并在本市缴存 1 个月以上的缴存时间可合并计算；使用住房公积金贷款购买第二套自住住房并已结清住房公积金贷款和商业贷款的缴存职工家庭，再次申请住房公积金贷款最低首付款比例降低至 20%。二是提高贷款额度和年限，最高额度夫妻双方均符合条件的 50 万元，一方符合条件的 40 万元，暂停执行贷款额与职工账户缴存余额 20 倍挂钩的规定；取消提供收入证明环节，借款人还款能力按不高于借款人及共同还款人月缴存工资基数 70% 核定；年限延长至借款申请人法定退休年龄后 10 年，最高年限延长至 40 年。三是推进异地贷款业务，在省内其他城市缴存住房公积金的职工及在省外城市工作并缴存公积金的本地户籍职工，在威海市范围内购买自住住房，可申请住房公积金贷款，四是开展商转公业务，缴存职工已办理商业住房贷款不超过 3 年，且所购普通自住住房符合现行公积金贷款条件，可提前一次性还清商业贷款后 1 个月内申请发放住房公积金贷款，贷款额不超过一次性还清商业贷款的金额。五是放宽住房公积金提取条件，包括房租提取、购房提取、首付款提取，同时新发放的住房公积金贷款全部采用逐月冲抵还贷方式，原有贷款逐步实行此种方式。六是加强归集扩面和风险防范，对屡次催促仍不为职工缴存住房公积金的企业建立“黑名单”，对逾期偿还住房公积金贷款的个人按天计收罚息，尽力防范资金风险和骗提骗贷行为。

【住房公积金服务优化】 拓展“12329”服务热线功能，为缴存职工免费提供政策通知、账户查询、结算对账、提取通知、贷款查询、还款通知、网厅短信验证等多项服务。完善网上服务功能，开通个人网上业务，方便缴存职工办理偿还公积金贷款提取、委托提取还贷的申请和注销、偿还公积金贷款等业务。

（李阿青　朱强）

9月24日，乳山市少数民族专业合作社实用技术培训　（陈强摄）

民族宗教事务

【概况】 2015年，乳山市民族宗教事务局推进少数民族困难群众项目帮扶工作，开展“民族团结进步宣传月”活动，做好重大宗教活动安全保障，全年民族宗教方面无影响稳定事件，被山东省政府授予“全省民族团结进步模范集体”称号，城区街道腾达社区被山东省委宣传部、统战部、山东省民族事务委员会授予“全省民族团结进步示范社区”称号。

【民族事务】 开展清真餐饮示范店活动，逐个走访乳山市18个清真食品餐饮店和3个清真食品生产企业，发放宣传材料150份，建立工作台账。9月，开展“民族团结进步宣传月”活动，组织开展民族政策法规知识座谈会等宣传活动10次，发放宣传材料2000份，利用路边电子屏滚动播放宣传口号3万条次。投入资金4.9万元，通过购买小羊、猪饲料等方式，为13户困难少数民族群众上帮扶项目。指导众帮蔬菜少数民族合作社为该社159户少数民族社员加入家庭财产保险。

【宗教事务】 制定《关于进一步制止乱建寺庙宫观和露天宗教造像的通知》和《关于进一步加强宗教管理的通知》，建立完善市镇两级民族宗教工作应急预案，保障宗教活动合法有序。召开乳山市民族宗教社区联络员培训会议，邀请威海市民族宗教事务局业务骨干授课，各镇区民族宗教工作分管负责人、城市社区及农村中心社区联络员240人参训。指导多福山庙会、玉虚观庙会举办和青龙山道教活动场所开光活动，做好安全保障工作。指导乳山市佛教协会在威海地区率先制定《关于规范佛教集体放生活动的意见》，发放明白纸1000份，对放生的物种、时间、地域、放生前开展的宗教活动等做出明确规定，促进生态文明建设。

（陈强）

老龄事业

【概况】 2015年，乳山市保障老年人权益，发展健康养老产业，老龄事业全面推进。乳山市老龄工作委员会办公室被山东省人力资源和社会保障厅、山东省老龄工作委员会办公室授予“全省老龄工作先进单位”称号，乳山市3人获“威海市十大孝星”称号，3个家庭获“威海市孝老爱亲家庭”称号，3个村获选“威海市慈孝文化传承基地”，2个单位获评“威海市敬老文明号”。夕阳红艺术团团长于炳刚被评为“山东省模范老人”。2015年5月统计，乳山市健在的百岁老人73名。

【老年人权益保障】 落实年内修订的《中华人民共和国老年人权益保障法》和《山东省老年人权益保障条例》，以6个老年法律维权工作站（5个中心司法所和乳山市法律援助中心）为骨干，建立健全市、镇、村三级老年维权网络。创建乳山市人民法院和乳山市法律援助中心两个“山东省老年人公益维权服务示范站”，接待群众来信来访14人次，调处各类涉老纠纷7起，为110名老年人免费提供法律援助。督促相关单位落实老年优待政策5项，修订2013年出台的《乳山市老年人优待规定》。老人节期间，乳山市委、市人大、市政府、市政协主要领导带队，分头走访慰问百岁老人和敬老院的老人，社会各界开展各种尊老敬老助老活动。

【健康养老产业示范点打造】 引领北京市深航华正爱晚顾问有限公司与小汤温泉老年公寓联姻合作，借助品牌养老机构的先进管理经验和理念，提高区域养老及康复医疗水平。引导东方国际养生园创建“全国智能化养老实验基地”，打造健康养老产业示范点，11月，东方国际养生园挂牌对外运营。大乳山滨海旅游度假区、小汤温泉度假区和宏福老年公寓获“中国老年宜居环境建设先进单位”称号。

【第二十三届老年人运动会举行】 乳山市第二十三届老年人运动会于2015年10月15日在威海机械工程高级技工学校体育场举行，设托球跑、篮球运球跑、100米接力跑、乒乓球反弹投穴、套圈、投标、跳绳、钓旱鱼等8个项目，来自各镇（街道）、部门、单位的19支代表队152名老年人参赛。

（宋礼夫）

乳山市百岁老人名单一览表

表44 （2015年5月统计）

姓 名	性 别	出生日期	所在镇（街道）
于秀香	女	1908.11.7	城区街道
于王光	男	1912.2.16	城区街道
张文卿	女	1914.1.9	城区街道
兰洪芝	女	1914.1.25	城区街道
邢振兰	女	1914.4.1	城区街道
李芳芝	女	1914.11.10	城区街道
李培凤	女	1915.1.26	城区街道
于德珍	女	1915.11.8	城区街道
尹永义	女	1909.10.16	城区街道
王滋兰	女	1913.9.17	城区街道
胡玉芬	女	1914.4.20	城区街道
邵竹玉	女	1913.1.23	夏村镇
徐荣花	女	1913.5.2	夏村镇
赵典英	女	1914.9.29	夏村镇
王京云	女	1915.1.23	夏村镇
蒋凤娥	女	1912.7.28	乳山口镇
崔世芝	女	1912.10.19	乳山口镇
刘金花	女	1914.9.17	乳山口镇
焉淑芬	女	1915.3.1	乳山口镇
秦希起	男	1915.9.26	乳山口镇
于昌奎	男	1915.12.7	乳山口镇
吴本芝	女	1915.12.19	乳山口镇
仇翠年	女	1910.1.16	乳山口镇
张素芝	女	1912.5.19	乳山寨镇
宋玉兰	女	1913.11.28	海阳所镇
赵秀英	女	1915.2.1	海阳所镇
宋翠凤	女	1915.10.22	海阳所镇
张秀竹	女	1915.10.26	海阳所镇
李玉仁	女	1908.12.12	白沙滩镇
孙玉翠	女	1910.5.3	白沙滩镇
宋夕芝	女	1914.4.26	白沙滩镇
于礼昭	男	1914.5.29	白沙滩镇
于苍娥	女	1914.5.29	白沙滩镇
侯凤仙	女	1914.10.28	白沙滩镇
王淑英	女	1914.12.29	白沙滩镇
刘玉芝	女	1915.3.13	白沙滩镇

慈善事业

【概况】 2015年，乳山市慈善总会完善工作机制，组织开展各项慈善救助活动。全年募集善款1549.6万元，支出善款1531.3万元，救助困难群众44518人次。

【“慈心一日捐”活动】 开展乳山市2015年度“慈心一日捐”捐款活动，累计接收捐款1549.6万元。其中，149个机关事业单位、驻乳单位个人捐款721.5万元，903家企业、团体等集体、个人捐款139.2万元，认捐基金企业缴纳基金利息684.4万元。5月26日，召开乳山市慈善总会二届三次理事会议，取消日照丽城建设发展有限公司、乳山山译分公司等6家企业慈善认捐基金企业资格。

【20个慈善救助项目实施】 开展慈善大病救助、关爱老年人等20个慈善救助项目。其中，投入善款589.2万元，开展慈善助医活动，救助1012名大病患者；开展慈善情暖万家及救助农村贫困户、企业特困职工等活动，为2580户困难家庭发放救助款216.1万元；投入善款7.8万元，开展百岁老人居家养老等慈善关爱老年人活动；投入善款367万元，救助乳山市农村3.67万名75周岁以上老年人；开展慈善助学活动，救助2015年度新考取大学且家庭贫困学生，发放救助款54万元，救助132人；投入善款14万元，救助98户因失火造成房屋及其他财产损失的贫困家庭；投入善款80万元，为流浪乞讨等人员开展应急性救助活动；定向捐赠支出等0.5万元。

（于波）

续表 44

姓 名	性 别	出生日期	所在镇（街道）
赵夕芝	女	1915.3.15	白沙滩镇
孙翠珍	女	1914.9.11	大孤山镇
于连英	女	1915.4.3	大孤山镇
丛合晞	男	1915.4.18	大孤山镇
崔福起	男	1915.9.30	大孤山镇
丛仁芝	女	1915.10.2	大孤山镇
刘德友	男	1914.11.28	徐家镇
姜云山	男	1915.2.17	徐家镇
李曰桂	女	1915.10.7	徐家镇
王文兰	女	1915.11.9	徐家镇
王保真	女	1908.11.2	南黄镇
宋协开	男	1913.12.29	南黄镇
吴凤鸣	男	1914.9.23	南黄镇
高永志	男	1915.11.7	南黄镇
李玉芝	女	1911.10.7	冯家镇
高清明	男	1913.10.10	冯家镇
段庆玉	女	1913.11.18	冯家镇
李桂芝	女	1914.5.8	冯家镇
宋文合	女	1915.2.15	冯家镇
史福英	女	1915.2.23	冯家镇
唐均祥	女	1908.7.25	下初镇
王同伦	男	1910.7.6	下初镇
马少芳	女	1915.8.15	下初镇
胡秀芝	女	1915.12.10	下初镇
于翠英	女	1912.9.23	午极镇
倪延东	女	1915.1.5	午极镇
孙凤英	女	1915.12.1	午极镇
许玉卿	女	1914.10.18	崖子镇
郑田花	男	1913.11.8	育黎镇
倪翠芝	女	1914.1.31	育黎镇
孙德升	男	1915.2.6	育黎镇
邓福英	女	1915.8.20	育黎镇
于忠枝	女	1915.11.9	育黎镇
刘玉芝	女	1912.8.6	诸往镇
刘长峰	男	1913.8.31	诸往镇
刘云山	男	1915.7.22	诸往镇
王秀英	女	1915.12.10	诸往镇

居民生活

【概况】 2015 年，乳山市着力改善民生，增进百姓福祉，城乡居民收入稳步增加，人民生活水平进一步提高。城镇居民收入稳步增长主要是最低工资及失业、工伤保险待遇标准提高，对家庭总收入增长的贡献率较大；退休人员基本养老金标准提高促进转移性收入增长；房屋出租价格上涨及居民投资理财渠道增多。农民收入较快增长主要是随着最低工资制度、劳动保障等相关细则的深入实施，农民工的工资收益得到保障，工资性收入增长较快；多种经营、多元化创收渠道增多，农民家庭经营净收入增长较快；由国家政策所支持的全面覆盖农村的劳保及医保制度、农村最低生活保障制度以及补贴等政策和措施很大程度上减轻农民的生活负担，同时大大提高农村居民的转移性收入水平。

【城乡居民收入增加】 2015 年，乳山市城市居民人均可支配收入 3.04 万元，比上年增长 8.4%，其中工资性收入 2 万元，增长 8.2%；经营净收入 4597 元，增长 6.5%；财产净收入 1827 元，增长 10.1%；转移净收入 4071 元，增长 11.1%。乳山市农民人均可支配收入 1.38 万元，增长 8.9%，其中工资性收入 6623 元，增长 8.6%；经营净收入 5093 元，增长 7.8%；财产净收入 194 元，增长 3.8%；转移净收入 1865 元，增长 13.9%。

【城乡居民生活品质提升】 2015 年，乳山市城市居民人均消费支出 1.67 万元，比上年增长 9.4%。从消费结构看，食品烟酒消费支出 7013 元，增长 10.5%；衣着支出 3364 元，增长 3.5%；居住支出 1661 元，增长 9%；生活用品及服务消费支出 1519 元，增长 18.5%；医疗保健支出 1409 元，增长 20.6%；交通通信支出 3914 元，增长 11.3%；教育文化娱乐消费支出 2497 元，增长 22.8%；其他商品和服务支出 1172 元，增长 16.6%。

乳山市农村居民人均消费支出 5412 元，比上年增长 10.6%。从消费结构看，食品烟酒消费支出 2791 元，增长 10.1%；衣着消费支出 774 元，增长 8%；居住消费支出 1244 元，增长 11.6%；生活用品及服务消费支出 480 元，增长 10.8%；交通和通信消费支出 952 元，增长 12%；教育文化娱乐消费支出 626 元，增长 10.6%；医疗保健消费支出 774 元，增长 12.8%；其他商品和服务消费支出 128 元，增长 4.9%。

乳山市城镇居民收入、消费统计表

表 45

指标名称	单位	2015 年	2014 年	增长（%）
人均可支配收入	元	30445	28085	8.4
工资性收入	元	19951	18446	8.2
经营净收入	元	4597	4317	6.5
财产净收入	元	1827	1660	10.1
转移净收入	元	4070	3662	11.1
人均消费支出	元	16731	15292	9.4
食品烟酒	元	5412	4841	11.8
衣着	元	2205	2019	9.2
居住	元	2843	2699	5.3
生活用品及服务	元	1153	1061	8.6
交通通信	元	2188	1994	9.7
教育文化娱乐	元	1446	1329	8.8
医疗保健	元	1016	918	10.7
其他用品和服务	元	468	431	8.6

乳山市农村居民收入、消费统计表

表 46

指标名称	单位	2015 年	2014 年	增长（%）
人均可支配收入	元	13775	12644	8.9
工资性收入	元	6623	6097	8.6
经营净收入	元	5093	4723	7.8
财产净收入	元	194	187	3.8
转移净收入	元	1865	1637	13.9
人均消费支出	元	7768	7023	10.6
食品烟酒	元	2791	2535	10.1
衣着	元	774	716	8.0
居住	元	1244	1115	11.6
生活用品及服务	元	480	433	10.8
交通通信	元	952	850	12.0
教育文化娱乐	元	626	566	10.6
医疗保健	元	774	686	12.8
其他用品和服务	元	128	122	4.9

（统计局提供）

・元代 左监军元帅印印面

・元代 左监军元帅印

・元代 左监军元帅印印面拓片

・清代 冷泮林万民服

责任编辑：吕素坡

人　物

Figures

- ◎ 市领导简介
- ◎ 机构和负责人
- ◎ 先进模范人物

市领导简介

（截至 2016 年 2 月）

中共乳山市委员会

高书良 乳山市委书记、市委党校校长。荣成市虎山镇雀岛村人，1963 年 8 月出生，1984 年 1 月加入共产党，省委党校研究生文化，农业推广硕士。1982 年 7 月参加工作，先后任荣成县崖西公社农机管理员、党委秘书，荣成县（市）政府办公室秘书、副科级秘书、副主任，宁津镇党委副书记、镇长，大疃镇党委书记。1997 年 12 月任乳山市委常委、政法委书记。2001 年 1 月任乳山市委常委、组织部部长。2003 年 1 月任乳山市委副书记、市纪委书记。2006 年 1 月任乳山市委副书记（2004 年 2 月至 2006 年 2 月挂任费县县委副书记、副县长）。2006 年 2 月任乳山市委副书记，市政府副市长、党组副书记。2006 年 9 月任乳山市委副书记、市政府副市长、党组副书记，市政协党组书记（正县级）。2007 年 1 月任乳山市委副书记，市政协党组书记（正县级）。2007 年 3 月任乳山市委副书记，市政协主席、党组书记。2007 年 12 月任乳山市委副书记、政法委书记（正县级）。2008 年 10 月任乳山市委副书记、政法委书记，市政府副市长、代理市长。2008 年 11 月任乳山市委副书记，市政府副市长、代理市长、党组书记。2009 年 1 月任乳山市委副书记，市政府市长、党组书记。2011 年 11 月任乳山市委书记、市委党校校长，市政府市长、党组书记。2011 年 12 月任乳山市委书记、市委党校校长。2012 年 2 月任乳山市委书记、市委党校校长，市人大常委会主任、党组书记。2016 年 2 月任现职。

周 兵 乳山市委副书记，市政府市长、党组书记。安丘市关王镇人，1968 年 1 月出生，1998 年 4 月加入共产党，大学文化。1992 年 7 月参加工作，先后任威海市财政局科员，财政部驻山东省财政监察专员办事处威海组科员、副主任科员，威海市财政局办公室副主任科员，威海市财政局教科文科副主任科员、主任科员，威海市财政局办公室主任。2009 年 9 月任威海市财政局副调研员。2010 年 1 月任威海市财政局副调研员、党委委员。2011 年 6 月任威海市财政局副局长、党委委员。2012 年 7 月任威海市民航局（民航站）副局长（副站长）、党委副书记（主持工作）。2013 年 5 月任威海市民航局（民航站）局长（站长）、党委书记。2015 年 4 月任乳山市委副书记，市政府党组书记。2015 年 5 月任现职。

徐 明 乳山市委常委，市政府副市长、党组副书记（正县级）。文登区侯家镇南下河村人，1970 年 1 月出生，1989 年 7 月加入共产党，省委党校研究生文化。1989 年 7 月参加工作，先后任文登市第二中学教师，文登市委办公室科员、行政科副科长、行政科科长，文登市委办公室副主任科员、行政科科长，文登市委保密办公室主任，文登市委办公室副主任、档案局局长，文登市龙山路街道办事处党工委书记，苘山镇党委书记、文登工业园管委会主任，苘山镇党委书记、人大主席、文登工业园管委会主任，威海工业新区党工委委员、苘山镇党委书记、人大主席、文登工业园管委会主任。2008 年 5 月任威海工业新区管委会副主任、党工委委员，苘山镇党委书记、人大主席，文登工业园管委会主任。2009 年 9 月任威海工业新区管委会副主任、党工委委员，苘山镇党委书记。2010 年 1 月任威海工业新区管委会副主任、党工委委员。2011 年 11 月任乳山市委常委。2011 年 12 月任乳山市委常委，市政府副市长、党组副书记。2012 年 12 月任乳山市委常委，市政府副市长、党组副书记，山东省乳山幼儿师范学校（山东省威海艺术学校）党委书记。2014 年 12 月任现职。

丛龙海 乳山市委常委，滨海新区管委会主任、党工委书记（正县级）。威海经区皇冠街道办事处城子村人，1970 年 11 月出生，1990 年 10 月加入共产党，省委党校研究生文化。1988 年 7 月参加工作，先后任威海市环翠区委办公室机要科机要员、信息督察科机要秘书、督察科科长，环翠区委办公室副科级秘书、督查科科长，环翠区委办公室副主任，环翠区委政法委副书记、综治办主任，威海市委党校青年干部培训班学员。2003 年 4 月任文登市政府市长助理（副县级）。2005 年 2 月任文登市政府市长助理（副县级），对外贸易经济合作局局长。2005 年 4 月任文登市政府市长助理(副县级)，对外贸易经济合作局局长、党组书记。2007 年 11 月任文登市政府副市长、党组成员，对外贸易经济合作局局长。2009 年 5 月任文登市政府副市长、党组成员。2011 年 11 月任乳山市委常委、市纪委书记。2015 年 4 月任现职。

李国徽 乳山市委常委、市委政法委书记。乳山市经济开发区崔家村人，1969 年 11 月出生，1991 年 12 月加入共产党，省委党校研究生文化，农业推广硕士。1988 年 7 月参加工作，先后任乳山县（市）委办公室干事、保密科副科长，乳山市委保密办公室副主任，乳山市委保密办公室（政府保密局）主任（局长），乳山市委办公室副主任，乳山市委办公室副主任、主任科员，乳山市徐家镇党委书记、人大主席，乳山市委办公室副主任、主任科员，乳山市发展和改革局局长、党组书记。2007 年 12 月任乳山市政府副市长、党组成员。2011 年 12 月任乳山市政府副市长、党组成员，市委政法委书记。2012 年 1 月任乳山市委常委、政法委书记，市政府副市长、党组成员。2012 年 2 月任现职。

邢海波 乳山市委常委、市委组织部部长、统战部部长。海阳市东村镇邢家村人，1971 年 12 月出生，1993 年 6 月加入共产党，大学文化，经济学硕士。1995 年 7 月参加工作，先后任威海市环翠区温泉镇经委科员、团委书记，威海市环翠区政协办公室秘书，威海市环翠区草庙子镇党委宣传委员，威海市委组织部干教科主任科员，威海市委组织部干教科副科长、主任科员，威海市委组织部组织科副科长、新型办主任，威海市委组织部组织科科长、新型办主任，威海市委组织部组织科科长。2010年12月任威海市委组织部副调研员、组织科科长。2012年9月任威海市委组织部副调研员、组织二科科长（科室更名）。2012年12月任乳山市委常委、组织部部长。2015年4月任现职。

王建华 女，乳山市委常委、市委宣传部部长。青州市王母宫镇人，1970年5月出生，1997年7月加入共产党，大学文化。1993年8月参加工作，先后任威海火炬高技术产业开发区劳动物资供应公司职工，威海市妇联法律顾问处科员，威海市妇联研究室科员、副主任、主任，威海市妇联组织部部长。2008年8月任威海市妇女儿童工作委员会办公室主任（副县级）、妇联党组成员。2009年9月任威海市妇联副主席、党组成员。2013年10月任现职。

鲁向阳 乳山市委常委、人武部政委。即墨市王村镇鲁家村人，1970年8月出生，1991年8月加入共产党，大学文化。1987年10月参加工作，先后任某集团军高炮旅战士，军事经济学院学员，某集团军高炮旅后勤部财务科正排职助理员、副连职助理员，某集团军后勤部军需处正连职助理员、副营职助理员、正营职助理员、副团职助理员，某军区联勤部司令部办公室副团职秘书、正团职秘书。2014年1月任乳山市人武部部长。2015年2月任现职。

丁甫春 乳山市委常委、市纪委书记。胶南市琅琊镇人，1971年5月出生，1994年4月加入共产党，研究生文化，工学硕士。1999年4月参加工作，先后任威海市国内招商局联络科科员、副科长，威海市国内招商局招商管理科科长，威海市经济合作局合作一科科长。2010年1月任威海市经济合作局副局长、党委委员。2014年1月任乳山市政府党组成员。2014年2月任乳山市政府副市长、党组成员。2015年4月任现职。

乳山市人大常委会

马　泽 乳山市人大常委会主任、党组书记。乳山市夏村镇马家庄村人。1959年7月出生，1981年6月加入共产党，省业余大学文化。1980年12月参加工作，先后任乳山县石头圈公社团委干事，马石店公社党委文书、秘书，马石店乡副乡长，白沙滩镇（乡）副镇（乡）长、党委副书记，乳山县银滩开发区管委会主任，乳山县（市）银滩开发区管委会副主任、党组成员，乳山市金岭开发区管委会副主任、党委副书记，乳山市乳山寨镇党委书记、人大主席，白沙滩镇党委书记，人大主席。2001年1月任乳山市委常委、宣传部部长。2002年12月任乳山市委常委、市政府党组成员。2003年1月任乳山市政府副市长、党组成员。2007年1月任乳山市委常委，市政府副市长、党组成员。2008年11月任乳山市委常委，市政府副市长、党组副书记。2009年12月任乳山市政府副市长、党组副书记。2010年1月任乳山市人大常委会第一副主任、党组书记（正县级）。2016年2月任现职。

姜翠萍 女，乳山市人大常委会党组副书记，威海机械工程高级技工学校校长、党委副书记。乳山市白沙滩镇曹家庄村人，1962年12月出生，1988年11月加入共产党，省委党校大学文化。1982年7月参加工作，先后任山东掖县滕家粮所会计，乳山县财政局会计、驻厂员管理所副所长、驻厂员管理所所长，乳山县（市）财政局副局长、党组成员，财政局副局长、党组副书记、地税局局长、党组书记，财政局副局长、党组副书记兼重点工程办公室主任，乳山市人事局副局长、党组副书记、主任科员兼机关事业保险处主任，乳山市劳动和社会保障局副局长、党委副书记、主任科员兼机关事业保险处主任，乳山市妇联主任、党组书记，乳山市政府党组成员。2003年1月任乳山市政府副市长、党组成员。2007年11月任乳山市委常委、宣传部部长，市政府党组成员。2007年12月任乳山市委常委、宣传部部长。2013年10月任现职。

于新建 乳山市人大常委会副主任、党组成员。文登区小观镇万家口村人，1960年2月出生，1986年9月加入共产党，省业余大学文化。1980年7月参加工作，先后任乳山师范学校教师，乳山县教研室教师，乳山县建筑公司赴科威特建筑队翻译、乳山县（市）建筑设计院干部，乳山市诸往镇党委宣传委员，乳山市侨务工作办公室副主任，乳山市对外经济贸易委员会副主任、党组成员，乳山市对外贸易经济合作局副局长、党组成员、主任科员，乳山市对外贸易经济合作局副局长、党组成员兼政府驻韩国办事处主任，乳山市对外贸易经济合作局局长、党组书记兼政府驻韩国办事处主任。2009年12月任乳山市岠嵎山国家森林公园管委会主任（副县级），对外贸易经济合作局局长、党组书记、政府驻韩国办事处主任。2010年1月任乳山市岠嵎山国家森林公园管委会主任（副县级），对外贸易经济合作局局长、党组书记。2010年4月任乳山市岠嵎山国家森林公园管委会主任（副县级），商务局局长、党组书记。2010年12月任乳山市商务局局长、党组书记（副县级）。2011年1月任现职。

高翠玲 女，乳山市人大常委会副主任、党组成员。乳山市南黄镇高家屯村人，1962年12月出生，1987年12月加入共产党，省委党校大学文化。1984年10月参加工作，先后任乳山县南黄镇妇联干事，乳山县徐家乡妇联干事、副主任，乳山县（市）徐家镇党委委员、妇联主任，乳山市徐家镇副镇长，乳山市下初镇党委副书记，乳山市妇联副主任、党组成员，乳山市乳山口镇党委副书记、镇长，乳山市妇联主任、党组书记，乳山市人口和计划生育局局长、党组书记，乳山市人大常委会党组成员。2012 年 2 月任现职。

矫伟宏 乳山市人大常委会副主任、党组成员。烟台市牟平区埠西头镇人，1964 年 3 月出生，1983 年 12 月加入共产党，省委党校大学文化。1981 年 11 月参加工作，先后任乳山县烟酒公司职工，乳山县徐家公社党委交通员，乳山县徐家乡团委书记、党委委员，乳山县（市）海阳所镇党委宣传委员、党委副书记、镇长，乳山市乳山口镇党委副书记、镇长，乳山市乳山口镇党委书记、人大主席，乳山经济开发区管委会副主任、工委副书记、乳山口镇党委书记、人大主席。2009 年 9 月任乳山经济开发区管委会主任、工委副书记（副县级），乳山口镇党委书记、人大主席。2011 年 12 月任乳山市经济开发区管委会主任、工委副书记（副县级）。2014 年 1 月任乳山市人大常委会党组成员（副县级）。2014 年 2 月任现职。

孙保广 乳山市人大常委会副主任、党组成员。乳山市南黄镇姜家庄村人，1964 年 8 月出生，1994 年 7 月加入共产党，省委党校研究生文化。1987 年 7 月参加工作，先后任乳山幼儿师范学校教师，乳山县（市）司法局干部，乳山市委组织部干事、干训科副科长、干训科科长，乳山市党员电化教育中心主任，组织部干训科科长，乳山市党员电化教育中心主任、组织部组织科科长，乳山市委组织部副部长、党员电化教育中心主任，乳山市委组织部副部长，乳山市委组织部副部长、农村党员干部现代远程教育中心主任，乳山市委组织部副部长、人事局局长、党组副书记、编委办主任，乳山市委组织部副部长、人事局局长、党组书记、编委办主任。2009 年 12 月任乳山市委党校常务副校长（副县级）、市委组织部副部长、人事局局长、党组书记、编委办主任。2010 年 4 月任乳山市委党校常务副校长（副县级）。2013 年 1 月任乳山市委党校常务副校长（副县级）、人力资源和社会保障局局长、党委书记。2014 年 10 月任乳山市人力资源和社会保障局局长、党委书记（副县级）。2015 年 4 月任乳山市人大常委、党组成员、市委组织部常务副部长（副县级）。2016 年 2 月任现职。

侯常青 乳山市人大常委会副主任，外商投资促进服务中心主任。乳山市午极镇石字岘村人，1968 年 10 月出生，无党派，大学文化。1991 年 8 月参加工作，先后任乳山县（市）活塞环厂技术科技术员、车间主任，乳山市外商投资服务中心翻译、副主任，乳山市对外贸易经济合作局科员，对外贸易经济合作局局长助理、外资管理科科长，对外贸易经济合作局局长助理、副主任科员，对外贸易经济合作局副局长，乳山市商务局副局长，政协乳山市常委、商务局副局长，政协乳山市常委、商务局副局长、外商投资促进服务中心主任。2016 年 2 月任现职。

乳山市人民政府

周　兵 乳山市委副书记，市政府市长、党组书记。（详见《人物／市级领导人／中共乳山市委员会》）

徐　明 乳山市委常委，市政府副市长、党组副书记（正县级）。（详见《人物／市级领导人／中共乳山市委员会》）

陈卫萍 女，乳山市政府副市长。文登区大水泊镇沟曲家村人，1970 年 6 月出生，无党派，省委党校研究生文化。1991 年 7 月参加工作，先后任文登市天福山镇妇联干事、副主任、主任，文登市天福山镇政协工作办公室副主任，文登市泽头镇副镇长。2007 年 11 月任乳山市政府副市长。2007 年 12 月任乳山市政府副市长，政协乳山市委员会副主席。2012 年 2 月任现职。

战国生 乳山市政府副市长、党组成员。乳山市冯家镇砦里村人，1968 年 12 月出生，1989 年 5 月加入共产党，省委党校研究生文化。1989 年 7 月参加工作，先后任乳山县人民法院下初法庭书记员，乳山县（市）政府办公室秘书、调研科副科长、调研科科长，乳山市政府办公室副主任科员、调研科科长，乳山市政府办公室副主任、政府法制局局长，乳山市夏村镇党委书记、人大主席，乳山市政府党组成员、办公室主任，市政府党组成员、银滩旅游度假区管委会副主任、党工委副书记（主持工作）。2012 年 12 月任乳山市政府党组成员，银滩旅游度假区管委会主任（副县级）、党工委副书记。2013 年 1 月任乳山市银滩旅游度假区管委会主任（副县级）、党工委副书记，白沙滩镇党委书记、人大主席。2013 年 3 月任乳山市滨海新区党工委副书记，银滩旅游度假区管委会主任（副县级），白沙滩镇党委书记、人大主席。2013 年 7 月任乳山市政府党组成员，银滩旅游度假区管委会主任（副县级）。2013 年 8 月任现职。

孙　军 乳山市政府副市长、党组成员。乳山市崖子镇崖子村人，1971 年 11 月出生，1993 年 7 月加入共产党，大学文化，公共管理硕士。1993 年 7 月参加工作，先后任乳山县（市）职业中专教师，乳山第一中学教务处干事，乳山市委组织部干事、干部科副科长、干部科科长，乳山市农村党员干部现代远程教育中心（副科级）主任、组织部干部科科长，乳山市农村党员干部现代远程教育中心副主任、组织部干部科科长，乳山市委组织部副部长，乳山市委组织部副部长、老干部局局长，乳山市委组织部副部长、机构编制委员会办公室主任，乳山市委办公室主任。2013 年 10 月任乳山市政府副市长、党组成员，市委办公室主任。2013 年 12 月任现职。

卫　玮 乳山市政府副市长、党组成员。威海市环翠区人，1980 年 2 月出生，2001 年 6 月加入共产党，大学文化，公共管理硕士。2001 年 7 月参加工作，先后任威海市环翠区温泉镇党政办科员，温泉镇党委宣传委员，温泉镇党委宣传委员、副镇长，温泉镇党委委员、纪委书记、副镇长，温泉镇党委副书记。2012 年 8 月任共青团威海市委副书记、党组成员。

2015年4月任乳山市政府党组成员。2015年5月任现职。

郭 祝 乳山市政府副市长、党组成员。乳山市育黎镇北勇家村人，1968年10月出生，1990年9月加入共产党，省委党校研究生文化。1988年7月参加工作，先后任乳山县财政局会计，乳山县（市）委组织部干事，乳山市委组织部办公室副主任、主任，市委组织部副主任科员、办公室主任，乳山市委办公室副主任、市委督查办公室主任，乳山市房产管理局局长、党组书记，乳山市交通局局长、党委书记，乳山市建设局局长、党委书记，乳山市城乡建设局局长、党委书记，乳山市政府党组成员、城乡建设局局长、党委书记，乳山市政府党组成员、住房和城乡建设局局长、党委书记。2015年5月任现职。

政协乳山市委员会

王祥芹 政协乳山市委员会主席、党组书记。乳山市南黄镇西浪暖村人，1963年7月出生，1986年7月加入共产党，省委党校大学文化。1982年7月参加工作，先后任乳山县（市）水利队技术员、副队长、队长，乳山市水利局局长助理，水利局副局长、党委委员，乳山市诸往镇党委副书记、镇长，冯家镇党委书记、人大主席，乳山口镇党委书记、人大主席。2003年9月任乳山市岠嵎山国家森林公园管委会主任（副县级），乳山口镇党委书记、人大主席。2005年2月任乳山市乳山口镇党委书记、人大主席（副县级）。2005年3月任乳山市政府副市长、党组成员。2009年12月任乳山市委常委，市政府副市长、党组成员。2010年1月任乳山市委常委，市政府副市长、党组副书记。2013年4月任乳山市委常委，市政府副市长、党组副书记，滨海新区管委会副主任、党工委副书记（主持工作）。2013年10月任乳山市政府党组副书记，滨海新区管委会主任、党工委书记（正县级）。2015年2月任政协乳山市委员会主席，市政府党组副书记，滨海新区管委会主任、党工委书记。2015年4月任现职。

李新权 政协乳山市委员会副主席，水利局副局长。乳山市白沙滩镇西北庄村人，1967年1月出生，无党派，省委党校大学文化。1987年7月参加工作，先后任黑龙江省前锋农场技术员，乳山县（市）海阳所镇农技站技术员、副站长、站长，乳山市海阳所镇副镇长，乳山市海阳所镇副镇长、大乳山风景区管委会副主任（正科级），乳山市下初镇镇长，乳山市水利局副局长、主任科员。2007年12月任现职。

丛宝云 政协乳山市委员会副主席，科学技术局副局长。乳山市大孤山镇河南村人，1963年3月出生，无党派，大学文化。1984年7月参加工作，先后任乳山县午极农技中学教师，乳山县科学技术开发中心干部，乳山县（市）科学技术器材公司干部，乳山市科委干部、成果科副科长，乳山市科学技术局成果科科长、综合科科长，乳山市科技局局长助理、副主任科员，乳山市科学技术局副局长。2007年12月任现职。

王月珍 政协乳山市委员会副主席、党组成员。乳山市南黄镇南黄北耩村人，1960年8月出生，1989年7月加入共产党，在职大专文化。1983年9月参加工作，先后任乳山县化肥厂工人、财务科科长，乳山县黄金公司供销站经理，乳山县（市）审计局工交科审计员、工交科科长、综合科科长，乳山市经贸委副主任、党组成员，乳山市经贸委副主任、党委委员，乳山市经贸委副主任、党委副书记，乳山市经贸局副局长、党委副书记，乳山市经贸局副局长、党委副书记、主任科员，乳山市经贸局副局长、党委副书记兼安监局局长，乳山市安监局局长、党组书记，乳山市经贸局局长、党委书记。2009年12月任威海机械工程高级技工学校副校长、党委委员，乳山市经贸局局长、党委书记。2010年4月任威海机械工程高级技工学校副校长、党委委员，乳山市经济和信息化局局长、党委副书记。2011年1月任威海机械工程高级技工学校副校长、党委委员，乳山市经济和信息化局局长、党委书记。2011年12月任乳山市政协党组成员，威海机械工程高级技工学校副校长、党委委员。2012年2月任政协乳山市委员会副主席、党组成员，威海机械工程高级技工学校副校长、党委委员。2012年10月任现职。

宫洪霞 女，政协乳山市委员会副主席，发展和改革局副局长。乳山市诸往镇大龙口村人，1976年8月出生，无党派，大学文化。1998年9月参加工作，先后任乳山市马石店镇党委干部，乳山市崖子镇党委干部，乳山市审计局科员，乳山市监察局副局长。2012年2月任乳山市政协副主席，监察局副局长。2013年6月任现职。

高 波 政协乳山市委员会副主席、党组成员。乳山市南黄镇湾头村人，1963年6月出生，1992年8月加入共产党，省委党校大学文化。1978年12月参加工作，先后任烟台海洋渔业公司工人，乳山县乡镇企业局会计，乳山县财政局会计，乳山县（市）财政局预算科副科长、科长、局长助理，乳山市财政局副局长、党组成员，乳山市财政局党组书记、副局长，乳山市财政局局长、党组书记，乳山市政府市长助理、党组成员、财政局局长、党组书记。2009年9月任乳山幼儿师范学校党委副书记，财政局局长、党组书记。2013年12月任乳山幼儿师范学校党委副书记，财政局局长。2014年1月任政协乳山市党组成员，财政局局长（副县级）。2014年2月任政协乳山市委员会副主席、党组成员，财政局局长。2015年4月任现职。

曲华良 政协乳山市委员会副主席、党组成员。文登区泽头镇人，1962年10月出生，1985年12月加入共产党，省委党校大学文化。1980年11月参加工作，先后任乳山县拖拉机站工人，乳山县政府办公室干部，乳山县崖子镇党委委员（挂职），乳山县石头圈乡党委委员，共青团乳山县委副书记，共青团乳山县（市）委副书记、党组成员，共青团乳山市委书记、党组书记，乳山市大孤山镇党委副书记、镇长，大孤山镇党委书记、人大主席，乳山市环境保护局局长、党组书记，乳山市发展和改革局局长、党组书记，乳山市政府市长助理、党组成员、发展和改革局局长、党组书记。2009 年 9 月任乳山经济开发区党工委书记（副县级）、发展和改革局局长、党组书记（2012 年 10 月到重庆云阳挂职副县长，时间半年）。2012 年 11 月任乳山经济开发区党工委书记（副县级）、发展和改革局党组书记。2013年6月任政协乳山市党组成员、经济开发区党工委书记（副县级）。2013年12月任政协乳山市党组成员、经济开发区党工委书记（副县级）、总工会主席、党组书记。2014 年 10 月任政协乳山市党组成员、总工会主席、党组书记（副县级）。2015 年 4 月任政协乳山市党组成员（副县级）。2016 年 2 月任现职。

乳山市纪律检查委员会

丁甫春 乳山市委常委、市纪律检查委员会书记。（详见《人物 / 市级领导人 / 中共乳山市委员会》）

（市委组织部干部科）

机构和负责人

（截至 2016 年 2 月）

【中共乳山市委员会】

书　记　高书良

副书记　隋建波（2015 年 4 月离任）

周　兵（2015 年 4 月任职）

毕兴全（2016 年 2 月离任）

常　委　高书良

隋建波（2015 年 4 月离任）

周　兵（2015 年 4 月任职）

毕兴全（2016 年 2 月离任）

徐　明

从龙海

李国徽

王星淘（2015 年 4 月离任）

邢海波

王建华（女）

隋同朋（2015 年 4 月离任）

鲁向阳

丁甫春（2015 年 4 月任职）

市委办公室（挂市委政策研究室牌子）

主　任　段　鹏（2015 年 4 月离任）

刘建忠（2015 年 4 月任职）

市委政策研究室

主　任　于晓东

市委目标绩效管理考核办公室

主　任　孙志浩（2015 年 7 月离任）

维护稳定工作办公室

主　任　孙明义（2015 年 10 月离任）

郑　晓（2015 年 10 月任职）

市委、市政府信访局（挂市社会矛盾调处中心牌子）

局　长　卢志强（2015 年 10 月离任）

姜春龙（2015 年 10 月任职）

市社会矛盾调处中心

主　任　于　刚（2015 年 10 月任职）

市委组织部

部　　长　邢海波

常务副部长　刘建忠（2015 年 4 月离任）

孙保广（2015 年 4 月任职，2016 年 2 月离任）

市委非公有制经济组织和社会组织工作委员会（与市委组织部合署）

书　记　王世建（2015 年 4 月离任）

市委老干部局（市委离退休干部工作委员会与其合署）

局　长　李万册

市委宣传部

部　　长　王建华（女）

常务副部长　鞠红燕（女，2015 年 4 月任职）

市委统战部（挂市委对台工作办公室牌子）

部　　长　王星淘（兼，2015 年 4 月离任）

邢海波（兼，2015 年 4 月任职）

常务副部长　刘建华（2016 年 2 月离任）

刘玉刚（2016 年 2 月任职）

市委对台工作办公室（挂市政府台湾事务办公室牌子）

主　任　王庆革

市委政法委员会

书　　记　李国徽

常务副书记　倪宏伟（2015 年 4 月离任）

社会管理综合治理委员会办公室（与市委政法委员会合署）

主　任　倪宏伟（兼，2015 年 4 月离任）

机构编制委员会办公室

主　任　于留泮（2015 年 4 月离任）

王世建（2015 年 4 月任职）

事业单位登记管理局（隶属机构编制委员会办公室）

局　长　李吉岩（2015 年 10 月离任）

市委市直机关工作委员会

书　记　刘　利（2015 年 4 月离任）

陈凤梅（女，2015 年 4 月任职）

市委群众工作部

部　　长　毕兴全（兼，2016 年 2 月离任）

常务副部长　唐克波

扶贫开发领导小组办公室（2016 年 2 月，整合市直有关部门单位扶贫职责组建，依托市委农村工作部开展工作）

主　任　刘建华
（2016年2月任职）
市委农村工作部（挂市新农村建设办公室牌子）
主　任　马　祝
（2015年4月离任）
孙明义
（2015年10月任职）

【乳山市人大常委会】
主　　任　高书良
（兼，2016年2月离任）
马　泽
（2016年2月任职）
党组书记　高书良
（兼，2016年2月离任）
马　泽
第一副主任　马　泽
（2016年2月离任）
副　主　任　赵钧波
（2016年2月离任）
于新建
高翠玲（女）
矫伟宏
孙保广
（2016年2月任职）
侯常青
（2016年2月任职）
办公室
主　任　陶　刚
（2015年4月离任）
薛连文
（2015年4月任职）
内务司法工作委员会
主　任　王少华
人事代表工作委员会（2015年11月由人事代表工作室更名）
主　任　高书鹏
财政经济工作委员会
主　任（缺）
农业与农村工作委员会（与财政经济工作委员会合署）
主　任　高强斌
教科文卫工作委员会
主　任　林纪钦
城乡建设与环境资源保护工作委员会（与教科文卫工作委员会合署）
主　任　姜　山
（2015年4月离任）
李　伟
（2015年11月任职）
民族宗教侨务外事工作委员会（与教科文卫工作委员会合署，2015年11月由民族宗教工作委员会更名）
主　任　王壮然
信访工作室
主　任（缺）
预算工作委员会（2015年11月设立）
主　任（缺）

【乳山市人民政府】
市　长　隋建波
（2015年5月离任）
周　兵
（2015年5月任职）
副市长　徐　明
隋同朋
（2015年5月离任）
陈卫萍（女）
战国生
孙　军
丁甫春
（2015年5月离任）
卫　玮
（2015年5月任职）
郭　祝
（2015年5月任职）
东勒什吉
（女，挂职副市长、党组成员，2015年4月任职，2016年1月离任）
市政府办公室（挂市政府法制办公室牌子）
主　任　张　平
（2015年4月离任）
于　海
（2015年4月任职）
市政府法制办公室（2015年10月调整为在市政府办公室挂牌）
主　任　于　海
（兼，2015年10月任职）
发展和改革局
局　长　耿仁书
物价局（发展和改革局直属机构，副科级规格）
局　长　李亚华
（2015年11月离任）
谭先志
（2015年11月任职）
粮食局（发展和改革局直属机构，副科级规格）
局　长　秦宪臻
统计局（发展和改革局直属机构，暂按正科级运行）
局　长　宋清林
（2015年4月离任）
李宏飞
（2015年4月任职）
经济和信息化局（挂民营经济局、中小企业局牌子）
局　长　冯夕永
（2015年4月离任）
宋福臣
（2015年4月任职）
教育局
局　长　王海波
（兼，2015年4月离任）
焉　涛
（2015年4月任职）
科学技术局
局　长　宋福臣
（2015年4月离任）
王　萍
（女，2015年4月任职，2016年2月离任）
公安局
局　长　苏卫军
政　委　张书松
公安局交通警察大队（分局）
大队长（局长）　王　炜
教导员　孙贤义
公安局刑事侦查大队（挂市禁毒委员会办公室牌子）
大队长（缺）
监察局（与市纪律检查委员会合署）
局　长　李云俊
（兼，2016年2月离任）
李学兵
（2016年2月任职）
民政局
局　长　姜炳旭
司法局
局　长　孙旭升
财政局
局　长　高　波
（兼，2015年4月离任）
刘培根
（2015年4月任职）

人力资源和社会保障局
局　长　孙保广
（2015 年 4 月离任）
蔡同波
（2015 年 4 月任职，10 月离任）
卢志强
（2015 年 10 月任职）
国土资源局
局　长　陈　明
住房和城乡建设局（挂城市管理行政执法局牌子）
局　长　郭　祝
（2015 年 4 月离任）
宫在津
（2015 年 4 月任职）
住房和城乡建设局滨海新区分局
局　长　刘煜亭
城市管理行政执法局
局　长　刘志勇
（2015 年 4 月离任）
许玉安
（2015 年 4 月任职）
交通运输局
局　长　马洪强
水利局
局　长　姜国臻
农业局
局　长　谭先志
（2015 年 4 月离任）
冯夕永
（2015 年 4 月任职）
林业局（农业局直属机构，暂按正科级运行）
局　长　隋岩波
海洋与渔业局
局　长　焉　涛
（2015 年 4 月离任）
马　祝
（2015 年 4 月任职）
商务局
局　长　王　萍
（女，2015 年 4 月离任）
刘志勇
（2015 年 4 月任职）
政府外事办公室（2014 年 12 月撤销，与政府侨务办公室职责整合，组建政府外事侨务办公室；2015 年 4 月职务理顺）
主　任　邵春光
（2015 年 4 月离任）
文化广电新闻出版局
局　长　赵红日
（女，2015 年 4 月离任）
李学兵
（2015 年 4 月任职，2016 年 2 月离任）
张新龙
（2016 年 2 月任职）
体育局（文化广电新闻出版局直属机构，暂按正科级运行）
局　长　邵培勇
（2015 年 7 月离任）
隋浩杰
（2015 年 7 月任职）
卫生和计划生育局
局　　长　潘高峰
（2015 年 10 月辞职）
姜云志
（2015 年 10 月任职）
党委书记　赵培森
（2015 年 4 月离任）
潘高峰
（2015 年 4 月任职，2015 年 10 月辞职）
审计局
局　长　刘洪超
（2015 年 4 月离任）
谭先志
（2015 年 4 月任职，2015 年 11 月离任）
高　波
（2015 年 11 月主持工作）
环境保护局
局　长　蔡同波
（2015 年 4 月离任）
李树谦
（2015 年 4 月任职）
安全生产监督管理局
局　长　李树谦
（2015 年 4 月离任）
陶　刚
（2015 年 4 月任职）
市场监督管理局（2014 年 12 月将工商行政管理局、质量技术监督局职责整合，组建市场监督管理局，2015 年 4 月对机构和职务进行理顺）
局　长　刘本江
（2015 年 4 月任职）
工商行政管理局（2014 年 12 月撤销）
局 长　刘本江
（2015 年 4 月离任）
质量技术监督管理局（2014 年 12 月撤销）
局　长　傅　利
（2015 年 4 月离任）
食品药品监督管理局（挂市食品安全委员会办公室牌子）
局　长　姜云志
（2015 年 10 月离任）
马　骏
（2015 年 10 月任职）

【政协乳山市委员会】

主　席　王祥芹
副主席　李新权
从宝云
王月珍
宫洪霞（女）
王海波
（2016 年 2 月免职）
高　波
曲华良
（2016 年 2 月任职）
办公室
主　任　王　刚
三胞联谊委员会
主 任　李　杰
经济委员会
主　任　林　森
（2015 年 4 月离任）
科教文史委员会
主　任　（缺）
提案法制委员会
主　任　丁玉晓
委员活动工作室
主　任　曹玉超

【中共乳山市纪律检查委员会】

书　记　丛龙海
（2015 年 4 月离任）
丁甫春
（2015 年 4 月任职）
副书记　李云俊
（2016 年 2 月离任）
唐镜朋
（2015 年 10 月离任）
邹　光
（2015 年 4 月离任）
于炳涛
（2015 年 10 月任职）

市纪委（监察局）派驻第一纪检组（监察室）

组长（主任） 于炳涛
（2015年10月离任）

市纪委（监察局）派驻第二纪检组（监察室）

组长（主任） 万 宏
（2015年7月离任）
史旭光
（2015年7月任职）

市纪委（监察局）派驻第三纪检组（监察室）

组长（主任） 史 记

市纪委（监察局）派驻第四纪检组（监察室）

组长（主任） 侯美霞
（女，2015年10月任职）

【市委、市政府派出机构】

滨海新区

主　　任 王祥芹
（兼，2015年4月离任）
从龙海
（2015年4月任职）

工委副书记 姚 飞

副 主 任 姚 飞
李 栋
（2015年4月离任）
毕建武
（2015年7月离任）
单志强
（2015年4月任职）
刘兴海
（2015年4月任职）

银滩旅游度假区

主 任 姚 飞
（2015年4月任职）

经济开发区（2015年11月机构规格调整为副处级）

主　　任 许 鹏
（2015年4月任职）

工委书记 许 鹏
（2015年7月任职）

工委副书记 许 鹏
（2015年7月离任）
潘显臣

副主任 许 鹏
（2015年4月离任）
潘显臣
宋 强
刘 伟
张东健

政务服务中心管理办公室

主 任 于 军

【乳山市人民法院、人民检察院】

乳山市人民法院

院　　长 陈天合
（2015年10月离任）
原永忠
（2016年2月任职）

党组书记 陈天合
（2015年10月离任）
原永忠
（2015年10月任职）

第一副院长 王永刚
（2015年10月离任）

执行局

局 长 马明强
（2015年4月任职）

乳山市人民检察院

检 察 长 毕新状
（2015年10月离任）
连业文
（女，2016年2月任职）

党组书记 毕新状
（2015年10月离任）
连业文
（女，2015年10月任职）

第一副检察长 孙建湖
（2015年10月离任）

反贪污贿赂局

局 长 （缺）

【乳山市人民武装部】

部 长 傅登锋

政 委 鲁向阳

【人民团体】

总工会

主 席 曲华良
（2015年4月离任）
于留泮
（2015年4月任职）

共青团乳山市委员会

书 记 马 成

妇女联合会

主 席 李淑波
（女，2015年4月离任）
赵红日
（女，2015年4月任职）

科学技术协会

主 席 冷书杰

工商业联合会

副会长、党组书记 高洪军

残疾人联合会

理事长 宋 英
（女，2015年4月离任）
李 栋
（2015年4月任职）

归国华侨联合会

主 席 （缺）

党组书记 刘 阳
（2015年4月离任）
刘 利
（2015年4月任职）

政府外事侨务办公室（与归国华侨联合会合署，2014年12月，政府侨务办公室与政府外事办公室职责整合组建，2015年4月职务理顺）

主 任 刘 利
（兼，2015年4月任职）

侨务办公室（与归国华侨联合会合署，2014年12月撤销）

主 任 刘 阳
（兼，2015年4月离任）

【正科级以上事业单位】

威海机械工程高级技工学校

校　　长 姜翠萍（女）

党委书记 温训昌

副 校 长 姜成锁
王 涛
刘洪超
（2015年4月任职）

纪委书记 李淑波
（女，2015年4月任职）

广播电视大学

校 长 （缺）

职业技术教育中心（与广播电视大学合署）

校 长 （缺）

岠嵎山国家森林公园管理委员会

主　　任 胡新会

党组书记 （缺）
副主任 于君义
于 刚
徐忠波（兼）
市委党校（挂社会主义学校、行政学校牌子）
校 长 高书良（兼）
常务副校长 张立东
（2016年2月免职）
行政学校
校 长 高胜勇
农村党员干部现代远程教育管理中心（隶属市委组织部）
主 任 （缺）
老年大学（隶属市委老干部局）
校 长 张运海
精神文明建设委员会办公室（与市委宣传部合署）
主 任 鞠红燕
（女，2015年4月离任）
社会科学界联合会（与市委宣传部合署）
主 席 李 超
（2015年4月离任）
党史市志办公室
主 任 栾法龙
（2015年4月离任）
徐华伟
（2016年2月任职）
市报社
总编辑 薛连文
（2015年4月离任）
李 超
（2015年4月任职）
档案馆（挂档案局牌子）
馆 长 （缺）
档案局
局 长 徐和平
广播电视台
台 长 江文强
总编辑 姜 山
文化市场综合执法局（隶属文化广电新闻出版局）
局 长 孙洪竹
机关事务管理局
局 长 林 洋
住房保障和房产管理局
局 长 孙英奇
（2015年4月离任）
宋清林
（2015年4月任职）
经济合作局（2015年4月由市政府直属事业单位调整为市商务局所属正科级事业单位，2015年6月撤销）
局 长 李学兵
（2015年4月离任）
市政府驻济南办事处（2015年4月撤销，在编人员及职能整建制转入市对外联络办公室）
主 任 （缺）
民族宗教事务管理局
局 长 杨 菁
（2015年4月离任）
宋 英
（女，2015年4月任职）
城乡规划管理局
局 长 林 兵
城乡规划管理局滨海新区分局
局 长 杨 勇
城市规划设计院
院 长 曲灵军
畜牧兽医局（隶属农业局）
局 长 刘玉刚
（2016年2月离任）
刘 杰
（2016年2月任职）
农业机械管理局（隶属农业局）
局 长 宫在敏
老龄工作委员会办公室
主 任 杨晓辉
龙角山水库管理处
主 任 马长江
旅游局
局 长 焉 强
金融工作办公室（挂地方金融监督管理局牌子）
主 任 冯 罡
（2015年10月离任）
姜永红
（女，2015年10月任职）
人民防空办公室
主 任 姜福潭
红十字会办公室
主 任 王贵贤
国际大酒店
总经理 李 峰
国鑫资产经营管理有限公司
总经理 兰 东
城市国有资产经营有限公司（与国鑫资产经营管理有限公司合署）
总经理 姜永红
（女，2015年10月离任）
工贸资产经营公司
总经理 孙国乐
供销合作社联合社
理事会主任 隋浩杰
（2015年7月离任）
毕建武
（2015年7月任职）
监事会主任 石仁玉
经济技术协作委员会（与供销合作社联合社合署）
主 任 隋浩杰
（兼，2015年7月离任）
毕建武
（兼，2015年7月任职）
检验检测中心
主 任 刘庆芳
（2015年4月任职）
公共资源交易管理中心（2015年4月设立）
主 任 邹 光
（2015年4月任职）
智慧城市建设管理办公室（2015年4月设立）
主 任 肖凌峰
（2016年2月任职）
对外联络办公室（2015年4月由市委市政府信访局所属正科级自收自支事业单位调整为市政府直属正科级自收自支事业单位。市政府驻济南办事处撤销后，其在编人员及职能整建制转入市对外联络办公室。）
主 任 宋 军
（2015年4月任职）
威海马石山红色教育基地管理处（2015年8月成立，正科级规格）
主 任 姜炳旭
（兼，2015年10月任职）
大乳山风景区管理委员会（与海阳所镇合署，隶属滨海新区管理委员会）
主 任 张本成（兼）
党组书记 （缺）
城区工业园管理委员会（与城区街道办事处合署）

主　任　王建国
（2015年10月离任）
宋　磊
（2015年10月任职，2016年2月离任）

威海纺织染整工业园管理委员会（与城区街道办事处合署）
主　任　王文水

台湾工业园管理委员会（挂新兴产业园管理委员会牌子，隶属滨海新区管理委员会）
主　任　王卓德

海湾新城开发建设办公室（隶属滨海新区管理委员会）
主　任　单志强

塔岛湾海洋生态国家级海洋特别保护区管理委员会（隶属滨海新区管理委员会）
主　任　单志强（兼）

市政府调查研究室
主　任　张新龙
（2016年2月离任）

大项目推进办公室（隶属政府办公室）
主　任　李宏飞
（2015年4月离任）

蓝色经济区管理办公室（隶属发展和改革局）
主　任　（缺）

政府口岸办公室（隶属交通运输局）
主　任　马端波

港航管理局（隶属交通运输局）
局　长　张连涛
（2015年10月离任）

道路运输管理处（隶属交通运输局）
主　任　于　龙

交通战备办公室（隶属交通运输局）
主　任　（缺）

社区工作管理办公室（隶属民政局）
主　任　（缺）

农业综合开发办公室（隶属财政局）
主　任　李海波

农村综合改革办公室（隶属财政局）
主　任　秦利强

国有资产管理局（隶属财政局）
局　长　郑连臣

农产品质量安全区域化管理办公室（隶属农业局）
主　任　冷振腾

贸易办公室（隶属商务局）
主　任　（缺）

外商投资促进服务中心（隶属商务局）
主　任　侯常青（兼）

市政府驻韩国办事处（2015年6月机构理顺，与外商投资促进服务中心一个机构两块牌子）
主　任　（缺）

国内投资促进服务中心（2015年6月设立，隶属商务局）
主　任　（缺）

文学艺术界联合会（与文化广电新闻出版局合署）
主　席　焉　光

经济责任审计办公室（隶属审计局）
主　任　姜爱丽（女）

医疗保险事业处（隶属人力资源和社会保障局）
主　任　徐　高
（2015年10月任职）

人力资源公共服务中心（2015年6月设立，隶属人力资源和社会保障局）
主　任　李　勇
（2015年10月任职）

第一中学（隶属教育局，2015年8月取消行政级别）
校　　长　郭崇江
党支部书记　倪占良
（2015年9月辞职）

金岭中学（隶属教育局，2015年8月取消行政级别）
校　　长　王波彬
党支部书记　乔占刚
（2015年9月辞职）

教学研究中心（隶属教育局）
主　任　于星华
（2015年5月免职）
孙希敏
（2015年10月任职）

人民医院（隶属卫生和计划生育局）
院　　长　马锡卓
（2015年4月任职）
党总支书记　马锡卓
（2016年2月离任）
刘志强
（2016年2月任职）

中医院（隶属卫生和计划生育局）
院　长　邵明磊

疾病预防控制中心（挂卫生检测检验中心牌子，隶属卫生和计划生育局）
主　　任　姜泽春
党总支书记　胡苏兰
（女，2015年4月任职）

【市属国有企业】

城市建设投资集团有限公司（归口财政局管理）
董事长　李　伟
（2015年11月离任）
总经理　姜朝晖
党委书记　李　伟
（2015年11月离任）

热力集团有限公司（归口住房和城乡建设局管理）
董事长　周范鹏
总经理　孙福东
党委书记　周范鹏

水务集团有限公司（归口住房和城乡建设局管理）
董事长　徐武林
总经理　徐武林
党委书记　徐武林

国有资本运营公司（2015年4月成立，归口财政局管理）
负责人　冯　罡
（2015年10月负责筹建工作）

【各镇、城区街道】

城区街道
工委书记　于　海
（2015年4月离任）
曹永刚
（2015年4月任职）
主　　任　姜春龙
（兼，2016年2月离任）
宋　磊
（2016年2月任职）

夏村镇
党委书记　宫在津
（2015年4月离任）
王永照
（2015年4月任职）
镇　　长　王永照
（2015年4月离任）
姜中华
（2015年4月任职）

乳山口镇（与经济开发区合署）

党委书记　刘　伟

镇　　长　赵永祥

（2015 年 7 月离任）

姜宇航

（2016 年 2 月任职）

海阳所镇

党委书记　张本成

镇　　长　王雪光（女）

白沙滩镇

党委书记　毕建武

（2015 年 7 月离任）

孙志浩

（2015 年 7 月任职）

镇　　长　于　伟

大孤山镇

党委书记　于荣恺

镇　　长　王　庆

徐家镇

党委书记　于吉东

镇　　长　孙厚强

（2015 年 4 月离任）

于海洋

（2015 年 7 月任职）

南黄镇

党委书记　马　骏

（2015 年 10 月离任）

鞠鹏飞

（2015 年 10 月任职）

镇　　长　王　倩

（女，2015 年 4 月离任）

鞠鹏飞

（2015年7月任职，2015年10月离任）

宫晓波

（2016 年 2 月任职）

冯家镇

党委书记　赵　磊

镇　　长　陈凤梅

（女，2015 年 4 月离任）

王　倩

（女，2015 年 4 月任职）

下初镇

党委书记　石　磊

（2015 年 4 月离任）

张伟峰

（2015 年 4 月任职）

镇　　长　张伟峰

（2015 年 4 月离任）

辛　丽

（女，2015 年 4 月任职）

午极镇

党委书记　曹永刚

（2015 年 4 月离任）

宋海波

（2015 年 4 月任职）

镇　　长　宋海波

（2015 年 4 月离任）

孙福斌

（2015 年 4 月任职）

崖子镇

党委书记　刘　杰

（2016 年 2 月离任）

镇　　长　董　辉

诸往镇

党委书记　孙常学

镇　　长　仇晓明

育黎镇

党委书记　许玉安

（2015 年 4 月离任）

田玉刚

（2015 年 4 月任职）

镇　　长　田玉刚

（2015 年 4 月离任）

冯希勇

（2015 年 4 月任职）

乳山寨镇

党委书记　徐忠波

镇　　长　段英鹏

（2015 年 4 月任职）

【威海市以上驻乳单位】

山东省乳山幼儿师范学校（山东省威海艺术学校）

校　　长　陈福超

（2015 年 10 月离任）

党委书记　车学辉

党委副书记　陈福超

（2015 年 10 月离任）

张　平

（2015 年 5 月任职）

副 校 长　于　馗

马书强

山东外事翻译职业学院

院　　长　孙承武

党委书记　魏世江

乳山市国家税务局

局　长　毕建立

乳山市地方税务局

局　长　（缺）

乳山市气象局

局　长　毕　明

（2016 年 1 月离任）

姜中民

（2016 年 1 月任职）

乳山市邮政局

局　长　刘浩杰

中国邮政集团公司山东省乳山市分公司（2015 年 5 月由乳山市邮政局更名）

总经理　刘浩杰

（2015 年 5 月离任）

王鸿雁

（2015 年 5 月任职）

威海市乳山公路管理局

局　　长　李树阳

党委书记　王维国

中国移动通信集团山东有限公司乳山分公司

总经理　张东泉

（2015 年 11 月离任）

黄嘉辉

（2015 年 11 月任职）

中国联合网络通信有限公司乳山市分公司

总经理　宋文杰

中国电信股份有限公司乳山分公司

总经理　孙文正

山东广电网络威海有限公司乳山分公司

总经理　陶　龙

中国银行业监督管理委员会威海监管分局乳山办事处

主　任　（缺）

中国人民银行乳山市支行

行　长　高　伟

中国工商银行乳山市支行

行　长　宋　宁

中国农业银行股份有限公司乳山市支行

行　长　陶海华

中国银行股份有限公司乳山支行

行　长　于志强

中国农业发展银行乳山市支行

行　长　梁军文

中国建设银行股份有限公司乳山支行

行　长　徐　辉

乳山市农村信用合作联社

理事长　于　洋

主　任　郑　利

山东乳山农村商业银行股份有限公司（2016年1月由乳山市农村信用合作联社改制）

董事长　于　洋

行　长　郑　利

威海市商业银行乳山支行

行　长　孙京柱

中国邮政储蓄银行山东省乳山市支行

行　长　刘　利

招商银行威海乳山支行

行　长　史国兴

中信银行股份有限公司威海乳山支行（2015年4月设立）

行　长　孔凡木

中国民生银行股份有限公司威海乳山支行（2015年2月设立）

行　长　董红伟

（2015年7月离任）

蔡一升

（2015年7月任职）

乳山天骄村镇银行股份有限公司

董事长　王　飞

行　长　孙志胜

中泰证券有限公司乳山胜利街营业部（2015年9月由齐鲁证券有限公司乳山胜利街营业部更名）

经　理　郑新基

中国人民财产保险股份有限公司乳山支公司

总经理　于　杰

（2015年10月离任）

于　洁

（2015年10月任职）

中国人寿保险股份有限公司乳山市支公司

经　理　于洪兵

中国太平洋财产保险股份有限公司乳山支公司

经　理　孙晨阳

中华联合财产保险股份有限公司乳山支公司

经　理　姜大勇

中国平安财产保险股份有限公司乳山支公司

经　理　肖明广

泰山财产保险股份有限公司威海市乳山支公司

经　理　徐广志

国网山东省电力公司乳山市供电公司（2015年12月由国网山东乳山市供电公司更名）

总经理　李志泰

（2015年8月离任）

邢晓军

（2015年8月任职）

党委书记　于英海

中国石油化工股份有限公司山东威海乳山分公司

经　理　樊伟东

山东威海烟草有限公司乳山营销部（挂乳山市烟草专卖局牌子）

经理（局长）　陈　波

乳山盐业公司（挂乳山市盐务局牌子）

经理（局长）　席长伟

威海市住房公积金管理中心乳山管理部

主　任　李阿青

山东新华书店集团有限公司乳山分公司

经　理　刘培高

（2015年11月离任）

李　凯

（2015年11月任职）

武警乳山市消防大队

教导员　陈　浩

大队长　林永桥

（2015年5月离任）

张　栋

（2015年6月任职）

武警乳山市边防大队

大队长　贺业晓

政　委　王永春

（2015年2月离任）

李　强

（2015年4月任职）

乳山市国家安全局

局　长　姜　文

威海乳山海事处

处　长　邹　俊

（2015年8月离任）

任传倜

（2015年8月任职）

注：各部门、单位行政负责人凡未特别注明者，均同时为党组织主要负责人。

（市委组织部干部科）

先进模范人物

【2015年获省部级表彰的先进个人】

（按姓氏笔画为序）

王　莉　女，汉族，乳山市金苹果小区居民。辽宁省大连市人，1970年4月出生，大专文化，乳山市公安局商业街派出所民警焉绍涛之妻。焉绍涛从部队转业后先后在乳山市看守所和乳山市拘留所工作，平时工作繁忙，王莉默默承担所有家务。2008年6月18日，王莉罹患乳腺癌，趁丈夫出差时瞒着他做手术。术后恢复期间，她从未因家庭琐事让焉绍涛请过假，还在丈夫因工作压力大情绪低落时鼓励他。2009年，王莉的父亲因多发性功能衰竭住院，之后的四五年，大部分时间都住在医院，她忍着病痛悉心照料。2014年，王莉的母亲又被查出胰腺癌晚期，她同时照顾两位老人。当年10月，丈夫赴北京出差20天，王莉昼夜连轴转，几天时间瘦5公斤，但执意不肯让丈夫回来。女儿读高中，王莉起早贪黑为女儿准备早餐夜宵，经常凌晨休息、五点起床。2015年年初，王莉双亲相继去世，丈夫出差，她独自料理老人后事。2015年，王莉被公安部、全国妇联授予“好警嫂”称号。

阎　勇　男，汉族，乳山市顺泰果蔬专业合作社法人。乳山市城区街道人，1983年6月出生，大学文化。2009年留学回国与吉林农业大学、加拿大农业部小浆果事业部合作，在乳山市夏村镇以土地流转方式进行规模化蓝莓种植。采用有机种植方法进行鲜果种植，制定一系列规范标准管理制度，打造“胶东伯瑞”蓝莓品牌，产品销往全国12个省27个城市。2012年成立“乳山顺泰果蔬专业合作社”，采取“公司＋农户”种植模式，建立种植基地133公顷，带动农民100户，解决闲置劳动力300人，农民年收入由6000元增加到3万元，种植基地获“山东省外国专家引智示范基地”“中国蓝莓有机种植精益化基地”等称号。同时，在青岛、日照、云南、浙江等地合作建立蓝莓产区1333公顷，年产蓝莓2万吨，带动就业2000人。2015年1月，被共青团中央、农业部授予第九届“全国农村青年致富带头人”称号。

2015年获地厅级表彰的先进个人

表47

（按姓氏笔画为序）

姓 名	工作单位及职务	所获荣誉全称	授奖部门
于 洋	乳山市农村信用合作联社理事长	山东省富民兴鲁劳动奖章	山东省总工会
于 鹏	乳山市委办公室秘书科科长	2015年度全省党委系统信息工作先进个人	中共山东省委办公厅
于 鑫	乳山市人民法院研究室副主任	全省法院信息工作先进个人	山东省高级人民法院
于志修	乳山市公安局经侦大队综合中队中队长	全省公安机关2014年“网上打假”行动成绩突出个人	山东省公安厅政治部
于炳刚	乳山市夕阳红艺术团团长	山东省模范老人	山东省老龄工作委员会
于振龙	乳山市公安局警务督察大队副大队长	“美德威海”建设先模人物	中共中共威海市委 威海市人民政府
于晓波	乳山市人民法院诉讼调处中心副主任	记个人二等功	山东省高级人民法院
于晓波	乳山市人民法院诉讼调处中心副主任	“美德威海”建设先进模范人物	中共威海市委 威海市人民政府
马 祝	乳山市海洋与渔业局局长	全省海洋与渔业系统先进个人 并记个人三等功	山东省人力资源和社会保障厅 山东省海洋与渔业厅 山东省公务员局
马 勇	乳山市元邦地产公司职工	“美德威海”建设先模人物	中共威海市委 威海市人民政府
马明强	乳山市人民法院党组副书记、执行局局长	全市人民满意政法干警	中共威海市委 威海市人民政府
马忠瑜	乳山市人民法院经济开发区法庭庭长	第二届全省法院先进个人	山东省高级人民法院
王 林	乳山市港都美发设计中心经理	“美德威海”建设先模人物	中共威海市委 威海市人民政府
王文翰	乳山市公安局交通警察大队三中队中队长	全省公安机关对生命安全负责向交通事故宣战工作先进个人	山东省公安厅
王华强	乳山市农村信用合作联社会计主管	2015年度山东省农村信用社（农村商业银行、农村合作银行）“文明服务标兵”	山东省精神文明建设委员会办公室 山东省农村信用社联合社
王守波	乳山市下初镇北东庄村村民	“美德威海”建设先模人物	中共威海市委 威海市人民政府
王红红	乳山市公安局乳山口边防派出所干事	记个人三等功	山东省公安边防总队

续表 47

姓 名	工作单位及职务	所获荣誉全称	授奖部门
王延斐	乳山市公安局特巡警一大队副大队长	山东省特别关注“最美青工”（第二季）	共青团山东省委
王路路	威海机械工程高级技工学校	省级三好学生	山东省教育厅
王遵豪	乳山市公安局警务督察大队大队长	全省公安机关立案突出问题专项治理成绩突出个人	山东省公安厅
付玉才	乳山市公安局徐家边防派出所干事	2015 年度新闻宣传工作先进个人	山东省公安边防总队
任　健	乳山市公安局商业街派出所副所长	2015 年度全省优秀人民警察	山东省公安厅
冯树波	乳山市冯家镇冯家村村民	“美德威海”建设先模人物	中共威海市委 威海市人民政府
刘　健	乳山市公安局警务保障室副主任	全省公安机关警务保障好民警	山东省公安厅政治部
刘　渊	乳山市人民法院信访科科员	全省法院驻京信访值班工作嘉奖	山东省高级人民法院
刘　瑜	国网山东乳山市供电公司职工	“美德威海”建设先模人物	中共威海市委 威海市人民政府
刘玉浩	乳山市公安局白沙滩边防派出所所长	全省边防部队优秀共产党员	中共武警山东省边防总队委员会
刘志强	乳山市人民医院党总支书记	2015 年度威海市优秀机关工作人员并记个人二等功	中共威海市委 威海市人民政府
刘春红	乳山市人民法院滨海新区法庭庭长	“美德威海”建设先进模范人物	中共威海市委 威海市人民政府
刘芳友	华隆（乳山）食品工业有限公司董事长	“美德威海”建设先模人物	中共威海市委 威海市人民政府
刘俊宽	崖子镇党政办公室副主任、水利站站长	2015 年度优秀机关工作人员并记个人二等功	中共威海市委 威海市人民政府
许大林	乳山市白沙滩镇白沙滩村村委会主任	“美德威海”建设先模人物	中共威海市委 威海市人民政府
孙兴政	乳山市卫生和计划生育监督执法大队科长	全省卫生计生监督技能标兵	山东省卫生和计划生育委员会 山东省总工会
孙楠楠	乳山市公安局治安大队行动中队副中队长	全省打击食品安全违法犯罪“百日行动”先进个人	山东省食品安全委员会办公室 山东省公安厅
苏卫军	乳山市公安局局长	2015 年度全省优秀公安局局长	山东省公安厅
李晓伟	乳山市公安局交通警察大队副大队长	2015 年度威海市优秀机关工作人员并记个人二等功	中共威海市委 威海市人民政府
杨京刚	乳山市夏村镇房屋村村民	“美德威海”建设先模人物	中共威海市委 威海市人民政府
肖强基	威海市保安服务总公司乳山分公司保安副大队长	2015 年度全省优秀保安员	山东省公安厅

续表 47

姓 名	工作单位及职务	所获荣誉全称	授奖部门
冷　岩	乳山市农村信用合作联社监查保卫科主任	2015 年度全省农村信用社信访稳定工作优秀接访员	山东省农村信用社联合社
宋　琦	乳山市公安局白沙滩边防派出所副所长	记个人三等功	山东省公安边防总队
宋　斌	乳山市委宣传部理教科科长	优秀理论教育工作者	中共山东省委宣传部
宋　斌	乳山市委宣传部理教科科长	创城优秀志愿者	中共威海市委 威海市人民政府
宋　斌	乳山市委宣传部理教科科长	山东省基层理论宣讲先进个人	中共山东省委宣传部 中共山东省委讲师团
宋东阳	乳山市农村信用合作联社副主任	全省农村信用社优秀青年员工	山东省农村信用社联合社
宋建晖	乳山市公安局刑事侦查大队民警	全省公安机关百城禁毒会战先进个人	山东省公安厅
宋修金	乳山市下初镇巫山村村民	“美德威海”建设先模人物	中共威海市委 威海市人民政府
宋海蓉	乳山市机关幼儿园教师	山东省女职工建功立业标兵	山东省总工会
陈　港	乳山市看守所所长	2015 年度全省优秀公安基层所（队）长	山东省公安厅
陈　港	乳山市看守所所长	全省监管文化建设成绩突出个人	山东省公安厅政治部
邵本道	乳山市夏村镇邵家村村民	“美德威海”建设先模人物	中共威海市委 威海市人民政府
邵培强	乳山市公安局食品药品与环境犯罪侦查大队大队长	2015 年度全省优秀公安基层所（队）长	山东省公安厅
林　杰	乳山市公安局治安大队副大队长	全省卷烟打假工作先进个人	山东省烟草专卖局山东省公安厅
武　刚	威海佰德信新材料有限公司总经理	山东省“推行协商民主，强化社会责任”优秀个人	山东省总工会
郑云浩	乳山市育黎镇北由古村村民	“美德威海”建设先模人物	中共威海市委 威海市人民政府
郑福玉	山东威海正华建工集团董事长	“美德威海”建设先模人物	中共威海市委 威海市人民政府
孟祥卫	乳山市文明办创建科科长	2014 年度全省舆情信息工作先进个人	中共山东省委宣传部
孟祥卫	乳山市文明办创建科科长	创城优秀志愿者	中共威海市委 威海市人民政府
赵　栋	乳山市公安局乳山寨边防派出所副所长	全省边防部队优秀共产党员	中共武警山东省边防总队委员会
赵红日	乳山市妇联主席	全省妇联系统先进个人 并记个人三等功	山东省人力资源和社会保障厅 山东省妇联山东省公务员局

续表 47

姓 名	工作单位及职务	所获荣誉全称	授奖部门
倪腾山	乳山市卫生和计划生育监督执法大队副大队长	全省卫生计生监督技术能手	山东省卫生和计划生育委员会 山东省总工会
姜文德	乳山市南黄镇上庄村村民	“美德威海”建设先模人物	中共威海市委威海市人民政府
姜全武	乳山市渔政监督管理站党支部书记	全省海洋伏季休渔管理工作先进个人	山东省海洋与渔业监督监察总队
姜孜德	乳山市公安局法制大队副大队长	2015 年度全省优秀人民警察	山东省公安厅
姜泽春	乳山市疾病预防控制中心主任	威海市 2014 年度优秀机关工作人员二等功	中共威海市委 威海市人民政府
姜泽景	乳山市公安局政工室主任	2015 年度全省优秀公安基层所（队）长	山东省公安厅
姜培龙	乳山市育黎镇初级中学退休教师	“美德威海”建设先模人物	中共威海市委 威海市人民政府
宫伟强	乳山市白沙滩镇宫家村村民	“美德威海”建设先模人物	中共威海市委 威海市人民政府
宫洪波	乳山市人力资源和社会保障局公务员办公室主任	全省人力资源和社会保障系统先进个人	山东省人力资源和社会保障厅
徐旭斌	乳山市亚泰实业集团投资公司董事长	“美德威海”建设先模人物	中共威海市委 威海市人民政府
唐克波	乳山市委群工部常务副部长	2015 年度威海市优秀机关工作人员并记个人二等功	中共威海市委 威海市人民政府
陶泽光	乳山市公安局治安管理大队大队长	2015 年度全省优秀公安基层所（队）长	山东省公安厅
曹永梅	乳山市金岭小区居民	“美德威海”建设先模人物	中共威海市委 威海市人民政府
常 琨	乳山市财政局基层财政管理处科员	2015 年度全省基层财政信息工作先进个人	山东省财政厅
崔 强	乳山市环保局副局长	全省环境保护系统先进个人 并记个人三等功	山东省环保局
隋顺安	乳山市渔政监督管理站船长	全省海洋伏季休渔管理工作先进个人	山东省海洋与渔业监督监察总队
鲁孝明	乳山市南黄镇南黄村村民	“美德威海”建设先模人物	中共威海市委 威海市人民政府
路敦伟	乳山市公安局刑事侦查大队民警	全省公安机关“打黑恶、反盗抢、防诈骗、扫毒害、追逃犯”系列安民行动成绩突出个人	山东省公安厅
谭 东	乳山市检察院副检察长	人民满意政法干警	中共威海市委 威海市人民政府
戴显贵	乳山市安监局综合科科长	山东省安全生产工作先进个人	国家能源局山东监管办公室 山东省安监局

·汉代 昭明镜

·明代 铜佛像

·清代 福寿荣祥镜

·明代 铜玉皇大帝像

·唐代 铜佛像

责任编辑：陈宗坚

· 宋代 铜菩萨像

镇与街道

Towns and Districts

城区街道

【概况】 城区街道办事处2001年成立，位于城区驻地商业街东段。辖19个行政村、17个居委会及城市建制区，面积28.6平方公里，耕地总资源680公顷。2015年，城区财政收入3.15亿元，实现生产总值134.83亿元，其中，工业总产值131.63亿元，农业生产总值3.2亿元。农村经济总收入18.8亿元，农民人均纯收入18800元。年内，获山东省“山东省第三次经济普查先进集体”“2015年度办信规范化镇街”等称号。

10月26日，省委常委、政法委书记张江汀（中）视察三智科技公司

（城区街道办事处提供）

【园区项目上档升级】 2015年，城区街道办事处着力打造智慧工业，带动园区项目上档升级。引进投资5000万元的三智无人机项目已投产，该项目被乳山市政法系统纳入治安立体化防控体系建设，省委政法委书记张江汀一行实地观摩该项目，给予高度评价。研究出台投产缴税与优惠兑现相配套政策，确定艾文生物科技投产日期和纳税规模，彻底解决政策兑现等遗留问题，艾文生物科技和城西科技孵化中心分别投资1亿元进行续建。丽浦维尔投资500万元、兴进印染投资200万元对设备进行升级改造，惠川制衣扩建厂房3000平方米，已投产。推动城西孵化器项目与上市公司一滕集团资产重组谈判。加快翰升纸业债转股业务，实行产权、经营权分离，引进专业团队注资扩规发展。启动特种车辆改造项目，在谈高清晰成像和无人船项目。推进穹顶室内生态园、以眼科为主的综合性医院、富城民俗艺术馆建设。跟踪洽谈承接中韩自贸、电商实体结合的商贸物流项目。

【特色品牌社区建设】 2015年，城区街道办事处创新城市管理，建设特色品牌社区。社区管理实行定岗定人定责，推行“五民工作法”（访民、亲民、便民、乐民、为民），构建“社区居委会—小区业委会—区长—楼长”四级网络格局，居民诉求电子档案实现全覆盖，做到社区事务即时化解决、动态化管理。完成利群、府前、幸福、金丰4个社区建设改造及搬迁，新增祥和社区。打造“一站式”便民服务，改造建设府前、幸福、祥和3个社区的5个日间照料中心。打造利群社区“金色阳光”、向阳社区“美德向阳”、府前社区“宜家亲”等特色品牌社区。建设龙山社区、府前社区老干部活动中心2处，确定每月16日为老干部活动日，开展学习上级文件精神、学习养生气功、举办文艺演出等主题活动。

【“村改居”工程启动】 2015年，城区街道办事处结合旧村改造，启动实施“村改居”工程，抓好老旧小区托管，统一改造物业缺失、设施缺少管护的49个小区，完善28排平房基础设施，研究通过物业管理解决方案，消除管理盲区。推进棚户区改造，将夏北、夏西、仇家洼、南江村、官地5个村1325户列入棚改计划，至年底，5个村棚改计划全部通过上级审批，有1个村完成棚户区改造图纸设计工作。

【“百村示范”工程创建活动】 2015年，推动“百村示范”工程创建活动，域内官地村创建为民主管理型示范村，东耿家村创建为平安建设型示范村，夏东村创建为转型发展型示范村，金碃岭村创建为产业带动型示范村。在南江村等10个村建立村级交通安全服务站和劝导站，建立驾驶员、机动车辆管理台账。“创建国家卫生城市”工作中，南江村作为迎接省级病媒生物防制达标复核验收4个村之一，获专家好评。

【党建工作常态化、项目化】 2015年，城区街道办事处建立党建工作常态化推进机制，每月召开党建专题会议，推行党建工作项目化运作。加大“两新”组织扩面覆盖，完善企业派驻党建指导员工作机制，开展多种形式党员活动。研究出台农村重大事项报告制度、备案制度和公开制度实施意见，规范农村干部行为。严格网格化管理，推进党建品牌和服务项目建设，利群社区和府苑社区申报创建威海党建示范点，幸福社区打造党建品牌“一路幸福”，祥和社区突出“五彩祥和”服务项目，实现共建共治共享。推进党代表任期制工作，利群社区建1处党代表工作室，配备管理员和联络员，每周四组织党代表接待党员群众，每月开展1次党代表活动。昌盛大力餐具有限公司创建1处威海非公企业党建示范点，通过威海市委组织部验收。

2月24日，利群社区开展金色阳光法律援助活动（城区街道办事处提供）

2015年城区街道各村基本情况一览表

表48

村名	党支部书记	村委会主任	经济总收入（万元）	人均纯收入（元）
夏东	王东全	黄泽聪	27832	19077
夏南	王炳乾	王林昭	1460	15925
夏西	宋好文	宋好文	4213	17423
夏北	（缺）	李　波	6002	17500
黄埠崖	周海江	周海江	7391	19038
金硝岭	于开海	于开海	10486	17050
东耿家	宋吉波	宋吉波	32724	17667
腾甲庄	于希钧	于　琪	15648	18040
桥东庄	宋文江	宋文江	810	17000
章埠	孙守清	孙守清	6350	19000
官地	周炳勤	周江山	16301	17830
曹城	崔世田	崔世田	7040	18000
南江村	宋述波	宋述波	6600	18500
北江村	宋黎明	宋黎明	3877	18659
石村	徐永强	徐永强	15140	16616
仇家洼	仇　亮	仇　亮	3990	16710
洼九埠	徐廷发	徐　萍	1368	14950
黄依台	徐国才	徐国才	2590	16500
东里村	刘乐广	刘乐广	7648	23000

（庞毅敏）

夏村镇

【概况】 全镇面积108.7平方公里，耕地总资源面积4133公顷。镇政府驻城区腾甲庄村，辖45个行政村。乳山火车站位于境内，桃威铁路穿境而过。与青岛、烟台、威海3大机场均相距100公里，距乳山口港5公里。2015年，镇级财政收入2192.5万元，实现工农业总产值37亿元，其中，工业总产值30.7亿元，农业总产值6.3亿元。农村经济总收入55.7亿元，农民人均纯收入16091元。镇域企业主要有台依湖国际酒庄、龙峰硅胶、成景科技、南庄内燃机配件厂等。主导产品有葡萄酒、啤酒、硅胶、液压缸、皮革制品、内燃机配件等，形成葡萄酒产业、精细化工业和机械制造业3大支柱产业。粮食总产量2.9万吨，果品总产量1.2万吨，蔬菜总产量2.9万吨。形成西部蔬菜、东部水果、北部养殖3大特色基地，其中，重点加强蓝莓基地建设，栽植面积133.33公顷，成为中国北方最大蓝莓种植和鲜果深加工集结地。年内，获“履行机关岗位目标责任制先进单位”称号。

【三个产业园项目建设】 2015年，夏村镇重点发展节能装备、环保产品等产业。投资1.1亿元的科技项目办公楼主体工程完工，正进行内部装修。建成一号车间，设备已安装，达产后实现年销售收入3亿元，利税4000万元，解决220人就业。葡萄酒产业园项目总投资30亿元，2015年生产能力2800吨，葡萄酒225万瓶。9号酒庄新增年生产葡萄酒2000吨的酿酒设备1套，7月投产。葡萄酒学院、葡萄酒展览馆正在规划设计。6号、8号、12号、14号、12号A酒庄主体建设竣工，迎接国家、省、市级领导干部多次观摩，2016年被列为省重点项目。发展蓝莓、苹果、草莓、蔬菜、育苗等重点农业产业。建成投资120万元的蓝莓科技示范园，建高档蓝莓大棚8个。于家庄现代苹果示范园和石头圈现

10月24日，台依湖国际酒庄 （夏村镇提供）

代苹果生态农业示范园各栽植新型苹果33.33公顷，带动周边10个村增收致富。以园区项目为依托，探索以商招商、推介招商、载体招商、产业招商、对接招商5种招商方式。年内，外出招商19次，历时51天，新引进投资1.1亿元的辉远新型建材项目，12月完成全部主体工程，年可实现销售收入1.4亿元。

【生态型现代农业建设步伐加快】 2015年，夏村镇按照“一村一品”要求，在石头圈村发展现代苹果示范园33.33公顷，在晁家庄村种植蓝莓13.33公顷，在宋家庄村栽种苗木10公顷，在东泗水头村种植药材6.67公顷。发展四大特色产业带，全年葡萄酒产业园新增流转土地66.67公顷，葡萄栽植面积增至433.33公顷，石头圈、马家庄、林水村草莓基地新增草莓大棚10个。由威一农业发展有限公司投资，与大孤山镇联合打造马家庄村现代苹果产业园，建成集苹果栽植、采摘、科普、休闲、旅游于一体的生态型现代农业示范园。9月，完成马家庄村70户村民的土地流转合同签订工作。

【农业产业化创新战略实施】 2015年，夏村镇实施农业产业化创新战略，推动农业一产与二三产业深度融合，实现产业结构上档升级。依托蓝莓基地加大招商引资力度，围绕蓝莓酒酿造、花青素提取物等与外寻求合作，引进蓝莓深加工项目，延伸产业链条。以“政府引导、企业经营、分类推进”方式，优化土地资源配置，提高土地利用率和农业生产效率，年内，全镇成立57个专业合作社，加入合作社农民3100人。采取统一销售、观光采摘等新型销售方式，农产品通过合作社统一销售及观光采摘销售比例50%。以“农村淘宝”工作为平台，打造“农场基地＋电子商务＋连锁配送＋直营店”销售链条，建设小疃、于家庄村2个村级示范点，带动镇域“互联网＋农业经济”发展。

【民生工程建设投入加大】 2015年，夏村镇配合乳山市“五城联创”工作，投入310万元，硬化街道26650平方米，栽植绿化苗木13650株，水沟清淤25450米，水沟加盖6750米，清理小菜园1977处，修砌花墙3200米，清理“三大堆”2400处。统筹城乡发展，建设新型农村社区，新增城北、北郊、福聚3个社区，带动8个村、2392户村民进入社区。投入387.5万元，开展城乡环卫一体化工作，清除垃圾24922吨，清理草堆10289处、粪堆2320处，新购置垃圾箱681个，发放明白纸22.64万份，出动人工劳动167814人次，整修道路187条，硬化整修面积12900平方米，沙化整修面积57000平方米，平整面积7800平方米，清理排水沟10720米。年内，完成胡家沟、羊角盘、桑行埠、南庄4个村环境综合整治工作并通过验收，全镇开展环境综合整治村43个，村居环境明显改善。6月，开展“安全生产月”专项整治活动。8月，开展安全隐患全面排查整治专项行动，排查镇域企业22家，排除安全隐患84处。

【镇村干部队伍规范建设】 2015年，夏村镇印发《夏村镇日常规范化管理制度》，通过集中学习和定期检查，引领全体机关干部适应新常态。抓领导班子建设，每周召开一次两委会议，统一思想，形成合力。抓农村干部队伍建设，开展争创双优支部书记活动，每年出资30万元，奖励想事干事的村级领导班子，通过约谈激发后进村支部书记想事干事热情。重视青年干部队伍建设，给青年干部交任务、压担子，在工作中培养青年干部能力。组织干部到新泰学习创城经验，到荣成学习苹果产业园运营模式，在学习中提升工作水平。

2015年夏村镇各村基本情况

表49

村 名	党支部书记	村委会主任	经济总收入（万元）	人均纯收入（元）
东秦家庄	耿先东	耿先东	2035	14825
赫家庄	史美翠	刘书江	575	15579
张八庄	宋协清	由文杰	721	14183
朱家庄	梁平义	梁平义	886	13491
晁家庄	崔　晓	崔　晓	365	5834

续表 49

村名	党支部书记	村委会主任	经济总收入（万元）	人均纯收入（元）
二甲	王国选	王家晓	1511	13047
黄村	张志芳	张志芳	4948	14633
邢家庄	（缺）	于吉海	702	12892
石头圈	胡新军	胡新军	1487	6647
马家庄	马端东	马海峰	1268	13167
林水	宋君国	宋君国	1142	12764
西北庄	张　明	宋修文	1221	13834
大王口	刘焕禄	刘焕崇	974	11313
胡八庄	胡国礼	胡国礼	2674	13235
胡家沟	胡吉强	胡吉强	2419	11238
六甲庄	胡新伟	胡新伟	648	13332
邵家	邵洪寿	邵洪寿	2241	11672
三甲庄	刘　强	刘　强	441	15162
十甲庄	胡　松	胡　松	996	13762
东家	张成山	张成山	3421	13633
宋家庄	宋德忱	宋德忱	260	6619
任沟	马廷全	马廷全	876	13396
东周格庄	李书德	徐书刚	1343	12826
西周格庄	于守学	于守学	1206	11665
阜西庄	三佳龙	王佳龙	379	12812
小疃	倪文信	邓云刚	2869	14984
房屋	于明刚	于明刚	1206	13396
战家夼	梁清华	孙　辉	2663	12733
羊角盘	姜书杰	姜书杰	926	11697
簸箕姜家	（缺）	倪玉芳	960	13000
郑家	郑宝忠	郑宝忠	1061	12892
于家庄	于海云	于海云	2049	14567
台依	徐龙义	徐龙义	3085	14212
东泗水头	刘光涛	刘光涛	533	6463
西泗水头	高腾斌	高腾斌	1965	12829
肖家	肖　军	肖言明	2162	13927
冷家	冷海波	冷海波	938	12882
桑行埠	宋喜宝	（缺）	2188	11825
西圈	邢美杰	邢美杰	1028	12134
庄上	张　锐	仇祝明	2745	16328
北庄上	任永武	任永武	435	14084
炉上	刘树贤	刘树贤	2522	11780
官庄	于复永	刘永成	4063	14828
井子	马云述	马晓东	6570	14794
清口涧	赵新军	赵新军	1959	11035

（孙佳男）

乳山口镇

【概况】 全镇面积 87.2 平方公里，耕地总资源面积 3140 公顷，海岸线长 38.69 公里。镇政府驻祝家庄村，辖 41 个行政村。北接市区，南临乳山口港和大乳山风景区，海上景区东小青岛是理想的旅游胜地。渔业资源丰富，有对虾、鲅鱼、牡蛎、黄花鱼、梭子蟹等海产品百种。名优佳品“秦米”“寨虾”产自该镇。2015 年，镇级财政收入 5473 万元，实现工农业总产值 206.7 亿元，其中，工业总产值 198 亿元，农业总产值 8.7 亿元。农村经济总收入 53.7 亿元，完成固定资产投资 176 亿元，增长 31.3%，农民人均纯收入 1.76 万元。镇域工业主要有化工、机械、建材、水产品加工、水产育苗、新型材料等。年内，获山东省卫生镇、全国无邪教创建示范镇、国家级生态文明镇、威海军分区授予兴武建功先进单位等称号。

【园区项目建设】 2015 年，乳山口镇加强临港产业园、装备制造产业园、新能源产业园、精细化工业园等园区建设，发展装备制造、新能源、新材料、生物科技、海洋工业，引进总投资 2000 万元的东典智慧农业项目，年内开工。引进总投资 2800 万元的新材料项目，正在完善在外能人数据库，实施常态化联系对接工作。做好土地储备规划，加大土地储备力度，秦家庄、王家庄等 12 个村土地储备 466.67 公顷，其中，为华信食品、和信制衣、青岛科创等项目落地按期调整土地 20 公顷，确保招商项目签约就能落地、落地就能开工。

【农业产业结构调整和规模化经营】 2015 年，乳山口镇做好农村土地确权、产权制度改革，推动农村土地流转，促进农业产业结构调整和规模化经营。引进 20 公顷安家现代苹果示范园、13.33 公顷安家蓝莓种植基地及 13.33 公顷西耿家不老梅种

9月26日，东典智慧农业　　（乳山口镇提供）

植基地3个项目，带动群众增产增收。推进农村集体产权制度改革，完成19个村农村土地确权任务，为安家、院前、王家庄3个村办理农村合作社工商注册。注册家庭农场13个、农民合作社3个。加强农村“三资”管理，做好日常审计和农村财务交叉审计工作，规范集中记账和微机记账工作，微机记账率100%。

【城乡一体化建设】 2015年，乳山口镇投资1000万元，推进18个城中村和城乡结合部村的国家卫生城市和卫生镇创建工作，开展环境卫生整治和基础设施建设，城乡环境面貌焕然一新。投资1673万元，完成康家、择村、北唐家等10个村省级“乡村连片治理”项目建设，受益人群3696户9133人。制订2015年度乳山口镇棚户区改造实施方案，将毛家、西里村、打磨、南唐家棚户区列入改造计划，分步实施。投资50万元，升级改造润泽社区家室，满足居民教育、就医、文化、娱乐需求。投资30万元，硬化润泽社区东道路3000平方米。投资100万元，新建张家庄、尹家、兰家3个农村新型社区。新建改造社区便民服务中心、警务室、文体娱乐室、农家书屋、妇女之家、社区医务室、社区党员活动室等家室，提升农村公共服务水平。投资670万元，开展西里村、祝家庄等5个村环境整治工作，完善26个环境整治村环境长效管护机制，开展“农村垃圾集中清理月”活动，镇域卫生明显改善。

【社会事业发展】 2015年，乳山口镇加大医疗保险、居民养老保险收缴力度，参保率分别达98%和97%。加大农村剩余劳动力培训工作，组织培训6次，培训结业人员340人。实施全国无邪教示范镇创建活动，开展“一镇十村”以点带面反邪教创建工作，投资8万元，建立反邪教警示教育基地，建成“防范、控制、教育、警示”工作布局。

【镇党代表任期制试点】 2015年，乳山口镇在乳山市率先开展党代表任期制试点工作，围绕引入竞争机制、注重搭建载体、强化管理考核等方面进行探索，实施党代表进社区坐班制、对镇党委政府班子成员和相关站所监督评议等举措，重点打造党代表网上工作室，实现线上线下一体联动，扎实推进党代会年会制，经验做法得到省委组织部认可。

2015年乳山口镇各村基本情况一览表

表50

村　名	党支部书记	村委会主任	经济总收入（万元）	人均纯收入（元）
南唐家	唐　勇	唐　勇	31656	17828
北唐家	唐　勇	唐光利	12048	17772
西王家庄	于进路	于进路	5942	17772
秦家庄	秦绍会	（缺）	29148	17775
河口	唐　光	邵春淑	4312	17786
刁家埠	孙京志	于庆德	3527	17584
兰家庄	许桂芹	谭志强	6378	17783
兰家	兰庆光	（缺）	29748	18622
封增山	于富开	于富开	6197	14899
择村	宋吉义	宋吉义	8659	17828
前尹家	尹见发	马　浩	17275	17779
后尹家	于新波	于梓政	4615	17133
康家	唐崇环	唐崇环	2841	17926
寨前	于　一	于　一	42078	19042
新庄	于振修	于振修	8946	17352
陈家	陈　兵	陈明伯	6874	17997
刘家庄	刘占利	刘占利	11623	17058
旗杆石	于爱军	于喜刚	42876	19535
西北岛	于天献	高明波	3478	19171

续表 50

村　名	党支部书记	村委会主任	经济总收入（万元）	人均纯收入（元）
锅上	刘月清	李　春	13845	17667
院前	于振波	于振波	4249	17756
张家庄	张连朋	张连朋	10874	17828
安家	安天全	安天全	7345	17931
西南赵家	陈　键	赵利强	15148	15080
江村洼	杨君诚	兰仁富	4625	17828
新建	高树立	高　军	1752	17774
改造夼	孙京志	邢　程	23512	17301
常疃	李华文	李国峰	7315	17427
毛家	郑山林	朱恒汉	10788	17301
野子	董　强	董　强	10178	17615
西耿家	（缺）	耿竹玲	9184	16485
庄头	张书明	杜可兴	4045	17859
蛔子嘴	（缺）	杜可光	4056	17609
祝家庄	李保山	祝旦臣	3518	17772
西里村	丛才明	崔建涛	24972	17780
高格庄	赵锡岳	赵志勇	11458	17847
岚子	史恒山	焉华杰	4864	17584
打磨	王衍荣	于吉年	50021	18085
崔家	杨忠儒	杨明华	8678	15990
宅口	张志典	张　磊	26910	18020
辛家庙	王　强	王　强	1424	15291

（姜涛）

海阳所镇

【概况】 全镇面积91.4平方公里，耕地总资源面积2513公顷，海岸线长71.82公里。镇政府驻海阳所村，辖39个行政村。该镇毗邻银滩旅游度假区，大乳山滨海休闲旅游度假区位于境内。海产品主要有带鱼、鲅鱼、黄花鱼、对虾、海参、梭子蟹、牡蛎、扇贝、蚬子、蛏子、文蛤等。2015年，镇级财政收入3.12亿元，全镇工农业总产值46亿元，其中，工业总产值30亿元，农业总产值16亿元。农村经济总收入37.4亿元，农民人均纯收入19202元。有镇域企业主要有玉龙车辆股份有限公司、黄海汽车配件、银海洋房地产开发有限公司、恒信房地产开发有限公司、银海达冷藏厂、吉利食品、吉润祥食品、东方海洋科技等，主要产品有内燃机连杆、汽车配件、玻璃钢产品、聚乙烯线、绠绳及渔网、大姜制品、海珍品等。5月，获“全国特色景观旅游名镇”“山东省文明镇”“山东省宜居小镇”称号，通过“山东省卫生镇”验收。

5月8日，海阳所镇获评山东省“宜居小镇”　（海阳所镇提供）

【招商引资实现新突破】 2015年，海阳所镇招商引资工作实现新突破，新开工老来乐康复医院项目，已完成工程围挡、场地平整、实地勘测，正在调整规划设计文本。大乳山生态观光园项目年内完成投资2500万元，建成果蔬基地20公顷、水产品养殖及垂钓园10.67公顷、植物迷宫及山地户外场CS基地、海天康乐园游乐设施等。稳步推进续建项目。总投资1.2亿元的银滩老来乐老年公寓项目于5月竣工，公寓设床位530张，餐厅及相关娱乐设施配套齐全，6月8日，正式对外营业，年内，入住老人800人次，实现营业额200万元。引进总投资2.3亿元的银海物流商贸城项目，年内，仓储物流基地和海产品市场已竣工，电子商务产业园已开工建设。

【获评省级“宜居小镇”】 2015年，海阳所镇按照创建“省级卫生镇”工作要求，全面改善镇容镇貌。召开“创卫”工作推进会，组织16个重点村支部书记赴新泰市西张庄镇学习“创卫”先进经验。投资162万元，集中清理村内“三大堆”4000处，新增垃圾桶688个，总数12365个。海疃、金港、后山等村制作垃圾转运装置20个，解决垃圾车无法进村难题。完善保洁员、垃圾转运考核细则，严格按网格化进行管理，层层落实责任。组织多部门联合执法，规范40家门店店外经营、乱搭乱建、证件不全等问题。抢抓“全省百镇建设示范行动”有利时机，改造镇区原有道路和北部区域基础设施建设，投资400万元，完成黄浦江路、嘉陵江路绿化工程1万平方米；投资780万元，完成黄海路、阿里山北路道路绿化及路面铺装；完成滨海路、东海路道路两侧3000米路沿石、6600平方米人行道板改造；完成1处便民市场及2处公厕改建；规范机动车停车位261个，非机动车位52个。提升“软环境”，以政府“购买服务”方式，将镇区10万平米道路保洁、12万方平米绿化管护和农村垃圾收集转运等工作进行对外发包，通过合同管理提高工作完成质量，农村环境面貌明显改善。5月，被山东省住房和建设厅授予“宜居小镇”称号。

【镇村干部管理规范化】 2015年，海阳所镇每日组织召开碰头会，每周组织召开1次党委会，每月组织召开1次镇村干部议事会，规范岗位工作标准和工作流程，签订岗位承诺书。建立工作目标在线管理交流平台，机关干部通过平台对业务工作及机关内部管理提出合理化意见，共收集建议56条，采纳21条。加强村级事务管理，规定每周召开1次村“两委”会，村级重大事务决策按照支部提议、“两委”商议、党员大会审议、村民代表决议、决议公开、实施结果公开“四议两公开”方式，集体表决、民主决策。出台《关于进一步规范农村“三资”管理的通知》，对农村“三费”实行限额管理，建立预警台账。制定“16+X”农村岗位目标考核机制，对党组织工作考核除16项常规业务工作外，将发展集体经济项目列为“X”额外加分项，与年终工资直接挂钩。

【社会民生工作创新】 2015年，海阳所镇建成“民生在线服务平台”，收录各类手机号码1万个，按村干部、党员、村民代表、在外能人等进行分类，定期发布政策、产业等信息。镇党委设立民生工程基金30万元，支持经济困难村实施民生工程。年内，9个村提出申请，发放民生工程基金41万元。推行“1+1”帮带特殊贡献奖，对已经形成特色产业村，每帮带1个村成功发展特色产业，镇党委给予特殊贡献奖。

【镇党代会年会制试点】 2015年，海阳所镇推行党代会年会制试点。组织召开党代会年会，创新会议形式，由镇党委负责人分别召开经济发展、社会治理、党建工作3个专题恳谈会，集中议事；扩大评议范围，对镇党政班子及成员、机关事业站所、双管单位进行逐一评议。对党代表提出的82条建议，13份提案，及时予以回复，确保案件有落实、有回音。在福临湾、西泓、塔岛湾、金源、海阳所等7社区建立两代表一委员工作室，每周定期开放，充分发挥两代表一委员联系群众、参政议政作用。

5月16日，大乳山生态观光园采茶　　（海阳所镇提供）

2015年海阳所镇各村基本情况一览表

表51

村名	党支部书记	村委会主任	经济总收入（万元）	人均纯收入（元）
所陈家	陈述敏	陈述敏	1504	15897
海阳所	王应虎	王应虎	6679	18145
吕家庄	吕在秋	吕在秋	690	13000
所后常家庄	常大乐	常大乐	674	19959
所后张家庄	冯玫瑰	张树洲	762	16500
所后王家庄	王义生	王义生	164	12344
赵家庄	王清成	王清成	750	15657
海疃	马军磊	刘春杰	710	16887

续表 51

村 名	党支部书记	村委会主任	经济总收入（万元）	人均纯收入（元）
邹格	姜　涛	宋晨光	1556	14430
三甲疃	宋吉辉	宋吉辉	1093	12500
大庄	于福洲	（缺）	2148	11500
池源	宋钦高	宋钦高	496	19934
邢家	姜明生	姜明德	524	15530
水头	于会鹏	于会鹏	1600	17665
姜格	曹庆涛	姜成捍	2297	16000
赵东庄	赵守彬	赵守彬	520	18148
西泓辛家	辛自富	辛自富	730	11680
西泓于家	于培洪	于培洪	1022	17272
西泓赵家	赵永光	迟金日	1821	17200
金港	姜　程	姜　程	802	12536
姜家庄	姜成竹	姜成竹	946	12650
西山	赵　利	赵　利	1207	17129
后山于家	于　江	于　江	2076	17610
双峰庄	迟金友	迟金友	1995	18157
杜家岛	杜清茂	杜世平	2168	18700
西黄岛	迟明雪	姜　冰	683	14316
芦头	宋　涛	宋　涛	494	14137
李家	李云志	李云志	2481	19466
薛格	刘永宁	刘永宁	706	15964
半海山	任沛杰	任沛杰	439	16407
杜家	任夕国	任夕国	1577	17075
南泓北村	姜　涛	宋文德	1712	18000
南泓西村	宋合强	宋合强	1545	15500
南泓南村	宋合光	宋合光	3070	16200
小泓	于永刚	于永刚	2570	18700
小石口	宋书涛	宋书涛	2404	19165
南夼	宋钦连	宋夕刚	2707	21400
南黄岛	王乐强	王乐强	370	13200
小青岛	于政海	于政海	1150	10055

（刘小萌）

白沙滩镇

【概况】 全镇面积104.1平方公里，耕地总资源面积4413公顷，海岸线长38.03公里。镇政府驻宫家庄村，辖47个行政村。2015年，镇级财政收入1.15亿元，实现工农业总产值40亿元。其中工业总产值35亿元，农业总产值5亿元。农村经济总收入55亿元，农民人均纯收入17890元。盛产牡蛎、大姜、茶叶，是乳山“三宝”主产区，花岗石材、海参、鲍鱼、对虾、蓝莓等物产丰富。镇域经济以工业为主，镇域发展以工业转型、农业提质、服务业繁荣为重点，建成温喜生物科技、鲁酱酒业等税源型工业企业。年内，获得“山东省旅游强乡镇”“威海市文明镇”“威海市军事设施保护先进单位”等称号。

【城乡一体化发展加速】 2015年，白沙滩镇按照滨海新区“区镇联动，一体化发展”总体要求，城乡一体化发展加速。完成金佛山路、洱海路、联想路东段、北海路、天柱山路、雁荡山路等道路基础建设。推进棚户区改造工程，新开工翁家埠、白沙滩村、宫家庄村棚户区改造，完成韩家庄村回迁和八甲村民房拆迁工程，规划重建常家庄、宫家、宫家庄村、小滩村、白沙滩村集贸市场，有效避免集市堵塞交通、车辆乱停乱放现象。实施城乡环卫一体化，农村卫生环境明显改善。念头、丈八石、单家庄3个村开展环境综合整治，通过威海市验收。完成兴耩社区、无极山社区标准化建设，完成桃村李家、白沙滩村等7个村文化大院改造升级及“百村示范”工程。投资40万元，完成翁家埠村“山东最美乡村”建设。推出“淘宝”进村工程，实现全镇农产品网络销售，建成实体店3家。

【农村产业结构优化】 2015年，白沙滩镇创新产业结构调整，在白沙滩、桃村李家村新发展高效农业80公顷，在桃村李家、宫家、稗子刘

10 月 21 日，美丽乡村翁家埠村 （白沙滩镇提供）

家等村发展大樱桃 6.67 公顷、黄金梨 3.33 公顷、无花果 16 公顷、茶叶 13.33 公顷，实现农业特色化、规模化、产业化；完善旅游景区基础设施。多福山景区投资 100 万元建设木屋 3 套，投资 500 万元，完善景区内道路、停车场、卫生间等基础设施。青龙观景区投资 50 万元，装修游客服务中心；投资 50 万元，配套建设卫生间 2 个、更新景区指示牌。发展以旅游业为龙头的现代服务业，为强村富民、劳动力转移提供新的支撑。加大农副产品品牌建设力度，“宫品海参”品牌获国家无公害食品认证。

【域内企业上档升级】 2015 年，白沙滩镇引导域内企业上档升级，投资 3 亿元的温喜生物科技项目新上牡蛎加工生产线和浒苔生产线 2 条。鲁酱酒业实施二期改造工程，建成专业生产白酒的小窖池、专业酒窖、酒类博物馆和圣水宫矿泉水生产线。投资 2000 万元，在董格庄村新建蓝莓冷链物流配送中心 1 处，占地 0.67 公顷，其中农业设施用地 4184 平方米，新建低温车间一栋，建筑面积 2929 平方米，果品冷运量 1000 吨，冷冻量 200 吨。

【基层工作管理加强】 2015 年，白沙滩镇推进平安建设和社会稳定工作，在镇政府设立乳山市检察院白沙滩镇检查处及司法工作站，及时化解矛盾纠纷，全力维护社会和谐稳定。开展人大代表履职评议活动，增强人大代表密切联系群众积极性。开展“三严三实”专题教育活动，规范机关管理制度、工作流程、工作考核制度，转变干部工作作风。做好农村财务管理工作，落实《关于加强土地补偿款管理规定》《规范农村福利发放的有关规定》《关于农村大额资金审批的规定》《农村合同管理规定》等文件，严格控制财务支出。

【社会管理强化】 2015 年，白沙滩镇以建设平安镇为目标，探索社会管理新举措，保证经社会平稳发展。在滨海新区网站开设民生诉求专栏，面向社会征求群众意见建议；主动与上级部门沟通，在镇政府设立乳山市检察院白沙滩镇检查处及司法工作站，提升基层化解矛盾的能力；在乳山市率先开展人大代表履职评议活动，增强人大代表密切联系群众的积极性；狠抓农村财务管理工作，以政府购买服务的形式聘请泰和会计师事务所对部分村进行财务审计，严肃处理违反财务制度的相关人员；加强经管审计人员队伍建设，从村会计队伍中选拔优秀人才参入村级账目审计，全镇村级账目实行每月审计，杜绝违规腐败现象发生。

4 月 29 日，山东鲁酱酒业有限公司 （白沙滩镇提供）

2015 年白沙滩镇各村基本情况一览表

表 52

村名	党支部书记	村委会主任	经济总收入（万元）	人均纯收入（元）
小陶家	丁良东	丁良东	3120	17900
小侯家	侯风杰	潘荣胜	3188	17890
小单家	潘显春	单国峰	4793	17871
大陶家	陶贵和	陶纪明	11865	17890
韩家庄	韩　波	（缺）	531	17924
宫家	宫德明	宫德明	7577	17890
宫家庄	宫荣文	宫荣文	3185	17890
常家庄	张五夕	张忠锡	3025	17990
小滩	（缺）	孙祝溪	5885	17893
八甲	周连杰	周连杰	896	17886
桃村李家	李　梁	李　峰	2146	17500
白沙滩	许大林	许大林	6533	17825
堡上	董国龙	董国龙	521	17000
桃村王家	姜全丰	姜全丰	1314	16912
六村屯	王学金	王学金	10824	18048
翁家埠	单成炜	单成炜	3939	17890
焉家	焉　建	焉　建	3149	17888
邹家	邹礼夫	（缺）	1650	17833
蔡家	单　平	单　平	203	17000
单家庄	单庆水	单庆水	1078	17350
稗子刘家	李勤锋	李忠兴	2095	18000
潘家	潘传珠	潘传珠	4754	18000
王家口	于伟峰	于伟峰	5726	17810
邵家庄	邵春万	邵春万	1284	17890
大单家	单庆模	单庆模	3131	17989
唐曲洼	唐　泉	单　建	669	17890
孔家庄	孔庆文	孔庆文	1112	17889
潘家庄	潘万信	潘正河	1627	17070
洼于家	于永万	于永万	1501	17863
焉家庄	焉德昇	焉德昇	148	17222
祉家庄	于国胜	于国胜	75	18000
念头	王家湘	王家湘	7446	17357
董格庄	刘　磊	刘　磊	1980	17000
沟李家	李文金	李文金	1125	17546
南马家庄	宋　旗	马　骁	1317	17890
南西北庄	李　辉	李　辉	1080	17000
曹家庄	宋克江	（缺）	3494	17810

大孤山镇

【概况】 全镇面积 95.5 平方公里，耕地总资源面积 3093 公顷。镇政府驻大孤山村，辖 36 个行政村。该镇紧临市区，青威高速路、202 省道横贯境内。物产资源丰富，是有名的“水果之乡”“休闲养生圣地”，是全国著名的柞蚕生产基地、胶东大姜强镇、国家地理标志注册商标“乳山绿茶”主产区、清朝“贡品”册梨原产地，也是胶东半岛铸钢产业大镇。镇域内有元昭武大将军姜房遗址、千年银杏、清朝贞节牌坊等历史古迹。2015 年，镇级财政收入 524.7 万元，实现工农业总产值 63.2 亿元，其中，工业总产值 42 亿元，农业总产值 21.2 亿元。实现农村经济总收入 4.2 亿元，农民人均纯收入 13440 元。镇域工业主要有铸钢制造、麻纺制造、毛衫加工、新型建材、蔬菜加工、水果储藏加工等。年内，获“全国一村一品示范村镇”“山东省旅游强乡镇”称号。

【招商引资上台阶】 2015 年，大孤山镇打造招商引资新平台，配套完善基础设施。以镇驻地为中心，沿 202 省道形成 4 平方公里带状工业园区。全年共外出招商 28 次，引进项目 4 个。引进总投资 3000 万元的威海汉泰纺织项目，购置原乳山华强制衣闲置厂房、土地，在河南村流转土地 2 公顷进行大麻种植试验，解决原料生产问题，利用屋顶新上光伏发电项目，解决企业自身用电，余电并入国家电网。引进总投资 1200 万元的威海四方爆破器材有限公司项目和总投资 3000 万元的乳山市威一农业发展有限公司项目，正在进行开工前准备工作。依托镇域内旅游资源和养生养老文化，引进总投资 2 亿元的乳山市戎马情健康养生文化园项目，已达成意向。积极与上对接争取资金，扎实学习、研究省、市发改项目资金倾斜重点，有针对性申报镇域多个

续表 52

村 名	党支部书记	村委会主任	经济总收入（万元）	人均纯收入（元）
丈八石	刘夕龙	刘云奎	2065	17640
港头	于晓军	于培富	1835	17890
刘家堆	刘崇增	于占海	609	17522
玉前庄	张合熙	张合熙	780	17054
徐家堆	林 辉	徐天洲	1220	17941
吉林	姜海涛	任洪强	901	17152
北王家庄	王德开	王德开	1167	17200
林家堆	林田法	林田法	747	18222
贾家庄	贾祥明	贾祥明	890	17902
望海庄	王 利	王栋彬	202	17890

（姜姿芳）

【获评“山东省旅游强乡镇”】 2015年，大孤山镇以优质农业产业资源为平台，利用镇域优美自然风光，整合藏香谷户外拓展训练基地、266.67公顷茶叶和6.67公顷珍珠杏采摘园及30户农家乐等旅游资源，建成城郊农家乐旅游线路1条，吸引游客到大孤山观光度假。该镇获评“山东省旅游强乡镇”；上夼村获“山东省旅游示范村”，年接待游客1万人；东林家村获评“山东省传统村落”。

【社会事业发展】 2015年，大孤山镇社会各项事业得到较快发展。优化镇村软硬环境，改善福祉民生。项目。争取资金1500万元，开展水利重点县、高标准农田、千斤粮3个重点项目建设，惠及29个村，有效解决1200公顷耕地用水问题。推进199.33公顷土地流转和119.6公顷农业规模经营，实施任家夼等11个村土地确权工作，推进李家庄、山西头村农村集体产权制度改革。年内，争取上级各种补助资金590万元。招商引资工作迈上新台阶。

【获评“全国一村一品示范村镇”】 2015年，大孤山镇抓产业扩规，培育大姜、茶叶、苹果、蓝莓4大特色农业。新发展大姜133.33公顷，新增柞蚕山岚66.67公顷，累计总数866.67公顷。依托大姜产业基础，变资源优势为产业品牌优势，使大姜逐步成为具有镇域特色产业集群。重新培育大孤山镇巴梨品牌，成功注册“巴梨”地理标志证明商标。在大史家村新建20公顷矮化苹果基地1个，在上刘家村新建20公顷蓝莓基地1个。威海客商在吴家沟村流转土地20公顷、山西客商在宫家桃村流转土地66.67公顷建设现代矮砧苹果示范园。获“全国一村一品示范村镇”称号，成为威海市唯一获此称号单位。

11月25日，银金食品有限公司 （王欣摄）

4月21日，藏香谷户外拓展训练基地投入使用 （大孤山镇提供）

10月18日，东林家村清代贞节牌坊　　（大孤山镇提供）

新建三佛山、黄山2个社区和2处社区幸福院。引进烟台市蓬莱水务集团，投资800万元新建自来水厂1座，保障工业园区和群众用水需要。完成上刘家、李家庄2个村环境综合整治工作，全镇环境综合整治工作全覆盖。投资100万元，开展城乡环卫一体化，村容村貌显著改善。加大对困难弱势群体帮扶力度，把290户、488人纳入农村居民最低生活保障，新申报4个贫困村，将586户、1066人纳入贫困户，切实保障农村困难群众基本生活。发挥党内“即时关爱”作用，第一时间对遭遇不幸、急需帮助的17名党员提供帮助。

2015年大孤山镇各村基本情况一览表

表53

村名	党支部书记	村委会主任	经济总收入（万元）	人均纯收入（元）
北念头	王吉国	王吉国	486	11527
下刘家	刘富平	刘富平	1330	9065
上刘家	刘成新	刘成新	639	12071
万户	姜　琳	（缺）	862	12507
士子于家	于行千	于行千	994	10478
八门邹家	柳　伟	任君琪	1151	10055
胡家	姜兆桥	（缺）	1038	12939
南口	王允加	王允加	1425	12400
入夼	姜文庆	姜文庆	70	9050
李家庄	李丕竹	李丕竹	250	9500
林家庄	林树壮	林基国	260	7800
上夼	于　杰	丁乐富	1340	10950

徐家镇

【概况】全镇面积68平方公里，耕地总资源面积2253公顷，海岸线长22.64公里。镇政府驻东王家庄村，辖23个行政村。2015年，镇级财政收入1732.6万元，全镇实现工农业总产值15.23亿元，其中，工业总产值12.87亿元，农业总产值2.36亿元。农村经济总收入12.31亿元，农民人均纯收入14633元。镇域企业主要有果蔬汁加工、花生加工、牡蛎加工、海产品冷冻加工、泡菜生产、服装加工、汽车电子线束生产、石材加工、建材生产、农产品深加工、海珍品加工、温泉养生等。全年粮食产量1.60万吨，果品产量2.85万吨，蔬菜产量1.78万吨，奶类产量236吨，禽蛋产量1026吨。年内，获全国“爱民固边模范镇”、乳山市“安全生产先进单位”等称号。

【园区基础设施改造升级】2015年，徐家镇投资700万元，完成马峒线公路整修。投资100万元，完成中韩食品与生物科技产业园原有路网维护。投资400万元，架设园区专用35KV高压线，确保企业用电需求。投资1200万元，完成园区电网升级改造。协调水利部门投资120万元，为园区新建农村集中供水专线10公里，保障工业园用水需求；投资90万元，建设海水入园工程。投资1500万元，新建华隆（乳山）食品工业有限公司厂房3500平方米，升级改造原有厂房2500平方米，新上自动化生产线1条，以自动化生产线替代人员密集型生产线，提高生产效率，降低生产成本。新引进乳山市隆图新型材料有限公司，通过收购原大新建材公司闲置厂房设备，实现当年开工、当年投产。

【海岸带生态环境保护】2015年，徐家镇扎实推进城乡环卫一体化，推动滨海旅游产业发展。开展海岸带综合整治及704省道拓宽工作，清理拆除看守房、养殖大棚5700平

续表 53

村 名	党支部书记	村委会主任	经济总收入（万元）	人均纯收入（元）
小孤山	于金芝	于金芝	1632	11817
八里甸	于治华	（缺）	2405	12100
石硼杨家	于　洋	（缺）	910	13220
河东	丁新日	丁新日	2878	11500
大孤山	林合云	林合云	4064	11355
东林家	王峰山	王峰山	1558	12026
西林家	林清占	魏　光	734	10800
俞介庄	宋文法	宋文法	672	10942
河南	从龙秋	从龙秋	2080	13665
店子头	王明高	王明高	1277	12900
山东头	李培桥	李培桥	584	11109
水井	崔德生	崔德生	2118	9860
山西头	林成琳	林成琳	691	11099
赵家	林宁芳	林宁芳	132	9000
大木	于尚修	（缺）	1105	9400
吴家沟	姜仲臣	姜仲臣	1433	12223
小史家	（缺）	王书红	428	9112
宫家桃	刘亨显	刘亨显	741	11920
北姜家庄	姜保状	姜保状	651	13016
任家夼	任振夕	任振夕	460	9200
从家	从　国	从　国	335	12988
大史家	史成龙	史成龙	1760	10000
上册	丁京峰	丁京峰	2709	11600
果园	林永江	林永江	763	9630

（许文娟　肖日辉）

方米。完成高压配电室搬迁改造2处。整修移除水井、泵窝13个。开展农村生态环境建设，投资370万元，清除垃圾2100处。投资90万元，组织人员1600人次，清理浒苔6万吨，有效保护海域生态环境。

【镇域民生工程建设】 2015年，徐家镇投资2800万元，拓宽滨海路（东南寨至南黄镇界线）道路。推行社区公益化养老，完善规范原有6个社区养老工作，以“文化认同凝心聚力、产业发展强基惠民、社区养老共促和谐”为主题规划建设峒岭社区1处。推动农村幸福院建设，投资30万元，建马场村幸福院1处，为农村老年人提供就餐、生活服务、日间照料、休闲娱乐等综合性服务，解决农村群众老有所养问题。

【农业产业化水平提升】 2015年，徐家镇用工业化理念谋划农业，把农业产业结构调整作为农业增效、城镇化建设的重点，完成流转土地44公顷，发展现代农业项目26个。巩固发展农业优势产业，在徐家村、东峒岭、杨家屯村新发展林业育苗33.33公顷，全镇林业育苗达233.33公顷。改善镇域农田水利设施，争取资金300万元，在镇域北部7个村庄修建平塘等水利设施，解决农村缺水用水难题。投资33万元，成立马场村精准扶贫项目牡蛎养殖合作社，带动群众增收和村集体经济发展。鼓励和支持发展合作社，在东王家庄村、东刘家庄村、邢家屯村成立股份经济合作社3个，在东峒岭村成立泉基农机专业合作社，在马场村成立乳山市吉兴水产养殖农民专业合作社，在吴家屯村成立乳山市瑞泉农产专业合作联合社，在西峒岭村成立顺兴果蔬种植农民专业合作社，截至2015年年底，徐家镇已成立39个合作社。

【镇域基层组织建设】 2015年，徐家镇学习贯彻“三严三实”精神，推进“不作为乱作为”专项整治活动，镇村两级干部查摆不严不实问题169条，列出整改清单，明确整改时限。加强农村干部管理，开展“基层组织建设规范年”活动，制定《徐家镇关于开展农村“基层组织建设规范年”活动的实施意见》，理清“小微权力”清单、规范基层权力运行重点，加大党务政务公开力度。推动“百村示范工程”，创建徐家村为村企共赢型示范村，东峒岭村为公益事业型示范村，黄疃村为文化带动型示范村。严格农村“三资”管理，制定《农村大额资金审批管理规定》《进一步从严规范农村集体三资管理工作的意见》、招

3月25日，华隆公司花生肽精深加工项目实验成功　（徐家镇提供）

投标制度和预决算制度，成立预决算6人小组，严控村级非生产性开支，实现农村三资管理规范化、制度化。

投资3.8万元，建设镇级“两代表一委员”工作室，拓宽党组织与基层群众联系渠道。

2015年徐家镇各村基本情况一览表

表54

村　名	党支部书记	村委会主任	经济总收入（万元）	人均纯收入（元）
东南埠	于同浩	于同浩	2186	12380
东南寨	于京湖	于效乐	743	13940
老庄	刘桂超	刘桂超	916	11029
洋村	于良文	于良文	2553	11600
杨家屯	李国强	李国强	2220	10620
邢家屯	李坤水	李坤水	560	12000
吴家屯	孙书国	孙书国	518	6986
许家屯	许凤强	许凤强	330	10664
马场	焉军旗	焉军旗	1340	6675
东刘家庄	于炳周	于炳周	1059	12744
徐家	徐文平	徐文平	2947	11000
东王家庄	于翠芝	于翠芝	1414	10146
匹甲	姜云光	姜云光	576	8915
大浩口	（缺）	刘明兰	2305	10300
小浩口	刘书臣	刘书臣	221	9416
东峒岭	姜振明	姜振明	2446	10200
西峒岭	姜占国	（缺）	2379	12423

南黄镇

【概况】全镇面积88.9平方公里，耕地总资源面积3207公顷，海岸线长10.42公里。镇政府驻南黄村，辖33个行政村。2015年，镇级财政收入442.4万元，实现工农业总产值17亿元，其中，工业总产值13.7亿元，农业总产值3.3亿元。实现农村经济总收入22.3亿元，农民人均纯收入14370元。盛产大鲮鲆、海参、对虾、梭子蟹等海产品和草莓、香菇、茶叶、韩国梨、苹果、西红柿等农产品。全镇粮食总产量19757吨，果品总产量25213吨，蔬菜总产量20283吨，水产品总产量8100吨。年内，获“山东省‘幸福进家’活动先进工作单位”“威海市2015年度‘兴武建功’先进单位”“威海市计划生育协会先进单位”“乳山市2015年度履行机关岗位目标责任制先进单位”等称号。

【项目建设实现新突破】2015年，南黄镇引进民生银行项目，民生银行乳山分行在乳山设立，2月正式对外营业。引进钛合金深加工项目，完成注册、开户手续，协调投资方做好开工前期准备工作。引进烟台客商开发生物科技项目，盘活老蚕茧站闲置资产，总投资5000万元、当年投资2000万元的一期无菌车间工程已完工，12月投产。引进威海山东福地园林有限公司，总投资3亿元的崮山寺旅游项目，以“绿色家园、休闲养生”为主题，规划建设蓝莓、无花果、猕猴桃、树莓、黑加仑采摘区，大型休闲垂钓区，民俗书画村，千年古寺庙，大型度假公寓和高端接待功能区。年内，完成观光长廊基础建设8公里和部分道路硬化，完成18个山谷苗木栽植，完成采摘区种植13.33公顷。

【农业产业结构调整深化】2015年，

续表 54

村　名	党支部书记	村委会主任	经济总收入（万元）	人均纯收入（元）
黄疃	杨爱莲	姜占波	1592	11316
辛家口	王维仁	王龙辉	456	7400
车门口	徐世财	徐世财	289	8444
圣石前	马文海	马文海	242	6886
桑行	姜守志	姜守志	116	8700
光明顶	夏锡海	夏锡海	78	8591

（于晓莎）

南黄镇深化农业产业结构调整，融资 1000 万元，在西浪暖村调整流转土地 13.33 公顷，新建高档蔬菜大棚基地 1 处。筹建育苗大棚 3 个、营销服务中心 1 处。投资 400 万元，在北斜山流转土地 20 公顷，发展名优品种无性系白茶。栽植金银花 4 公顷，玫瑰花 3.33 公顷。新建平塘 2 个，完成接待中心和标准车间规划设计工作。完成茶园道路硬化面积 1000 平方米。扩建西珠耩村无花果采摘基地，总面积 66.67 公顷，注册成立名利无花果专业合作社。在西浪暖、东洋水、孙家埠村流转土地 66.66 公顷，发展韩国不老莓种植基地。形成以 202 和 206 省道为主线的绿色农业产业带。推动农村 3 项改革，实现农民增收致富。推行产权制度改革，宫家庄、仙人脚和陈家屯村注册成立经济股份合作社，资料全部归档。完成土地确权实地测量工作 10 个村。申报家庭农场 6 个。加强农田设施设施建设，投资 1000 万元，新增千亿斤粮食产能建设规划田间工程建设项目。全镇粮田实现田成方、路相通、井配套、旱能浇、涝能排目标，增加节水灌溉面积 783.33 公顷，提高粮食综合生产水平和抵御自然灾害能力。

【民生事业发展】 2015 年，南黄镇重点做好海岸带整治和环海路拓宽工作，拆除违规建筑 600 平方米，移除、改造水井 139 眼，填埋养殖池 3.6 公顷，新增绿化带面积 10 万平方米。强化城乡环卫一体化管理，投资 200 万元，对全镇 33 个村环境卫生进行彻底清理，建立健全考核运行机制，形成镇、村、保洁员三位一体环卫体系，亮化美化优化镇域环境。提升便民利民服务水平，完成新型农村社会养老保险参保工作，7115 人参保，参保金额 390 万元。组织落实爱心互助补充医疗保险工程，全镇参保职工数 59 人，参保率 90%。全镇“两癌”免费筛查农村妇女 1100 名。在 16 个乡村文明示范重点村开展“乡村文明行动”。加强安全隐患排查治理，组织人员定期到镇重点领域检查安全生产工作。整顿南黄集市，清理违规摊点，杜绝占道经营，排除交通安全隐患。加强防火督导工作，管理维护 5 千米防火通道和 3 处森林防火瞭望台，形成立体管控体系，为群众营造安全和谐生产、生活环境。

1 月 1 日，引进威海山东福地园林有限公司总投资 3 亿元的峃山寺旅游项目开工建设　（南黄镇提供）

【“基层组织建设规范年”活动】 2015 年，南黄镇以“建机制、重规范、促提升”为主题，开展“基层组织建设规范年”活动，推进各项工作规范化建设。重点规范村级班子建设、农村干部管理、村级决策议事、党员教育管理、农村“三资”监管。年初制定《机关岗位目标责任制》《农村干部任期目标责任制》，实现基层工作有部署、有落实、有检查、有奖惩。组织召开座谈会、发放征求意见信充分征求各层面代表意见，制定南黄镇农村基层组织建设制度汇编，创新干部坐班、为民代办等制度。落实农村“三会一课”等基础性工作，确保农村各项议事决策有章可循、有本可查、有理可依。创新“一书（岗位职责说明书）、一图（工作流程图）、一表（年度工作计划表）”工作法，理顺工作程序，提升干部素质。

2015 年南黄镇各村基本情况一览表

表 55

村 名	党支部书记	村委会主任	经济总收入（万元）	人均纯收入（元）
汤南山	孙浩杰	孙浩杰	2360	11000
南台子	孙树竹	孙树竹	954	12100
庄子园	孙树芳	孙树芳	951	12458
仙人脚	高明忠	高明忠	896	12600
归仁	刘建奎	刘建奎	14538	14200
宫家疃	宫云智	宫云智	4650	14310
湾头	高振胜	高振胜	14470	14820
河崖	姜明早	姜明早	4655	15326
冷家庄	冷传波	冷传波	7715	13000
凤西庄	姜连湖	姜连湖	4365	13700
母鸡屯	陈宗卫	陈宗卫	4710	14700
南黄北埠	王树勤	王树勤	7963	15828
南黄	乔聚广	乔聚广	16015	14600
南黄庄	李洪亮	李洪亮	6025	15000
南斜山	姜良涛	姜良涛	5012	14600
北斜山	宋修广	宋修勇	13053	14353
靠山	宋国刚	孙鹏波	5510	13500
崮山寺	李财军	李财军	1136	11000
上庄	姜林雨	姜林雨	11462	12794
西珠埠	姜明利	姜明利	6578	13860
东珠埠	孙顺斗	孙顺斗	8466	14800
东姜家庄	孙建刚	孙建刚	5321	14190
李家疃	于梓言	于梓言	3625	14310
高家屯	李永清	李永清	8564	17383
朱家屯	李卫海	李卫海	5389	14791
西洋水	鞠 坤	鞠 坤	4985	13198
东洋水	迟永湖	迟永湖	6612	13180
院后	杨秀丽	杨秀丽	5023	11000
孙家埠	孙锅锁	孙锅锁	7705	13657
柯家庄	柯本海	柯本海	760	12000
陈家屯	陈 悦	陈 悦	3416	15010
岭上	蔡东见	孙玉强	13813	14818
西浪暖	林吉江	林吉江	16330	15100

（战亚男）

冯家镇

【概况】 全镇面积 136 平方公里，耕地总资源面积 4393 公顷。镇驻地位于冯家村，辖 53 个行政村。镇域主导产业是种植业，特色物产有苹果、葡萄、板栗、樱桃、大姜、芦笋等。镇域产业主要有食品加工、果品储藏、制造、采掘、建筑、畜牧养殖，形成罐头、花生制品、渔具、板材等支柱产业。距今约 1400 年的小汤温泉原址位于冯家镇汤上村。2015 年，镇级财政收入 2025.6 万元，该镇实现工农业总产值 53 亿元，其中，工业总产值 31 亿元，农业总产值 22 亿元。农村经济总收入 22.8 亿元，农民人均纯收入 14395 元。年内，获山东省“宜居小镇”称号。

【重点项目建设】 2015 年，冯家镇引进茂盈农场项目，总投资 3000 万元，年内完工运营，流转土地 133.33 公顷，建设作业机械化、管理生态化、技术简约化的现代矮砧苹果示范园。依托其辐射带动作用，延伸发展花家疃、东官庄、南泥沟和中寨村 4 个示范园，总规划面积 533.33 公顷，已栽植 200 公顷，全部建成后可实现亩产优质苹果 5000 千克，亩效益 4 万元以上，带动群众增收 1.2 亿元。4 月，小汤温泉度假村建成 6500 平方米养生养老公寓投入运营，景区 6.67 公顷四月雪和杜鹃观赏园完工。5 月 1 日，拓展训练区投入运营，景区 6.67 公顷采摘基地部分对外开放。7 月，冯家镇南泥沟村引进金银花种植项目。

【社会民生事业建设】 2015 年，冯家镇投资 38 万元，新建镇文化活动广场，升级改造原镇级文化站。投资 43 万元，增设镇驻地 G309 国道两侧绿化带。投资 22 万元，浆砌整修镇驻地污水管网。投资 110 万元，实施镇变电站主电增容改造工程，由 3000 千伏安增至 8000 千伏安，提高用电承载力。投资 105 万元，新建社区幸福院 4 处，新增养老床位

5月24日，乳山市冯家镇观上冯家村健身广场　　（冯家镇提供）

处置关，制定下发村级财务公开、财务管理、经济审计、合同管理、印章管理等规范性文件，聘请专职代账会计对各村统一记账审核。开展民情走访活动，下派群众工作指导员、第一书记24名，组织党员进社区服务30人次，全年办理民生诉求200件。开展矛盾隐患排查工作，建立工作台账，实施销号管理。组织党员冬春培训，集中授课4次，全镇1800多名党员人均学习时间40学时。设立“两代表一委员”工作室，建立党代表驻室接待、联合接待和下基层接待群众制度，完善党代表工作纪实、意见办理回复等档案管理。

92张。投资32万元，在镇初中新上315千伏变压器，解决学生冬季取暖问题；投资588万元，建成塑胶操场，9月投入使用。投资137万元，在镇卫生院实施病房和危房改造，新上心血管疾病防控项目，设120急救站点，提高医疗救助水平。实施全国新增千百亿斤粮食产能规划田间工程项目，总投资1080万元，惠及18个村。实施“百村示范”工程，创树冯家村、消水河、吕格庄、南泥沟、孔家5个市级典型示范村，打造南泥沟恒丰金银花合作社和消水河茂盈农场2个威海市级农村党员干部科技知识培训示范基地。

【美丽乡村建设】 2015年，冯家镇扎实推进城乡环卫一体化工作，出动宣传车50次，印发明白纸1万份，提高镇村居民知晓率和参与度。投资210万元，实施全镇环境卫生整治工作，镇域环境卫生明显改善。观上冯家村投资90万元，建文化广场、修缮冯德英故居和冯建之故居、硬绿化村内道路。孔家村依托圣水宫道教养生休闲度假区，建立葡萄采摘园，发展特色旅游。高标准规划建设孔家村、观上冯家村，从改厕、硬化、景观设计等方面提升档次，将两个村打造成省级美丽乡村示范村，孔家村还被评为“山东省旅游特色村”。

【镇村党员干部队伍作风建设】 2015年，冯家镇开展“三严三实”专题教育，镇党政班子成员查摆问题23条，全部完成整改。镇村两级查摆不作为、乱作为等损害群众利益问题100条，建立专项整治台账，警示约谈机关干部3人次、村党员干部10人次。完善规范农村“三资”管理。严把资金、资产、资源

【红色旅游基地建设】 2015年，冯家镇弘扬红色文化，打造镇域经济发展新亮点。采取“向上争取一点、镇级帮扶一点、村级自筹一点”模式，筹措资金70万元，深入挖掘红色资源，对原胶东第一特委遗址、冯德英故居、观上冯家村百年民居进行保护性修缮，请山东工艺美院老师对其进行整体规划，现收回原胶东特委遗址周边六户房屋，完成转让手续。多方收集史料，深入挖掘“三花”文化内涵，在弘扬红色文化方面有突破性进展。

11月1日，乳山市冯家镇冯德英故居　　（冯家镇提供）

2015 年冯家镇各村基本情况一览表

表 56

村 名	党支部书记	村委会主任	经济总收入（万元）	人均纯收入（元）
冯家	冯常永	冯常永	14682	15941
马山前	姜孟桥	姜孟桥	2466	14281
北汉村	姜 永	姜 川	3865	14600
北河崖	姜伟华	姜伟华	2655	13980
北泥沟	于同臣	于全洋	3698	14084
南泥沟	曹建岐	曹建岐	2501	13368
东泥沟	于克财	于克财	1625	13333
山北头	姜 贵	姜 贵	4583	16557
汤上	刘跃志	（缺）	3224	14628
汤后疃	孙合然	孙合然	2165	14308
汤东疃	（缺）	孙金山	2102	13165
汤南场	孙桂福	孙桂福	1620	12556
石城	姜先忠	姜先忠	6741	13235
葛口	姜云光	姜云光	2157	14255
南汉村	姜永刚	姜永刚	6080	14327
吕格庄	曲秀福	曲秀福	7949	14349
王疃	王 琳	王华勇	2133	14516
南刘伶庄	姜洪峰	姜洪峰	2015	14594
北刘伶庄	宋修国	宋修国	4551	13981
马山沟	孔凡周	孔凡周	1700	13061
消水河	李振福	李振福	3109	15437
林家寨	林立华	林立华	1912	14241
口寨	姜洪秋	宋文海	5200	14397
张家寨	张君山	（缺）	6662	15066
盘石	王庆明	李全军	8058	16868
北高格庄	周淑明	周淑明	5252	16205
南高格庄	袁凤霞	袁凤霞	3929	14727
徐家村	宫润洋	宫建明	9823	14928
合子	韩玉战	姜文军	6084	14363
合子庄	张本玉	张本船	1835	14955
吴格庄	宫云杭	宫云杭	1970	13244
鲁家	鲁金林	鲁林强	2963	13176
唐家店子	唐公奎	唐公奎	3801	14259
花家疃	姜洪阳	姜国军	7434	12998
上口	孙培县	孙培县	4567	16868

下初镇

【概况】 全镇面积127.2平方公里，耕地总资源面积4067公顷。镇政府驻下初村，辖37个行政村。桃威铁路和309国道横贯东西，牟乳公路纵贯南北，镇内拥有铁路货运站1处。矿产资源丰富，主要有金、银、铜、锡、硫、石灰石、钠长石、花岗岩等，黄金储量全国闻名，素有“黄金之乡”美称。主要特色物产有苹果、大姜、花生、茶叶、高丽参、蓝莓、桑葚等。形成化工建材、金属冶炼、食品加工3个支柱产业。2015年，镇级财政收入3619.4万元，实现工农业总产值39.7亿元，其中，工业总产值21.8亿元，农业总产值17.9亿元。农村经济总收入17.6亿元，农民人均纯收入13617元。

【园区项目建设】 2015年，下初镇立足镇域实际，突出项目建设、招商引资和链条延伸，实现镇域经济发展。跟进办理化工建材园区的正式审批，保证项目招得来、落得下；高标准完善园区路网建设。引进总投资3000万元的甘薯精深加工项目，投产后年可生产油炸甘薯片1万吨，实现销售收入2.4亿元，利税5000万元，增加就业岗位300个。完善服务企业网格化工作机制和企业联络员制度，设立项目专职代办员，确保新开工项目快速推进。3月，金盾新材料项目正式投产，年可生产装饰石膏板400万平方米。

【农业特色生态园区建设】 2015年，下初镇扎实推进农村改革工作，完成堠南头、上草埠、南东庄3个村集体产权改革，完成段家、下初、河南村等11个村土地确权，实现集体资产保值增值。优化产业结构调整，新发展高丽参13.33公顷，全镇高丽参种植面积66.67公顷。新发展苹果57.33公顷，大榛子6.67公顷，桑葚、核桃13.33公顷。发展生态农业和休闲旅游业，规划整合辖区内的蓝莓、樱桃、桑葚和大枣等特色农业资源，形成以

续表 56

村 名	党支部书记	村委会主任	经济总收入（万元）	人均纯收入（元）
东吉子园	孙忠国	曹积敏	2824	13330
北吉子园	王夕明	王夕明	1011	13474
西吉子园	高玉强	高玉强	2731	14355
南吉子园	高天云	高天云	1671	14236
呰里	刘春术	刘春术	7127	14371
庄子夼	战　东	战　东	907	14445
王家庵	王立志	王立志	1511	13872
观上冯家	冯曰明	冯曰明	1786	13446
孔家	孔志兴	孔志兴	2766	14590
万家	孔令传	孔令传	6568	14384
高家台	高玉留	高玉留	2098	14257
赵家庵	赵占国	赵占国	1103	14473
卧龙	（缺）	陈大福	5448	14324
东马家庄	马乐勋	于德生	6131	14473
马家泊子	马顺平	马顺平	9175	14412
沽水头	于志宁	牟曰亮	3320	15442
瑞木山	曹公敏	史连波	11152	15462
东官庄	史本智	姜春涛	9919	14763

（张译方）

樱桃、大枣和桑葚采摘为主的辛庄、下初和里庄等多个特色生态园区。

【群众满意度列镇区前茅】2015年，下初镇大力发展社会民生事业，投资300万元，开展河南村、巫山、西庄等9个村环境综合整治。投资180万元，实施城乡环卫一体化建设。打造黄格庄、河南村、巫山、西庄4个乡村文明行动示范村。完成2173.33公顷高标准基本农田建设项目和533.33公顷农业综合开发项目。投资70万元，改扩建镇驻地集贸市场。投资30万元，完成下初中学变压器及用电线路改造，解决学生用电取暖问题。创新社区服务，以双山社区作为试点，探索便民服务新载体，实现社区服务提档升级。重视安全生产工作，建立网格化管理体系，实现安全检查全覆盖，完成网式安全大检查3次，镇领导干部到企业、到村督导检查1000次。统筹开展民情走访活动与群众面对面工作，全方位听取意见、排查矛盾，办理群众各类诉求124件。2015年乳山市群众满意度调查，下初镇得分9.8464，位列镇区第一名。

5月16日，泰山石膏（威海）有限公司　　（下初镇提供）

2015 年下初镇各村基本情况一览表

表 57

村 名	党支部书记	村委会主任	经济总收入（万元）	人均纯收入（元）
里庄	段 海	段 海	2070	13389
外庄	段连阳	段连阳	2919	14327
山南头	（缺）	姜国强	2764	14036
塂南头	段云朋	段云朋	2936	14395
段家	段桂德	段桂德	7750	15718
古初	宋 周	宋 周	3950	14395
三甲	段德云	段德云	4036	13780
下洼	刘宗峰	刘雄伟	3910	12159
上草埠	王京涛	王京涛	3375	15475
下草埠	刘明勋	刘明勋	5620	14682
上初	张 浩	王永兴	3760	13895
黄格庄	刘忠德	刘忠德	10253	16118
胡家口	刘 德	刘 德	5202	14969
辛庄	王 刚	王玉松	7043	13145
西泊	宋广龙	宋广龙	3620	13723
英格庄	王树强	王树强	5100	14868
初家沟	初明钢	初明钢	1822	13856
张家沟	张连顺	张连顺	2876	13963
下初	谭先龙	谭先龙	10658	15849
史家疃	宋立波	宋立波	11386	15861
日照庄	徐永开	徐永开	4875	15764
辛家疃	宋卫卫	宋卫卫	3825	15908
山前庄	宋玉波	宋玉波	4173	14505
簸箕掌	刘子海	刘子海	3714	14107
东马台石	徐宗光	徐宗光	4664	14510
西马台石	孙常言	王树泽	5992	15674
葛格庄	林乐虎	林乐虎	7213	15257
北芦头	王永平	王永平	2465	13799
垒冢前	宋志勇	（缺）	3126	14053
南东庄	于文明	于文明	3485	15745
巫山	张乐波	张乐波	8530	16063
西庄	张保信	张保信	6522	15113
北东庄	于旭明	高喜信	3729	13721
皂地	周子奎	周卫丰	2919	13369
车家夼	辛书凯	宋小波	3818	14529
河南村	曹玉国	曹新文	7825	16608
单家疃	（缺）	刘喜军	1191	11852

（刘琳　刘玲伊）

午极镇

【概况】 全镇面积 110 平方公里，耕地总资源面积 4067 公顷。镇政府驻午极村，辖 35 个行政村。烟乳公路纵贯南北，309 国道横穿东西。黄金、雪花大理石等地下矿藏丰富。主要农特产有苹果、大姜、地瓜等。2015 年，镇级财政收入 828 万元，实现工农业总产值 22.88 亿元，其中，工业总产值 3.23 亿元，农业总产值 19.65 亿元。实现农村经济总收入 19.65 亿元，农民人均纯收入 13770 元。镇域产业主要有黄金开采、机械制造、食品加工、建材、针织服装等行业，主导产品有水泥、木工刨床、高硅活塞。全年粮食总产量 2.2 万吨，果品总产量 5.7 万吨，蔬菜总产量 3.3 万吨。

【重点项目引进】 2015 年，午极镇整合镇域闲置厂房、校舍和土地资源，实现多方共赢。重点推进车道农产品加工物流小区建设，引进宏兴农业发展有限公司项目，建设大姜、核桃深加工生产线各 1 条，实现销售收入 8000 万元，利税 260 万元。加快土地流转，调整农业产业结构，引进威海市辉柯生物有限公司，新建蓖麻基地 1 座，实现销售收入 1440 万元。引进盐城工业职业技术学院，建立“盐城工业职业技术学院产学研合作基地”项目，实现由科研到产品快速转化。

【民生工程建设加力】 2015 年，午极镇投资 250 万元，实施 3 个村环境综合整治工作，清理土石、垃圾 9000 方，修复破损道路、花墙、水沟 1.7 万平方米，栽植各类绿化苗木 3 万株，农村环境面貌明显改善。投资 140 万元，新建垃圾压缩中转站 1 处，配备垃圾运输车 2 辆，定期清运垃圾。建立环卫工作长效机制，安排两委成员包片负责村环境卫生管理，充实专业保洁队伍，满足镇驻地、各村、集贸市场、学校、医

10 月 28 日，午极镇与盐城工业职业技术学院举行产学研合作签字仪式（午极镇提供）

10 月 28 日，副市长孙军（左一）参加午极镇盐城工业职业技术学院产学研合作基地成立仪式（午极镇提供）

院等人员密集地区环境卫生保洁需要。加强集市管理整顿，开展集市违规摆摊、违法占用机动车道行为整治活动。实施镇敬老院提升改造工程，实现老有所养。通过镇村两级服务网络，发挥电子商务优势，实现“网货下乡”和“农产品进城”双向流通功能。开展乡村文明建设，有 25 个村提炼村规、村训，全镇绘制手绘墙 500 平方米。建立“善行义举四德榜”，选树和培育 15000 名镇、村、农户和个人先进典型。

【镇村干部队伍作风建设】2015 年，午极镇加强干部队伍作风建设，扎实开展“三严三实”专题教育活动。组织青年干部定期学习，每周开展辩论赛等特色活动，采取集中学习、交流研讨等多种形式，开展学习活动 50 次，提升为民服务能力。开展民情走访、群众工作“面对面”、群众指导员定期到村“坐班”活动，对群众反映强烈的突出问题，坚持即知即改、立行立改，明确整改期限，全年答复群众问题 149 个，群众满意率 90%。推进基层为民服务工作，安排群众工作指导员定期驻村办事，确保群众问题有人解决、及时解决、满意解决。开展基层组织建设年活动，组织 70 名干部包村联户，采取大调研、大走访和召开群众会、党员会等形式，摸清各村情况，创新工作方法，解决实际问题。

2015 年午极镇各村基本情况一览表

表 58

村 名	党支部书记	村委会主任	经济总收入（万元）	人均纯收入（元）
午极	杨兆福	杨在谭	14095	13933
小寨	段　强	段　强	5868	13780
樗树崖	王进波	王建辉	9699	13691
由家庄	由法青	姜志爱	2503	13810
小虎岚	王书岳	王书岳	3213	13816
鲁家夼	林永波	林永波	9792	13641
卢家	卢永民	卢永民	4206	13738
韩家沟	韩吉福	韩书臣	1335	13883
西柳家	张克阳	张克阳	1450	13761
于家屯	罗永超	罗永超	1363	13913
宋庄	宋永刚	宋永刚	5130	13883
车道	郭宝文	（缺）	6186	13850
唐家沟	刘学海	刘学海	3270	13730
湘沟	柳尧清	（缺）	3446	13883
土心头	李海波	李海波	8597	13695
东柳家	（缺）	刘艾红	4098	13677
马家夼	张秀军	张秀军	1768	13762
曲家屯	曲善刚	曲延刚	2010	13700
张家屯	（缺）	张永军	4105	13507
正甲夼	谭书富	谭富平	11127	14198
于庄	于开龙	于开龙	2566	13743
北庄	徐文山	徐文山	5213	13918

续表 58

村 名	党支部书记	村委会主任	经济总收入（万元）	人均纯收入（元）
大虎岚	姜本俊	姜本俊	10205	13780
下万口	王福强	王福强	7797	13850
南庄	张海波	张海波	8185	13473
孙家疃	倪玉臣	（缺）	2423	12983
杨家庄	（缺）	杨庆勇	7815	13641
辉湛	李振高	李振高	7573	13702
中庄	李　刚	李　刚	9158	13850
石字岘	孔祥林	孔祥林	10842	13882
房家	房林基	房林基	4419	13743
西堠	徐仁明	徐卫民	1704	13677
于家疃	于龙臣	于春光	3437	13680
上万口	宋修训	宋修训	4283	13535
泽上	张军臣	（缺）	9379	13846

（蔺唱）

崖子镇

【概况】 全镇面积 187.4 平方公里，耕地总资源面积 5173.33 公顷。镇政府驻崖子村，辖 58 个行政村。南临 309 国道，桃威铁路、烟海高速横贯境内。马石山风景区、乳山市境内最高峰垛山位于该镇境内。2015 年，镇级财政收入 376.4 万元，实现工农业总产值 30.27 亿元，其中，工业总产值 21 亿元，农业总产值 9.27 亿元。农村经济总收入 31.53 亿元，农民人均纯收入 15500 元。特色物产包括苹果、樱桃等水果，板栗、银杏等干果，是全国有名的“干杂果之乡”。乳山苹果获“国家地理标志”登记认证，垛山苹果和钟家沟大樱桃获“绿色食品”认证。

【招商引资和项目建设】 2015 年，崖子镇狠抓招商引资和项目建设，推动镇域经济快速发展，引进外资项目乳山欧意特食品有限公司，项目由友威国际（香港）实业有限公司与威海永福食品有限公司联合投资，注册资金 300 万美元，总投资 600 万美元，主要从事牡蛎等海产品养殖、加工与出口，产品出口到韩国、马来西亚、迪拜等 10 个国家和地区以及中国香港、中国澳门等地。引进山东兴业源现代农业发展有限公司果蔬仓储物流及分选加工项目，总投资 1 亿元，占地 4.13 公顷，主要从事果品仓储、加工。培育税源企业，引进淮安市友信建设有限公司山东分公司项目，3 年内，每年可纳税 200 万元。促成乳山市宏福老年公寓管理有限公司股权改制，成立威海宏福养老服务股份有限公司，成功在青岛蓝海股权交易中心挂牌上市。

【获“乳山苹果”地理标志商标认证】 2015 年，崖子镇实施果园调优工程。新发展优质苹果 200 公顷、大樱桃 23.33 公顷，全镇建有苹果标准化示范园 6 处，改造苹果郁闭园 266.67 公顷，建设岛子、北寨、青山现代矮砧集约栽培示范园 80 公

4 月 15 日，兴业源公司果蔬仓储物流及分选加工流水线　　（崖子镇提供）

顷，实现果业发展由注重产量提高向注重品质提升转变。年内，举办樱桃采摘节、柿子采摘节，发展特色农业，创树农业特色品牌。青山果品专业合作社成功申请通过“有机食品”认证，威海宇祥果业和威海昱丰果蔬在天猫和淘宝网开设网上苹果店铺，获“乳山苹果”地理标志商标认证。

【新农村建设推进】 2015 年，崖子镇投资 180 万元，开展城乡环卫一体化工作，农村环境卫生面貌显著改善。全镇 58 个行政村配备保洁员 112 名。投资 150 万元，改造村级活动场所。投资 3000 万元，完成 56 个村新农村建设任务。改造提升 30 个村农村道路 8.9 万平方米。落实安全生产工作责任制。镇领导组织带领安全监督办公室人员每月进行 1 次全面摸底，重点排查水域安全、食品安全、交通安全、企业安全生产等领域，确保全镇安全生产。投资 1 万元，制作护林防火宣传看板。投资 5 万元，购置防火器具。投资 6 万元，为南寨瞭望台通电。投资 4 万元，修建青山瞭望台。

【农村党组织建设加强】 2015 年，崖子镇新建“两新”组织党支部 4 个，至年末，有机关党支部 1 个、老干部党支部 1 个、流动党支部 1 个、农村党支部 58 个、双管单位党支部 5 个、“两新”组织党支部 11 个，现有农村“两委”成员 194 人，设立 14 个社区党总支。投资 200 万元，建设社区服务中心 14 处，投资 20 万元，建设党代表中心工作室 1 处和“两代表一委员”工作室 15 处，实行村级决策议事、党务财务公开、农村干部坐班、党员干部管理等常态化工作。

2015 年崖子镇各村基本情况一览表

表 59

村 名	党支部书记	村委会主任	经济总收入（万元）	人均纯收入（元）
磨山	钟建伟	钟国胜	808.6	15100
双石村	钟云民	孙忠义	340.2	15100
东夼	钟轩禄	钟　安	1634.9	15200
南地口	滕占德	滕格雨	957.2	15000
泥渡夼	刘福龙	张永江	997.3	15413
陨里	王宗理	（缺）	2864.9	15259
河北	王仲振	（缺）	1518.3	15150
北地口	滕新国	滕新国	1517.9	15088
申家	（缺）	王好彬	1898.06	15839
北炉上	任培海	王少辉	841.7	15100
西崮头	王海军	王海军	1356.7	15422
大崮头	（缺）	李建伟	3118.6	15023
大王疃	（缺）	王永峰	507.1	15500
兴村	滕云峰	王世军	1000.1	15100
张格庄	李振孟	李春波	719.5	15050
山东	滕长民	滕长民	552.9	15200
万格庄	李文龙	李文绍	1417.6	15206
阎家夼	李乃胜	（缺）	1367.8	15000
上肖家	肖春显	肖春显	1518.4	15218
东庄	高恩言	高恩言	533.7	15003
下肖家	肖春锋	刘小伟	781.1	15500
井乔家	宫家宾	乔玉志	858.1	15200
枣林	宫家宾	宫开先	1107.2	15200
西井口	张志远	张志远	814	15000
东井口	（缺）	张永义	1615.4	15680
下沙家	沙崇真	（缺）	521.3	15000
上沙家	沙庆春	沙庆春	639	15000
田家	田建东	田建东	1613	16000
史家	史本航	史泽江	1478.1	15000
蓬家夼	沙成良	矫习杰	1734.3	15000
矫家泊	矫田波	矫田波	700.3	15600
南寨	刘锡通	刘锡通	1846	15200
北寨	孙红新	孙红新	1314.5	15000
岛子	宋东亮	宋东亮	2872.7	15100
康家夼	戚永良	戚永良	955	13000
山下	宋金绣	宋晓军	1220.9	15000
崖子	于天成	孙世波	4743.5	15200
姜家	姜全义	姜全义	1196.3	15000

续表 59

村 名	党支部书记	村委会主任	经济总收入（万元）	人均纯收入（元）
河西	王文良	徐仁刚	455.9	15100
山西	宋海波	宋海波	1593.6	15006
河南钟家	钟 青	钟 青	395.7	15300
泽科	钟方修	钟云强	1917.3	15005
石甲庄	李培旭	李培友	480.2	15600
泊乔家	宫家宾	（缺）	253.7	15102
青山	宫家宾	宫家宾	9053	15805
马石店	荀兆武	荀 杰	3114.7	15100
北果子	曲 芳	曲绵利	704.8	15000
南果子	刘文荣	刘文荣	824	15100
姜家夼	姜秀良	姜秀良	355.8	15100
南马石	宫兆磊	宫兆磊	1433	15008
台上	栾福乐	栾福乐	1875.6	14200
沟东	唐言龙	唐言龙	1181	15000
转山头	刘建忠	刘建忠	1353	15120
草庵	矫训波	矫训波	525.3	14982
东凤凰崖	杨志涛	杨志涛	1603.9	15300
西凤凰崖	杨海涛	杨海涛	640	15000
西涝口	姜 山	姜 山	2137.5	15620
东涝口	沙曙东	沙曙东	947.1	15100

（吕慎豪）

诸往镇

【概况】 全镇面积160.1平方公里，耕地总资源面积4820公顷。镇政府驻东诸往村，辖49个行政村。埠乳公路、309国道、桃威铁路和烟青高速在境内穿过。盛产苹果、葡萄、板栗等。矿产资源丰富，威海鑫山冶金有限公司铁厂、铁矿位于境内。镇域工业主要有铸造、建筑、制衣等行业。2015年，镇级财政收入1977.4万元，全镇实现工农业总产值31.47亿元，其中工业总产值27.56亿元、农业总产值3.87亿元。农村经济总收入35.81亿元，农民人均纯收入13271元。全年完成固定资产投资5.91亿元。年内，获“山东省省级安全社区”威海市“安全生产先进单位”“精神文明镇”等称号。

【重点项目推动】 2015年，诸往镇注重发展新能源产业，引进银凯特光伏农业大棚项目，总投资1.5亿元，项目主要采取下层空间为生态农业大棚，上层空间为光伏发电板相结合的综合开发建设模式，建设总装机容量为10MW的光伏电站，年上网电量1200万千瓦时。建设光伏电站钢结构支架农业大棚380个，实现资源最大化利用。引导传统企业转型升级。抓好鑫山冶金公司与日方合作的三菱重工配套铸件项目，项目投资5000万元，完成一期规划车间4000平方米，已批量规模生产，铸件年产量5万吨，节省生产成本1000万元，实现销售收入2.2亿元。促进永盛铸业技改升级，培育税源。储备在谈项目有北京中材国际尾矿资源综合开发利用项目、大龙口养生养老等项目。发挥区位优势，以马石山红色旅游基地和东尚山村山东省传统村落为依托，发展生态旅游业。

【农业产业化发展】 2015年，诸往镇突出产业结构调整。以资金配套、技术支持为奖励，激发群众引新扩规的动力，发展新型光伏温室大棚23.33公顷，栽植新型苹果333.33公顷，葡萄66.67公顷，罐头桃26.67公顷，猕猴桃26.67公顷，完成土地流转284.37公顷。改善镇域农田水利设施，完成国家基本农田整理项目，在孙家夼村周边新建平塘4个、大口井3眼，扩建整修原有平塘2个。落实“精准扶贫”，帮扶王家疃等6个贫困村790户贫

5月10日，银凯特项目新建的光伏发电温室大棚　（诸往镇提供）

困户，实现脱贫152户423人。完善农村基本经营制度，深化产业化经营，组建诸往镇联创农副产品专业合作联合社，注册诸往镇农副产品统一品牌标识，以专业合作社联合社为载体，多渠道推广优质农副产品。

【社会民生事业发展】 2015年，诸往镇投资100万元，整修硬化镇内部分连村路、护林防火通道。投资350万元，建设集候车、购物及车辆维修于一体的现代化镇域车站，并完成搬迁，方便居民出行。投资200万元，开展铁山、前进等7个村农村环境综合整治。投资90万元，增设垃圾桶500个，建立长效管护机制，优化美化群众居住环境。建设农村幸福院，投资30万元，建设马陵、冷格庄农村幸福院2处，养老服务体系进一步完善。建设金果、龙泉及尚源3个新型农村社区，群众不出社区即可享受优质高效“一站式”服务。

【镇村干部队伍建设】 2015年，诸往镇组织实施以“为民务实清廉”为主题群众路线教育实践活动“回头看”活动，深入贯彻“三严三实”精神，深刻查摆问题，列出整改清单，明确整改时限，提升党员干部综合素质。加强农村干部管理，抓住农村“两委”换届选举有利时机，选优配强农村党组织班子。开展“基层组织建设规范年”活动，打造为民服务、高效廉洁、群众认可、组织满意的干部队伍，建设服务型基层组织。推行镇村“四位一体”考核，以定岗位职责、定目标任务、定考核奖惩，理顺农村干部“两公开、两承诺、一述职、一考评”管理体系。投资5万元，更新村级公开栏，加大党务政务公开力度。严控农村“三资”管理，推行“即时公示、分期拨付、跟踪监管、重点审计”管理体制，逐步化解村级矛盾。投资3万元，建设镇级党代表工作室，拓宽党组织与基层群众联系渠道，8—12月，受理群众来访20次，协调解决诉求10件，收到建言献策2条。

2015年诸往镇各村基本情况一览表

表60

村 名	党支部书记	村委会主任	经济总收入（万元）	人均纯收入（元）
东诸往	隋浩杰	隋明言	16792	13610
西诸往	刘博	王洪湖	9861	13550
沟西	隋玉刚	隋玉刚	1783	13152
田家庄	王福强	王喜锋	8397	13404
光明	于同福	于同福	3900	12611
泊子	李佰江	刘大勇	10947	13705
后店	王桂月	王桂月	4919	13862
姚家埠	王洪范	丛书江	11999	13419
许家	（缺）	许军芳	10543	12152
泊子庄	郑子波	郑子波	6349	13073
安夼	王维强	王维强	6846	13363
姜格庄	许云洪	许云洪	9939	13697
唐家	唐玉柱	唐言庆	6446	13507
沟留家	郑忠礼	郑洪杰	4750	12080
冷格庄	李 杰	李乃林	10074	13410
大院	彭学云	（缺）	11002	14272
流水头	于京师	（缺）	14431	13014
王家疃	于高福	杜仁强	5358	13481
凤凰台	姜树荣	姜树荣	2413	13163
李格庄	郑炳献	许建国	4500	13146
九龙圈	刘 文	刘 文	6890	14000
崖后	宫云国	孙锡义	7075	13843
口子	（缺）	宫建勇	10412	13731
王家庄	宫云国	（缺）	3137	13072
岳家	岳洪伍	岳洪伍	3318	13068
东尚山	（缺）	刘 安	6627	13546
中尚山	乔春勇	乔春勇	2805	13153
西尚山	（缺）	王海杰	3110	13043
下石硼	王守起	王守起	4442	13011
上石硼	王永刚	（缺）	3181	13137
大龙口	宫润峰	宫润峰	4866	13277
二龙口	宫云周	刘建波	8729	13278
绕涧	刘银泉	刘银泉	8336	13187
青石楼	钟胜强	钟 林	993	12272
东辛庄头	李振辉	李振辉	5030	13134
西辛庄头	张成功	张成功	4246	13288
野房	（缺）	隋保产	7420	12904
孙家夼	于 强	王桂欣	10568	13017
招民庄	隋春鹏	王克江	12124	13203
于家圈	于福德	于福德	5248	13086
扫帚涧	高 波	朱永军	7074	13538

续表 60

村 名	党支部书记	村委会主任	经济总收入（万元）	人均纯收入（元）
铁山	王仕强	王仕强	9531	13103
垛疃	王玉春	王玉春	8714	13381
前进	李文见	（缺）	13271	12913
前夼	李文见	（缺）	627	13831
马陵	姜云勇	姜云勇	10675	13013
后庄	王克玉	栾良春	7600	13283
神童庙	许全堂	张永远	12171	13019
燕山泊	王明涛	王明涛	7819	13395

（薛芳）

育黎镇

【概况】 全镇面积 110.2 平方公里，耕地总资源面积 3833 公顷。镇政府驻育黎村，辖 42 个行政村。北倚龙角山水库，乳山河从境内流过，水资源丰富。309 国道、桃威铁路贯穿全镇东西。特色物产有葡萄、日本萝卜、日本神马菊花等，发展成以出口蔬菜、食用葡萄、优质果品、花卉苗木、芋头、花生、茶叶、草莓、日本菊花、日本萝卜为主的农业产业区。2015 年，镇级财政收入 406.4 万元，实现工农业总产值 16.7 亿元，其中，工业总产值 12.8 亿元，农业总产值 3.9 亿元。实现农村经济总收入 22.8 亿元，农民人均纯收入 13960 元。

【招商项目建设】 2015 年，育黎镇引进威海聚力轿车内饰汽车项目。该项目由浙江商人高新潮等合作成立，占地 2.73 公顷，计划分两期建设 18000 平方米厂房 3 座，投产后年可实现销售收入 1.8 亿元，增加税收 800 万元。引进德禧生态农业项目，该项目由威海青华汽修厂黄总投资开发，总投资 1200 万元，规划面积 72 公顷，项目为生态、休闲、仓储物流、深加工等功能为一体的综合性高效农业示范基地。抓好伟昌食用油生产续建项目，项目投资 3000 万元，总占地 1.67 公顷，总建筑面积 9500 平方米，主要建设花生油生产车间、储备油罐、包装车间、包装材料库、原材料库、办公楼等。

【获评"山东省一村一品示范村镇"】 2015 年，育黎镇成功注册南西屋葡萄商标，新栽植葡萄 53.33 公顷，实现葡萄品种多样化、优质化、品牌化，获"山东省一村一品示范村镇"称号。新栽植苹果 100 公顷，该镇在威海市苹果比赛中获第一名。以龙角山、白石村草莓基地为依托，扩大"山箭乐"草莓商标影响力，成功试验并推广富硒草莓新品种，与威海市家家悦超市签订销售合同，实现农超对接。新发展草莓大棚 100 个，草莓大棚总量 300 个。发挥德禧农业带动作用，以苹果为主导，采取统一技术指导、统一加工、统一销售等方式，促进苹果产业规模化发展，带动产业结构调整升级，公司拥有固定合作农户 150 户。

【民生工程建设】 2015 年，育黎镇完成孙家、大洼、曹家、南西屋、郭家、宅子夼 6 个村环境综合整治任务，通过威海市检查验收。开展城乡环卫一体化工作，建立环境整治长效管护机制，环境面貌有效改善。打造龙角山社区，建设软硬件环境，完善社区服务职能，达到"四有三化"标准。完成藏金夼幸福院建设，确保育黎、汪水、于家、龙角山幸福院顺利运营。完成育黎、北西屋、南西屋、塔庄等 13 个村土地确权，新建家庭农场 10 个，完成 3 个村农村产权改革。开展移民扶持、美丽乡村建设、农田水利基本建设等工作，完成于家、南夼、北由古、老由古村道路硬化，曹家、塔庄、东口村水源地保护，七甲、南夼、南李家、于家村自来水改造。

【"基层组织建设年"活动】 2015 年，育黎镇开展"基层组织建设年"活动，完善农村财务管理规定、农村考核管理规定，制定建立考核台账，强化农村党员干部教育培训，规范村级事务管理规程。做好百村示范建设工作，开展育黎、龙角山、曲水、塔庄 4 个村党建示范工作。

3 月 28 日，德禧农业示范园草莓大棚　　（育黎镇提供）

2015 年育黎镇各村基本情况一览表

表 61

村 名	党支部书记	村委会主任	经济总收入（万元）	人均纯收入（元）
北由古	郑希信	郑新福	520	14000
三泉庄	郑洪臣	（缺）	495.3	13900
东由古	郑炳水	郑炳水	155	13800
孙家沟	郑水国	（缺）	408	13800
于家	隋洪奎	林杰玉	1054	13500
藏金夼	郑会良	（缺）	1536.8	13750
帽张家	郑仁辉	唐守香	990	13800
东横道口	郑忠波	郑文岗	390.7	6900
西横道口	郑永利	郑忠明	1206	13800
东纪村	郑 杰	郑 杰	776.5	13800
西纪村	王典庆	（缺）	2490	13900
龙角山	许同惠	许同惠	529	13203
南由古	郑新留	郑绍玉	740	14085
老由古	（缺）	郑晓东	430	14000
城阴	于开虎	（缺）	1803.5	13800
汪水	宋云湖	（缺）	3414.2	13800
社庄	刘在林	刘汉玉	1580	13800
北勇家	勇 颖	勇治军	1207.8	13900
中勇家	勇维春	勇维春	217.6	13850
南勇家	勇绪芳	（缺）	1215.8	13800
王母夼	李振江	于 超	687	13800
南李家	李振同	李振同	72.8	13800
西屋南夼	李振东	李炳晨	823.9	6900
鲁济	李 永	李 永	1356	13800
鲁济山后	郭坤增	郭占春	580	14600
南西屋	陈景云	李 浩	3350	13800
北西屋	孙吉礼	孙吉礼	2053	13800
宅子夼	任宗元	辛 勇	1541	13818
邓家	邓太福	邓京福	1935.3	14607
郭家	郭书高	郭书高	815.2	13800
南北山	王成珊	（缺）	3176	15038
大洼	曲善江	曲善江	242.5	11000
曲水	王 东	（缺）	2471	13797
曹家	宋 军	刘书龙	2250	13800
孙家	孙吉海	孙吉周	580	13900
塔庄	倪洪江	倪洪江	2464.3	13860
育黎	宋连海	宋连海	3660	13800
七甲	宋文亭	宋文亭	341.5	6761
马庄	孙常明	孙维法	1050	13800
上宋格庄	宋文山	宋文山	590.1	13800
下宋格庄	丁文明	（缺）	605.4	14000
白石	宋建利	郭 见	1612.6	13800

（刘建伟）

乳山寨镇

【概况】 全镇面积 136.4 平方公里，耕地总资源面积 3933 公顷，海岸线长 17.67 公里。镇政府驻寨东村，辖 44 个行政村。境内有国家级森林公园岠嵎山风景区和正华石佛山国家 AAA 级景区。青威、埠乳公路穿境而过。2015 年，镇级财政收入 493.9 万元，实现工农业总产值 47 亿元，其中，工业总产值 38 亿元，农业总产值 9 亿元。农村经济总收入 3.67 亿元，农民人均纯收入 13511 元。有民营企业 31 家，主导行业有农药、铸件、食品生产、服装加工等。实现固定资产投资 9.8 亿元。主要农特产有茶叶、花生、苹果、梨、桃、板栗、草莓等，海产品有对虾、海参、蟹、缢蛏、牡蛎、文蛤、泥蚶、带鱼、黄鱼等。

【农业龙头项目引进】 2015 年，乳山寨镇加大农业龙头项目引进力度，整合土地资源，推进土地流转，引进并开工清溪菩提叶现代农业项目，总投资 3 亿元，一期占地 89.87 公顷。依托滨海新区载体优势，采取异地安置、引项进园，达成计划投资 1.5 亿元的威星啤酒项目合作意向，设计规模 10 万吨，年可实现税收 3700 万元。引导域内企业与外合作，引进韩孚生化与中农集团合作项目，完成一期双甘膦生产线安装 1 条，已投入试生产。抢抓“大众创新万众创业”历史机遇，引导群众采取多种途径发展各类经营项目，完成“个转企”10 户、“小升规”任务 1 个，民营企业发展到 31 家。

【生态旅游业培育】 2015 年，乳山寨镇依托岠嵎山国家森林公园和正华石佛山两个 AAA 级旅游景区，推进旅游与文化、农业、健康产业融合发展。发挥正华石佛山景区龙头带动作用，提升景区配套设施，引导企业投资 100 万元，新建文化广场和停车场，栽植观光树木，新挖垂钓池塘，新上水上娱乐项目，举办草莓、葡萄和榛子采摘节。引导新自然农场投资100万元，发展高效玉米、元胡、旱稻等多种作物，新上孔雀、珍珠鸡养殖品种。整合全镇生态农业、休闲采摘、革命遗迹等资源，编制乡村旅游地图，沿208省道的新自然家庭农场、小管村红色教育基地、南司马庄省级传统村落、维洲地瓜种植专业合作社、蓝孔雀基地、华冠采摘园等旅游资源串珠成链，形成旅游产业集群。

【特色农业产业发展】 2015年，乳山寨镇培育特色产业。重点发展茶叶、草莓、大姜，加强土地流转，累计流转土地366.67公顷，发展竹柳育苗13.33公顷、板栗40公顷、榛子33.33公顷、玫瑰花6.67公顷、茶叶26.67公顷、苹果13.33公顷、无花果13.33公顷、桃子6.67公顷，带动镇域特色农业高效发展。配套建设水利、道路等基础设施，投资1034万元，完成农业土地综合项目600公顷，惠及10个村。投资130万元，完成小安、崔家沟土地整理项目100公顷。开展14个村土地确权摸底调查及实测工作，完成3个村集体产权制度改革，新注册成立家庭农场6个。打造“新自然草莓”“岠嵎山茶”“岠嵎香禾”等农产品品牌，加大农产品质量安全监管力度，实现质量效应与品牌效应同步提升。利用农村淘宝电商平台，推介优质农产品，扩大市场销售份额和效益。

【社会事业统筹推进】 2015年，乳山寨镇以创建全国文明城市和国家卫生城市为契机，投资700万元，开展乡村文明建设、农村环境综合整治和城乡环卫一体化工作，完成8个村环境综合整治，村级环境明显改善，乡村文明稳步提升。完成到根见地质灾害隐患点搬迁避让工程建设，目前正在进行搬迁安置。投资110万元，完成寨中、人石河道修砌工作。投资100万元，完成赤家口、果枣齐2座小二型水库除险加固工程。投资40万元，建设青威、岠嵎东山2个社区，促进社区组织、产业、服务深度融合。

2015年乳山寨镇各村基本情况

表62

村名	党支部书记	村委会主任	经济总收入(万元)	人均纯收入(元)
乳山屯	(缺)	刘新堂	300	10500
圈港	单福刚	单福刚	1143	9985
寨西	于福年	于福年	1350	10500
寨东	王同岭	王同岭	1725.9	13301
寨中	王迪新	王迪新	1260	13470
乔家庄	乔金光	乔占述	183.7	9908
崔家沟	(缺)	李延志	527	9018
芦根滩	邵永强	藏泽东	976	9400
盘古庄	徐华荣	高志庆	1510	10100
车村	郭峻山	郭峻山	1046	11000
小庵	于习武	于向武	910	10300
仇家兴	于俊复	于复广	360	8429
高家兴	刘吉东	于复岭	83	9500
李家兴	于占本	于占本	278.5	7083
石硼崔家	崔学军	崔美粉	208	9700
东驾马沟	于付友	张志台	914.4	12845
西驾马沟	董迅	董在广	780	9900
东司马庄	于龙	于忠仕	534	8265
南司马庄	于开平	于开平	1460	10000
北司马庄	于尧华	于尧华	293.2	5011
人石	高庆宝	高庆宝	3555.9	12006
到根见	高国基	高崇陵	1516.2	9900
滩甲庄	高学勤	孙付明	1049	9704
孤石河	王德生	高庆安	195.4	10469
风台顶	于开利	于开利	1009	12310
梅家	高明松	高明松	540	10000
横山后	隋培江	隋培江	1028	11512
杨家	杨奎春	杨绍梓	410	10000
贾家	王正法	王正法	1150	11100
刁家	孙中仁	孙中仁	1023.5	11000
夏家	戴本源	冷仔述	152	11581
滕河	高胜常	高胜常	408	9610
宋河	于建刚	于建刚	498	11290
小岚	于红开	于红开	150	10500
管村	于刚	于开松	461	9500
玉皇台	于开辉	于开辉	2487	9580
楼村	张书涛	张书涛	842	9554
玉皇山后	于开胜	于开胜	486	10335
沙沟	张伟	张伟	270	9000

续表 62

村 名	党支部书记	村委会主任	经济总收入（万元）	人均纯收入（元）
耳沟	刘占生	刘占生	323	10200
赤家口	于开岩	宋维洲	1051	9990
果枣夼	于京凯	于京凯	900.5	10500
宝口	刘京铁	刘京铁	950	8360
小管村	于礼年	邵明川	1155.4	9507

【农村基层组织建设】 2015年，乳山寨镇基层组织建设扎实推进。开展“三严三实”专题教育活动，组织集中学习28次，专题研讨5次，查摆班子成员不严不实问题167条，班子问题17条，立知立改。镇村干部自查自纠不作为乱作为等损害群众利益问题245条，清理整顿违规经商办企业5人。选派44名机关干部担任农村“第一书记”“驻村指导员”，建立工作日志、农村大数据库、大事记工作机制，对农村事务全程监管。推进“基层组织建设规范年”活动和“百村示范”工程，完善“四议两公开”“两委”联席会议制度，创建示范村9个。严格管控农村“三资”管理，制定《关于加强农村“三资”管理的相关规定》，规范财务托管、合同签订、资金审批流程。成立“两新”组织党组织9个，新增威海市党员科技示范基地1处。新设“两代表一委员”工作室5个，推进党代会年会制和党代表任期制。严厉查处违法违纪案件，给予党纪处分5人，开除党籍2人，净化党员队伍。

（姜大伟）

7月13日，到根见村地质灾害隐患点搬迁户安置房　（段建国摄）

乳山寨
漫
游
乳山寨
——旅游攻略地图
石佛山风景区
红色旅游区
马石里湿地保护区
清溪菩提叶休闲旅游基地
岠嵎山风景区
滨海旅游体验区
游客中心
乳山市区
乳山口镇
北
南
西
东
诸往镇
大正交界
从麻院
七瓣顶
石棚崔家
东驾马沟
南司马庄
北司马庄
东司马庄
崔家沟
齐家庄
孙家兴
小管村
芦狍滩
凤台顶
管村
小岚
宋河
刁家
大塔顶山
梅家
人石
竹岛山
西乳山
乳山寨镇旅游示意图

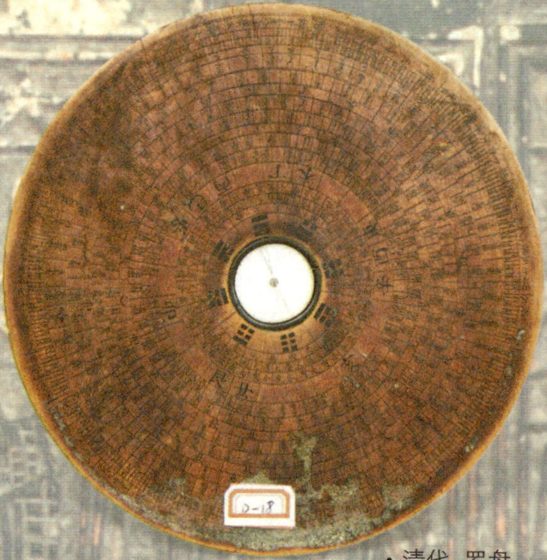

• 清代 罗盘

• 清代 罗盘

• 清代 牌模

责任编辑：吕素坡

附 录

Appendix

◎ 先进集体名录

◎ 文件题录

◎ 年度重要文件选编

◎ 媒体关注报道

◎ 乳山投资指南

◎ 部分便民服务事项

先进集体名录

2015 年获省部级表彰的先进集体

表 63

荣誉称号	获得单位	授奖部门
2015 年地质灾害防治高标准“十有县”	乳山市	国土资源部
全国文明村镇	乳山市冯家镇	中央精神文明建设指导委员会
全国特色景观旅游名镇	乳山市海阳所镇	住房和城乡建设部
国家级生态乡镇	乳山市诸往镇	环境保护部
全国巾帼建功先进集体	乳山市妇联	全国妇联
全国疾病预防控制工作先进集体	乳山市疾病预防控制中心	国家卫生和计划生育委员会
全省民族团结进步模范集体	乳山市民族宗教事务局	山东省人民政府
全国模范职工之家	中国联合通信网络有限公司乳山市分公司	中华全国总工会
全国保险系统先进集体	中华联合财产保险股份有限公司乳山支公司	人力资源和社会保障部 中国保险监督管理委员会

2015 年获地厅级表彰的先进集体

表 64

荣誉称号	获得单位	授奖部门
第二批全省四德工程建设示范县（市、区）	乳山市	中共山东省委宣传部
全省平安渔业示范县	乳山市	山东省海洋与渔业厅 山东省安全生产监督管理局
山东省旅游强乡镇	乳山市白沙滩镇	山东省旅游局
山东省文明镇	乳山市海阳所镇	山东省精神文明建设委员会
山东省宜居小镇	乳山市海阳所镇	山东省住房和城乡建设厅
山东省宜居小镇	乳山市冯家镇	山东省住房和城乡建设厅
山东省卫生镇	乳山市海阳所镇	山东省爱国卫生运动委员会
全国爱民固边先进集体	乳山市徐家镇	公安部边防管理局
山东省一村一品示范镇	乳山市育黎镇	山东省农业厅
山东省省级安全社区	乳山市诸往镇	山东省安全生产委员会
“幸福进家”活动先进集体	乳山市海阳所镇	山东省妇联
“幸福进家”活动先进集体	乳山市南黄镇	山东省妇联
“幸福进家”活动先进集体	乳山市乳山寨镇	山东省妇联
山东省第三次经济普查先进集体	乳山市城区街道办事处	山东省第三次经济普查领导小组办公室
全省海洋与渔业系统先进集体	乳山市海洋与渔业局	山东省人力资源和社会保障厅 山东省海洋与渔业厅 山东省公务员局

续表 64

荣誉称号	获得单位	授奖部门
全省档案工作科学化管理先进单位	乳山市海洋与渔业局	山东省档案局
全省安全生产工作先进单位	乳山市安全生产监督管理局	山东省安监局
2015 年度全省基层财政信息工作先进单位	乳山市财政局	山东省财政厅
山东省土地调查先进集体	乳山市国土资源局	山东省国土资源厅
全省老龄工作先进单位	乳山市老龄工作委员会办公室	山东省人力资源和社会保障厅 山东省老龄委 山东省公务员局
全省人力资源和社会保障宣传工作先进单位	乳山市人力资源和社会保障局	山东省人力资源和社会保障厅
2015 年度全省党委系统信息工作先进单位	中共乳山市委办公室	中共山东省委办公厅
全省理论教育工作先进单位	乳山市委宣传部	中共山东省委宣传部
2014 年度全省舆情信息工作先进单位	乳山市委宣传部	中共山东省委宣传部
2014 年度优秀调研部刊信息和工作联系点	乳山市委宣传部	中共山东省委宣传部
山东省档案工作科学化管理示范单位	乳山市人民法院	山东省档案局
2015 年度全省优秀（县级）公安局	乳山市公安局	山东省公安厅
2015 年度群众安全感调查排名靠前的县级公安局记二等功	乳山市公安局	山东省公安厅
全省公安机关 2013-2015 年素质强警交流合作工作先进集体	乳山市公安局	山东省公安厅
2015 年度全省档案工作科学化管理先进单位	乳山市住房保障和房产管理局	山东省档案局
2015 年度山东电视宣传先进集体一等奖	乳山市广播电视台	山东广播电视台
2015 年度山东广播宣传先进集体奖	乳山市广播电视台	山东广播电视台
山东省基层双拥创建模范单位	威海机械工程高级技工学校	山东省双拥工作领导小组
全省旅游系统先进集体	乳山市旅游局	山东省人力资源和社会保障厅 山东省旅游局 山东省公务员局
全省档案系统先进集体	乳山市档案局	山东省人力资源和社会保障厅 山东省档案局 山东省公务员局
2015 年度《机构与行政》宣传工作先进单位	乳山市编办	大众报业集团（大众日报社） 山东省机构编制委员会办公室
省级文明单位	乳山市检察院	山东省精神文明建设委员会
全省检察机关“文明接待室”	乳山市检察院	山东省检察院
“幸福进家”活动先进单位	乳山市妇联	山东省妇联
2015 年度山东省工会职工维权法律服务示范单位	国网山东乳山市供电公司	山东省总工会
山东省档案工作科学化管理先进单位	乳山市中医院	山东省档案局

续表 64

荣誉称号	获得单位	授奖部门
招生工作先进集体	山东广播电视大学乳山分校	山东省广播电视大学
全省民族团结进步创建活动示范村（社区）	乳山市城区街道腾达社区	山东省委宣传部 山东省委统战部 山东省民族事务委员会
全省公安机关网络扫毒专项行动成绩突出集体	乳山市公安局禁毒大队	山东省公安厅
全省公安机关 2014 年“网上打假”行动突出集体	乳山市公安局食品药品与环境犯罪侦查大队	山东省公安厅政治部
公安系统 2013-2014 年度山东省青年文明号	乳山市公安局交警大队车辆管理所	共青团山东省委 山东省公安厅
2015 年度全省优秀公安基层单位	乳山市公安局胜利街派出所	山东省公安厅
基层建设标兵单位并记集体三等功	乳山市公安局海阳所边防派出所	公安部边防管理局
基层建设先进单位	乳山市公安局乳山口边防派出所	山东省公安边防总队
2014 年度全省保障性安居工程建设劳动竞赛优秀单位	乳山市建筑工程管理处	山东省建设系统劳动竞赛委员会
山东省“工人先锋号”	乳山市公共交通有限公司	山东省总工会
山东省“敬老文明号”	乳山市公共交通有限公司	山东省老龄委
全省优秀派驻基层检察室	乳山市检察院派驻经济开发区检察室	山东省检察院
全省海洋与渔业文明执法窗口单位	乳山市渔政监督管理站	山东省海洋与渔业厅
全省海洋伏季休渔管理工作先进集体	乳山市渔政监督管理站	山东省海洋与渔业监督监察总队
“幸福进家”活动先进单位	乳山市夏村镇妇女联合会	山东省妇女联合会
全省工商行政管理工作先进集体	乳山市市场监督管理局企业注册局	山东省工商行政管理局
山东省工人“先锋号”	乳山市城市公交公司 103 路公交车	山东省总工会
山东省“安康杯”优胜企业	山东金洲集团千岭矿业有限公司	山东省总工会
“推行协商民主，强化社会责任”先进单位	威海佰德信新材料有限公司	山东省总工会
巾帼文明岗	乳山市人力资源和社会保障局医疗保险事业处	山东省妇女联合会 山东省社会保险事业局
全省人力资源和社会保障系统示范仲裁院	乳山市人力资源和社会保障局劳动人事争议仲裁院	山东省人力资源和社会保障厅 山东省劳动人事争议仲裁委员会
青年文明号	乳山市人力资源和社会保障局劳动人事争议仲裁院	共青团山东省委

2015 年获威海市委、市政府表彰的先进集体

表 65

荣誉称号	获得单位	授奖部门
机关作风建设年活动十佳示范单位	乳山市环境保护局	中共威海市委威海市人民政府
机关作风建设年活动十佳示范岗位	中共乳山市委群工部	中共威海市委威海市人民政府
2015 年度纳税新星企业	山东金洲矿业集团有限公司	中共威海市委威海市人民政府

文件题录

2015 年度中共乳山市委及其办公室重要文件题录

表 66

文 号	文件名称	印发时间
乳发〔2015〕1 号	中共乳山市委常委会 2015 年工作要点	1.28
乳发〔2015〕2 号	关于表彰 2014 年度履行机关岗位目标责任制先进单位和先进个人的决定	2.15
乳发〔2015〕3 号	关于表彰 2014 年度经济发展突出贡献企业的决定	2.15
乳发〔2015〕4 号	关于成立“五城联创”工作指挥部的通知	3.12
乳发〔2015〕5 号	关于在全市领导干部中开展“三严三实”专题教育的实施方案	5.20
乳发〔2015〕6 号	关于市级领导班子成员践行“三严三实”要求带头讲大局谋大事抓重点求创新促突破的实施意见	5.21
乳发〔2015〕7 号	关于 2015 年度岗位目标责任制考核的实施意见	5.25
乳发〔2015〕8 号	关于落实和完善党代表任期制充分发挥代表作用工作的实施办法	6.12
乳发〔2015〕9 号	关于加强作风建设营造良好政治生态环境的意见	6.12
乳发〔2015〕10 号	关于实施“百官共廉”工程的意见	6.25
乳发〔2015〕11 号	关于印发《乳山市党风廉政建设责任追究暂行办法》的通知	7.29
乳发〔2015〕12 号	关于进一步加强农村党风廉政建设工作的意见	7.29
乳发〔2015〕13 号	关于表彰奖励 2014-2015 学年度教育工作先进单位和先进个人的决定	9.9
乳发〔2015〕14 号	关于加快打造现代海洋产业“八大板块”的实施意见	9.22
乳发〔2015〕15 号	中国共产党乳山市第十三届委员会第六次全体会议公报	9.29
乳发〔2015〕17 号	乳山市推进《中国共产党统一战线工作条例（试行）》实施工作方案	12.4
乳发〔2015〕19 号	关于印发乳山市健康产业发展规划（2016-2020 年）的通知	12.13
乳发〔2015〕20 号	中国共产党乳山市第十三届委员会第七次全体会议公报	12.25
乳委〔2015〕45 号	关于印发省委第五巡视组专项巡视乳山市工作动员会领导讲话的通知	7.30
乳委〔2015〕49 号	关于设立中共威海马石山红色教育基地管理处党组的通知	10.8
乳委〔2015〕67 号	2015 年度落实党风廉政建设责任制工作报告	12.18
乳委〔2015〕68 号	乳山市土地确权登记颁证工作情况报告	12.22
乳办发〔2015〕1 号	关于印发《关于试行镇党代会年会制的意见》的通知	3.5
乳办发〔2015〕2 号	关于印发《乳山市 2015 年度招商引资工作目标考核意见》的通知	3.13
乳办发〔2015〕3 号	关于印发《乳山市创建全国文明城市工作的实施意见》的通知	3.18
乳办发〔2015〕4 号	关于印发《乳山市创建国家卫生城市实施方案》的通知	3.19
乳办发〔2015〕5 号	关于印发《关于进一步加强和完善信访工作联席会议制度的意见》等五项工作机制的通知	4.9
乳办发〔2015〕6 号	关于建立市级党政领导干部公开接访首接负责制的意见	4.9

续表 66

文 号	文件名称	印发时间
乳办发〔2015〕7 号	关于印发《乳山市创建国家卫生城市专项整治活动实施方案》的通知	4.10
乳办发〔2015〕8 号	关于印发乳山市 2015 年“慈心一日捐”活动实施方案的通知	4.13
乳办发〔2015〕9 号	关于印发《关于进一步加强审计整改工作的意见》的通知	4.15
乳办发〔2015〕10 号	关于印发《乳山市创建 2016-2020 年全国科普示范市实施方案》的通知	4.17
乳办发〔2015〕13 号	关于印发《市委常委会开展“三严三实”专题教育工作安排及分工方案》的通知	5.25
乳办发〔2015〕15 号	关于扎实推进农村扶贫开发工作的实施意见	6.3
乳办发〔2015〕17 号	关于转发市教育局等部门《关于推行中小学校长职级制改革的实施意见》的通知	8.20
乳办发〔2015〕18 号	关于印发实施高中整合推动教育均衡发展的意见的通知	8.20
乳办发〔2015〕22 号	关于进一步规范重要事项上报程序的通知	11.18
乳办发〔2015〕23 号	关于加强社会组织党的建设工作的实施意见	12.4
乳办发〔2015〕24 号	关于加强城乡社区党的建设工作的实施意见	12.4
乳办发〔2015〕25 号	关于加快健康产业发展的实施意见	12.13
乳办发〔2015〕26 号	关于创建全国文明城市网格化管理的实施意见	12.13
乳办发〔2015〕27 号	关于推进基础教育综合改革的实施意见	12.15
室字〔2015〕1 号	关于认真抓好全市经济工作会议确定事项落实工作的通知	2.9
室字〔2015〕2 号	关于转发市总工会《关于改善和提高我市离退休劳动模范待遇的意见》的通知	2.12
室字〔2015〕3 号	关于转发市党史市志办公室《关于做好〈乳山年鉴（2015）〉编纂出版工作的意见》的通知	2.27
室字〔2015〕5 号	关于印发《2015 年度市委常委集体学习安排意见》的通知	3.31
室字〔2015〕7 号	关于印发《威海市 2015 年目标绩效管理考核工作责任分工》的通知	5.25
室字〔2015〕8 号	关于认真落实 2015 年为全市妇女儿童办实事的通知	5.26
室字〔2015〕10 号	关于印发《乳山市委理论学习中心组“三严三实”专题学习研讨方案》的通知	6.6
室字〔2015〕14 号	关于调整乳山市地方史志编纂委员会的通知	9.9
室字〔2015〕15 号	关于转发市地方史志编纂委员会《〈乳山市志（1996—2015）〉编纂工作方案》的通知	9.9
室字〔2015〕18 号	关于做好学习贯彻党的十八届五中全会精神宣讲工作的通知	11.23
室字〔2015〕19 号	关于成立乳山市公务用车制度改革领导小组的通知	11.26

2015 年度乳山市人民政府及其办公室重要文件题录

表 67

文 号	文件名称	印发时间
乳政发〔2015〕1 号	关于印发乳山市优待老年人规定的通知	1.30
乳政发〔2015〕2 号	关于印发乳山市小型水利工程产权改革和创新运行管护机制实施方案的通知	2.12
乳政发〔2015〕3 号	关于乳山河综合治理工程项目建设有关问题的决定	3.19
乳政发〔2015〕5 号	关于贯彻落实威政发〔2015〕14 号文件进一步深化行政审批制度改革的意见	9.1

续表 67

文 号	文件名称	印发时间
乳政发〔2015〕6 号	关于加快现代流通业发展的意见	11.20
乳政发〔2015〕7 号	关于公布市政府规范性文件清理结果的决定	12.10
乳政发〔2015〕8 号	关于命名第二批乳山市有突出贡献的中青年专家的决定	12.18
乳政发〔2015〕9 号	关于实行国有资本经营预算的意见	12.28
乳政办发〔2015〕1 号	关于印发乳山市维护医疗秩序打击涉医违法犯罪行为实施方案的通知	1.23
乳政办发〔2015〕2 号	转发市信访局《关于贯彻落实 < 山东省信访事项听证办法 > 的实施意见》的通知	1.23
乳政办发〔2015〕6 号	关于印发乳山市创建国家农产品质量安全市实施方案的通知	3.30
乳政办发〔2015〕8 号	关于印发《乳山市开展三类城市语言文字工作评估实施方案》的通知	4.23
乳政办发〔2015〕9 号	关于印发乳山市企业应急互助基金管理办法的通知	4.20
乳政办发〔2015〕13 号	关于印发乳山市行政事业单位资产清查工作实施方案的通知	5.29
乳政办发〔2015〕14 号	关于转发《乳山市 2015 年地质灾害防治方案》的通知	6.30
乳政办发〔2015〕15 号	关于转发《关于加强城区便民摊点群及自产自销经营区规范管理的意见》的通知	7.19
乳政办发〔2015〕16 号	关于印发《乳山市公共资源交易管理办法（试行）》的通知	7.29
乳政办发〔2015〕18 号	关于印发乳山市 2015 年度特困高考新生救助实施方案的通知	8.11
乳政办发〔2015〕20 号	关于转发市政府新闻办公室乳山市政务微信和政务微博管理考核暂行办法的通知	8.12
乳政办发〔2015〕21 号	关于实施联系服务企业行动的通知	8.28
乳政办发〔2015〕24 号	关于印发 2015 年乳山市打击侵犯知识产权和制售假冒伪劣商品工作要点的通知	9.29
乳政办发〔2015〕25 号	转发市教育局关于 2014-2016 年乳山市特殊教育提升计划实施意见的通知	10.9
乳政办发〔2015〕26 号	转发市卫计局关于加快推进农村改厕工作的实施方案的通知	10.12
乳政办发〔2015〕27 号	关于印发乳山市棚户区改造暂行办法的通知	10.20
乳政办发〔2015〕28 号	关于印发乳山市公共租赁住房管理办法的通知	10.27
乳政办发〔2015〕29 号	关于印发《乳山市肉类蔬菜流通追溯体系建设实施方案》的通知	11.13
乳政办发〔2015〕30 号	关于加强燃气管道设施安全保护工作的通知	11.17
乳政办发〔2015〕31 号	关于印发乳山市全面开展安全生产隐患大排查快整治严执法集中行动方案的通知	11.18
乳政办发〔2015〕32 号	关于印发《乳山市人民政府信息依申请公开制度》（试行）的通知	11.25
乳政办发〔2015〕33 号	关于进一步加强政府法律顾问工作的通知	11.25
乳政办发〔2015〕35 号	关于开展第三次农业普查的通知	12.3
乳政办发〔2015〕36 号	关于进一步规范政府重大行政决策合法性审查程序的通知	12.16
乳政办发〔2015〕37 号	关于印发乳山市社会法人和自然人征信管理办法的通知	12.18
乳政办发〔2015〕38 号	关于印发乳山市社会法人失信惩戒方法的通知	12.18
乳政办发〔2015〕39 号	关于印发乳山市自然人失信惩戒办法的通知	12.18
乳政办发〔2015〕40 号	关于深入开展企业安全生产主体责任落实情况专项执法检查的通知	12.28
乳政办发〔2015〕41 号	关于转发市财政局《乳山市镇级财政监管暂行办法》的通知	12.28
乳政办发〔2015〕42 号	关于印发乳山市网格化环境监管体系建设实施方案的通知	12.31
乳政办发〔2015〕43 号	关于印发《乳山市加快再生资源回收体系建设实施意见》的通知	12.31

年度重要文件选编

关于加快打造现代海洋产业“八大板块”的实施意见

（5月3日乳办发〔2015〕15号）

海洋产业是蓝色经济的重要载体，在乳山市经济社会发展中发挥着重要的带动和辐射作用。为推动乳山市现代海洋产业转型升级、迅速崛起，按照各级部署，结合乳山市实际，制定本实施意见。

一、总体要求和发展目标

抢抓各级实施海洋强国战略、建设“海上粮仓”、大力发展现代海洋产业的重大战略机遇，把握生态可持续发展主线，把三产融合作为海洋产业发展的主要路径，以工业理念谋划产业，以规划引领功能布局，以资源吸引产业项目，以科技提升产业层次，以创新优化海域管理，统筹推进企业培育、结构调整、项目建设、平台搭建、园区聚集、产业融合，创新海水养殖方式，延伸涉海加工链条，突破海洋生物医药，融合发展文化旅游，提升高新技术和新兴产业比重，全力构建创新、高效、包容的现代海洋产业体系。到2017年底，乳山市海洋产业总产值达到290亿元，海洋产业增加值达到120亿元，其中渔业经济总产值达到100亿元、水产品总产量达到50万吨、水产品进出口总额达到6亿美元。

二、打造现代海洋产业发展主导板块

（一）特色海水养殖板块。立足乳山市海域特点、产业现状，差异发展，培育优势，推动传统养殖模式向现代养殖模式转变。一是特色化导向。坚持“突出优势、培育亮点”，变全面发展为重点突破，海上养殖主打“贝、参、藻”三大品类，巩固牡蛎养殖规模，提升品质质量，到2017年底牡蛎面积达到10万亩，打造“北方牡蛎第一县”，稳定扇贝、海参养殖规模，有序推进龙须菜、裙带菜等藻类，逐步推广圆斑星鲽养殖，建设特色海产品养殖基地。二是离岸化导向。引导岸基、滩涂、浅海养殖向近海拓展，以离岸4公里以外的海域为主阵地，合理规划、规范确权一批养殖区，发展立体生态养殖、大型抗风浪网箱养殖等新技术，打造乳山市“海上新牧场”。积极探索“养殖工船”“养殖平台”等新模式，建设国内深海、远海养殖先行区。除技术领先、成长性好的工厂化育苗企业外，原则上不再新增滩涂养殖、岸基养殖，不再新上养殖大棚或工厂化养殖场。三是规模化导向。以正洋集团等龙头企业、久大海珍品等合作社为依托，成方连片发展一批5万亩、10万亩海洋牧场“生态方”，推进海水养殖规模化发展。探索以渔业合作社形式集中确权，引导传统养殖业从分散化向组织化、规模化转变，到2017年底乳山市筏式养殖总面积达到20万亩，其中贝藻类立体健康养殖面积15万亩，底播增殖面积10万亩，新增合作社或养殖大户1000亩以上养殖区15处以上。四是标准化导向。推广贝、参、藻等海产品生产技术规程，普及海渔标准化生产技术，提升海渔养殖标准化水平。鼓励采取“龙头企业＋合作社＋养殖户”的方式，对散户养殖区开展“统一苗种、统一技术、统一管理、统一收购”的标准化生产模式。积极尝试物联网、大数据等信息化成果在海水养殖中的应用，开拓“互联网＋海水养殖”的新格局。推动现代渔业示范园区建设，开展绿色、无公害基地认定，到2017年底省级、威海市级现代渔业示范园区分别达到6处、10处以上，填补“一园多主体、全产业链、立体生态循环型”园区空白，“三品一标”产地认定面积占比达到95%以上。五是良种化导向。加强遗传技术、细胞技术和基因技术等先进技术的引进应用，研究培育海渔新品种，引进推广金牡蛎、单体三倍体牡蛎等水产良种，到2017年底培育良种繁育龙头企业、种业示范场各3家以上，建设规模化水产育苗场60个，水产养殖良种覆盖率达到90%以上。

（二）现代海洋捕捞板块。把外海和远洋捕捞作为海洋产业的重要增长点，壮大大洋性、过洋性渔业，有序开发外海渔业资源。创新支持远洋渔业发展的体制机制，通过招商引资、引导本地投资培育远洋渔业企业。引导发展“船队＋基地”的捕捞模式，鼓励企业购置大型捕捞加工船舶，完善渔港码头、加工冷藏、供应补给等配套设施，在远洋捕捞上实现新突破。到2017年，新增远洋渔业企业2家以上、远洋渔船10艘以上。丰富拓展近海捕捞业，坚持规范捕捞与资源养护相结合，科学增殖放流，恢复生物种群，走规范捕捞与资源养护相结合的发展道路。依托山东海渔水产良种引进开发中心、九州海珍品苗种场等企业，积极争取增殖品种和指标，增加圆斑星鲽等适宜放流品种，在塔岛湾、乳山湾、白沙湾等海域开展渔业资源修复工程，每年人工放流数量保持在3.5亿尾（只）以上。

（三）水产品深加工板块。做大做强水产品深加工企业，提升水产品精深加工水平，推动水产加工由来料加工向就地转化转变、由常规加工向精深加工转变、由单一加工向多业融合转变，到2017年底水产品精深加工业销售收入达到35亿元，牡蛎本土加工比重占牡蛎总量的20%以上。一是推进集群升级。以经济开发区海洋食品产业园、食品与生物科技产业园为依托，巩固滨海新区、经济开发区两大水产品加工聚集区。瞄准上市公司，着眼链条延伸，引进培育一批龙头型海产品精深加工企业、冷链配送企业和检验中试企业。对“低小散”海产品加工厂进行改造提升，组建规模较大、工艺先进、节能环保的海产品生产加工企业，不再新上规模小、层次低的海产品加工企业，到2017年底培育销售收入过亿元的企业10家以上。二是推进企业升级。以培育销售收入过百亿企业为目标，推动乳山市现有企业通过与外开展资金、技术、市场等领域合作，引进市场资本，加快技改进程，实现膨胀发展。重点实施好华信食品海产品深加工工业园、同仁食品与广西佰洋合作、天赐海洋藻类深加工等项目，特别是抓好华信食品产业园项目实施，带动企业升级为集研发、育苗、养殖、加工、检验、冷链物流、贸易于一体的“全产业链”集团，提升乳山市水产品加工企业竞争力。三是推进产品升级。引导企业配套冷链存储设施，鼓励引进冷链物流配送项目，探索应用海水流化冰等新技术，构建水产品冷链仓储体系，推进生鲜海产品产地直供，让乳山海鲜走得更远。引进纳米技术、调理技术、冻干技术等先进技术，注重产品设计，创新产品种类，重点研发海鲜饺、海鲜丸等“冷冻调理产品”，焙烤类、罐头类的小包装“海洋休闲食品”，高脱水率、高还原度的“冻干海产品”，可微波、易烹饪的“海鲜方便食品”，烹饪类、佐餐类的“海鲜调味品”，全面提升产品附加值。四是推进品牌升级。加强水产品质量监管能力建设，完善产品市场准入、产地准出、质量追溯等制度，到 2017 年底争取打造省级水产品著名商标品牌 1 个，“三品一标”水产品总数达到 45 个。与省水产学会、省海洋生物研究院等部门密切合作，研究制定乳山牡蛎发展蓝图，聘请专业机构对乳山牡蛎品牌进行包装，开展“乳山三宝”捆绑宣传、“乳山牡蛎”专题宣传，打造全国知名品牌。

（四）海洋生物科技板块。坚持培育龙头与引进企业结合，引进项目与引进团队并重，技术合作与资金合作同步，集中项目、政策和资金，建设全国性海洋生物产业新高地，到 2017 年底海洋生物技术产业实现销售收入 30 亿元。一是以海洋生物初级制品为重点，加快壮大一批。立足乳山市资源，推进企业技改，重点开发海洋多糖和蛋白（肽）类饲料添加剂、动植物专用药、农用生物肥料、海珍品及宠物饲料，重点依托温喜生物公司做好藻类特别是浒苔开发利用，生产有机生物肥、宠物饲料；依托金牌生物科技，改进藻类生产工艺，生产有机海珍品饲料添加剂、微生物制剂、水质净化剂等产品。二是以海洋保健品、功能性食品、化妆品为重点，加快升级一批。以降血糖、降血脂、增加骨密度等为方向，加快推进鱼胶原蛋白、甲壳衍生物质、藻蓝蛋白、海洋贝类提取物等产品，推出口服液、胶囊、蛋白肽粉等产品。以美容、护肤、美发等化妆品为方向，开发鱼油、鱼胶、洗面奶、护发素等产品。在加大项目引进的同时，重点推进温喜生物公司利用鱼皮生产胶原蛋白肽，利用牡蛎壳、鱼骨等加工制成的“海洋钙素”“生物活性钙”，利用浒苔提取浒苔多糖；引导正洋集团依托威海正洋海洋生物技术研究院，与外合作开发胶原蛋白肽、生物酶等生物制品；推进乳山市虾青素研发水平，争取获得资质认证，加快产品产业化进程。三是以海洋生物医药、医用材料为重点，加快突破一批。以承接产业化项目为主攻方向，对接中科院、海洋大学等科研机构，承接抗肿瘤、抗艾滋、抗心血管病、抗放射性、抗动脉硬化等海洋创新药物和现代中药等海洋医药项目，对接再生修复材料、医用制剂辅料、人眼角膜材料、药用安全辅料、消毒材料等海洋生物医用材料项目，争取在海洋药物产业化项目上实现突破。

（五）海洋装备制造板块。依托昊安金科、黄海汽配、法骏工业设备等企业，以海洋工程装备、高新技术船舶配件生产、组装为方向，研发特种船舶、海洋机械、港口传送设备、船用电机等海工装备。依托乳山市深水岸线，开展海洋工程装备项目专项招商，围绕海洋资源在勘探、开采、储存、运输和服务等环节的需求，重点引进海洋工程装备制造企业和海洋工程装备配套企业，其中海洋工程装备制造企业主要包括各类钻井平台、生产平台、海洋工程模块、海上浮式生产储油装置、海洋工程船舶等生产企业；海洋工程装备配套企业包括海洋工程定位系统与海洋平台系泊链、主动力发电与传动系统、应急发电系统、甲板机械与起重系统、通讯导航系统、电气与控制系统、安全系统、消防系统、空调系统、救生系统、水处理系统、照明系统、管道泵阀、海工电器等生产企业。到 2017 年底实现海洋装备制造业销售收入 20 亿元。以耐特新材料公司为先导，加快人造鱼礁、抗风浪网箱、养殖船等渔业生产设施制造。以游艇、快艇、垂钓平台、钓具、服装等海上游乐设施、装备等为方向，推动涉海服务产品升级。探索涉海能源开发，推进核能、海水淡化等项目引进，实现海洋能源持续利用。

（六）海洋商贸物流板块。把港口作为海洋经济的增长极，做活“以港兴业”文章，最大限度激发港口的带动作用，全面提升产业开发水平。推动乳山港升级为一类开放口岸，设立海关、商检、边检、口岸等联检机构，完善码头、仓库、堆场等基础设施，结合中韩自贸区建设，规划 1 ～ 3 条内贸集装箱航线和至日本、韩国等国际集装箱班轮航线。依托滨海新区、经济开发区，引进大型物流企业，建设临港产业聚集带，重点在临港产业园建设 2 平方公里的临港商贸物流园区，在物流园内规划 300–500 亩的冷链物流区，将临港商贸物流园建成集生产加工、仓储、中转、换装、配送于一体的现代化物流基地。推进威海久业仓储物流公司等保税仓库建设，积极对接企业来乳建设保税仓库，开展跨境电商业务，加快货物通关速度。坚持线下和线上相结合、实体和网络相结合，构建立体化销售网络，鼓励建设集海产品交易批发、电子商务、渔需物资供应于一体的海产品综合市场。运作实施好金谷之园电子商务产业园、银海物流商贸城、智创电子商务产业基地等项目，建设“互联网 + 海洋产业”基地；依托阿里巴巴“千县万村”计划大力发展淘宝村、农村电商，对接中国水产商务网、威海水产网等行业网站和阿里巴巴、京东商城等电商企业，设立电商“海洋食品专营店”，推进海产品电子交易。到2017年底培育海洋电商企业200家以上，在淘宝、京东等平台开设海洋食品专营店400家以上，交易额突破100亿元。

（七）休闲旅游养生板块。以威海获评“中国休闲渔业之都”为契机，进一步整合海上旅游资源，开发海上旅游产品，实现乳山旅游海陆并进、协同发展，到2017年底乳山市海洋旅游游客量达到1000万人次、收入达到35亿元。一是养生度假产品。加快推进大乳山滨海旅游度假区、福如东海文化园、多福山养生文化城、益天生态园景区等重点建设，完善设施配套，提升服务水平，提升旅游吸引力。以银滩、大乳山为承载区，立足优质的海洋生态资源，依托东方国际养生园、老来乐老年公寓、山水人家、平远国际城等项目，推进房产转型养老养生，完善服务设施配套，加大宣传营销力度，叫响“滨海养生天堂”品牌。同时，探索引进投资主体，推动宫家岛、小青岛、南黄岛等岛屿整体开发，打造高端休闲养生度假产品。二是海上旅游产品。将沿海各景区串珠成链，开通海上旅游线路，联接乳山港、大乳山、小青岛、塔岛湾、竹岛、南黄岛、宫家岛、福如东海等节点，发展“海上看乳山”观光产品。积极与外合作，将乳山市纳入青岛、烟台、威海、大连等海上旅游线路。以工厂化育苗和池塘养殖为吸引点，开展近岸渔业生产观光活动，以筏式养殖、底播养殖为吸引点，开展海上渔业生产观光活动，建设4处“海上田园”观光区。三是海钓产品。以小青岛、南黄岛、汇岛为起步区，开发矶钓、船钓等海钓产品，在塔岛湾打造3处规模化池塘垂钓区，在汇岛、宫家岛、小青岛打造海钓基地，重点推进正洋集团以汇岛海域为依托，成立海钓俱乐部，建设海上休闲垂钓中心，新增海岸垂钓平台，组建海上垂钓船队，打造北方一流的海钓基地。四是海上游乐产品。引进海上旅游综合体，对海上旅游进行集中开发，建设大型海上游乐场，开发丰富海岛旅游、海洋餐饮、海上会议、风情演艺、海上婚礼、拓展训练等旅游产品。五是海上运动产品。与旅游产业结合，在银滩、大乳山景区、潮汐湖等发展游艇、帆板、快艇、皮划艇、摩托艇、水上自行车、滑水、龙舟、滑翔伞、潜水等滨海旅游产品，提升乳山市滨海旅游吸引力。

（八）海洋文化体验板块。创新开发海洋文化，重点推进提升福如东海文化园“东渡文化园”、金谷之园海洋体验馆等项目，发展海洋演艺产品，打造“海洋文化体验”之旅。突出海洋科普文化，加快推进塔岛湾开发，通过建设塔岛湾海景公园、海洋博物馆，引进海洋科研机构，打造海洋科普基地和科研基地。大力弘扬海防文化，加大对沿海户所军寨、烟墩炮台、战场遗址以及红色遗迹的保护力度，打造与马石山红色文化相呼应的海防爱国主义教育基地。以“渔家乐”为依托开发海洋民俗，提升南泓南村、小青岛等现有“渔家乐”景点层次，引导白沙滩镇、海阳所镇、徐家镇、乳山口镇等镇依托自身资源，结合旧村改造，开发赶海、拉网、捕捞等体验产品，配套住宿、餐饮、休闲等设施，较好的还原、展示渔民生活习俗，到2017年底新增“渔家乐”旅游点4处以上。创新举办祭海节、牡蛎文化节、母爱文化节、东方欢乐节等文化节庆活动，打造海洋文化品牌。推进海洋旅游食品、纪念品研发，依托海产品加工、旅游纪念品开发等企业，融合剪纸、刺绣、草编、柳编、葫芦画等艺术形式，开发海洋、仁爱、养生等系列海洋商品，解决乳山市海洋旅游商品“短腿”问题。积极与影视企业合作，依托银滩、大乳山等景区和沿海景观，建设影视基地，提升文化吸引力。

三、构建现代海洋产业支撑体系

（一）完善基础载体配套。坚持公益设施建设与产业发展相结合，采用PPP等市场化运作方式，对重点海域、岸线进行控制性开发，增配公益设施，破解基础设施配套不足问题。一是加快港口建设。在积极推进乳山港一期工程的基础上，提前谋划港口二期工程，提升港口承载能力；扎实推进乳山口中心渔港建设，2015年完成基础建设，2016年投入运营，打造一处集渔船靠泊、渔需补给、休闲观光等功能于一体的海洋经济发展新平台；引进社会资本对南泓渔港改扩建，改建码头主体，加强腹地支撑，打造新的海渔生产母港和海上旅游支点；在保持现有规模的基础上，对和尚洞渔港改造提升，提高封闭性、清洁性生产能力。二是加快码头建设。依托上级项目开展市场化运作，改造提升南黄岛、小青岛、挂子场等现有码头，打造海上交通便捷通道。三是加快道路建设。推进乳山口跨海大桥项目实施，争取2015年底完成立项，2016年、2017年进入建设期；加快推进省道207年乳线黄依台村至乳山港19公里改建工程，打通市区至港口陆域通道；实施好塔岛湾环路、经济开发区、滨海新区道路建设，畅通海洋与腹地交通。

（二）加强产业平台支撑。重点建设三大支撑平台：一是园区支撑平台。抢抓中韩自贸区建设的重大战略机遇，构建总面积200多平方公里的中韩(威海)合作健康产业园，争取列入省级重点项目或特色园区，并与韩国健康产业全方位对接，着力打造中韩自贸区的先行区。升级滨海新区的食品和生物科技产业园、科技产业园，依托滨海新区创建省级蓝色特色产业园。提升经济开发区的临港产业园区、装备制造产业园区，提升园区的产业承载能力。发挥沿海生态优势，以海阳所镇为主体创建省级生态功能产业区。二是科技支撑平台。加强海洋高新技术引进力度，强化与中国海洋大学、四川大学等高等院校的产学研合作，推进威海正洋海洋生物技术研究院创建威海市级和省级科技创新平台，打造国内一流、北方最大的贝藻育苗育种实验基地。支持与科研机构共建实验室、中试基地及牡蛎全产业链技术协同创新中心。推进温喜生物公司争创省级科技创新平台和省级浒苔无害化处理基地或资源化利用基地。推进金牌生物科技工程技术研究中心创建省级工程技术研究中心。加快推进海洋孵化器平台建设，注重优秀项目、成果、团队的引进，培育为企业提供成果转化服务的中介机构，到2017年底建成威海市级海洋产业孵化器1个，在孵企业数量达到20家以上，新增涉海产学研合作项目20项以上，建设省级创新平台2个以上。三是资金支撑平台。加强与专业投资机构合作，设立海洋产业股权投资基金，到2017年底设立2支规模两亿元以上的海洋产业投资基金，引进市外股权投资基金投资乳山市涉海企业1亿元以上，培育规模以上涉海企业19家。引导企业对接山东蓝色经济区产业投资基金等产业专项基金，在产业基金融资上实现更大突破。助推正洋集团、金牌生物科技、福如东海文化园、多福山养生文化城等企业开展资本市场运作，发行中小企业私募债，吸引风险投资、私募股权投资等投资机构开展股权投资，启动上市程序，争取大乳山滨海旅游度假区早日挂牌上市，到2017年底实现2家涉海企业上市融资、2家企业“新三板”挂牌。

（三）加强海洋生态保护。坚持“保护优先、科学利用”原则，在开发中保护，在保护中开发，推进规划用海、生态用海、科学用海、依法用海，进一步改善海洋环境质量。一是注重源头预防。坚持陆海兼顾、海陆统筹，以整治陆源污染为重点，以企业排污治理、控制农业污染、防控河道污染、保护沿海湿地等为重点，强化海洋环境污染源头控制，统筹陆域污染治理和海洋生态环境保护。二是注重环境监测。加强海洋环境监测评价，对主要入海河口、排污口及乳山市海域水质环境进行全面监测，加强对赤潮（绿潮）、海冰等海洋灾害的应急监测，确保海洋生态质量稳步提升。三是注重规范用海。统筹安排乳山市重大用海项目，严格控制围填海规模，扭转分散、粗放、低效的传统用海格局，引导海洋产业聚集发展。推行海域使用权“招拍挂”，规范海域使用权转让、出租管理，变审批用海为交易用海，发挥市场在海域资源配置中的主导作用，推动海域资源保值增值、高效利用。四是注重生态修复。加强海岸带综合整治和沙滩管护，实施和尚洞至洋村口岸段整治修复、潮汐湖和乳山湾整治修复等项目，提升塔岛湾国家级海洋特别保护区、大乳山国家级海洋公园管理水平，修复和改进海洋生态环境。通过争取上级项目支持、推动社会投资等方式，建设人工鱼礁，打造“海底森林”，营造小型海洋人工生态系统。

四、保障措施

（一）突出组织保障。成立由市政府市长任组长，市海渔、发改、宣传、财政、规划、旅游、商务、文化、交通、环保、科技等部门负责人为成员的领导小组，研究制定推进乳山市海洋产业发展的重大政策、决策和措施，统筹协调与海洋产业相关的事项，落实海洋产业发展责任，加强对现代海洋产业发展的考核，凝聚乳山市上下发展海洋产业的工作合力。

（二）突出规划保障。坚持“规划先行、海陆统筹、协调发展”原则，加快涉海产业及支撑体系的规划工作，重点开展乳山市海域使用情况普查，健全海域电子档案和基础信息数据库，完成《乳山市海域使用规划》（2013—2020年），提升岸、滩、岛、海等专项规划。围绕八大板块分别编制产业发展规划，围绕重点工作分别编制海洋生态功能区发展规划、海上旅游和休闲渔业发展规划、“海洋牧场”发展规划、海岛利用和保护总体规划、大乳山滨海旅游度假区总体规划等专项规划，为海洋产业发展提供科学指导。

（三）突出政策保障。设立海洋产业发展财政专项资金，调整鼓励经济发展意见、招商引资、科技基金使用等政策，加大对海洋产业项目引进、公共服务平台、科技研发、成果产业化、园区建设等方面的支持力度，调度乳山市上下发展海洋产业、投资海洋产业的积极性。制订海洋产业招商目录，完善招商宣传片等推介资料，加大考核力度，提升赋分比重，以项目引进推动产业提质扩规。

（四）突出人才保障。聘请国内外著名专家、企业家和政府管理人员，建立海洋产业专家顾问团，为产业发展提供决策咨询。实施“海洋产业人才培养计划”，鼓励山东外事翻译学院开设海洋产业专业学科。支持相关企业引进高层次人才、特种专业人才，对有突出贡献的专家和人员进行奖励。健全市、镇、村三级联动的渔技推广服务网络，到2017年底在6个沿海镇各设专职渔技推广人员1-2人，在渔业生产集中片区设置20个村级服务站。

关于印发乳山市健康产业发展规划（2016-2020年）的通知

（12月13日乳发〔2015〕19号）

健康产业关乎民生幸福与社会和谐，应用前景广阔、市场潜力巨大。培育壮大乳山市健康产业，对于优化产业结构，培育新的经济增长点，推动经济社会持续健康发展具有重要意义。本规划是指导乳山健康产业发展的纲领性文件，规划期为2016年-2020年。

第一章 发展基础

一、发展背景

随着社会发展和人们生活水平的普遍提高，以及人类生活方式的改变，健康产品的总需求急剧增加，以生命科学、生物技术、信息技术为先导，涵盖医疗服务、营养保健、健身养生等健康服务功能的健康产业成为21世纪引导全球经济发展和社会进步的重要产业。在发达国家，健康产业已经成为带动整个国民经济增长的强大动力，美国医疗服务、医药生产、健康管理等健康产业增加值占GDP比重超过15%，加拿大、日本等国健康产业增加值占GDP比重也超过 10%。

从世界健康产业发展历程看，当一个国家人均 GDP 达到 1500—3000 美元时，健康产业就会崛起；当人均 GDP 达到 5000 美元时，健康产业将会得到迅速发展。2014 年，我国人均 GDP 达到 7485 美元，已进入健康产业的快速发展期。国内部分城市已率先培育发展健康产业，广州国际健康产业城、武汉中国健康谷、成都国际医学城、大连国际生命健康城、南京生命科技城等正推进建设。青岛市、成都市、宁波市、深圳市均编制健康产业专项规划，以生命信息、高端医疗、健康管理、照护康复、养生保健、健身休闲等为重点推动健康产业发展。

二、基础条件

（一）生态环境优势。乳山属暖温带海洋性气候，依山傍海，资源丰富，环境优美，境内没有大型高耗能、高污染、高排放工业企业，空气质量常年优于国家二级标准，是著名的养生福地、长寿之乡和国家环境保护模范城市、中国优秀旅游城市、国家生态市、国家园林城市，是最适合人类居住的城市之一。

（二）养老养生优势。乳山积极推进健康养生养老产业发展，目前已经形成居家养老、社区养老、专业机构养老和医养结合养老、异地互动养老等健康养生养老模式，目前乳山市专业养生养老机构总床位 3000 多张，共有养老机构 22 处，总床位 4643 余张，共入住五保供养对象 1063 人，集中供养率达到 40%。

（三）医疗服务优势。至 2014 年末，乳山市有各级各类医疗卫生机构 362 所，总床位数 1762 张，执业（助理）医师 1036 人，注册护士 1044 人；平均每千人口拥有床位 3.1 张，每千人口执业（助理）医师 1.8 人，每千人口注册护士数 1.8 人。初步形成以市、中两院为龙头、基层医疗机构为补充、村卫生室为网底，覆盖城乡、功能健全、中西医并重的医疗卫生服务体系。

（四）全民健身优势。深入开展健康乳山和全民健康生活方式行动，加快全民健身设施改造建设，在农村、社区建立体育健身场所 537 处，每个村、社区拥有 3 个以上健身组织；加大体育骨干培训力度，拥有国家级社会体育指导员 12 人，国家三级以上 2068 人，占常住人口比例为 3.56%。

（五）健康制造优势。近年来，乳山市健康产业与加工制造业紧密融合，引进汉泰大麻、威海帕斯砜新材料、威海康辉生物科技公司、温喜生物科技公司等高端健康产品制造项目，形成中鲁果汁、金果花生、华隆食品、正洋食品等一批健康营养食品饮品制造企业，产业链条不断加长，产业规模不断扩大，健康产品制造产业发展局面逐渐打开。

（六）区位合作优势。乳山处于青岛、烟台、威海三市中心，是距日韩最近的地区之一，既具备对接日韩合作的便利，也具有连接内地、承接辐射的优势，可有效吸引人流、物流、资金流。随着“中韩自贸区地方经济合作开放试验区”发展，更有利于与韩国、半岛城市群及更深腹地的产业融合和经济对接。

三、发展机遇

（一）科学技术进步催生健康产业新业态。信息技术推动健康产业从劳动密集型向资本技术密集型转变，并自发达国家向全球扩散和转移。生命科学研究、生物技术发展不断取得重大突破，全基因组检测与基因治疗、干细胞治疗、3D 细胞打印技术等有望率先实现产业化。云计算、超级计算、大数据等信息技术与生物技术相互渗透融合，催生基因检测、远程医疗、个体化治疗等健康服务新业态。

（二）政策利好带来健康产业发展新契机。我国正在实施健康中国 2020 战略规划，健康消费将成为未来家庭消费的重要增长点。据统计，2015 年我国健康产业的市场规模达 4 万亿元，至 2020 年，将超过 10 万亿元，市场潜力巨大。党的十八届三中全会提出巩固市场在资源配置中的决定作用，解放和增强社会活力，破除各方面体制机制弊端，这为健康产业发展带来新契机。国务院促进健康服务业发展的若干意见明确加速健康产业发展的具体措施，健康产业迎来黄金发展期。

（三）调整突破乳山产业结构面临新机遇。2014 年乳山市人均 GDP 达到 78472 元，正处于产业转型、消费升级加速的重要阶段，健康产业的特征契合乳山市产业结构调整和突破发展需求，产业潜能释放适逢其时。随着国家“一带一路”战略实施、中韩自贸区建设，乳山市作为中韩合作健康产业示范区，将进一步加强与韩国的经贸合作与交流，此举也将为乳山市健康产业发展提供新机遇，健康产业也将迎来加速发展期。

第二章　总体思路

一、指导思想

以十八届三中、四中、五中全会精神为指导，以增进福祉、促进健康为出发点和落脚点，坚持产业化、链条化、融合化的发展理念，充分发挥市场在资源配置中的决定性作用，鼓励和引导社会资本参与投资健康产业，合理规划健康产业布局，做大做强健康产业链条，切实把健康产业作为推动产业结构突破的重要方向、引领区域经济建设的重要产业来培育，加快构建高端化、品质化、全产业的健康产业体系。

二、基本原则

政府引导、市场运作。有效发挥政府规划引导、政策激励和组织协调作用，完善体制机制。发挥市场在资源配置中的决定性作用，激发社会活力，鼓励社会资本，不断增加健康服务供给。

优化布局、协同发展。整合空间资源，引导企业聚集，优化产业布局。强化产业分工，推动企业协作，形成协同发展、创新高效、竞争力强的产业集群。

创新引领、突出特色。完善体制机制，推动政产学研资合作，提升自主创新能力。实施差异化发展战略，做大做强优势行业，做优做精细分领域，促进产业快速发展。

开放合作、广聚资源。优化合

作环境，积极吸引国际领先技术、专业人才等高端要素集聚，引进国际新型健康服务业态，构建开放共赢的产业生态。

三、发展目标

到2020年，乳山市健康产业年均增长速度高于GDP年均增长速度1–2个百分点，成为乳山市国民经济发展的支柱产业。健康产业实现重点发展领域明显突破，优势特色领域不断拓宽，产业规模显著扩大，研发创新能力明显增强，逐步培育形成完整的产业链条，构建起“大健康、全链条”的产业体系，打造中韩健康产业示范区以及国内知名的健康养生养老福地、健康休闲旅游胜地、健康产品制造基地、健康管理服务高地。

第三章 空间布局

按照城市发展规划和产业空间布局的要求，形成“一区、两翼、T型延展”的空间格局结构。实现核心区统领、产业带集聚、功能区支撑，形成辐射延伸式的健康产业空间布局体系。

一、一区

依托海湾新城、新兴产业园打造健康产业新区，形成乳山健康产业核心区。海湾新城主要以养生地产、健康教育、养老服务等健康服务业为主，打造健康、绿色、生态示范城；新兴产业园主要以健康家居、健康服装、养老辅助用品等健康制造业为主，重点引进智能健康服务产品、体育健身器材、养老养生礼品、医疗理疗器械、健康器具用品、美容用品等新型健康制造业，形成产业集聚效应。

二、两翼

以健康产业核心区为中心，向西沿乳山口湾形成拥湾发展翼。其中，以塔岛湾为主体，重点发展海洋文化民俗旅游、渔文化节和美食节等节庆旅游，以及海洋文化体验项目；以大乳山滨海旅游度假区为主体，重点发展观光旅游、休闲度假、文化娱乐、养生康体、旅游房产，同时在景区内开发设计精品体育休闲产品；依托经济开发区众多海洋食品与生物科技企业，加强与外合作，集中引进一批具有专利技术、品牌优势和产业带动能力强的高端产业来乳山投资，提升乳山市海洋生物医药科技产业的竞争力。向东沿岸线形成沿海发展翼。以银滩旅游度假区临海区域、多福山、福如东海为主体，依托闲置房产资源和得天独厚的气候环境，大力发展养生养老健康产业，发展海上体育运动和海上休闲活动；以中韩食品与生物科技产业园为主体，依托农海产品资源丰富的优势，发展海洋生物、保健饮品、保健食品等产业。

三、T型延展

以北部山区绿色生态健康产业聚集带为东西轴，以城港健康制造与服务业聚集带为南北轴，形成T型延展的产业发展格局。以岠嵎山、石佛山景区、小汤温泉、圣水宫等优势资源为开发重点，依托北部山区苹果、樱桃、蓝莓、葡萄、花生等丰富的农产品资源，建设融生态观光、文化体验、休闲采摘、休闲度假、温泉疗养、道教养生为一体的绿色生态健康产业聚集带。以市区为主体建设包括医疗服务、疗养康复、健康管理、医学教育等在内的医疗服务集聚区。

第四章 重点发展领域

重点发展健康制造业，积极发展健康服务业，加快培育行业领先企业，完善产业链条，打造高端化、品质化、全产业链的健康产业群。

一、健康制造业

依托乳山市在健康营养食品、生物医药、健康产品等行业的产业基础，加强与外合作，积极引入社会资本，做大做强健康制造产业链条。

（一）健康营养食品

提供优质农海产品。发展以苹果、花生、茶叶、大姜、牡蛎等为主的健康生态农业，发展贝、参、藻类等具有药用价值、保健功能的海产品养殖，发展以高丽参、西洋参、黄芪、金银花等为主的特色中药材种植，促进优势产品规模化、产业化发展。以创建全国农产品质量安全示范市为契机，鼓励农海产品、中草药等特色产品申报国家地理标识保护产品，引导社会力量参与可追溯条码生产基地建设，实现对大宗农产品质量安全可追溯管理。

开发保健功能食品。通过与外合作、招商引资等方式，引进纳米技术、调理技术、冻干技术，引导企业开发冷冻调理产品、小包装休闲食品、冻干食品和方便食品，推动产品升级。加快培育养殖、精深加工、海洋生物活性物质提取等产业链条，利用浒苔提取浒苔多糖，利用鱼皮生产胶原蛋白，利用鱼骨等加工海洋钙素等产品。以海洋生物为基础，重点开发海洋功能性食品、鲜食食品、新型保健食品。推进虾青素、花生肽、蓝莓花青素等其他保健产品的开发和产业化。

发展新型保健饮品。加强蓝莓、葡萄、大姜、苹果、金银花等保健饮品开发力度，引导企业重点突破大姜深度开发，开发以“姜精素”提取为核心的姜茶、姜制保健饮品等产品；引导社会力量，通过自主建设、与外合作方式发展蓝莓酒、蓝莓果酱等深加工产品，突破蓝莓花青素提取技术，开发蓝莓保健产品；引导企业加大对葡萄酒营养成分、保健功能的基础分析研究及推广力度，发展葡萄酒产业；立足地瓜、黄瓜等果蔬汁生产，与茶叶、金银花等食疗保健领域结合，开发果蔬汁饮品、果味茶、保健茶等产品。

（二）健康生物医药

发展健康生物医药。全面加强与高校合作，积极引入社会资本，加快生物医药创新平台建设，开发医疗产品和技术。以贝藻类为研发方向，开发提取EPA、DHA等不饱和脂肪酸等成分，生产治疗心血管系统疾病等药物；开发提取海洋萜类和硫酸多糖类化合物，生产抗艾滋等增强免疫系统药物。以甲壳类为研发方向，开发提取壳聚糖类衍生物，生产药物活性材料、药物分离材料、药物分散剂等药物辅助产品，以及壳聚糖纱布、人造骨、人造皮肤、心脏支架等医用材料。

开发特色中药产品。引导社会

力量，建设中医药创新研发平台，加大对以高丽参、金银花等为代表的传统中草药药用和营养成分、防病、治病、保健功效的基础分析和研究，通过与外合作、招商引资等方式，以精深加工为主攻方向，引进中药切片、中药饮片、中药制剂等项目，开发丹参酮等保健品，积极推进传统中药产品的二次开发，发展心脑血管治疗和清热解毒等现代中药。

推动健康医药流通。积极引入社会资本，推进医药公司改制，鼓励医药零售业规模化、集约化、连锁化经营，扩大和完善医保定点药店布局，支持医药流通企业向居民社区、乡镇布局和延伸，构建立体化的区域医药供应体系，杜绝假冒伪劣医药产品。加快发展医药流通、医药零售和医药工业及第三方医药等领域电子商务产业，推动医药电子商务、现代物流和互联网金融有机结合，不断创新药品流通商业模式和业态，推动健康医药产业发展。

（三）健康产品制造

开发健康家居用品。以“健康、绿色、低碳、环保”为发展理念，围绕防辐射、无甲醛、抗静电、隔热、防火等功能，重点开发特种新型功能家居材料和智能健康家居产品；引导企业开发生产绿色环保地板、环保板材、环保家具等产品，发展智能照明、智能安防、智能娱乐等产品，引进健康厨具、低辐射电器、节能卫具等健康家居制造项目。

发展健康功能服装。加强先进服装制造技术和专业设计团队引进，充分借助大数据，建立服装产业云平台，开发瑜伽、太极、跆拳道等运动健身功能性服装，积极承接国内外订单，带动服装企业转型发展。鼓励现有企业拓展延伸产业链条，加强与外合作，开发户外运动配套产品，如运动鞋帽、登山用具、帐篷和各种包袋等。

发展医疗理疗器械。通过招商引资、自主创新、人才引进、技术引进等方式，重点发展和引进医疗理疗器械、高端新型医用耗材以及养生保健器械产品等项目。加强养老产业新技术、新产品的研发应用，加快研发引进适合老年人的助行器具、视听辅助、起居辅助、营养保健、服装饰品、康复护理器械等用品的生产制造项目。

开发健身功能器材。鼓励发展和引进室内外体育健身器材以及体能训练器材项目，把握老年人的健身需求特点，开发生产适于老年人健身特点的老年健身器材。引导企业增加科技投入，鼓励研究开发科技含量高、具有自主知识产权的运动器材装备，重点支持可穿戴运动装备和智能运动设备的发展。

二、健康服务业

依托乳山市良好的基础条件，鼓励和引导社会资本投资健康服务领域，引进国内外优质健康服务资源，打造健康服务产业链条，重点发展养生养老、健康休闲、健康管理等健康服务业。

（一）健康养生养老

鼓励社会资本投资健康与养老服务领域，运用托管经营、分权度假、医护养三位一体等方式，积极引进专业养生养老机构，建设高端健康服务、康复疗养、休闲度假、绿色人居于一体的亲情式、精品式健康养生养老项目，对老年人提供个性化的健康指导和生命管理，提供独具特色的养老服务。

推动医养结合发展，引导医疗机构通过与外合作、转型增设等方式，举办康复、护理养老服务机构，实现医养融合发展；鼓励社会资本投资开发以老年公寓、涉老康复护理、疗养医院、临终关怀等为主要内容的养老服务综合体，提供集养老与医疗保健为一体的护理养老服务，实现医养一体。

依托乳山市康复疗养资源、医疗服务资源、旅游服务资源、健康管理资源，鼓励发展和引进融合居养、食养、药养、体养、水养、文养等元素的健康养生产业项目，打造以休闲度假养生为核心，以养生食品和养生用品生产、养生地产开发、养生旅游服务等为支撑的养生系列产品体系；引进高端医疗机构、专业体检机构、康复疗养院等，发展特色疗养服务，建设休闲疗养基地，打造乳山休闲养生品牌。

（二）健康休闲旅游

发展健康休闲旅游产业，把健康理念和文化内涵融入景区开发建设，增加健康养生元素，积极引入社会资本，规划推出健康养生旅游精品路线，打造滨海度假、医疗养生、温泉体验、美食休闲等健康休闲旅游产品，大力开发以康体、休闲为目的的保健性旅游项目，提高景区吸引力。

把握休闲体育消费需求日益旺盛的机遇，依托山海资源，引导社会力量，发展多层次的休闲健身产品，着力拓展滨海体育休闲健身产业。重点发展以室内瑜伽术、专业SPA、形体训练为代表的室内休闲健身，以垂钓、跑步、登山、骑行、游泳等为代表的户外休闲健身。

通过社会化运作，积极举办各类群众性体育健身比赛活动，适度承接举办国内外体育健身赛事，发展赛事经济，提升城市形象，扩大体育健身消费规模。依托“中国大乳山绿色休闲健身交流大会”及“绿色休闲健身论坛”两个全国性交流平台，在全国范围内推介乳山休闲健身特色，打造全国绿色休闲健身特色品牌。

（三）健康保健管理

鼓励和支持社会资本开办各类医疗机构，非公立医疗机构和公立医疗机构在市场准入、专科建设、等级评审等方面享受同等对待的政策。推进“智慧医疗”建设，依托大数据、云计算、物联网等先进技术，鼓励社会资本开发健康、养老手机APP，发展穿戴式、植入式智能移动终端设备等产品，实现健康数据采集设备与物联网的融合。

鼓励和支持社会资本发展健康体检、专业护理、康复、心理健康、母婴照料以及环境消毒与病媒控制等专业健康服务机构。加强心理健康管理，重点关注老年人心理健康，引导社会力量，发展各类心理咨询机构和心理治疗诊所以及精神康复机构等心理健康服务机构。鼓励商业保险机构开发多元化健康保险产品，为参保人提供健康风险评估、健康风险干预。

发扬传统医学在中医保健、美容养生、调理康复、养生指导等方面的优势和临床技巧，重点加强“国医堂”建设，进一步提升中医药服务能力。鼓励社会资本利用乳山市丰富的中药资源、自然资源及温泉资源，建立基于中医理论指导的健康检测评估机构，提供优质、个性化的预防、保健、养生、康复、医疗等健康服务，打造融合现代健康管理理念和中医药特色的健康管理业。

发展特色医学美容。把握中韩自贸区建设机遇，鼓励和引导民营机构加强与韩国美容医院、医疗机构的紧密联系，按照医学美容服务的体检、手术、护理等细分环节，打造与韩国美容外科手术相对应的术后康复、中医护肤、食疗护肤等健康管理套餐，打响“美在韩国、养在乳山”品牌。

第五章　保障措施

一、抓好园区载体建设。按照“一园多区”的发展思路，抓好乳山市健康产业园区的规划编制，突出健康产业主题，规划建设一批产业特色园区和产品生产基地，统筹做好用地用海保障，加强园区基础设施配套，不断优化招商引资环境，增强健康产业持续发展的动力。各招商部门和镇区要把健康产业作为重要的招商方向，认真研究、谋划和引进一批高质量的健康制造业和服务业项目，把好项目入园关，通过政策引导，不断提高园区产业聚集程度和辐射带动作用。

二、搭建健康产业平台。组建健康产品研究协会，整合食品加工、海洋生物等领域创新资源，研究开发健康专用食品、养老辅助产品、健康环境产品等产品，引导现有企业向健康产品制造转型。组建养生养老研究会，研究和宣传养生知识，丰富养生养老文化内涵。聘请专业机构开展养生养老社区会诊，指导养生养老产业发展。加强与高校院所技术合作，搭建健康产品研发技术转化平台，促进健康产品的开发生产。搭建健康信息产业孵化器，利用城市大数据开发开放，培育智慧医疗、智慧养老、智慧信息等信息孵化产业。搭建健康产业创业平台，吸引健康营养保健、生物制药、产品制造领域高层次人才或团队，带技术和项目来乳创新创业。

三、加大政策扶持力度。加强城市总体规划与土地利用总体规划的有效衔接，统筹保障医疗、保健、康复等健康发展用地需求。设立健康产业引导基金，吸引社会资本、投融资机构共同发起组建健康产业投资基金，加大对健康制造、健康经营、健康服务等领域项目的投资支持。引导金融机构按照风险可控、商业可持续原则加大对健康服务业的支持力度，围绕健康服务业的特点，有针对性创新金融产品和服务。支持驻乳职业院校增设健康服务相关专业，鼓励社会资本举办职业技能培训学校，规范并加快培养母婴照料、养老护理、健身指导等从业人员。

四、完善服务体系建设。制定具体的健康产业实施意见和推进方案，建立各部门负责人联席会制度，分解落实各项任务，协同推进，分工实施。以创建国家卫生城市、国家健康城市、国家食品安全城市、国家农产品质量安全城市为契机，切实加强健康产业发展的舆论引导，充分利用广播电视、报纸杂志及互联网等各类媒体深入广泛宣传“大健康”理念，引导居民形成正确的健康消费观念、健康生活方式，营造良好的健康消费环境。

关于加快现代流通业发展的意见

（11月20日乳政发〔2015〕6号）

流通业作为基础性和先导性产业，在促进消费、增加就业、服务民生等方面发挥重要作用。为适应新形势下经济社会发展需要，加快乳山现代流通业发展，根据《山东省关于加快现代流通业发展的意见》（鲁政发〔2014〕3号）和《威海市人民政府关于加快现代流通业发展的意见》（威政发〔2014〕24号），结合乳山市实际，现提出以下意见：

一、主要目标

到2017年，乳山市社会消费品零售总额突破250亿元，年均增长13%以上；流通业增加值年均增长18%以上，占第三产业比重达到30%以上；乳山市连锁化率达到25%以上；商品统一配送率达到75%。到2020年，流通规模进一步扩大，产业贡献率、集中度不断提高，行业竞争力明显增强，现代化水平显著提升，统一开放、区域协调、竞争有序、安全高效、城乡一体的现代流通体系基本建立。

二、构建现代流通体系

（一）健全城乡流通服务网络。完善城乡社区商业设施，合理布局社区便民店、早餐店、菜市场、家政服务点等日常生活必需的商业网点，优化资源，完善功能，打造“一刻钟”便民生活服务圈。鼓励大型流通企业下农村、进社区，运用连锁经营方式，开设连锁超市、专卖店、便民肉菜店，提高网点市场覆盖面，为居民生活提供便利。加快配送中心和镇级商贸中心建设，构建以城带乡、城乡互动、区域连锁、双向流通的现代流通网络。

（二）畅通农产品流通渠道。支持大型流通企业、农业产业化龙头企业、农民专业合作社等建设改造农产品冷链物流设施，提高农产品收储、加工、分拣、集配能力，引导农产品基地化生产、冷链化存储、连锁化分销。引导菜市场、农贸市场实施标准化改造，鼓励批发市场完善统一结算、信息发布、质量检测追溯等综合功能，完善终端网络，改善交易环境。大力推广农超对接、农批对接、农校对接、农企对接以及农产品展销中心、直销店等产销衔接方式，扩大农产品直采直销规模。

（三）创新流通经营模式。加快连锁经营发展，引导连锁经营由传统商业、餐饮住宿业向新兴的家庭服务、电子商务等行业拓展延伸，提高连锁经营社会化、规模化、标准化程度。鼓励创建连锁经营知名品牌，开发自有品牌商品。支持本地优势企业依托实体经营，开办网购、邮购、电视购物等新型营销方式，实现多业态融合发展。

（四）发展现代商贸物流。鼓励大型流通企业和商品市场强化配送中心、分拨中心建设，提高物流作业的机械化、自动化和信息化水平。强化城际配送、城市配送、农村配送的有效衔接，扩大货物装卸场站建设规模，提升标准化作业能力。鼓励现有的运输、仓储企业采用多式联运、集装箱运输等先进运输方式，加快向第三方现代物流企业转型。推动物流企业资源整合，探索搭建“商流、物流、资金流、信息流”四流合一的物流交易电商平台。

三、完善生活服务网络

（一）促进餐饮业发展。鼓励餐饮示范企业增设便民服务网点，完善便民餐饮网络。推动餐饮业标准化、品牌化发展，鼓励老字号、名小吃、大众餐饮企业实施连锁化经营。引导高端餐饮企业转型，满足特色餐饮消费需求。引进国内外知名餐饮品牌，优化餐饮业结构，提升餐饮业档次。

（二）规范发展住宿业。以市场需求为导向，积极发展经济型酒店、民俗风情酒店、“农家乐”、家庭旅馆等大众化住宿业态。推动住宿业连锁化、品牌化发展，倡导节能环保、绿色健康理念，大力实施住宿业标准化改造，促进住宿业转型升级。

（三）提升家庭服务业水平。依托威海市12349、12343等家庭服务网络平台，探索适合乳山市发展特点的家庭服务业网络平台，提高服务效率。积极培育家庭服务业龙头企业，拓展服务领域，延伸产业链条，促进连锁化、规模化发展，加快形成一批社会知名度高、市场竞争力强的家庭服务业品牌。强化就业服务和职业技能培训，提高家庭服务从业人员和经营管理者素质。

四、推进电子商务发展

（一）夯实本地电子商务平台。加快培育金谷之园电商产业园等具有地域特色的本地综合性第三方电子商务平台，扩大网络销售和服务种类，推介销售海参、牡蛎、肉鸡、茶叶、苹果、花生、板栗、大姜、葡萄、草莓等特色农产品及喜饼、柳编、镂绣等民俗旅游产品。

（二）加快电子商务集聚区建设。采取“政府引导、市场化运作”方式，培育发展电子商务产业聚集区，合理布局园区智能体验区、商务办公区、物流区、仓储区及其他配套服务区。鼓励有条件的传统产业园区和专业批发市场整合仓储、配送、采购、融资等功能，形成产业特色鲜明、服务体系完备的多业态现代电子商务集聚区。

（三）大力推动工业制造业企业应用电子商务。在绿色食品、装备制造、新材料、新能源、生物科技和健康养生等领域普及发展电子商务，鼓励企业成立专门的电子商务运营部门或将其从传统企业中剥离，成立独立法人企业，实行“主辅分离”。推动罐头、饮料、花生制品、调理食品、海鲜即食品、箱包、服装、宠物用品、工艺品等日用消费品生产企业集中进驻电子商务园区。

（四）建设“乳山特色产品体验区”。在电子商务产业园区内规划建设“乳山特色产品体验区”，按行业分类布局展示乳山市名优工业品和特色农副产品。利用声、光、电等现代技术和智能交互手段以及动漫、微电影等多种现代题材，打造集自然、人文、科普和典型胶东厨艺展示于一体的旅游、文化“特色产品体验馆”。

（五）探索发展跨境电子商务。积极引进海贸云商、苏宁云商等知名跨境平台电商，支持福如东海产业园、乳山港、智创科技等开展跨境电商业务。鼓励企业利用阿里巴巴国际站、速卖通、跨境云等第三方电子商务服务平台拓展海外市场，加快乳山产品境外销售的市场拓展，提升产品知名度和影响力。

五、保障民生消费安全

（一）整顿规范市场秩序。加大对侵犯知识产权和制售假冒伪劣商品打击力度。加强商务综合执法队伍建设，健全执法机构，充实执法力量，提高商务综合执法能力。依托威海市级肉类蔬菜流通追溯管理平台，建立以关键节点为终端的肉菜流通追溯体系，确保来源可追溯、去向可查证、责任可追究。加强市场监管公共服务体系建设，畅通流通领域举报投诉受理、便民服务指导、政策业务咨询等渠道。

（二）推进商务诚信建设。深入开展诚信兴商宣传月、诚信经营承诺、诚信经营单位示范创建等活动，增强市场经营者诚实守信意识，营造和谐、放心、文明的消费环境。推动在批发零售、住宿餐饮、商场超市等商贸流通领域，开展商务信用评估、信用认证和等级评价，使企业有效识别和防范信用交易风险。

（三）保障消费品市场供应。加强城乡市场信息服务体系建设，落实重要消费品日常监测，建立准确监测、科学预测、快速反应的监测预警机制。优化政府储备品种结构及区域布局，提高重要生活必需品市场供应能力，健全市场应急保障供应体系。

六、强化政策扶持引导

（一）加强规划引领。将城市商业网点规划纳入城市总体规划和土地利用总体规划，乡镇商业网点建设纳入小城镇总体规划和土地利用总体规划。完善社区商业网点配置，新建社区商业和综合服务设施面积占社区总建筑面积的比例不低于10%。严格社区商业网点用途监管，不得改变原商业网点的用途和性质，拆迁改建时应保证其基本服务功能不缺失。

（二）完善用地保障。按照土地利用总体规划和流通业建设项目用地标准，在土地利用年度计划和土地供应计划中统筹安排流通业各类用地。鼓励利用旧厂房、闲置仓库等建设符合规划的流通设施，涉及原划拨土地使用权转让或租赁的，经批准可采取协议方式供应。对农产品批发市场和农产品仓储设施建设用地参照工业用地或仓储用地对待。

（三）落实税收政策。制定具体配套措施，细化落实连锁企业总分支机构汇总纳税政策和具体配套措施。全面落实免征蔬菜、部分鲜活肉蛋产品、部分农业生产资料流通环节增值税等优惠政策。对市重点扶持的电子商务、第三方物流企业纳税有困难的，经审批可以定期减免房产税、城镇土地使用税。流通企业开发电子商务平台、信息系统等新技术、新工艺所发生的研发费用，符合条件的可按国家规定享受相关优惠。

（四）加大财政扶持。财政资金应重点支持公益性流通设施、农产品和农村市场体系、流通信息化建设，支持家庭服务和餐饮、再生资源等生活服务业、中小流通企业发展，支持发展绿色流通、扩大消费等。财政部门要支持流通企业运用先进节能技术，对企业新建商业设施同步配建蓄冷蓄热设备且符合相关条件的，给予政策支持。

（五）强化融资支持。大力发展融资租赁、商圈担保融资、供应链融资、物流融资、网络融资、商业保理等业务。发挥典当行对中小微企业融资的补充作用。鼓励银行和零售企业采用商业承兑汇票结算，引导流通企业使用电子商业汇票，解决供应商资金周转问题。鼓励金融机构开发新的消费信贷产品，开辟新的消费信贷领域，改进消费信贷业务管理，培育新的消费信贷增长点。

（六）降低流通费用。落实商贸流通业峰谷分时用电政策。规范乳山市道路运输行业收费项目和收费标准，全面落实鲜活农产品运输“绿色通道”政策，选择部分大型农产品批发市场、生鲜加工配送中心、冷链物流配送中心，探索建立鲜活农产品运输车辆公路不停车收费系统。切实规范农产品市场收费、零售商供应商交易收费等流通领域收费行为。

（七）提升服务效能。行政执法部门原则上只在配送中心进行质量、卫生等方面检查，避免重复多头检查。有效整合和优化配置各类服务资源，搭建中小商贸流通企业公共服务平台。鼓励和支持流通企业自发成立相应的行业协会，加强行业自律，反映行业诉求，推动行业发展。

七、健全组织保障体系

（一）完善工作机制。建立由市政府分管领导牵头，市发改、经信、农业、财政、国土、规划、人社、商务、国税、地税、市场监管、统计、科技、市联社、金融办等有关部门共同参与的现代流通业发展推进机制，共同研究制定促进现代流通业发展规划和政策措施，协调解决发展中的全局性、战略性重大问题，形成工作合力。商务部门负责日常组织协调工作。

（二）强化人才支撑。加强流通领域高素质人才队伍建设，引导高等院校、职业学校增设流通专业课程，拓宽人才教育和培训渠道。鼓励校企合作，培养更多精通流通业务、信息技术应用、供应链管理的复合型流通专业人才。认真落实乳山市引进培养高层次人才创新创业的各类优惠政策，支持企业加大人才智力资源引进力度，为现代流通业发展提供人才保障。

（三）加强统计考核。建立现代流通业统计指标体系，加强批发零售、餐饮住宿、电子商务、家庭服务等重点流通领域的数据统计，准确掌握乳山市现代流通业发展状况。建立和完善现代流通业发展绩效考核制度，增强加快现代流通业发展的推动力。

关于转发《乳山市2015年地质灾害防治方案》的通知

（6月30日乳政办发〔2015〕14号）

为切实做好2015年地质灾害防治工作，最大限度避免和减少地质灾害给人民群众生命财产造成的损失，根据《地质灾害防治条例》、《威海市2015年地质灾害防治方案》和《乳山市2012-2025年地质灾害防治规划》等规定，结合乳山市实际，制定本方案。

一、2014年地质灾害情况

2014年，乳山市累计降水量629.7毫米，低于正常年份平均降水量（744.6毫米），降水主要集中在汛期的6—9月份，常以大雨或者暴雨形式出现，强降雨成为突发性地质灾害发生的诱因。2014年，在乳山市各级各部门及广大群众的共同努力下，未发生地质灾害。

二、2015年乳山市地质灾害趋势预测

（一）地质灾害发生总体趋势。2015年，在主体地质环境状况基本未变的条件下，地质灾害以汛期发生的崩塌、泥石流、滑坡、采空塌陷、地裂缝等突发性地质灾害为主。除自然因素外，铁路、公路、水渠以及其他工程建设中的不合理开挖、切坡、爆破震动以及不适当的堆渣、弃渣、填土都可能增加崩塌、滑坡、泥石流发生的可能性。

根据威海市气象台预测，2015年汛期有可能发生极端降水事件，如有热带风暴和暴雨影响乳山市，预计受其影响引发地质灾害特别是崩塌、滑坡、泥石流、地面塌陷的可能性会增大。

（二）地质灾害主要分布区域。根据地质环境特点和以往发生地质灾害的历史记录，乳山市地质灾害以汛期发生山石崩塌、泥石流、滑坡、采空区塌陷、地裂缝等突发性地质灾害为主，尤其是矿区地下采空区发生塌陷的危险性较大，具体情况如下：

1、崖子－午极－白沙滩一带不稳定边坡、地裂缝和地面塌陷。地质灾害类型主要为金矿、花岗石矿露天开采形成不稳定边坡及伴生的地裂缝、采空区地面塌陷等，废弃的露天采坑或矿井边坡岩体破碎，边坡台阶小或边坡直立，在汛期强降水时易发生滑坡、地裂缝、崩塌等地质灾害。

2、诸往－育黎－下初－夏村－峒岭一带采空区地面塌陷、地裂缝。由于地下开采金矿、铁矿等形成采空区，采空区顶板塌陷或沉降产生地面塌陷和地裂缝，形成较大的安全隐患。

3、到根见－玉皇山－尼姑顶－垛鱼顶－马石山一带泥石流。该区域地质构造发育，岩石风化破碎，崩滑灾害相对发育，是产生泥石流的物质诱因。另外，该区域属降水集中区（多年平均降水量一般大于850毫米），暴雨频发，是泥石流形成的动力来源。

（三）地质灾害高发时间。根据地质灾害基础调查、检查和巡查资料，结合乳山市地质环境特点和气候特点，乳山市地质灾害重点防范期为6—9月份，应加强防范，提早预防。

三、地质灾害防范重点

根据地质灾害调查情况，下列地质灾害隐患点为2015年乳山市地质灾害防范重点：

（一）部分山区崩塌、泥石流。乳山寨镇到根见村、崖子镇井乔家村、冯家镇北东部等近沟谷地段易受到汛期灾害的影响，存在山石崩塌、泥石流隐患，威胁村民居住安全。

（二）大业金矿蓬家夼矿区露天采坑不稳定边坡和地裂缝。蓬家夼矿区露天采坑位于崖子镇蓬家夼村南，露天采坑上口东西长度为550米，南北宽度为330米，采坑深度近90米，北部边坡坡度34°，南部边坡坡度60°，东西两端边坡坡度68°。由于边坡滑动，在边坡及周围地面形成长短不一、宽窄不同的地裂缝，局部下陷深度达2米以上，北部最大裂缝宽约20厘米，地面裂缝已扩展到距坑口北缘100多米处，危及其上部居民及住房安全。东部边坡北约有50～60米路面正产生下陷，汛期集中降水时有整体滑坡的可能，直接威胁边坡北部蓬家夼村部分房屋和道路安全。南部边坡较陡，且存有不同宽度的裂缝，对南部公路和交通安全构成威胁。目前，滑坡体长度500米，宽度320米，平均厚度40米，仍处于缓慢蠕动阶段，遇强降水等外力影响，有加速下滑的可能。虽然对部分居民进行搬迁，一旦发生滑坡，仍有可能影响附近居民的生命财产安全和矿区生产安全。

（三）金碃岭采空区地面塌陷。金碃岭金矿采空区位于城区金碃岭村西北，区内现有两竖井，东北侧为变电站，南部为居民区。主竖井深161米，其中0米中段采空区深度最大约27.5米，经计算其上下盘崩落范围分别为12.8米、10.0米，上下盘移动范围分别为15.9米、12.8米；−40米中段采空区深度最大约67.5米，其上下盘崩落范围分别为31.5米、24.6米，上下盘移动范围分别为39.0米、31.5米。由于采空区未进行充填，且埋藏较浅，顶板岩石破碎，工程建设或强降雨易造成塌陷，危害强度较大。

（四）威海鑫山冶金公司铁矿后庄矿区地裂缝。铁矿后庄矿区位于诸往镇后庄村南，主井深约70米，分两个中段，其中第一中段距地表约33米，采空区顶板距地表约18米，南北巷道长约25米，主井东侧巷道长约70米留有3个矿柱，主井西侧巷道长约40米留有一个矿柱。目前，在采空区上部地面及部分民房出现裂缝，裂缝长30100厘米、宽0.5—2厘米不等。该矿区已于2006年4月22日至10月18日对采空区进行尾矿充填，由于井下充填情况不详，仍存有塌陷隐患。

（五）唐家沟金矿东碃矿区露天采坑不稳定边坡、地裂缝及塌陷。东碃矿区露天采坑位于午极镇唐家沟村东约1000米处，该露天采坑南北长约300米，东西宽约40米，深20—30米，边坡直立，局部倒倾斜，且边坡岩体破碎，稳定性差。采坑周围已产生裂缝，最大裂缝宽度5—10厘米，距采坑10—15米有两竖井。唐家沟金矿采空区曾于2010年发生过地面塌陷，遇强降雨，易发生崩塌、片帮、塌陷等地质灾害，虽然金华矿业有限公司已进行回填，对周边作业人员及牲畜安全仍有影响。

（六）峒岭金矿地面塌陷。峒岭金矿采空区位于青威高速公路徐家镇段南侧，延伸至路基中央，主井深180米，第一中段长85米，距地表50米，采空区顶板厚仅15米，其中包括第四系松散层厚约10米。采空区曾两次发生过地面塌陷，面积约40平方米，汛期降水时，塌陷部位有继续向周围扩大的可能，危及周边农田及过往行人的安全。

（七）董氏矿业驾马沟矿区泥石流、滑坡。由于露天采矿，采坑边坡较陡，该矿区存在滑坡、渣石流隐患，威胁生产工人的安全。

（八）其他崩塌、渣石流、采空区塌陷。1、白沙滩镇潘家村、王家口村花岗石采矿区矿坑深、边坡直立，存在崩塌、渣石流隐患。2、夏村镇西周格庄村和城区办东耿家村、下初镇金洲集团金青顶矿区、千峪金矿英格庄矿区存在采空区塌陷隐患。

四、重点地质灾害的防治措施

（一）乳山寨镇到根见村、崖子镇井乔家村、冯家镇北东部等部分山区崩塌、不稳定斜坡、泥石流。

乳山寨镇到根见村隐患点：重点是落实搬迁避让工作，加强组织领导和资金落实，采取有力措施，统筹安排，有计划、有步骤地加快推进，确保7月底前完成已签订搬迁协议村民的搬迁任务。崖子镇井乔家村不稳定斜坡：主要是加强日常监测和群测群防体系建设，完善预警预报工作。冯家镇北东部共两处地质灾害隐患点：冯家镇东马家庄村公路两侧不稳定斜坡设立明显警示标志，加强日常监测和群测群防体系建设；冯家镇孔家村泥石流目前已实施治理和保护，安全隐患相对较弱，需加强监测预警。

（二）大业金矿蓬家夼矿区露天采坑不稳定边坡和地裂缝。

在危险区边界设立明显警示标志，做好隔离防护措施；在露天采坑周围采取洪水疏导措施；在完成地下采空区充填的基础上，按照露天矿坑回填治理方案，加快推进尾矿回填工程，逐步消除不稳定边坡和地裂缝隐患。

（三）金硝岭金矿地面塌陷。

在塌陷危险区设立警示牌；对塌陷区进行详细勘查，准确划定隐患区范围；6月底前完成该矿区采空区的物探、钻探工作，制定详细的充填治理方案，并根据治理方案要求，加快推进充填治理工作，消除地面塌陷安全隐患。

（四）威海鑫山冶金公司铁矿后庄矿区地裂缝。

该矿井虽已封闭，但井下充填情况不详，需加强群测群防体系建设，完善群测群防网络，落实险情预报制度，发现险情，立即上报处理；开展隐患区地质灾害勘查，查清地质灾害隐患区的状况，采取避让措施。

（五）唐家沟金矿东硝矿区露天采坑不稳定边坡。

有计划的、及时对露天采坑进行回填，在危险区的边界设立明显警示标志，设置隔离防护设施，彻底消除灾害隐患；加强监测，一旦发生险情，立即上报，并及时做好现场安全隐患的处理。

（六）峒岭金矿地面塌陷。

采取警戒措施，划定警戒范围，禁止车辆和闲杂人员进入；汛期严禁在危险区内进行各项作业，加强监测，做好预警及应急处置工作；加大监管力度，彻底杜绝乱采滥挖行为；进行地质灾害勘查，制定治理措施，对塌陷区进行治理，彻底消除灾害隐患。

（七）董氏矿业驾马沟矿区泥石流、滑坡。

责令责任人加快矿区综合治理，采用铁棘子围堵露天采坑、削减采坑边坡，消除安全隐患；设立警示标志，进一步加强监测及宣传工作。

（八）其他崩塌、采空区塌陷。

白沙滩镇潘家村、王家口村等，加强日常监测和群测群防体系建设，健全群测群防网络体系。下初镇金洲集团金青顶矿区、千岭金矿英格庄矿区等，加强日常监测，落实安全员值班制度，及时发现并做好现场安全隐患处理。

五、工作要求

（一）加强地质灾害防治的组织领导。市政府地质灾害防治工作领导小组要切实加强对地质灾害防治工作的组织领导，各有关部门、单位要高度重视地质灾害防治工作，抓好各项防治措施落实。国土部门负责对地质灾害防治工作进行组织、协调、指导和监督。各镇（办事处）和责任单位负责做好辖区内地质灾害防治工作，建立健全地质灾害群测群防网络，落实好汛期值班、巡查和灾情速报制度；做好“防灾工作明白卡”和“避险明白卡”的填制发放工作，加大宣传力度，提高防范意识；安排专人值班，公开联系电话，发现问题及时上报处理，做到责任落实到人，措施落实到位，对隐瞒不报或迟报的，按有关规定严肃追究相关人员责任。镇政府及城区街道办事处主要负责人为地质灾害监测、预防第一责任人。

（二）强化地质灾害的监测、预警和巡查。突发性地质灾害易发区域，汛期前相关责任单位要组织有关人员，重点对危及生命财产安全的易发点、危险点各项地质灾害防治措施落实情况进行检查；汛期要组织专门人员加强地质灾害隐患监测和险情巡查，遇强降雨天气情况时，实行24小时连续监测和巡查，发现险情后立即上报，并通知受威胁人员迅速撤离危险区域。国土和气象部门要联合开展地质灾害气象风险预警工作，及时提供有效的风险预警信息。电视台、报社等媒体要及时向社会发布风险预警信息，各镇（办事处）及相关部门，特别是地质灾害隐患点责任单位，要指派专人收听、收看（查）地质灾害风险预警信息，并根据地质灾害风险预警信息，及时提醒有关单位，预先做好防范工作。

（三）做好突发性地质灾害应急处置。各级、各有关部门要按照突发公共事件总体应急预案的规定，不断完善突发地质灾害应急预案，健全工作长效机制。对辖区地质灾害隐患点要制定简捷有效的单点应急预案，明确灾险情出现时受威胁人员撤离信号、路线和避险场所等。要加强应急救援体系建设，组建群专结合的应急救援队伍，配备必要的应急救灾专业设备，组织突发性地质灾害的应急演练，提高应急指挥和应急抢险、排险能力，确保灾害发生时信息畅通、协调及时、处置到位。

市地质灾害防治值班电话：

白　天：6652227、6652657、6669308

夜　间：13606311823、13506301700、13563196906。

关于印发乳山市公共租赁住房管理办法的通知

（10月27日乳政办发〔2015〕28号）

第一章 总 则

第一条 为加强公共租赁住房管理，保障公平分配，规范运营与使用，健全退出机制，根据国家、省、市有关规定，结合乳山市实际，制定本办法。

第二条 本办法适用于行政区域内公共租赁住房的建设、分配、运营、使用、退出等管理工作。

第三条 本办法所称公共租赁住房，是指限定建设标准和租金水平，面向城市中等偏下收入住房困难家庭、引进人才、新就业无房职工、在城镇稳定就业的外来务工人员出租的保障性住房。

本办法所称城市中等偏下收入住房困难家庭，是指城市规划区范围内，家庭人均收入低于市统计部门公布的上年度在岗职工平均工资的80%、住房状况等符合市政府规定条件的家庭。

本办法所称新就业人员，是指自大中专院校毕业不满5年，在本市有稳定职业，并具有本市户籍的从业人员。

本办法所称引进人才，是指符合市政府规定的高层次和急需紧缺人才。

本办法所称外来务工人员，是指在本市有稳定职业，但不具有本市户籍的从业人员。

第四条 市住房保障和房产管理

部门负责指导和监督乳山市公共租赁住房管理工作，具体负责市政府投资建设、购买、租赁的公共租赁住房管理工作，建立公共租赁住房及承租对象数据库，定期公布房源、租金标准、承租人等信息，实行动态监管。

发展改革、监察、公安、民政、财政、国土资源、人社、住建、规划、人防、物价等部门，应当按照各自职责，协同做好公共租赁住房管理工作。

第五条 任何组织和个人对违反本办法的行为都有权进行举报、投诉。市住房保障和房产管理部门接到举报、投诉，应当依法及时核实、处理。

第二章 建设与筹集

第六条 公共租赁住房房源通过新建、改建、收购、长期租赁等方式多渠道建设和筹集。

新建公共租赁住房应当依据城市总体规划、近期建设规划和产业布局，充分考虑供应对象的就业和生活要求，科学规划，合理布局，尽可能安排在交通便利、公共设施较为齐全的区域，并同步做好小区内外配套设施建设。

第七条 公共租赁住房可以由政府投资建设、购买和租赁，也可以由政府提供政策支持、社会力量投资建设。

第八条 住房困难职工较多的企业，在符合土地利用总体规划、城市总体规划的前提下，经市政府批准，可以利用自用土地建设公共租赁住房，优先向本企业符合条件的职工出租，但不得出售，出租情况应当报市住房保障和房产管理部门备案。

第九条 公共租赁住房主要满足基本居住需求，可以是成套住房，也可以是宿舍型住房。新建的成套公共租赁住房，套型建筑面积应当控制在60平方米以下，以40平方米左右的小户型为主。以集体宿舍形式建设的公共租赁住房，应严格执行宿舍建筑设计规范的有关规定。

第十条 公共租赁住房应当符合安全卫生标准和节能环保要求，确保工程质量安全。

第十一条 公共租赁住房建设涉及的行政事业性收费和政府性基金，按照国家相关政策执行。

第十二条 公共租赁住房建设实行“谁投资、谁所有”，并在房地产登记簿和权属证书上载明公共租赁住房性质及所有权人；属于共有的，应当注明共有份额。在公共租赁住房性质不变的前提下，投资者权益可以依法转让。

第三章 申请与审核

第十三条 申请公共租赁住房，应当符合以下条件：

（一）在乳山市行政区范围内无自有住房或者人均住房面积低于15平方米；

（二）家庭成员均未购买过房改房、经济适用住房等政策性住房；

（三）申请之日前5年内没有转让过自有住房。

第十四条 城市中等偏下收入住房困难家庭申请承租公共租赁住房，应当提供下列材料：

（一）承租公共租赁住房申请表；

（二）家庭收入情况的证明材料；

（三）家庭成员身份证、户口簿原件及复印件；

第十五条 引进人才、新就业人员、外来务工人员申请承租公共租赁住房，应当提供下列材料：

（一）承租公共租赁住房申请表；

（二）申请人及家庭成员的身份证原件及复印件；

（三）户口簿原件及复印件；

（四）劳动合同或者聘用合同原件及复印件；

（五）连续缴纳六个月以上的社会保险费（住房公积金）的证明；

新就业人员除提供上述材料外，还应当提供大中专院校毕业证书；引进人才还需提供市人社部门提供的证明材料。

每个家庭只能申请一套公共租赁住房；家庭成员重复提出申请或者申请表内容填写不真实的，其申请无效。

第十六条 城市中等偏下收入住房困难家庭申请承租政府投资建设的公共租赁住房，按照下列程序办理：

（一）由申请人向居住所在地居委会（街道办事处）或者镇政府提交书面申请和相关材料；

（二）街道办事处或者镇政府应当自收到申请材料之日起15个工作日内提出初审意见并公示，公示期限为10日。经公示无异议或者异议不成立的，将申请材料、初审意见和公示情况一并送市住房保障和房产管理部门；

（三）市住房保障和房产管理部门应当自收到街道办事处或者镇政府转送的初审材料之日起10个工作日内，对申请人的家庭住房情况是否符合规定条件提出审核意见，并将符合条件的申请材料与审核意见转送市民政、公安部门；

（四）市民政、公安部门应当自收到市住房保障和房产管理部门转送的申请材料与审核意见之日起20个工作日内，对申请人的家庭收入是否符合规定条件、申请人户籍状况、申请人是否拥有机动车辆（不含普通二轮及三轮摩托车）提出审核意见，并将审核意见反馈至市住房保障和房产管理部门；

（五）经审核符合条件的，由市住房保障和房产管理部门予以公示，公示期限为10日。经公示无异议或者异议不成立的，由市住房保障和房产管理部门予以登记，书面通知申请人，并向社会公布登记结果。经审核不符合条件的，由市住房保障和房产管理部门书面通知申请人，并说明理由。

第十七条 引进人才、新就业人员、外来务工人员申请承租政府投资建设的公共租赁住房，按照下列程序办理：

（一）向用人单位提交书面申请和相关材料，由用人单位审核后，统一向市住房保障和房产管理部门报送；

（二）市住房保障和房产管理部门应当自收到申请材料之日起 15 个工作日内提出审核意见；

（三）经审核符合条件的，由市住房保障和房产管理部门予以公示，公示期限为 10 日。经公示无异议或者异议不成立的，由市住房保障和房产管理部门予以登记，向社会公布登记结果，并书面通知用人单位。经审核不符合规定条件的，由市住房保障和房产管理部门书面通知用人单位，并说明理由。

第十八条 城市中等偏下收入住房困难家庭、引进人才、新就业人员和外来务工人员申请社会力量投资建设的公共租赁住房的，应当向公共租赁住房所有权人提交书面申请和有关证明材料，由公共租赁住房所有权人自行确定配租结果，并书面通知申请人。

第四章 配租与承租

第十九条 公共租赁住房房源确定后，市住房保障和房产管理部门应当制定配租方案并向社会公布。

配租方案应当包括房源的位置、数量、户型、面积，租金标准，供应对象范围及运营单位等内容。

对符合配租条件的申请人，运营单位可以采取随机摇号等方式，确定承租对象与承租排序。摇号方式、过程和结果应当向社会公开。

第二十条 政府投资建设的公共租赁住房实行轮候保障。市住房保障和房产管理部门应当按照轮候顺序和配租标准确定配租结果，通知登记在册的申请人。

对符合公共租赁住房配租条件的劳动模范、有突出贡献和特殊技能的人员以及从事艰苦岗位作业的人员，应当优先配租。

第二十一条 社会力量投资建设的公共租赁住房所有权人应当及时将配租结果报送市住房保障和房产管理部门备案。

市住房保障和房产管理部门应当加强对社会力量投资建设的公共租赁住房配租情况的指导和监督管理。

第二十二条 镇区、企事业单位、社会团体和其他组织投资建设的公共租赁住房，优先供给本辖区或者本单位的新就业人员、外来务工人员租住。有剩余房源的，可以由市住房保障和房产管理部门调剂供给本地区其他符合公共租赁住房保障条件的对象租住。

第二十三条 承租对象选择公共租赁住房后，运营单位应当与其签订书面租赁合同。

租赁合同签订前，运营单位应当将租赁合同中涉及承租人责任的条款内容和应当退回公共租赁住房的情形向承租人明确说明。

第二十四条 公共租赁住房租赁合同应当包括以下内容：

（一）合同当事人的名称或者姓名；

（二）房屋的位置、用途、面积、结构、室内设施和设备，以及使用要求；

（三）租赁期限、租金数额和支付方式；

（四）房屋维修责任；

（五）物业服务、水、电、燃气、供热等相关费用的缴纳责任；

（六）退回公共租赁住房的情形；

（七）违约责任及争议解决办法；

（八）其他应当约定的事项。

租赁合同签订后，运营单位应当在 30 日内将合同报市住房保障和房产管理部门备案。

第二十五条 公共租赁住房租赁期限一般不超过 5 年。

第二十六条 公共租赁住房租金标准由市政府按照同地段同档次住房市场租金的 70% 确定，并按年度进行动态调整、发布、实施。

第二十七条 承租人应当按照租赁合同约定，按时支付租金。

第二十八条 政府投资建设的公共租赁住房的租金收入，应当按规定及时足额缴入国库，实行收支两条线管理，专项用于偿还公共租赁住房贷款本息及公共租赁住房的维护、管理等。

第二十九条 因就业、子女入学等原因需要调换公共租赁住房的，经运营单位同意，承租人之间可以互换所承租的公共租赁住房。

第五章 使用与退出

第三十条 运营单位应当负责公共租赁住房及其配套设施的维修养护，确保公共租赁住房的正常使用。

政府投资建设的公共租赁住房维修养护费用，主要通过公共租赁住房租金收入以及配套商业服务设施租金收入解决，不足部分由同级财政预算安排解决。社会力量投资建设的公共租赁住房维修养护费用，由所有权人及其委托的运营单位承担。

第三十一条 运营单位不得改变公共租赁住房的保障性住房性质、用途及其配套设施的规划用途。

第三十二条 承租人不得擅自装修所承租的公共租赁住房；确需装修的，应当征得运营单位同意。

第三十三条 承租人有下列行为之一的，应当退回公共租赁住房：

（一）转借、转租或者擅自调换公共租赁住房的；

（二）改变公共租赁住房用途的；

（三）破坏或者擅自装修公共租赁住房，拒不恢复原状的；

（四）在公共租赁住房内从事违法活动的；

（五）无正当理由连续 6 个月以上闲置公共租赁住房的。

承租人拒不退回公共租赁住房的，市住房保障和房产管理部门应当责令其限期退回；逾期不退回的，市住房保障和房产管理部门可以依法申请人民法院强制执行。

第三十四条 市住房保障和房产管理部门应当加强对公共租赁住房使用情况的监督检查。

运营单位应当对承租人使用公共租赁住房的情况进行巡查，发现有违反本办法规定行为的，应当及时向有关部门报告。

第三十五条 承租人累计 6 个月以上拖欠租金的，应当腾退所承租的公共租赁住房；拒不腾退的，运营单位可以向人民法院提起诉讼，要求承租人腾退公共租赁住房，并补缴拖欠租金。

第三十六条 租赁期满需要续租的，承租人应当在租赁期满3个月前向市住房保障和房产管理部门提出申请。

市住房保障和房产管理部门应当对申请人是否符合条件进行审核。经审核符合条件的，准予续租，并签订续租合同。

未按规定提出续租申请的承租人，租赁期满应当腾退公共租赁住房；拒不腾退的，运营单位可以向人民法院提起诉讼，要求承租人腾退公共租赁住房。

第三十七条 承租人有下列情形之一的，应当腾退公共租赁住房：

（一）提出续租申请但经审核不符合续租条件的；

（二）租赁期内，通过购买、受赠、继承等方式获得其他住房并不再符合公共租赁住房配租条件的；

（三）租赁期内，承租或者承购其他保障性住房的。

承租人有前款规定情形之一的，运营单位应当为其安排合理的搬迁期，搬迁期内租金按照合同约定的租金数额缴纳。

搬迁期满承租人不腾退公共租赁住房，且无其他住房的，应当按照市场价格缴纳租金；承租人有其他住房的，运营单位可以向人民法院提起诉讼，要求承租人腾退公共租赁住房。

第三十八条 房地产经纪机构及其经纪人员不得提供公共租赁住房出租、转租、出售等经纪业务。

第六章 法律责任

第三十九条 市住房保障和房产管理部门及其工作人员在公共租赁住房管理工作中不履行本办法规定的职责，或者滥用职权、玩忽职守、徇私舞弊的，对直接负责的主管人员和其他直接责任人员依法给予处分；构成犯罪的，依法追究刑事责任。

第四十条 运营单位违反本办法，有下列行为之一的，由市住房保障和房产管理部门责令限期改正，并处以3万元以下罚款：

（一）向不符合条件的对象出租公共租赁住房的；

（二）未履行公共租赁住房及其配套设施维修养护义务的；

（三）改变公共租赁住房的保障性住房性质、用途，以及配套设施的规划用途的。

第四十一条 申请人隐瞒有关情况或者提供虚假材料申请公共租赁住房的，市住房保障和房产管理部门不予受理，给予警告，并记入公共租赁住房管理档案。

以欺骗等不正当手段，承租公共租赁住房的，由市住房保障和房产管理部门处以1000元以下罚款，记入公共租赁住房管理档案；已承租公共租赁住房的，责令限期退回所承租公共租赁住房，并按市场价格补缴租金；逾期不退回的，可以依法申请人民法院强制执行。承租人自退回公共租赁住房之日起5年内不得再次申请公共租赁住房。

第四十二条 承租人有本办法第三十三条第一款所列行为之一的，由市住房保障和房产管理部门责令按市场价格补缴从违法行为发生之日起的租金，记入公共租赁住房管理档案，处以1000元以下罚款；有违法所得的，处以违法所得3倍以下但不超过3万元的罚款。承租人自退回公共租赁住房之日起5年内不得再次申请公共租赁住房；造成损失的，依法承担赔偿责任。

第四十三条 违反本办法第三十八条规定的，依照《房地产经纪管理办法》第三十七条，由市住房保障和房产管理部门责令限期改正，记入房地产经纪信用档案；对房地产经纪人员，处以1万元以下罚款；对房地产经纪机构，取消网上签约资格，处以3万元以下罚款。

第七章 附则

第四十四条 本办法由市住房保障和房产管理局负责组织实施。

第四十五条 本办法自2015年11月1日起施行，有效期至2020年10月31日。

关于印发乳山市社会法人和自然人征信管理办法的通知

（12月18日乳政办发〔2015〕37号）

第一章 总则

第一条 为建立乳山市性信用信息征集和使用制度，维护良好的社会信用生态，防范信用风险，保障当事人的合法权益，根据有关法律、法规的规定，结合乳山市实际，制定本办法。

第二条 在本市行政区域内社会法人和自然人信用信息的征集、整理、披露、使用、咨询服务等活动，适用本办法。

第三条 本办法所称社会法人包括企业法人、机关事业单位和社会团体法人。自然人是指在本市行政区域内连续居住满1年以上、年满18周岁、参加民事活动、享有民事权利、承担民事义务的个人，包括个体工商户。

第四条 乳山市社会信用信息征集管理办公室（以下简称市征信办）负责乳山市信用征询系统的建设、运行和维护，依法开展信用信息的征集、披露、使用及相关工作。

公安、市场监管、民政、法院、税务、财政、发改、人社、人民银行等有关部门应当按照各自职责，协同做好信用信息的征集、披露、使用及相关工作。

第五条 信用信息征集和信息披露活动应当遵循合法、客观、真实、公正的原则，提供信息单位不得提供虚假信息。

第二章 信息构成

第六条 社会法人信用信息由基本信息、业绩信息、提示警示信息构成。

第七条 社会法人基本信息主要包括下列内容：

（一）组织机构信息：包括工商登记信息、组织机构代码信息等；

（二）社会管理信息：包括税

务登记信息、社会保障信息、住房公积金信息等；

（三）资质认证信息：包括取得的专项许可、非行政许可审批、备案和资质信息、认证认可信息、商标注册信息等；

（四）其他基本信息。

第八条 社会法人业绩信息主要包括下列内容：

（一）产品或者服务质量良好的信息；

（二）享受政府政策扶持的信息；

（三）金融活动信息；

（四）在生产经营活动中通过国家或者省级各类认证的信息；

（五）股权结构信息，所有者及主要经营者信息，分支机构信息，进出口信息等；

（六）财务状况信息：资产负债、纳税等；

（七）荣誉信息；

（八）其他与企业经营有关的信息。

第九条 社会法人提示警示信息主要包括下列内容：

（一）因违法行为未通过专项或者周期性检验的信息；

（二）行政处罚的信息；

（三）行政强制的信息；

（四）法院生效的判决、裁定、调解和执行信息；

（五）社会法人及其法定代表人、企业董事、监事、经理及其他主要经营管理者受到刑罚、行业禁入处理的信息；

（六）社会法人应当依法参加社会保险、住房公积金而未参加或者社会法人被依法认定拖欠社会保险费、住房公积金及职工工资，经责令改正而拒不改正的信息；

（七）银行信贷中存在的失信信息；

（八）行政事业性收费、政府性基金欠缴信息；

（九）社会法人在税务登记、纳税及发票管理中的失信信息；

（十）社会法人的其他失信信息。

第十条 自然人信用信息包括下列内容：

（一）个人基本信息：姓名、性别、出生日期、身份证号码、户籍所在地住址、居所、就业状况、学历、婚姻状况、从业资格等身份识别信息与职业信息；

（二）商务信用信息：个人与金融机构、住房公积金管理机构在贷款、贷记卡、准贷记卡、担保等活动中形成的履约信息；个人与其他机构或个人发生借贷关系形成的履约记录；

（三）社会管理信用信息：行政处罚、行政强制等信息，涉税信息，社会福利信息，缴纳行政事业性收费、公共事业费、社会保险费、住房公积金，以及党纪政纪处分等方面的信息；

（四）司法信用信息：涉及虚假诉讼、逃避法定义务、扰乱诉讼秩序、实施违法犯罪、拒不执行生效法律文书，民事刑事诉讼和社区矫正等信息；

（五）荣誉信息：受到表彰奖励及参与社会公益、见义勇为等信息；

（六）其他与个人信用有关的信息。

第十一条 除法律、法规另有规定外，禁止采集下列个人信息：

（一）家庭出身、宗教信仰；

（二）身体形态、基因、指纹、血型、疾病和病史；

（三）收入、存款、有价证券、商业保险、不动产及其他个人财产状况；

（四）已经纳税、缴纳社会保险及住房公积金等的具体数额；

（五）法律、法规规定禁止采集的其他个人信息；

上述（三）、（四）项中，社会法人和自然人明确知晓提供该信息可能产生的不利后果，仍自愿提供或公开并书面同意的除外。

第十二条 社会法人信息采集途径：

1、企业工商注册基本资料、注册商标、特种行业许可证、变更记录、年度申报情况、抵押登记、工商案件及其他奖惩记录等信息（市场监管局提供）；

2、企业组织机构代码、产品质量认证、各类行政许可证、产品执行标准、国家免检产品、原产地保护、质量抽查、质量违法处理及其他奖惩记录等信息（市场监管局提供）；

3、企业税务登记、纳税申报、税款交纳（包括偷税、欠税、抗税、骗税等）、企业纳税信用等级及其他奖惩记录等信息（国税局、地税局、财政局提供）；

4、企业在技术创新、技术改造、行业管理中产生的奖惩记录等信息（经信局提供）；

5、企业享受财政扶持、资金使用情况、转贷基金使用情况等信息（发改局、财政局等提供）；

6、国有资产为市内企业提供担保情况等信息（国鑫公司、城资公司、城投公司、水务集团、热力集团、公交集团等提供）；

7、公共安全方面的资质、许可及行政处罚情况等信息及其他奖惩记录等信息（公安局提供）；

8、企业危险废物经营许可证和辐射安全许可证的相关信息以及行政处罚、企业环境行为等信息（环保局提供）；

9、福利企业年检年审、企业认捐慈善基金及其他奖惩记录等信息（民政局提供）；

10、企业与劳动者签订和履行劳动合同情况、支付拖欠工资情况、企业参保欠保情况以及其他奖惩记录等信息（人社局提供）；

11、企业资质、质量安全事故责任及其他奖惩记录等信息；招标中心提供有关企业及个人招投标违规记录等信息（住建局提供）；

12、企业技术鉴定、知识产权保护及其他奖惩记录等信息（科技局提供）；

13、农产品生产经营企业执行质量安全标准情况及其他奖惩记录等信息（农业局、林业局、海渔局提供）；

14、进出口企业代码、核定经营商品经营资格及进出口许可证、资格证书年审及其他奖惩记录等信息（商务局提供）；

15、价格信得过单位、价格违法及其他奖惩记录等信息（物价局提供）；

16、食品药品有关企业经营许可证、批准文号、广告违法及其他奖惩记录等信息（食药局提供）；

17、文化出版有关企业经营许可证及其他奖惩记录等信息（文化局提供）；

18、企业信贷业务、金融资信等级、逃废金融债务和金融违法及其他奖惩记录等信息（人民银行督促协调，各商业银行提供）；

19、企业安全生产、经营管理中产生的奖惩记录等信息（安监局提供）；

20、企业运输许可、营运管理中产生的奖惩记录等信息（交通局提供）；

21、卫生许可、医疗经营管理过程中产生的奖惩记录等信息（卫生局提供）；

22、企业使用公共资源缴纳、欠缴费用产生的奖惩记录等信息（水务集团、热力集团、电业总公司、通信公司等提供）；

23、企业及其法定代表人民事、刑事记录等信息（检察院、法院、公安局、司法局提供）；

24、市内新引进的项目、项目的投资方、项目进度情况的信息（大项目办、商务局提供）；

25、企业重大信访事件信息（信访局提供）；

26、社会投诉举报、民生诉求受理及处置信息（市委群工部提供）

27、其他应列入征信系统的信息。

第十三条 自然人信用信息采集途径：

（一）基本信息由公安、人社、民政、市场监管等部门提供；

（二）信贷信用信息由金融办、人民银行、各商业银行等部门提供；

（三）公共服务信用信息由供水、供电、供热、供气、广电网络、通信等公共事业单位和商业机构提供；

（四）社会管理信用信息由纪检监察、组织部、政法委、群工部、公安、法院、检察院、税务、财政、人社、民政、工会、妇联、共青团、信访等各相关部门提供；

（五）其他信息由有关部门、单位或个人提供。

第三章 信息采集

第十四条 各有关部门和单位提供信息经政务内网客户端录入征信系统。

第十五条 首次社会法人和自然人信用信息采集时间为 2015 年 8 月 1 日。

第十六条 信用信息的录入、更改、增减，应当以具备法律效力的文书或其他有效证明文件为依据。

第十七条 信息提供者依照授权对提交的信息数据进行追加、修改、更新和维护，对信息数据实行动态管理。数据更新频率不得低于每月一次，更新时间不得迟于次月 10 日。属于特殊情况急需记入或者更新的，不受上述时间限制，可以即时提交。没有新的信用信息的单位每月至少登录系统一次对本单位数据进行维护管理。

第十八条 信息提供者应当根据本规定，明确本部门在信息管理、数据上报和信息查询方面的职责和权限，制定相关信用信息的采集、报送、异议处理和安全管理等方面的内部管理制度和操作规程，确定负责信用信息录入和报送的具体部门和人员报征信办备案，确保信息报送的准确性和时效性。

第十九条 信用信息的采集应保证信息来源渠道的正当性、合法性和信息的客观性。

禁止以欺骗、盗窃、胁迫、利用计算机网络侵入等不正当手段采集社会法人或自然人信用信息。

第二十条 信息提供者提供不良信息，应当事先告知社会法人和自然人本人。依照法律、行政法规规定公开的不良信息除外。

第二十一条 社会法人和自然人可以通过提交书面材料、网站投诉、电话举报等形式主动向行业主管部门申报信用信息，并保证信息的真实性、准确性。各行业主管部门应当对主动申报的信用信息进行审查并及时更新。

第二十二条 以网络或电话投诉方式投诉举报的实行实名制管理，投诉所征集的信息列入民生诉求通道处理。

第二十三条 信息提供者对所提供信息的真实性、合法性负责，对拟报送的信息数据应当加强报前审核，防止数据出现错漏。

第四章 信息管理

第二十四条 各有关单位应当及时、准确地录入信用信息，保持其采集的信用信息内容的原始性和完整性，不得虚构或者篡改。

第二十五条 市征信办应当建立身份认证机制、存取访问控制机制和信息审计跟踪机制，对数据进行授权管理，设立访问和存储权限，防止系统被越权访问或者越权处理。

第二十六条 市征信办应当对其工作人员查询信用信息的权限和程序作出明确规定，对工作人员查询信用信息的情况进行登记，如实记载查询工作人员的姓名、查询的时间、内容及用途。

工作人员不得违反规定的权限和程序查询信息，不得泄露工作中获取的信息。

第二十七条 有关职能部门通过政务专网可以按权限登录市域信用征询系统，提交或者查询信息，实现各部门之间信息互通与共享。未联通电子政务系统的单位，应依照与市征信办约定的方式提供信用信息。

第二十八条 市征信办和信息提供者应签订信用信息资源安全保密协议，按约定方式储存和使用信息。涉及国家秘密的要报市保密部门备案。

第二十九条 市征信办和信息提供者在信用信息提供活动中，对涉及商业机密和个人隐私的信息负有保密义务，但法律、法规另有规定或者经被征信人同意提供的除外。

第三十条 信用信息的有效期限为自信息记载之日起5年。

在不良信息保存期限内，社会法人和自然人可以对不良信息作出说明，市征信办应当予以记载。

第五章 信息使用

第三十一条 各级各有关部门在市场准入、行政审批、日常监管、政府采购、招标投标、资质管理、评级评优、政策扶持、贷款融资、资产抵押等方面履行职责过程中，均应以信用查询情况为重要依据或参考，提高社会管理和公共服务水平。

（一）政府采购、工程招投标、土地招拍挂等经济活动，在招标文件中应设置明确的限制性条款，将信用状况作为评价的重要内容；

（二）在进行合资合作、招商引资、大宗交易等活动时，社会法人和法定代表人、自然人应主动提供信用报告，或授权他人查询自身的信用报告；

（三）开展涉及诚信建设方面的典型、先进单位、先进个人以及服务、商标、品牌等评比活动中，应对参与的社会法人、自然人信用情况进行审核，对信用状况不良的，原则上不得评先评优；

（四）机关事业单位工作人员评先评优、晋级时，要把个人信用记录作为参考依据；在选拔聘用、职务提升、职称评聘、资格认定等活动中，要把查询个人信用报告作为必备手续之一；对信用状况不良的个人，应在考核、考察及研究讨论等环节如实报告；

（五）金融机构、保险经营机构、公积金管理机构在开展业务活动过程中，应查询社会法人和自然人信用信息，或者要求其提供信用报告；

（六）公民个人参与人大代表、政协委员候选人推荐过程中，应向资格审查部门提交个人信用报告。对于个人信用报告有不良记录的，资格审查部门应在尊重个人隐私的前提下在适当范围内、以适当的方式向有关机构报告，供有关部门参考；

（七）对于社会法人法定代表人或其他主要经营管理者以个人名义参与政府经济活动的，在按要求提交个人信用报告的基础上，同时应提交社会法人信用报告。

第三十二条 下列单位和个人（以下简称用户），可以按照以下规定查询社会法人信用信息：

（一）信息提供者和以约定方式提供信息的单位，持单位证明查询其提供的社会法人信用信息；

（二）经被查询社会法人授权的单位或者个人，持书面授权书、单位机构代码证或者个人身份有效证件，查询授权范围内的社会法人信用信息；

（三）依职权进行案件调查的司法机关和行政机关；

（四）法律、法规规定其他可以查询的用户，按照规定程序，查询有关社会法人信用信息。

第三十三条 下列用户可以经被查询人书面同意或依照法律法规规定查询自然人的信用信息：

（一）金融机构提供信贷、保险等服务的；

（二）单位和个人提供赊销、租赁、担保等服务的；

（三）公共事业单位提供服务的；

（四）司法机关和行政机关依法履行职务的。

第三十四条 除上述条款和法律、法规、规章规定的特别情形外，市征信办或信息提供者不得提供信用信息查询。

除向社会公开的社会法人信用信息外，用户获取的社会法人、自然人的信用信息不得披露，不得用作约定以外的用途，不得未经同意向其他任何单位和个人提供，不得利用信用信息牟利。

第三十五条 市征信办或者信息提供者、信息使用者采用格式合同条款取得被征信人同意的，应当在合同中作出足以引起社会法人和自然人注意的提示，并按照社会法人和自然人的要求作出明确说明。

第三十六条 社会法人和自然人可以持组织机构代码证复印件、单位证明和本人身份有效证件查询本人信用信息。市征信办应当根据要求，为其提供下列信息的查询服务：

（一）被征信人的信用信息；

（二）信用信息的来源；

（三）获取信用报告或者信用评估报告的用户。

第六章 信息公开

第三十七条 除涉及国家秘密、商业秘密和个人隐私的信息外，市征信办应通过信用网站、新闻媒体等方式向社会公开可以公开的信用信息。

第三十八条 市征信办在公开信用信息前，应当依照《中华人民共和国保守国家秘密法》以及其他法律、法规的规定对拟公开的信用信息进行审查。

第三十九条 市征信办对信用信息不能确定是否可以公开时，应当依照法律、法规和国家有关规定报请有关主管部门或者同级保密行政管理部门确定。

第四十条 其他公民、法人或者组织根据自身生产、生活、科研等特殊需要申请获取被征信人信用信息的，应当采用书面形式向市征信办提出书面申请；采用书面形式确有困难的，申请人可以口头提出，由市征信办代为填写申请。申请应当包括下列内容：

（一）申请人的姓名或者名称、联系方式；

（二）申请公开的信用信息的内容描述；

（三）申请公开的信用信息的形式要求。

第四十一条 对申请公开的信用信息，市征信办根据下列情况分别作出答复：

（一）属于公开范围的，应当告知申请人获取该信用信息的方式和途径；

（二）属于不予公开范围的，应当告知申请人并说明理由；

（三）该被征信人信用信息不存在的，应当告知申请人；

（四）申请内容不明确的，应当告知申请人作出更改、补充。

第四十二条 市征信办收到申

请，能够当场答复的，应当场予以答复。不能当场答复的，应当自收到申请之日起 15 个工作日内予以答复；如需延长答复期限的，应当经负责人同意，并告知申请人，延长答复的期限最长不得超过 15 个工作日。申请公开的信用信息涉及第三方权益的，市征信办征求第三方意见所需时间不计算在答复期限内。

第四十三条 市征信办认为申请公开的被征信人信用信息涉及商业秘密、个人隐私，公开后可能损害第三方合法权益的，应当书面征求第三方的意见，第三方不同意公开的，不得公开。但市征信办认为不公开可能对公共利益造成重大影响的，应当予以公开，并将决定公开的信用信息内容和理由书面通知第三方。

第四十四条 下列社会法人信用信息可以向社会公开披露：

（一）登记信息中的名称、住所、法定代表人姓名、经营范围；

（二）组织机构代码；

（三）专项许可和资质信息；

（四）认证认可信息和商标注册信息；

（五）报经审批、核准、登记、年检结果的信息；

（六）行政处罚和行政强制信息；

（七）人民法院生效的民事诉讼、行政诉讼及刑罚判决、裁定等信息；

（八）其他应当公开的信息。

第四十五条 执业律师、法律工作者、公证员、经纪人、资产评估师、注册会计师等人群的以下信息，可以通过诚信乳山网查询：

（一）姓名；

（二）执业证号；

（三）工作单位、工作地点。

第四十六条 用户使用信用信息实行免费服务，司法机关、行政机关在办理案件、行政管理过程中需要使用信用信息的，可以持相关证明向市征信办无偿查询，社会法人和自然人依照本办法规定查询使用信用信息。

第七章 异议处置

第四十七条 被征信人或者信息使用者认为信用信息有错误的，有权向市征信办和信息提供者书面提出异议申请，要求予以更正，并就异议内容提供相关证据。

第四十八条 市征信办或者信息提供者收到异议，应当按照规定对相关信息作出存在异议的标注，信息提供者应当自收到异议之日起 20 日内进行核查和处理。

（一）确认不存在错误、遗漏的，应当取消异议标注；

（二）经核查，确认相关信息确有错误、遗漏的，信息提供者、市征信办应当予以更正。异议信息经核实确有必要更正的，应当予以更正，并书面告知异议申请人和被征信人；

（三）经核查仍不能确认的，对核查情况和异议内容应当予以记载；

（四）异议信息无法核实的，应当从公共联合征信系统中删除，并记录删除原因，书面告知异议申请人。

第四十九条 异议信息处理期限内，该信息暂不披露和使用。

第五十条 被征信人认为信息提供者、信息使用者侵害其合法权益的，可以向市征信办投诉。市征信办应当及时进行核查和处理，自受理之日起 30 日内书面答复投诉人。被征信人认为市征信办或者信息提供者、信息使用者侵害其合法权益的，可以直接向人民法院起诉。

第八章 法律责任

第五十一条 信息提供者违反本办法规定，拒绝或者无故拖延向市征信办提供有关信用信息的、拒不协助市征信办进行异议信息处理的，由市征信办责令其限期改正；逾期不改正的，由纪检监察机关对相关负责人和直接负责人给予党纪政纪处分。

第五十二条 信息提供者故意或者因重大过失向市征信办提供虚假信息的，由市征信办予以警告并责令其改正，纪检监察机关对相关负责人和直接负责人依法给予党纪政纪处分；提供虚假信息给有关社会法人和自然人造成损失的，应当依法承担民事责任。

第五十三条 信息使用者违规公开披露获取的信息或者提供给其他单位或个人，以及利用信用信息牟利的，对直接责任人员给予党纪政纪处分；给有关社会法人和自然人造成损失的，应当依法承担民事责任；构成犯罪的，依法追究刑事责任。

第五十四条 市征信办的工作人员玩忽职守、滥用职权、徇私舞弊的，依法给予党纪政纪处分；给社会法人和自然人造成损失的，依法承担民事责任；构成犯罪的，依法追究刑事责任。

第九章 附则

第五十五条 民办非企业单位、外地来乳企业以及其他经济组织参照本办法执行。

第五十六条 本办法由市征信办负责解释。

第五十七条 本办法自发布之日起实施。

关于印发《乳山市创建全国文明城市工作的实施意见》的通知

（3 月 18 日乳政发〔2015〕3 号）

创建全国文明城市是强化城市功能、提升市民道德素质、改善民生福祉、增强城市核心竞争力的有效途径，是培育和践行社会主义核心价值观的重要支撑。新一轮全国文明城市创建从 2015 年开始，2017 年命名表彰。为扎实做好乳山市全国文明城市创建工作，制定本实施意见。

一、指导思想和创建目标

以培育和践行社会主义核心价值观为根本，结合“仁爱乳山”建设要求，坚持“以人为本、创建为民”的原则，以《全国文明城市测评体系》、《全国未成年人思想道德建设工作测评体系》为标准，以解决广大市民最关心、最直接、最现实的问题为重点，全面持续地开展创建活动，不断提高城市的整体文明水平和市民的文明素质，促进政务环境、法治环境、市场环境、人文环境、生活环境、社会环境、生态环境、未成年人健康成长的社会文化环境改善提升，推动乳山市经济、政治、文化、社会和生态文明建设全面协调发展。

二、工作重点

按照“全面启动、重点推进、动态管理、持续提升”的原则，从治理环境“脏乱差”、服务“慵懒散”入手，积极有序推进4大类、20项重点工作任务，不断提升群众幸福指数和城市品位。

（一）综合治理公共环境

1.治理公共场所环境。加强公园、广场、景区、车站、影剧院等公共场所的管理，确保环境整洁，设施完备，功能完好，设立便民利民志愿服务站（点）。3处广场、7处公园的便民设施进行维修完善，绿化进行补植。火车站、汽车站、9处旅游景区，完善无障碍设施、公厕、垃圾箱等设施，安装电子监控探头。对影院、图书馆等文体场所和冯德英文学馆等爱国主义教育基地加强维护和日常管理，安排公共文明引导员。

2.治理街巷环境。开展数字化城市管理模式建设工作，加强主要街道、背街小巷的治理力度，确保环境整洁，盲道无占用，无占道经营、流动摊贩和散发小广告等现象。5条主干道、60条非主干道、30条背街小巷路面进行维护管理，配备更换垃圾箱，实现路面硬化无坑洼，排水设施完善，路灯无破损，各项基础设施功能完好。

3.治理市场环境。对市区10家商场（超市）、8家集贸市场、12家便民摊点群及所有食品流通企业，全面开展综合整治，实现证照齐全，亮证经营，确保无出售过期、变质、伪劣食品。健全消防设施，完善轮椅坡道、残疾人专用厕位等无障碍设施。

4.治理小区环境。开展小区环境综合整治，生活小区楼牌号、居民住宅门牌齐全，公共健身器材、绿化带无人为损坏，照明灯完好，生活垃圾定时清运，无乱贴乱画、乱堆乱放等现象。启动老旧生活区的环境综合治理，全面规范小区物业服务管理。社区建有综合性多功能的室内文化活动场所和未成年人活动场所，正常开展活动。

5.治理餐饮店环境。对市区555家餐饮场所开展综合治理，确保环境整洁，卫生达标，证件齐全，落实从业人员持证上岗和公共用品用具消毒等制度。年内实现所有餐饮店持证经营，对无证经营的予以取缔。全面推行油烟净化设施，禁止露天烧烤。加强小餐饮店的消防管理。

（二）治理规范公共秩序

6.治理交通秩序。加强日常执法管理，实现主干道机动车守法率>98%，主干道非机动车守法率>85%，行人守法率>80%，违章停车率≤2辆/5公里。对主要路口实行交通微循环改造，重点路段采取限行措施，招募文明交通志愿服务人员，确保交通高峰期无拥堵现象。疏港路、浦东路、新华街东端安装隔离护栏，8处路口增设红绿灯，主要街道新上184面标牌。

7.治理客运秩序。对火车站、汽车站、128处公交站点进行集中治理，站牌完好，安排公共文明引导员，引导乘客有序上下车、主动礼让。267辆公交车路别标志清晰、准确，车内张贴乘坐规则、线路走向、投诉监督电话等，车内设有禁烟标识。加强巡查执法，杜绝非法营运、争抢客源等现象。

8.治理公共场所秩序。规范、治理主要道路两侧经营场所，保持周边环境卫生干净整洁，无拉客抢客、吵架斗殴等不文明行为。医院、商场（超市）、金融网点、宾馆（酒店）等服务场所在服务大厅、停车场设有“学雷锋”志愿服务岗或文明引导员，为市民提供有效帮助，无拥挤、堵塞等现象。

（三）构建和谐公共关系

9.建设平安和谐社区。推进社区网格化管理，组建网格服务队伍。加强防控体系建设，社区建立治保会、调委会等群防群治队伍并充分发挥作用，进一步完善210个建成小区物防、技防、人防和消防。开展多种形式的邻里守望互助、联谊等活动，友善对待外来人员。

10.创建文明窗口行业。各主管部门组织窗口单位对照服务标准进行整改规范。2015年上半年，9家医院、267辆公交车、270辆出租车、8个星级酒店、10个旅行社，政务服务中心、公安、税务、银行、邮政、联通、移动、电信、供电、供水、供气等服务窗口全部达标。

（四）提升市民文明素养

11.培育和践行社会主义核心价值观。把中国特色社会主义、中国梦、社会主义核心价值观的宣传教育纳入各级党委（党组）中心组学习计划和党员干部培训课程，作为“道德讲堂”、“仁爱乳山”百姓宣讲活动的重要内容，融入国民教育和精神文明建设全过程。完善市民公约、村规民约、学生守则、行业规范，广泛开展“我们的节日”等形式多样的实践活动。

12.推进诚信建设制度化。制定出台《社会征信体系建设规划纲要》，推进工商、税务、安全生产、产品质量、食品药品安全、环境保护、交通运输等重点领域诚信制度化建设。建立诚信“红黑榜”发布制度，做到网络平台实时可查，定期或不定期通过新闻媒体等及时向全社会公开披露。开展“诚信做产品”、“履约守信”、“诚信经营示范店”等主题活动，大力宣传诚信人物、诚信企业和诚信群体。

13.推进志愿服务制度化。规范志愿者招募注册制度，实现注册志愿者占建成区总人口的比例达到12%。积极推广“社工+志愿者”模式，乳山市重点部门、窗口单位、14个镇、城区街道及所辖16个社区建立“志愿服务工作站”。广泛开展“三关爱”志愿服务活动，推动学雷锋活动常态化。组建一支网络文明传播志愿者队伍，利用QQ群、微信、博客等网络平台，积极做好博文撰写、信息评论等工作，不断传播正能量。

14. 推进公民道德建设。深入实施“四德”工程，120 家文明单位建立善行义举四德榜。大力推进“六训”建设，在机关、企业、学校、社区、农村等各个层面，不断丰富表现载体和实践活动。广泛开展道德模范、“鲜花送文明”等好人评选活动，推出一批身边凡人善举的先进典型。组织开展“仁爱乳山”百姓宣讲团、道德模范基层巡讲（演）等活动。开展多种形式的关爱走访道德模范活动。

15. 加强未成年人思想道德建设。贯彻落实未成年人思想道德建设工作要求，在价值引导、习惯养成、帮扶救助等方面开展专项活动。组织好“我的中国梦”、“做一个有道德的人”、“经典诵读”等系列主题教育活动。把社会主义核心价值观贯彻未成年人成长全过程，使未成年人熟知并背诵社会主义核心价值观“24 个字”。市区 6 所中小学、镇街 15 所中小学建好用好学校少年宫。30 所学校建立心理健康辅导站（点）。健全完善学校、家庭、社会“三结合”教育网络，新建一所孤残、弃婴救助站（点）。

16. 加强文化市场管理。规范网吧经营行为，开展网吧专项治理行动和诚信网吧评选活动，确保学校周边 200 米范围内无网吧等娱乐场所。规范网络环境和出版市场、演出市场、文化娱乐场所经营秩序，严厉查处违法违规行为，健全“扫黄打非”长效机制。对乳山市 55 家网吧进行常态化监控，严格网吧实名上网登记核查，网吧显著位置设置“未成年人不得进入”标志，不接纳未成年人进入网吧。

17. 提升公民旅游文明素质。以出境游客、外派劳务人员、公务人员、商务人员和留学生为重点，广泛开展提升公民出境旅游文明素质教育引导活动。9 处旅游景区以提示牌、监督岗等形式开展文明告知、文明提醒、文明规劝，重点场所设有文明引导员，有序引导、疏散游客。实行对老年人免费开放制度，建设方便残疾人、老年人、儿童等特殊群体通行和使用的无障碍设施。10 家旅行社服务标准和程序公开，做好文明出境游告知、教育、宣传工作，印制文明出境游宣传资料，规范导游遵守职业道德，实施文明引导，服务规范，诚信守法。

18. 倡树勤俭节约风尚。以党政机关、行业部门和青少年群体为重点，广泛开展“节俭养德”全民节俭节约行动。深入推进“文明餐桌”行动，在餐饮场所显著位置设有节粮、节水、节电、节能宣传广告或标识，餐桌上摆放“不剩饭、不剩菜”的温馨提示牌。扎实开展移风易俗活动，引导人们自觉抵制封建迷信，反对婚丧嫁娶铺张浪费、大操大办。

19. 强化公益广告宣传。做好社会主义核心价值观、“中国梦”、未成年人思想道德建设等 11 个主题公益广告宣传，推动建设社会主义核心价值观主题公园、主题广场、主题社区。主干道、商业街、背街小巷、窗口单位、城市社区、公园广场、集贸市场、车站、出租车、公交车、景区（点）、宾馆（酒店）、商场（超市）、建筑围挡、各类媒体等 15 个方面公益广告全覆盖，其中各类公共场所占比不低于 40%，建筑围挡占比不低于 60%。各移动通信运营商在重要时间节点按要求向在网用户发送公益短信。

20. 加强农村文明建设。进一步深化乡村文明行动，切实加强村容村貌、村风民俗、乡村道德、生活方式、文化惠民等建设。常态化开展农村环境综合整治，推动城乡环卫一体化见长效。围绕“中国梦”、“仁爱乳山”等主题，建设特色文化街。抓好文明镇村、文化特色镇和乡村文明家园建设。村居善行义举四德榜建设实现全覆盖，上榜率达到 80% 以上。年内举办 100 场“新农村新生活”大讲堂。

三、推进步骤

（一）宣传发动阶段（2015 年 1 月 –2015 年 3 月）。召开乳山市动员大会，统一思想，提高认识，迅速凝聚起强大的创建工作热情。各责任单位要以动员会、培训会等形式展开宣传动员，为干部群众解疑释惑，指导开展工作。要充分利用网站、微博、微信等宣传载体，广泛宣传创建工作的重大意义，积极展示工作成果，营造浓厚的创建舆论氛围。

（二）重点推进阶段（2015 年 4 月 –2015 年 11 月）。各责任单位要对照目标任务查找差距不足，制定整改措施，强化调度，有序推进，及时发现问题，抓紧整改到位，不断提升城市基础设施、城乡卫生环境、窗口服务质量、道路交通秩序、市民文明素质。创建全国文明城市领导小组要在每季度末组织一次模拟测评，结果予以通报，并作为对各责任单位年终考核依据。

（三）巩固提高阶段（2015 年 12 月 –2016 年 10 月）。根据全国文明城市测评小组的年度测评结果，总结经验成绩，查找问题不足。做好第二轮《全国文明城市测评体系》对标检查，把创建工作进一步落细落小落实，以抓铁有痕、踏石留印的作风，攻坚克难，深化提高，把创建活动推向高潮。

（四）全面提升阶段（2016 年 11 月 –2017 年 8 月）。坚持高标准、严要求，各责任单位对照标准全面开展自查自评，在巩固以往工作成果的基础上，全面优化提升。创建全国文明城市领导小组要加大督导检查力度，对各责任单位创建工作进行综合考评、分析总结，着力解决创建工作中的突出问题，确保文明城市创建各项任务按时保质完成。

四、工作要求

（一）加强组织领导。成立由市委书记、市长任总指挥的创城工作指挥部，下设创建全国文明城市领导小组，负责日常组织协调、工作部署，统筹推进各项工作落实。各级各部门要按照总体部署，对照本方案，牢固树立创建工作“一盘棋”的思想，实行“一把手”负责制，分管领导和具体责任人靠上抓，确保创建机制上下贯通、协调联动。

（二）落实责任分工。各责任

单位要细化工作任务，建立工作台账，明确分管领导、具体责任人、完成时限和保障措施，要把每项工作落实到每个片区、每个路段、每个单位，确保做到无缝覆盖、不留死角。三年创建期内，每年下半年中央和省文明办都组织实地测评打分。2015 年下半年首次迎检时，各项重点工作都要基本落实到位。

（三）广泛宣传发动。各单位要制定创建宣传工作方案。各新闻媒体要开辟专题专栏，宣传创建的重要意义和主要任务，做到家喻户晓、人人参与。要坚持典型宣传与舆论监督相结合，对创建工作中涌现的先进典型和经验进行总结推广，对死角漏洞和不文明行为进行批评曝光。要做好创建影像资料的收集对比，让群众看到实实在在的变化，增强对创建工作的认同感和参与的积极性。

（四）加大投入保障。要把创建全国文明城市工作纳入乳山市经济和社会发展总体规划，所需经费列入同级财政预算。各级各部门要充分调动社会各方面力量，多渠道筹集资金，确保工作任务按时完成。要做好人才保障，根据创建工作需要，选拔责任心强、业务熟练的干部担当重任，为创建工作提供强力人才支撑。

（五）强化监督考核。要把创建全国文明城市工作列入乳山市目标管理考核体系。市人大、市政协要把创建工作进展情况作为监督重点，开展巡视检查。创建全国文明城市领导小组要加强协调指导，搞好模拟测评和常态化督导，对措施不力、行动迟缓、推诿扯皮，影响整体创建进度的，提出追责建议。各责任单位每周以书面形式向创建全国文明城市领导小组报告工作进展情况。

关于印发《乳山市创建国家卫生城市实施方案》的通知

（3 月 18 日乳政发〔2015〕4 号）

根据乳山市“解放思想，加快发展”动员会议精神，按照国家卫生城市创建标准要求，结合乳山市实际，制订本实施方案。

一、指导思想

贯彻落实党的十八大和十八届三中、四中全会精神，以科学发展观为指导，以创建国家卫生城市、健康城市为目标，认真执行《国务院关于加强爱国卫生工作的决定》，坚持“属地管理、辖区整治、产权负责、系统督导”的方针，强化城市卫生服务，改善城市环境质量，塑造城市良好形象，提高市民生活质量和健康水平，建设美丽、整洁、文明、有序、和谐的新乳山。

二、总体目标

对照《国家卫生城市标准》，坚持治标与治本相结合、综合整治与科学管理相结合，提升城市环境卫生整体水平，确保 2015 年 7 月底基本完成 8 大项 40 小项基本必备条件，通过省级暗访和技术评估，2015 年 10 月份通过国家暗访，2016 年 6 月份通过国家技术评估，压茬推进国家健康城市创建工作。

三、创城原则

（一）以人为本的原则。以群众满意为标准，以服务群众为根本，把与群众生活息息相关的市容环境、食品卫生、饮用水安全、疾病防控等工作作为创城工作的重点，为群众营造良好的生产生活环境，提高人民群众生活质量。

（二）群众主体的原则。以提高人的素质为核心，坚持“政府主导、部门指导、单位负责、属地管理、全民参与”原则，发挥人民群众在创城中的主体作用，动员社会广泛参与，改变群众行为习惯，形成人人参与创城的良好氛围。

（三）注重创新的原则。以管理创新为手段，探索创城工作的新规律、新方法，不断增强针对性、实效性和吸引力、感染力，建立科学化、制度化的工作机制，开创创城工作新局面。

（四）讲求实效的原则。以求真务实为根本，将创城工作与镇区、街道、部门单位本职工作有机结合，不断丰富内涵，把创城工作转变为推进各项事业蓬勃发展的内在动力。

四、创城范围

按照《国家卫生城市标准》，立足城市发展规模和规划布局，确定乳山市创建国家卫生城市的范围为：东至浦东路、西至西外环、南至青威高速、北至北外环向外延伸 2 公里的区域，以及汽车站、火车站至城区道路两侧的园区、企业及村庄。

五、创城规划

第一阶段：宣传发动，全面启动（2015 年 3 月 –4 月）。组建创城工作机构，建立创城组织体系，编制创城工作规划和实施方案；有关镇区、街道、责任部门成立创城组织机构，制定本单位创城工作方案，明确工作任务和责任分工；召开动员会议，开展宣传动员，鼓励引导全民参与创城工作；逐级向各级卫计委提出创建国家卫生城市申请；启动基础设施改造建设工程。

第二阶段：综合整治，集中攻坚（2015 年 5 月 –7 月）。各创城责任单位按照实施方案和任务分工，全面开展创城达标工作和网格化卫生治理；分阶段、有重点地开展专项整治，初步建立城市卫生环境长效管理机制；开展经常性明察暗访，定期对各责任单位创城任务完成情况进行检查考核，通报存在问题和不足，限期整改，确保各项指标达到国家卫生城市标准；邀请省市爱卫会专家进行技术指导，通过省级暗访和技术评估。

第三阶段：自查整改，通过暗访（2015 年 8 月 –10 月）。统一组织对创城工作进行逐项、逐部门模拟检查验收，针对省级暗访反馈的问题进行重点整改，软、硬件建设全部达标，通过国家暗访。

第四阶段：完善资料，技术评估（2015 年 11 月 –2016 年 6 月）。强化日常监管，做好查漏补缺，完善创城资料，准备创城工作汇报和专题片，通过国家技术评估和专家组审定。

六、主要措施

国家卫生城市标准共有 8 个方

面40项指标，涉及到城市建设与管理的方方面面，主要有“三大任务”，即：抓好城市基础设施建设，搞好城市市容环境卫生和各行各业卫生管理，整理各项创城工作资料。具体工作中，要重点组织实施好创城“六八三四一”系统工程。

（一）实施“六大工程”，强化城市基础设施建设。一是城市道路建设工程。重点抓好城市主次干道及背街小巷硬化建设，对破损路面进行修复，确保城区道路硬化率达100%。二是大环境绿化工程。抓好道路两侧、公共场所及城市出入口绿化，组织各单位、社区充分利用庭院、房前屋后的可绿化空地，栽植花草树木，增加城市绿地，巩固绿化成果。三是垃圾、粪便处理工程。规范生活垃圾和粪便无害化处理，无害化处理率达到90%以上；主要街道两侧按规定配套设置垃圾箱。四是污水处理工程。抓好污水处理工程建设与管理，完善污水处理厂配套设施，进一步加快城中村、住宅小区排污管网建设，污水处理率达到90%以上。五是公厕改造工程。按照国家规定的设置标准，对现有公厕进行改造，新规划建设、开放一批公厕，使城区公厕数量和质量达到创城标准。六是窗口提升工程。所有窗口服务单位按规范要求，完善服务基础，强化内部管理，提升对外形象；解决“城中村”设施差、卫生差问题；加强城市标志性工程、旅游景点建设，打造城市亮点。

（二）开展“八项整治”，搞好市容环境和行业卫生。各部门和相关镇区、街道要制定切实可行的治理整顿方案，坚持突击与常规、群众与专业、教育与处罚相结合，标本兼治、彻底解决城市环境卫生管理顽疾。一是沿街建筑专项整治。清除城区内违章建筑，整顿有碍市容的沿街门店和设施，改善沿街建筑面貌。二是环境卫生专项整治。加强环境卫生清扫保洁，清除市区及城边的积存垃圾，彻底整治社区卫生死角，城区清扫保洁率达到100%；推行垃圾收集袋装化、分类化，规范垃圾收集和运输管理。三是占道经营专项整治。取缔占用城市道路（包括人行道）从事车辆清洗和维修、门窗加工、店外经营、摆摊设点等违法违规行为。四是集贸市场、摊点群专项整治。集中力量建设、改造封闭式、规范化集贸市场，规范城区散在摊点群，设立社区便民市场，健全基础设施，划行归市，严格管理，确保市场布局合理、管理规范、卫生整洁、秩序良好。五是户外广告、门店招牌、乱贴乱画专项整治。督促产权单位或个人限期自行清理不符合标准的户外广告，加强日常监督，实行标本兼治，彻底清除城市“牛皮癣”。六是交通秩序专项整治。实施畅通工程、平安工程，严厉查究车辆违章行为；搞好停车场点规划建设，规范车辆停放秩序，彻底解决车辆乱停乱放现象。七是小餐饮店、小食品店、小浴室、小理发美容店、小歌舞厅、小旅店“六小”单位专项整治。强化设施建设、日常管理和卫生保洁，确保不发生食物中毒和公共场所污染等重大公共卫生问题。八是社区、单位、家庭卫生专项整治。督促社区、单位严格落实“门前三包”责任制，制定严格的卫生管理措施，责任落实到人，保持内外整齐卫生；强化家庭卫生清洁宣传教育，引导群众自觉搞好家庭卫生。通过“八项整治”活动，彻底解决城区乱堆乱放、乱搭乱建、乱贴乱画、乱泼乱倒、乱停车辆、乱设摊点“十乱”问题，实现硬化、绿化、美化、净化、亮化、秩序化“六化”达标，确保市容环境和行业卫生达到创城标准，并长期保持。

（三）落实“三个结合”，深入开展以除“四害”为重点的爱国卫生运动。本着“谁的辖区谁负责、谁的问题谁治理”的原则，坚持治标与治本结合、突击与经常消杀结合、群众运动与专业队伍防制结合，广泛开展全民灭蝇、灭鼠、灭蟑、控蚊活动。灭鼠方面，在所有机关、企事业单位、社区都认真落实灭鼠制度，外环境配备灭鼠毒饵站、毒饵盒、防鼠网，室内食品生产经营场所常年放置灭鼠夹等捕鼠工具，其他室内生产经营场所外常年投放灭鼠毒饵，有效消灭鼠害，确保工作达标。灭蝇灭蟑控蚊方面，紧紧抓住铲除孳生地、健全灭防设施、实施药物杀灭“三个关键环节”，建立全民灭蚊蝇日制度，定期组织群众采取人工捕打、药物杀灭等手段集中消灭蚊蝇，降低密度指标，巩固达标成果。

（四）强化“四条措施”，进一步加强疾病预防控制工作。一要健全疾病预防控制网络，扎实有效地开展疾病预防控制工作，使疫情监测报告和免疫预防各项工作达到国家规定标准要求，确保乳山市无甲、乙类传染病暴发疫情，无脊灰病例发生。二要加强公共卫生监督工作，强化对食品、公共场所、生活饮用水卫生的监测，狠抓控制污染的关键环节，消除污染隐患，杜绝食物中毒等公共卫生事件发生。三要认真抓好健康教育工作，在人流密集路段和区域设立健康教育一条街，在城区街道、夏村镇、经济开发区建立健康教育示范区，在城区各单位、社区、公共场所设立健康教育专栏，大力开展全民健康教育；中、小学全部按规定开设健康教育课，提高学生的健康意识、卫生意识。四要积极开展控烟工作，各公共场所都要张贴禁烟标志，劝阻吸烟，创建控烟先进单位。

（五）建立一套完整的工作档案。有关镇区、街道、部门、社区和单位分别搜集整理创城活动的相关资料，建立一套规范的资料档案，完整归档。

七、工作要求

（一）强化组织领导。市委、市政府成立创城综合协调机构，总体负责国家卫生城市创建工作的规划、部署、调度和落实。各有关镇区、街道、部门也要成立相应工作机构，制定创城工作方案和配档表，逐级签订创城工作目标责任书，明确专人负责工作落实，确保各项任务高标完成；建立创城攻坚阶段市级领导、有关部门网格包干和镇区、街道、部门“一把手”负责制，将创城摆在重要位置，经常调度，定期研究，深入工作一线，及时解决问题，形成上下联动、统一指挥的创城联动机制，确保创城工作稳步推进、顺利完成。

（二）强化舆论宣传。利用各类媒体设立创城专栏，广泛开展宣传教育活动，各镇区、街道、社区及工会、共青团、妇联等团体组织要以卫生管理、健康教育等为重点，广泛开展创城宣传进工厂、进单位、进学校、进社区、进家庭活动，增设健康教育课堂，组织群众义务劳动，提高广大居民的健康意识和创城知晓率，形成共同参与创城的合力。

（三）强化督导检查。市创城领导小组要按照创城任务分工和时间节点，采取暗访与明察相结合的方式，不定期对乳山市创城工作进行督导检查，推广经验，指导技术，表彰先进，鞭策后进，调动各级各部门的创城积极性，确保按期完成国家卫生城市创建工作。

关于印发乳山市创建国家农产品质量安全市实施方案的通知

（3月30日乳政办发〔2015〕6号）

为全面落实威海市创建国家农产品质量安乳山市工作安排，根据《威海市创建国家农产品质量安全市实施方案》，结合乳山市实际，制订本实施方案。

一、指导思想

深入贯彻落实党的十八大、十八届三中、四中全会和中央农村工作会议精神，把农产品质量安全作为转变农业发展方式、加快现代农业建设的关键环节，按照发展高产、优质、高效、生态、安全农业的要求，以落实属地管理责任为重点，以健全农产品质量安全体系为核心，以提升农产品质量安全水平和监管能力为目标，坚持“产出来”和“管出来”两手硬、标准化生产与执法监管两手抓，建立覆盖全过程的农产品质量安全监管制度，整体提升乳山市农产品质量安全水平。

二、创建目标

1★、农产品质量安全水平明显提高。食用农产品抽检合格率达到98%以上；本地生产销售的蔬菜、水果、茶叶等种植业产品中禁用农药、畜产品中“瘦肉精”、水产品中孔雀石绿、硝基呋喃等禁用药物的监测合格率达到100%。农产品质量全面实现可控可管可追溯，确保不发生重大农产品质量安全事件。（带★的为关键项，下同）

2★、农产品质量安全监管能力显著加强。市级农产品质量安全行政监管、综合执法、检验检测体系完善，镇级监管机构和村级监管员队伍健全，农业投入品和农产品质量安全监管责任明晰、执法到位、运转高效。

3、农产品质量安全制度机制健全完善。投入品监管、市场准入、生产过程控制、检验监测、质量追溯、预警应急、社会监督等农产品质量安全监管制度健全，生产记录管理、绿色防控等食用农产品全程监管机制完善。

4★、农产品质量安全群众满意度不断提升。农产品质量安全公共服务水平显著增强，公众参与和社会共治水平不断提升，举报查处率、回复率达到100%。公众对农产品质量安全满意率达到70%以上。

三、主要任务

（一）全面落实政府属地管理责任

1、市政府对乳山市农产品质量安全负总责，成立由市政府主要领导牵头的农产品质量安全工作领导机构，加强组织协调，明确部门职责，强化保障措施。各镇（办事处）按照属地管理原则，加强对辖区农产品质量安全监管工作的落实。

2★、农产品质量安全监管工作在市、镇绩效考核体系中所占权重高于5%。

3★、将农产品质量安全监管纳入到国民经济和社会发展规划及主体功能区规划。

4★、农产品质量安全工作纳入政府重要议事日程，每年制定年度工作计划，加大力量配备、条件保障等方面的支持力度。

5★、建立健全财政投入保障机制，将农产品质量安全监管、检测、执法等工作经费纳入财政预算。市政府每年预算投入满足农产品质量安全监管工作实际需要，且增长幅度高于经常性财政收入增长幅度。

（二）健全农产品质量安全监管体系

1★、建立健全农产品质量安全网格化管理体系，完善产地环境管理、农业投入品监管、生产过程管控、收购储运过程监管、包装标识管理等制度，明确农产品质量安全监管、执法、检验检测、食品安全监督执法等有关部门工作职责，配备市、镇必要的检验检测、执法取证、样品采集、质量追溯等设施设备及交通工具。

2、建立农产品质量安全综合监管平台，把生产监控、投入品监管、检验检测、质量追溯、监管预警、远教宣传等6大功能全部纳入平台，面向公众提供农产品质量安全信息查询、农产品溯源信息查询、投诉举报、专家视频会诊等服务，实现对重点农产品生产、供应、检测等关键环节的全程监控。

3、加强镇级农产品质量安全监管公共服务能力建设，明确综合性的镇级农产品质量安全监管机构，各镇（办事处）都配备3—5名专职管理人员，承担种植业、畜牧业、渔业产品质量安全监管职责，确保有职能、有条件、有经费，做好农民培训、质量安全技术推广、标准宣传培训、督导巡查、监管措施落实等工作。

4、601个行政村每村都确定1名村干部兼任农产品质量安全监管员，明确职责任务，健全考核体系，逐步建立村级服务站点。

5、制订市、镇、村三级监管员专门培训计划，做到全员培训，每名监管员每年接受农产品质量安全方面的集中专业培训不少于40小时。

（三）加强农产品生产经营主

体管理

1、农产品生产企业、农民专业合作经济组织、生产大户、畜禽屠宰企业、收购储运企业、经纪人和农产品批发、零售市场等规模化的农产品生产经营主体全部纳入监管名录，明确生产经营者的主体责任。建立农产品生产经营主体信用档案，推进行业诚信自律，依法公开生产经营主体违法信息。

2、加强农产品质量安全诚信联盟体系建设，采取自愿申报、审核加入、社会监督、动态管理的方式，建立农产品质量安全诚信经营队伍，积极做好宣传推介，推动形成农产品优质优价市场机制。

3、加强对农产品生产经营的服务指导和监督检查，督促农产品生产企业和农民专业合作经济组织100%落实生产记录、质量承诺和从业人员培训制度，严格执行禁限用农兽药管理、农兽药休药期（安全间隔期）等规定。

4、督促农产品生产企业和农民专业合作经济组织对销售的农产品开展自检或委托检验。

5、屠宰企业落实流向登记、进场查验、肉品品质检验、“瘦肉精”检测等制度。

6、督促农产品收购储运企业和批发市场100%建立进货查验、抽查检测、质量追溯和召回等制度。

7、建立病死畜禽无害化处理的长效机制，确保病死畜禽无害化处理率达到100%。

8、建立不合格农产品无害化处理的长效机制。

（四）推进强化农业投入品监管

1、强化农药、兽药、饲料及饲料添加剂等农业投入品市场准入管理，完善生产经营主体监管名录制度，健全农业投入品生产经营诚信档案，严格落实农兽药经营告知制度。

2*、100%落实高毒农药定点经营、实名购买制度，推行兽药良好生产和经营规范，对养殖环节自配料实施监管。

3、引导农资配送中心开展“厂家直销、送货到田”的农资销售模式，全面推进放心农资连锁经营和配送，畅通经营主渠道。

4、提升农资可追溯管理平台，在实行备案准入的基础上，进一步完善农资全程可追溯管理系统，为所有农资店配备农资“一卡通”设备，最终实现农资的准入备案快捷、农资来路清晰、内在质量可控、流向环节清晰、使用环节明了的农资管理目标，实现农资销售的全程可追溯。

5、建立农业投入品质量常态化监测制度，制定农业投入品抽样检测计划并组织落实，配合市级和省级相关部门做好对主要生产基地、农业投入品经营单位的投入品监督抽查工作。

6、加强农业投入品使用技术指导，严格执行禁限用农兽药、饲料和饲料添加剂有关规定。严厉打击农业投入品生产环节非法添加行为，取缔无证无照农业投入品生产企业。

7、落实农业投入品购买索证索票、经营台账制度。

8、探索建立农药包装废弃物收集处理体系。

（五）推进农业标准化生产

1、坚持绿色生产理念，大力推广质量控制技术，积极推行统防统治、绿色防控、配方施肥、健康养殖和高效低毒农兽药使用，制订、修订与国家标准、行业标准相适应配套的地方主要农产品生产操作规程，操作规程入户率达到100%。

2、鼓励扶持联户经营、专业大户、家庭农场，大力支持发展农民合作组织，提高农业生产组织化程度。加强技术指导和服务，推进标准化生产。加大宣传培训力度，普及相关法律法规和标准知识。加大蔬菜水果茶叶标准园、畜禽养殖标准化示范场、水产标准化健康养殖示范场建设力度。

3、推行农产品质量安全认证，强化证后监管，健全认证补贴奖励机制。种植业“三品一标”产品产地认定面积占食用农产品产地总面积的比率提高到65%以上；乳山市畜禽标准化示范场比率达到25%以上，规模养殖场获得“三品一标”认证的比率达到70%以上；水产品“三品一标”认证面积占养殖总面积的比率提高到70%以上。

4、有效开展产地环境和污染状况监测，提高畜禽粪污无害化处理、资源化利用水平，推广应用发酵床养殖、沼气工程、有机肥生产等模式，完成减排任务，乳山市规模化畜禽养殖场（小区）废弃物集中处理率达到95%以上。

5、建立主要农产品质量安全追溯体系，实现生产与加工、流通领域追溯体系的衔接。乳山市80%以上的标准化种植场、养殖场实现产地准出和原产地追溯。

（六）推进农产品质量安全监测

1、强化农产品质量安全隐患排查，对规模以上的农产品生产经营主体，每年现场巡查1次以上，对风险高、信用等级低的生产经营主体每年现场巡查2次以上。

2、制定实施主要农产品质量安全检测计划，依托乳山市检验检测中心，采取定期检测和重点抽检相结合、专项整治和临时抽检相结合的方式，对乳山市的初级农产品进行定量检测。监测范围覆盖所有农民专业合作组织、生产基地、种养殖大户和收购储运企业及批发、零售市场，市级全年定性抽检农产品样品数量不少于8000个，全年定量抽检农产品样品数量不少于600个，市域内农产品生产经营企业和农民专业合作经济组织100%落实产品自检制度；强化检打联动机制，依法严厉查处不合格产品及其生产经营单位。

3、落实镇级农产品质量安全监管机构职责，开展日常巡查、速测和指导服务等工作，各镇监管机构全年定性检测农产品样品不少于7200个。督促农产品生产销售企业和农民专业合作经济组织落实产品自检制度。

4、引导农贸市场、商场（超市、连锁店）等加大对农产品检验检测体系的投入，加强对农产品的评价性监测。

（七）严厉打击违法违规行为

1★、全面推行农业综合执法，强化农产品质量安全监管执法。

2、加强农业投入品生产经营和农产品生产、收购储运、屠宰及批发、零售市场等重点环节执法检查，严厉打击制售假劣农资、生产销售使用禁用农兽药、非法添加有毒有害物质、收购销售屠宰病死动物、注水、私屠滥宰、虚假农产品质量安全认证、伪造冒用“三品一标”产品标志等违法违规行为。

3★、建立线索发现和通报、案件协查、联合办案、大要案奖励等机制。

4、建立跨部门、跨区域的农产品质量安全案件协查、产销监管等协调联动机制，强化农业行政执法、食品安全监督执法与刑事司法的有效衔接，加大案件查办和惩处力度，案件移送率达到100%。加强案件查处信息通报，及时曝光有关案件。

5、健全应急处置机制，妥善处置突发应急事件，降低负面影响。

6、落实《威海市食品安全举报奖励办法》。

7★、3年内未发生重大农产品质量安全事故，未发生因本市生产的农产品造成其他地方发生重大农产品质量安全事故，未因区域性农产品质量安全事故被上级有关部门通报。

（八）推进制度机制创新

1、健全农产品质量安全网格化管理体系，加大对分散农户和收购储运主体监管工作力度，落实责任追究机制。2、加强农产品安全行政许可、监管执法、抽检监测、公共服务、食品追溯等方面的信息化建设，打造与“智慧乳山”建设相衔接的“智慧农安”信息化体系。

3、拓展畜产品质量安全监管平台监管范围，将符合条件的61家规模养殖场全部纳入平台监管系统，覆盖乳山市85家兽医站、规模养殖场、饲料企业、屠宰企业、病死动物处理厂等单位；新上“e通”动物卫生监督信息化管理系统，提升畜产品监管的信息化水平。4、探索对农产品监督抽查检测中，因对定性检测不合格而定量检测合格或者监督抽查复检结果合格的情形，给当事人造成损害的，给予适当补偿。

5、以省长质量奖为目标，积极参加省“齐鲁灵秀地、放心农产品”农产品品牌创建，将更多的优质农产品纳入国家、省、威海市品牌农产品目录。

6、按照统一包装、统一标准、统一管理、“五个统一”的要求，实施好“乳山三宝”、地理标志产品的“捆绑营销、联合推介”，进一步提升优质农产品的知名度和影响力。

四、实施步骤

（一）动员部署阶段（2015年3月下旬）。制订创建国家农产品质量安全市实施方案，组织召开动员大会。

（二）自查整改阶段（2015年3月下旬至4月中旬）。对照实施方案开展自查自纠；对照国家考核评价标准开展模拟测评，查漏补缺，抓好整改。

（三）总结考评阶段（2015年4月下旬至5月上旬）。组织开展总结和自评工作，迎接上级考核评价。

五、工作要求

（一）加强组织领导。市政府成立由主要领导任组长，分管领导任副组长，有关部门和各镇（办事处）主要负责人为成员的市国家农产品质量安全市创建工作领导小组，负责农产品质量安全管理工作的组织领导、综合协调、督导检查。各镇（办事处）、有关部门要高度重视，加强领导，细化分工，落实责任，确保各项创建工作落到实处。

（二）推动工作创新。各镇（办事处）、有关部门要结合实际，积极探索符合监管实际、富有监管成效的新模式、新机制和新举措，不断完善农产品质量安全监管体制机制，提升监管成效和农产品安全工作水平，力争在监管体系、监管能力和监管实效等方面起到示范引领作用。

（三）加强督查考核。加强对各镇（办事处）、有关部门农产品质量安全监管工作的督导检查和考核，对工作力度大、推进效果好的单位和个人及时进行通报表彰，对工作迟缓、措施不力的进行通报批评。纪检监察部门要加大行政监察和问责力度，严肃查处食用农产品安全领域违规违纪、失职渎职行为。

（四）广泛宣传引导。要广泛宣传农产品质量安全监管的重要意义、政策措施、工作重点和考核评价标准等内容，增进社会了解，凝聚社会共识，形成全社会支持创建、参与创建的良好舆论氛围。

关于落实和完善党代表任期制充分发挥代表作用工作的实施办法

（6月12日乳发〔2015〕8号）

为落实和完善党代表任期制，充分发挥代表作用，推进党内民主建设，提高执政能力，根据《中国共产党全国代表大会和地方各级代表大会代表任期制暂行条例》、《中共山东省委实施〈中国共产党全国代表大会和地方各级代表大会代表任期制暂行条例〉办法（试行）》、《中共威海市委关于落实和完善党代表任期制充分发挥代表作用工作的实施意见》及党内有关规定，结合乳山市实际，制定如下实施意见。

一、指导思想

深入贯彻党的十八大和十八届三中、四中全会精神及习近平总书记系列重要讲话精神，按照“四个全面”战略布局，认真落实从严治党部署要求和中组部有关会议精神，以巩固党的执政基础、提高党的执政能力为目标，以发展党内民主、强化党内监督为重点，以密切党同人民群众血肉联系为根本，积极探索党代会闭会期间充分发挥代表作用的有效途径和形式，着力打造党代表选拔培训、履职尽责和宣传展示“三个平台”，充分发挥党代表参与决策、民主监督、党的自身建设和联系服务群众“四个作用”，促进党代表作用发挥常态化、长效化，不断提升党的建设民主化、制度化、科学化水平，为推动经济社会持续发展、加快建设现代化幸福乳山提供坚强的政治和组织保证。

二、基本原则

1. 紧扣中心，突出重点。紧扣乳山市中心工作和大局，紧贴党员群众期盼和关切，聚焦党的自身建设、强化党内民主监督，把严格各级党组织、领导干部和党内政治生活监督作为党代表发挥作用的重点环节和重要方面，努力增强工作生机与活力。

2. 上下联动，配套推进。坚持以上率下，市、镇两级一体展开、同步推进；坚持党委领导，部门分工负责、密切配合、联手齐抓，形成上下良性互动、整体推进的工作格局。

3. 加强探索，完善制度。坚持问题导向，加强深层次问题研究解决，及时把一般规律上升为制度和规范，建立健全一套管理全面、标准严格、环节衔接、措施配套、责任分明的制度体系。

4. 遵循规律，注重实效。坚持按党建规律办事，把继承传统和改革创新结合、制定目标与狠抓落实结合、分类指导和统筹协调结合、典型引导和全面推进结合、当前工作与长效机制结合，搭建实践平台、设计具体环节、探索实现路径，落实完善具体措施和操作办法，确保简便易行、切实可行。

三、履职方式

（一）参与决策

1. 提议制度

（1）党代会闭会期间，代表可以个人或联名的方式，就市委重大决策部署贯彻执行情况，以及乳山市经济建设、政治建设、文化建设、社会建设、生态文明建设和党的建设等方面的重大事项，书面向市委提出意见建议。

（2）提议应使用统一印制的专用纸，并实行一事一议。提议内容，一般包括提议理由、具体方案、实施条件和措施、效果预测等。

（3）市委党代表联络办公室（以下简称“市委党联办”）负责受理、审查，组织对提议内容进行研究，确定承办单位，形成具体办理意见后提报市委。

（4）承办单位接到提议后，要在一个月内作出答复。因故难以按期答复的，要说明理由，并明确具体办理时限，原则上不超过三个月。

（5）承办单位认为提议不属于本单位职责范围的，要于 5 个工作日内向市委党联办提出，由市委党联办最终认定。需要两个以上单位共同办理的，由市委党联办确定主办和协办单位，主办单位要协调协办单位及时办理。

（6）提议答复经承办单位集体研究后，书面报市委党联办，由市委党联办向有关代表当面或书面回复。代表对答复不满意的，由原承办单位重新办理。

（7）市委党联办对代表提议定期组织评选，对优秀提议，在一定范围内通报、表彰或奖励。

2. 视察制度

（1）市委每年至少统一组织一次视察活动，可以代表团（组）为单位组织全体或部分代表参加，也可以行业或系统为单位组织部分代表进行专题视察。

（2）视察主要围绕落实市委决议和重大决策部署、重点工作进展情况等进行，以推动市委各项目标任务的落实。

（3）代表视察结束后，要形成视察报告，由市委党联办汇总提报市委，供决策参考。

3. 调研制度

（1）市委每年至少组织一次集中调研活动，提前拟定若干调研题目，由各代表团（组）组织代表积极认领，在团（组）长主持下，围绕本地、本行业、本单位实际展开调查，形成调研报告。

（2）调研活动结束后，各代表团（组）及时收集调研报告，由市委党联办汇总，供市委决策参考。市委召开全委会、理论学习中心组读书会时，组织分团（组）交流或集中交流。

（3）除参加市委和代表团（组）组织的调研活动外，代表要主动深入基层调研，每年至少参与撰写一篇调研报告，向市委反映真实情况，提出合理化建议。报告形成后，各代表团（组）负责收集，由市委党联办整理汇总后，提报市委。

（4）市委党联办要将市民热线、民情网等受理的社情民意信息分类汇总整理，及时提供给各代表团（组）相关代表，帮助代表了解民生诉求，从中发现苗头性、倾向性问题，提高调研的针对性和实效性。

（5）市委党联办每年组织一次代表优秀调研成果评选，并以适当形式通报表彰。

4. 参与市委重大决策制度

（1）市委在研究乳山市经济社会发展“五年规划”、年度计划、财政年度收支计划及重大项目和重点工作安排，出台经济建设、政治建设、文化建设、社会建设、生态文明建设和党的建设等方面的重大决策前，采取多种形式广泛征求代表意见建议。

（2）市委召开全委会时，组织党代表列席，并单独分组讨论，就全部议题听取意见。召开常委（扩大）会议时，视情况组织关联度、知情度高的党代表参加，并征求意见建议，提高决策民主化、科学化水平。

（3）市委采取召开会议、制发文件、编发简报、媒体发布等多种方式，每半年向党代表通报一次重要情况，不定期向代表通报上级和市委的重要会议精神及重大决策部署，让代表更好地知情知政、参政议政。

（二）参与民主监督

1. 民主评议制度

（1）民主评议市委、市纪委班子及其成员。①每年组织全体党代表对市委、市纪委领导班子工作情况和市委委员、候补委员、市纪委委员履职情况进行民主评议，一般于市委召开全委会时进行。②将市委、市纪委领导班子工作情况，市委委员、候补委员、市纪委委员履职报告，提前发放给党代表，组织认真审阅和评议。③对市委、市纪委班子的评议，分为“满意”“基本满意”和“不满意”三个等次；对市委委员、候补委员及市纪委委员的评议，分为“优秀”“称职”、“基本称职”和“不称职”四个等次。④评议结果由市委党联办负责汇总，提报市委，以适当形式通报反馈。对得“优秀”和“称职”票不超过三分之二的，进行谈话诫勉；得“不称职”票超过三分之一，经组织认定为不宜继续担任委员的，责令其辞去委员职务。

（2）民主评议党组织书记和党群部门。①市委开展镇（街道）及市直部门党（工）委书记抓党建工作专项述职评议时，组织党代表列席，现场提问和评议。会前，采取多种方式，组织代表深入了解基层党建工作推进落实情况，提高评议的客观性、公正性。②市委每年组织纪检、组织、宣传、统战、政法、群团等部门单位主要负责人，采取会议或书面等形式向全体党代表开展一次集中述职，报告本单位履职情况及立足部门职能、发挥代表作用等情况，接受代表的提问和评议。

2. 监督干部工作制度

（1）参与干部选拔任用工作监督。①公开选拔干部时，根据情况合理确定一定数量的党代表，作为观察员全程参与监督。②选拔干部民主推荐和考察时，视情况安排党代表参加。对拟提拔、重用人选，在公示期间，征求党代表意见。③组织党代表参加选人用人风气的测评和调查，结果作为反映和评价区域选人用人工作的重要参考。在开展干部选拔任用“一报告两评议”等工作时，组织干部工作监督员和基层一线党代表参加。④市委全委会票决干部前，采取适当方式征求党代表意见或组织拟任人选向党代表介绍个人情况及打算，接受党代表提问和测评，结果向全委会通报，供委员票决参考。对代表集中反映有影响使用问题或不同意比例达到三分之一的，暂缓任用。

（2）参与科级领导班子和领导干部考察考核监督。①开展市直部门领导班子、领导干部半年考评与年度考察时，可吸收相关行业领域党代表参加民主评议。开展镇（街道）领导班子、领导干部年度考察时，吸收驻镇（街道）的党代表参加民主评议。②开展市直部门和驻乳单位综合测评时，组织全体市级党代表参加，测评结果计入单位目标绩效管理考核总成绩。③对在半年评议、年度考核、目标绩效管理考核中排名靠后或工作开展不力、作风表现不好、群众意见较大的部门单位，要向相关行业领域党代表了解情况、听取意见，为市委任用调整干部提供参考。

3. 监督纪检监察工作制度

（1）市纪委召开全委会时，邀请党代表列席，审议纪委工作报告。不定期邀请党代表对纪委重要决策部署、重点工作推进等情况进行了解和监督，并提出意见建议。

（2）市纪委开展纠正“四风”问题监督检查、行风热线、申诉案件审理等工作时，视情况邀请相关行业领域党代表参加。开展政风行风评议时，邀请党代表参加，并提出意见建议。

（3）市纪委开展市级党政领导班子成员向市纪委全委会专题述廉时，邀请党代表参加，并提出意见建议。

4. 询问质询制度

（1）代表可以就党的建设、经济社会发展等问题，向市委、市纪委及市委所属党组织和有关部门、单位提出询问。询问应以书面形式提出，使用市委统一印制的专用纸，注明询问对象和内容，并署真实姓名。

（2）代表询问由市委党联办负责受理，报市委同意后，确定受询问单位。受询问单位在接到询问交办件之日起 15 个工作日内作出书面答复。

（3）代表对答复内容不满意的，可在 20 个工作日内就有关问题进一步向询问对象提出书面质询，并说明具体理由。经市委党联办审核并报市委同意后，转相关部门办理。

（4）受质询单位要认真办理，主动与质询代表沟通情况，分析存在的问题及原因，诚恳接受质询和批评，研究提出切实可行的改进措施，并于接到质询交办件之日起一个月内向质询代表作出书面答复。

（三）参与党的自身建设

1. 参与党组织政治生活督导

（1）市委召开民主生活会前，采取多种形式，向全体市级党代表征求意见建议，为市委领导班子及成员查找问题、分析问题、制定整改措施提供依据。

（2）召开会议时，组织部分党代表参加，并听取对分析查摆问题、整改措施等情况的意见建议。

（3）会议结束后，将整改方案和具体措施，印发全体市级党代表，接受代表监督，并就落实代表意见建议情况，以适当方式向代表通报。

（4）各级党组织召开组织生活会前，参照上述做法，邀请关联度、知情度高的党代表参与，加强工作监督，保证组织生活会质量。

2. 参与基层党建重点工作巡视

（1）市委开展基层党建工作定期巡视和专项巡视时，吸收熟悉基层党建工作的党代表参加。定期巡视一般每半年一次，专项巡视根据年度党建重点工作情况进行专项部署。

（2）巡视采取听取汇报、座谈交流、查阅资料、随机抽查、实地走访等方式进行。组织党代表深入了解掌握情况，实事求是地指出问题，并提出意见建议，帮助被巡视单位更好地推动党建重点任务落实。

（3）被巡视单位要及时对代表指出的问题进行整改，认真研究代表意见建议，形成落实意见和工作方案，并于一个月内将整改落实情况向代表反馈。

3. 参与党员队伍管理监督

（1）市委选聘部分熟悉党务工作的党代表担任市委兼职组织员，并给予必要的工作保障，协助抓好党员队伍建设工作。

（2）在开展发展党员、党员教育培训、党员“三会一课”、党费收缴管理使用、组织员队伍配备等工作专项检查时，吸收党代表参加，帮助发现问题、改进工作。

（四）联系服务群众

1. 定期接待党员群众制度

（1）按照便于代表开展活动、联系党员、服务群众的原则，在信访接待大厅、便民服务大厅、区域化党员服务中心、城市社区党员活动室等党员群众较为密集的区域，采取行业代表组建、与人大代表及政协委员联合共建等方式，设立党代表工作室。探索开设个人工作室和网络工作室等，增强工作实效性、便捷性。

（2）在代表工作室醒目位置，公开代表身份及姓名、职务、联系电话、照片等个人基本信息，便于党员群众熟悉代表、及时对接。

（3）代表每季度至少到工作室接待或主动约谈基层党员群众一次，每次接待时间不少于半天，接待安排提前向党员群众公开。

（4）代表工作室设联系人一名，联系电话面向社会公开，负责党员群众的接待、服务，驻室代表的联络、协调及非接待日期间党员群众意见建议的收集、报送等工作。

2. 意见建议办理反馈制度

（1）各代表团（组）及时对代表所受理党员群众诉求及意见建议进行整理，提交市委确定承办单位予以办理。

（2）各代表团（组）提交意见建议时使用市委统一印制的专用纸，注明受理情况，提出具体办理意见建议。

（3）承办单位接到办理意见建议后，要在一个月内作出书面答复。因故难以按期答复的，要说明理由，明确具体办理时限，原则上不超过三个月。

（4）办理情况向党员群众反馈前，承办单位要提前送相关代表团（组）审核，代表团（组）对答复不满意的，由承办单位重新办理。

3. 领导带队专题解决问题制度

（1）各代表团（组）根据市委统一安排、代表团（组）工作需要，围绕基层党员群众集中反映的问题，由领导干部代表带队，每组 5 至 6 人，每半年到基层与党员群众进行一次面对面交流，现场听取意见建议，帮助解决实际问题。

（2）代表对工作中遇到的热点、难点问题及时进行汇总整理，形成提议，以代表团（组）为单位，提交市委。

（3）市委常委会每半年听取一次专题汇报，对相关疑难问题进行专题研究、集中解决。

四、代表管理

1. 代表团（组）管理制度

（1）党代表闭会期间实行代表团（组）管理方式。镇（街道）代表团按照区域进行划分，市直代表团本着行业相近、分布均衡的原则，划分行业代表组。各代表团（组）可结合工作实际，进一步划分代表小组，便于活动开展。

（2）各代表团（组）正、副团（组）长由市委推荐，经代表团（组）会议通过。每个代表团（组）分别确定一名联络员，负责本团（组）日常工作的组织、协调和联络。

（3）市委召开全委会前，各代表团（组）原则上要围绕会议议题统一组织一次活动，并将活动情况和收集到的意见、建议提交市委。

（4）各代表团（组）每年至少还要自行开展两次集中活动，由团（组）长负责召集并主持，因故不能参加的，可委托副团（组）长负责，活动须有三分之二以上代表参加。

（5）代表团（组）每次开展活动前，要将活动内容、方式等提交市委审批；开展活动时，要安排专人做好记录；活动结束后，要于一周内将活动情况总结提交市委党联办备案。

2. 代表资格管理制度

（1）代表资格终止。代表存在下列情形之一者，其代表资格终止：①受留党察看及以上处分；②因出国定居等原因停止党籍或丧失中华人民共和国国籍；③自行脱党；④辞去代表职务被接受；⑤被罢免；⑥永久性丧失行为能力；⑦亡故。

（2）代表资格停止。代表组织关系迁出或调离本市的，代表资格停止。

（3）代表资格暂停。代表因涉嫌违纪、违法，在被立案侦查、调查期间，暂停其代表资格。结案后，视情况决定其代表资格是否恢复。

（4）代表辞职。代表辞职分为自愿辞职、建议辞职及责令辞职三种形式。①代表在任期内，本人不愿意继续担任代表职务的，可自愿提出辞职。②代表因健康原因不能正常履行职责、农村及企事业等基层单位代表因职务变动而失去代表性、先模人物代表失去代表性或存在其他相关情形的，建议辞去代表职务。③代表拒不接受辞职建议、利用职务之便谋取私利或打击报复他人、在代表中从事非组织活动、散布有损党和国家形象言论在党员群众中造成不良影响、履职不力或存在其他相关情形的，责令辞去代表职务。对存在的违规、违纪行为，还要按有关规定严肃追究责任。

（5）代表罢免。代表所在选举单位代表或党员联名达到五分之一的，代表团可向市委提出书面罢免代表申请。经市委调查并审批同意后，由代表团召开罢免会议。党代表或党员实际到会人数超过应到会人数五分之四，赞成人数超过实际到会人数半数以上的，对代表的罢免议案方可通过。被提请罢免的代表有权在罢免会议召开前提出申辩意见，也可以在会议上采取口头或书面的形式进行申辩。

（6）代表资格变动审批。代表资格需要终止、停止、暂停的，市级领导干部代表及市直代表团代表由市委党联办向市委提出资格变动申请，其他代表由所属镇（街道）代表团向市委提出申请，说明情况，提出建议，由市委审批后予以实施。

（7）代表隶属团（组）变更。代表任期内跨镇（街道）、跨行业职务调整的，各代表团（组）应及时与市委党联办沟通，由市委党联办根据变动情况，提出代表隶属团（组）调整建议，报市委同意后，书面通知相关代表团（组）。

（8）代表增补。代表缺额原则上不增补，确因工作需要增补代表的，镇（街道）代表由所在镇（街道）提出初步意见，市直代表由市委党联办提出初步意见，经市委研究同意后，由所在选区进行推选。增补后的代表，原则上结构保持不变，总数不超过本次代表大会代表名额。

3. 代表证管理制度

（1）代表经过资格审查后，由市委统一制发代表证。代表证在任期内有效。

（2）代表证是代表履行职责的凭证，代表持证开展工作、参加活动。

（3）代表证要妥善保管，不得涂改或转借他人。代表职务发生变动、代表证损坏或遗失的，要及时联系市委党联办予以更换。

（4）代表资格终止、停止、暂停的，要收回代表证。

4. 评议代表制度

（1）代表所在单位开展领导班子、领导干部年度述职评议时，要组织代表围绕履职尽责、发挥代表作用等情况，向所在单位全体党员述职，并自觉接受评议。

（2）各镇（街道）代表团每年底要组织辖区内市级党代表围绕履职情况，撰写述职报告，采取会议或书面的形式，向全体镇级党代表或党员代表进行述职，并接受评议。

（3）代表评议分为“优秀”、“称职”、“基本称职”和“不称职”四个等次。评议结果分别统计，对得“优秀”和“称职”票不超过三分之二的，进行谈话诫勉；得“不称职”票超过三分之一，经组织考察认定为不宜继续担任代表的，责令其辞去代表职务。

5. 考核代表制度

（1）市委党联办根据党代表出席市委和各代表团（组）召开的会议，提出意见建议，反映社情民意，参加调研、视察、考察、评议等活动情况，建立代表工作档案及基础台账，作为代表履职考核、表彰奖励的重要依据。

（2）代表须及时、全程参加相关会议和活动，每次与会或参与活动时间无故达不到三分之二的，视为缺席。

（3）代表每年至少提交一份有价值的提议、反映一条社情民意信息、提出一条合理化建议、为群众办一件实事，并做到亲历亲为、亲见亲闻。

（4）代表在任期内无故缺席会议、活动累计达 3 次或年内完不成“四个一”任务的，责令其辞去代表职务。

五、组织领导

1. 高度重视。各级党（工）委要把落实和完善党代表任期制工作作为新常态下从严治党的重大举措，作为加强党的建设的重要探索，作为党的组织制度建设的重要创新，摆上重要日程，及时研究部署相关工作，切实加强领导指导。建立纪委、组织、宣传、统战、政法、群团等成员单位参加的联席会议制度，明确责任分工，密切工作配合，抓好任务落实。

2. 健全机构。市委成立落实和完善党代表任期制工作领导小组，建立健全党代表联络工作机构，明确工作职责，落实人员编制。市级配备不少于 2 名专职工作人员，确保党代表任期制工作有专人抓、专人管。

3. 落实保障。一是经费保障。将党代表工作经费列入各级财政预算，党费给予必要补充，主要用于代表日常活动、培训、交通及无固定工资收入代表参加活动误工补贴等。二是时间保障。代表参加市委或代表团（组）组织的活动，代表所在单位要积极支持，按正常出勤对待。三是权益保障。经市委或代表团（组）批准，代表进行视察调研、信访接待、民主议事、监督评议等活动时，任何单位和个人不得以任何理由拒绝或推诿。基层党组织给予代表留党察看及以上纪律处分的，须报市纪委和市委组织部审批后，按管理权限办理手续。

4. 强化培训。将市级党代表培训纳入乳山市干部教育培训计划，以党校为主阵地，以基层一线代表为重点，通过集中培训、以会代训、实地考察和召开经验交流会等方式，每年至少开展 2 次集中培训，进一步提高代表履职能力。

5. 宣传表彰。要充分利用报纸、电视、电台、网络等新闻媒体和党员干部现代远程教育平台，及时宣传党代表任期制工作相关规定、基层创新做法、典型经验和优秀党代表风采等，营造良好舆论环境。市委结合“七一”表彰、年度工作总结表彰等活动，每年评选表彰一批尽职履责、实绩突出、群众公认的优秀代表特别是基层一线代表，通过典型引路、示范带动，在乳山市营造学先进、赶先进、当先进的浓厚氛围。

各镇（街道）党（工）委要结合实际，制定具体实施办法，组织搞好本级党代表任期制工作的谋划落实和推进完善，确保各个层级的代表都能充分发挥作用。

关于加强作风建设营造良好政治生态环境的意见

（6 月 12 日乳发〔2015〕9 号）

为深入学习贯彻习近平总书记系列重要讲话精神，认真践行“三严三实”要求，积极适应全面从严治党新常态，从严约束领导干部从政行为，营造良好从政环境，深入推进风清气正的政治生态建设，现对乳山市各级领导班子和领导干部重申和提出以下意见。

一、严守党的政治纪律和组织纪律

1. 坚决维护党的权威。坚决服从中央、省委和威海市委的领导，始终对党忠诚，做到在党言党、在党忧党、在党为党、在党护党，不得阳奉阴违、自行其是，不得背离上级要求另搞一套，不得对党的大政方针妄加评论、口无遮拦、说三道四，不得公开发表与上级精神相违背的言论，不得散布传播政治谣言，不得泄露党和国家秘密，决不参加任何宗教组织，不参与任何封建迷信活动。

2. 切实维护党内团结。坚持五湖四海，团结一切忠实于党的同志，不得搞亲亲疏疏、拉帮结派，不得以人划线、排斥异己，不得封官许愿、笼络人心，不得以“同学”、“战友”、“老乡”等名义搞团团伙伙、拉帮结派，不得搞人身依附和只对领导个人负责而不对组织负责，坚决反对事不关己、高高挂起，反对当面一套、背后一套，反对口是心非、阳奉阴违，决不允许搬弄是非、匿名诬告、造谣中伤。

3. 严格遵循组织程序。严格执行下级服从上级、个人服从组织的纪律规定，健全完善重要事项逐级请示汇报制度，任何个人不得违反组织程序、议事决策规则直接决定应由党委（党组）或集体讨论决定的事项，不得独断专行、擅自做主、先斩后奏，不得超越权限办事，不得把个人意见强加给集体、用个人意见代替组织决定，不得授意、指使、强令有关单位和人员违规违法办事，严禁以任何借口、任何形式随意简化和规避组织程序。

4. 严格遵守民主集中制。严格按照党的组织原则和政治生活准则办事，坚持贯彻执行民主集中制，坚持集体领导、民主集中、个别酝酿、会议决定的原则，一切重大问题必须经过集体讨论决定，坚决杜绝大权独揽、独断专行，坚决防止个别酝酿变成私下授意、会议讨论变成简单通过、集体决定变成主要领导定调，坚决反对搞家长制、一言堂。坚持用好批评和自我批评武器，坚持严格党内生活，坚持党性原则基础上的团结。坚决执行组织决定，自觉服从组织安排，不得搞非组织活动，不得有令不行、有禁不止，不得搞上有政策、下有对策，不得向组织讨价还价，不得欺骗、对抗组织，不得压制、打击与自己意见不一致的同志。

5. 严格执行请示报告制度。认真落实领导干部外出请假规定，凡是到威海市以外出差、招商、休假等，均须按规定程序请假，未经允许一律不准外出。认真落实重大事项、突发事件、重要来客等事项请示报告制度，严格执行领导干部报告个人有关事项的规定，家庭发生重大变故、为本人和子女操办婚宴等事项，要及时向纪检组织人事部门报告。

6. 树立科学政绩观。坚持实事求是，一切从实际出发，不得搞脱离实际的高指标，不得搞华而不实、劳民伤财、急功近利的“形象工程”、“政绩工程”，切实抓好打基础、重长远的工作，促进区域健康协调发展。保持工作的稳定性和连续性，坚持继承和完善、创新相结合，不得“新官不理旧事”，不得只顾眼前、不顾长远、搞短期行为，不得在工作思路、发展规划等问题上搞瞎折腾。不得擅自修改或授意、强令有关单位和人员虚报、伪造、篡改经济社会发展统计数据，不得瞒报、漏报、迟报重大突发公共事件信息，不得搞假报道、假典型、假政绩。

二、严格规范选人用人

7. 树立正确用人导向。坚持德才兼备、注重实绩、群众公认原则选干部，做到重品行、重公认、重实绩、重实干，大力选拔政治可靠、品德高尚、思想解放、勤勉敬业、埋头实干、作风正派的干部，坚决不用政治上不过硬、廉政上不过关、作风上不严谨、工作上不务实、履职上不担当的干部，做到公道正派选人、选公道正派的人。坚持以实绩论英雄、凭实绩用干部，大力选拔能力出众、实绩突出的干部，坚持任人唯贤，不搞任人唯亲，坚持求真务实、崇尚实干，不给投机钻营者机会，不让踏实干事者吃亏。坚持干部能上能下，对违反政治纪律，有令不行、有禁不止的；违反民主集中制，不按程序办事，决策严重失误的；班子严重不团结、软弱涣散的；在急难险重任务面前临阵退缩、回避矛盾的；在工作中为官不为、存在“庸懒散浮拖”现象的；在履行“一岗双责”中失职失责，导致本区域、本单位多次出现干部违纪违法行为，或造成恶劣影响、重大损失的，坚决对相关干部进行调整，刹不为之风、换不为之将。

8. 严把选人用人关口。严把程序关，坚持党管干部原则，不折不扣执行《党政领导干部选拔任用工作条例》和“四项监督制度”，严格按规定程序办事，该有的步骤、环节决不能减少，该按规矩办的决不搞例外，确保干部选任严谨规范。严把考察审核关，健全完善常态化干部考察机制，采取科学有效的考察方法，把干部考准、考真、考实，坚持信访举报没有查清的不放过、个人报告事项没有查实的不放过、干部档案信息没有查明的不放过，坚决防止干部“带病提拔”。严格落实股级干部预批备案制度，按程序任免股级干部，未经审批的不得自行公布干部股级职务。

9. 严禁在选人用人中徇私情、搞照顾。领导干部不得为配偶、子女、亲友、身边工作人员的提拔重用、岗位调整出面打招呼；不得干预下级或原任职地方、单位的干部任免工作；不得授意、暗示有关部门和人员造假作假、违规任用。严禁封官许愿、任人唯亲、营私舞弊；严禁拉票贿选、跑官要官，买官卖官；严禁以不正当手段为本人或他人谋取职位；严禁在工作调动、机构变动时突击选拔调整干部；严禁跑风漏气，私自泄露干部调整有关情况；严禁以各种名义规避政策规定或违反资格、条件、编制等限制选用机关事业单位工作人员。严格落实干部档案任前审核制度，严肃查处涂改干部档案以及在干部“三龄两历一身份”等方面弄虚作假的行为。

10. 严格落实选人用人问责制。部门、单位党委（党组）报送拟提拔重用建议人选时，须对人选廉洁自律情况做出结论性评价；个人向市委推荐领导干部人选，必须负责地写出推荐材料并署名。实行干部选拔任用全程纪实制度，健全责任追究办法，对“带病提拔”的，一律实行责任倒查，严肃追究有关领导和人员的责任。

三、严肃查处违纪违法问题

11. 坚持有腐必反、有贪必肃。

始终保持惩治腐败的高压态势，用最坚决的态度减少腐败存量，用最果断的措施遏制腐败增量。加大对贪污腐败涉案人员的惩处力度，根据情节轻重，综合运用纪律处分和组织处理，使各级领导干部受到警醒、警示、警戒。坚持抓早抓小，发现苗头就及时提醒，触犯纪律就及时处理。

12. 持之以恒地抓好中央八项规定精神的落实。把顶风违纪问题列入纪律审查重点，严防“四风”反弹。推进“四风”整治常态化，严禁提高会议用餐、住宿标准，严禁组织高消费娱乐、健身活动，严禁超规模、超标准、超投资建设、改造和装修党政机关办公用房，严禁公车私用，严禁领导干部之间用公款互相请吃、吃请，严禁一般性考察出访和无实质性内容的出访，严禁党政机关事业单位挤占企业出国名额搭车出访，严禁借开会、考察、招商等名义旅游，坚决治理行业“潜规则”，严肃查处截留克扣基层物资经费、滥用职权、吃拿卡要、侵占群众利益等违纪违法问题，严格执行工作日中午禁酒制度。坚决整治“为官不为”，加大对“庸懒散”行为的治理力度，集中整治“门难进、脸难看、事难办”，突出解决办事效率低下问题，严肃处置无故旷工、迟到早退、擅离职守、工作时间上网购物娱乐等行为，严肃查处不担当、不作为、慢作为，敷衍塞责、推诿扯皮等懒政怠政行为。

13. 旗帜鲜明地支持纪检监察机关依纪依法履行职责。推进市级党政领导班子成员向市纪委全委会述廉，组织市纪委委员对镇（街道）、重点职能部门党委（党组）履行主体责任情况进行综合评议，评议结果纳入年度党风廉政建设责任制考核。党委（党组）及主要负责同志要及时研究解决纪律审查和派驻巡查中发现的重要问题，及时组织收集重要问题线索，对重要案件的查处要亲自部署、亲自过问、亲自协调、亲自督办。任何组织和个人不得放任纵容、袒护包庇违纪违法行为，不得利用职权隐匿和瞒报问题线索、压案不查，不得违规干预和插手问题线索清理、处置和案件查办，不得跑风漏气。

四、从严制约领导干部参与市场经济行为

14. 规范建设工程项目管理。规范建设工程项目管理和招投标活动，严禁审批或核准违反产业政策、发展规划、市场准入标准等规定的工程建设项目；严禁以调度、视察、调研等名义干预项目施工管理、质量管理、环评、物资采购和财务管理，不得以指定、暗示、授意等方式为企业确定工程建设物资生产商、供应商，或者擅自转包和违法分包工程建设项目；严禁违反规定插手干预有关单位对建设项目进行质量监督、安全生产事故调查等。

15. 规范建设工程项目招投标管理。严格执行国家公布的依法必须招投标工程的具体范围和规模标准，加强国有资金项目招投标监督管理，严禁以保护本区域企业利益等为借口，对应当公开交易的项目搞邀请招标、直接发包，或将交易项目化整为零规避招标、竞拍、竞价，或搞明招暗定；实行招标代理机构公开竞争，严禁为招标人指定招标代理机构，不得强制招标人委托代理机构办理招标事宜，不得以行政审批、入库抽签等方式确定招标代理机构；严禁操纵或以其他方式影响招投标活动中投标人资格的确定或评标、中标结果，不得要求中标人分包、转包中标工程。

16. 规范土地使用权和矿业权审批出让管理。坚决执行经营性土地使用权出让和矿业权审批制度，严禁对按规定应当实行招标拍卖挂牌的土地使用权采用划拨、协议方式供地，不得以合作开发、招商引资、历史遗留问题等名义规避招拍挂；严禁越权审批采矿权，严禁以招商引资等名义违规出让采矿权、探矿权，严肃查处以采代探、越界探采行为；严禁以任何手段操纵土地使用权出让活动中申请人的确定或出让结果，不得擅自批准调整土地用途等规划设计条件，不得擅自减免土地使用权出让金。

17. 规范城市规划建设管理。认真履行城市规划建设管理审批和监督检查职能，坚决纠正和查处未批先建、边批边建、虽批乱建等违法问题，严禁违反规定改变容积率、建筑密度、建筑层高等建设项目规划设计，不得允许不具备房地产开发资质或资质等级不相符的企业从事房地产开发与经营活动，不得允许以借用、假冒资质等方式获取廉租房、经济适用房、政策性租赁住房建设项目；严禁为不符合商品房预售条件的开发项目发放商品房预售许可证；严禁建设、规划、国土、房管系统现任公务人员作为专家参加本市规划设计、工程等方案评选、评审等工作。

五、严格领导干部教育监管

18. 严格实行党风廉政建设责任追究。各级领导干部要对本区域、本单位的工作和党风廉政建设负总责，坚持“一案双查”和责任倒查制度，对任何部门和单位，凡违反党的政治纪律、政治规矩和组织纪律，“四风”问题突出、发生顶风违纪问题，出现区域性、系统性严重腐败案件的，对上级巡视组、纪检监察机关反馈和移交的问题不整改、不查处的，要在严肃追究当事人责任的同时，一并追究党委的主体责任、纪委的监督责任和领导干部的个人责任，并对责任追究典型案件予以通报曝光。

19. 强化对领导干部特别是“一把手”行使权力的监督。坚持重大事项集体研究决定，健全完善“三重一大”事项闭环式管理机制，做到重大事项决策事前征询、事中控制、事后评估，进一步规范完善决策程序。领导干部不准违反规定干预和插手工程项目承发包、政府采购、海域使用、矿产资源开发、金融机构存贷款等市场经济活动和行政许可等事项，不准个人独资或与他人合资、合股经办商业或其他企业，不准私自以承包、租赁、受聘等方式从事商业和其他经营活动，不准违反规定拥有非上市公司的股份或证券，不准与企业负责人拉拉扯扯，搞官商勾结、权钱交易，集中治理机关事业单位“吃空饷”问题。现职党政领导干部原则上不得在企业兼职或任职，按规定经批准在企业兼职的，不得在企业领取薪酬、奖金、津贴等报酬。

20. 严格教育管理亲属及身边工作人员。重视家庭教育，培育良好家风，严格约束亲属的行为，做到谨言慎行、本分做人，不借权谋私；严格约束身边工作人员，使之讲规矩、守纪律，自觉维护领导机关和领导干部良好形象。领导干部不得默许、纵容、授意亲属及身边工作人员以本人名义谋取私利，不得为亲属或者领导干部之间相互为对方亲属经商、办企业等提供便利，不得允许、纵容配偶、子女及其配偶、特定关系人在本人管辖的地区和业务范围内从事可能与公共利益发生冲突的经商、办企业、社会中介服务等活动，坚决杜绝各类违反廉洁从政规定的行为发生。不得纵容亲属和身边工作人员以任何形式影响政策制定和人事安排、干预正常工作运行，不得默许他们利用特殊身份谋取非法利益。

21. 强化法治观念。主动适应全面推进依法治国新常态，牢记法律红线不可逾越、法律底线不可触碰，带头尊法、学法、守法、用法，提高运用法治思维和法治方式推动工作的能力。坚持法无授权不可为、法定职责必须为，制定权力清单和责任清单，加大简政放权力度，自觉养成在法治环境下、组织和群众监督下工作、生活的习惯，不得违法行使权力、干预司法活动、插手具体案件处理，不得要求司法机关违反法定职责或法定程序处理案件，不得在案件线索检查、立案、侦查、审查、起诉、审判、执行等环节为当事人请托说情，不得要求办案人员私下会见案件当事人、辩护人、代理人、近亲属及其他利害关系人，不得超越职权对案件处理提出倾向性意见或具体要求，更不得以言代法、以权压法、徇私枉法，切实做到在位不擅权、履职不谋私，决不允许充当黑恶势力的“保护伞”。

22. 增强廉政定力。加强党性修养、坚定理想信念、坚持道德操守，保持健康向上的为人处事方式和生活情趣，净化朋友圈、交往圈、生活圈，不做“关系网”的编织者、“潜规则”的信奉者，坚决抵制来自各方面的说情、打招呼、写条子及各种投机钻营行为。自觉践行“三严三实”，远离各种诱惑和低级趣味，不弄虚作假，不做“两面人”，争做新时期的“四有新人”。

市级领导班子成员要以身作则，带头落实，自觉接受监督，主动从严要求，以上率下、以上带下，切实做好表率，发挥示范作用。各级党员领导干部要模范执行，狠抓落实，努力营造风清气正的从政环境。

关于进一步规范政府重大行政决策合法性审查程序的通知

（12 月 16 日乳政办发〔2015〕36 号）

为进一步理顺政府重大行政决策合法性审查程序，明确工作标准要求，现就相关工作通知如下：

一、合法性审查工作的承办机构

市政府法制办公室负责对市政府重大行政决策方案进行合法性审查。各镇（街）、市政府有关部门法制站所、科室（统称“法制机构”）负责对本单位重大行政决策方案进行合法性审查。法制机构应当依据有关法律、法规、规章和国务院有关规定，就重大行政决策方案是否违反法律、法规、规章的规定，是否超越法定职权，是否违反法定程序等问题进行合法性审查。未经合法性审查或者经审查不合法的，重大行政决策方案不得提交会议讨论决策。

二、合法性审查的范围

市政府重大行政决策是指依照法定职权，对关系本区域经济社会发展全局，社会涉及面广，与公民、法人和其他组织利益密切相关的下列事项作出的决定：

（一）制定经济和社会发展重大政策措施，编制国民经济和社会发展规划、年度计划；

（二）编制各类总体规划、重要的区域规划和专项规划；

（三）编制财政预决算，重大财政资金安排；

（四）研究重大政府投资项目和重大国有资产处置；

（五）制定资源开发利用、环境保护、劳动就业、社会保障、人口和计划生育、教育、医疗卫生、食品药品、住宅建设、安全生产、交通管理等方面的重大政策措施；

（六）确定和调整重要的行政事业性收费以及政府定价的重要商品、服务价格；

（七）制定行政管理体制改革的重大措施；

（八）需要由政府决策的其他重大事项。

各镇（街）、各部门的重大行政决策范围由本单位依据工作职责，参照市政府重大行政决策范围确定。

三、合法性审查工作的程序

重大行政决策合法性审查的具体程序，按照下列规定进行：

（一）凡需要进行合法性审查的重大行政决策事项，决策事项承办单位（涉及两个以上承办单位的，由牵头单位负责）应当在完成组织公众参与、专家论证、风险评估等法定程序，并经本单位法制机构进行合法性初审和部门会签后，将重大行政决策方案及相关材料送市政府法制办进行合法性审查。

决策事项承办单位在调研起草、组织论证、风险评估、部门会签过程中转请市政府法制办公室进行合法性审查的，市政府法制办公室不予办理。有关单位就涉及某些重大原则性问题征求市政府法制办公室意见的，市政府法制办公室予以指导。

（二）进行合法性审查，应当首先审查下列文件和材料是否齐备：

1. 重大行政决策方案；

2. 包含制定背景、必要性、可

行性和形成过程的说明；

3. 法律、法规、规章和国务院文件等制定依据目录及文本（如单个依据文件内容较多，可直接列出依据文件的具体条款和内容）；

4. 听取公众意见及意见采纳情况的书面记录；

5. 专家论证情况书面记录（3个以上专家，可以是有关部门、有关教学科研单位的专家）；

6. 依法应当举行听证会的，提供相关书面记录；

7. 风险评估报告（同时提供市维稳办出具的备案证明）；

8. 决策事项承办单位法制机构及法律顾问出具的合法性初审意见书；

9. 进行合法性审查所需要的其他资料。单位法制机构发现上述文件和材料不符合要求的，应当要求决策事项承办单位限期补送。补送的时间不计算在合法性审查期限内。

（三）市政府法制办公室应当自受理重大行政决策方案及相关材料之日起15个工作日内，完成对重大行政决策方案的合法性审查；情况复杂的，经本级政府分管领导批准，可延长10个工作日；本级政府有特殊要求的，应当按照要求时限完成。

（四）市政府法制办公室进行合法性审查，可以根据实际需要采取下列方式：

1. 书面审查；

2. 必要的调查研究或者考察；

3. 通过召开座谈会、论证会、听证会、协调会、在政府网站公开征求意见等形式广泛听取社会各方面意见；

4. 组织政府法律顾问进行法律咨询或者论证，听取有关专家学者的意见和建议。

开展前款第2、3、4项工作的时间，不计算在合法性审查期限内。

（五）法制机构完成合法性审查工作后，应当出具合法性初审意见书。合法性初审意见书应当载明下列内容：

1. 审查的重大行政决策方案名称；

2. 关于重大行政决策方案在合法性方面是否存在问题的明确判断；

3. 发现存在合法性方面问题或者法律风险的，应当同时说明理由，并根据情况提出修改建议。

（六）决策事项承办单位应当对合法性审查意见书进行认真研究，根据审查意见对重大行政决策方案作相应修改。对未采纳合法性审查意见的，应当书面说明理由。

四、工作要求和保障

（一）决策事项承办单位和法制机构应当按照各自职责做好重大行政决策合法性审查工作。决策事项承办单位要依法落实重大行政决策的必经程序，及时向市政府法制办公室报送重大行政决策方案及相关材料，为重大行政决策合法性审查提供必要的协助和支持。市政府法制办公室要对重大行政决策严格把关，为政府依法行政提供法律保障。

（二）市政府将依法加强对重大行政决策合法性审查工作实施情况的监督检查，及时纠正工作中的违法或者不当行为。对违反重大行政决策合法性审查有关规定的行政机关及其工作人员，将依法追究责任。

媒体关注报道

【仁爱乳山谋突破　养生福地奏乐章】 “十二五”期间，在新一届领导班子带领下，乳山主动加压奋进，昂首阔步走过一条不平凡的征程。

新常态下，面对经济转型发展和民生支出增长的双重压力，面对稳增长与调结构的两大挑战，乳山进一步解放思想，破除干部存在的自卑、自馁等症结，突破产业结构，创新社会管理，增进民生福祉，推动经济社会保持平稳健康发展。

壮大实体经济　突破产业结构

关键词：六大产业集群　新兴产业　自主创新

一场冬雨过后，气温骤降。与湿冷的天气截然相反，乳山项目发展“火力十足”，伯特利汽车配件、帕斯砜新材料、康辉生物科技等一批企业劲头正酣。

面对新常态下经济下行的压力，乳山项目发展势头不减，得益于产业发展思路的转变。在“产业强市、工业带动”战略背景下，按照威海提出的“三年突破乳山产业结构”目标，乳山主动打破资源依赖型和房地产依赖型为主导的产业结构，重点培育装备制造、绿色食品、新材料、新能源、生物科技、节能环保等六大工业特色产业。

将特色园区作为产业突破的“主战场”和“样板田”，乳山规划“三区十园”产业布局，按照“产城融合、区镇联动、特色发展”的理念，实行“一区多园、一园一业”模式，突出各区域的特色和优势，推动产业由“小、散、低”向“集约、集聚、集群”方向发展。

在产业转型升级大潮中，一大批传统企业焕发生机。围绕装备制造产业转型升级，乳山建设基础设施配套完善的装备制造产业园，着力发展汽车配件、海洋装备、电力电气、高铁配件等，通过引导企业上下联动、配套合作，变零部件加工为总成生产，降低产品成本，提升产品附加值。发挥企业在创新发展中的主导作用，乳山大力引导装备制造企业主动对接“中国制造2025”规划，深入实施“机器换人”工程，大力发展智能制造，推进企业自动化改造，先后组织实施力久电机、双连制动、华邦精冲等数十家企业开展产学研合作项目。

传统产业华丽升级，新兴产业异军突起。作为新兴产业代表之一的新材料产业集群呈现出项目快速聚集、产业持续膨胀的发展态势，乳山引进培育以海润新材料、帕斯砜新材料为重点的高分子产业，以骏翔新材料、龙威不燃板为重点的环保装饰产业，以及园城非金属材料、佰德信新材料等一批优质新材料企业。

2015年年底，乳山六大产业集群主营业务收入占乳山市总量的85%，装备制造、绿色食品、新材料产业主营业务收入均突破百亿元。其中，装备制造和绿色食品产业集群规模分别达到162亿元和149亿元。

孵化器是产业发展助推器。乳山把孵化器作为壮大产业的新路径，设立专门的孵化器专项扶持资金，先后引进并建设威海智创科技企业孵化器、青岛科大孵化中心、城西科技孵化园等4家科技孵化器。其中，威海智创科技企业孵化器已引进孵化企业30余家。

为实体经济引入电商“活水”是乳山产业转型升级又一举措。按照“互联网+传统产业”发展模式，乳山建立起智创电商基地和金谷之园电商基地2个电商平台，引导互联网经济与实体经济深度融合，推动产业向高新化、集约化和融合化升级。借着电子商务的东风，乳山启动山东省首家县级市淘宝特色销售平台——淘宝特色中国山东馆乳山基地，将乳山优质特色产品推广到全国乃至世界各地，为传统产品销售打开一片广阔的网销新天地。

产业发展离不开良好的营商环境，乳山优化行政审批服务，实施建设项目审批流程模块化再造和审批权相对集中改革，精简、取消、清理行政审批事项近百项。建立“一个项目、一名领导、一个小组”推进机制，并为每个项目和重点工程配备1名帮办员，实时督导项目进度、即时解决问题。

为解决企业资金难题，乳山积极打造金融创新平台，引进中信银行、民生银行、阿甘担保等金融机构，成立民间金融组织6家、激活民间资本3亿元；设立1亿元金融产业发展引导基金，与投资机构达成2支产业基金组建协议；邀请专业团队，对重点企业上市、新三板挂牌、区域资本市场挂牌融资进行会诊，制订整改措施和融资计划，促使力久电机、金牌生物、昊安金科、九旺科技、华邦精冲等5家企业成功挂牌新三板。

乳山加大对科技研发平台的支持力度，组建威海正洋海洋生物研究院、硅胶产业研发中心、固废物综合利用研发中心等6个公共平台，并将“后置式科技扶持奖励”变为“前置式科技扶持”，加快推进政校企协同创新，让创新成为企业内生动力。

创新社会管理 促进为民服务

关键词：群众工作部 党员进社区 海岸带整治

为适应群众需求的新变化，乳山主动创新社会管理形式，率先在全省成立群众工作部，由市委副书记任部长，对各部门分头负责的群众工作职能进行整合，从群众最关心、最迫切需要解决的问题入手，集中解决社会管理中的热点和难点问题，实现为民服务零距离。

乳山开通民情网和市民热线两大民情汇集平台，结合全覆盖式民情大走访、群众最不满意事项征集等常态化服务群众工作机制，多渠道汇集群众诉求。依托互联网技术，2015年，乳山又研发覆盖乳山市178个农村社区、69个城市社区的“民情掌上通”，乳山市240多名群众工作指导员携带“民情掌上通”进家入户倾听群众意见，随时随地高效办公、及时准确把握群众诉求，帮群众排忧解难。

为确保群众反映的事情，事事有回音、件件有落实，乳山建立跟踪考核督办和不作为问责机制，通过预警短信、检查考核、目标承诺等，抓好跟踪落实，杜绝服务群众走过场、被动应付，用实际行动打通服务群众的“最后一公里”。乳山累计汇集群众诉求3万余条，均按时办结，群众满意度达99.02%。

乳山还组织党员干部进社区，走好“八小时”外的群众路线。2015年5月份以来，乳山组织所有市直机关党员干部开展“工作在单位，活动在社区，奉献双岗位”活动，11名市委常委和1375名市直机关党员干部利用周末时间，分别到居住地所在的社区党支部报到，认领至少一个公益岗位，当好政策宣传员和问题排解员。

群众有所呼，我必有所应。对群众反映最集中、最关心的海岸带综合整治、露天烧烤、交通拥堵、噪音污染、物业乱收费、房产中介不规范等27项问题，乳山逐一“会诊”，逐个制定解决方案。

针对群众反映最强烈的海岸带综合整治问题，乳山果断对症“开刀”，先后投资15亿元，修复整治海岸带40公里，恢复湿地1万多亩，建设人工沙滩1000余亩，修建5.3公里的银滩优质沙滩岸带保护长堤和银滩滨海公园，完成潮汐湖150公顷湖区清淤和10公里防潮堤工程，依法对影响海岸带发展环境的非法占地、非法围填海、非法养殖以及乱搭乱建等违法违规行为进行集中清理整治。

对群众关注的农村集体资金管理不规范、村级财务公开落实不到位、资产资源对外发包不民主等问题，乳山启动农村“三资管理”工作，对乳山市15个镇、511个村开展镇级交叉审计工作，修订完善收支管理、土地补偿费管理、农村固定资产管理、农村财务公开管理等10余项制度，对“三资”信息全部实行村内、网络“两公开”，并要求村级公共资源发包必须通过“农村集体资产资源交易平台”进行。乳山还通过政府买服务的形式开展专业审计，做到“一年一抽审”“三年一轮审”，确保农村财务公开、公正、透明。

乳山不断深化农村改革，推进农村集体资产股份制改造，在白沙滩镇翁家埠村成立全省首家农村经济股份合作社，使村民变“股东”，让群众尝到发展的“甜头”。通过推进农村产权制度改革，乳山完成农村土地承包经营权确权登记颁证，落实集体所有权、稳定农户承包权、放活土地经营权。

适应城市现代化建设需要，乳山还开启“智慧城市”建设，通过建设智慧城市运行管理中心，对政务、住建、城管、政法、群工、金融、交通、人防等多个智慧平台进行整合，开发智慧地下管网、智慧城管、诚信乳山等平台，优化城市基础设施建设和公共服务。

改善保障民生 共享发展红利

关键词：五城联创 新型农村社区 农产品质量安全

面对经济下行压力，民生投入不降反增。“十二五”期间，乳山民生事业投入力度持续加大。2015年，乳山投资38亿元解决与群众生活息息相关的200多项实事。今年，乳山规划实施总投资40多亿元的十大类便民利民实事，涵盖基础设施、医疗卫生、社会救助、便民服务等多个方面，投入规模和覆盖范围均创历史新高。

为让群众分享更多发展成果，今年，乳山启动创建全国文明城市、国家卫生城市、国家健康城市、国家食品安全城市、国家智慧城市等“五城联创”工作，成立以市委书记、市长任总指挥的“五城联创”工作指挥部和4个市级领导牵头的四个专项创建工作领导小组，调动乳山市所有部门、镇区力量，从群众切身利益出发，聚力完善与百姓生活息息相关的便民利民设施。

围绕“五城联创”工作，乳山多举措提升城市软硬件条件。开展“讲文明树新风”、“四德工程”、核心价值观教育、道德讲堂等活动，改善市民文明素质；加大城市环境整治力度，治理背街小巷、老旧小区、城乡接合部等卫生死角，引导市民形成健康卫生生活习惯；加强路边停车、烟尘抛洒、占道经营、乱搭乱建、户外广告等专项治理活动，引导市民形成良好经营习惯；倡导生态发展理念，深入开展节能减排、环境保护全民行动，引导企业绿色发展，不断增强市民保护环境意识；建立健全食品安全检验检测体系，加强对餐饮行业、农产品投入品的监管。

创城工作“给力”，民生工程更是力度不减。投资5000多万元修缮改陈的马石山烈士陵园，获批全国爱国主义教育示范基地；在全省率先完成公交一体化改造基础上，又投入1500万元对老年人、残疾人、残疾军人、学生等群体乘坐公交车进行票价补贴；投资2亿多元实施健康乳山建设工程，开展居民健康档案、农村妇女“两癌”筛查、慢性病管理等十几类公共卫生服务项目，做好城乡居民医保扩面工作；推进城乡教育均衡一体发展，在全省率先实现“一镇一校一园”，先后荣获“山东省教育工作示范县”、“全国义务教育发展基本均衡县”称号；投资6亿多元实施安居工程，实施供暖、供热计量节能、供气改造等；社会保障支出超2亿元，扩大城乡居民养老保险覆盖面，提高保障水平……

针对政府职能机构分布相对分散、群众办事难、跑腿多的问题，2015年9月份，乳山正式启用斥资2.6亿元新建的市民服务中心，将38个职能部门汇集一处，可办理100多项事务，涵盖政务服务、企业服务、人社服务、社会管理等各种服务，真正做到让群众和企业办事不再“东奔西走”，实现“进一家门、办百件事”。

为促进城乡均衡化发展，乳山开展新型农村社区建设，打破原有行政村空间、组织、地域等界限，以辐射带动1.5公里半径内的三四个村庄、服务人口2000人左右为标准，把乳山市601个村规划为178个农村新型社区，建设集便民超市、卫生室、党员活动室、农家书屋、便民服务中心等于一体的“一站式”社区服务中心，不断提高农村居民生活幸福指数。

结合“乡村文明行动”，乳山以促进村容整洁为切入点和突破口，将城市管理模式向乡镇、农村延伸，开展农村环境综合整治、城乡环卫一体化等活动，先后投资4000多万元，为15个镇区购置38辆垃圾压缩运输车，配备1.7万个垃圾桶，并为离市区较远的10个镇各修建1处垃圾中转站，建立起“村收集、镇转运、市处理”的垃圾处理模式，改变过去“垃圾靠风刮、污水靠日晒”的现象，农村人居环境得到很大改善。

乳山积极守护群众舌尖上的安全，在全国率先实施农产品安全区域化管理，掐住农资进货源头、建立农产品可追溯体系、推行农资“一卡通”监管，将农产品产前、产中、产后各环节纳入标准生产和管理，打造起“投入无违禁、管理无盲区、产品无公害、出口无隐患、百姓无担忧”的乳山模式，成为全国、全省“出口农产品质量安全示范区”和“全国绿色食品原料标准化生产基地”。

依托绿色安全农产品，乳山加快推动区域现代农业发展，培育牡蛎、茶叶、大姜“乳山三宝”品牌，取得绿色、无公害、有机食品认证98个，收获牡蛎、茶叶、大姜、苹果、蓝莓等9个国家地理标志商标，形成苹果、茶叶、大姜等十大农业特色产业，农产品由粗加工、低附加值向精深加工、高附加值转变，培育涉农企业300余家，带动农民增收。

与经济富民并驾齐驱，文化惠民工程不断深入。乳山将“母爱乳山”城市品牌提升为“仁爱乳山”，开展“政训、厂训、店训、校训、村训、家训”等“六训”建设活动，并创新文化惠民机制，把文化服务的“遥控器”交给群众，开通运行文化惠民服务平台、建立公共图书总分馆制度、组织开展各类送文艺下乡活动等，让群众在家门口就可以选择自己需要的文化服务。通过实施一系列文化惠民举措，乳山顺利通过文化部大考，荣获“全国文化先进县”称号。

站在“十三五”的起点，乳山在发展壮大六大产业集群的基础上，正抢抓中韩自贸区建设的重大机遇，规划中韩合作健康产业园，发展健康营养食品、健康生物医药、健康产品制造、健康养生养老、健康文化旅游、健康保健管理等六大健康产业链条，用“健康+”发展理念，推动产业跨界融合，描绘着更加壮丽的蓝图。

（12 月 28 日《大众日报》专版 作者：彭辉 刘国贤 任现辉 姜俏俏）

【乳山经济全线飘红】今年一季度，乳山经济增速加快，多项主要经济指标“飘红”：生产总值比上年增长 10%，增幅高于乳山市 1.4 个百分点，其中，固定资产投资增长 14.85%，第三产业比上年增长 11.9%，规模以上工业增加值增长 9.72%。

经济发展实现首季“开门红”，是乳山上下解放思想、勇于担当、致力突破产业结构结出的硕果。“经济发展既要质量，又要增长。”乳山市委书记高书良说，一季度，在生产总值增长 10% 的同时，发展质量也进一步提升，这不仅是实施“产业强市、工业带动”战略释放出的巨大红利，也是乳山狠抓项目建设、全力突破产业结构生动实践带来的新突破。

多年来，工业经济规模偏小、经济基础相对薄弱，一直是乳山经济发展的“短板”。威海市委、市政府提出“奋战三年实现乳山产业结构突破”，为乳山产业崛起描画清晰的路线图。

按照“三年突破”的总体要求，乳山迈出振兴工业的坚实步伐。在产业转型升级的路上，改变单一的产业格局，突出集群培育，发展壮大装备制造、绿色食品、生物科技、节能环保、新材料、新能源等六大产业集群，并力争将每个集群都打造成百亿产业。在项目引进和建设方面，瞄准“高、轻”，以科技含量高、绿色生态发展为方向，重点引进科技型、生态型、环保型项目，并创新招商方式，强化孵化器招商、企业合作招商、产业基金招商、电商经济招商、重点区域招商等招商模式，吸引更多项目落户。透过数字看成绩——一季度，乳山派队外出招商 330 余次，新引进各类项目 30 余个，其中新签约项目 10 个。

当下，加强对韩开放、与韩合作成为推动乳山市经济发展的新引擎。为抢抓中韩自贸区地方经济合作示范区建设这一重大机遇，乳山积极搭建中韩友好城市交流合作平台、中韩食品和生物科技产业园平台、中韩制造业工业团地平台、中韩海洋文化体验之旅服务平台、健康养生服务平台五大对韩特色平台，谋求经济转型新突破。得益于与韩合作的深入推动，乳山今年一季度对外贸易增长迅猛，进出口总值增幅达 18.1%。

经济转型、产业突破，不能一蹴而就。为此，乳山着力打基础、蓄势能、谋长远，将孵化器引进与建设作为壮大实体经济的新路径，着力为技术研发、成果转化、项目入孵、项目孵化提供坚实有力的平台支撑。不仅如此，乳山还致力于推动与外合作，加快当地传统企业转型步伐，积极引进市外企业参与资产重组、资本运作、市场合作，助力传统企业快速膨胀。

产业突破离不开给力的资金保障。为此，乳山全力推动金融创新，在引进中信银行、民生银行等大型金融机构的同时，还通过探索组建金融投资公司，设立创业投资引导基金，推动更多企业挂牌上市、私募融资，为产业转调“大田”引入更多金融“活水”。

在营造更加优良的营商环境方面，乳山加强干部服务项目工作，加大项目分包力度，建立大项目代办员队伍，对重点项目从注册登记、立项到项目竣工验收全过程提供服务。今年，乳山已开工复工 23 个市级重点项目，均投资过亿元，为产业突破注入新的更大的活力。

转型突破，永无止境。“我们将继续以突破产业结构为目标，以创先争优为动力，坚持产业强市，突出项目建设，打造经济发展升级版。”乳山市委副书记、代市长周兵的一席话掷地有声。

短评：持久创新才有持续突破

乳山产业突破的果实如此甜美：一季度，不仅主要经济指标增速走在乳山市各区市前列，而且发展质量也跨上一个新的台阶。可以看出，产业突破的重重压力，正转化成乳山加快发展的动力。

在数字的背后，可以看到乳山产业结构优化和增长方式转变的清晰脉络——致力于集群发展和产业升级，壮大装备制造、绿色食品、生物科技、节能环保、新材料、新能源等六大产业集群；致力于促进科技创新和产业培育相结合，重点引进科技型、生态型、环保型项目；致力于推动工业化和信息化深度融合，全力打造科技孵化器、建设电子商务基地；致力于促进对外开放和产业升级一体推进，积极搭建对韩开放、与韩合作五大特色平台……正是大刀阔斧的改革创新，撑起乳山产业突破的脊梁。

持续创新才能锻造持久动力。突破发展永无止境，乳山今后的产业突破将进入新常态。无论是继续实打实地扶持企业发展，切实提高企业家的社会地位；还是着力化解企业发展所面临的政策难题、环境难题，通过转变干部作风来营造更加和谐、充满活力的良好营商环境；抑或在更深层次上激发企业对外合作、全面提升产业扩容提质的内涵，乳山经济健康快速发展的路还很长。但有了创新的基础，我们坚信乳山未来的产业突破将会传来更多的“好声音”。

（5 月 11 日《威海日报》 作者：勇庆威 任现辉 王嘉）

【乳山：寻找“新动力源”】时下，经济下行压力增大，作为东部地区县域经济基础相对薄弱的乳山却亮出不俗成绩：前四个月，乳山市生产总值比上年增长 10%，其中，固定资产投资增长 14.42%，第三产业比上年增长 11.9%，规模以上工业增加值增长 9.52%。

经济发展实现“开门红”，是乳山积极寻找新常态下经济增长新动力的结果。

聚力

——孵化器建设加速产业集聚

6 月 8 日，乳山经济开发区青岛

科大科技孵化中心项目施工现场，大卡车来回穿梭，塔机挥舞着巨臂。

“我们的孵化中心与青岛科技大学联合建设，按照‘孵化器—加速器—产业基地’的发展模式，打造集新材料研发、中试、检测及孵化于一体的综合性平台。”项目负责人孙友青说，孵化中心上半年投入使用前，已经吸引改性塑料、节能橡胶等5家企业入孵，他们的目标是5年内争创国家级科技孵化器。

在青岛科大科技孵化中心强大“磁力”吸引下，海润新材料、园城非金属矿、龙威不燃板等新材料项目纷纷落户乳山经济开发区。“我们就是看中孵化中心高分子材料检验检测中心平台优势，建成后将大大降低企业检测成本。”从事新型换代无卤阻燃剂生产的海润新材料项目负责人许红卫说。

在产业转型升级的路上，乳山改变单一的产业格局，突出集群培育，发展壮大装备制造、绿色食品、生物科技、节能环保、新材料、新能源等六大产业集群，力争将每个集群都打造成百亿产业。从打基础、蓄势能、谋长远的角度出发，乳山将孵化器建设作为壮大六大产业的新路径，利用孵化器技术、人才优势，改良经济结构基因，补齐产业短板，从根本上解决产业基础薄弱的难题。

乳山出台《关于扶持科技企业孵化器发展意见》，对符合标准通过认定的孵化器、科技含量前景好的孵化项目、绩效显著的公共服务平台、贡献突出成果显著的优秀人才，给予专项扶持。在政策激励下，2015年以来，先后开工建设智创科技孵化园、城西科技孵化中心等5家孵化器。其中，投入使用不足一年的智创科技孵化园已进驻32家企业，计划三年内孵化60家高科技企业。

借力

——五大平台抢抓中韩自贸区机遇

近日，乳山智创科技孵化园电商产业基地迎来今年以来第三批韩国商会企业考察团，在此之前，韩国企业代表已经与孵化园就韩国黑参、智慧防盗把手、化妆品跨境电商等多个项目达成合作意向。

“威海成为中韩自贸区地方经济合作示范区，为我们孵化园电商基地带来新的发展机遇。随着跨境电子商务商务业务流程的进一步优化、通关效率的提高，对韩电子商务将大有作为。”乳山智创科技孵化园电商产业基地负责人李胜利说。

抢抓中韩自贸区建设这一重要历史机遇，乳山积极搭建中韩友好城市交流合作平台、中韩食品和生物科技产业园平台、中韩制造业工业团地平台、中韩海洋文化体验之旅服务平台、健康养生服务平台等五大对韩特色平台，谋求新突破。

发挥产业平台载体效应，今年乳山在新兴产业园投资1.7亿元，完善园区内水、电、路、汽等基础设施配套，吸引韩国各类制造业协会，承接韩国高端制造业技术转移；在中韩食品与生物生物科技产业园，乳山加强与韩国食药处、食品工业协会的对接，探讨以政策支持产业转移的方式，共同开发建设和合作运营，吸引韩国食品深加工企业进驻。

随着中韩自贸协定的签署和即将生效，跨境电子商务即将迎来“井喷期”。乳山出台《加快电子商务产业发展意见》，培育壮大电商经济，引导服装、食品加工企业转型线上经营。目前，乳山已建设金谷之园、智创电子商务基地等2处电商产业园，吸引70余家企业进驻。

给力

——金融创新为转调引入“活水”

“中小企业应急互助基金为我们提供的700万元转贷基金，顺利化解资金临时周转风险，维持企业正常经营秩序。”刚刚申请到首笔过桥续贷业务的乳山富豪菲格尔皮具有限公司负责人满脸兴奋地说。

乳山采取政府引导、企业自愿认缴、合作机构放大的方式，设立2000万元中小企业应急互助基金，专用于企业续贷资金短期周转。

在引进中信银行、民生银行、阿甘创业担保公司等大型金融机构的同时，乳山新成立6家民间资本管理公司，组建金融仓储公司，保证企业资金需需求。面对企业融资难，乳山邀请专业团队，对重点企业就上市、“新三板”挂牌、区域资本市场挂牌融资进行金融会诊，制订整改措施和融资计划。在政策鼓励下，华邦精冲、日胜农业等9家企业启动在“新三板”等资本市场挂牌工作，其中力久电机、金牌生物、昊安金科、九旺科技等4家企业已成功挂牌。

乳山还注意发挥财政专项资金“乘数效应”，今年探索成立基金管理公司，设立1亿元的创业投资引导基金，“吸附”更多社会资本参股设立股权投资基金、产业投资基金、科技成果转化等子基金，以“四两拨千斤”的方式为产业转调“大田”引入更多金融“活水”。

书记点评：以新动力引领新常态（乳山市委书记　高书良）

面对经济下行压力，如何激发经济发展的韧性？乳山在转型升级路上探寻孵化器建设、抢抓中韩自贸合作机遇、金融创新等“新动力源”，将产业突破的压力转化成发展的动力，让经济发展的底气更足。

持久动力来源于持久创新。乳山将继续化解企业发展面临的政策难题、环境难题，着力激发企业与外合作、自主创新，突出金融、科技创新驱动，转变干部作风营造更加和谐、充满活力的营商环境，让产业突破的步伐更加坚定。

（2015年6月12日《大众日报》作者：任松高　彭辉　任现辉　王嘉）

【乳山搭建对韩五大平台　争当中韩扩大合作先行区】 日前，中韩双方完成中韩自贸协定全部文本的草签，威海市和韩国仁川自由经济区合作被列为中韩自贸区地方经济合作示范区。

中韩自贸区建设的推进，正悄然改变着乳山经济发展新“版图”。

以威海加快建设中韩经济合作示范区为契机，乳山抢时争先，打造中韩友好城市交流合作平台、中韩食品和生物科技产业园平台、中韩制造业工业团地平台、中韩海洋文化体验之旅服务平台、健康养生服务平台等五大对韩特色平台，扩大对韩合作，努力把乳山打造成中韩扩大合作的先行区。

文化“带队”
构建多元城市交流平台

乳山毗邻韩国，优越的自然、人文环境，吸引不少来此投资办厂、观光旅游的韩国客人，目前乳山韩资企业已有100余家，广泛的人脉资源也推动两国之间的交流。

2015年，乳山抢抓仁川亚运会宣传契机，在韩国仁川市发布城市形象广告，宣传推介投资环境、产业发展和投资贸易，提升在仁川的影响力。

与仁川市一样，河南市同为韩国首都圈内的城市。在此之前，乳山与河南市亦交流不断，两地建立合作城市关系已有10年。“乳山是一座充满生机与活力的美丽滨海旅游城市，区位优势明显，投资环境优越，经济发展迅速，特别是对外资企业提供的服务非常优质，是不可多得的投资宝地。”2015年下半年，韩国河南市市长李教范带队来乳山考察时，给予高度评价。

乳山在河南市建立“乳山形象”展示平台，增设乳山当地企业风采展示墙、工农业产品展览室，还在河南市新商业区公园建设“乳山主题”雕塑，借助首都圈的区位优势，提升乳山在韩国，特别是仁川的知名度。

“随着中韩自贸区建设的推进，仁川与乳山之间的交流合作机会会更多、领域更广。下一步，我们将加快与仁川市经济自由区等地区建立政府层面的战略合作伙伴关系，构建多元化城市交流合作平台，促进城市间经济交往。”乳山市商务局局长王萍说。

项目“对接”
打造产业合作大平台

亚细亚机电是由韩国ASIA株式会社在乳山投资设立的企业，为现代、起亚等韩国知名汽车厂商供应汽车连接线等产品。今年，得知中韩自贸合作利好消息后，该公司计划再招收1000余名工人，扩大生产线。

“双方产业深入融合、优势互补，是中韩自贸区建设的重点。随着中韩自贸区合作的推进，乳山对韩合作开放领域将进一步扩大，与韩国中小企业的联系也将更加密切，特别是电机产品、金属制品和农产品将迎来新的发展机遇。”王萍说。

为发挥产业平台载体效应，乳山投入“真金白银”，规划建设“中韩食品与生物科技产业园”和“中韩制造业工业园地”两大产业平台，通过与韩国各类协会对接，承接韩国技术转移，打造产业聚集区。

以中韩食品与生物科技产业园为载体，乳山将加强与韩国食药处、食品工业协会的对接，探讨以政策支持产业转移的方式，共同开发建设和合作运营，吸引韩国食品深加工企业入驻。

在位于乳山滨海新区新兴产业园内的中韩制造业工业园地平台，为吸引韩国各类制造业协会，园区正快马加鞭进行水、电、汽、路等基础设施配套建设。该平台以探索建设“乳山版”韩式工业园地为目标，瞄准韩国汽车行业协会、汽车配件行业协会及重工机械会社，承接韩国高端制造业技术转移。

旅游“先行”
汇聚特色服务业新平台

“我们将以中韩互办旅游年为契机，特别是借助仁川提出建设‘观光都市’激活旅游业的时机，争取旅游合作先行先试。”王萍说。

在中韩两国尚未建交的1990年，威海到仁川之间就开通中韩之间的第一条海上航线，加之威海很早就享受“韩国人落地签证”的特殊政策，不少韩国人奔着乳山来投资、旅游度假。

在推动旅游业合作先行先试方面，乳山搭建“中韩海洋文化体验之旅”旅游文化服务平台和“美在韩国、养在乳山”健康养生服务平台，确定以“医疗养生主题”为特色的美容旅游线路，以此带动海洋旅游产业和医疗养生产业发展。

乳山海岸线长达199.27公里，分布着大乳山滨海旅游度假区、福如东海文化园等旅游景区，海洋旅游资源丰富。今年乳山计划与济州岛联合推出“中韩海洋文化体验之旅”互动旅程，提升大乳山国家级海洋公园、福如东海文化园的知名度。同时，加强与韩国大旅游社的交流合作，在乳山设立可经营出境业务的旅游社，推动中韩旅游互动。

抢抓健康养生产业发展机遇，乳山将深度策划包装以医疗养生为主题的特色美容旅游线路，打造与韩国美容外科手术相对应的术后康复、中医护肤、食疗护肤等旅游套餐，延伸开发专项肺部功能康复等养生项目产品，同时加快引入韩资独资医疗美容机构，建设以“医养融合”为特色的医疗机构，切实打响“美在韩国、养在乳山”品牌。

（3月11日《威海日报》 作者：勇庆威 王嘉 朴成学）

【乳山：向健康要生产力】 在“三年突破乳山产业结构”的前行路上，乳山因地制宜地走上一条绿色崛起的全新路径：老来乐老年公寓等一批社会资本参与的高端养生养老机构在养生乳山落地生根；2个4A级、7个3A级景区，康体养生之旅等多条精品旅游线路在美丽乳山悄然绘就；华信食品产业园、温喜生物科技产业园等健康产品制造项目在宜业乳山扎实推进……

产业结构转型的突破口在健康产业，这是乳山产业突破的必由之路。“健康产业是乳山最有优势、最具潜力、最有竞争力、最有标志性意义、最符合发展美丽经济、实现绿色崛起战略定位的产业。”在乳山市委书记高书良看来，进军健康产业是乳山产业转型、绿色崛起的必然选择，也是提升城市内涵、积蓄发展后劲的客观需要。

业态升级
把握健康时代新机遇

新常态下，创新与转型是产业结构突破的主旋律。

在这一全新起点上，乳山站高一层，全面审视自我——

就自然禀赋而言，乳山山、海、湾、滩、岛、泉等自然资源得天独厚，长寿之乡、首批山东省和国家级出口农产品质量安全示范区、花园式滨海旅游城市等荣誉称号名至实归。

从全局而言，乳山在产业突破上仍有不小差距：经济相对落后，以资源依赖型和房地产依赖型为主导的产业结构转型升级尚未完成，工业依然是其最大短板。找准乳山产业转型突破的路径和方向，是历届市委、市政府一直关注的重点。

优势是潜力，差距更是潜力。基于此，乳山市委、市政府作出全新的战略抉择——大力发展健康产业，带动现代农业和服务业发展，产业优化升级提速。

健康产业关联度广、产业链长，是前景广阔的新兴产业、绿色产业和朝阳产业。乳山之所以敢于“尝鲜”，与其丰富的自然资源、人文资源、房地产资源所带来的“底气”密不可分。

绿水青山就是金山银山。乳山风光秀美，气候宜人，拥有银滩、大乳山、岠嵎山国家森林公园、圣水宫等众多景观，是公认的旅游、疗养、避暑和度假胜地。

而作为首批山东省和国家级出口农产品质量安全示范区，以“乳山三宝”为代表的优质农产品早已名扬海外，“农安乳山”农产品质量监管模式呵护百姓的“舌尖上的安全”，为“健康乳山”品牌打造注入含金量。

不仅如此。浸润于北纬37°的海滨之畔，乳山福寿文化源远流长，内涵极为丰富，是著名的“中国长寿之乡”，全省首个长寿文化研究基地也落户在此。“长寿”这张闪亮的城市名片，成为乳山发展健康产业的文化底色。

因此，乳山发展健康产业，不仅是优势所在、潜力所在，更是形势所迫。前几年，乳山良好的生态环境吸引大批房地产企业前来投资和全国各地的业主前来置业，房地产业曾一度支撑财政收入的一半以上。受国家调控政策和开发成本上涨等多重因素影响，曾支撑乳山经济半壁江山的房地产业面临着越来越大的压力和挑战，转型已迫在眉睫。

“发展健康产业不仅可以实现房产的二次利用，推动房地产转型升级，还能带动旅游业发展，聚资金、聚项目、聚人气，为乳山经济发展注入新动力。”乳山市相关负责人表示。

天时、地利、人和。基于此，乳山顺势而为，向绿色崛起的“健康新城”加速跑。

高点布局
构建健康产业新格局

“我和老伴本来打算在老来乐老年公寓住一个月，待几天感觉非常适合养老，不仅吃得好、住得好，老伴的高血压也缓解不少，我们决定住到9月份再回去。”提起老来乐老年公寓，80岁武汉老人李宏荣说不出的满意。

进入旅游旺季，银滩老来乐老年公寓一房难求。很难想象，几年前，老来乐老年公寓所在的大楼还是一座闲置房产。

每一次重大的产业转型，都考验着城市管理者的智慧。健康产业是新型的产业形态，在国内并没有好的经验做法可借鉴，如何立足实际布局健康产业，成为乳山上下面临的崭新课题。

深入分析现有资源优势、生态环境、气候特点，乳山初步敲定健康产业发展思路：以整合区域养生养老资源为抓手，以现有房源为载体，以各大景区为依托，大力引进健康养生、健康食品、健康产品、健康旅游等项目为支撑的大健康体系，带动现代农业、服务业发展，奋力打造全国的健康养生先行区和社区养老产业示范区。

战略既定，布局落子。乳山充分利用现有的房产规模优势和存量资源，引导房地产开发企业引进专业养生养老机构，发展健康养生养老产业，形成专业机构养老、社区养生养老、居家养生养老、医疗机构康复养生、异地互动养老模式等五种健康养生产业发展模式，较好地解决房屋空置率高的问题，健康养生产业得以迅速发展。

战略推动，成效凸显——截至2015年年底，乳山已培育东方国际养生园、福星老年公寓、香港平远国际城、银滩老来乐、老年人养护中心等一批社会资本参与的高端养生养老机构，累计吸纳各类社会资金投入5亿多元。

健康养生产业取得突破性成果的同时，以威海康辉生物科技公司、威海帕斯砜新材料公司、温喜生物科技产业园为代表的高端健康产品制造项目纷纷落户乳山，健康产品制造产业的发展逐渐打开局面。

集聚式布局，集群式发展。乳山在农业、服务业领域同步发力，引进华信食品产业园、益天生态旅游观光园、福如东海文化园项目、多福山国际养生旅游度假区等项目，并在国内率先实施全区域的农产品质量安全管理工作，安全食品基地建设水平、安全健康食品加工能力、安全健康食品品牌效应、健康营养膳食研发水平跃升。

而今，乳山大健康产业雏形初现：以银滩、海阳所、海湾新区等养生地产为支撑的健康养生产业；以大姜、苹果、茶叶等十大特色农副产品为依托的健康食品产业；以帕斯砜新材料、温喜生物产业园为代表的的健康产品制造产业；以大乳山景区、圣水宫、金牛谷生态园等为基础的健康旅游产业上的四大健康产业集群强势崛起，宜居创业福地、健康养生港湾正从图纸加快落进现实。

延伸链条
激发养生天堂新优势

温喜生物产业园牡蛎壳加工车间和浒苔加工车间已投入生产；帕斯砜新材料已开始点火试生产，下个月将实现全面投产；益天生态旅游观光园主体建筑已基本完成，正在进行局部装修和植被工程的完善工作，已对外试营业……今年以来，乳山健康产业项目建设捷报频传。

在成绩面前，乳山不自满。乳山人清醒地认识到，健康产业目前在国内加速崛起，越来越多城市纷纷进军大健康产业，要率先领取迈向大健康时代“入场券”，转型和创新则缺一不可。

“只有充分整合现有健康资源，引进与之契合的健康项目，延伸产业链，完善功能布局，才能形成大健康产业发展合力。”经反复论证，乳山绘制出一幅大健康产业发展的路线图：

促动健康食品产业由产地优势向品牌优势、资源优势向产业优势转型——着力发挥安全农产品“金招牌”作用，大力实施产业延伸、推进产业转型，重点抓好以中鲁果蔬汁、华隆食品、吉利食品、泉林食品等为重点的农产品深加工，以正洋食品、同仁食品、岳海水产等为重点的海产品加工以及肉鸡加工、农产品仓储物流等产业，争取到2016年集群产值突破200亿元。

鼓励乳山重点发展区域先行先试，根据自身实际情况，适当引入养生设备与养生器械的生产，打造健康产品制造产业的“乳山样本”。

放大生态宜居城市的品牌效应，做强健康养生产业。通过推进好老来乐养老公寓等项目建设，积极争取设立“全国智能化养老实验基地”，打造一批高端养老养生示范区；推动医养结合，对接好德国菲利普医疗商务咨询、韩国医疗团地干细胞康复、北京武警总医院与万通百合合作等项目，打造医养结合服务平台，全力争创“全国养生养老示范基地”。

为美丽景观注入养生内涵，乳山正加紧特色线路的整合和营销推广，致力形成滨海休闲、度假、养生旅游，森林运动养生，温泉保健疗，宗教祈福与文化养生，田园养生旅游五大精品休闲养生旅游线路，为健康旅游产业的大发展夯实牢固载体。

绿色崛起，乳山一马当先，健康产业发展繁荣的“乳山样本”正在乳山57万干部群众戮力同心的努力下加速实现，一幅和美幸福的绮丽画卷正在乳山这座健康新城徐徐展开。

（8月28日《威海日报》 作者：聂宗玉 任现辉 姜俏俏）

【“银发经济”如何掘金？——乳山将养老养生产业打造成新常态下新增长点】 “早上到海边散步，哮喘病缓解很多；上午和老伴在房间里弹弹琴、唱唱歌；下午到公寓老年大学学绘画、打台球。这一天过得挺充实。”1月8日，董国斌聊起在乳山银滩福星老年公寓的生活，满脸幸福的神情。

伴随着《关于加快发展健康养生产业的意见》的出台，乳山以打造养生养老服务业先导区为目标，提出“转型养老”的理念，通过养老养生产业“组合拳”掘金“银发经济”。

转型养老
——海景房“包袱”变财富

3年前，董国斌奔着优美的环境、宜人的气候，从东北来到乳山银滩养老。一圈考察下来，他相中由闲置楼盘改造的福星老年公寓。在这里，吃、住、行、保健都有专门服务，他只要拎包入住，就可以享受到全程无忧的养老服务。如今，每年有近千名老人在此颐养天年。

乳山银滩良好的自然环境吸引大批海景房的开发。但像所有季节性较强的旅游度假区一样，海景房“半年闲”现象也长期存在，房产财富逐渐变成发展“包袱”。

转型初期，乳山就果断取消普通海景房的规划审批，对原有未建的房产项目规划进行变更和调整，要求项目在规划上必须配套配餐中心、医疗护理、文化娱乐等功能设施和绿色食品供应、生活照料、专业护理等养老服务。解决闲置房产是房产转型的“重头戏”，乳山提出盘活存量的理念：引导房地产企业引进养生养老机构整栋返租、统一改造楼盘，与专业酒店管理公司、健康管理公司和物业服务公司联合经营，挖掘房产二次利用价值，并通过养生养老机构与其在全国各地养老基地及合作机构进行客源互送，打造异地互动养老。

目前，乳山已有5个小区对建而未售的楼盘进行改造，建设香港平远养生养老度假公寓、东方国际养生园等养生养老项目，引进建设福星老年公寓、爱之源国际养老中心、万通百合老年公寓等7家专业养老养老机构。

政策撬动
——政府主导型变多元投入型

“我们引进北京太阳城的管理，突出为失能、半失能特殊老年群体提供养老服务，打造集养生文化、康复理疗、医疗护理等功能于一体的老年人养护中心。”乳山老年人养护中心负责人宋利刚向记者介绍。

这个中心2015年下半年开始营业，是乳山引入社会资本新建的专业养生养老机构之一。该中心由众益基础安装工程有限公司投资1200万元，按照国家老年养护院标准建设，设有养生养老床位200张，入住的老年人可以订制到生活照料、老年护理、休闲娱乐等20余项养生养老服务，已有30余位老人在此养老。

在养老服务机构运营上，乳山采取“民办公助”的模式，设立专项补助资金，对社会资本投资兴建的养老服务机构，在养老服务机构建设及改造、养老服务机构运营、社区养老服务场所建设资助和运营、居家养老服务等方面给予补助。同时，对规模较大、前景较好、市场急需的养老服务项目，实行优先立项、优先审批。近年来，乳山先后吸引社会资本5亿元建设社会福利中心、老年人养护中心、幸福院老年公寓等专业养老机构，满足城市、农村中高低档不同老年人养老需求。

由乳山城区街道办事处夏东村投资850万元建设的乳山幸福苑老年公寓，是一处集休养、康复、休闲、日间照料为一体的多功能、社会化养老机构，拥有养老床位180余个，引进济南幸福世家管理团队的运营，一定程度上满足城区标准化养老需求。

为吸引社会资本，乳山还培育海天大型连锁餐饮、“母爱大姐”培训等一大批家政、餐饮、文体机构和组织，组建养老服务志愿者队伍，搭建养老产业综合平台，完善养老产业市场化。

产业融合
——从单一产业变“养生养老城”

“温泉资源是我们老年公寓最大的卖点，我们借势推出住公寓免费泡温泉活动，一入冬30多个养生床位早早就抢购一空。”乳山小汤温泉老年公寓负责人姜文敏说，他们又开工建设两栋养老房，预计春节前一期工程将开业，可提供200余个养生床位，满足更多老年人养生养老需求。

伴随着健康养生产业的崛起，乳山人认识到健康养生产业链条长、关联度高，只有发展“大”养生理念，走内涵式发展的路子，打造“养生城”，才能真正带动关联产业的互动发展。乳山发挥旅游产业的带动作用，依托199.27公里海岸线资源，将沿海景区观光、海上旅游、渔家乐乡村休闲游等多种旅游模式与养生养老产业结合，吸引国内外游客特别是老年人，在每年5月到11月到此休闲养生，打造“候鸟式”养生养老模式。

依托“中国长寿之乡”品牌优势，乳山在多福山、天润温泉度假村等景区内规划建设不同类型、多种风格的养生康体主题区，打造休闲养生、宗教养生、温泉养生等养生文化品牌，吸引越来越多的游客；发挥“国家出口农产品质量安全示范区”食安品牌，乳山推出以牡蛎、茶叶、大姜“乳山三宝”等为代表的健康养生产品，加速当地农产品上档升级；以推进中韩地方经济合作示范区建设契机，乳山探索建立“美在韩国、养在乳山”健康养生服务平台，策划包装以“医疗养生主题”为特色的美容旅游线，打造与韩国美容外科手术相对应的术后康复、中医护肤、食疗护肤等旅游套餐。

“养生城”需要优良的环境支持，乳山投入13亿多元，启动潮汐湖生态修复、海岸带综合整治、国家级海洋特别保护区和海洋公园规划等生态修复整治工程，健康养生养老产业底盘更加“厚实”。

书记点评：打造养生养老服务先导区（乳山市委书记 高书良）

养生养老产业是朝阳产业，是新常态下新的经济增长点，乳山在自然环境、房产资源、产业基础等方面有着得天独厚的优势。在发展规划上，我们把养生养老产业放在区域经济社会发展的全盘当中进行谋划，将转型养老与振兴工业、突破农业、提升旅游、繁荣文化统筹推进，协调发展。

在发展模式上，乳山创新多元运行机制，初步形成居家养老、社区养老、专业机构养老、医养结合养老、异地互动养老等五种养生养老模式，打造城乡互动、高（端）低（端）互补、发展互促的社会养生养老新格局。

（2015年1月17日《大众日报》作者：任松高 彭辉 任现辉 王嘉）

【乳山：“种”出新业态】 加快农业现代化步伐是推动经济转型升级的重要方面，为此，乳山坚持产业突破引领，建立“突破农业”十大体系，推动苹果、茶叶、大姜、葡萄等八大特色富民产业快速与二、三产业融合，形成“全产业”链条，并且打响以“乳山三宝”为代表的优质农产品品牌，走出一条独具特色的现代农业突破发展之路。

“酒色澄清，淡雅可人！”“香气清幽，像花朵一样！”……6月13日，在评委的交口称赞中，“乳山产”葡萄酒——台依湖“2014霞多丽”干白喜获比利时布鲁塞尔国际葡萄酒大赛金奖。这一奖项的获得，与乳山力推葡萄产业转型升级密不可分。

加快农业现代化步伐是推动经济转型升级的重要方面，为此，乳山坚持产业突破引领，建立“突破农业”十大体系，推动苹果、茶叶、大姜、葡萄等八大特色富民产业快速与二、三产业融合，形成“全产业”链条，并且打响以“乳山三宝”为代表的优质农产品品牌，走出一条独具特色的现代农业突破发展之路。

接二连三 农业“种”出新业态

在“基地即园区、基地即景区”思路带动下，乳山先后打造葡萄酒产业园、伯瑞蓝莓、爱母茶叶等50个集农业生产、工业制造、旅游观光、科普教育、产品销售为一体的新型农业产业化示范基地

时下，漫步在乳山台依湖国际酒庄生态文化区里，依湖而建的3000余亩标准化葡萄种植基地映入眼帘，150余名来自周边村庄的农民正对葡萄进行定梢和引蔓上架。

“再过4个月，葡萄进入成熟期，采摘下来后会被运往基地一旁的葡萄酒加工车间，酿造葡萄酒。”乳山台依湖国际酒庄生态文化区负责人陈春萌介绍说，整个葡萄酒产业园规划占地3万余亩，不久的将来，集葡萄种植、葡萄酒酿造、葡萄酒文化展示及水上娱乐、高端乡村休

闲游为一体的生态型产业园区将在这片热土上拔地而起。

台依湖国际酒庄生态文化区是乳山搞活现代农业的一个生动缩影。

在“突破农业”十大体系带动下，乳山立足镇区优势，确立特色化发展思路，培育起苹果、花生、茶叶、蓝莓、大姜、肉鸡、牡蛎、葡萄等八大特色产业。

为将区域“小特色”转化成农民增收“大产业”，乳山围绕农业规模生产、基地带动、示范园区建设等出台奖励补贴政策，鼓励土地流转，打造“大产区”，形成具有规模特色的农业产业结构。

目前，乳山全市土地流转面积超过14万亩，流转农户4万余户，仅2015年以来，完成规模化结构调整10.9万亩，打造500亩以上的现代农业产业基地16处。

特色化、规模化发展突破传统农业束缚，“用工业理念谋划农业”的思路让乳山农业打破“一产”思维。农业连接上工业的“二产”，连接上休闲农业的“三产”，实现“接二连三”全链条发展。

在此过程中，按照“纵向延伸拉长链条，横向融合块状突破”的理念，乳山引进培育一批“补链型”龙头项目，膨胀发展一批“复合型”农业园区，着力提升农业发展新格局。目前已形成以福喜公司为龙头的肉鸡产业链，以华隆食品、金果花生为龙头的花生产业链，以吉利食品、银金食品为龙头的大姜产业链，以正华农林、威茗茶叶为龙头的绿茶产业链等。

创树特色品牌
“大路货”转身成精品

凭借品牌打造，乳山牡蛎实现年销售收入7亿元，远销日韩、欧美等15个国家和地区；拥有20余个茶叶品牌，茶叶年产值2.3亿元；乳山大姜品牌价值达11亿元，跻身全国农产品品牌百强行列

“借‘乳山三宝’的名气，我们公司产的茶叶在上月底举行的第七届威海国际春季茶博会上大卖，销量比2015年增一倍。”6月10日，乳山极北绿茶负责人丁乐赴高兴地说。

丁乐赴所说的“乳山三宝”是乳山牡蛎、茶叶、大姜三种农产品的组合，也是乳山抱团创树品牌，叫响“乳山产”优质农产品的成功例子。

在“乳山三宝”品牌效应发力下，中国江北最大牡蛎生产区、纬度最高露天茶叶产区、胶东最大大姜生产基地，国家地理标志商标、无公害农产品、绿色认证，乳山农产品背后的这些优质、绿色属性进入大众视野，获得市场认可。

品牌化是农业现代化的核心竞争力和核心标志。近年来，乳山依托优质农产品，加大品牌认证力度，苹果、大姜、板栗、花生、茶叶、牡蛎等9种农产品相继通过国家农产品地理标志注册登记，无公害、绿色、有机食品认证150余个。一个个“金字招牌”，形成乳山农业发展的“绿色动力”。

然而，由于单种农产品数量不多，市场占有率缺乏优势，乳山农产品陷入成长的“烦恼”——拥有的牌子多，但叫得响的品牌少。纵观农业产业发展现状，乳山人认识到只有培育“叫得响、记得住、卖得火”的大品牌，才能打破发展瓶颈。

按照“统一包装、统一标准、统一管理、统一宣传、统一销售”的要求，以牡蛎、茶叶、大姜为主打的“乳山三宝”成为乳山整合的第一个农业集体品牌。

“乳山三宝”捆绑销售、联合推介的模式，成为打响乳山农产品品牌的“绿色通道”。抢抓机遇，趁势而为，乳山规划建设运营农产品博览中心，集中展示、销售、宣传乳山优势农产品，还出台政策，重点扶持具有地域特色的本地综合性第三方电子商务平台，引导其设立网络销售专区，重点推介“乳山产”农产品。

借助品牌影响力，乳山依托“农超对接”、“农企对接”、“社企对接”，深化与国内外大型超市、企业合作，形成产销衔接、农企农超对接的市场流通体系。如今，乳山已成为中粮集团、沃尔玛等国内外知名贸易商的农产品供应基地，农产品出口60余个国家，年出口额突破2.8亿美元。

全链条可追溯 保障百姓
“舌尖上的安全”

严格的监管体系，为“乳山产”农产品贴上安全标签。目前，乳山标准化基地面积50.6万亩，“三品一证”认证面积比达到65%，可追溯生产基地32家

6月15日，乳山夏村镇西周村村民李强到村里的农资代办站购买吡虫啉农药。付款前，李强将标有“农资一卡通会员卡”字样的IC卡交给店主，打卡、扫描农资上的条码、打印销售票据，一次普通的农资交易变成“电子化”交易。

该农资店店主说，交易用的设备是农资一卡通，乳山市联网。这样，任何一家农资店卖什么药、卖多少，哪户农民种多少地、种什么、买什么药，监管部门都看得一清二楚，实现电子化可追溯监管。

乳山拥有出产优质农产品肥沃厚实的土壤，然而，农产品质量安全是“产出来”的，更是“管出来”的。早在2008年，乳山就创建以“投入无违禁、管理无盲区、产品无公害、出口无隐患、百姓无担忧”为主要内容的“乳山安全模式”，成为全国、全省出口农产品质量安全示范区。

如今，以争创全国农产品质量安全市为目标，乳山又创新农资监管方式，在国内率先推出集进销货信息采集、库存管理、经营分析、货源追溯等功能于一体的农资一卡通系统，乳山市733家农资店安装农资一卡通设备，实现农业投入品进货、销售、使用链条式监控。

该平台还采集12万余条农户信息，涵盖农户种植作物品种、规模，购买农资品种、数量等，可以统计单一品种单位面积的农资使用量，

进而掌握乳山市农产品的质量安全整体状况，也可以对标准化基地、合作社和种植大户进行分析，为农产品质量安全风险预警提供可靠依据。

在农产品生产管理上，乳山大力推广标准化生产，制定蔬菜、果品、粮食作物等9个主导农产品生产技术规程，普及测土配方施肥等农业生产技术，推广无公害、绿色种植。

此外，乳山还将企业基地、农民专业合作社和生产大户纳入追溯管理。在基地安装农残速测仪、条码打印机、扫描枪，对农残速测情况进行监控。产品上市前，基地对产品进行农残速测，合格的农产品贴上追溯条码和二维码，方可运出基地。

由此，一曲绿色、健康的“农安乳山”华章奏响，全力护航百姓“舌尖上的安全”。

（7月4日《威海日报》 作者：勇庆威 任现辉 王嘉）

【“乳山三宝”领跑农业转型升级】

时下，“乳山三宝”已然成为乳山优质农产品的代名词。乳山牡蛎、茶叶、大姜走出“深闺”，抱团亮相，踏上品牌化发展之路，带动区域特色农业发展，让乳山农业转型步伐更加铿锵有力。

青山碧水育健康“三宝”

“乳山牡蛎生产海域盐度适中，水质肥沃，饵料丰富，达到国家一级养殖水质标准。”近日，参加央视七套节目录制的养生专家介绍说，得天独厚的自然条件，塑造乳山牡蛎百“蛎”挑一的品质，个体较大、肥满度高、肉质爽滑，所含蛋白质、锌、铁、锰、硒丰富，具有保肝利胆、敛阴潜阳的功效。

早在2009年，“乳山牡蛎”就因品质优良获批国家地理标志商标，被农业部认证为无公害水产品，是国内外公认的绿色食品。

“咱乳山的海水没有污染，养出来的牡蛎皮薄、个大、肉肥、味美，不仅本地老百姓喜欢，在外地市场上也很受欢迎。这还不到年关，就有不少人打电话预定牡蛎当年货。”乳山久大海珍品养殖专业合作社社长姜云才说。如今，乳山牡蛎养殖规模达6万亩，年产量26万吨，年销售收入7亿元。

优越的自然条件，是出产优质农产品的“土壤”。乳山地处胶东半岛腹地，拥有199.27公里海岸线，典型的暖温带东亚季风型大陆性气候，冬无严寒，夏无酷暑，年平均气温12摄氏度左右，空气相对湿度达到70%。

正是基于这样的优越条件，乳山茶也成为“南茶北引”的样板。乳山拥有茶园1.5万亩，茶产区纬度较高、气温较低、昼夜温差大，茶树生长速度慢，休眠期长达200天，乳山所产绿茶叶片肥厚，茶叶香气高、滋味浓郁、耐冲泡，汤色嫩绿明亮，并带有典型的板栗香，具有很多南方茶叶所不具备的品质。早在上世纪70年代举办的全省茶叶评比中，“乳山绿茶”便从众多茶叶品牌中脱颖夺冠，被誉为“养生精华”。

乳山的好水、好空气还为大姜的生产提供良好的外部条件。据乳山大姜协会负责人介绍说，乳山大姜种植在无污染的沙壤土中，姜体肥胖、皮薄块大、色泽黄亮、筋少肉脆、辛香味辣，除含有碳水化合物、蛋白质、多种维生素和矿物盐外，还富含姜油酮、姜烯粉和姜醇等，绝对是“福寿妙方”。乳山大姜种植面积超过5万亩，年产大姜30多万吨，是胶东地区最大的大姜生产基地。

自然禀赋是出产“乳山三宝”的前提，过硬的农产品质量安全管理则让乳山茶叶、牡蛎、大姜成为“珍宝”。2008年，乳山在全国率先实施农产品安全区域化管理，创建以“投入无违禁、管理无盲区、产品无公害、出口无隐患、百姓无担忧”为主要内容的农安“乳山模式”。

在农产品管理上，乳山消除出口、内销“双重标准”，将国际市场禁用农药统一纳入整治范围，按照国外市场要求和农业操作规范制定地方标准，从全域范围保障农产品安全。

农业化学投入品是影响农产品质量安全的关键因素。在以往农资备案准入的基础上，2015年乳山又投资300万元，在乳山市600多家基层农资店安装电子监管设备，成为全国首家实施农资监管的县市，实现化学投入品全程监管。

“三宝”抱团叫好又叫座

“不少游客都是奔着‘乳山三宝’来我们土特产超市的，从2015年开业以来，牡蛎、茶叶、大姜系列产品的销售量一直排在前几位。”1月16日，乳山福如东海土特产超市负责人王明说。

2015年，乳山按照“统一包装、统一标准、统一宣传、统一销售”的标准，整合牡蛎、茶叶、大姜，打造第一个集体品牌——“乳山三宝”。

品牌建设，软实力支撑是关键。乳山推出新举措，面向全国征集涵盖农林牧渔所有领域和大产业体系的综合性农业品牌及单类农产品品牌广告语，乳山牡蛎、乳山茶叶、乳山大姜全部在列。

随后，乳山又围绕“乳山三宝”之一的乳山牡蛎，组织“乳山牡蛎品鲜季”活动，全国60多位媒体记者、文化名家、微博达人、微信达人组成的品鲜采风团走进乳山，一品新鲜肥美的乳山牡蛎，加之“舌尖上的乳山牡蛎”微电影辐射宣传，使乳山牡蛎着实火一把。

“乳山三宝”品牌的推出，打破以往因单个农产品数量不大、市场占有率不高导致农业品牌不响的瓶颈，短时间“乳山三宝，有滋有味有健康”，成为叫得响、记得住、卖得火的大品牌。

“以往参展，企业大都是在展柜上摆放单一系列产品，种类少、吸引力不强。自从推出‘乳山三宝’集体品牌后，我们将乳山绿茶、胶东红茶、水晶蜜姜、牡蛎罐头等30余种产品组团参展。”乳山商务局工作人员介绍说，“乳山三宝”第一次亮相第五届威海国际食品博览会就积聚大量人气，4天时间迎接客商1000多人，并成功与韩国、马来西亚和泰国等地的客商达成订购意向。

原本在市场上有一定知名度的乳山大姜，因抱团更“挺直腰板”。2010年，乳山大姜获得国家地理标志商标，2012年乳山大姜跻身全国农产品品牌百强行列，品牌价值达11亿元。如今，乳山大姜在抢占国内市场的同时，又远销美国、欧洲、中东等国家和地区，收购价格比周围地区高出10%到15%。

农产品品牌崛起的背后，离不开产业政策的扶持。为将牡蛎打造成海洋渔业经济中当仁不让的主角，乳山出台《关于扶持牡蛎产业化发展的意见》，组织成立山东海洋生物制品产业技术创新战略联盟，为牡蛎产业化发展提供政策支持和技术支撑。

乳山把茶叶列为富民重要产业之一，制定茶叶长期发展规划，实施茶叶发展奖励和专业技术人才引进措施，极大地调动茶农的积极性，从而使乳山茶叶面积迅速增加。目前，乳山全市共有茶园面积1.5万亩，位居全省县级茶叶面积的第7位。

在建立农业标准化生产一类项目的国家出口大姜示范区的基础上，乳山积极推广高产稳产生姜种植技术，通过改善种植环境、推广密植种植、测土施肥、更新品种等手段，使乳山大姜单产提高到6000公斤，种植面积超过5万亩，总产量达50万公斤，为品质上乘的乳山大姜走向世界夯实基础。

“三宝”掘金产业融合

“智创电商真神奇，乳山牡蛎飞千里。”走进位于乳山滨海新区智创科技孵化园内的淘宝特色中国山东馆威海基地，墙上悬挂着的一面红色锦旗引人注目。

这面锦旗是乳山海阳所镇南夼村牧渔网箱牡蛎合作社理事长宋绍轶，为感谢孵化器帮其在网上卖牡蛎而赠送的。据宋绍轶介绍，仅2015年淘宝双十二一天，他们合作社就在网上卖出300多箱牡蛎，这比以前仅靠批发等粗放式经营方式销售，价格提升3倍。“触电”的成功，坚定宋绍轶的电商之路，接下来，他决定与智创电商产业基地进行更深入的合作，在包装、产品质量上下工夫，打出自己的品牌，把乳山牡蛎推向全国。

乳山探索农产品与电商融合之路，在淘宝等主流电子商务平台设立销售专区，通过“媒体＋电商＋农户”新模式，将“乳山三宝”在内的诸多农产品和海产品推送到全国消费者的餐桌上。

为此，乳山出台《关于加快电子商务产业发展的意见》，重点扶持具有地域特色的本地综合性第三方电子商务平台，对电子商务平台和入驻企业给予房租、水电、税收、资金等方面的优惠和奖励，重点引导其立足产业优势，扩大网络销售和服务种类，积极推介包括乳山牡蛎、乳山茶叶、乳山大姜在内的特色农产品、民俗产品和旅游产品。

目前，乳山已建立智创孵化园、电子商务产业园两大电商发展平台，通过探索电子网络销售模式，扩大乳山农产品品牌影响力和市场占有率。

农业与电商融合是乳山做大“乳山三宝”等农产品的生动实践。农业包容度高、综合性强，乳山拉伸农业链条，将农业与旅游业、健康养生业融合，带动农业转型升级。

乳山以工业理念谋划农业，围绕绿色食品产业，依托食品和生物科技产业园、葡萄酒产业园等园区建设，鼓励高标准设施农业、规模化经营、农产品精深加工、仓储物流等项目引进，实现产业链条化。目前，乳山形成吉利食品、泉林食品、威茗茶业、正华农林等一批龙头企业，带动“乳山三宝”实现优质化、产业化。

为解决农业旅游资源开发利用有限，特别是与养生产业结合点低的瓶颈，乳山将利用“乳山三宝”安全、健康的特点，把以观光采摘为主的农业旅游向休闲养生农业延伸，发展“养生农业”、“农业养生”，将养生文化、农耕文化植入农业中，并与加工业、旅游业、养生产业、文化产业等多行业有机融合，创立以养生文化为主线，具有高文化内涵、高科技含量、高经济价值、高生态循环价值的可持续发展农业。

乳山还将借助威海获得“国家级出口食品农产品质量安全示范区”的有利时机，走绿色路线、打有机战略、做品质农业。在加大“乳山三宝”联合推介力度的基础上，探索推出“乳山产”产区标志，在优质农产品上统一使用，以营销品牌化，拓展乳山农产品市场销售渠道。

（1月28日《威海日报》 作者：勇庆威 王嘉）

【只做事不作秀——乳山以“五城联创”为平台为民办实事】 今年3月，乳山吹响创建全国文明城市、国家卫生城市、国家健康城市、国家食品安全城市、国家智慧城市“五城联创”集结号——通过完善城市基础设施、提升市民文明素质、强化社会综合治理、培育特色创新亮点和打造城市形象品牌，不断增强核心竞争力，积极引领发展新常态。

“‘五城联创’必须以‘三严三实’的优良作风来扎实推进。”乳山市委书记高书良说，乳山致力将“五城联创”转化为为民办实事的新平台、干部作风转变的新契机、融洽干群关系的新路径，以务实严谨的工作作风，从群众身边小事改起、向积压的老问题开刀，不断提升群众的幸福感和满意度。

百姓的事再小都要第一时间解决

楼道被小广告贴成“大花脸”、

背街小巷路面凹凸不平、盲道被占、路灯破损……这些事虽小，但与百姓的生活息息相关，第一时间解决，会最大限度方便群众。

“以前楼道里疏通下水道的、开锁的、保洁的小广告贴得到处都是，每次清理后，很快又被贴上，让人很窝火。创城工作开展后，物业加强管理，清理小广告近2万平方米，还设置专门的广告栏，从此到处乱贴的小广告不见，楼道里也变干净。”乳山市物业管理办公室主任姜彬说。

城区道路联通千家万户。修整路面，修补人行道板、污水篦子……按照关于治理街巷环境的要求，乳山对5条主干道路、36条非主干道路、30条背街巷进行全面整修，预计10月份全面竣工。

针对部分公园和广场设施陈旧、娱乐设施不足的实际，乳山对金牛山公园的排椅、东苑公园和东方广场的健身器材进行维修，加快在人民广场、晨读公园、富豪广场安装健身器材，对河滨公园进行升级改造、增添景观大道和文化活动中心，让群众有更多的休息和玩耍的地方。

“五城联创”城乡共享。乳山把与百姓息息相关的城乡环境提升作为创城系列民生工程之一，将创城“红利”惠及601个行政村，开展以农村垃圾大清运、环境大改善、面貌大变样为主要内容的农村环境卫生集中整治月活动。

伴随城乡环卫一体化的有力推行，乳山目前已在农村建立起“村收集、镇运转、市处理”的垃圾收集清运模式，在乳山市建立10座镇级垃圾中转站，配置1.7万个垃圾桶、38辆压缩垃圾运输车，组建起环境卫生“管理、保洁、清运”三支队伍，实现镇村垃圾集中无害化处理，并顺利通过全省首批城乡环卫一体化全覆盖认定。

创城中，乳山5万多名志愿者从群众的点滴诉求做起，开展家政服务、亲情陪伴、法律援助等方面的志愿服务，为空巢老人、残疾人等提供力所能及的物质和精神帮助，3700多名在职党员志愿服务团队深入各社区为居民排忧解难、为创城增光添彩。

对城市管理“顽疾”开出10剂猛药

占道经营是城市管理中的“顽疾”。创城中，乳山坚持疏堵结合的方式，取缔500余处流动摊点、在维护城市“面子”的同时，根据居民需求，结合摊点经营习惯等因素，设置12处便民摊点群，改造3处便民市场，在保住摊贩“饭碗”的同时，也方便群众的购物和生活。

“整治前，200米的道路两边挤满流动摊点，不少临街商家占道摆放货物、广告牌，导致交通拥堵、垃圾遍地。自从开展占道经营整治以来，每天上下班必经的这条马路变得整洁而畅通。”家住乳山商业街向阳小区的居民姜燕说起创城带来的变化，不停地夸赞。

城市环境是创城测评体系中的关键项，占道经营、扬尘抛洒、乱搭乱建等“疑难杂症”能否得到有效治理，是创城成功与否的关键。

亮剑“沉疴宿疾”，乳山“对症下药”，开出占道经营专项整治、便民市场专项整治、违章建设专项整治等10剂“药方”，对社会关注、群众反映强烈的路边停车、户外广告、露天洗车、乱搭乱建、农贸市场脏乱差等影响市容市貌行为，开展专项整治活动，通过治理常态化，引导市民文明经营。

“以前这里的肉食品经营户大多是露天经营，夏天苍蝇、蚊子经常光顾，秋冬季风大时灰尘很容易刮到肉品上，一定程度上影响肉品的质量和卫生程度。这次我们对照创城整改标准，投资22万元新建室内肉类经营场所，所有经营户全都入室经营，同时配备防蝇防尘设施、安装带伸缩纱网的推拉纱窗，确保群众买得放心。”乳山金谷园市场副经理宋志杰说。

针对老旧小区、城乡结合部等卫生死角，乳山开展“八项整治”活动，采取网格化管理，落实责任分包，彻底消除城市卫生“脏乱差”现象。目前，已清理排污水渠3000余米、“三大堆”774处、小菜园312处。

为从根本上消除“顽疾”，乳山还实施以文明驾车、文明乘车、文明行路为主题的文明交通工程，开展以绿色健康、文明节约为内容的节能减排、保护环境行动，加强社会治安综合治理、食品安全检测、数字化城市建设等，全面提升城市环境。

建立常态机制 确保治理问题不“回潮”

“对于占道经营、非机动车停放、小饭店整治、城市居民小区环境卫生整治等八项专项整治工作，我们进行责任细化，建立工作台账，每个专项整治小组列出每天整治计划，并实行工作进展日报告制度，销号管理。”乳山创建国家卫生城市领导小组办公室负责人说。

为实现“五城联创”工作常态化，乳山专门成立“五城联创”工作指挥部和四个专项创建工作领导小组。

在工作推进中，给力的组织保障令指挥部能够在第一时间研究解决创建过程中存在的各种问题。同时，四个专项创建小组通过层层分解任务、抓好落实。

在顶层管理完善的基础上，各相关职能部门建立专项工作管理长效机制，明确具体负责人、完成时限和保障措施，确保各项工作不留死角、落实到位。

不仅如此，乳山还建立监督、考核与整治同步的工作机制，将创城工作职责的完成情况纳入各单位岗位目标责任考核，工作不力和拖后腿的单位要在乳山市大会上说明情况、表态整改，并视情况给予相关责任人组织和纪律处分。

对已解决的问题要防止反弹。对此，乳山建立健全社会监督机制，市民热线6512345和民情网24小时“不下班”接受群众举报，新闻单位长期设立“曝光台”对不作为和不文明行为公开曝光，并对整改情况进行督查回访，确保问题不反弹。

创城，关键要百姓认可、受益。“从近期群众来电、邮件反映情况看，之前大量关于噪音、污染、不文明行为、占道经营等情况的反映在大幅减少，这也反映出全社会在创城过程中所做的工作显出成效，以及群众对创城工作的支持。”乳山市委群众工作部常务副部长唐克波说。（刘国贤 任现辉 王嘉 勇庆威）

短评：让市民成为城市建设最大受益者

辅下身子只做事不作秀，从群众身边的小事改起，向积压的老问题开刀，向城市“顽疾”亮剑，不断提升群众的幸福感和满意度……

我们看到，在“五城联创”中，乳山笃定为民、惠民、利民的创建初衷，把完善城市基础设施、提升市民文明素质、强化社会综合治理、培育特色创新亮点和打造城市形象品牌作为推进重点，一心一意为民办实事、解难题，致力于让市民成为“五城联创”的最大受益者。

只有让市民成为创城的最大受益者，才能从根本上调动市民积极性，让他们成为“五城联创”的最大参与者、拥护者，才能促动“五城联创”在大家的共建共享中落进现实。我们看到，正是凭借这一点，乳山把“‘五城联创’是民生福祉提升途径”的理念根植民心，才顺利使得共建共享成为乳山市上下的思想共识和一致行动。

而今，经济发展步入新常态。在这一大趋势下，如何进一步提升城市功能、推进社会治理、提升市民素质，是每一座城市决策者都必须面对的一大课题。因时制宜、因地制宜，把提升民生福祉作为推动一系列工作转型的重要抓手，才能在最大程度上抓住民心，也才能实实在在赢得民心。

（6月18日《威海日报》 作者：刘国贤 任现辉 王嘉 勇庆威）

【走进乳山的“智慧生活”】 自2015年开始，乳山市启动智慧城市建设，今年4月，正式成为第三批国家智慧城市试点市。大数据到底如何改变生活？记者近日来到乳山一探究竟。

享受生活便利——陆续建成10余项“智慧平台”

“生病住院，挂号、诊断、影像、结算一张卡刷全程；想到大医院看病，不用排长队，上网就能预约到专家号。”7月7日，家住乳山城区的王燕聊到“智慧卫生”平台高兴地合不拢嘴。

在“智慧卫生”平台建设上，乳山搭建起从挂号到结算全程管理的医院信息管理系统和以北京大学人民医院远程服务网络为平台、乳山市人民医院为中心，连接乡镇和村卫生室的城乡“医联体”远程网络会诊系统。

“城乡‘医联体’，通过数字化网络视频，整合市内外医疗资源，实现与北大人民医院远程病例讨论、远程继续教育与培训及远程预约挂号服务，让百姓不出家门就能享受到国内优秀的医疗资源和方便、快捷的医疗服务。”乳山市卫计局工作人员李敏介绍说。

“智慧卫生”是“智慧乳山”的一个缩影。从便民、惠民角度出发，乳山已经陆续建成智慧电网、智慧交通、智慧教育等10余项平台：建设地下管线智慧管理平台，对2800公里管网实现数字化、可视化监管；建成智能配电网和故障智能排查系统，安装20万块智能电表，实现远程抄表；建设交通车载监控系统，乳山市147辆校车和239辆公交车全部实现智能调度；开发覆盖32个社区、37万人口的111个自助服务终端，实现社保自助缴费、自助查询；建成772个多媒体教室和24个录播教室，让城乡学生共享优质教育公开课。

“今年，我们又启动11个大项、17个子项工程建设，涵盖政务、城管、金融等多个领域，争取到2018年形成智慧城市发展基本框架，让智能化成为常态化。”乳山智慧城市管理办公室负责人肖凌峰说。

推进政务提速——民生诉求即时上传即时解决

拍照、记录、上传，短短几分钟时间，乳山城区街道办事处干部郭全乔用装有“群众工作智能化管理系统”软件的手机，将走访中群众反映村内河道堆积生活垃圾、建筑垃圾的问题上传到“乳山民生服务中心”处置系统。当天上午离村前，郭全乔就收到街道反馈给民生服务中心的答复——“村委会将开展环境卫生集中整治，月底前清理河道”。

通过群众诉求即时上报、市服务中心总调度的方式，群众工作智能化管理系统畅通群众诉求渠道，实现群众诉求能解决的马上解决、不能解决的限期解决。

“在原有群众工作智能化管理系统的基础上，今年，我们启动‘市民通’手机客户端服务平台建设，市民只需用手机扫描二维码下载客户端，就能随时随地以录音、图片、视频等多种形式上传民生诉求。”乳山市委群众工作部工作人员介绍说。

“智慧乳山”触角向行政审批延伸，政务服务不断提速。为解决各部门信息缺乏有效对接，群众办事“走一步问一步”，耗时长、效率低难题，乳山推行建设工程模块化审批流程再造、市场主体设立联审联批机制，通过搭建连接各审批窗口单位的内网，实行网上审批，省去企业来回跑腿，大大缩短整体审批时限。

随着“智慧乳山”建设的推进，越来越多的政务事项将被纳入“智慧云端”。乳山采取“政府投(融)资、企业化运营、政府购买服务”的方式，通过共用软件设施、共建基础数据库，整合所有智慧化应用和平台，实现跨部门、多专业、综合性的系统集成和协同作业。

“本地电子政务进驻‘云中心’后，将撤并原来分布在各单位的小机房，其应用数据和后台服务器的运行维护实行集中托管，仅此一项年可节省600万元维护费用投入。”肖凌峰说。

创新城市管理——建立“确责、履责、问责”机制

“登录系统进入查询页面，在地图上点击楼盘坐标，就能清楚查看到五证两书、预售许可证等相关信息，安全购房。”在乳山智慧管理办公室，工作人员向记者演示在“诚信乳山”智慧平台上查询房地产信息过程。

“诚信乳山”平台整合财政、税务、人社、工商等多个部门和单位征信资源，除具有查询企业、企业负责人征信信息的功能外，还特别增设房地产市场建设信用征信系统，让拖欠民工工资、虚假售房的房产企业寸步难行。

乳山强化失信惩戒机制，建立信用黑名单制度，对列入黑名单的企业，取消现有扶持政策，今后不得享受其他扶持政策，并取消一切评先选优资格。

“征信系统建立后，不诚信行为要被记录，因影响到扶持政策的享受，诚信就不光是道德层面的事，真正给我们这些办企业、做生意的套上紧箍咒。”乳山正洋食品有限公司负责人刘海军说。

目前，“诚信乳山”智慧平台已录入涉及中小型企业、房产企业、内资企业、外资企业、合资企业、私营企业等1.3万条相关数据，近200个楼盘小区信息，54万余个工商个体户和个人信息，110余条社会团体和民办非企业单位的数据，形成一张开放性、全方位信用网络。

乳山将智慧城市建设作为创新社会管理模式、改善公共服务水平的重要手段，通过大数据、移动互联、云计算等技术，建成能够与市民充分互动、数据开放共享的智慧系统，实现城市管理的全面感知、实时监控和应急联动，形成民意收集、问题处理、信息反馈、考核监督“一条龙”的群众诉求办理机制，提升城市管理和服务，改善民生。

城市管理涉及面广，与百姓生活息息相关。为破解城市管理难题，乳山通过完善视频监控、导航定位、智能报警等功能，启动智慧城管平台建设，对市容市貌、环境卫生、市政设施等城市管理部件、事件进行数字化、网格化和空间可视化管理，并建立城市管理“确责、履责、问责”机制，实现对城市管理工作中各类问题的“快速发现、精确定责、及时处置、有效监督”。

书记点评：智慧让城市更美好（乳山市委书记　高书良）

智慧城市通过“互联网＋公共服务”、“互联网＋政务服务”、“互联网＋社会治理”，打破部门间“信息孤岛”，实现数据互通互联，对整个社会管理、公共服务模式产生系统变革。

在智慧城市建设中，乳山坚持便民、利民、惠民导向，在加快智慧卫生、交通、文化旅游等公共服务建设，为居民创造更加智能、便捷的城市生活的同时，利用智慧城市大数据，有针对性开展社会治理研判、分析、预警，从而更好地改善和服务民生。

（7月17日《大众日报》　作者：任松高　彭辉　任现辉　王嘉）

【“红色资源”涵养文化产业】 深秋时节，天气渐凉，虽然前来乳山海边体验休闲游的游客渐少，但是红色文化游的热度依然不减。

“平日里来参观的人少说也有百余人，周末游客接待量更多，是平时的两三倍。他们有组团前来的，也有开私家车自驾游的；有来摄影写生的，更多的是来感受红色文化的。”马石山红色教育基地副主任耿德恒告诉记者。

近两年来，乳山先后投资5000万元对马石山红色教育基地进行修缮改陈，布展面积由330余平方米增加到2900余平方米。展馆采用现代化设计和科技手段陈列和展示历史及革命人物事迹，并规划兵工厂、印钞厂等实景展，多角度地展示抗战纪念设施、遗址的历史内涵。

作为革命老区的乳山，红色历史悠久，曾发生过马石山突围战、双山突围战等荡气回肠的英雄故事，拥有马石山红色教育基地、八路军胶东兵工厂诞生地、济南军区总医院旧址等红色文化载体，红色文化资源丰富、底蕴深厚。利用这些独特的文化资源，乳山科学规划旅游线路，从过去的主打“观光休闲游”过渡到“红色文化精品游”，推动红色文化旅游产业规模化发展。

位于乳山中心地带、建筑面积达1500余平方米的冯德英文学馆，这个地段寸土寸金，但乳山却不搞商业开发，将其作为爱国主义教育基地。如今，馆内陈列和收藏冯德英文学创作生涯中的图片、作品以及胶东抗战史料、文物等2000多件，每年吸引数万名游客。

在修缮马石山红色教育基地的同时，乳山还将陆续复原“胶东育儿所”、“胶东八路军兵工厂”、“胶东军区卫生部四所”等革命遗址，将红色人文景观与绿色自然景观相结合，聚力打造胶东地区的红色教育基地和红色旅游集散中心。借助“红色之旅”的拉动作用，今年1月到10月，乳山接待游客数量比往年增长10.6%。

乳山在对红色文化进行修缮保护的基础上，还依托红色文化资源，推进文化精品创作。先后组织创作话剧《马石山上》、大型专题片《红色的爱》等作品。其中，《马石山十勇士》被解放军八一制片厂拍摄成电影；以胶东育儿所为题材编导的红色现代吕剧《乳娘》荣膺山东省第七届泰山文学奖、山东省精神文明建设文艺精品工程奖。

“我们今后将深挖红色资源，推进红色文化与旅游、科技、创意等产业的融合发展，形成地域特色

鲜明的红色文化旅游品牌。同时，大力实施品牌带动战略，马石山红色教育基地将积极申报省级以上文化产业示范基地、爱国主义教育基地和国防教育基地，冯德英故居积极争创省级文保单位，马石山周边的东尚山村积极争创省级传统文化村落等。”乳山市文广新局局长李学兵说。

（11 月 22 日《大众日报》 作者：彭辉 任现辉 吴金娣）

【血战殒身的马石山十勇士】 2014 年，“马石山十勇士”与“狼牙山五壮士”等被党中央、国务院批准为著名抗日英雄群体。近日，记者来到山东乳山市，追寻 73 年前发生在这片热土上的英雄事迹。

天降奇兵 八路军战士挺身而出

“1942 年深秋，日军华北最高司令官冈村宁次亲抵烟台部署，对胶东抗日根据地进行拉网合围式‘扫荡’。”乳山市党史市志办原主任高玉山告诉记者。

高玉山介绍，那时候，胶东军区确立的方针是：主力部队采取“翻边战术”，地方武装和工作人员以营连为单位分散游击，发挥人民战争的威力，对敌展开斗争。

11 月 21 日，两万多日伪军白天密集平推进逼，严密搜索；夜晚露宿山野，每隔百余米点燃一堆篝火防突围，每条要道、山口岗哨密布，将莱阳、海阳、文登、牟平、栖霞方圆数十里的群众团团围在网内。11 月 23 日，日伪军收网于马石山地区。

“被围的人群，大多数是老幼妇孺。他们手无寸铁，在敌人的合围下，向马石山退去。很快，马石山周围聚集起数千名百姓。”高玉山说。

就在大家以为只有死路一条时，“傍晚暮色中看到十位战士迎面走来，黄绿色棉军衣、钢盔、绑腿、三八大盖……”当时同在八路军第五旅十三团的王济生在《鲜为人知的马石山十勇士》中如此记载。

这十名战士，是山东军区五旅十三团三营七连二排的一个班。他们几天前赴东海军分区执行任务，归队途中路过马石山，见这么多老乡被围，决定留下来带乡亲们突围。

视死如归 十勇士四闯敌人围网

“那天傍晚，班长王殿元与部分熟悉地形的群众研究突围路线。等到深夜，王殿元和战士们把第一批群众分成两队，顺着 1500 米长的山沟向预定突围的沟口转移。”高玉山声情并茂地讲述着当年的突围，“趁火堆旁的日伪军人困马乏，王殿元带领 3 名战士悄悄干掉哨兵，扑灭两堆火，护送第一批 200 多名群众顺利突围。”

第一次成功突围后，十勇士并没随群众一起离去，而是重新回到马石山上，继续带其他群众突围。十勇士找到海阳县八区 100 多名群众，王殿元把 9 名战士分成 3 组，约定会合时间、地点。王殿元率领 3 名战士，趁敌哨兵戒备懈怠，打通一处新的突破口，引导群众就近迅速跳出包围圈。其他两组也数次组织零零散散的群众从第一个突破口成功突围，又救出上百群众。

此时，战士们第三次返回山上，王殿元与其他战士会合，并带领第三批数百群众陆续赶到第一个突破口。这时，东方刚刚发白，敌人发现被杀的鬼子，立刻鸣枪赶来。王殿元布置用机枪吸引敌人火力，自己率领其他战士向敌人扑过去。敌人被杀退，惊慌的群众冲出包围圈。但一名战士在战斗中牺牲，王殿元等也受伤。

当得知还有“满满一沟”老百姓被围困在西南山沟里，战士们又四闯围网，此时天已大亮。山下布满密密麻麻的日伪军。混战中，又有 3 名战士牺牲。

留存记忆 是对英雄最好的纪念

在第四批群众大部分突围之际，越来越多的敌人被吸引过来。6 名战士且战且退，登上与群众突围相反方向的马石山主峰西侧峰顶。

战斗最激烈时，战士们与四面攻山的敌人殊死拼杀，子弹打光，就用石块砸向敌人。最后，班长王殿元和两名战士宁死不降，抱在一起拉响最后一颗手榴弹，与敌人同归于尽。

战后经过多方查证，十勇士中只有 7 人被证实名字，他们是王殿元、赵亭茂、王文礼、李贵、杨德培、李武斋、宫子潘。还有 3 位战士的姓名难以考证。据被营救的百姓说，十勇士中，大部分是胶东口音。

“一个忘记过去的民族是没有根的民族，一个没有英雄的城市是没有魂的城市，”乳山市委书记高书良表示，“留存红色记忆、传承革命精神，是凝聚地方品格、留住城市之魂的需要。”

目前，乳山将按比例复原 300 多名乳娘哺育 1300 多名革命后代的“胶东育儿所”，生产炮弹地雷和印刷报刊的“胶东八路军兵工厂”，以及抗战期间收容救治大量伤病员的“胶东军区卫生部四所”等革命遗址。

（8 月 31 日《人民日报》 作者：刘成友）

【马石山红色教育基地在山东乳山启用】 以“马石山十勇士”为主题的威海马石山红色教育基地在修缮改陈后，于 15 日正式启用。

自 2013 年 8 月以来，乳山市先后投资 5000 万元对马石山红色教育基地进行修缮改陈，整个布展面积由原来的 330 余平方米增加到 2900 余平方米，由马石山十勇士纪念馆、乳山革命纪念馆和宣传教育中心组成。展馆采用现代化设计和科技手段陈列和展示历史及革命人物事迹，并规划兵工厂、印钞厂等实景展，多角度地展示抗战纪念设施、遗址的历史内涵。

为搜集十勇士相关史料，工作人员历时两年、先后走访10余省市、行程数十万公里，查找增加相关革命历史资料20余件，新收集与胶东革命历史有关的文物及资料200多件。同时对烈士事迹展、纪念碑、英烈录、烈士陵等重新设计布置。

“改陈后，布展主题突出、内容丰富翔实，立足乳山，外延胶东，是承载胶东抗战精神的重要载体。”全程参与马石山红色教育基地布展的原乳山市党史市志办主任高玉山说。

1942年冬，日伪军集中两万余兵力，对胶东抗日根据地进行拉网合围式大扫荡，妄图消灭胶东中共党政军机关和主力部队，并在乳山马石山进行惨绝人寰的大屠杀，制造骇人听闻的“马石山惨案”。正当数千名群众身陷绝境时，八路军战士王殿元、赵亭茂、王文礼、李贵、杨德培、李武斋、宫子藩以及3名无名烈士，与数十倍于己的日伪军展开殊死搏斗，四进四出敌人包围圈，分批掩护千余名百姓突围，最后血染马石山，全部牺牲，被人们誉为“马石山十勇士”。

“马石山十勇士”英雄群体与狼牙山五壮士、刘老庄八十二烈士、东北抗联投江八女、谢晋元等800壮士一起被党中央、国务院批准为中国五大著名抗战英雄群体。

（8月15日“新华网” 作者：滕军伟）

注：刊发时对报道原文作了适当删改。

乳山投资指南

【概况】 乳山市是一座新兴的生态型花园式滨海旅游城市，总面积1665平方公里，人口55.8万人，辖经济开发区和银滩旅游度假区2个省级开发区，14个镇、1个街道，601个行政村，获得国家环境保护模范城市、国家生态市、中国优秀旅游城市、国家园林城市、中国爱心城市、中国长寿之乡、全国文化先进县、全国科技进步先进市等称号。2015年，乳山市完成地区生产总值477.2亿元，增长8.4%；固定资产投资475亿元，增长13.6%；公共财政预算收入31亿元，增长12.2%；社会消费品零售总额214.2亿元，增长11%；外贸进出口总值8亿美元，增长12.6%。

【投资环境】

自然环境优美 乳山市位于山东半岛黄金南海岸，地处“神奇纬度”北纬37°线附近，属于典型的暖温带海洋性气候，依山傍海，四季分明，冬无严寒，夏无酷暑，被誉为最适合人类居住的城市之一。乳山市旅游要素完备，山、海、湾、滩、岛、泉 等生态资源丰富，199.27公里海岸线上分布大小港湾12个、岛屿22个，拥有银滩、大乳山等2个AAAA级景区，岠嵎山、多福山、小汤温泉、圣水宫等8个AAA级景区，2015年接待游客900万人次。

区位条件优越 乳山市与日本、韩国隔海相望，地处青岛、烟台、威海三市中心腹地，毗邻胶东三大港口，青岛、烟台、威海三大机场，济威铁路、青威高速公路、G309国道、文莱高速（在建）、S202省道横贯东西，烟海高速公路、S207省道纵连南北。优越的地理位置，使乳山市融入青、烟、威1小时经济圈，青、烟、威三市2015年生产总值总量超过1.8万亿元，社会消费品零售总额7600亿元，对乳山市形成强力产业辐射，同时也带来广阔的消费市场。

物产资源丰富 乳山市是全国首批出口农产品质量安全示范区、全国绿色食品原料标准化生产基地，是著名的水果之乡和水产之乡，拥有苹果、花生、大姜、牡蛎、茶叶、板栗、巴梨、蓝莓、樱桃等9个国家地理商标，其中苹果栽植面积1.17万公顷、年产量45.75万吨；花生种植面积1.9万公顷、年产量7.42万吨；牡蛎养殖面积0.53万公顷、年产量30万吨。

政策条件利好 乳山市地处山东半岛蓝色经济区，威海市成为中韩自贸区地方经济合作示范区、国家服务贸易创新发展试点城市、国家自主创新示范区，使乳山市处于多重国家级发展战略核心区域内，在税收减免、审批服务等方面享受一系列优惠政策。

人才支撑有力 青烟威地区有20多所本科院校，每年输送本科以上人才近10万人；乳山市境内的山东省外事翻译职业学院、威海机械工程高级技工学校、山东省乳山幼儿师范学校（山东省威海艺术学校）每年输送各类人才8000多人，短期培训1万多人次。乳山市出台人才引进奖励政策，对高层次创新创业人才给予50～300万元创业启动资金，设立高标准、人性化专家公寓，对高层次人才发放最高50万元的安家补贴。

文化底蕴深厚 乳山市是著名作家冯德英的家乡、“三花”故里，是马石山突围战、胶东育儿所等革命历史事件的发生地，红色文化、母爱文化、养生文化、海洋文化等地域文化深厚。

【产业招商】 乳山市是中国投资环境百强城市之一，投资软硬环境得到广泛认同。韩国、日本、美国等20多个国家和地区客商到乳山兴办企业，投资领域涉及高新技术、机械、电子、化工、建材、纺织服装、新能源、海洋经济、环保等多个行业。产品出口到世界90多个国家和地区，主要出口产品有手工艺品、服装、皮包、玩具、浓缩果汁、花生制品、水产品、五金矿产、花岗石、生铁、挂锁及活塞环、刹车片、液压刹车装置、刹车盘等技术密集型汽车零配件等。乳山市按照突出实施工业立市、旅游兴市、文化活市三大战略，转变发展方式，优化经济结构，经济社会保持又好又快发展态势，区域经济实力显著增强。坚持“产城融合、市域一体、镇区联动”思路，完善产业园区布局，强化园区设施配套，提高园区承载能力，推动产业项目向特色园区聚集，重点形成经济开发区临港产业园、新能源产业园、新材料产业园（原开发区精细化工园），滨海新区食品与生物科技产业园、新兴产业园、科技产业园、海湾新城健康服务产业园，城区创新创业园、高新技术产业园、节能环保产业园“三区十园”的园区发展体系。

【产业方向】 经过多年培育，乳山市现已形成装备制造、绿色食品与生物科技、新材料、节能环保、纺织服装五大主导产业，并加快推进健康产业、海洋经济、现代服务业三大领域发展。乳山市拥有规模以上工业企业338家，拥有高新技术企业17家，省级企业技术中心21家，省级以上名牌产品和著名商标46个。

装备制造产业 现有企业37家，年产值15亿元，主要产品有特种电机、刹车片、转向节、连杆、曲轴、气门座、气门导管、水泵、机床等。今后重点发展汽车及零部件制造、数控机床、精密铸造加工、海洋装备、工程机械等行业，积极引进新能源汽车、制动装备总成、特种汽车改装等装备集成项目。

绿色食品与生物科技产业 现有企业35家，年产值27亿元，主要产品有海洋食品、花生制品、大姜制品、水果罐头、果汁、酒、淀粉、茶叶等。今后重点发展绿色食品、有机食品、营养食品、功能食品产业，引进纳米技术、调理技术、冻干技术，开发冷冻调理产品、小包装休闲食品、冻干食品和方便食品，积极培育保健品、营养品等生物科技产业。

新材料产业 现有企业29家，年产值10亿元，主要产品有硅胶产品、新型建材、汽车尾气催化材料等。今后重点发展稀土催化、先进高分子、高性能复合材料、无机硅胶等行业，大力推进碳纤维、石墨烯、纳米材料、生物材料等前沿新材料的技术研发和产业化，打造国内重要的汽车尾气净化材料基地和国内最大的功能硅胶生产基地。

节能环保产业 现有企业21家，年产值8亿元，主要产品有空气净化设备、可降解环保餐具、资源循环利用产品以及新能源利用、节能技术改造、环保咨询服务等。今后重点围绕节能环保装备制造、资源循环利用、节能环保技术服务，以环保设备、环保建材、能源利用、节能关键技术为重点，全力打造节能环保产业基地。

纺织服装产业 现有企业1200家，从业人员1.8万人，年产值20亿元，主要产品有各种面料、服装、箱包、工艺品等，以出口为主。今后主要围绕纺织面料、服装、皮革及制品等领域，大力发展功能化、特色化、品牌化优势产品，引入云平台、云计算等技术手段，推动传统产业转型，再造乳山纺织服装产业的新优势。

健康产业 依托优良的生态环境，坚持“健康+”发展理念，大力发展健康制造业和健康服务业，加快构建高端化、品质化、全链条的“大健康”产业体系。健康制造业，重点围绕营养食品、生物医药、健康产品生产，做大做强健康制造产业链条；健康服务业，重点围绕养生养老、健康休闲、健康管理等领域，引进品牌养老机构、专业医疗机构、高端养生机构，发展慢性病诊疗康复、区域性体检中心、专业化养老社区以及文化娱乐设施、医疗美容、母婴保健等项目，提升区域健康管理水平和养生养老品牌。

海洋经济 做大“海上粮仓”，重点养殖贝、参、藻三大品类，壮大现代渔业基地；做强“蓝色工业”，重点发展海洋食品、海洋生物科技、海工装备等项目，打造海洋产业基地；做活“临港产业”，重点发展跨境电商、港口物流等项目，打造临港物流基地。

现代服务业 积极发展电子信息、智能装备、物联网、服务外包、服务贸易、总部经济、文化创意、电子商务等新兴产业项目。

【乳山市主要出口商品目录】

粮油、食品 花生类有手扒花生、花生烤果、油炸花生、乳白花生、带种皮花生、花生碎。淀粉类有地瓜淀粉、土豆淀粉、玉米淀粉、机制粉条、手制粉条。果蔬类有板栗、苹果、阳梨、桃、樱桃、葡萄、生菜、生姜、日本风味萝卜、韩国泡菜、AD脱水制品、FD脱水制品。罐头类有阳梨罐头、苹果罐头、鱼罐头、草莓罐头、樱桃罐头、白桃罐头、黄桃罐头、芦笋罐头。水产品类有对虾、扇贝、牡蛎、赤贝、海参、大鲮鲆鱼、章鱼、黄花鱼、虾蛄、鳕鱼片、文蛤、海蜇皮、河蟹、河豚。其他有蚕蛹。

纺织、服装 真丝类有真丝绸、真丝服装。棉纺类有印花毛巾、提花毛巾布、毛巾布、小方巾、各种针织布、床上用品。蚕丝类有白厂丝。其他有羊毛衫、钩针衣、防寒服、滑雪衫、夹克衫。

箱包、手套 箱包类有高尔夫包、高档皮包、帆布包、牛津皮包。手套类有生活手套、运动手套。其他有皮衣、皮鞋。

抽纱、工艺品 抽纱类有棉麻布扣眼绣花、钩针工艺装饰品、机绣制品、手绣品。工艺类有金银首饰、长毛绒玩具、动物玩具。

建筑材料 水泥、花岗石板材、路边石、木地板块、塑钢门窗。

化工产品 化工类有生物农药、海藻酸钠、干燥剂。纸制品类有办公用纸、生活用纸、工业用纸、纸箱。塑料类有编织袋、钓鱼竿、塑料管、塑料用品。稀土类有稀土制品。

机械、设备 机械类有工业缝纫机、各种电机、微型变压器。车辆、船配件类：汽车、摩托车连杆，金属刹车片，刹车盘，摩托车刹车装置，轮船。冶金类有生铁、铸件、铸钢。

部分便民服务事项

乳山市公交线路站点

一、城区公交

102路（1）：郑家至久久发

途经站点：郑家、东泗水头、西泗水头、西圈、桑行埠、南庄、北庄、前卫、炉上、阳光水岸、西苑学校、华润物流、瑞晟小区、车管所、交警大队、电业局、老汽车站东门、市医院、中国银行、市报社、市政府、国税局、胜利花园东门、建材市场、久久发

102 路（2）：西南赵家至技工学校

途经站点：技工学校、怡园小区、静园小区东门、妇幼保健院、国税局、市政府、市报社、中国银行、市医院、图曼市场、网通公司、富豪小区、西城华府、西馨苑小区、吾星纤维、大得力有限公司、炉上、崔家、官庄、清口涧、井子、野子、西耿家、蜊子嘴、西南赵家

103 路：胡八庄（马家庄）至兰家

途经站点：胡八庄（马家庄）、石头圈、黄村、二甲、晁家庄、朱家庄、长庆工业园、精工塑料、广电大厦、法院、检察院、国税局、市政府、市报社、中国银行、市医院、图曼市场、青华园、市政公司、人民广场、中医院、馨园小区、新华书店、幸福小区、河滨小区、金岭高中、隆利德机床、全兴宾馆、兰家庄、汽车站、南唐家、北唐家、兰家、康家

105 路：火车站至旗杆石

途经站点：火车站、小疃、房屋、西周格、旭日驾校、台依、黄依台、洼九埠、啤酒厂、仇家洼大集、石村、石油公司、交警大队、老汽车站东门、市医院、中国银行、市报社、市政府、国税局、胜利花园东门、贸易城东门、贸易城南门、夏村镇政府、金牛山公园、人寿保险、馨园小区、中医院、人民广场、市政公司、电影院、水景绿城、烟草公司、名门小区、电机厂、昂仕集团、经区医院、兰家庄、汽车站、刁家埝、河口、秦家庄、王家庄、新庄、寨前、陈家、乳山口

106 路：冷家至旗杆石

途经站点：冷家、肖家、石村、仇家洼、金谷园、北江村、笙歌小区、永熙大酒店、笙歌西门、中国银行、市医院、图曼市场、青华园、电影院、水景绿城、烟草公司、名门小区、高格庄、海东内燃机厂、光大科技、元邦房产、永达驾校、辛家庙、乳山口镇政府、祝家庄、院前、锅上、张家庄 安家、江村洼、西北岛、刘家庄、旗杆石、乳山口

107 路：宫家桃至义乌商品城

途经站点：宫家桃、小史家、大木村、吴家沟、张八庄、东秦家庄、圣川新城、精工塑料、广电大厦、法院、检察院、胜利花园东门、贸易城东门、贸易城南门、夏村镇政府、金牛山公园、人寿保险、馨园小区、中医院、人民广场、市政公司、青华园、图曼市场、老汽车站南门、义乌商品城

108 路：环城绕行（义乌商品城至义乌商品城）

途经站点：义乌商品城、市医院、中国银行、笙歌西门、永熙大酒店、祥和小区、金苹果小区、静园饭店、机关托儿所、国安小区、妇幼保健院、胜利花园东门、贸易城东门、建材市场、久久发、华东建材、宏远机床、公安消防、隆利德机床、全兴宾馆、兰家庄、汽车站、兰家庄、全兴宾馆、隆利德机床、金岭高中南门、金岭小区、名门小区、西西里苑小区、地毯厂宿舍、振华食品、夏北南站、仁和广场西站、食品厂宿舍、夏南村、夏北北站、富豪小区、网通公司、图曼市场、老车站南门、义乌商品城

109 路：环城绕行（老车站至老车站）

途经站点：老车站东门、图曼市场、网通公司、富豪小区、夏北北站、夏南村、果胶厂、仁和广场西站、仁和广场、富城宾馆、烟草公司、体育局、防保站、河滨小区、幸福小区、河滨公园、新华书店、人寿保险、金牛山公园、夏村镇政府、贸易城南门、贸易城东门、兴东小区、豪门小区、规划局、紫锦花园、广电大厦西站、香格里拉小区东站、香格里拉小区南门、怡园小区、静园小区、金苹果小区、祥和小区、格林豪泰酒店、金硝岭、路灯管理处、电业局、老车站东门

110 路：大史家至义乌商品城

途经站点：大史家、姜家庄、林水、马家庄、石头圈、黄村、二甲、晁家庄、朱家庄、香格里拉北站、技工学校、盐务局、光明小区东站、静园小区东门、妇幼保健院、胜利花园东门、利群商厦、府前中学、府前饭店、国泰城建、馨园小区、中医院、人民广场、市政公司、青华园、图曼市场、老车站南门、义乌商品城

111 路：胡家沟至崔家沟

途经站点：胡家沟、邵家、十甲庄、东家、任沟村、宋家庄、金谷园、北江村、笙歌小区、永熙大酒店、笙歌西门、中国银行、市医院、老汽车站南门、天筑绿洲、中鲁果汁、阳光水岸、炉上、南庄、桑行埠、官庄、井子、乳山寨镇政府、乳山寨、寨中、寨西、乔家庄、崔家沟

112 路：义乌商品城至上册

途经站点：义乌商品城、老汽车站南门、市医院、中国银行、市报社、市政府、国税局、胜利花园东门、贸易城东门、地税局、腾达二区、聚龙园小区、滕甲庄路口、罗马阳光城、富豪皮革、后尹家、前尹家、河南、店子头、水井、上册路口、山西头、赵家、上册

113 路：张家庄至技工学校

途经站点：张家庄、安家、锅上、祝家庄、经区医院、汽车站、兰家庄、全兴宾馆、隆利德机床、金岭高中、幸福小区、河滨公园、新华书店、国泰城建、府前饭店、利群商厦、胜利花园东门、妇幼保健院、静园小区东门、光明小区东站、盐务局、技工学校

二、银滩公交

201 路：老车站东门至银滩集贸市场

途经站点：老汽车站东门、图曼市场、清华园、电影院、水景绿城、烟草公司、名门小区、鑫岭家园、泽口小区、隆利德机床、全兴宾馆、兰家庄、汽车站、双连集团、振华食品、远大可建、港头、六村屯、翁家埠、望海山庄小区、所后常家庄、贾家庄、海阳所、海阳所医院、华隆商厦、海林花园、海洋明珠、

台湾城、飞机模型、海水浴场、康复中心、大庆一区、银之帆、大庆购物广场、阳光海岸、中房、金长城花园、海都花园、党校、益天花园、海韵阳光、明珠海苑、将军滨海花园、曲水绿荫、碧海华庭、银滩物业、忆海苑、皇冠假日、海岸明珠、金鼎大厦、恋海苑、锦绣花园、银滩集贸市场

202路：海阳所至滴水湾

途经站点：华隆商厦、海林花园、海洋明珠、台湾城、飞机模型、海水浴场、康复中心、大庆一区、银之帆、大庆购物广场、阳光海岸、中房、金长城花园、海都花园、党校、益天花园、海韵阳光、明珠海苑、福如东海、福海苑南门、香格里湾、山水花都、香港平远、碧海苑、翰林名苑、外事翻译学院、海之缘、银泰海景、檀香丽湾、山水佳园、龙海丽都、长城文华苑、假日港湾、海岸国际、银港花园、滴水湾

203路：海阳所至多福山（霄龙禅寺）

途经站点：华隆商厦、海湖家园、海阳所车站、贾家庄、海郡小区、望海庄、望海大酒店、翁家埠、环球塑业、富迪渔具、白沙滩六中、孵化科技工业园、白沙滩新区、白沙滩社区、盛世滩、白沙滩党委、鲁酱酒业、蓝湖海景、嘉盛园、碧海康居、月亮湾社区、恋海苑、金鼎大厦、海岸明珠、皇冠假日、忆海苑、银滩物业、碧海华庭、曲水绿荫、明珠海苑东门、福如东海、福海苑、海之梦、香格里湾、山水花都、香港平远、碧海苑、碧海苑东门、阅海苑、山海天、山水嘉苑、第二人民医院、东方国际养生园、霄龙禅寺

206路：闻涛美域小区（东南堠）至金谷园

途经站点：闻涛美域（东南堠）、雍华苑、银港花园、假日港湾、长城文华苑、海之韵、山水佳园、檀香丽湾、银泰花苑、海之苑、外事翻译学院、翰林名苑、碧海苑、香港平远、山水花都、香格里湾、宏泰阳光、福海苑、福如东海、明珠海苑、海韵阳光、益天花园、银滩管委、御宫花园、宫家庄、海韵豪庭、维利亚、山水人家、碧海明居、爱琴海景、银滩热力、唐曲洼、董格庄、沟李家、马家庄、丈八石、西林家、俞介庄、三中队、赫家庄、圣川新城、精工塑料、广电大厦、法院、检察院、国税局、市政府、市报社、中国银行、市医院、老车站东门、电业局、交警大队、商业街派出所、公交公司、北江村、金谷园

207路：闻涛美域小区（东南堠）至技工学校

途经站点：闻涛美域（东南堠）、老庄 东南寨、白银小区北门、海之韵小区北门、部队、小侯家、小单家、观海听涛、小陶家、东方国际养生园、第二人民医院、韩家庄、大陶家、宫家、山海明圣、望海花园、维利亚、山水人家、碧海明居、爱琴海景、常家庄、湖畔人家、孵化科技工业园、白沙滩学校、便民服务中心、盛世滩、白沙滩社区、白沙滩新区、白沙滩六中、松海驾校、六村屯、港头、远大可建、振华食品、双连集团、汽车站、兰家庄、全兴宾馆、隆利德机床、金岭高中、幸福小区、河滨公园、新华书店、国泰城建、农村信用社、中国银行、市医院、老车站东门、交警大队、商业街派出所、公交公司、北江村、气象局、盐务局、技工学校

三、城乡公交

（一）冯家方向

301路（1）：义乌商品城至盘石

途经站点：义乌商品城、老汽车站南门、图曼市场、青华园、市政公司、人民广场、中医院、馨园小区、人寿保险、金牛山公园、夏村镇政府、老年大学、贸易城南门、贸易城东门、胜利花园东门、检察院、法院、广电大厦、精工塑料、圣川新城、赫家庄、金三角大酒店、城东工业园、水井、上册路口、山西头、赵家、上册、果园、八门邹家、万户、下石灰刘家、北念头、石城、葛口、南泥沟、北泥沟、冯家镇政府、北刘伶庄、肖水河、马山沟、林家寨、中寨、北寨、夏家庵、盘石

301路（2）：义乌商品城至盘石

途经站点：义乌商品城、老汽车站南门、老汽车站东门、交警大队、石油公司、石村、仇家洼大集、啤酒厂、洼九埠、黄依台、台依、旭日驾校、西周格、房屋南站、房屋、小疃南站、小疃、车道、土心头、下万口、下万口东站、上万口、辛庄、胡家口、黄格庄、下初、段家、山南头、姜南头、王疃、吕格庄、冯家三中、南汉村、冯家、北刘伶庄、肖水河、马山沟、林家寨、中寨、北寨、夏家庵、盘石

302路：义乌商品城至北高格庄

途经站点：义乌商品城、老汽车站南门、图曼市场、青华园、市政公司、人民广场、中医院、馨园小区、人寿保险、金牛山公园、夏村镇政府、老年大学、贸易城南门、贸易城东门、胜利花园东门、检察院、法院、广电大厦、精工塑料、圣川新城、赫家庄、金三角大酒店、城东工业园、水井、上册路口、山西头、赵家、上册、果园、八门邹家、万户、下石灰刘家、北念头、石城、葛口、南泥沟、北泥沟、冯家镇政府、河崖、北韩村、马山前、唐家店子、三义、花家疃、花家疃、棘子园、吴家庄、辛家庄、徐家村、南高、北高

303路：义乌商品城至合子

途经站点：义乌商品城、老汽车站南门、老汽车站东门、交警大队、石油公司、石村、仇家洼大集、啤酒厂、洼九埠、黄依台、台依、旭日驾校、西周格、房屋、小疃、车道、土心头、下万口、上万口、辛庄、胡家口、西泊、黄格庄、下初、段家、山南头、姜南头、王疃、吕格庄、南汉村、冯家、河崖、北韩村、马山前、唐家店子、三义、花家疃、棘子园、吴家庄、辛家庄、徐家村、合子

305路：义乌商品城至上口

途经站点：义乌商品城、老汽车站南门、图曼市场、青华园、市政公司、人民广场、中医院、馨园小区、人寿保险、金牛山公园、夏村镇政府、老年大学、贸易城南门、贸易城东

门、胜利花园东门、检察院、法院、广电大厦、精工塑料、圣川新城、赫家庄、金三角大酒店、城东工业园、水井、上册路口、西林家、东林家、顺通道路维护中心、大孤山、河东、上夼、林家庄、李家庄、入夼、南口、胡家、下石灰刘家、北念头、石城、葛口、南泥沟、北泥沟、冯家镇政府、河崖、北汉村、马山前、唐家店、三义、砦里、南棘子园 、西棘子园、东棘子园、上口

306 路：义乌商品城至赵家庵

途经站点：义乌商品城、老汽车站南门、图曼市场、青华园、市政公司、人民广场、中医院、馨园小区、人寿保险、金牛山公园、夏村镇政府、老年大学、贸易城南门、贸易城东门、胜利花园东门、检察院、法院、广电大夏西站、香格里拉、香格里拉北站、朱家庄、晁家庄、二甲、黄村、石头圈、马家庄、林水、古初三甲、下洼、下草埠、下初、段家、山南头、姜南头、王疃、吕格庄、冯家三中、南汉村、冯家、河崖、北汉村、马山前、唐家店子、三义、砦里、庄子夼、万家、小于家、高家台、赵家庵

307 路：义乌商品城至卧龙

途经站点：义乌商品城、老汽车站南门、图曼市场、青华园、市政公司、人民广场、中医院、馨园小区、人寿保险、金牛山公园、夏村镇政府、老年大学、贸易城南门、贸易城东门、胜利花园东门、检察院、法院、广电大厦、精工塑料、圣川新城、赫家庄、金三角大酒店、城东工业园、水井、上册路口、山西头、赵家、上册、果园、八门邹家、万户、下石灰刘家、北念头、石城、葛口、南泥沟、北泥沟、冯家镇政府、东泥沟、东官村、瑞木山、沽水头、马家泊子、东马家庄、卧龙

308 路：义乌商品城至圣水宫

途经站点：义乌商品城、老汽车站南门、图曼市场、青华园、市政公司、人民广场、中医院、馨园小区、人寿保险、金牛山公园、夏村镇政府、老年大学、贸易城南门、贸易城东门、胜利花园东门、检察院、法院、广电大厦西站、香格里拉、香格里拉北站、朱家庄、晁家庄、二甲、黄村、石头圈、马家庄、林水、古初、三甲、下洼、下草埠、下初、段家、山南头、姜南头、王疃、吕格庄、冯家、南汉村、冯家、北泥沟、东泥沟、东官庄、瑞木山、万家、王家庵、观上冯家、圣水宫

309 路：大乳山至圣水宫

途经站点：大乳山东门、西泓于家、西泓辛家、姜格、水头、邢家、吕格庄、海阳所、华隆商厦、海林花园、海洋明珠、台湾城、飞机模型、海水浴场、康复中心、大庆一区、银之帆、大庆二区北门、月亮湾社区、恋海苑、金鼎大厦、海岸明珠、皇冠假日、忆海苑、银滩物业、碧海华庭、曲水绿荫、明珠海苑东门、福如东海、福海苑、海之梦、香格里湾、山水花都、香港平远国际城、碧海苑、翰林名苑、外事翻译学院、海之缘、银泰花园、檀香丽湾、山水佳园、龙海丽都、长城文华苑西门、徐家镇政府、东刘家庄、中鲁果汁、洋村、杨家屯、朱家屯、南黄、北堡、冷家庄、湾头、宫家疃、汤东疃、汤南疃、汤后疃、小汤温泉、小汤、山北头、南泥沟、冯家、东泥沟、东官庄、瑞木山、万家、王家庵、观上冯家、孔家、圣水宫

（二）南黄方向

310 路：义乌商品城至院后

途经站点：义乌商品城、老汽车站南门、市医院、中国银行、市报社 、市政府、国税局、胜利花园东门、贸易城东门、地税局、腾达二区、聚龙园小区、东方明珠、桥东庄、草埠、赫家庄、城东工业园、水井、上册路口、西林家、东林家、顺通道路维护中心、大孤山、河东、石鹏杨家、八里甸、小孤山、黄疃、西峒岭、东峒岭、小浩口、大浩口、王家庄、徐家镇政府、东刘家庄、邢家屯、许家屯、吴家屯、杨家屯、朱家屯、高家屯、西洋水、东洋水、院后

311 路：义乌商品城至归仁

途经站点：义乌商品城、老汽车站南门、市医院、中国银行、市报社 、市政府、国税局、胜利花园东门、贸易城东门、建材市场、久久发、金银苑小区、罗马阳光城、富豪菲格尔、恒裕食品、昌盛实业、锦盛果蔬、城东工业园、水井、大孤山敬老院、上册路口、西林家、东林家、顺通道路维护中心、大孤山、河东、石鹏杨家、八里甸、小孤山、黄疃、西峒岭、东峒岭、崮山寺、上庄、西珠堪、靠山、东珠堪、姜家庄、李家疃、南斜山、北斜山、母鸡屯、凤西庄、冷家、湾头、宫家疃、归仁

312 路：义乌商品城至南黄

途经站点：义乌商品城、老汽车站南门、市医院、中国银行、市报社、市政府、国税局、检察院、法院、广电大厦、精工塑料、圣川新城、赫家庄、金三角大酒店、城东工业园、水井、上册路口、山西头、赵家、上册、果园、八门邹家、万户、下石灰刘家、北念头、石城、葛口、山北头、汤上、小汤温泉、汤后疃、汤南疃、汤南山、南台子、庄子园、归仁、宫家疃、湾头、冷家、北堡、南黄

313 路：义乌商品城至西浪暖

途经站点：义乌商品城、老汽车站南门、市医院、中国银行、市报社、市政府、国税局、胜利花园东门、贸易城东门、建材市场、久久发、金银苑小区、罗马阳光城、富豪菲格尔、恒裕食品、昌盛实业、锦盛果蔬、城东工业园、水井、上册路口、西林家、东林家、顺通道路维护中心、大孤山、河东、石鹏杨家、八里甸、小孤山、黄疃、西峒岭、东峒岭、崮山寺、上庄、西珠堪、靠山、东珠堪、姜家庄、李家疃、北斜山、南斜山、南黄庄、高家屯、陈家屯、岭上、柯家庄、孙家庄、孙家埠、西浪暖

358 路：义乌商品城至南黄

途经站点：义乌商品城、老汽车站南门、市医院、中国银行、市报社 、市政府、国税局、胜利花园东门、贸易城东门、地税局、腾达二区、聚龙园小区、东方明珠、桥东庄、草埠、赫家庄、城东工业园、水井、上册路口、西林家、东林家、顺通道路维护中心、大孤山、八里

甸、小孤山、黄疃、西峒岭、东峒岭、小浩口、大浩口、王家庄、徐家镇政府、东刘家庄、洋村、马场、杨家屯、朱家屯、南黄

（三）白沙滩方向

315 路：义乌商品城至蔡家

途经站点：义乌商品城、老汽车站南门、市医院、中国银行、农村信用社、国泰城建、新华书店、幸福小区、河滨小区、金岭高中、隆利德机床、全兴宾馆、兰家庄、汽车站、择村、康家、兰家、封增山、王家庄、吉林、曹家庄、丈八石、南西北庄、马家庄、沟李家、孔家庄、大单家、邵家庄、王家口、潘家、焉家、邹家、蔡家、宫家

316 路：义乌商品城至稗子刘家

途经站点：义乌商品城、老汽车站南门、市医院、中国银行、农村信用社、国泰城建、新华书店、幸福小区、河滨小区、金岭高中、隆利德机床、全兴宾馆、兰家庄、汽车站、择村、北唐家、兰家、徐家耩、玉前庄、林家堐、刘家堐、念头、六村屯、白沙滩、桃村李家、祉家庄、桃村王家、焉家庄、洼于家、潘家庄、邵家庄、王家口、潘家、稗子刘家、宫家

（四）徐家方向

361 路：义乌商品城至桑行

途经站点：义乌商品城、老汽车站南门、市医院、中国银行、市报社 、市政府、国税局、胜利花园东门、贸易城东门、建材市场、久久发、金银苑小区、罗马阳光城、富豪菲格尔、恒裕食品、昌盛实业、锦盛果蔬、城东工业园、水井、上册路口、西林家、东林家、顺通道路维护中心、大孤山、河东、石鹏杨家、八里甸、小孤山、黄疃、西峒岭、东峒岭、小浩口、大浩口、王家庄、徐家镇政府、王家庄、大浩口、小浩口、东峒岭、辛家口、车门口、圣石前、桑行

（五）海阳所方向

317 路：义乌商品城至杜家岛

途经站点：义乌商品城、老汽车站南门、市医院、中国银行、农村信用社、国泰城建、新华书店、幸福小区、河滨小区、金岭高中、隆利德机床、全兴宾馆、兰家庄、汽车站、择村、北唐家、兰家、徐家耩、港头、六村屯、翁家埠、望海庄、所后张家庄、所后常家庄、贾家庄、海阳所、吕格庄、薛格、半海山、杜家、薛家、李家、芦头、水头、姜格、西弘辛家、西、双峰庄、西黄岛路口、双峰庄、杜家岛

318 路：义乌商品城至小石口

途经站点：义乌商品城、老汽车站南门、市医院、中国银行、农村信用社、国泰城建、新华书店、幸福小区、河滨小区、金岭高中、隆利德机床、全兴宾馆、兰家庄、汽车站、择村、北唐家、兰家、徐家耩、港头、六村屯、翁家埠、望望海庄、所后张家庄、所后常家庄、贾家庄、海阳所、吕格庄、薛格、半海山、李家路口、杜家、南弘、小弘、挂子场（小石口）

320 路：义乌商品城至大乳山东门

途经站点：义乌商品城、老汽车站南门、市医院、中国银行、农村信用社、国泰城建、新华书店、幸福小区、河滨小区、金岭高中、隆利德机床、全兴宾馆、兰家庄、汽车站、择村、北唐家、兰家、徐家耩、港头、六村屯、翁家埠、望海庄、所后张家庄、所后常家庄、贾家庄、海阳所、吕格庄、邢家、水头、姜格、西弘辛家、西弘、大乳山东门、西黄岛、姜家庄

321 路：义乌商品城至大乳山北门

途经站点：义乌商品城、老汽车站南门、市医院、中国银行、农村信用社、国泰城建、新华书店、幸福小区、河滨小区、金岭高中、隆利德机床、全兴宾馆、兰家庄、汽车站、择村、北唐家、兰家、徐家耩、港头、六村屯、翁家埠、望海庄、所后常家庄、贾家庄、海阳所、海疃、赵家庄、三甲疃、大庄、池源、金港、后山于家、大乳山北门（西山）

322 路：义乌商品城至海阳所

途经站点：义乌商品城、老汽车站南门、市医院、中国银行、农村信用社、国泰城建、新华书店、幸福小区、河滨小区、金岭高中、隆利德机床、全兴宾馆、兰家庄、汽车站、南唐家、振华食品、双连集团、远大可建、邹格、海疃、望海庄、所后张家庄、所后常家庄、贾家庄、海阳所、赵家庄、三甲疃、大庄、池源、金港、后山于家、西泓于家、西泓赵家、西泓辛家、西山

（六）乳山寨方向

323 路：久久发至玉皇山后（岠嵎山）

途经站点：久久发、建材市场、贸易城南门、老年大学、夏村镇政府、金牛山公园、人寿保险、馨园小区、中医院、人民广场、市政公司、青华园、图曼市场、老汽车站南门、天筑绿洲、中鲁果汁、阳光水岸、炉上、南庄、桑行埠、官庄、井子、乳山寨派出所、圈堐、小管村、圈堐、乳山屯、楼村、台上、沙沟、耳沟、岠嵎山、玉皇山后。

325 路：久久发至梅家

途经站点：久久发、建材市场、贸易城南门、老年大学、夏村镇政府、金牛山公园、人寿保险、馨园小区、中医院、人民广场、市政公司、青华园、图曼市场、老汽车站南门、天筑绿洲、中鲁果汁、阳光水岸、炉上、南庄、桑行埠、官庄、井子、乳山寨派出所、芦根滩、台上、管村、腾河、夏家、刁家、贾家、横山后、梅家

326 路：久久发至到根见

途经站点：久久发、建材市场、贸易城南门、老年大学、夏村镇政府、金牛山公园、人寿保险、馨园小区、中医院、人民广场、市政公司、青华园、图曼市场、老汽车站南门、天筑绿洲、中鲁果汁、阳光水岸、炉上、南庄、桑行埠、官庄、井子、乳山寨派出所、陆根滩、凤台顶、孤石河、滩甲庄、人石、到根见

327 路：久久发至赤家口

途经站点：久久发、建材市场、贸易城南门、夏村镇政府、金牛山公园、人寿保险、馨园小区、中医院、人民广场、市政公司、青华园、图曼市场、老汽车站南门、天筑绿洲、

中鲁果汁、阳光水岸、炉上、南庄、桑行埠、乳山春酒业、官庄、井子、乳山寨派出所、圈堆、小管村、南司马庄、北司马庄、宝口、果枣夼、赤家口

328路：久久发至宋河

途经站点：久久发、建材市场、贸易城南门、夏村镇政府、老年大学、金牛山公园、人寿保险、馨园小区、中医院、人民广场、市政公司、青华园、图曼市场、老汽车站南门、天筑绿洲、中鲁果汁、阳光水岸、炉上、南庄、桑行埠、乳山寨派出所、圈堆、小管村、圈堆、乳山屯、楼村、沙沟、台上、管村、小岚、宋河

（七）诸往方向

329路：久久发至大龙口

途经：久久发、老汽车站南门、天筑绿洲、中鲁果汁、阳光水岸、炉上、南庄、桑行埠、官庄、井子、乳山寨派出所、乳山寨派出所、圈堆、小官村、南司马主、东司马庄、北司马庄、东驾马沟、西驾马沟、南李家、王母夼、南勇家、中勇家、北勇家、泊子、东诸往、西诸往、野房、辛庄头、三龙口、二龙口、大龙口

329路：久久发至铁山

途经：久久发、老汽车站南门、天筑绿洲、中鲁果汁、阳光水岸、炉上、南庄、桑行埠、官庄、井子、乳山寨派出所、乳山寨派出所、圈堆、小官村、南司马庄、东司马庄、北司马庄、东驾马沟、西驾马沟、南李家、王母夼、南勇家、中勇家、北勇家、泊子、诸往、姚家埠、孙家夼、后店、燕山泊、神童庙、马陵、铁矿、前进、垛疃、铁山

329路：久久发至绕涧

途经：久久发、老汽车站南门、天筑绿洲、中鲁果汁、阳光水岸、炉上、南庄、桑行埠、官庄、井子、乳山寨派出所、乳山寨派出所、圈堆、小官村、南司马庄、东司马庄、北司马庄、东驾马沟、西驾马沟、南李家、王母夼、南勇家、中勇家、北勇家、泊子、东诸往、西诸往、绕涧

501路：义乌商品城至大龙口

途经：义乌商品城、老汽车站南门、老汽车站东门、交警大队、石油公司、石村、仇家洼大集、啤酒厂、洼九埠、黄依台、台依、旭日驾校、西周格、房屋、小疃、车道、曹家、孙家、曲水、塔庄、汪水、城阴、东诸往、西诸往、野房、辛庄头、三龙口、二龙口、大龙口。

502路：诸往至上石硼

途经站点：诸往、中国邮政、金丰家电、西诸往、野房、辛庄头、三龙口、二龙口东站、二龙口、二龙口西站、大龙口东站、大龙口、大龙口西站、东尚山、中尚山、西尚山、下石硼、上石硼

505路：义乌商品城至铁山

途经：义乌商品城、老汽车站南门、老汽车站东门、交警大队、石油公司、石村、仇家洼大集、啤酒厂、洼九埠、黄依台、台依、旭日驾校、西周格、房屋、小疃、车道、曹家、孙家、曲水、塔庄、汪水、城阴、东诸往、姚家埠、孙家夼、后店、燕山泊、神童庙、马陵、铁矿、前进、垛疃、铁山

370路：至久久发至冷格庄

途经站点：久久发、建材市场、贸易城南门、老年大学、夏村镇政府、金牛山公园、人寿保险、馨园小区、中医院、人民广场、市政公司、青华园、图曼市场、老汽车站南门、天筑绿洲、中鲁果汁、阳光水岸、炉上、南庄、桑行埠、官庄、井子、乳山寨派出所、仇家兴、李家兴、盘古庄、车村、鲁济、鲁济山后、南西屋、北西屋、宅子夼、社庄、育黎、东纪村、西纪村、横道口、许家、唐家、安夼、姜家庄、沟留家、冷格庄、大院

506路：诸往至王家庄

途经站点：东诸往、西诸往、大龙口、姜格庄、沟留家、冷格庄、流水头、王家疃、李格庄、岳家、王格庄

（八）崖子方向

330路：久久发至崖子

途经站点：久久发、建材市场、贸易城东门、胜利花园东门、国税局、市政府、市报社、中国银行、市医院、老汽车站东门、交警大队、石油公司、石村、仇家洼大集、啤酒厂、洼九埠、黄依台、台依、旭日驾校、西周格、房屋、小疃、车道、曲家屯、于家屯、张家屯、椤树崖、午极派出所、午极、金牛谷生态园、北庄、正甲夼、万格庄、小万格庄、山东、兴村、兴村、大崮头、东庄、西崮头、西崮头、哨里、申家、河北、崖子、姜家、河南钟家、东夼钟家、泽科钟家、双石村、石家庄、磨山钟家

331路：久久发至崖子

途经站点：久久发、建材市场、贸易城东门、胜利花园东门、国税局、市政府、市报社、中国银行、市医院、老汽车站南门、天筑绿洲、中鲁果汁、阳光水岸、炉上、南庄、桑行埠、官庄、井子、乳山寨派出所、圈堆、小官村、南司马庄、东司马庄、北司马庄、东驾马沟、西驾马沟、南李家、王母夼、南勇家、中勇家、北勇家、泊子、东诸往、西诸往、大龙口、姜格庄、沟留家、冷格庄、流水头、大院、康家夼、北寨、崖子

332路：久久发至井口

途经站点：久久发、建材市场、贸易城东门、胜利花园东门、国税局、市政府、市报社、中国银行、市医院、老汽车站东门、交警大队、石油公司、石村、仇家洼大集、啤酒厂、洼九埠、黄依台、台依、旭日驾校、西周格、房屋、小疃、车道、曹家、孙家、曲水、塔庄、育黎、东纪村、西纪村、横道口、许家、唐家、安夼、姜家庄、沟留家、冷格庄、流水头、大院、康家夼、北寨、崖子、蓬家夼、史家、田家、东井口

333路：久久发至青山

途经站点：久久发、建材市场、贸易城东门、胜利花园东门、国税局、市政府、市报社、中国银行、市医院、老汽车站东门、交警大队、石油公司、石村、仇家洼大集、啤酒厂、洼九埠、黄依台、台依、旭日驾校、西周格、房屋、小疃、车道、曹家、孙家、曲水、塔庄、育黎、东纪村、西纪村、横道口、许家、唐家、安夼、姜家庄、沟留家、冷格庄、流水头、王家疃、九龙圈、崖后、口子、姜家夼、南马石、南果子、马石店、青山

359路：久久发至马石店

途经站点：久久发、建材市场、贸易城东门、胜利花园东门、国税局、市政府、市报社、中国银行、市医院、老汽车站东门、交警大队、石油公司、石村、仇家洼大集、啤酒厂、洼九埠、黄依台、台依、旭日驾校、西周格、房屋、小疃、车道、曹家、孙家、曲水、塔庄、育黎、东纪村、西纪村、横道口、许家、唐家、安夼、姜家庄、沟留家、冷格庄、流水头、大院、康家夼、北寨、崖子、北寨、矫家泊、转山头、沟东、台上、北果子、马石店

362 路：久久发至井口

途经站点：久久发、建材市场、贸易城东门、胜利花园东门、国税局、市政府、市报社、中国银行、市医院、老汽车站东门、交警大队、石油公司、石村、仇家洼大集、啤酒厂、洼九埠、黄依台、台依、旭日驾校、西周格、房屋、小疃、车道、曲家屯、于家屯、张家屯、樗树崖、午极派出所、午极、金牛谷生态园、北庄、正甲夼、万格庄、小万格庄、山东、兴村、大崮头、西崮头、哨里、申家、河北、崖子、蓬家夼、史家、田家、东井口

363 路：汽车站至沙家

途经站点：汽车站、兰家庄、全兴宾馆、隆利德机床、泽口小区、鑫岭家园、名门小区、烟草公司、水景绿城、电影院、青华园、图曼市场、老汽车站东门、交警大队、石油公司、石村、仇家洼大集、啤酒厂、洼九埠、黄依台、台依、旭日驾校、西周格、小疃、车道、曲家屯、于家屯、张家屯、樗树崖、午极派出所、午极、金牛谷生态园、北庄、正甲夼、万格庄、小万格庄、山东、兴村、大崮头、东庄、西崮头、哨里、炉上、申家、河北、崖子、蓬家夼、史家、田家、下沙家、上沙家

365 路：义乌商品城至下肖家

途经站点：义乌商品城、老汽车站南门、老汽车站东门、交警大队、石油公司、石村、仇家洼大集、啤酒厂、洼九埠、黄依台、台依、旭日驾校、西周格、房屋、小疃、车道、曹家、孙家、曲水、塔庄、育黎、东纪村、西纪村、东横道口、帽张家、藏金夼、东由古、北由古、三泉庄、阎家夼、兴村、大崮头、东庄、西崮头、上肖家、下肖家

366 路：义乌商品城至泥渡夼

途经站点：义乌商品城、老汽车站南门、老汽车站东门、交警大队、石油公司、石村、仇家洼大集、啤酒厂、洼九埠、黄依台、台依、旭日驾校、西周格、房屋、小疃、车道、曹家、孙家、曲水、塔庄、育黎、东纪村、西纪村、横道口、许家、唐家、安夼、姜家庄、沟留家、冷格庄、流水头、大院、康家夼、岛子、北寨、崖子、河北、申家、炉上、哨里、北地口、南地口、泥度夼

367 路：诸往至凤凰崖

途经站点：东诸往、西诸往、大龙口、姜格庄、沟留家、冷格庄、流水头、王家疃、九龙圈、崖后、口子、姜家夼、南马石、南果子、马石店、西涝口、东涝口、西凤凰崖、东凤凰崖。

368 路：义乌商品城至西涝口

途经站点：义乌商品城、老汽车站南门、老汽车站东门、交警大队、石油公司、石村、仇家洼大集、啤酒厂、洼九埠、黄依台、台依、旭日驾校、西周格、房屋、小疃、车道、曲家屯、于家屯、张家屯、樗树崖、午极派出所、午极、金牛谷生态园、北庄、正甲夼、万格庄、小万格庄、山东、兴村、大崮头、东庄、西崮头、哨里、申家、河北、崖子、蓬家夼、史家、田家、东井口、西井口、草庵、东凤凰崖、西凤凰崖、东涝口、西涝口。

369 路：义乌商品城至井乔家

途经站点：义乌商品城、老汽车站南门、老汽车站东门、交警大队、石油公司、石村、仇家洼大集、啤酒厂、洼九埠、黄依台、台依、旭日驾校、西周格、房屋、小疃、车道、曹家、孙家、曲水、塔庄、育黎、东纪村、西纪村、横道口、许家、唐家、安夼、姜家庄、沟留家、冷格庄、流水头、大院、康家夼、北寨、崖子、北寨、南寨、矫家泊、转山头、沟东、台上、北果子、马石店、青山、泊乔家、枣林、井乔家

（九）育黎方向

335 路：至久久发至孙家沟

途经站点：久久发、建材市场、贸易城南门、老年大学、夏村镇政府、金牛山公园、人寿保险、馨园小区、中医院、人民广场、市政公司、青华园、图曼市场、老汽车站南门、天筑绿洲、中鲁果汁、阳光水岸、炉上、南庄、桑行埠、官庄、井子、乳山寨派出所、仇家兴、李家兴、盘古庄、车村、鲁济、鲁济山后、南西屋、北西屋、宅子夼、社庄、育黎、东纪村、西纪村、东横道口、帽张家、藏金夼、于家、孙家沟。

336 路：久久发至龙角山

途经站点：久久发、建材市场、贸易城南门、老年大学、夏村镇政府、金牛山公园、人寿保险、馨园小区、中医院、人民广场、市政公司、青华园、图曼市场、老汽车站南门、天筑绿洲、中鲁果汁、阳光水岸、炉上、南庄、桑行埠、官庄、井子、乳山寨派出所、仇家兴、李家兴、盘古庄、车村、鲁济、鲁济山后、南西屋、北西屋、宅子夼、社庄、育黎北站、育黎、东纪村、西纪村、东横道口、西横道口、泊子庄、龙角山

337 路：汽车站至马庄

途经站点：汽车站、兰家庄、全兴宾馆、隆利德机床、金岭高中、河滨小区、幸福小区、新华书店、馨园小区、中医院、人民广场、市政公司、青华园、图曼市场、老汽车站东门、交警大队、石油公司、石村、仇家洼大集、啤酒厂、洼九埠、黄依台、台依、旭日驾校、西周格、房屋、小疃、车道、曹家、孙家、曲水、塔庄、马庄、白石、育黎

371 路：汽车站至南北山

途经站点：汽车站、兰家庄、全兴宾馆、隆利德机床、金岭高中、河滨小区、幸福小区、新华书店、馨园小区、中医院、人民广场、市政公司、青华园、图曼市场、老汽车站东门、交警大队、石油公司、石村、仇家洼大集、啤酒厂、洼九埠、黄依台中站、台依中站、姜家、郑家、于家庄、邓家、郭家、南北山

（十）午极方向

338 路：久久发至社庄

途经站点：久久发、建材市场、贸易城南门、老年大学、夏村镇政府、金牛山公园、人寿保险、馨园小区、中医院、人民广场、市政公司、青华园、图曼市场、老汽车站南门、天筑绿洲、中鲁果汁、阳光水岸、炉上、南庄、桑行埠、官庄、井子、乳山寨派出所、仇家兴、李家兴、盘古庄、车村、鲁济、鲁济山后、南西屋、北西屋、宅子夼、社庄

339 路：汽车站至石字岘

途经站点：汽车站、兰家庄、全兴宾馆、隆利德机床、金岭高中、河滨小区、幸福小区、新华书店、馨园小区、中医院、人民广场、市政公司、青华园、图曼市场、老汽车站东门、交警大队、石油公司、石村、仇家洼大集、啤酒厂、洼九埠、黄依台、台依、旭日驾校、西周格、房屋、小疃、车道、由家屯、于家屯、张家屯、楞树崖、午极派出所、午极、南庄、马家夼、泽上、中庄、北庄、由家庄、石字岘

350 路（1）：汽车站至大虎岚

途经站点：汽车站、兰家庄、全兴宾馆、隆利德机床、金岭高中、河滨小区、幸福小区、新华书店、国泰城建、农村信用社、中国银行、市医院、老汽车站东门、交警大队、石油公司、石村、仇家洼大集、啤酒厂、洼九埠、黄依台、台依、旭日驾校、西周格、房屋、小疃、车道、曲家屯、于家屯、张家屯、楞树崖、午极派出所、午极、孙家疃、于家疃、小虎岚、大虎岚

350 路（2）：汽车站至辉湛

途经站点：汽车站、兰家庄、全兴宾馆、隆利德机床、金岭高中、河滨小区、幸福小区、新华书店、国泰城建、农村信用社、中国银行、市医院、老汽车站东门、交警大队、石油公司、石村、仇家洼大集、啤酒厂、洼九埠、黄依台、台依、旭日驾校、西周格、房屋、小疃、车道、曲家屯、于家屯、张家屯、楞树崖、午极派出所、午极、西柳家、于庄、湘沟、于庄、东柳家、辉湛

（十一）下初方向

351 路：义乌商品城至葛家庄

途经站点：义乌商品城、老汽车站南门、老汽车站东门、交警大队、石油公司、石村、仇家洼大集、啤酒厂、洼九埠、黄依台、台依、旭日驾校、西周格、房屋、小疃、车道、土心头、下万口、上万口、辛庄、胡家口、西泊、黄格庄、下初、黄格庄、上初、簸箕掌、东马台石、西马台石、葛格庄

352 路：义乌商品城至初家沟

途经站点：义乌商品城、老汽车站南门、市医院、中国银行、市报社、市政府、国税局、检察院、法院、广电大厦西站、香格里拉、香格里拉北站、朱家庄、晁家庄、二甲、黄村、石头圈、马家庄、林水、古初、三甲、下洼、下草埠、下初、黄格庄、胡家口、西泊、英格庄、朱家沟、初家沟

353 路：义乌商品城至黄山寺

途经站点：义乌商品城、老汽车站南门、市医院、中国银行、市报社、市政府、国税局、检察院、法院、广电大厦西站、香格里拉、香格里拉北站、朱家庄、晁家庄、二甲、黄村、石头圈、石头圈、马家庄、西北庄、大王口、上草埠、下草埠、下初、段家、外庄、里庄、黄山寺

355 路：久久发至皂地

途经站点：久久发、建材市场、贸易城东门、胜利花园东门、国税局、市政府、市报社、中国银行、市医院、老汽车站东门、交警大队、石油公司、石村、仇家洼大集、啤酒厂、洼九埠、黄依台、台依、旭日驾校、西周格、房屋、小疃、车道、土心头、下万口、上万口、辛庄、胡家口、西泊、黄格庄、下初、史家庄、辛家疃、山前庄、垒塚前、北芦头、河南村、西庄、北东庄、南东庄、金矿

356 路：义乌商品城至皂地

途经站点：义乌商品城、老汽车站南门、市医院、中国银行、市报社、市政府、国税局、检察院、法院、广电大厦西站、香格里拉、香格里拉北门、朱家庄、晁家庄、二甲、黄村、石头圈、马家庄、林水、古初三甲、下洼、下草埠、下初、史家庄、辛家疃、山前庄、垒塚前、北芦头、河南村、西庄、北东庄、南东庄、金矿、车家夼

6月12日，岠嵎山瀑布 （王浩摄）

乳山汽车站始发班车发车时刻表

表 68

起点	终点站	发车时间
乳山	威海	5:30—17:00（平均间隔约半小时）
乳山	文登	7:30/8:00/9:00/9:35/10:10/10:45/13:17/14:20/15:20/15:50/16:20/16:50
乳山	荣成	6:30/7:00/8:25/12:15/13:55/14:50
乳山	石岛	5:50/12:40
乳山	龙须岛	11:25
乳山	烟台	5:30—17:30（平均间隔约半小时）
乳山	龙口	6:20
乳山	青岛	6:30—16:40（上午间隔约 1 小时，下午间隔约 40 分钟）
乳山	莱阳	5:45/6:35/10:00/13:10/16:00
乳山	莱州	7:15/13:40
乳山	潍坊	6:10/7:15
乳山	淄博	暂停
乳山	济南	7:00/8:20/14:10/15:30
乳山	泰安	6:05 隔日发车
乳山	聊城	9:15
乳山	日照	7:10
乳山	东营	7:00
乳山	海阳	7:20/8:45/10:20/12:40/14:20/16:00
乳山	招远	12:50
乳山	桃村	7:10/12:10

说明：发车时间若有变动，请以实际时间为准

威海机场夏秋季航班时刻表

表 69

航线	航班号	机型	进港时刻	出港时刻	班期
北京	CA1827/8	B73K	北京 06:45–08:10 威海	威海 09:00–10:25 北京	1234567
	SC4881/2	B738	北京 13:10–14:40 威海	威海 21:00–22:30 北京	1234567
	CA1597/8	A320	北京 20:15–21:45 威海	威海 23:00–00:30 北京	1234567
上海	MU2285/6	A320	虹桥 08:15–10:05 威海	威海 15:20–17:25 虹桥	1234567
	FM9353/4	B738	浦东 08:45–10:30 威海	威海 16:35–18:20 浦东	1234567
	GS6429/30	EMB190	浦东 12:35–14:20 威海	威海 09:40–11:20 浦东	1234567
	MU5581/2	A320	虹桥 18:20–20:10 威海	威海 20:55–22:45 虹桥	1234567
	SC4889/90	B738	虹桥 18:25–20:15 威海	威海 15:25–17:20 虹桥	1234567
广州	CZ3843/4	A319	广州 09:05–13:45 威海	威海 14:45–19:20 广州	1234567
南京	CZ3843/4	A319	南京 12:25–13:45 威海	威海 14:45–16:05 南京	1234567
武汉	CZ6263/4	A320	武汉 15:10–16:40 威海	威海 12:00–13:25 武汉	135

续表 69

航线	航班号	机型	进港时刻	出港时刻	班期
哈尔滨	CZ6263/	A320	哈尔滨 08:55–10:45 威海	威海 17:40–19:30 哈尔滨	135
	CA1787/8	A320	哈尔滨 13:15–15:05 威海	威海 10:35–12:25 哈尔滨	1234567
杭州	CA1787/8	A320	杭州 07:55–09:45 威海	威海 16:00–17:45 杭州	123456
	CA1787/8	A320	杭州 07:55–09:45 威海	威海 16:00–18:00 杭州	357
济南	SC1182/89	B738	济南 14:35–15:40 威海	威海 16:15–17:25 济南	1234567
深圳	SC1182/89	B738	深圳 11:05–15:40 威海	威海 16:15–20:50 深圳	1234567
长春	FM9353/4	B738	长春 14:00–15:40 威海	威海 11:20–13:00 长春	1234567
大连	GS6429/0	EMB190	大连 08:20–09:00 威海	威海 15:20–16:05 大连	1234567
	G52643/4	CRJ9	大连 18:15–18:55 威海	威海 13:50–14:30 大连	246
重庆	G52643/4	CRJ9	重庆 09:15–13:10 威海	威海 19:35–23:40 重庆	246
济宁	G52643/4	CRJ9	济宁 11:45–13:10 威海	威海 19:35–20:55 济宁	246
沈阳	DZ6239/40	B738	沈阳 11:45–13:05 威海	威海 09:50–11:00 沈阳	1234567
郑州	DZ6239/40	B738	郑州 07:20–09:00 威海	威海 14:05–16:00 郑州	1234567
天津	CA1663/4	B738	天津 08:35–09:40 威海	威海 10:30–11:35 天津	35
	CA1663/4	B738	天津 08:35–09:40 威海	威海 10:30–11:35 天津	247
首尔	OZ309/10	A321	仁川 09:00–09:10 威海	威海 10:10–12:20 仁川	123456
	OZ309/10	A321	仁川 16:20–16:30 威海	威海 17:30–19:40 仁川	7
	MU2017/8	A320	仁川 14:15–14:30 威海	威海 11:00–13:15 仁川	1234567
	KE839/4	073H	仁川 14:10–14:25 威海	威海 15:25–17:40	123456
	KE839/4	073H	仁川 16:10–16:25 威海	威海 17:50–20:05 仁川	7
	7C8503/4	B737	仁川 15:35–15:45 威海	威海 16:45–18:55 仁川	1234567
	7C8561/2	B737	仁川 10:40–10:50 威海	威海 11:50–13:35 仁川	1234567
台北	CI539/40	B738	桃园 07:15–09:50 威海	威海 10:55–13:25 桃园	2

常用电话号码

表 70

报警电话	110	交通事故报警电话	122
火警电话	119	急救电话	120
消费者投诉举报专线电话	12315	环保热线	12369
中国移动客服热线	10086	中国联通客服热线	10010
中国电信客服热线	10000	乳山市民热线	6512345
乳山火车站售票电话	6607009	乳山汽车站售票电话	6621080
乳山公交服务热线	6628585	乳山天气查询	6663370
乳山水务集团“水涯”服务热线	6661860、6661867	乳山电力服务热线	6676437
乳山热力集团服务热线	6693896	乳山华地热力公司服务热线	15689498891、15689498892
银滩热力公司服务热线	6771796、6776678	北京燃气乳山分公司服务热线	6861177
银滩管道燃气公司服务热线	6777119	广电网络乳山分公司服务热线	3803666

索 引

说明：

一、本索引各主题词按汉语拼音字母顺序排列。同音字按声调排列，首字相同者按第二字音序排列，依次类推。

二、索引名称后的数字表示内容所在的页码，数字后用拉丁字母a、b、c分别表示该页的左栏、中栏、右栏。

三、类目、分目用黑体标明；插图、表格、“综述”分目、“概况”条目及“专记”“特载”“大事记”“附录”的具体内容不做索引。

L

M

N

P

Q

T

W

X

Y

Z

9月2日，大乳山滨海旅游度假区 （于泳摄）

6 月 30 日，大乳山滨海旅游度假区　（高淑新摄）

乳山 非物质文化遗产

牛郎棍及代表性传承人萧明魁

乳山镂绣及代表性传承人张连芝（右一）

乳山大秧歌

乳山钩织及代表性传承人于淑兰（右二）

乳山平绣及代表性传承人单丽莎

乳山大喜饼

姜家柳编

乳山剪纸

葫芦烙画

彩绘葫芦及代表性传承人于芳

宫家彩绘葫芦

城区街道腾甲庄村

乳山寨镇南司马庄村（于祥宸故居）

乳山古村

“山菊花”电影拍摄地诸往镇东尚山村

海阳所镇赵家庄村

大孤山镇东林家村（清代贞节牌坊）

西北庄村古藤，树龄 270 年

楼村古银杏树，树龄 400 年

徐家镇东峒岭村银杏树，树龄 420 年

岠嵎山紫薇，树龄 370 年

上沙家村槐树，树龄 300 年

大孤山镇万户村银杏树，树龄 1200 年

乳山市崮山寺水库

乳山市台依水库

乳山市白沙滩镇曹家庄水

乳山市龙角山水库

乳山市岠嵎山水库

乳山市花家疃水库

乳山市龙角山水库管理处

竹岛

浦岛

杜家岛

取脚石岛

乳山海岛

宫家岛

南黄岛

大汇岛

腰岛

小青岛

乳山港口

乳山海湾

大乳山城区夜景　高淑新摄

乳山全域旅游资源分布示意图